TEORIA GERAL
DO DIREITO POLICIAL

MANUEL MONTEIRO GUEDES VALENTE
Director do Centro de Investigação e Professor do Instituto Superior
de Ciências Policiais e Segurança Interna
Professor Auxiliar Convidado da Universidade Autónoma de Lisboa

TEORIA GERAL
DO DIREITO POLICIAL

2.ª EDIÇÃO

ALMEDINA

TEORIA GERAL DO DIREITO POLICIAL

AUTOR
MANUEL MONTEIRO GUEDES VALENTE

EDITOR
EDIÇÕES ALMEDINA. SA
Av. Fernão Magalhães, n.º 584, 5.º Andar
3000-174 Coimbra
Tel.: 239 851 904
Fax: 239 851 901
www.almedina.net
editora@almedina.net

PRÉ-IMPRESSÃO | IMPRESSÃO | ACABAMENTO
G.C. GRÁFICA DE COIMBRA, LDA.
Palheira – Assafarge
3001-453 Coimbra
producao@graficadecoimbra.pt

Outubro, 2009

DEPÓSITO LEGAL
301399/09

Os dados e as opiniões inseridos na presente publicação são da exclusiva responsabilidade do(s) seu(s) autor(es).

Toda a reprodução desta obra, por fotocópia ou outro qualquer processo, sem prévia autorização escrita do Editor, é ilícita e passível de procedimento judicial contra o infractor.

Biblioteca Nacional de Portugal – Catalogação na Publicação

VALENTE, Manuel Monteiro Guedes

Teoria geral do direito policial. – 2ª ed.
(Manuais universitários)
ISBN 978-972-40-4034-9

CDU   343
      351

*À Michele Soares,
por todo apoio, compreensão,
carinho e amizade*

NOTA INTRODUTÓRIA

Escrever sobre Polícia é escrever da humanidade civilizada como nos ensinam os versos do poeta[1]:

"E se esta informação não for inteira
Tanto quanto convém, deles pretende
Informar-te que é gente verdadeira,
A quem mais falsidade enoja e ofende.
Vai ver-lhe a frota, as armas e a maneira
Do fundido metal que tudo rende,
E folgarás de veres a **polícia**
Portuguesa na paz e na milícia".

A Polícia carrega, em si mesma, a marca da norma não só geral e abstracta (social), como também dotada de imperatividade e de coercibilidade (jurídica). A Polícia, como actividade de defesa da liberdade democrática, de garantia da segurança interna e dos direitos do cidadão, não pode ser vista só sob o ponto de vista sociológico, nem do ponto de vista político – braço ou instrumento deste –, nem sob o ponto de vista operacional – estratégico, táctico e técnico.

Impõe-se um aprofundamento jurídico teórico-prático da actividade da Polícia, que fundamente e justifique a necessidade de um corpo organizado dotado de *ius imperii* na prossecução de uma das tarefas fundamentais do Estado: defesa e garantia dos direitos e liberdades fundamentais. Esta tarefa incrementa-se num cenário de liberdade, de justiça e de segurança e num espaço dotado de qualidade de vida e bem-estar, cuja actividade da Polícia é essencial, mas não

---

[1] Luís Vaz de Camões, *Os Lusíadas*, Canto VII, Estrofe LXXII. Negrito nosso.

exclusiva. Essa actividade enraíza-se no Direito de polícia ou Direito policial. A este Direito subjaz uma teoria geral que atravessa todas as funcionalidades de polícia: ordem e tranquilidade pública, administrativa e judiciária.

Ao longo deste livro procuramos estudar a razão de ser de um Direito de polícia ou Direito policial, a tipologia Polícia [quer numa vertente histórica, quer nas acepções de força de segurança, de polícia administrativa, de polícia judiciária, em sentido orgânico e funcional, na acepção mais aprofundada da Polícia Municipal, sem olvidar o Corpo da Guarda Prisional. Actualizou-se, nesta 2.ª Edição, a nossa visão sobre a segurança interna como tarefa fundamental do Estado, principalmente na defesa e garantia dos direitos dos cidadãos, sobre a legitimidade social e normativa da actividade policial, sobre os princípios da actividade policial inseridos em um «moderno Estado constitucional democrático de direito», sobre as competências no quadro contra-ordenacional e criminal da polícia e as competências específicas, principalmente no quadro criminal, tais como a aquisição da notícia do crime, as medidas cautelares e de polícia e a sua distinção com as medidas de polícia, a detenção quer para identificação quer para ser presente à AJ, a investigação criminal [quer como pilar da liberdade, quer o regime jurídico, quer o meio excepcional de investigação criminal – o agente infiltrado], sobre as revistas e buscas preventivas e de segurança; a videovigilância como meio de manutenção da ordem e segurança públicas e de prevenção da prática de crimes, e sobre a cooperação policial nacional e internacional.

Continuamos a promover um estudo capaz de congregar os temas gerais da actividade da Polícia que abarcam o Direito constitucional, o Direito administrativo e o Direito criminal substantivo e adjectivo de modo a permitir não só a teorização da actividade policial no âmbito jurídico, mas também uma consulta e estudo com melhor qualidade quer no acesso às posições doutrinais quer às fontes em que ancoramos para escalpelização de cada assunto e tomada de posição.

Passados vinte cinco anos da criação e da implementação do curso de licenciatura em Ciências Policiais na Escola Superior de Polícia, actual Instituto Superior de Ciências Policiais e Segurança Interna, que é, actualmente, mestrado integrado em ciência policiais, a sociedade reclama um manual dedicado ao *ex libris* da actividade policial que seja uma teorização geral do Direito policial. Façanha que abraçamos, com a humildade de quem reconhece que o caminho a percorrer é, ainda, muito longo, e que representa o fruto dos últimos 11 anos de leccionação da matéria que queremos partilhar com a comunidade científica, policial, jurídica, política, e com toda comunidade.

Uma última palavra será para os que foram e são meus alunos. O manual que trazemos à estampa é para vos ajudar a estudar as matérias que debatemos ao longo das nossas aulas. Mas, deve ser um instrumento de crescimento intelectual e de espírito crítico quanto às áreas de excelência da actividade de Polícia para que, agora e no futuro, sejam actores de mudança e de acção na construção de uma Polícia melhor e, por conseguinte, de um Mundo mais justo, mais livre e mais solidário, em suma mais humanizado.

Pinhal Novo, 13 de Setembro de 2009

ABREVIATURAS

Ac. STL	–	Acórdão do Supremo Tribunal de Justiça
Ac. TC	–	Acórdão do Tribunal Constitucional
AJ	–	Autoridade Judiciária
AP	–	Autoridade de Polícia
APC	–	Autoridade de Polícia Criminal
ASAE	–	Autoridade de Segurança Alimentar e Económica
ASP	–	Autoridade de Saúde Pública
BFD	–	Boletim da Faculdade de Direito da Universidade de Coimbra
CAAS	–	Convenção de Aplicação do Acordo Schengen
CCiv.	–	Código Civil
CDC	–	Convenção sobre os Direitos das Crianças
CDT	–	Comissão para a Dissuasão da Toxicodependência
CE	–	Código da Estrada
CEDH	–	Convenção Europeia dos Direitos do Homem
CG	–	Comandante Geral
CMVM	–	Comissão de Mercados de Valores Mobiliários
CNPD	–	Comissão Nacional de Protecção de Dados
CNUCOT	–	Convenção das Nações Unidas Contra a Criminalidade Organizada
CP	–	Código Penal
CPA	–	Código de Procedimento Administrativo
CPP	–	Código de Processo Penal
CRP	–	Constituição da República Portuguesa
CSM	–	Conselho Superior da Magistratura
DL	–	Decreto-Lei
DN	–	Director Nacional
DUDH	–	Declaração Universal dos Direitos do Homem

EMP	–	Estatuto do Ministério Público
FAS	–	Forças Armadas
GNR	–	Guarda Nacional Republicana
IGAE	–	Inspecção Geral das Actividades Económicas
IGT	–	Inspecção Geral do Trabalho
IML	–	Instituto de Medicina Legal
JIC	–	Juiz de Instrução Criminal
LCT	–	Lei de Combate ao Terrorismo
LCJIMP	–	Lei de Cooperação Judiciária Internacional em Matéria Penal
LOASAE	–	Lei Orgânica da Autoridade de Segurança Alimentar e Económica
LOGNR	–	Lei Orgânica da Guarda Nacional Republicana
LOIC	–	Lei Orgânica da Investigação Criminal
LOPJ	–	Lei Orgânica da Polícia Judiciária
LOPJM	–	Lei Orgânica da Polícia Judiciária Militar
LOPSP	–	Lei Orgânica da Polícia de Segurança Pública
LOSEF	–	Lei Orgânica do Serviço de Estrangeiros e Fronteiras
LPC	–	Laboratório de Polícia Científica
LSI	–	Lei de Segurança Interna
LSM	–	Lei de Saúde Mental
MAI	–	Ministro da Administração Interna
MJ	–	Ministro da Justiça
MP	–	Ministério Público
NUIPC	–	Número Único de Identificação de Processo Crime
OA	–	Ordem dos Advogados
OPC	–	Órgão de Polícia Criminal
OPM	–	Órgão de Polícia Municipal
PGR	–	Procurador-Geral da República
PIDCP	–	Pacto Internacional sobre Direitos Civis e Políticos
PJ	–	Polícia Judiciária
PJM	–	Polícia Judiciária Militar
PM	–	Polícia Municipal
PSP	–	Polícia de Segurança Pública
RDPC	–	*Revue de Droit Penal et de Criminologie*
RGCO	–	Regime Geral das Contra-Ordenações

RGR	–	Regulamento Geral do Ruído
RJAEFPIC	–	Regime Jurídico das Acções Encobertas para fins de Prevenção e Investigação Criminal
RMP	–	Revista do Ministério Público
RPCC	–	Revista Portuguesa de Ciência Criminal
RST	–	Regulamento de Sinalização de Trânsito
SEF	–	Serviços de Estrangeiros e Fronteiras
STA	–	Supremo Tribunal Administrativo
TA	–	Tratado de Amesterdão
TC	–	Tribunal Constitucional
Tc	–	Tribunal de Comarca
TCE	–	Tratado da Comunidade Europeia
TIC	–	Tribunal de Instrução Criminal
TIR	–	Termo de Identidade e Residência
TM	–	Tratado de Maastricht
TUE	–	Tratado da União Europeia
UAFGNR	–	Unidade de Acção Fiscal da Guarda Nacional Republicana
UE	–	União Europeia

Capítulo I
RAZÃO DE SER DE UMA TEORIA GERAL DO DIREITO POLICIAL

Sumário: § 1.º Âmbito da Teoria Geral do Direito Policial
§ 2.º Conteúdo da Teoria Geral do Direito Policial
§ 3.º O Direito Policial como ramo do Direito Público
§ 4.º Razão da destrinça e da integração do Direito Policial como ramo do Direito Público
§ 5.º Fontes do Direito Policial

Fontes: AMARAL, DIOGO FREITAS DO et Alia, *Código do Procedimento Administrativo Anotado e Comentado*, 6.ª Edição, Almedina, Coimbra, 2007; AMARAL, DIOGO FREITAS DO, *Última Lição*, Almedina, Coimbra, 2007; CORDEIRO, ANTÓNIO MENEZES, *Tratado de Direito Civil Português* – I – Parte Geral – Tomo I, 2.ª Edição, Almedina, Coimbra, 2000; FERNANDES, LUIS A. CARVALHO, *Teoria Geral do Direito Civil* – I – *Introdução, Pressupostos da Relação Jurídica*, 3.ª Edição, Universidade Católica Editora, Lisboa, 2001; FREITAS, MANUEL DA COSTA, "Teoria", *in Logos* – Enciclopédia Luso-Brasileira de Filosofia, Verbo, Lisboa/S. Paulo, 1992, Vol. 5, Colunas 108-117; HESPANHA, ANTÓNIO MANUEL, *O Caleidoscópio do Direito e a Justiça nos Dias e no Mundo de Hoje*, Almedina, Coimbra, 2007; MAURER, HARTMUT, *Direito Administrativo Geral*, (Tradução do Alemão de LUÍS AFONSO HECH), Editora Manole, S. Paulo, 2006; MEDEIROS, RUI, *Responsabilidade Civil dos Poderes Públicos*, Universidade Católica Editora, Lisboa, 2005; PINTO, CARLOS ALBERTO DA MOTA, *Teoria Geral do Direito Civil*, 3.ª Edição (11.ª Reimpressão, Coimbra Editora, 1996; RAPOSO, JOÃO, *Direito Policial* – I, Colecção do Centro de Investigação do ISCPSI, Almedina, Coimbra, 2006; RODRIGUES, ADRIANO DUARTE, "Teoria", *in Polis* – Enciclopédia Verbo da Sociedade e do Estado, Verbo, Lisboa/S. Paulo, 1987, Vol. 5, Colunas 1158-1161; RODRIGUES, J. RESINA, "Técnica", *in Logos* – Enciclopédia Luso-Brasileira de Filosofia, Verbo, Lisboa/S. Paulo, 1992, Vol. 5, Colunas 28-31 ou *in Polis* – Enciclopédia Verbo da Sociedade e do Estado, Verbo, Lisboa/S. Paulo, 1987, Vol. 5, Colunas 1126-1129; SILVA, GERMANO MARQUES DA, *Introdução ao Estudo do Direito*, Universidade Católica Editora, Lisboa, 2006; VALENTE, MANUEL MONTEIRO GUEDES e MULAS, NIEVES SANZ, *Direito de Menores – Estudo Luso-*

-*Hispânico sobre Menores em Perigo e Delinquência Juvenil*, Âncora Editora, Lisboa, 2003; VALENTE, MANUEL MONTEIRO GUEDES, *Consumo de Drogas – Reflexões sobre o Quadro Legal*, 3.ª Edição, Almedina, Coimbra, 2006; *Teoria Geral do Direito Policial* – Tomo I, 1.ª Edição, Almedina, Coimbra, 2005.

§ 1.º Âmbito da Teoria Geral do Direito Policial

1. O curso de licenciatura/mestrado em Ciências Policiais tem uma estrutura curricular que lhe permite ser um curso académico-científico de nível universitário e, simultaneamente, um curso que prepara os licenciados para o exercício de uma profissão e para a progressão de uma carreira.

Do curso consta a disciplina de **Técnica do Serviço Policial**, que tem uma vertente teórica e técnico-jurídica, muito originária da antiga Escola Prática de Polícia sedeada em Lisboa. Mas, como disciplina de um curso de nível universitário tem de ser doutrinária e dogmática, o que implica uma mudança na estrutura inicial da cadeira – adequando-a ao modelo de cadeira de um curso universitário capaz de dotar os alunos de um pensamento teórico, de um pensamento técnico-jurídico e de um pensamento prático propício às soluções dos conflitos sociais, cujas competência e atribuição pertencem à Polícia – e, consequentemente, a alteração do seu nome para uma denominação própria e digna de unidade curricular universitária, sem que perca a vertente teórica-jurídica, técnico-jurídica e prática que lhe está subjacente.

Neste sentido, consideramos que, tendo em conta a actividade da polícia – de ordem e tranquilidade pública, administrativa e judiciária[2] –, e a necessidade de criação e de cimentação de uma unidade curricular universitária que se debruce sobre o seu estudo académico e científico dessa actividade jurídico-policial-operativa, que deixou de ser o reflexo do "velho princípio «quem manda, manda bem»" e passou a ser o reflexo do "princípio «da autoridade explicativa»"[3], a denominação correcta da unidade curricular é, no nosso entendimento, *Teoria Geral do Direito Policial*.

---

[2] Concepção tripartida consagrada no art. 272.º da CRP. Quanto a este assunto, *infra* Capítulo IV – Da Natureza da Actuação Policial.

[3] Ou seja, em democracia, não se aceita como bastante e suficiente que se mande, mas impõe-se que "é preciso explicar constantemente as razões determinantes

§ 2.º Conteúdo da Teoria Geral do Direito Policial

2. A *Teoria Geral do Direito Policial* deve ter por objecto de estudo toda a actividade jusinternacional, jusconstitucional e jusordinárial (administrativa e criminal) da actividade de polícia de modo à criação de uma doutrina juspolicial que se encontre e manifeste em toda e qualquer polícia considerada orgânica e formalmente: *v. g.*, Polícia de Segurança Pública (PSP)[4], Guarda Nacional Republicana (GNR)[5], Polícia Judiciária (PJ)[6], Serviço de Estrangeiros e Fronteiras (SEF)[7], Autoridade de Segurança Alimentar e Económica (ASAE)[8].

---

das decisões que se vão tomando". Cfr. DIOGO FREITAS DO AMARAL, *Última Lição*, Almedina, Coimbra, 2007, p. 17.

[4] Cfr. a Lei de Orgânica da PSP, aprovada pela Lei n.º 53/2007, de 31 de Agosto, que revogou a Lei n.º 5/99, de 27 de Janeiro.

[5] Cfr. a Lei de Orgânica da GNR, aprovada pela Lei n.º 63/07, de 6 de Novembro, que revogou o DL n.º 231/93, de 26 de Junho, rectificado pela Declaração de Rectificação n.º 138/93, de 13 de Julho, alterado pelo DL n.º 298/94, de 24 de Novembro, pelo DL n.º 188/99, de 2 de Junho e DL n.º 15/2002, de 29 de Janeiro, excepto os artigos 29.º e 30.º, até que entrasse em vigor a nova lei de segurança interna, e os artigos 33.º, 92.º e 94.º, até entrasse em vigor o novo Estatuto dos Militares da Guarda, por força do art. 54.º da actual LOGNR.

[6] Cfr. a Lei de Orgânica da PJ, aprovada pela Lei n.º 37/2008, de 6 de Agosto, que revogou o DL n.º 275-A/2000, de 9 de Novembro, rectificado pela Declaração de Rectificação n.º 16-D/2000, de 30 Novembro, alterado pelo Lei n.º 103/2001, de 25 de Agosto, DL n.º 323/2001, de 17 de Novembro, DL n.º 304/2002, de 13 de Dezembro, e DL n.º 43/2003, de 13 de Março.

[7] Cfr. a Lei Ogânica do SEF, aprovada pelo DL n.º 252/2000, de 16 de Outubro, alterado pelo DL n.º 29-A/2001, de 17 de Novembro.

[8] Cfr. a Lei Orgância da ASAE, aprovada pelo DL n.º 274/2007, de 30 de Julho. Refira-se que o Tribunal da Relação de Lisboa pronunciou-se pela inconstitucionalidade orgânica da lei orgânica da ASAE, com os seguintes argumentos:

«1 – Na tensão dialéctica entre a liberdade e a segurança o conceito constitucional de forças de segurança não pode deixar de ser perspectivado numa visão ampla que abranja todos os corpos organizados que tenham por missão, principal ou secundária, garantir a segurança interna, o que inclui obrigatoriamente a prevenção de crimes que ponham em causa o direito à segurança dos cidadãos (artigo 27.º, n.º 1, da C.R.P.)

A Autoridade de Segurança Alimentar e Económica (ASAE) foi criada pelo DL n.º DL 237/2005, de 30 de Dezembro. Subsequentemente, o DL 274/2007, de 30 de Julho

Como representação intelectual de observações e de leis das ciências policiais, a *Teoria* – como actividade cognitiva orientada para entrar na realidade inteligível do ser, ou seja, como ontologia que não se afasta da subordinação kantiana à prática[9] – procura criar uma base

---

aprovou a orgânica da ASAE, mantendo as atribuições gerais inicialmente previstas para esta autoridade.

Entre as atribuições gerais previstas no primeiro diploma não se previam, todavia, as competências actualmente contempladas nas als. z) a ab) do art. 3.º/2 do DL 274/2007. As novidades constantes do DL 274/2007 contemplam a atribuição de poderes de órgão e autoridade de polícia criminal, decorrente do art. 15.º e a concessão do direito de uso e porte de arma ao pessoal de inspecção da ASAE contemplado no art. 16.º do DL n.º 274/2007.

Constituindo a criação, definição de tarefas e direcção orgânica das forças de segurança é matéria de lei, perante o quadro normativo exposto, a alínea aa) do art. 3.º DL 274//2007, ao atribuir à ASAE a competência para desenvolver acções de natureza preventiva e repressiva em matéria de jogo ilícito, não pode deixar de enfermar de inconstitucionalidade orgânica, por violação de reserva de lei da AR.

2 – No caso dos autos a arguida, ora recorrente, chegou a ser detida pela ASAE, tendo sido também esta autoridade que a libertou. O art. 272.º/2 da CRP impõe que em sede de direitos fundamentais, a polícia só pode agir dentro dos limites autorizados pela lei, devendo, pois, resultar também da lei todas as medidas restritivas de direitos que uma força policial pode utilizar, sendo que entre os actos de polícia que traduzem restrições de direitos fundamentais conta-se sem dúvida a detenção. A sujeição das medidas de polícia ao princípio da tipicidade legal colhe o seu último fundamento no princípio democrático.

A afirmação de que a actuação da ASAE no âmbito do processo penal surge sempre subordinada à direcção de uma autoridade judiciária, ignora todo o campo de actuação cautelar deixado aos órgãos de polícia criminal também no âmbito do inquérito criminal com incidência nos direitos fundamentais dos visados. É neste ponto que reside, indubitavelmente, a justificação para a imposição de acto legislativo. Conclui-se, assim, que também o art. 15.º do DL 272/2007 na parte em que confere poderes de órgão e autoridade de polícia criminal à ASAE, em conjugação com a atribuição que é feita pelo mesmo diploma de competência para prevenir e reprimir certos crimes enferma de inconstitucionalidade orgânica.

3 – O art. 381.º/1 do CPP prevê as situações em que há lugar a julgamento em processo sumário. Considerando a inconstitucionalidade orgânica acima afirmada, nenhuma das previsões ali em referência cobre a situação dos autos,

E sendo assim, manifesto é que o julgamento em processo sumário realizado importou a nulidade insanável estabelecida no art. 119.º/f) do CPP.». Cfr. Ac. TRL n.º 358/08, de 25 de Junho de 2009, consultado em *http://www.dgsi.pt/jtrl.nsf/*, no dia 31 de Agosto de 2009.

[9] Quanto à concepção e evolução filosófica de *teoria*, MANUEL DA COSTA FREITAS, "Teoria", *in Logos* – Enciclopédia Luso-Brasileira de Filosofia, Verbo, Lisboa//S. Paulo, 1992, Vol. 5, Colunas 108-117.

doutrinária dotada de história (jurídico-policial), *i. e.*, de um *fundo comum* de concepções abertas à discussão e à dogmatização científica, de princípios gerais e específicos de cada ramo jurídico e policial tendo em conta a matéria específica – *p. e.*, desenvolver os princípios gerais da actuação policial tendo em conta a estrutura base da actuação policial e a concepção jusinternacional, jusconstitucional e jusordinária do nosso país e da própria União Europeia, porque ao abordarmos a temática dos menores em perigo ou delinquentes temos de nos debruçar sobre os princípios que regem a actuação policial neste ramo jurídico e policial –, das posições doutrinárias e jurisprudenciais atinentes à actividade policial.

A unidade curricular não se prende única e exclusivamente com o "conjunto dos meios postos em acção pelo homem com vista à obtenção dos seus fins"[10], ou seja, não se esgota nos objectivos e nos meios materiais, mas estende-se à teoria do sistema jurídico-policial, integrando a sua hermenêutica. Pois, esta unidade curricular não se esgota no "método de agir que aplica os conhecimentos fornecidos pela ciência"[11], porque a mesma se baseia em normas jurídicas que "visam as relações entre as pessoas, as condutas sociais"[12], sendo estas intersubjectivas.

A violação de uma norma jurídica dá lugar a consequências jurídicas – civis, administrativas (contra-ordenacionais, disciplinares) e criminais. Já as normas técnicas, que "orientam o homem na sua relação com os meios para a obtenção dos fins pretendidos"[13], promovem relações do homem com as coisas ou instrumentos materiais e nunca relações intersubjectivas. Acresce que as consequências da violação de normas técnicas são de natureza material, tais como "a imperfeição

---

[10] Cfr. J. RESINA RODRIGUES, "Técnica", *in Logos* – Enciclopédia Luso-Brasileira de Filosofia, Verbo, Lisboa/S. Paulo, 1992, Vol. 5, Colunas 28-31 (Col. 27) ou *in Polis* – Enciclopédia Verbo da Sociedade e do Estado, Verbo, Lisboa/S. Paulo, 1987, Vol. 5, Colunas 1126-1129 (Col. 1126).

[11] Quanto a este assunto e ao que se segue neste ponto, GERMANO MARQUES DA SILVA, *Introdução ao Estudo do Direito*, Universidade Católica Editora, Lisboa, 2006, p. 43.

[12] *Ibidem.*

[13] *Ibidem.*

da obra ou a ineficácia da actividade para a realização do fim pretendido"[14].

A actividade jurídico-administrativa e jurídico-criminal da Polícia, constitucionalizada no art. 272.º da CRP, está subordinada à Constituição e à lei[15], aos preceitos constitucionais tutelantes dos direitos, liberdades e garantias fundamentais[16], aos princípios orientadores e vinculativos da actuação da administração estadual[17], aos diplomas legais das diversas matérias atinentes às suas atribuições e competências à jurisprudência e à doutrina. Não se nos afigura que esta unidade curricular possa ser circunscrita a uma técnica – a do serviço policial –, porque a actuação policial é de relação humana, intersubjectiva e a violação de uma qualquer norma jurídica reguladora dessa relação pode gerar responsabilidade civil, administrativa (disciplinar) e criminal. Pois, estamos perante uma *Teoria* e não uma técnica, não obstante de esta teoria estar imbuída de uma técnica jurídica muito própria do ramo do Direito policial.

3. Consideramos que é uma *Teoria Geral* porque o doutrinário não se esgota numa polícia orgânica e formalmente isolada, pois não escrevemos para a Polícia de Segurança Pública (PSP) ou para outra polícia, mas para todas as polícias portuguesas, europeias e de países terceiros, em especial para os Países de Língua Oficial Portuguesa e, ainda, para toda a comunidade científica e universitária e para a sociedade em geral. Pretendemos que esta teoria seja um "conjunto de regras ou de normas a que devem obedecer os fenómenos"[18] de natureza jurídico-administrativa e jurídico-criminal policial, assim como a interpretação dos mesmos face ao ordenamento jurídico em vigor.

Esta Teoria *Geral*, que se destina a vários actores formais de controlo e não formais de controlo e à comunidade em geral, procura não

---

[14] *Ibidem*.
[15] Cfr. art. 3.º, n.º 2 da CRP.
[16] Cfr. art. 18.º, n.º 1 da CRP.
[17] Cfr. artigos 266.º e ss. da CRP e artigos 1.º e ss. do CPA.
[18] Cfr. ADRIANO DUARTE RODRIGUES, "Teoria", *in Polis* – Enciclopédia Verbo da Sociedade e do Estado, Verbo, Lisboa/S. Paulo, 1987, Vol. 5, Colunas 1158-1161 (Col. 1160).

esquecer os saberes práticos da natureza da técnica jurídica administrativa e criminal, dotando principalmente os operadores judiciários – todos eles – de instrumentos e utensílios técnicos que lhes permitam operativizar as normas jurídicas legitimantes da actuação daqueles, criando-se, desta feita, um *fundo comum* ou geral do Direito Policial.

4. Defendemos que é uma Teoria Geral do Direito Policial porque a polícia é, sem dúvida, a face visível do Estado e, consequentemente, da lei e, sendo esta a manifestação positiva do direito, não poder-se-ia afastar a Teoria Geral da ciência do Direito em sentido lato, *i. e.*, dos princípios gerais do direito, dos princípios gerais de cada ramo do direito, do direito positivado (supraconstitucional, constitucional e infraconstitucional), da jurisprudência e da doutrina[19]. O Direito não se esgota no designado direito positivo, que é uma parte do direito vigente, ou seja, há mais direito para além do direito formal, que integra a nossa concepção de direito, como o direito natural[20].

Acresce a este Direito um âmbito específico de interpretação e de aplicação – o campo jurídico-administrativo e jurídico-criminal policial[21]. Desde logo coloca-se a questão de saber se estamos a falar de **Direito de Polícia** ou de **Direito da Polícia**. Cumpre-nos fazer uma destrinça jurídica (e filosófica) dos conceitos em causa, tendo como base ou critério principal os destinatários e os fruidores do Direito.

---

[19] Seguimos o desiderato amalgamado no n.º 1 do art. 3.º do CPA e, desta feita, a posição doutrinal espelhada por DIOGO FREITAS DO AMARAL *et Alia*, *Código do Procedimento Administrativo Anotado e Comentado*, 6.ª. Edição, Almedina, Coimbra, 2007, pp. 39-40.

[20] Neste sentido e com profundo desenvolvimento, GERMANO MARQUES DA SILVA, *Introdução ao Estudo...*, 2006, pp. 61 e ss.. Para o ilustre professor e na linha de J. BAPTISTA MACHADO, o "direito natural está no direito positivo, informando-o, mediatizando-o, dando-lhe uma direcção, um sentido, e é fundamento da sua validade, o que tem como necessária consequência que o juiz, chamado a aplicar o Direito, bem pode ter de frustrar um determinado desígnio do legislador, não, porém, por desrespeito pela lei, mas, bem ao contrário, porque a sua técnica jurídica o leva a dar precedência a quadros dominantes do direito vigente e a transformar qualquer elemento novo estranho por modo tal que ele possa integrar-se harmonicamente no sistema global". Cfr. pp. 64-65.

[21] Claro que estes dois campos não se constroem nem se aferem fora do campo jurídico-constitucional, ao qual se encontra vinculada a Polícia.

Consideramos que o critério dos interesses tutelados pelas normas informadoras do Direito a aferir não seria o mais adequado, porque há interesses que se verificam cumulativamente independentemente do destinatário da norma jurídica.

O **Direito da Polícia** compreende os princípios, as normas positivadas, as decisões judiciais, as decisões administrativas e a doutrina aplicáveis internamente aos elementos pertencentes à organização Polícia. Esta difere de acordo com a natureza de cada uma das polícias: se **força ou serviço de segurança**, se **polícia de ordem e tranquilidade pública**, se **polícia administrativa** e se **polícia judiciária**. Para se aferir da natureza única ou cumulativa de cada uma das polícias impõe-se que se faça um estudo das respectivas leis orgânicas, sendo de destacar que há polícias, como a GNR e a PSP, que podem revestir simultaneamente a natureza de **força de segurança**, de polícia de **ordem e tranquilidade públicas**, de polícia **administrativa** e de polícia **judiciária**.

A ASAE enquadra-se como polícia de natureza predominantemente administrativa e, em casos muito específicos, de natureza judiciária[22]. Já a Polícia Judiciária (PJ) é, no quadro funcional, predominantemente de natureza judiciária[23], sem sequer se olvidar que, no plano teleológico, as suas atribuições e competências dirigem-se para que haja ordem, tranquilidade e segurança públicas. Não se afigura que a PJ seja originariamente força de segurança, mas sim uma polícia enquadrada dentro dos serviços de segurança. Estas polícias e a sua natureza têm um Direito próprio de orgânica e de funcionamento táctico e técnico intrasistémico que compreende o designado *Direito da Polícia*.

---

[22] Cfr. artigos 2.º, 3.º, n.ºs 1 e 2 als. *p)* a *z)* do DL n.º 274/2007, de 30 de Julho, como materialização da ASAE como polícia administrativa. Cfr. a al. *ab)* do n.º 2 do art. 3.º e art. 15.º do DL n.º 274/2007, de 30 de Julho, como materialização da ASAE como polícia judiciária.

[23] A PJ é «um corpo superior de polícia criminal auxiliar da administração da justiça», como prescreve o art. 1.º da LOFPJ, competindo-lhe «coadjuvar as autoridades judiciárias na investigação» e «desenvolver e promover as acções de prevenção, detecção e investigação da sua competência ou que lhe sejam cometidas pelas autoridades judiciárias competentes», nos termos do n.º 1 do art. 2.º e como especificam os artigos 3.º e 4.º da LOFPJ.

O **Direito de Polícia**, não obstante poder ter os elementos policiais como destinatários na qualidade de cidadãos, compreende os princípios gerais, as normas regulares da actuação e da conduta policial na prossecução das suas atribuições e competências na defesa da legalidade democrática, na garantia da segurança interna e dos direitos dos cidadãos, cujos destinatários se encontram indeterminados e indefinidos no espaço do território nacional ou da União Europeia e, até mesmo, internacional[24]. Este direito é informado e mediatizado pela jurisprudência e pela doutrina, que não obstante não serem fontes imediatas de direito, nem de direito de polícia, são suas fontes de hermenêutica e, desta feita, fontes mediatas de direito e, consequentemente, fontes mediatas de direito de polícia[25].

A Teoria Geral incide sobre o Direito de Polícia ou Direito Policial em sentido estrito[26], ou seja, aquele que confere legalidade e legitimidade às suas acções desenvolvidas para materialização da sua tarefa, e não sobre o Direito da Polícia. Não nos esqueçamos de que a actividade jurídico-administrativa e jurídico-criminal da polícia se afere, também e especialmente, de preceitos próprios das leis orgânicas e de funcionamento de cada polícia: *v. g.*, as normas que se prendem com a natureza da polícia, com as atribuições e competências, com a qualidade dos elementos policiais no âmbito material da sua actuação – *p. e.*, o art. 1.º da LOFPSP estipula que a PSP é uma *força de segurança*,

---

[24] O **Direito de Polícia** (ou mais conhecido por Direito Policial) não se confine, hoje, a um espaço territorial exíguo e fixo por fronteiras terrestres, mas face à cooperação policial em matéria penal e administrativa (e judiciária) há normas que regulam as condutas dos elementos policiais para além do espaço do território vestefaliano. Quanto à Cooperação Policial *infra* Capítulo XI.

[25] Quanto a este assunto *infra* §4.º Fontes de Direito Policial.

[26] Para JOÃO RAPOSO, o *Direito Policial* engloba não só o *direito de polícia*, como também o *direito da polícia*. Defende, desta feita, uma concepção ampla de Direito Policial. Cfr. JOÃO RAPOSO, *Direito Policial* – I, Colecção do Centro de Investigação do ISCPSI, Almedina, Coimbra, 2006, p. 17. Contudo, consideramos que, num sentido restritivo, o *Direito Policial* se prende mais com o *Direito de Polícia*, não obstante a qualidade em que a Polícia intervém – *v. g.*, se na veste de Autoridade de Polícia, se de Autoridade e/ou Agente Policial, se de Autoridade e/ou Órgão de Polícia Criminal – se afira orgânica e formalmente do *Direito da Polícia*.

o art. 3.º do mesmo diploma refere as *atribuições* da PSP (de ordem e tranquilidade pública, administrativas e judiciárias), o art. 10.º do mesmo diploma identifica quem é considerado legalmente como *autoridade de polícia* e o art. 11.º do mesmo diploma identifica e determina quem é *autoridade* e *órgão de polícia criminal*.

A **Teoria Geral do Direito Policial** deve estudar e analisar as questões de índole geral que relevam para os diversos tipos das relações jurídico-policiais, podendo estas não se esgotarem na esfera do Direito Público – veja-se o caso das *relações de vizinhança* no que concerne ao *ruído*, cuja tutela da *fruição total da propriedade* se manifesta no quadro do *direito civil* (art. 1346.º do CCiv.) e no quadro do direito administrativo sancionatório (art. 24.º do Regulamento Geral do Ruído[27]) – e não serem exclusivamente emergentes do Direito de Polícia, mas se aferirem dos diplomas legais que compõem o núcleo do Direito da Polícia.

§ 3.º O Direito Policial como ramo do Direito Público

5. O *Direito Policial* em sentido estrito ou o *Direito de Polícia* deve ser integrado como ramo do Direito Público, tendo em conta o critério da *posição dos sujeitos da relação jurídica* produzida. O critério dos *interesses* e o critério da *natureza* ou da *posição de supremacia ou subordinação do sujeito da situação jurídica* não se nos afiguram como critérios lineares e transparentes na integração do Direito Policial como Direito Público.

A concepção de que será direito público quando a norma jurídica tutela *interesses públicos ou colectivos* e direito privado se a norma jurídica tutelar interesses *privados ou individuais*, não se adequa à

---

[27] Cujo incumprimento da ordem de cessação de ruído é punida como contra-ordenação ambiental leve, nos termos das als. *a*) e *b*) do n.º 2 do art. 22.º da Lei Quadro das Contra-Ordenações Ambientais (LQCOA), aprovada pela Lei n.º 50/2006, de 29 de Agosto, por força das als. *h*) e *i*) do n.º 1 do art. 28.º do Regime Geral do Ruído (RGR), aprovado pelo DL n.º 9/2007, de 17 de Janeiro, rectificado pela Declaração de Rectificação n.º 18/2007, de 16 de Março, e alterado pelo DL n.º 278/2007, de 1 de Agosto.

concepção contemporânea ou hiper-moderna de Direito[28]. Seguindo a teoria dos interesses protegidos, o Direito policial seria direito público se as suas normas tutelassem interesses essencialmente colectivos ou gerais e seria direito privado se as suas normas tutelassem interesses essencialmente privados ou singulares[29]. Contudo, não se pode optar por fundar a diferenciação e integração do Direito de Polícia como Direito Público com base na teoria dos interesses, pelas razões que se expõem de seguida.

6. Todo o Direito é, hoje e simultaneamente, direito público e direito privado, porque quer um quer outro protegem interesses públicos e privados. Como sabemos existem normas de direito privado que tutelam interesses públicos, cuja garantia e defesa também cabem à Polícia, e fazem parte da actividade jurídico-administrativa e jurídico--criminal policial. Logo, são normas jurídicas que se entroncam na realização do direito por meio dessa actividade.

Há normas jurídicas de direito privado que prosseguem interesses individuais ou privados e, cumulativamente, tutelam interesses colectivos ou gerais: *v. g.*, a sujeição da compra e venda de bens imóveis a escritura e a registo, não só se procura tutelar o direito de propriedade contra a sua ocupação ou usurpação por parte de outrem, mas procura facilitar a prova da realização do acto e da propriedade[30] e pros-

---

[28] Neste sentido CARLOS ALBERTO DA MOTA PINTO, *Teoria Geral do Direito Civil*, 3.ª Edição (11.ª Reimpressão), Coimbra Editora, 1996, p. 24. Esta destrinça assentava na criação de ULPIANO de que o direito público «*ad statum rei romanae spectat*» e o direito privado «*ad singulorum utilitatem pertinet*». Cfr. CARLOS ALBERTO DA MOTA PINTO, *Teoria Geral...*, p. 24. Quanto à *teoria dos interesses*, ANTÓNIO MENEZES CORDEIRO, *Tratado de Direito Civil Português* – I – Parte Geral – Tomo I, 2.ª Edição, Almedina, Coimbra, 2000, p. 29.

[29] Quanto a este assunto no âmbito do direito civil, LUIS A. CARVALHO FERNANDES, *Teoria Geral do Direito Civil* – I – *Introdução, Pressupostos da Relação Jurídica*, 3.ª Edição, Universidade Católica Editora, Lisboa, 2001, p. 19.

[30] O crime de usurpação de coisa imóvel, p. e p. pelo art. 215.º do CP, só se verifica se o imóvel for usurpado por quem não é seu legítimo proprietário, cuja certeza se afere com facilidade caso a sua aquisição tenha obedecido aos quesitos formais: escritura e respectivo registo. A escritura e respectivo registo facilitam a identificação do titular do direito de queixa face a um crime de dano, p. e p. pelo art. 212.º do CP.

seguir a segurança do comércio[31]; as normas da responsabilidade pelo risco, como a do art. 502.º do CCiv., que estipula a responsabilidade pelos danos provocados pelo uso de animais – em que há a preocupação de tutelar a propriedade de outrem numa mesma posição jurídica – e que, não obstante ser uma norma jurídica de direito privado, procura tutelar interesses públicos da ordem e tranquilidade pública; as normas jurídico-civis sobre o casamento, que tutelam o interesse privado dos contraentes quanto à fidelidade ou quanto à prestação de alimentos e, simultaneamente, à validade do acto, tutelam o interesse público de proteger o bem jurídico instituição da família monogâmica, possibilitando a identificação das situações que se enquadrem no crime de bigamia, p. e p. art. 247.º do CP; do mesmo modo se podem enquadrar as normas referentes à tutela civil dos menores no que concerne à educação a dar aos filhos menores pelos detentores do poder paternal – art. 1885.º do CCiv. –, que tutelam interesses privados da pessoa do menor que é a promoção do seu «desenvolvimento físico, intelectual e moral» e, simultaneamente, tutelam o interesse público do desenvolvimento integral do menor inserido na sociedade de modo a evitar que o menor entre numa situação de perigo[32]. Nestas situações que à *priori* se afiguram de natureza privada e que implicam a intervenção jurídico-administrativa ou jurídico-criminal da polícia, podem ser enquadradas no quadro do Direito Público.

Há normas de Direito Público que tutelam interesses públicos e, cumulativamente, interesses privados. Desde logo as normas jurídico-criminais que tutelam interesses públicos – da segurança, da tranquilidade e da paz públicas ou de uma paz harmoniosa capaz de dar aos cidadãos um espaço e um tempo adequados ao exercício pleno dos direitos e liberdades fundamentais –, tutelam interesses privados e

---

[31] Cfr. CARLOS ALBERTO DA MOTA PINTO, *Teoria Geral...*, p. 25.

[32] A intervenção pública formal ou não formal no âmbito das crianças e jovens em perigo só é admissível no quadro factual do art. 3.º da Lei n.º 147/99, de 1 de Setembro, que aprovou a Lei de Protecção de Crianças e Jovens em Perigo (LPCJP). Quanto a este assunto MANUEL MONTEIRO GUEDES VALENTE e NIEVES SANZ MULAS, *Direito de Menores – Estudo Luso-Hispânico sobre Menores em Perigo e Delinquência Juvenil*, Âncora Editora, Lisboa, 2003, pp. 53-154.

singulares – a vida, a integridade física individual, a liberdade pessoal, a reserva da intimidade da vida privada e familiar, o património individual. Outro exemplo referenciado pelos autores cinge-se ao quadro normativo-administrativo, que tutela os interesses públicos emergentes da relação da Administração Pública com os particulares, destina-se também a tutelar os interesses dos particulares colocados em causa nessa relação[33].

Retira-se, do exposto, que as normas jurídicas – sejam protectoras de interesses privados sejam protectoras de interesses públicos – visam um interesse geral público: a *realização do direito*[34]. Daqui afere-se que a *teoria dos interesses* a proteger não é adequada à cisão e à identificação do Direito Policial ou o Direito de Polícia como Direito Público.

7. A teoria da tutela dos *interesses preponderantemente (ou não exclusivamente) públicos* como integradora das normas no Direito Público e da tutela dos *interesses preponderantemente (ou não exclusivamente) privados* como integradora das normas no Direito Privado[35] não é um critério adequado a separar a natureza jurídica das normas jurídico-administrativa e jurídico-criminais policiais.

Casos há em que dificilmente se pode aferir qual o interesse preponderante: *v. g.*, a tutela prosseguida com a intervenção da Polícia no quadro da menoridade numa situação de perigo que leva aquele serviço público a informar a Comissão de Protecção de Menores Restrita territorialmente competente e que visa a tutela de um interesse público – o desenvolvimento integral da criança para que seja um ser humano útil e fundamental ao desenvolvimento comunitário – ou a tutela de interesse privado – imposto pelo interesse superior da criança no seu desenvolvimento físico, intelectual e moral. Há uma dúbia

---

[33] Neste sentido CARLOS ALBERTO DA MOTA PINTO, *Teoria Geral...*, pp. 25-26 e ANTÓNIO MENEZES CORDEIRO, *Tratado de Direito...* – I – Parte Geral – Tomo I, 2.ª Edição, p. 29.
[34] Cfr. CARLOS ALBERTO DA MOTA PINTO, *Teoria Geral...*, p. 26.
[35] Cfr. CARLOS ALBERTO DA MOTA PINTO, *Teoria Geral...*, p. 26 e LUIS A. CARVALHO FERNANDES, *Teoria Geral ...* – I, 3.ª Edição, p. 19.

certeza que não facilita a clarificação do Direito Policial como ramo o Direito Público.

Acresce a este argumento da incerteza[36], o argumento de que existem normas jurídicas sistematizadas em diplomas predominantemente detentores e exemplares de Direito Privado que têm por fim a tutela de interesses públicos: *v. g.*, as normas imperativas que se aplicam independentemente da vontade das partes – *p. e.*, a obrigatoriedade de acto público na aquisição e na doação de imóveis, (artigos 875.º e 947.º do CCiv.) – e que visam proteger essencialmente interesses públicos[37]. A certeza do titular do direito de propriedade do bem imóvel é fundamental na actuação jurídico-administrativa e jurídico-criminal da Policia: *p. e.*, para identificação e determinação do agente do ilícito de ordenação social fiscal por incumprimento da prestação do Imposto Municipal sobre Imóveis ou para identificação e determinação do titular do direito de queixa quando existe dano sobre esse bem.

8. O critério da *natureza dos sujeitos da situação jurídica* ou *da posição* ocupada daqueles – de *supremacia* e de *subordinação* – não se nos afigura para destrinçar e integrar o Direito Policial dentro do ramo de Direito Público[38].

O serviço público de polícia – materializado pela Polícia em geral – não a coloca como face visível do Estado como receptora exclusiva de normas de direito público – pois, é receptora e lida com normas de direito privado, como da responsabilidade civil pelo risco –, nem a coloca sempre numa situação de supremacia face aos cidadãos e estes numa posição de subordinação face à Polícia. Esta rege-se por normas de direito privado quando adquire um bem e negoceia sem recurso à expropriação, ficando aqui em pé de igualdade com o cidadão em geral, ou fica sujeita às normas da responsabilidade pelo risco sempre que uma viatura sua danifica outra viatura de um cidadão. As

---

[36] Quanto a este assunto, CARLOS ALBERTO DA MOTA PINTO, *Teoria Geral...*, p. 26.
[37] Cfr. CARLOS ALBERTO DA MOTA PINTO, *Teoria Geral...*, pp. 26-27.
[38] Quanto a este assunto CARLOS ALBERTO DA MOTA PINTO, *Teoria Geral...*, pp. 27-28 e ANTÓNIO MENEZES CORDEIRO, *Tratado de Direito...*– I – Parte Geral – Tomo I, 2.ª Edição, p. 29.

normas jurídicas a que a Polícia está sujeita e por que se rege nem sempre são de Direito Público e nem sempre lhe dão supremacia sobre o cidadão e respectiva subordinação por parte deste.

Acresce referir que o Direito Privado regula relações jurídicas de pessoas singulares de supremacia e de subordinação – *v. g.*, as normas do exercício do poder paternal, do exercício da tutela, que são normas fundamentais na actuação da Polícia no âmbito jurídico-administrativo do consumo de drogas[39] – e de pessoas jurídicas (colectivas) – *v. g.*, as relações entre as associações e sociedades e os respectivos membros[40]. Este critério não delimita correctamente a integração do Direito Policial no Direito Público.

9. O critério da *posição ou da qualidade dos sujeitos das relações jurídicas produzidas* é aquele que se nos afigura como o mais correcto e claro para integrar o Direito Policial ou Direito de Polícia como ramo do Direito Público. Este critério consigna que se o sujeito exerce o direito na relação jurídica numa posição investido de poderes especiais – de *ius imperii* ou de autoridade e competência – esse sujeito ou as normas jurídicas que *in casu* lhe conferem essa qualidade ou posição são normas de Direito Público[41], caso não lhe confiram essa qualidade ou o dispam dessa veste, as normas por que se está a reger esse sujeito são normas de *Direito Privado* – cuja actua-

---

[39] Quanto a este assunto MANUEL MONTEIRO GUEDES VALENTE, *Consumo de Drogas – Reflexões sobre o Quadro Legal*, 3.ª Edição, Almedina, Coimbra, 2006, pp. 129-136. Cfr. art. 3.º, n.º 1 da Lei n.º 30/2000, de 29 de Novembro, e art. 14.º do DL n.º 130-A/2001, de 23 de Abril.

[40] Cfr. CARLOS ALBERTO DA MOTA PINTO, *Teoria Geral...*, p. 28.

[41] Como afirma MENEZES CORDEIRO, neste domínio os sujeitos não se relacionam dentro de uma lógica de liberdade (autodeterminação da vontade) e de igualdade, pois há um dos sujeitos da relação jurídica que impera e limita a liberdade do outro sujeito. Cfr. ANTÓNIO MENEZES CORDEIRO, *Tratado de Direito...* – I – Parte Geral – Tomo I, 2.ª Edição, pp. 29-30. Mas, nesta limitação não se pode ultrapassar a essência e o conteúdo central dos direitos do outro sujeito sob pena de *abuso de direito* e de legitimação por parte do outro sujeito de resistir e de se insurgir jurisdicionalmente contra o exercício ajurídico do outro sujeito investido de poderes de mando, podendo consignar a prática do crime de *abuso de poder*, p. e p. pelo art. 382.º do CP.

ção dos sujeitos se pauta pela liberdade e igualdade da posição ou da qualidade[42].

Não obstante a Polícia prosseguir *relações jurídico-administrativas obrigacionais* – no que concerne ao pagamento de rendas por fruição de imóveis arrendados a particulares –, *relações jurídico-administrativas de longa duração* – promovida entre a instituição e os seus elementos (relações jurídicas administrativas referentes à pessoa), entre a instituição e outros organismos do Estado como serviços tributários (relações jurídicas administrativas relativas ao património) e entre a instituição e outros serviços fornecedores de bens essenciais como a água, a electricidade (relações jurídicas de instituição e uso) –, as relações jurídicas promovidas no âmbito do Direito Policial e estudadas na Teoria Geral do Direito Policial são as designadas *relações jurídico-administrativas ou jurídico-criminais de momento*, que se prendem com a necessidade de intervenção por iniciativa própria ou por solicitação de outrem (titular ou não do direito ou bem jurídico afectado ou de uma Autoridade Judiciária ou entidade pública) para solucionar uma situação administrativa ou criminal (ou até mesmo civil, tributária, de menoridade e familiar ou laboral) concreta e real de momento ou de exígua duração[43].

A Polícia na sua actividade jurídico-administrativa e jurídico-criminal está, em regra, investida desses poderes especiais – de *ius imperii* – como defensora da legalidade democrática, como defensora e garante da segurança interna e dos direitos dos cidadãos. As normas que lhe conferem esta qualidade ou posição na relação jurídica estabelecida com o cidadão, que lhe legitimam a restrição limitada constitucional e legalmente dos direitos e liberdades do cidadão, são de *Direito Público* e não de Direito Privado. Essas normas compõem o grosso se não o todo do Direito Policial ou do Direito de Polícia. Neste sentido, o Direito Policial é Direito Público.

---

[42] Quanto a este assunto, CARLOS ALBERTO DA MOTA PINTO, *Teoria Geral...*, pp. 28-31, ANTÓNIO MENEZES CORDEIRO, *Tratado de Direito...* – I – Parte Geral – Tomo I, 2.ª Edição, p. 29-32, e LUÍS A. CARVALHO FERNANDES, *Teoria Geral ...* – I, 3.ª. Edição, pp. 19-22.

[43] Quanto à doutrinação desta matéria, HARTMUT MAURER, *Direito Administrativo Geral*, (tradução do Alemão de Luís Afonso Hech), Manole, S. Paulo, 2006, pp. 190-192.

§ 4.º Razão da destrinça e da integração do Direito Policial como ramo do Direito Público

10. A inserção do Direito Policial como ramo do Direito Público impõe-se por razões de cientificidade na sistematização, no agrupamento e na delimitação dos grupos das normas jurídicas, porque interfere no campo da aplicação do direito ao caso concreto. Ora vejamos.

Da actuação da Polícia pode resultar uma situação de agressão a bens ou interesses privados dignos de tutela civil, de tutela administrativa e de tutela criminal. Neste sentido, é preciso averiguar se a relação que gera a agressão a esse bem jurídico ou interesse particular se enquadra no foro do direito público ou no foro do direito privado, para que afira da jurisdição competente.

Se a questão se prende com o incumprimento de um contrato de arrendamento por parte da instituição Policial – o não pagamento da renda respectiva e contratualizada –, o foro competente é o tribunal judicial civil. Se a questão tem a ver com o reconhecimento de um direito afectado com a intervenção jurídico-administrativa da polícia ou com o restabelecimento de um direito de fornecimento de bens de restauração ao público por suspensão do mesmo por razões formais (inexistência da respectiva licença) ou materiais (excesso de ruído), o foro competente é o tribunal administrativo. A destrinça é fundamental para apuramento da *jurisdição competente*[44] da actuação ou da relação jurídica produzida pela Polícia.

11. Acresce que a Polícia, como sujeito de relações jurídicas, desenvolve actos que podem gerar *responsabilidade civil* contratual, extracontratual e pelo risco[45]. É necessário saber se a actuação daquela se regeu por normas jurídicas de Direito Público – centrando-se na desi-

---

[44] Quanto a uma visão global da relação jurídica no âmbito da razão de ser da destrinça dos ramos do direito – público ou privado –, CARLOS ALBERTO DA MOTA PINTO, *Teoria Geral...*, pp. 31-33.

[45] Quanto à responsabilidade civil por actos ilícitos ou objectivos, RUI MEDEIROS, *Responsabilidade Civil dos Poderes Públicos*, Universidade Católica Editora, Lisboa, 2005. O Regime da Responsabilidade Civil Extracontratual do Estado e demais Entidades Públicas foi aprovado pela Lei n.º 67/2007, de 31 de Dezembro.

gnada gestão pública – ou se por normas de Direito Privado – enquadrando-se na actividade gestão privada. Impõe-se apurar o regime jurídico a aplicar: se o regime especial de responsabilidade pelos danos causados por entes do Estado ou se o regime prescrito no Código Civil.

Refira-se que se a responsabilidade por actuação da Polícia se enquadrar na gestão pública, o foro competente é o foro administrativo, conquanto se for enquadrada na gestão privada, o foro competente é o tribunal judicial. A correcta inserção da actuação nas normas jurídicas no ramo do Direito Público ou não é fundamental para se destrinçar o regime jurídico substantivo e processual a aplicar nos casos de responsabilidade[46] pelos danos causados pela actuação da Polícia.

§ 5.º Fontes do Direito Policial

12. As fontes do Direito Policial não se afastam das fontes dos restantes ramos do Direito[47]. Consideramos que são *fontes imediatas* ou *directas* do Direito Policial a lei – direito escrito – e o costume – direito consuetudinário –, sendo que são fontes *mediatas* ou *indirectas* a jurisprudência e a doutrina. Consideramos os princípios fundamentais do direito, não obstante serem apenas direito objectivo e não direito positivo até consagração em fonte formal, como fontes do Direito Policial, porque não só o legitimam, como o enformam e o validam na materialização da actuação jurídico-administrativa e jurídico-criminal da Polícia.

> Os *princípios fundamentais do direito* – "conjunto de princípios supra positivos que enformam o direito positivo, dando-lhe uma direcção, um sentido, e são fundamento da sua validade e também que, chame-se o que se lhe chamar (*direito natural*, *princípio da justiça* ou simplesmente *princípios fundamentais do Direito*) esses princípios fazem parte do

---

[46] Quanto à responsabilidade pelos danos causados pelos detentores de *ius imperii* na relação jurídica, CARLOS ALBERTO DA MOTA PINTO, *Teoria Geral...*, pp. 33-34.

[47] Quanto às fontes do direito em geral, ANTÓNIO MANUEL HESPANHA, *O Caleidoscópio do Direito. O Direito e a Justiça nos Dias e no Mundo de Hoje*, Almedina, Coimbra, 2007, pp. 430-474.

direito objectivo, são Direito" – vinculam o legislador constituinte e não podem ser afastados "sem perversão da ordem jurídica ou do sentido jurídico da comunidade, sem perda do fundamento de legitimidade e, portanto, da validade por parte das leis que os desrespeitarem"[48].

As fontes do Direito Policial podem ser *internas* – lei, costume, jurisprudência e doutrina – e *externas* – tratado, costume, decisões de organismos internacionais, jurisprudência das jurisdições internacionais e doutrina. Há princípios que enformam o nosso direito positivo interno cuja aferição se apura em textos normativos internacionais: *v. g.*, o princípio de estado de necessidade de intervenção do Estado face a uma situação concreta que afecte a «ordem pública e o bem-estar numa comunidade democrática» ou o princípio da cláusula geral de polícia, prescrita no n.º 2 do art. 29.º da DUDH, é um princípio crucial enformador de fundamento da legitimidade normativa e sociológica de uma actuação da Polícia que restrinja direitos e liberdades dos cidadãos. Este princípio é um princípio fundamental do direito que se retira do direito positivo internacional e que permite a interpretação e a integração de uma lacuna jurídica fundamentadora de uma intervenção restritiva do gozo e exercício de direitos e liberdades dos cidadãos.

13. No que concerne à lei – todo o direito positivado (supraconstitucional, constitucional, infraconstitucional)[49] – como fonte de Direito Policial não levanta dúvidas. Contudo, face à constitucionalização da função ou missão da Polícia – n.º 1 do art. 272.º da CRP –, tendo como primeiro mote a defesa da legalidade democrática, sob a égide dos princípios constitucionalizados no art. 266.º da CRP, especialmente o princípio da legalidade, parece-nos que se pode questionar o *costume* como fonte do Direito Policial.

---

[48] Cfr. GERMANO MARQUES DA SILVA, *Introdução ao Estudo...*, pp. 83-86.

[49] Não olvidamos os *Regulamentos de Polícia* como fonte de Direito Policial, pois "são actos do poder administrativo" na prossecução da actividade administrativa. Pode-se falar dos *regulamentos policiais de distrito* – propostos pelo Governo Civil para aprovação do Ministro da Administração Interna –, das *posturas municipais* – regulamentos independentes – e dos *regulamentos de polícia* – de natureza complementar e de "execução de determinadas leis". Cfr. JOÃO RAPOSO, *Direito Policial* – I, p. 19.

O costume é fonte de Direito[50] e, como tal, fonte do Direito Policial, sob pena de enrijecermos a legalidade em detrimento da justiça justa e de uma aplicação do direito de acordo com o tempo e o espaço a que o mesmo diz respeito. Para HARTMUT MAURER só existe direito consuetudinário se for o resultado de um "exercício prolongado e genérico" e se os que o praticam tiverem convictos de que "esse exercício é juridicamente ordenado (*opinio iuris*)".

Acresce que esta norma consuetudinária tem de ser precisa quanto ao seu conteúdo sob pena de estar ferida de validade e, ainda, sempre que seja arguida em processo litigioso é preciso que esta norma consuetudinária seja reconhecida judicialmente. Refira-se que o costume deixa de valer como fonte de direito sempre que cai em desuso quer por derrogação de norma escrita posterior, quer por norma consuetudinária posterior derrogante[51].

Como se sabe o costume pode ser elemento conformador e interpretativo da norma – *secundum legem* –, pode integrar situações não previstas – *praeter legem* – ou pode ser contrário à norma escrita – *contra legem*[52]. Ora vejamos. Se a Polícia considerar que o art. 82.º do Código do Trabalho (CT), que criminaliza o uso de mão-de-obra infantil, deve ser aplicado de acordo com uma interpretação literal em todo o território português, sem que se atenda aos costumes do local – *v. g.*, das aldeias do interior –, promoverá um injustiça, porque as populações do interior e mesmo famílias mais pobres das zonas urbanas ou não têm onde deixar os filhos menores após a frequência da escola ou não podem por insuficiência económica ou não há uma rede pública e privada de apoio a estas famílias. Faz parte dos usos e costu-

---

[50] Cfr. GERMANO MARQUES DA SILVA, *Introdução ao Estudo...*, pp. 114-116 e ANTÓNIO MANUEL HESPANHA, *O Caleidoscópio do Direito...*, pp. 461-468.

[51] Cfr. HARTMUT MAURER, *Direito Administrativo...*, pp. 75-76. Quanto a um exemplo puro de desuso do costume, pode-se referir o caso do direito de correcção do professor da escola primária – norma consuetudinária – que fora derrogado quer por os cidadãos não estarem convictos de que tem valor jurídico quer por as leis escritas escolares posteriores contrariarem essa tese. Cfr. HARTMUT MAURER, *Direito Administrativo...*, p. 77.

[52] Cfr. GERMANO MARQUES DA SILVA, *Introdução ao Estudo...*, pp. 115-116 e HARTMUT MAURER, *Direito Administrativo...*, p. 76.

mes das aldeias levar os filhos para a lavoura após o *terminus* da escola, sob pena de ficarem numa situação de abandono e de perigo – potencialidade temporal para o uso de utensílios perigosos em casa como facas, garfos, fogão, (...). Neste sentido e, mesmo *contra legem*, o costume é fonte de Direito Policial.

14. A *jurisprudência* e a *doutrina*[53] são fontes mediatas ou indirectas do Direito Policial. Estas duas fontes do Direito Policial revelam o sentido, o alcance e o conteúdo das normas jurídicas, sendo que a jurisprudência procura integrar lacunas, porque a lei não prevê tudo. São, por isso, "revelação do Direito".

Acresce referir que da jurisprudência se aferem a*córdãos com força obrigatória geral*, que vigoram para toda a comunidade e para todos os operadores judiciários, inclusive para a Polícia. Neste sentido, a Polícia não pode interpretar uma norma ou aplicar uma norma jurídico-administrativa ou jurídico-criminal, cuja interpretação ou norma tenha sido declarada inconstitucional com força obrigatória geral, porque aquela norma deixou de ter validade jurídica. Do mesmo modo consideramos que a Polícia não pode actuar jurídico-administrativamente ou jurídico-criminalmente violando o disposto num acórdão uniformizador de jurisprudência, a não ser que o caso concreto imponha essa intervenção e seja fundamentada[54].

---

[53] Quanto a este assunto, ANTÓNIO MANUEL HESPANHA, *O Caleidoscópio do Direito...*, pp. 460-461 e 453-460.

[54] Quanto a estes assuntos em geral, GERMANO MARQUES DA SILVA, *Introdução ao Estudo...*, pp. 117-122.

Capítulo II
DA TIPOLOGIA «POLÍCIA»

Sumário: Secção I – Da polícia em geral:
  § 6.º   Considerações gerais
  § 7.º   Da polícia como força de segurança
  § 8.º   Da polícia em sentido orgânico e funcional
  § 9.º   Da polícia como Órgão de Polícia Criminal
Secção II – Da polícia municipal:
  § 10.º   Considerações gerais
  § 11.º   Da construção da polícia municipal: princípios enformadores
  § 12.º   Do quadro jurídico-constitucional
  § 13.º   Lei Quadro – da concepção à fiscalização dos seus actos
  § 14.º   Dos agentes de polícia municipal
  § 15.º   Dos contributos finais para uma nova tipologia de polícia municipal
  § 16.º   Conclusão capitular

Fontes: AMARAL, DIOGO FREITAS DO, *Curso de Direito Administrativo*, 2.ª edição, Almedina, Coimbra, 1994, Vol. I; BARRETO, MASCARENHAS, *História da Polícia em Portugal*, Braga Editora, 1979; CAETANO, MARCELLO, *Manual de Direito Administrativo*, 10.ª Edição (7.ª reimpressão), Almedina, Coimbra, 2001, Vol. I; *Princípios Fundamentais do Direito Administrativo*, 2.ª Reimpressão Portuguesa, Almedina, Coimbra, 1996; CAMPOS, MANUEL FONTAINE, *O Direito e a Moral no Pensamento de Friedrrich Hayek*, UCP – Porto, 2000; CANOTILHO, GOMES e MOREIRA, VITAL, *Constituição da República Portuguesa Anotada*, 3.ª Edição, Coimbra Editora, 1993; CANOTILHO, GOMES, *Direito Constitucional e Teoria da Constituição*, 3.ª Edição, Almedina, Coimbra, 1999; CASTRO, CATARINA SARMENTO E, *A Questão das Polícias Municipais*, Coimbra Editora, Coimbra, 2003; CAUPERS, JOÃO, *Introdução ao Direito*

Administrativo, 9.ª Edição, Âncora Editora, Lisboa, 2007; CAVACO, PAULO DANIEL PERES, "A Polícia no Direito Português, Hoje", *in Estudos de Direito de Polícia*, (Seminário de Direito Administrativo de 2001/2002, regido por JORGE MIRANDA), AAFDL, 2003; CLEMENTE, PEDRO, *Da Polícia de Ordem Pública*, Edição do Governo Civil de Lisboa, Lisboa, 1998; CORREIA, SÉRVULO, "Polícia", *in Dicionário Jurídico da Administração Pública,* Vol. VI, Lisboa, 1994; COSTA, JOSÉ DE FARIA, "O direito penal e o tempo", *in BFD da Universidade de Coimbra – Volume Comemorativo*, Coimbra, 2003; CUNHA, J. DAMIÃO DA, *O Ministério Público e os Órgãos de Polícia Criminal no Novo Código de Processo Penal*, UCE, Porto, 1993; DIAS, JORGE DE FIGUEIREDO, *Direito Processual Penal*, (Colecção Clássicos Jurídicos), Reimpressão da 1.ª Edição de 1974, Coimbra Editora, 2004; DUARTE, I. SOUSA, *Código de Polícia Municipal e Administração*, 1881; FERRI, ENRICO, *Princípios de Direito Criminal – O Criminoso e o Crime*, (tradução de Luiz de Lemos D' Oliveira), Russel, Campinas/SP, 2003; FREITAS, JUSTINO A. DE, *Instituições de Direito Administrativo Português*, 2.ª Edição, 1861; LISZT, FRANZ von, *Tratado de Direito Penal*, (tradução de JOSÉ HIGINO DUARTE PEREIRA), Russell, Campinas/SP, 2003, Tomo II; LOMBA, PEDRO, "A Actividade da Polícia como Relação Administrativa", *in Estudos de Direito de Polícia*, (coordenação de JORGE MIRANDA), AAFDL, Lisboa, 2003; LUCIANO, JÚLIO CÉSAR, "Estudo de Carácter Geral", *in Estudos de Direito de Polícia*, (Seminário de Direito Administrativo de 2001/2002, regido por JORGE MIRANDA), AAFDL, 2003; MAGALHÃES, JOSÉ, *Dicionário da Revisão Constitucional*, Editorial Notícias, 1999, Lisboa; MIRANDA, JORGE, *Manual de Direito Constitucional – Tomo V – Actividade Constitucional do Estado*, Coimbra Editora, Coimbra, 1997; PÉREZ, Francisco Alonso/SANCHES, J. Cabanillas/CASTARROYO, J. Escalante/MALUENDA, Jaime Fa/ESCALONA, A. Nicolás M./ /PLAZA, C. J. San Román e PEREIRA, Arturo, *Manual del Polícia*, 4.ª Ed., La Ley, Madrid, 2004; PINHEIRO, ALEXANDRE SOUSA e FERNANDES, MÁRIO JOÃO DE BRITO, *Comentário à IV Revisão Constitucional*, AAFDL, Lisboa, 1999; RAPOSO, JOÃO, *Lições de Direito Policial*, (policopiadas), ISCPSI, 2004; *Direito Policial I*, Colecção Científica do CISCPSI, Almedina, Coimbra, 2006; RAWLS, JOHN, *Uma Teoria para a Justiça*, (tradução de CARLOS PINTO CORREIA), Editorial Presença, Lisboa, 1993; RODRIGUES, LAURA ZUÑIGA, *Política Criminal*, Colex, Madrid, 2001; SILVA, GERMANO MARQUES DA, *Ética Policial e Sociedade Democrática*, Edição do ISCPSI, Lisboa, 2001; *Curso de Processo Penal*, Verbo, Lisboa/S. Paulo, Vol. I (4.ª Edição), e Vol. III (2.ª Edição); SOUSA, MARCELLO REBELO DE e MATOS, ANDRÉ SALGADO DE, *Direito Administrativo Geral – Introdução e Princípios Fundamentais –* Tomo I, Dom Quixote, Lisboa, 2004; TEIXEIRA, ANTÓNIO BRAZ, *Sentido e Valor do Direito*, INCM, 2ª Ed., 2000; VALENTE, MANUEL MONTEIRO GUEDES, *Dos Órgãos de Polícia Criminal – Natureza-Intervenção-Cooperação*, Almedina, Coimbra, 2004; "ENQUADRAMENTO JURÍDICO DAS POLÍCIAS MUNICIPAIS: Do quadro constitucional ao quadro ordinário", *in Estudos de Homenagem ao Professor GERMANO MARQUES DA SILVA*, Almedina, Coimbra, 2004; *Consumo de Drogas – Reflexões sobre o Novo Quadro Legal*, 3.ª Edição, Almedina, Coimbra, 2006; *Escutas Telefónicas – Da Excepcionalidade à Vulgaridade*, Almedina, Coimbra, 2003; *Regime Jurídico da Investigação Criminal Comenta-*

do e Anotado, 3.ª Edição, Almedina, Coimbra, 2006; *Revistas e Buscas*, 2.ª Edição, Almedina, Coimbra, 2005; *Processo Penal – Tomo I*, Almedina, Coimbra, 2005; ZIPPELIUS, REINHOLD, *Teoria Geral do Estado*, 3.ª Edição, (tradução de KARIN PRAEFKE-AIRES COUTINHO sob a coordenação de GOMES CANOTILHO), Fundação Calouste Gulbenkian, 1997, Lisboa.

SECÇÃO I

DA POLÍCIA EM GERAL

§ 6.º Considerações gerais

15. A Polícia, que outrora fora a "expressão «administração pública»: era, então, toda a acção do Príncipe dirigida a promover o bem-estar e comodidade dos vassalos"[55], que passara por expressar uma "actividade extensa, e por muitos títulos benemérita, em diversos domínios relativos ao progresso moral, económico e cultural da Nação"[56]. Esta actividade extensa desenvolve-se através de meios arbitrários e que, com a Revolução francesa, deixara de constituir ou ser suporte de um Estado de polícia e autoritário para ser elemento integrante de um Estado subordinado ao direito ou mundo jurídico. A Polícia é ou deve ser, hoje, um garante da liberdade do cidadão face às ofensas ilícitas concretizadas e produzidas quer por outrem quer pelo próprio Estado.

O objecto, a finalidade e a função da polícia mereceu ser normativizada no Código dos Delitos e das Penas, promulgado a 3 do Brumário do ano IV, em França, que determinava que a polícia é «instituída para manter a **ordem pública, a liberdade, a propriedade, a segurança individual**. O seu carácter principal é a **vigilância**. A **sociedade** considerada em massa é o seu **objecto**»[57]. Mas, a polícia

---

[55] MARCELLO CAETANO, *Manual de Direito Administrativo*, Almedina, Coimbra, 7.ª Reimpressão da 10.ª Edição, 2004, vol. II, p. 1145.
[56] *Idem*, pp. 1146-1147.
[57] Negrito nosso. Texto retirado de MARCELLO CAETANO, *Manual de Direito...*, vol. II, p. 1148.

historicamente[58] manteve – por estar sempre presente nos fenómenos em evolução e estar em constante contacto com a sociedade que é multifacetada – sempre uma liberdade de acção que lhe permitiu decidir pela oportunidade de intervenção[59].

16. JUSTINO DE FREITAS[60] considerava a polícia como a "parte da administração que tem por objecto a manutenção da ordem pública e a segurança individual", sendo que podia ser vista como polícia *política, administrativa* – "a que consiste em impedir as infracções das leis e na sustentação da ordem pública em cada lugar, bem como em toda a parte do reino" – e *judiciária*.

A polícia, para SOUSA DUARTE[61], devia ser entendida como o "cuidado incessante da autoridade e seus agentes pela execução fiel das leis[62], da propriedade e da tranquilidade de todos os cidadãos"[63], sendo como um pára-raios que afasta os perigos dos governos e do povo[64], garantindo-lhes a "pública segurança por modo insensível e permanente".

FRANZ von LISZT, ao analisar as infracções contra as diversas polícias – da imprensa, sanitária, dos costumes, industrial, da viação (linhas férreas) e de navegação – fala-nos da *polícia de segurança* que

---

[58] Quanto à evolução histórica da Polícia em Portugal, MASCARENHAS BARRETO, *História da Polícia em Portugal*, Braga Editora, 1979.

[59] Neste sentido MARCELLO CAETANO, *Manual de Direito...*, Vol. II, p. 1148. Acresce que, hoje, não podemos defender uma actividade discricionária da polícia – que mantém a discricionariedade só e exclusivamente quanto aos meios materiais [*p. e.*, se utiliza motociclos ou viaturas para patrulhar ou se em vez de patrulhar uma Rua com uma patrulha com dois elementos ou com um só elemento ou se, na realização de um mandado de busca domiciliária, a polícia decide entrar pela janela em vez de entrar pela porta] e nunca no quadro normativo – que se deve reger entre os vértices do princípio da oportunidade.

[60] JUSTINO A. DE FREITAS, *Instituições de Direito Administrativo Português*, 2.ª Edição, 1861, p. 192. Citado por MARCELLO CAETANO, *Manual de Direito...*, Vol. II, pp. 1148-1149.

[61] I. SOUSA DUARTE, *Código de Polícia Municipal e Administração*, 1881. Citado por MARCELLO CAETANO, *Manual de Direito...*, Vol. II, p. 1148.

[62] Uma Polícia subordinada ao princípio da legalidade.

[63] Uma Polícia subordinada ao princípio da igualdade emergente do pensamento kantiano.

[64] Uma Polícia subordinada ao princípio da prevenção do perigo, sendo esta a sua principal função.

tem por missão evitar "as violações daquelas disposições que são tomadas para o fim de se proteger a vida, o património e de um modo geral a ordem pública"[65].

FERRI[66], tendo em conta a perigosidade social – em que assenta a defesa preventiva da sociedade – defende que é na avaliação preventiva do perigo do crime que se enquadra a polícia de segurança – que compreende "as providências de defesa preventiva" do social, *i. e.*, compreende as "medidas de polícia" que se destinguem das medidas de segurança que intervêm *post delictum* – "defesa repressiva" da sociedade.

O mote comum na concepção de polícia era a manutenção da ordem e segurança públicas – entendida como situação essencial à vivência normal dos cidadãos – e defesa e garantia de direitos individuais como a propriedade.

17. No tempo contemporâneo, as concepções jurídicas (de polícia), no ensinamento de MARCELLO CAETANO[67], cingem-se aos destinatários dos preceitos legais: se normativos, estávamos perante *agentes administrativos*; se reguladores de condutas individuais, os órgãos e serviços do estado apresentam-se como *garantes* – da eficácia do direito, da sanção da violação da conduta gerando uma contra-ordenação – e como *instrumento* – receber a denúncia de um crime, ajudar a vítima a dirigir-se ao hospital ou ao IML, levantar o auto de contra-ordenação.

Neste sentido, o saudoso Mestre concebia a **polícia** como o *"modo de actuar da autoridade administrativa que consiste em intervir no exercício das actividades individuais susceptíveis de fazer perigar interesses gerais, tendo por objecto evitar que se produzam, ampliem ou generalizem os danos sociais que as leis procuram prevenir"*[68]. Deste conceito excluem-se as decisões judiciais, pois a razão de ser

---

[65] FRANZ von LISZT, *Tratado de Direito Penal*, (tradução de JOSÉ HIGINO DUARTE PEREIRA), Russell, Campinas/SP, 2003, Tomo II, p. 427.

[66] ENRICO FERRI, *Princípios de Direito Criminal – O Criminoso e o Crime*, (tradução de Luiz de Lemos D' Oliveira), Russel, Campinas/SP, 2003, pp. 261-274, p. 266.

[67] MARCELLO CAETANO, *manual de Direito...*, Vol. II, p. 1149.

[68] *Idem*, p. 1150. No sentido de que a polícia é a expressão da "dupla cara do controlo social: controlo e garantia" e como o primeiro contacto do cidadão com o controlo social, LAURA ZUÑIGA RODRIGUES, *Politica Criminal*, Colex, Madrid, 2001, pp. 218-222.

da polícia, como ilustra FIGUEIREDO DIAS[69], é a "manutenção da ordem e a preservação da segurança e da tranquilidade pública", sendo que no quadro judiciário – prevenção criminal – a polícia, mesmo a PJ, é actividade auxiliar da administração da justiça – *i. e.*, *ab initio ad finem* do processo crime, aquela é órgão de coadjuvação da AJ – apesar da sua autonomia e organização hierárquica próprias.

A polícia, na esteira de MARCELLO CAETANO[70], encerra em si mesma o exercício de *poder*[71] – material – que limita a conduta humana que se garante por estar dotada de *coacção*, que se manifesta na *intervenção sobre o exercício de actividades individuais* – pois, o ordenamento prescreve normas de conduta para os cidadãos que, a cada momento, são tentados a violar e a provocar danos sociais –, que são *susceptíveis de fazer perigar interesses gerais* ou colectivos – só a violação das normas, cujos danos se projectam na vida da comunidade, devem ser evitados pela polícia –, cujo fim se embrenha na *prevenção dos danos sociais* – por acção de cautela, de vigilância, pois se há perigo de constituição de dano, a polícia deve evitá-lo, restringi-lo – e, caso se verifique o dano, ter-se-á de *investigar* para que a AJ possa desenvolver as diligências capazes de descobrir a verdade, realizar a justiça no respeito dos direitos fundamentais e possa alcançar a paz jurídica e para que não se gere o sentimento de impunidade – *danos* esses que devem merecer *tutela jurídica* e não estar à disposição da discricionaridade.

18. A concepção de polícia não se esgota neste quadro de MARCELLO CAETANO. Desde logo há a apontar que não são só as actividades individuais que são susceptíveis de lesar ou colocar em perigo de lesão interesses ou bens jurídicos individuais e supraindividuais. Há actividades levadas a cabo pelas pessoas jurídicas ou colectivas capazes de lesar ou colocar em perigo de lesão aqueles bens jurídicos: *v. g.*, no âmbito do direito do ambiente podemos aferir condutas que se

---

[69] JORGE DE FIGUEIREDO DIAS, *Direito Processual Penal*, (Colecção Clássicos Jurídicos), Reimpressão da 1.ª Edição de 1974, Coimbra Editora, 2004, pp. 397-400.

[70] MARCELLO CAETANO, *Manual de Direito...*, Vol. II, pp. 1150-1153.

[71] Neste sentido e sobre a polícia e o poder de polícia, JÚLIO CÉSAR LUCIANO, "Estudo de Carácter Geral", in *Estudos de Direito de Polícia*, (Seminário de Direito Administrativo de 2001/2002, regido por JORGE MIRANDA), AAFDL, 2003, pp. 18-29 e LAURA ZUÑIGA RODRIGUES, *Política Criminal*, p. 218.

podem imputar responsabilidade penal às pessoas colectivas tais como danos contra a natureza, crime p. e p. pelo art. 278.º do CP, poluição, crime p. e p. pelo art. 279.º do CP.

À polícia cabe prosseguir uma actividade de prevenção criminal na função de vigilância e de prevenção criminal *stricto sensu* capaz de evitar o perigo dessas lesões ou a colocação em perigo de lesão desses bens jurídicos, cujas condutas potencialmente lesivas podem ser desenvolvidas por uma pessoa singular (ser humano) ou por uma pessoa colectiva.

Acresce referir que a concepção de MARCELLO CAETANO se esgota na intervenção policial para evitar *interesses gerais*. Uma polícia contemporânea ou pós-moderna procura evitar que condutas de pessoas singulares e/ou colectivas possam afectar interesses gerais ou colectivos e interesses singulares e individuais.

Os bens jurídicos a tutelar com a actividade diária da polícia são bens gerais e, também, bens jurídicos individuais: *v. g.*, vida, integridade física, liberdade pessoal, reserva da intimidade da vida privada e familiar, património, inviolabilidade de domicílio, de telecomunicações e de correspondência.

Se houver uma tutela eficiente dos bens e valores jurídicos individuais por parte da polícia, essa tutela terá reflexos positivos e expansivos no quadro da tutela de interesses e bens gerais da comunidade. A actividade da polícia não se resume a prevenir os danos sociais de interesses gerais, mas estende-se à prevenção dos danos sociais de interesses individuais.

Adite-se, ainda, que a actividade jurídico-administrativa e jurídico-criminal de uma polícia pós-moderna se deve basear em primeira linha na prevenção do perigo – que antecede a prevenção do dano. À polícia hodierna cabe-lhe evitar que o perigo possa surgir e gerar o dano social.

Se a polícia de uma determinada localidade verifica que há um grupo de jovens que se junta num determinado local e a determinadas horas para se associarem e, posteriormente, desenvolverem actos delituosos, impõe-se-lhe que actue de modo a recolher a informação objectiva e subjectiva capaz de fundamentar a actuação de modo a evitar que o perigo se verifique e, caso este se esteja a desenvolver, evitar que o dano (social) ocorra e, caso este se materialize, evitar que os efeitos negativos do dano se desenvolvam e reintegrar o interesse ou bem jurídico lesado ou colocado em perigo de lesão.

Concorre para este desiderato a consideração de que se impõe que a polícia promova estudos técnicos, operativos, sociológicos e jurídicos para que de futuro aquele perigo não se volte a verificar. Nesta perspectiva concorre a ideia basilar de que a polícia está ao serviço do povo e não ao serviço do Estado e dos poderosos e de que se apresenta como primeiro pilar na defesa e garantia dos direitos dos cidadãos[72].

§ 7.º Da polícia como força de segurança

19. A Polícia reveste *prima facie* o manto de força de segurança, desde logo por imperativo constitucional – n.º 4 do art. 272.º da CRP. Só as polícias que caibam na concepção constitucional de polícia do art. 272.º – aquelas que possam ser enquadradas como de ordem ou tranquilidade pública, administrativa e judiciária (a nível nacional).

O *princípio da territorialidade* é delimitador, mas não exclusivo para determinar se uma força policial é ou não força de segurança, *i. e.*, não é por se apelidar de polícia ou por deter competências materiais de polícia que se pode afirmar que esta ou aquela «polícia» é uma força de segurança. A competência territorial da actuação da polícia – competência para actuação ou não em todo o território nacional ou em determinadas zonas desse território (competência localizada – *p. e.*, polícia municipal, a polícia marítima) – é um elemento que reforça ou dá consistência à concepção de uma dada polícia como força de segurança, como acontece com a PSP e a GNR, cujas competências materiais se verificam em todo o território nacional[73]. A ASAE, que é um «serviço central de administração do Estado» dotado de poderes de polícia, detém, também, competência territorial nacional,[74] mas não é

---

[72] Na linha de BERISTAIN e de RODRÍGUEZ-VILLASANTE, por todos FRANCISCO ALONSO PÉREZ, JOSÉ CABANILLAS SÁNCHES, JOSÉ ESCALANTE CASTARROYO, JAIME FA MALUENDA, ANTONIO NICOLÁS M. ESCALONA, CARLOS JULIO SAN ROMÁN PLAZA e ARTURO PEREIRA, *Manual del Policía*, 4.ª Ed., La Ley, Madrid, 2004, pp. 21-22.

[73] Cfr. n.º 1 do art. 5.º da LOPSP e n.º 1 do art. 5.º da LOGNR, sendo que a esta foi-lhe também atribuída competência de actuação "no mar territorial", o que levanta questões de competência territorial e material quanto à Polícia Marítima.

[74] Cfr. n.º 1 do art. 2.º do DL n.º 274/2007, de 30 de Julho, que aprovou a Orgânica da ASAE.

uma força de segurança. Impõe-se ao quesito do princípio da territorialidade outros quesitos que dão à PSP e à GNR a natureza de força de segurança, começando desde logo pela própria lei orgânica determiná-las como força de segurança e por aquela ser uma lei da Assembleia da República.

Como temos defendido, a prossecução das atribuições e o exercício das competências a nível do território nacional, a obediência ao prin-cípio da *territorialidade*, é fundamental para que uma polícia seja constitucionalmente considerada força de segurança.

O Corpo da Guarda Prisional[75] (CGP) exerce funções de polícia de ordem, tranquilidade e segurança pública, socorrendo-se da função de vigilância da prevenção criminal para evitar a criminalidade dentro do *espaço do sistema prisional*, espaço este localizado em determinadas áreas do território nacional. Como sabemos existem estabelecimentos prisionais em todo o território nacional e, caso só existisse um estabelecimento prisional, o CGP deslocar-se-ia, devido ao exercício da função de custódia, em todo o território nacional para condução de reclusos ou presos preventivamente a diligências judiciais.

O espaço do sistema prisional engloba o *espaço fixo* – p. e., estabelecimentos e edifícios do sistema prisional – e o *espaço móvel* – p. e., viaturas celulares. Do mesmo modo podemos aferir que as forças de segurança GNR e PSP actuam em todo o território nacional com a especificidade de *respeito da jurisdição territorial de cada uma das forças de segurança*, assim como a força de segurança PM tem o seu espaço de intervenção – território marítimo português – e estão obrigadas a cooperar mutuamente.

Neste sentido e estando o sistema prisional implantado em todo o território nacional, consideramos que o CGP, que prossegue as suas atribuições e efectiva as suas competências em todo o território nacional – quer em espaço fixo quer em espaço móvel –, a par da sua dependência da Administração Central do Estado [Direcção Geral dos Serviços Prisionais, cuja fixação Orgânica é da competência do órgão

---

[75] Quanto à qualificação do Corpo da Guarda Prisional como força de segurança no espaço do sistema prisional, o nosso *Natureza Jurídica do Corpo da Guarda Prisional*, EDIUAL, Lisboa, 2008.

de soberania Governo por Decreto-Lei, nos termos da al. *a*) do n.º 1 do art. 198.º da CRP], preenche o princípio da *territorialidade* das forças de segurança.

20. O n.º 4 do art. 272.º da CRP enquadra como *força de segurança* a(s) polícia(s) administrativa(s) que tenha(m) por função a garantia "da ordem jurídico-constitucional, através da segurança de pessoas e bens e da prevenção criminal"[76] e subordinou a organização das forças de segurança ao princípio de *reserva de lei*[77] – art. 164.º, al. *u*) da CRP – da qual deve constar a caracterização normativa de *força de segurança* – p. e., n.º 1 do art. 1.º da Lei n.º 53/2007, de 31 de Agosto, que aprova a Organização e Funcionamento da Polícia de Segurança Pública (LOFPSP), o art. 1.º da Lei Orgânica da Guarda Nacional Republicana (LOGNR), aprovada pela Lei n.º 63/2007, de 6 de Novembro. Contudo, a Lei Orgânica da Polícia Judiciária caracteriza-a como «corpo superior de polícia criminal auxiliar da administração da justiça» [n.º 1 do art. 1.º], procurando afastar a PJ da vertente policial de ordem e tranquilidade pública e administrativa e denominando-a de auxiliar da administração da justiça, que lhe cumpre prosseguir desde logo na prevenção da criminalidade e não apenas na repressão. A Lei Orgânica do Serviço de Estrangeiros e Fronteiras (LOSEF) caracteriza-o como *serviço de segurança* [n.º 1 do art. 1.º].

O princípio da *reserva de lei*[78], num plano *negativo*, proíbe "a intervenção de outra fonte de direito diferente da lei (a não ser que se trate de normas meramente executivas da administração)" e, num plano *positivo*, significa que, nas matérias sujeitas a reserva de lei, o regime jurídico das mesmas deva ser estabelecido pela lei e não ser declinada a "competência normativa a favor de outras fontes (proibição da

---

[76] GOMES CANOTILHO e VITAL MOREIRA, *Constituição da República Portuguesa Anotada*, 3.ª Edição, Coimbra Editora, 1993, p. 957.

[77] Quanto a este assunto, JORGE MIRANDA, *Manual de Direito Constitucional – Tomo V – Actividade Constitucional do Estado*, Coimbra Editora, Coimbra, 1997, pp. 215-218.

[78] Quanto à reserva de lei, JORGE MIRANDA, *Manual de Direito Constitucional – Tomo V*, Coimbra Editora, Coimbra, 1997, pp. 194 e ss..

«incompetência negativa do legislador»)"[79]. O n.º 4 do art. 272.º da CRP estipula que cabe à lei definir o regime das forças de segurança.

Considerando que se pretende garantir aos cidadãos o respeito pela *legitimidade democrática* em determinadas matérias, como é o caso do regime das forças de segurança, cuja organização e funcionamento afectam direitos, liberdades e garantias dos cidadãos, e que só o parlamento eleito é representativo do povo, impõe a Constituição que, no respeito do princípio do Estado de direito (concretizado pelos princípios da confiança e da segurança jurídicas, assim como da proporcionalidade, da igualdade e da imparcialidade) e do princípio democrático, as matérias sujeitas a reserva de lei sejam de reserva lei parlamentar[80]. Só se admite como fonte de direito a lei da AR e não se admite outra fonte de direito para legislar sobre o regime dessa mesma matéria.

O legislador, até à Revisão Constitucional de 1997, considerava que a *reserva de lei* imposta pelo n.º 4 do art. 272.º da CRP, que fora aditado com a 1.ª Revisão Constitucional (1982)[81], significa reserva de decreto-lei, porque entendia que a organização e o funcionamento da polícia era matéria legislativa do Governo, uma vez que se entendia que estamos no âmbito da organização da administração, cuja competência de organização (ou poder de organização) era reserva do executivo[82].

Não obstante deterem originariamente natureza executiva, acontece que as polícias e, de entre as várias espécies de polícia, as forças de segurança existem para defender a legalidade democrática, defender e garantir a segurança interna e os direitos dos cidadãos, *mas da sua*

---

[79] GOMES CANOTILHO, *Direito Constitucional e Teoria da Constituição*, 7.ª Edição, Almedina, Coimbra, 2003, p. 726.

[80] Quanto as estas questões, GOMES CANOTILHO, *Direito Constitucional...*, 7.ª Edição, pp. 724-727.

[81] Cfr. art. 203.º da Lei Constitucional n.º 1/82, de 30 de Setembro. Acresce referir que este mesmo preceito aditou a expressão «garantir a segurança interna» entre «defender legalidade democrática e os direitos dos cidadãos», assim como substituiu a expressão «A Polícia tem por função» pela expressão actual «A polícia tem por funções».

[82] Cfr. GOMES CANOTILHO, *Direito Constitucional...*, 7.ª Edição, p. 732.

actuação pode resultar (melhor, resulta em regra) uma drástica restrição dos direitos e liberdades fundamentais. E, na nossa opinião, essa consciencialização de que a organização e o funcionamento (o regime) das forças de segurança (e só estas de entre as várias polícias) é da reserva de lei da AR, em cuja legitimidade normativa e legitimidade sociológica democráticas se encontra depositada.

O legislador constituinte tinha duas opções: ou optava pela *reserva de lei absoluta* – cujo regime das forças de segurança só podia ser estipulado por lei da AR – ou por *reserva de lei relativa* – cujo regime era da competência da AR, podendo ser deferida ao Governo por lei de autorização legislativa que estipulasse o objecto, o sentido, a extensão e a duração da autorização. Caso o legislador constitucional optasse pela reserva de lei relativa, configurava-se com o pensamento constitucional referente ao regime dos serviços de informações e do segredo do Estado e com as matérias (restritivas, mas não do conteúdo) dos direitos, liberdades e garantias dos cidadãos. Destes dois casos apontados, só as matérias referentes aos direitos, liberdades e garantias dos cidadãos é que se mantiveram no âmbito da reserva relativa[83].

O regime dos serviços de informações e do segredo de Estado, assim como o regime das forças de segurança configuram como reserva absoluta de competência legislativa da AR, conforme als. *q*) e *u*) respectivamente do art. 164.º da CRP. Desta feita, somos da opinião de que a reserva de lei prevista no n.º 4 do art. 272.º da CRP é *reserva absoluta*, ganhando em garantia e confiança da comunidade quanto à legitimidade democrática da força de segurança. Contudo, quer na LOPSP quer na LOGNR, o fundamento Jurídico-Constitucional da legislação tem sido o da competência política e legislativa da AR: a al. *c*) do art. 161.º da CRP – «Fazer leis sobre todas as matérias, salvo as reservadas pela Constituição ao Governo». Interpretamos esta opção no sentido de **reforçar a legitimidade democrática das forças de segurança no quadro político-constitucional** e no sentido de que **o regime das forças de segurança não é da reserva de competência do executivo**.

---

[83] Cfr. al. *b*) do n.º 1 do art. 165.º da CRP e a redacção da al. *b*) do n.º 1 do art. 168.º da CRP antes da Revisão Constitucional de 1997.

Quanto ao regime das forças de segurança, tem-se optado não só por uma *reserva de lei absoluta*, como também por uma *reserva de competência político-legislativa*.

A consagração expressa em lei – Decreto-Lei do Governo, mas devia ser por lei da AR – do CGP como *força de segurança*, em sentido orgânico (ou institucional) e em sentido material (ou funcional), é, na nossa opinião, o culminar de um reconhecimento de que o CGP, não obstante as suas funções serem específicas quanto à matéria – *segurança pública em meio institucional* (segurança, tranquilidade e salubridade); prevenção criminal através da função de vigilância e, como veremos cuidadamente, no quadro de cessação do delito e dos efeitos negativos daquele no seio prisional e da comunidade em geral, através da função de prevenção criminal *stricto sensu*; contribuição através da sua postura, da sua urbanidade, da sua justiça e humanidade para a reinserção social dos reclusos; promoção do respeito pelas leis gerais do país dentro do espaço do sistema prisional e pelas leis penitenciárias; e, ainda, pilar da sua razão de ser, defesa e garantia do respeito por todos, sem excepção, dos direitos e liberdades fundamentais – e quanto ao território de acção, não podia deter um regime orgânico e funcional isolado dos demais regimes das forças de segurança, a mais que o pessoal do CG detém, também, o *ius imperii* do uso da força nas situações que a lei tipifica, em especial no CEPMPL e, futuramente, no RUMCNLEP. Podemos avançar que a aproximação do regime estatutário do CGP ao regime da força de segurança PSP[84], quanto às carreiras e remuneração, serviu de base para que a aproximação gradual se processasse, agora, no plano orgânico e funcional.

---

[84] Cfr. o art. 8.º do DL n.º 33/2001, de 8 de Fevereiro, que aditou, entre outros, o art. 46.º que equipara o pessoal do CGP ao pessoal da PSP para efeitos de remuneração (vencimentos, suplementos, gratificações e abonos), de aposentação, de transporte e demais regalias sociais. Mas, já no Preâmbulo do DL n.º 399-D/84, de 28 de Dezembro, o legislador considerou que a «estruturação da carreira do pessoal de vigilância passa a **obedecer aos novos figurinos de idênticas forças de segurança**, quer nacionais, quer europeias, e a sua estratificação fica a dever-se às características de que se reveste a organização penitenciária portuguesa". Pena é que tenha atribuído *natureza de funcionário civil do Estado* [art. 1.º do DL n.º 399-D/84 e art. 1.º do DL n.º 174/93] e *qualidade de agente de autoridade* [art. 43.º do DL n.º 399-D/84 e art. 40.º do DL n.º 174/93] ao pessoal de vigilância.

Acresce que o poder político, consciente de que o aumento da criminalidade violenta e organizada no espaço público livre se reflecte consequentemente numa comunidade prisional violenta e ligada ao crime organizado e estruturado, não podia deixar de reforçar a natureza da polícia que tem por missão a execução de penas e medidas privativas da liberdade e contribuir para a respectiva reinserção[85]. Esta consciência de que a reinserção do recluso se faz com segurança, tranquilidade e ordem pública no espaço do sistema prisional, assim como com a prevenção de qualquer ilícito criminal naquele espaço, levou a que o legislador tipificasse a criação e a manutenção de um *sistema de informações de segurança prisional articulado com o sistema de segurança nacional interno*, nos termos da al. *o*) do n.º 2 do art. 2.º da ODGSP.

Se o crime evolui, a resposta ao crime deve evoluir, sem alguma vez esquecer que violência traz violência, mas a contenção da violência e da possibilidade de conflito (prevenir o perigo de violência) dentro do espaço prisional é imprescindível. O reforço das prerrogativas do pessoal do CGP como força de segurança funciona como a lança na busca de uma legitimidade democrática própria e inerente à natureza daquelas, pelo que defendemos que *a organização e o funcionamento (o regime) do CGP deve estar sob reserva absoluta de lei da AR*.

Como argumento positivo-legal da nossa posição, apontamos para a omissão do legislador na ODSGP quanto ao diploma que deve reger o regime do CGP, contrariamente ao que o legislador prescreveu na anterior ODGSP: «A carreira do pessoal de vigilância é regulada em diploma autónomo», conforme art. 110.º do DL n.º 268/81, de 16 de Setembro, cuja forma legal não podia ser superior a de DL. Como força de segurança, o CGP não pode exercer o seu conteúdo funcional expresso no art. 16.º da actual ODGSP, no actual CEPMPL, assim como nos futuros CEPMPL e RUMCNLEP, com base em densificações regulamentares administrativas[86], porque, como já se pro-

---

[85] Cfr. o Preâmbulo da ODGSP, aprovada pelo DL n.º 125/2007, de 27 de Abril, assim como o Preâmbulo do DL n.º 391-C/2007, de 24 de Dezembro.

[86] Consideramos que a densificação das atribuições da DSS prevista no Despacho n.º 22058/2008, de 17 de Julho de 2008, publicado no DR, II Série, n.º 164, pp. 37265-37267, pontos 1.2, 2.3 e 2.4, assim como das suas duas divisões – DVSL e DAAE –, não obstante obedecer a imposições legais – tais como ao n.º 6 do art. 21 da Lei n.º 4/2004, de 15 de Janeiro, que estipula "*a criação, alteração ou extinção das unidades orgânicas no âmbito da estrutura flexível visa assegurar a permanente*

nunciou o TC[87], seguindo a nossa posição, essas densificações por portaria ou despacho violam a *reserva de lei absoluta da AR* imposta pelo n.º 4 do art. 272.º da CRP: quesito constitucional identificador de uma polícia como força de segurança.

A actuação do CGP incide, maioritariamente, sobre o dia a dia dos reclusos, que são cidadãos como os demais que se encontram a cumprir uma pena ou uma medida privativa da liberdade, e devem merecer a mesma tutela que os outros cidadãos, ou seja, a polícia que lhes garante os direitos, que lhes garante a segurança, a ordem, a tranquilidade, e que defende e garante a legalidade no espaço do sistema prisional deve estar submetida à mesma garantia constitucional de legitimar e legalizar, mas responsabilizar, ou seja, *à mesma legitimidade democrática*.

Desta feita, defendemos que a tipificação da Organização e do Funcionamento – atribuições e competências –, *i. e.*, o regime do CGP, como garantia e segurança jurídica dos cidadãos e do próprio pessoal do CGP, e conteúdo funcional expresso no art. 16.º da ODGSP, só pode ser materializada por *lei da AR*, por força do n.º 4 do art. 272.º e da al. *u*) do art. 164.º da CRP, *sob pena de inconstitucionalidade orgânica, formal e material*.

---

adequação do serviço às necessidades de funcionamento e de optimização dos recursos, tendo em conta uma programação e controlo criterioso dos custos e resultados" –, assim como o art. 3.º da Portaria n.º 516/2007, de 30 de Abril, que estipula a missão do da DSS – «garantir a segurança, a disciplina e ordem nos estabelecimentos prisionais e a vigilância dos reclusos que devam ser custodiados ao exterior», assim como exerce funções de gestão do CGP que vai materializar esta missão de acordo com o seu conteúdo funcional, consagrado no art. 16.º da ODGSP, *estão desconformes com o preceituado no n.º 4 do art. 272.º da CRP, que impõe a reserva de lei absoluta*, desde a 4.ª Revisão Constitucional, uma vez que trata de matérias que são próprias do regime da força de segurança CGP.

[87] Cfr. Ac. TC n.º 304/2008, de 30 de Maio de 2008: "o adequado modo de funcionamento interno duma força de segurança não deve escapar à reserva de acto legislativo", sendo que a definição das competências internas *não pode ser deslegalizada*. A LOPJ, aprovada pela Lei n.º 37/2008, de 6 de Agosto, prevê em lei as unidades da PJ – art. 22.º, n.º 1 –, assim como as competências dos respectivos dirigentes – cfr. os artigos 23.º a 37.º –, remetendo para DL o estabelecimento das respectivas competências que, na nossa opinião, não podem ir para além das atribuições e competências materiais e territoriais da PJ no seu todo e de quem dirige, ou seja, ao Governo caberá, nos termos da al. *c*) do n.º 1 do art. 198.º da CRP desenvolver ou densificar aquelas competências, nunca podendo ultrapassar os limites expressos em lei da AR.

A necessidade do legislador constitucional subordinar a aprovação do regime e das forças de segurança ao princípio de *reserva de lei* prende-se com o facto de uma intervenção operacional daquelas, por si só, poder ser restritiva de direitos, liberdades e garantias fundamentais do cidadão, devendo tal restrição emergir de uma legitimidade constitucional. A reserva de lei reforça o princípio da legalidade de actuação administrativa e jurisdicional, pois, como afirma Jorge Miranda, impõe a *prevalência de lei*, a *prioridade de lei*, a "sujeição de conteúdo dos actos administrativos e jurisdicionais aos critérios, aos valores, ao sentido imposto pela lei como acto legislativo", assim como pode envolver o *monopólio normativo* – nos casos em que a Constituição exige reserva absoluta [*v. g.*, art. 164.º da CRP] – ou, no mínimo, a *fixação primária de sentido normativo* pela lei de autorização legislativa – nos casos em que a Constituição admite a autorização legislativa, devendo esta fixar «o objecto, o sentido, a extensão e a duração da autorização» [*v. g.*, n.º 2 do art. 165.º da CRP]. A re-serva de lei preconiza a proibição de regulamentos autónomos, em especial, os das autarquias locais quanto à polícia administrativa [excepto nos casos do «poder regulamentar próprio» das autarquias locais *in casu* art. 241.º tendo em conta n.º 3 do art. 237.º da CRP], que deve ser exercido subordinado à Constituição, à lei e aos regulamentos de grau superior, a proibição da deslegalização, à proibição ou restrição máxima da discricionariedade administrativa, a possível fiscalização jurisdicional da interpretação e aplicação dos conceitos indeterminados por parte de Administração, e, ainda, uma suficiente densidade normativa [evitar os conceitos indeterminados] no quadro da reserva de lei absoluta.

21. O n.º 4 do art. 272.º da CRP consagra, ainda, o princípio da *uni-dade de organização das forças de segurança* para todo o território nacional – o que implica, como assim estatui a CRP, que só os órgãos de soberania – AR e Governo – podem criar, definir as tarefas e a direc-ção orgânica das forças de segurança[88].

---

[88] *Ibidem.* Desde logo se afasta do lote das forças de segurança a Polícia Municipal, que é criada por deliberação da Assembleia Municipal – *ex vi* do art. 11.º da Lei Quadro [Lei n.º 19/2004, de 19 de Maio]. Quanto a este assunto *infra* Secção II – Da polícia municipal, § 13.º Lei Quadro – Da Concepção à fiscalização dos

Face a este comando constitucional, as Assembleias Regionais e das Autarquias estão impedidas constitucionalmente de legislar sobre esta matéria. Este princípio de restrição de competências legislativas recai sobre a Administração Central do Estado, que não pode legislar nem criar, por meio de actos jurídicos (*p. e.*, despachos ou portarias ministeriais), unidades orgânicas e funcionais que exerçam funções de polícia no quadro jurídico-constitucional-operativo do art. 272.º da CRP. Aquelas não detêm "o poder de acção e de actuação"[89] atribuído constitucionalmente à AR e, nos casos em que não seja força de segurança, ao Governo para legislar sobre o regime das polícias com natureza de polícia administrativa. Neste quadro inserem-se a GNR, a PSP, a PM e, actualmente, como se retira do Ac. do TC n.º 304/2008, a PJ.

O CGP é um corpo policial que actua em todo o território – quer em *espaço móvel* [*p. e.*, viaturas celulares que se deslocam com reclusos de um estabelecimento prisional a um tribunal, a uma secção de inquéritos ou a transferência para outro estabelecimento] quer em *espaço fixo* [existem vários estabelecimentos prisionais em todo o território nacional] –, composto por um quadro único com estrutura una e hierarquizada para todo o território nacional[90], válida em qualquer parte do território nacional, dependente de um director único: Subdirector Geral da Direcção de Serviços de Segurança[91], que não pertence à carreira do CGP.

Desta feita, defendemos que CGP preenche, também, o princípio da *unicidade de organização das forças de segurança* para todo o território, pelo que é, material e formalmente (por força do art. 16.º da ODGSP),

---

seus actos. Quanto a este assunto no quadro da fiscalização preventiva abstracta do Decreto da Assembelia da República n.º 204/X, o TC "pronunciou-se pela inconstitucionalidade das normas constantes dos artigos 22.º, n.º 2, e 29.º, n.º 1, do Decreto da Assembleia da República n.º 204/X, na parte em que determinam que as competências das diversas unidades da Polícia Judiciária são estabelecidas nos termos da portaria referida no mencionado n.º 2 do artigo 22.º, por violação da reserva de acto legislativo importa no artigo 272.º, n.º 4, da Constituição da República Portuguesa". Cfr. Ac. TC n.º 304/2009, de 30 de Maio de 2008, Proc. n.º 428/08, consultado em *http://www.tribunalconstitucional.pt/tc/acordaos*.

[89] Cfr. GOMES CANOTILHO, *Direito Constitucional...*, 7.ª Edição, p. 543.

[90] Cujo quadro aprovado compreende um Corpo de 5234 elementos, conforme Anexo I e art. 10.º do EPCCGP.

[91] Cfr. al. *a*) do n.º 2 do art. 3.º da Portaria n.º 516/2007, de 30 de Abril.

uma força de segurança nos termos do n.º 4 do art. 272.º da CRP e, por força do mesmo preceito, o regime do CGP – *criação, definição de tarefas e direcção orgânica*[92] com as respectivas atribuições e competências – é da reserva absoluta de (competência) legislativa da AR, conforme por força do n.º 4 do art. 272.º do CRP al. *u*) do art. 164.º da CRP.

§ 8.º Da polícia em sentido orgânico e funcional

22. De realçar, neste canto, é a caracterização da POLÍCIA nas suas vertentes institucional ou orgânica, funcional ou material.

Quanto ao sentido **orgânico ou institucional de polícia**, CATARINA SARMENTO E CASTRO defende ser o "conjunto de órgãos e agentes pertencentes a serviços administrativos cuja função essencial consiste no desempenho de tarefas materiais de polícia"[93], conquanto SÉRVULO CORREIA, considera como tal, "todo o serviço administrativo que, nos termos da lei, tenha como tarefa exclusiva ou predominante o exercício de uma actividade de polícia"[94]. Esta posição permite que órgãos ou serviços da administração central e, até mesmo, local que desempenham funções materiais de polícia administrativa ou de polícia judiciária sejam, também, considerados como polícia em sentido orgânico ou institucional – *v. g.*, a ASAE, que é um «serviço central da administração directa do Estado»[95], e a Polícia Municipal, que é um ser-viço municipal vocacionado para o «exercício de funções de polícia administrativa»[96].

---

[92] Cfr. GOMES CANOTILHO e VITAL MOREIRA, *Constituição da República...*, 3.ª Edição, p. 957.

[93] CATARINA SARMENTO E CASTRO, *A Questão das Polícias Municipais*, Dissertação de mestrado em Ciências Jurídico Políticas – FDUC –, 1999, p. 293. Quanto a este assunto PEDRO CLEMENTE, *Da Polícia de Ordem Pública*, Edição do Governo Civil de Lisboa, Lisboa, 1998, pp. 31 e ss. e JOÃO RAPOSO, *Lições de Direito Policial*, (policopiadas), ISCPSI, 2004.

[94] SÉRVULO CORREIA, "Polícia", in *Dicionário Jurídico da Administração Pública*, Vol. VI, Lisboa, 1994, p. 393. Quanto a este assunto PEDRO CLEMENTE, *Da Polícia...*, p. 42 e JOÃO RAPOSO, *Direito Policial,* Colecção do Centro de Investigação do ISCPSI, Almedina, Coimbra, pp. 24-26.

[95] Cfr. n.º 1 do art. 1.º da LOASAE.

[96] Cfr. n.º 1 do art. 1.º da LQPM.

No que respeita ao **sentido funcional de polícia**, MARCELLO CAETANO considera a polícia como o *"modo de actuar da autoridade administrativa que consiste em intervir no exercício das actividades individuais susceptíveis de fazer perigar interesses gerais, tendo por objecto evitar que se produzam, ampliem ou generalizem os danos sociais que as leis procuram prevenir"*[97], enquanto que SÉRVULO CORREIA considera-a como sendo a "actividade da Administração Pública que consiste na emissão de regulamentos e na prática de actos administrativos e materiais que controlam condutas perigosas dos particulares com o fim de evitar que estas venham ou continuem a lesar bens sociais cuja defesa preventiva através de actos de autoridade seja consentida pela Ordem Jurídica"[98].

Numa visão jurídico-operativa, JOÃO RAPOSO entende como polícia em sentido material ou funcional "os actos jurídicos e as operações materiais desenvolvidas por certas autoridades administrativas – as autoridades policiais – e respectivos agentes de execução, com vista a prevenir ocorrências de situações danosas, em resultado de condutas humanas imprevidentes ou ilícitas"[99]. Na sua actividade de investigação criminal, a polícia – OPC – desenvolve uma actividade de protecção de bens sociais individuais e colectivos ou supra-individuais. Protecção esta que se manifesta, desde logo, na tentativa e na concretização de reintegração do bem jurídico agredido pela conduta humana alvo da intervenção da Polícia.

Acresce referir que não é por a lei estipular que um dado serviço dotado de prerrogativas de polícia é órgão de polícia criminal, que, por si só, tem essa natureza judiciária. É o *exercício material* da função de polícia judiciária pelos elementos desse serviço que lhe dá essa natureza de OPC, pois a lei apenas dá forma a materialidade ou à funcionalidade da actividade real e concreta[100].

---

[97] MARCELLO CAETANO, *Manual de Direito Administrativo*, 7.ª Reimpressão da 10.ª Edição, Almedina, Coimbra, 2004, Vol. II, p. 1150.

[98] SÉRVULO CORREIA, "Polícia", *in Dicionário Jurídico...*, Vol. VI, p. 393.

[99] Cfr. JOÃO RAPOSO, *Direito Policial I*, pp. 26-27.

[100] Pois, esta nossa posição afastava a ideia que alguns retiravam dos n.º 2 e n.º 3 do art. 38.º do DL n.º 237/2005, de 30 de Dezembro, segundo a qual só os elementos vindos da extinta IGAE é que eram OPC e APC. Este raciocínio arreiga-se à matriz

23. Face ao quadro constitucional emergido da CRP/76, a concepção funcional de polícia deve ser muito mais abrangente de modo que colha as funções consagradas no n.º 1 do art. 272.º da CRP, *i. e.*, a posição de PAULO CAVACO aglutina esta visão ampla de polícia em sentido funcional: "actividade administrativa específica e destinada, na relação que estabelecem as autoridades e serviços de polícia com os particulares, a garantir e prevenir a defesa da legalidade democrática, da segurança interna e dos direitos dos cidadãos, seja ela ablativa de direitos ou prestacional, tenha ela por base, respectivamente, um interesse público ou particular"[101].

A polícia em sentido material engloba, hoje, o quadro jurídico-administrativo, jurídico-criminal, jurídico-civil, jurídico-tributário, todos eles conformes o quadro jurídico-constitucional. Não podemos esgotar o sentido material de polícia no plano jurídico-administrativo, quando a actividade de polícia hoje reflecte-se e releva no âmbito da segurança interna (próximo do quadro jurídico-constitucional), quando aplica medidas de polícia gerais – identificação de pessoas – ou medidas de polícia especiais – encerramento temporário de paióis –, no âmbito jurídico-administrativo quando procede ao levantamento do auto de notícia pela prática de uma infracção contra-ordenacional, no âmbito jurídico-tributário quando levantam um auto de notícia ou procedem à apreensão de provas reais por suspeita da prática de uma infracção ao Regime Geral das Infracções Tributárias (RGIT), no âmbito jurídico-civil quando elabora uma participação relevativamente ao incumprimento de uma diligência imposta por lei ou regulamento e que gerou uma responsabilidade pelo risco ou quando identifica os herdeiros de uma pessoa falecida, no âmbito jurídico-criminal quando detém uma pessoa pela prática de um crime (público), e no âmbito da cooperação

---

formal e a uma interpretação formalista e orgânica dos preceitos citados e não tinha em conta que o legislador quisera transferir as atribuições e competências da IGAE e não das pessoas que aí desempenhavam funções, *i. e.*, o legislador transferiu para a ASAE as funções – atribuições e competências – materiais de OPC que eram da extinta IGAE, independentemente dos elemtos da ASAE que as iriam desempenhar.

[101] PAULO DANIEL PERES CAVACO, "A Polícia no Direito Português, Hoje", *in Estudos de Direito de Polícia*, (Seminário de Direito Administrativo de 2001/2002, regido por JORGE MIRANDA), AAFDL, 2003, p. 107.

judiciária europeia ou internacional quando procede a uma diligência solicitada por uma autoridade competente de outro Estado e determinada pela autoridade judiciária portuguesa competente.

A materialidade de função de polícia releva em maior quantidade de situações jurídico-administrativas e jurídico-criminais, mas não se esgota nestes dois quadros jurídicos, pelo que o conceito material de polícia tem de ser mais abrangente e capaz de aglutinar um lato sentido funcional de polícia.

No sentido material ou funcional de polícia, esta pode promover medidas de índole policial, ou seja, medidas de competência própria das polícias, tendo em conta a competência subjectiva activa para a promoção de cada uma das medidas. As medidas de índole policial ou policiais podem-se sintetizar em três quadrantes.

O primeiro quadrante, que está dentro de função de garantia de segurança interna consagrada no n.º 1 do art. 272.º da CRP, encabeça as designadas medidas de polícia[102], que são ordenadas pela Autoridade de Polícia[103] e promovidas pelos agentes policiais que lhe estão subordinados na função de comando e dependência hierárquica, e que podem ser medidas (gerais) de polícia[104] – *v. g.*, identificação de pessoas, suspeitas, interdição temporária de acesso e circulação, evacuação ou abandono temporários, remoção de objectos, veículos ou outros obstáculos – ou *medidas especiais de polícia*[105] – *p. e.*, realização de revistas e buscas para detectar armas, substâncias ou engenhos explosivos; apreensão temporária de armas, munições, explosivos e substâncias ou objectos proibidos; realização de acções de fiscalização em estabelecimentos e outros locais públicos ou abertos ao público; acções de vistoria ou instalação de equipamentos de segurança; encerramento temporário de paióis; revogação ou suspensão de autorizações aos titulares dos paióis, depósitos ou fábricas de armas ou explosivos; encerramento temporário de estabelecimento de venda de armas, cessação da actividade de empresas, grupos, organizações ou associações dedicadas

---

[102] Quanto às medidas de polícia Luís Fiães Fernandes e Manuel M. G. Valente, *Segurança Interna – Reflexões e Legislação*, Almedina, Coimbra, 2005, pp. 23-26.
[103] Cfr. art. 26.º da LSI.
[104] Cfr. art. 28.º da LSI.
[105] Cfr. art. 29.º da LSI.

ao terrorismo, ao crime organizado e violento; inibição radiofónica e isolamento electromagnético ou barramento de comunicações.

O segundo quadrante prende-se com a designada polícia de natureza administrativa que tem por inerência a competência para praticar *medidas preventivas administrativas* – *p. e.*, a indicação numa dada via rodoviária de que está a decorrer uma fiscalização da velocidade por meio de radar – ou *medidas cautelares administrativas* (medidas cautelares de polícia administrativa) – *p. e.*, todas as diligências desenvolvidas pela polícia, investida de natureza de autoridade policial ou agente policial, no âmbito do ilícito de ordenação social são medidas cautelares administrativas sancionatórias, porque o órgão administrativo competente para decidir da infracção não é quem a verifica e dela dá notícia, mas um órgão diferente[106] ou superior hierarquicamente[107].

O terceiro quadrante arreiga-se à ideia de polícia de natureza judiciária (OPC) que pode aplicar por iniciativa própria *medidas cautelares e de polícia* previstas e tipificadas na legislação processual de acordo com os princípios orientadores da intervenção policial: *p. e.*, providências cautelares [n.º 1 do art. 249.º], apreensões cautelares de provas [al. *c)* do n.º 2 do art. 249.º do CPP], revistas e buscas não domiciliárias [n.º 1 do art. 251.º do CPP].

§ 9.º Da polícia como Órgão de Polícia Criminal

24. A polícia, enraizada na função de prevenção de criminalidade, *maxime* na sua função de prevenção criminal *stricto sensu*, reveste natureza de órgão auxiliar da administração da justiça como órgão de polícia criminal (OPC) – al. *c)* do n.º 1 do art. 1.º do CPP e art. 3.º da LOIC–, *i. e.*, reveste o sentido de *polícia judiciária*, que se destingue da polícia em sentido administrativo pela própria natureza das medidas que aplica em uma e em outra circunstância congregadora.

---

[106] Veja-se o caso do consumo de estupefacientes, cuja competência para a instrução processual e decisão é a CDT e não a polícia que levanta o auto.

[107] Veja-se o caso da segurança privada, cuja decisão final da infracção é do Director Nacional da PSP, sendo que o levantamento dos autos e instrução do processo é de órgãos de posição hierárquica inferior.

A polícia/OPC pode socorrer-se de *medidas cautelares e de polícia*[108] – temporárias, precárias e carentes de apreciação e validação judicial – para a prossecução das suas tarefas processuais penais e praticar os actos ou diligências processuais determinados pela AJ competente na fase do processo em curso. Cabe ao OPC coadjuvar as AJ, colher a notícia do crime, impedir as suas consequências, descobrir os seus agentes e promover actos necessários e urgentes idóneos a assegurar os meios de prova, deter os agentes dos crimes em flagrante delito, elaborar os autos de notícia, comunicar o crime à AJ, proceder à identificação dos suspeitos da prática de crime e de testemunhas, proceder à recolha de informações sobre os crimes, proceder a exames no local do crime, proceder a apreensões cautelares, à revista de suspeitos, à busca não domiciliárias e domiciliárias por ordem ou autorização da autoridade judiciária competente, proceder à suspensão da correspondência e à sua apreensão por ordem ou autorização do juiz, proceder à realização de intercepção e gravação e transcrição de conversações e comunicações por ordem ou autorização do juiz, proceder à intercepção celular, proceder ao registo de voz (*off*) e imagem – conforme artigos 55.º, 171.º e ss., 241.º e ss., 263.º, 288.º do CPP e art. 6.º da Lei n.º 5/2002, de 10 de Janeiro.

O elemento policial pode, no mesmo momento e no mesmo facto motivador da intervenção policial, ter de revestir natureza de OPC e de autoridade policial. Nesta veste, o sentido de polícia administrativa abarca as designadas *medidas administrativas de polícia* ou *medidas preventivas administrativas* ou *medidas cautelares administrativas*: medidas preventivas administrativas, dotadas de carácter público, que assentam na ideia de perigo e aplicadas independentemente da verificação do dano social, da competência de órgãos da Administração dotados de prerrogativas de actividade policial, de controlo jurisdicional posterior, destinadas a controlar comportamentos individuais perigosos e vinculadas ao fim e à competência[109].

---

[108] Quanto às medidas cautelares e de polícia *infra* §§ 45.º-51.º e o nosso *Processo Penal – Tomo I*, Almedina, 2004, pp. 271-282.

[109] Quanto a este assunto MARCELLO CAETANO, *Manual de Direito Administrativo*, 7.ª Reimpressão da 10.ª Edição, Almedina, Coimbra, 2004, Vol. II, pp. 1169-1171,

25. Em caso algum, **a polícia**, seja judiciária seja administrativa, aplica *medidas policiais de segurança*, que assentam na prevenção do perigo, com o intuito de se prevenir ou evitar uma conduta que provoque um dano social e de afastar os indivíduos perigosos da produção desses danos, cuja aplicação é juridiscional e pertença dos Tribunais[110].

Refira-se que nem todas as polícias administrativas revestem natureza originária de OPC, nem todas estas revestem natureza originária de polícia administrativa – *p. e.*, a PJ, que como prescreve o art. 1.º da LOPJ, é «um corpo superior de polícia criminal auxiliar da administração da justiça», não obstante, como afirma FIGUEIREDO DIAS, deter, também, um espectro de natureza administrativa[111], quanto à sua organização autónoma e à actuação na prevenção da criminalidade. Já os elementos da PSP, da GNR, do SEF e da ASAE podem revestir as duas naturezas, sendo que a PSP e a GNR também preenchem o ideário de força de segurança – polícia de ordem e tranquilidade públicas. Quanto à PM, como referiremos de seguida, não pode ser enquadrada no quadro jurídico-constitucional de polícia do art. 272.º da CRP, nem OPC nem polícia de ordem e tranquilidade pública nem administrativa nacional, pois é um serviço do município com funções de polícia administrativa local.

PEDRO LOMBA, "A Actividade da Polícia como Relação Administrativa", in *Estudos de Direito de Polícia*, (coordenação de JORGE MIRANDA), AAFDL, Lisboa, 2003, Vol. I, pp. 211-216 e *infra* §§ 38.º e 39.º.

[110] *Ibidem*. As medidas de segurança são a consequência jurídico-penal, que estão sujeitas ao princípio da legalidade e da tipicidade (n.º 2 do art. 1.º do CP), aplicadas aos casos de estado de perigosidade e por um Tribunal.

[111] Cfr. JORGE DE FIGUEIREDO DIAS, *Direito Processual Penal*, [Colecção Clássicos Jurídicos], Coimbra Editora, Coimbra, 2004, pp. 397-400 (p. 397, nota 6).

Secção II

Da Polícia Municipal

§ 10.º Considerações gerais

26. O estudo das *polícias municipais*[112], segundo uma perspectiva policial, jurídica e política[113], obriga-nos a ver a quadrilheira toda e não uma só montanha, pois o conjunto faz o todo e dele se aparta na diferença e nele se amalgama para se confundir com a natureza, o objecto e a finalidade. Pretendemos participar na crítica construtiva de uma Polícia quer administrativa, quer de ordem e tranquilidade pública, quer judiciária, quer nacional quer venha a deter natureza territorialmente limitada – local – capaz de cumprir o de-siderato da defesa e da garantia dos direitos dos cidadãos – *prima facie* – e da defesa da legalidade e da segurança interna – nacional ou local.

Este estudo prende-se com um olhar sobre a problemática destrinça que deve recair sobre o **fundamento**, a **natureza**, o **objecto** e a **finalidade** das *polícias municipais*[114] face à Polícia no quadro nacional, *i. e.*, procuramos verter algumas considerações que podem ajudar-nos a reflectir um pouco mais sobre que Polícia Municipal temos e

---

[112] Cumpre-nos fazer dois apontamentos: o primeiro para ilucidar os leitores que esta secção tem como base o texto "Enquadramento Jurídico das Polícias Municipais: Do quadro constitucional ao quadro ordinário", *in Estudos de Homenagem ao Professor Germano Marques da Silva*, Almedina, Coimbra, 2004, pp. 249-278, com as devidas alterações adequadas à inserção neste capítulo; o outro prende-se com o destaque dado a esta secção dedicado às polícias municipais, informando-se que este destaque se deve ao facto de só se fazer referência à natureza da polícia municipal nos §§ desta secção. Quanto às Polícias Municipais, com grande interesse jurídico e académico-científico, ver Parecer da PGR n.º 28/2008, de 5 de Agosto, publicado no DR, II, de 12 de Agosto de 2008, pp. 35 859-35 875.

[113] Com humildade é nosso ensejo aglutinar e acoplar estas três vertentes de estudo em uma só, sem que façamos uma destrinça rectilínea dos vários patamares discursivos e dialécticos, pois procuraremos construir um texto unívoco dentro da diferença.

[114] Que, apesar da sua alma híbrida, consideramos serem diferentes não só em razão da matéria, como também em razão do território, que, face à natureza, permitem consolidar uma ideia própria de polícia municipal.

queremos, porque desejamos o melhor para cumprir a *esfíngica tarefa fundamental* do Estado: a liberdade fundeada no respeito e na prossecução da dignidade da pessoa humana e, consequentemente, na construção do Homem colectivo e a segurança como direito garantia dos demais direitos e liberdades, sem que alguma vez se absolutize em detrimento da liberdade e da justiça, mesmo quando estes valores são materializados ou são desenvolvidos por acções materiais da administração local.

§ 11.º Da construção da *polícia municipal*: princípios enformadores

27. A génese das polícias municipais não emerge do Séc. XX, pois a origem da própria polícia em um enquadramento histórico-geográfico prende-se com a sua visualização local e/ou municipal. A sua origem era marcadamente municipal ou citadina: *p. e.*, no séc. XIX, destaca-se a Guarda Real de Polícia de Lisboa e do Porto, que estavam sob o comando do Intendente Geral de Polícia[115]. Não pensemos que se inventou uma nova organização policial, apenas a história se escreve com outros contornos contemporâneos.

A ideia de polícia de proximidade, face ao «espaço» e ao «tempo» contemporâneo[116], parece-nos, retirou do centro da discursividade normativa o pensamento de *descentralização* das tarefas incumbidas ao Estado central e aos serviços dominantes – *in casu* forças de segurança ou POLÍCIA na acepção do art. 272.º da CRP – e ocupou o centro legitimador da decisão política. Contudo, o renascimento das polícias municipais ancora na ideia central da democraticidade contemporânea: a descentralização de funções administrativas – que até então eram da competência exclusiva do Estado e passaram a ser confiadas

---

[115] MASCARENHAS BARRETO, *História da Polícia em Portugal*, Braga Editora, 1979, p. 117.

[116] Quanto ao tempo e ao espaço como condicionantes dos estudos científicos, inclusive da polícia, PAULO CAVACO, "A polícia no direito português, hoje", *in Estudos de Direito de Polícia*, (Coordenados por JORGE MIRANDA), AAFDL, Lisboa, 2003, p. 72 e FARIA COSTA, "O direito penal e o tempo", *in BFD da Universidade de Coimbra – Volume Comemorativo*, Coimbra, 2003, pp. 1139 e ss..

a outras pessoas colectivas territoriais[117] [autarquias locais][118-119]. Desta feita, afastamos a ideia de proximidade – termo meramente estratégico-
-político – como factor jurídico determinante na origem das polícias municipais.

28. A criação de polícias municipais advém do *princípio ideológico jurídico-constitucional de descentralização* – consagrado no n.º 2 do art. 267.º da CRP – baseado quer na ideia de que coexistem interesses caracteristicamente próprios localizados[120] e nacionais quer na ideia de que se devem aproximar da comunidade os serviços e de que os cidadãos devem participar no «governo» dos seus interesses[121] – conforme n.º 1 do art. 267.º da CRP. Defendemos que não nos podemos socorrer da ideia de proximidade para fundamentar a criação e a organização de uma polícia municipal, por considerarmos como argu-

---

[117] No sentido da descentralização como filão das polícias municipais, Catarina Sarmento e Castro, *A Questão das Polícias Municipais*, Coimbra Editora, Coimbra, 2003, p. 184.

[118] Quanto à centralização e descentralização Diogo Freitas do Amaral, *Curso de Direito Administrativo*, 2.ª edição, Almedina, Coimbra, 1994, Vol. I, p. 693 e ss..

[119] Quanto à descentralização das tarefas do Estado em outras pessoas colectivas territoriais – contrariamente à centralização, em que «na gestão dos interesses locais» prevalecia «a *hierarquia dos serviços e das competências* de tal modo que os serviços locais e as respectivas chefias» estavam «sempre subordinados aos serviços e às chefias centrais» –, Marcello Caetano, *Manual de Direito Administrativo*, 10.ª Edição (7.ª Reimpressão), Almedina, Coimbra, 2001, Vol. I, pp. 248 e ss. e *Princípios Fundamentais do Direito Administrativo*, 2.ª Reimpressão Portuguesa, Almedina, Coimbra, 1996, p. 71. *Hoc sensu* Diogo Freitas do Amaral, *Curso de Direito...*, p. 693 e ss. e Gomes Canotilho e Vital Moreira, *Constituição da República Portuguesa Anotada*, 3.ª Edição, Coimbra Editora, 1993, pp. 75 e 76, 927 e 928, e Gomes Canotilho, *Direito Constitucional e Teoria da Constituição*, 3.ª Edição, Almedina, Coimbra, 1999, pp.170 e 343 e ss..

[120] Quanto a este assunto e na linha de pensamento de Vieira de Andrade, Catarina Sarmento e Castro, *A Questão das Polícias...*, p. 186.

[121] *Hoc sensu* Catarina Sarmento e Castro, *A Questão das polícias...*, p. 163 e ss.. Refira-se que esta formulação não se encontra em contradição com a formulação da última frase do parágrafo anterior, porque não consideramos o conceito «proximidade» como um tipo jurídico, mas antes um tipo estratégico-político.

mento jurídico-constitucional o princípio da descentralização[122] de funções administrativas, que coabita com o princípio da centralização no teor de incumbência de determinação das condições base sustentáveis da comunidade pelas instâncias estatais supra-ordenadas[123].

Pertinente é saber se no plano conceptual a descentralização se reveste de carácter absoluto originário, *i. e.*, se a prossecução de funções administrativas por parte do serviço municipal é de competência originária ou se de competência subsidiária. Plano de discussão que se nos afigura complexo, mas cujo véu tentaremos descortinar em um ponto próprio.

29. Não obstante considerarmos que há uma fonte de descentralização das tarefas prosseguidas pela administração central do Estado, na recriação das polícias municipais, não olvidamos que a Lei Quadro das Polícias Municipais [LQPM] reflecte, também, o princípio da desconcentração[124] de poderes n.º 2 do art. 267.º da CRP –, sem prejuízo de prescrever os limites constitucionais advindos «dos poderes de direcção, superintendência e tutela dos órgãos competentes».

---

[122] Quanto às vantagens da descentralização – "as maiores eficiência e celeridade em abstracto da administração; a sua maior democraticidade, possibilitada pela proximidade das pessoas colectivas públicas em relação aos problemas concretos a resolver; a especialização administrativa; a limitação do poder público através da sua re-partição por uma multiplicidade de pessoas colectivas" – e respectivas desvantagens – "proliferação de centros de decisão, de patrimónios autónomos e de exigências de gestão financeira, bem como o alargamento do número de ser-vidores públicos, muitos deles sem qualificações técnicas para o exercício de fun-ções com apreciável nível de especialização", que se traduzem em dificuldades de controlo e em riscos de ineficiências em concreto, que são mais evidentes nos casos em que os titulares dos órgãos não têm de estar necessariamente preparados para responsabilidades de gestão administrativa" –, MARCELO REBELO DE SOUSA e ANDRÉ SALGADO DE MATOS, *Direito Administrativo Geral – Introdução e Princípios Fundamentais* – Tomo I, Dom Quixote, Lisboa, 2004, pp. 141-142.

[123] REINHOLD ZIPPELIUS, *Teoria Geral do Estado*, 3.ª Edição, (tradução de KARIN PRAEFKE-AIRES COUTINHO sob a coordenação de GOMES CANOTILHO), Fundação Calouste Gulbenkian, 1997, Lisboa, p. 403.

[124] Quanto ao princípio da desconcentração DIOGO FREITAS DO AMARAL, *Manual de Direito...*, 3.ª Edição, Vol. I, pp. 833-871.

Ao estipular que as polícias municipais são criadas por deliberação da assembleia municipal, sob proposta da Câmara Municipal – n.º 1 do art. 11.º da LQPM –, o legislador procedeu à desconcentração dos poderes políticos de decisão da necessidade e utilidade da criação de serviços administrativos locais para a prossecução de tarefas que, até então, estavam nas mãos do poder central. Há uma desconcentração do poder de decisão da necessidade e utilidade de uma polícia local, o que permitirá um melhor ajustamento à descentralização e prossecução das tarefas.

Mas, a criação, por deliberação da assembleia municipal, de uma polícia municipal não é suficiente para que tenha eficácia e validade jurídica. A LQPM impõe que aquela deliberação seja ratificada pelo Conselho de Ministros sob a forma de Resolução do Conselho de Ministros – n.º 3 do art. 11.º da LQPM –, ou seja, não há uma desconcentração total não obstante a deliberação ser de um órgão colegial eleito por voto popular e de ter consagração constitucional. A intervenção do Estado Central, que se deve cingir a questões de tutela da legalidade[125], impõe-se porque a polícia municipal é um serviço público municipal que exercerá funções de *polícia administrativa, i. e.*, que da sua actuação poderá resultar a restricção de direitos e liberdades (fundamentais ou não) do cidadão. Podemos quase afirmar que há, assim, uma desconcentração subordinada ao princípio da subsidiariedade, de que falaremos de seguida.

30. Outro ponto de análise prende-se com a questão do *princípio da subsidiariedade* – consagrado no n.º 1 do art. 6.º da CRP[126] – a par

---

[125] Quanto ao poder de tutela da legalidade do Estado sobre os órgãos autárquicos, JOÃO CAUPERS, *Introdução ao Direito Administrativo*, 9.ª Edição, Âncora Editora, Lisboa, 2007, pp. 146-147 (143-144).

[126] O princípio da subsidiariedade é consagrado com a 4.ª Revisão Constitucional, operada pela Lei Constitucional n.º 1/97, de 20 de Setembro. Como ponto de discussão sobre o princípio da subsidiariedade e a sua interpretação constitucional, retemos as palavras de ALEXANDRE SOUSA PINHEIRO e MÁRIO JOÃO DE BRITO FERNANDES, quando afirmam que "É difícil encontrar *espaço normativo* para o *princípio da subsidiariedade* num Estado unitário. A sua origem e justificação reside no *federalismo* e na consequente *pluralidade constitucional*, como muito bem o atesta o exemplo dos estados Unidos. Uma interpretação aligeirada da *subsidiariedade* na Constituição pode levar à conclusão de que os órgãos do estado exercem de forma residual as suas

da autonomia das autarquias locais e da descentralização democrática da administração pública. Pois, cumpre-nos esclarecer a nossa opinião quanto à diferenciação e quanto à interligação entre os dois princípios que devem nortear a discussão em torno das polícias municipais.

---

competências em relação às autarquias locais e às regiões autónomas. É uma tese não só superficial, quanto falsa. As competências dos órgãos das regiões autónomas e das autarquias locais devem ser determinadas de acordo com a Constituição, nomeadamente com as regras de competência para a prática de actos normativos. (...) O *princípio da subsidiariedade* surge na Constituição não como uma realidade jurídica com conteúdo normativo autónomo, podendo, na mais lata das interpretações, operar como apoio hermenêutico ao princípio da descentralização(...), mas como *afirmação política* apegada a um discurso em voga. A previsão de elementos de linguagem próprios do quotidiano político numa lei fundamental nunca é boa solução" [ALEXANDRE SOUSA PINHEIRO e MÁRIO JOÃO DE BRITO FERNANDES, *Comentário à IV Revisão Constitucional*, AAFDL, Lisboa, 1999, pp. 43 e 44]. Trazemos à colação a posição de GOMES CANOTILHO: "Em articulação com a cláusula da integração europeia (art. 7.º/6) e o com o princípio do Estado Unitário (art. 6.º/1), o **princípio da subsidiariedade** adquiriu (depois da revisão de 1992, no que respeita à União Europeia, e depois da revisão de 1997, no que se refere à estrutura do Estado Unitário), dimensão estruturante da ordem constitucional portuguesa. O princípio da subsidiariedade densificado a nível das relações Estados--membros/União europeia e do Estado Unitário/regiões autónomas e autarquias locais é expressão de um **princípio geral de subsidiariedade** que pode formalizar-se assim: as comunidades ou esquemas organizatório-políticos superiores só deverão assumir as funções que as comunidades mais pequenas não poderem cumprir da mesma forma ou de forma mais eficiente. O princípio da subsidiariedade articula-se com o princípio da descentralização democrática (...)" [GOMES CANOTILHO, *Direito Constitucional...*, p. 346]. Neste sentido de princípio geral da subsidiariedade, REINHOLD ZIPPELIUS afirma que este princípio é um princípio estruturante de exigência de uma maior autodeterminação da comunidade, permitindo que "quanto mais poder decisório se encontrar nas comunidades inferiores, tanto maior será a medida em que os indivíduos se podem afirmar na vida comunitária" e acrescenta que, como princípio estrutural global, apresenta-se como "um compromisso entre a pluralidade e a auto-realização mais amplas possíveis, por um lado, e a necessidade de constituir uma estrutura global organizativa e uma compensação geral dos interesses, por outro lado" [REINHOLD ZIPPELIUS, *Teoria Geral...*, pp. 159/160]. Quanto aos assuntos em discussão, JOSÉ MAGALHÃES, *Dicionário da Revisão Constitucional*, Editorial Notícias, 1999, Lisboa, 187 a 189. Como ensinam MARCELO REBELO DE SOUSA e ANDRÉ SALGADO DE MATOS, o princípio da subsidiariedade pode-se apresentar como "um *critério* de descentralização: esta deverá assegurar que as atribuições e competências administrativas sejam prosseguidas e exercidas pelo nível de administração melhor colocado para o fazer com maior racionalidade, eficácia e proximidade em relação aos cidadãos" [MARCELO REBELO DE SOUSA e ANDRÉ SALGADO DE MATOS, *Direito Administrativo...* – Tomo I, p. 142].

O princípio da *descentralização* encerra, em si mesmo, a ideia de chamar à prossecução de funções administrativas do Estado central outras pessoas colectivas, das quais e *in casu* se destacam as autarquias locais. O princípio da *subsidiariedade* encerra a natureza nascente e promotora do exercício dessas funções administrativas, *i. e.*, se essas funções preencherem o quadro de competências originárias ou se revestirem a capa da subsidiariedade descendente ou ascendente. Parecem idênticos, mas, digamos, são diferentes na acepção material que se interligam no hífen da concordância operativa do conceito constitucional: a natureza emerge da função a prosseguir e esta pode revestir carácter próprio ou comunal ou carácter impróprio e descentralizado, influenciando dedutivamente aquela. A criação das polícias municipais, imbuída de uma ideia de desconcentração, imbrica no princípio da *descentralização* de funções administrativa sob o olhar operativo do princípio da *subsidiariedade*.

31. Ganha relevo a discussão de submter à crítica os factores contribuintes da necessidade de criar *ab initio* uma nova estrutura policial: de índole estratégico-política, jurídico e histórico.

Os primeiros factores – estratégico-políticos – advêm da necessidade de responder ao sentimento de medo pela propagação da ideia de aumento de insegurança – pois, discordamos que tenha havido um aumento tal que fomentasse este sentimento por considerarmos que, hoje, existe uma maior visibilidade informativa dos fenómenos criminógenos, o que induz o cidadão a conhecer *in momento* o facto criminal e, consequentemente, a ter uma mais consciente visão da insegurança –, associando-se àqueles factores a insuficiência de efectivos nas forças de segurança e o afastamento destas face ao cidadão e a desarmonização da actuação policial em áreas concretas[127]. Como resposta à falta de efectivos colmatou-se com o aumento de efectivos nos quadros das forças de segurança e, como se profetizara, com a criação de polícias municipais, que a jusante veio beneficiar da ideia de proximidade com o cidadão e de harmonização e/ou de acoplamento de determinadas

---

[127] Quanto a este assunto, CATARINA SARMENTO E CASTRO, *A Questão das Polícias...*, p. 165.

acções – tarefas – que ocupavam em demasia as forças de segurança de âmbito nacional ou estatal. Acompanhamos CATARINA CASTRO ao escrever que "não pode a criação das polícias municipais pretender apenas solucionar um problema de falta de efectivos"[128], pelo que, em nosso entender, vence o ideário estratégico-político da proximidade no nascimento e proliferação de polícias municipais.

32. No plano jurídico, há a referir que materializa-se o pensamento do legislador constituinte de que a própria actividade de determinadas tarefas de administração da segurança[129] (interna)[130] – que imbrica com

---

[128] *Idem*, p. 166.

[129] Em sentido lato, acompanhamos a tipologia de segurança dos Profs. MARCELLO CAETANO e DIOGO FREITAS DO AMARAL: uma das necessidades colectivas, cuja satisfação *regular e contínua* deve ser provida pela *actividade típica dos organismos e indivíduos* da Administração Pública, *nos termos estabelecidos pela legislação aplicável*, devendo aqueles obter para *o efeito os recursos mais adequados e utilizar as formas mais convenientes*, quer sob *direcção ou fiscalização* do poder político, quer sob o *controle dos tribunais* [DIOGO FREITAS DO AMARAL, *Curso de Direito Administrativo*, Almedina, Coimbra, 1996, Vol. I, Págs. 32 e ss.. Itálico nosso]. Quanto a este assunto o nosso *Dos Órgãos de Polícia Criminal – Natureza-Intervenção-Cooperação*, Almedina, Coimbra, 2004, pp. 78-79 e *infra* §15.º. Para um maior desenvolvimento da tipologia de segurança, o nosso "Contributos para uma Tipologia de Segurança Interna", in *I Colóquio de Segurança Interna*, Almedina, Coimbra, 2005, pp. 69-98.

[130] Colocamos segurança (interna) entre parêntesis por considerarmos que as policias municipais não preenchem *ab initio* as prerrogativas originárias de segurança interna, podendo com a sua actividade de segurança administrativa contribuir para a prossecução de segurança interna.

Desde já avançamos que entendemos que **a segurança interna**, como efeito de segurar, de afastar o perigo, surge como tarefa de proteger as pessoas e os valores que constituem a sociedade política, devendo, como poder político, ser um instrumento juridicamente organizado e tecnicamente estruturado na defesa externa e na defesa da ordem e tranquilidade interna e deve, primeiramente, ter como fim a realização não ficta, mas real do princípio estruturante de qualquer Estado moderno que é o respeito da dignidade da pessoa humana[42] através da promoção de uma ordem, de uma segurança e de uma tranquilidade públicas, que seja capaz e eficiente na protecção das pessoas contra quaisquer ameaças ou agressões de outrem ou dos próprios poderes públicos que ponham em causa a sua vida, a sua integridade física ou moral, que seja eficaz não só na protecção, como também na promoção do bem-estar material das pessoas, que passa pela protecção dos seus bens, de forma a evitar que sejam danificados ou subtraídos ao seu domínio directo e imediato. Não olvidamos o n.º 1 do

Capítulo II – Da Tipologia «Polícia»

a segurança externa a montante e com as questiúnculas securitárias locais a jusante – deve ser, por um lado, levada a cabo por pessoas colectivas territoriais distintas do Estado – *descentralização*[131] – e que, por outro lado, há tarefas que prosseguidas por aquelas pessoas colectivas territoriais alcançam os mesmos fins de bem-estar e desenvolvimento organizado em segurança – *subsidiariedade*[132]. Acresce que a transfe-

---

art. 1.º da Lei n.º 20/87, de 20 de Janeiro – Lei de Segurança Interna – no qual se prescreve que segurança interna consiste em «garantir a ordem, a segurança e a tranquilidade públicas, proteger pessoas e bens, prevenir a criminalidade e contribuir para assegurar o normal funcionamento das instituições democráticas, o regular exercício dos direitos e liberdades fundamentais dos cidadãos e o respeito pela legalidade democrática». A segurança, nesta perspectiva, não pode ser encarada unicamente como coacção jurídica e coacção material, mas primordialmente como "uma garantia de exercício seguro e tranquilo de direitos, liberto de ameaças ou agressões", quer na sua dimensão negativa – direito subjectivo à segurança que comporta a defesa face às agressões dos poderes públicos – quer na sua dimensão positiva – direito positivo à protecção exercida pelos poderes públicos contra quaisquer agressões ou ameaças de outrem [G. CANOTILHO e V. MOREIRA, *Constituição da República...*, 3.ª Edição, p. 184]. Segundo a nossa opinião, foi neste sentido que o legislador Constitucional consagrou o direito à segurança no mesmo número do mesmo artigo (27.º) da Constituição que consagrou o direito à liberdade, funcionando os dois como corolários e fundamento da expressão de todos os demais direitos pessoais, culturais, sociais e económicos. Quanto a este assunto o nosso *Dos Órgãos de Polícia...*, pp. 78 a 80.

[131] Quanto à descentralização, considerando o enraizamento histórico e jurídico, assim como a origem dos elementos policiais [da PSP], a RCM n.º 45/2007, de 19 de Março, aponta como objectivos na reestruturação do Sistema das Forças e Serviços de segurança, a descentralização para as Polícias Municipais de Lisboa e do Porto as competências da PSP no âmbito da fiscalização de trânsito nas cidades respectivas, "devolvendo aos municípios plenos poderes de regulação de trânsito e estacionamento, sem prejuízo das competências gerais da PSP na prevenção e repressão de ilícitos e na garantia da segurança pública". Cfr. al. c) do ponto 3.2 pela RCM n.º 45/2007, de 19 de Março.

[132] Quanto ao princípio da subsidiariedade, os nossos estudos *Consumo de Drogas – Reflexões sobre o Novo Quadro Legal*, 3.ª Edição, Almedina, Coimbra, 2006, pp. 91 - 93 [Como afirma Pio XI, na encíclica "*Quadragésimo Anno*", este princípio é um "importantíssimo princípio da filosofia social", defendendo que "assim como não é lícito retirar aos indivíduos, para o passar à comunidade, aquilo que eles podem realizar por iniciativa e meios próprios, assim também é contra a justiça, representa grave dano e perturba profundamente a recta ordem entregar a uma sociedade maior

rência do poder da criação das polícias municipais pela a assembleia municipal, sob proposta da Câmara Municipal, é a prossecução do princípio jusconstitucional da desconcentração, ou seja, há assim uma desconcentração política, mas também jurídica não obstante ser mitigada uma vez que tal deliberação não vale por si só, pois a sua eficácia depende de ratificação por Resolução do Conselho Ministros[133].

Há acrescentar que, face ao quadro constitucional vigente, a actividade de polícia municipal não pode ultrapassar os limites conceptuais e teleológicos de uma polícia materialmente subsidiária no plano da segurança interna – actividade constitucionalmente originária das forças de segurança ou POLÍCIA, que, como força capaz de servir os interesses vitais da comunidade politicamente organizada, se apresenta e se impõe como garantia da estabilidade dos bens, mas também como durabilidade credível das normas e de irrevogabilidade das decisões do poder que respeita a interesses justos e comuns[134].

33. No que concerne ao factor histórico, temos a dizer que assistimos há vários anos e em vários países à criação e à implementação de estruturas policiais de índole «comunal» e, ainda, ao nascimento de novos corpos de polícia municipal e, em outros casos, ao aumento de funcionários agentes de polícia municipal. Contexto ao qual não poderíamos resistir durante muito tempo, pois vivemos em uma pequena aldeia global.

Cumpre-nos chamar à colação dois instrumentos do Conselho de Ministros do Conselho da Europa que cunharam o mote das polícias municipais: a Recomendação n.º R (95) 12, de 11 de Setembro de

---

e de grau mais elevado o que as sociedades menores e de grau inferior são capazes de realizar"; com efeito, toda actividade social deve, por natureza, ajudar os membros do grupo social *(subsidium afferre)* e nunca, pelo contrário, destruí-los ou absorvê--los. A subsidiariedade é a expressão da natureza quer da pessoa como ser individual, quer da sociedade, da "anterioridade e primado da pessoa e da múltipla dimensão social da mesma". Este princípio exprime "a especificidade e indispensabilidade do papel da sociedade – não apenas do Estado, embora muito particularmente dele – relativamente aos seus membros (individuais e colectivos)] e *Escutas Telefónicas – Da Excepcionalidade à Vulgaridade*, Almedina, Coimbra, 2003, p. 55.

[133] Exceptuam-se deste regime as Polícias Municipais de Lisboa e do Porto, devendo-lhe ser atribuído um regime especial a aprovar por Decreto-Lei por força do art. 21.º da LQPM.

[134] Quanto a este assunto o nosso *Dos Órgãos de Polícia...*, p. 79.

1995, sobre Gestão da Justiça Penal, da qual se destacam as recomendações n.º 8 – no que respeita à implementação geográfica de novas instalações – e n.º 13 – no que concerne à especialização e ao desenvolvimento de novas carreiras profissionais com o intuito de obter novos conhecimentos teóricos e práticos; e a Recomendação n.º R (96) 8, de 5 de Setembro de 1996, sobre a Política Criminal em uma Europa em Transformação, da qual se destaca a medida a implementar n.º 8 – no sentido de os estados se encorajarem em desenvolver estratégias de prevenção nos planos locais e regionais.

§ 12.º Do quadro jurídico-constitucional

34. Face ao quadro constitucional, consideramos que as polícias municipais são polícias *operativas de contexto espacial delimitado* – município – e *parte integrante* de pessoas colectivas – com autonomia jurídica – distintas do Estado, *i. e.*, enquadram a Administração Autónoma e promovem a descentralização administrativa e o ideário do princípio da subsidiariedade da prossecução dos fins colectivos – «manutenção da tranquilidade pública e (...) protecção das comunidades **locais**»[135], conforme n.º 3 do art. 237.º da CRP – através do princípio da cooperação[136].

A CRP é bem clara quanto ao âmbito territorial operativo das polícias municipais – devendo-se ter em referência que o n.º 4 do art. 272.º da CRP prescreve que o regime das forças de segurança [POLÍCIA] é único e «para todo o território nacional»[137] – e à sua dimensão de atribuições e competências de polícia tipicamente administrativa, afastando, desde logo, a vertente judiciária da polícia municipal que se retira do art. 272.º da CRP. Realce-se que, não obstante esta concepção determinativa de polícia, consideramos que a policia municipal é um

---

[135] Negrito nosso.

[136] O n.º 3 do art. 237.º da CRP consagra que «as polícias municipais *cooperam* na manutenção da tranquilidade pública e na protecção das comunidades locais».

[137] Apesar do Projecto do PS propor que se aditasse, *in fine*, "sem prejuízo da possibilidade de criação de corpos de polícia municipal". ALEXANDRE SOUSA PINHEIRO e MÁRIO JOÃO DE BRITO FERNANDES, *Comentário à IV Revisão...*, p. 562.

serviço público de cariz local que desempenha actos de *ius imperii* no canto das suas atribuições e competências que emergem da natureza da pessoa colectiva município ou, nas palavras de CATARINA CASTRO, que exerce «poderes funcionais que visam a satisfação de interesses próprios do município»[138]. Caso contrário, seria ilegítima a tutela administrativa – controlo da legalidade[139] – do poder central sobre as autarquias locais e, por maioria de razão, sobre os seus órgãos e serviços[140].

Sentidos vertidos na Lei Quadro das Polícias Municipais – quer na Lei n.º 140/99, de 28 de Agosto, quer na Lei n.º 19/2004, de 20 de Maio –, da qual resulta que as polícias municipais são «serviços municipais», que «têm âmbito municipal» e que exercem «funções de polícia administrativa»[141].

35. Da Constituição retira-se que as atribuições[142], as competências[143] e as funções de polícia municipal[144] de que a lei quadro a venha dotar cingem-se, por um lado, ao panorama da cooperação e, por outro, à prossecução da tranquilidade pública e de protecção de pessoas e bens do município. Quanto ao panorama da cooperação faremos uma análise autónoma de seguida, prendamo-nos, neste porto de discussão, com o fim genérico da actividade da polícia municipal.

Não discordamos de CATARINA CASTRO relativamente à concepção que apresenta quanto à *tranquilidade pública* pertencer ou fazer parte da segurança interna[145-146] em sentido lato, quer como elemento componente

---

[138] CATARINA SARMENTO E CASTRO, *A Questão das Polícias...*, p. 399. Cfr. art. 235.º da CRP.
[139] Cfr. art. 242.º, n.º 1 da CRP.
[140] Quanto à tutela administrativa, art. 10.º da Lei n.º 19/2004, de 20 de Maio.
[141] Cfr. art. 1.º da Lei n.º 19/2004, de 20 de Maio.
[142] Cfr. art. 2.º da Lei n.º 19/2004, de 20 de Maio.
[143] Cfr. art. 4.º da Lei n.º 19/2004, de 20 de Maio.
[144] Cfr. art. 3.º da Lei n.º 19/2004, de 20 de Maio.
[145] Quanto à questão da segurança interna o nosso estudo "A segurança como tarefa fundamental do Estado de Direito Democrático", in *Dos Órgãos de Polícia Criminal*, Almedina, Coimbra, 2004, pp. 75 a 83.
[146] Quanto à segurança (interna) e como já escrevemos e afirmamos, recordamos que, segundo G. CANOTILHO e V. MOREIRA, a segurança, como "garantia de exercício seguro e tranquilo dos direitos, liberto de ameaças ou agressões", ou seja, mais como

"garantia de direitos do que" como "direito autónomo", nasce com o art. 3º da Constituição de 1822, na qual se consagra "a ideia de segurança pessoal" em que ao governo competia promover a protecção de "todos para poderem conservar os seus direitos pessoais" [GOMES CANOTILHO e VITAL MOREIRA *Constituição da República...*, na 3.ª edição p. 184 (na 4.ª Edição, vol. I, p. 478)]. Quer na sua *dimensão negativa* (protecção contra *os poderes públicos*), quer na sua *dimensão positiva* (protecção contra *agressões de outrem*), o direito à segurança não pode, como bem jurídico tutelado constitucionalmente, ser promovido de forma que viole a prossecução dos direitos pessoais, cujo exercício lhe limitam a sua amplitude baseada no pressuposto da realização do interesse público [Pensamos importante referir que o interesse público deveria ser "o de que cada um tenha as melhores possibilidades de alcançar a satisfação dos seus interesses". MANUEL FONTAINE CAMPOS, *O Direito e a Moral no Pensamento de Friedrrich Hayek*, UCP – Porto, 2000, p. 106]. O direito à segurança, que deve ser preferencialmente prosseguido pelo Estado, não deve socorrer-se de meios ou medidas de cariz de Estado de Polícia, mas sim de meios que encontram o seu fundamento e a sua causa de existência nos próprios direitos pessoais enraizados na promoção do respeito da dignidade humana. Como direito do cidadão surge como dever do Estado, que, além desta garantia, lhe compete constitucionalmente *garantir os direitos e liberdades fundamentais e o respeito pelos princípios do Estado de Direito Democrático [al. b) do art. 9.º da CRP]*. Pensamos que é nesta perspectiva que G. MARQUES DA SILVA fala em limitar as restrições *ao mínimo indispensável, para se poder conciliar o aprofundamento das liberdades individuais com a segurança colectiva* [G. MARQUES DA SILVA "Entrevista", *in Polícia Portuguesa*, n.º 124, Maio-Junho 2000, pp. 15-16]. As liberdades individuais são as respeitantes aos direitos pessoais, que estão *directamente ao serviço da protecção da esfera nuclear das pessoas e da sua vida* [G. CANOTILHO e VITAL MOREIRA, *Constituição da República...*, na 3.ª edição, p. 179 (na 4.ª Edição, Vol. I, p. 461)], cuja protecção não se esgota civilmente, mas se estende a uma tutela penal de alguns desses direitos [direito à vida, à integridade física, à imagem, à reserva da vida privada, ao bom nome e reputação]. O direito à segurança não pode nem deve ser encarado como um direito absoluto do cidadão, nem como uma garantia absoluta de todos os outros direitos, porque estes podem ser garantidos não só através de uma acção activa do Estado, mas também através de medidas e acções preconizadas pelos próprios cidadãos, que devem ter um papel dinâmico e activo fundamental na prossecução e desenvolvimento de um Estado que se quer de Direito e Democrático. Perante esta perspectiva o Estado não se pode arrogar como defensor absoluto dos direitos dos cidadãos com todos os meios técnicos, mesmo que eficazes e eficientes, que possam pôr em causa não só direitos, liberdades e garantias, como ainda o desenvolvimento livre e responsável de uma sociedade. Para mais desenvolvimentos e o contraponto *liberdade*, o nosso *Dos Órgãos de Polícia Criminal...*, pp. 108 e ss..

ou similar de ordem pública quer como no sentido de paz, calma e repouso[147]. Todavia, há a relevar para esta concepção o carácter residual espacial e de conteúdo dessa visão de segurança interna *lato sensu*, pois não podemos conceber uma polícia municipal com missão de tranquilidade pública em que qualquer acto de polícia administrativa municipal se enquadre em acto de segurança interna mesmo que em sentido lato.

A tranquilidade pública é, em si mesmo, um fim nacional e, por maioria de razão, local, o que nos impele a restringir a essa natureza os actos de polícia administrativa municipal adstritos a atribuições especificas de segurança – *p. e.*, a fiscalização do cumprimento de normas relativas a espectáculos, cuja competência de autorização ou de licença caiba ao município. Pois, caso ultrapasse este limite poder-se-á deturpar o escopo originário constitucional da criação e implementação das polícias municipais, porque entraremos no âmbito da tranquilidade pública *stricto sensu* – *i. e.*, actividade de garantia e de protecção de pessoas e bens face a condutas típicas, ilícitas e culposas [crimes] e de prevenção criminal, prescrita para as polícias dotadas de natureza administrativa, de ordem e tranquilidade públicas e judiciária, melhor, que podem revestir natureza de órgão de polícia criminal, característica que, como temos vindo a defender, só as forças de segurança de panorama operativo nacional e de funções amplas e gerais de segurança interna vestem[148].

36. Quanto à protecção de pessoas e bens, como actividade administrativa da polícia municipal, acresce uma ornamentação de especificidade geográfica – *i. e.*, veste natureza local ou territorial identificada, determinada e restrita no plano do território nacional – e de cariz municipal – *p. e.*, a vigilância nos transportes públicos locais [al. *b)* do n.º 2 do art. 3.º da Lei n.º 19/2004, de 20 de Maio] ou a guarda de edifícios e equipamentos públicos municipais [al. *d)* do n.º 2 do art. 3.º da Lei n.º 19/2004, de 20 de Maio].

---

[147] CATARINA SARMENTO E CASTRO, *A Questão das Polícias...*, p. 329.
[148] *Hoc sensu* J. DAMIÃO DA CUNHA, *O Ministério Público e os Órgãos de Polícia Criminal no Novo Código de Processo Penal*, UCE, Porto, 1993, p. 102 e ss..

A própria Lei Quadro consagra que «a competência territorial das polícias municipais *coincide com a área do município*», só podendo actuar fora da sua jurisdição territorial em situações de flagrante delito e de emergência a solicitação de autoridade municipal competente – conforme art. 5.º. No que concerne a este preceito e à cláusula prescrita na parte final do n.º 2 – *mediante solicitação da autoridade municipal competente* –, defendemos que ou se aplica, segundo uma interpretação restritiva, apenas às situações de «emergência de socorro» ou perde qualquer sentido lógico-jurídico uma vez que, quanto à detenção em flagrante delito, qualquer cidadão pode deter outro cidadão por crime punível com pena de prisão[149]. Caso se interprete de modo diferente estamos a retirar ou a esvaziar o conteúdo funcional do agente de polícia municipal.

37. A tranquilidade e a protecção de pessoas e bens, para que encerre o teor de serviço municipal de polícia, carece do elemento localizante – município **Y** ou **Z** –, sendo neste contexto que poder-se-á falar que aquela actividade ancora no campo da segurança interna *lato sensu*. A própria Lei Quadro revela o cuidado na formulação das funções e das competências desta polícia, ao prescrever, em várias alíneas, a subjugação da promoção da actividade administrativa de polícia municipal à «área da sua jurisdição» [n.º 1 do art. 2.º], à «coordenação com as forças de segurança» [als. *a)* e *b)* do n.º 2 do art. 3.º] e à cláusula restritiva «sem prejuízo do disposto na legislação sobre segurança interna e nas demais leis orgânicas das forças de segurança» [n.º 4 do art. 2.º].

Poder-se-á aduzir que a tranquilidade pública e a protecção das comunidades – pessoas e bens – encerram não só uma vertente geograficamente localizante, mas também e por essa razão uma vertente limitativa, pois a sua operatividade identifica-se, determina-se e restringe-se por um lado às atribuições e funções de *cariz descentralizado* e *subsidiário*, não obstante as prerrogativas próprias da autonomia administrativa inerente ao município, jamais podendo alcançar o

---

[149] Cfr. al. *b)* do n.º 1 do art. 255.º do CPP.

escopo de função global de polícia consagrado no art. 272.º da CRP, e, por outro lado, aquelas desenvolvem-se num espaço geográfico que não se identifica com território nacional, embora nele inserido.

38. O carácter subsidiário da função de polícia municipal enlaça-se principalmente no plano da segurança interna *stricto sensu* – prevenção criminal[150] – e em certas actividades de tranquilidade pública, cuja operatividade depende, por um lado, dos preceitos da lei de segurança interna e das leis orgânicas e de funcionamento das forças de segurança e, ainda, da legislação penal substantiva e adjectiva, e, por outro, da coordenação com as demais forças de segurança que deve existir na prossecução das suas funções sob pena de não se racionalizar os meios humanos e materiais em um país carente de recursos financeiros.

---

[150] Quanto ao sentido de prevenção criminal, consagrada no n.º 3 do art. 272.º da CRP, como demonstram os nossos estudos, acompanhamos a dupla função – a de **vigilância** [levada a cabo pela POLÍCIA e que visa evitar que se infrinjam "as limitações impostas pelas normas e actos das autoridades para a defesa da segurança interna, da legalidade democrática e dos direitos dos cidadãos", sem que alguma vez se deixe de respeitar esses mesmos direitos; *p. e.*, o direito a manifestar-se não pode funcionar como limite do direito de liberdade de circulação dos demais cidadãos, o que implica uma acção de vigilância sobre os que se manifestam de modo a que estes não ponham em causa as normas que regulamentam o direito de manifestação, a legalidade do próprio acto manifestação e os direitos de todos os demais cidadãos] e a de **prevenção criminal** *stricto sensu* [na qual compete à POLÍCIA adoptar "medidas adequadas para certas infracções de natureza criminal", medidas essas que visam a protecção de pessoas e bens, a vigilância de indivíduos e locais suspeitos, sem que se restrinja ou limite o exercício dos direitos, liberdades e garantias do cidadão] – e consideramos que, apesar do legislador ordinário ter prescrito que «os órgãos de polícia municipal têm competência para o levantamento de auto ou o desenvolvimento de inquérito por ilícito de mera ordenação social, de transgressão ou criminal por factos estritamente conexos com violação de lei ou recusa da prática de acto legalmente devido no âmbito das relações administrativas», nos termos do n.º 3 do art. 3.º da lei Quadro – prescrição que, no nosso entender, parece ultrapassar os limites materiais consagrados no n.º 3 do art. 237.º da CRP –, a actividade dos órgãos de polícia municipal não pode estender-se à função de prevenção criminal *stricto sensu* e que, mesmo no âmbito da função de vigilância, consideramos que só é admissível no âmbito das atribuições – art. 2.º da Lei Quadro – e das funções de polícia – art. 3.º da lei Quadro – locais como *cooperante* na manutenção da tranquilidade pública e na protecção das

A vertente subsidiária advém da própria concepção constitucional vertida na forma verbal «cooperam» do n.º 3 do art. 237.º da CRP. Não nos debruçaremos neste ponto sobre o princípio da cooperação, de análise sequente, mas tão só no deslindamento do sentido constitucional limitativo e determinante das funções de polícia municipal. Neste sentido, ALEXANDRE PINHEIRO e MÁRIO FERNANDES, consideram que o carácter subsidiário da actividade de polícia municipal no campo do *ius criminalis* se manifesta no caso de "detenção em flagrante delito na ausência de autoridade judicial ou entidade policial e solicitar a intervenção de tais entidades"[151].

39. Se nos recolhermos no n.º 1 do art. 272.º da CRP, verificamos que o legislador quis, constitucionalmente, identificar e determinar a função da polícia ao consagrar que «a polícia **tem** por funções...». Dir-nos-ão que é uma construção abrangente em que também cabe a polícia municipal. Posição que merece alguns apontamentos preliminares para que possamos demonstrar a nossa discordância quanto à função originária.

Primeiramente, o legislador contitucional, em termos sistemáticos, sentiu necessidade de aditar o preceito das polícias municipais em um artigo inserido nos Princípios Gerais (Capítulo I) do Poder Local (Titulo VIII), da Organização do Poder Político da CRP (Parte III), conquanto o art. 272.º se insere na Administração Pública (Título IX). Caso entendesse que as funções de «manutenção da tranquilidade pública e (...) protecção das comunidades» fossem de carácter originário *ab initio* das polícias municipais, o prescrito no n.º 3 do art. 237.º estaria vertido no art. 272.º da CRP.

---

comunidades. Quanto às funções de prevenção criminal acima descritas, GOMES CANOTILHO e VITAL MOREIRA, *Constituição da República Portuguesa Anotada*, 3.ª Edição, Coimbra Editora, 1993, pp. 956/957 e, na mesma linha de pensamento, os nossos *Regime Jurídico da Investigação Criminal Comentado e Anotado*, 3.ª Edição, Almedina, Coimbra, 2006, pp. 31 e 33 e *Dos Órgãos de Polícia Criminal*, Almedina, Coimbra, 2004, pp. 18, 80 e 81.

[151] ALEXANDRE S. PINHEIRO e MÁRIO J. DE BRITO FERNANDES, *Comentário à IV Revisão...*, p. 517. Visão Vertida na al. *e)* do n.º 1 do art. 4.º da Lei Quadro da Polícia Municipal.

Em segundo lugar, a forma verbal «cooperam» afasta a função originária de «manutenção da tranquilidade pública e (...) protecção das comunidades», pois pressupõe que tal função é da competência originária de outro serviço público, como se verifica consagrado no art. 272.º, n.º 1 da CRP: «a polícia **tem** por funções...». Esta Polícia – administrativa, de ordem e tranquilidade pública e judiciária – detém o dever próprio e original da prossecução de manutenção da tranquilidade pública e de protecção da comunidade nacional.

Em terceiro lugar, a epígrafe do art. 237.º é «descentralização administrativa», ou seja, a confiança de funções administrativa que até então estavam na esfera do poder central, tais como a tranquilidade pública e de protecção da comunidade (local) obedece ao princípio da descentralização[152]. A pessoa colectiva autarquias locais prossegue interesses próprios, mas em um quadro global nacional, cuja prossecução por aquela polícia se funda no âmbito da cooperação com as forças de segurança, tendo em conta os vectores da subsidiariedade negativa – o que a polícia municipal não deve fazer, *p. e.* o n.º 4 do art. 2.º, o n.º 5 do art. 3.º da Lei Quadro – e os vectores da subsidiariedade positiva – o que a polícia municipal deve fazer, *p. e.* as medidas cautelares de identificação, de revista de indivíduos suspeitos da prática de crime [n.º 4 do art. 3.º da Lei Quadro] ou a sua detenção em flagrante delito e sua entrega imediata ao OPC competente [al. *e)* do art. 4.º da Lei Quadro].

Como se retira do exposto, no âmbito da *prevenção criminal*, os actos da polícia municipal, que não pode exercer funções de órgão de polícia criminal, são subsidiários face à competência originária das demais forças de segurança de âmbito nacional – *p. e.*, PSP, GNR, PJ, ASAE, SEF.

---

[152] Cfr. n.º 1 do art. 267.º CRP. Quanto ao princípio da descentralização administrativa, MARCELLO CAETANO, *Manual de Direito Administrativo*, Almedina, pp. 248 e ss.; DIOGO FREITAS DO AMARAL, *Curso de Direito...*, Vol. I, pp. 693 e ss.; GOMES CANOTILHO e VITAL MOREIRA, *Constituição da República...*, 3.ª Edição, pp. 75-76 e 927-928.

40. Relevante é a consagração constitucional do princípio da cooperação[153] desde logo com a forma verbal «cooperam» – n.º 3 do art. 237.º da CRP – que se traduziu na Lei Quadro – art. 2.º, n.ºs 2 e 3. Daqui reforça-se a ideia de que os interesses de segurança do município não se separam dos interesses de segurança da comunidade nacional, impondo-se não uma sobreposição directiva por parte das forças de segurança ou de subalternização das polícias municipais, mas antes uma relação administrativa de harmonização de intervenção e de exercício articulado na manutenção da tranquilidade pública e na protecção das comunidades (locais) que influenciará a segurança interna nacional, demonstrando-se, desta feita, que "os interesses municipais em matéria de polícia não são de prossecução livre e independente da realização dos interesses nacionais nessa matéria"[154].

A cooperação deve ser entendida quer no plano vertical – em que se aproxima da lealdade para com a hierarquia e se manifesta na coadjuvação a que estão sujeitas as autoridades policiais para com o poder judicial – e no plano horizontal – face à qual as policiais municipais devem cooperar com as demais forças de segurança e estas para com aquelas sob a égide da reciprocidade, «nomeadamente através da *partilha da informação* relevante e necessária para a prossecução das respectivas atribuições e na *satisfação de pedidos de colaboração* que legitimamente forem solicitados»[155], nos termos dos n.ºs 2 e 3 do art. 2.º da Lei Quadro.

41. O enquadramento da polícia municipal como polícia administrativa[156-157] – cooperando na manutenção da tranquilidade pública e

---

[153] Quanto ao princípio da cooperação o nosso *Dos Órgãos de Polícia Criminal*, Almedina, Coimbra, 2004, pp. 209 a 240. Quanto a este assunto, CATARINA SARMENTO E CASTRO, *A Questão das Polícias...*, p. 401 e ss.

[154] CATARINA SARMENTO E CASTRO, *A Questão das Polícias...*, p. 403.

[155] Itálico nosso.

[156] No sentido da polícia municipal como uma polícia administrativa – que deve actuar em "actividades comerciais, de urbanização, trânsito e ambiente", cuja conexão com as actividades típicas de forças de segurança é de afastar –, ALEXANDRE S. PINHEIRO e MÁRIO J. DE BRITO FERNANDES, *Comentário à IV Revisão...*, p. 517.

[157] A actividade de polícia é, *ab initio*, de natureza administrativa, por traduzir o «modo de actuar da autoridade administrativa que consiste em intervir no exercício das

na protecção das comunidades locais – levanta o véu da questiúncula sobre a **natureza ou não de órgão de polícia criminal**[158].

Como referimos, encontra-se afastada a possibilidade de actividade de polícia municipal no âmbito da prevenção criminal, ou seja, de polícia promotora de actos de natureza pré-judiciária ou judiciária ou, nas palavras de GERMANO MARQUES DA SILVA, «actos de polícia» ou «pré-processual»[159], não revestindo a caracterização de órgão de polícia criminal, que lhes está vedado *ex lege* – n.º 5 do art. 3.º.

A sua actividade é puramente administrativa, não obstante a Lei Quadro consagrar a realização de actos processuais judiciários no plano do direito penal adjectivo típicos dos órgãos de polícia criminal, tais como a identificação[160] e revista de suspeito pela prática de crimes[161]

---

actividades individuais susceptíveis de fazer perigar interesses gerais, tendo por objectivo evitar que se produzam, ampliem ou generalizem os danos sociais que as Leis procuram prevenir» [MARCELLO CAETANO, *Manual de Direito...*, 10.ª Edição, Vol. II, p. 1150], concepção que influenciada pelo art. 18.º Código francês dos Delitos e das Penas de 3 do Brumário do ano IV, a *polícia administrativa* «tem por objecto a manutenção habitual da ordem pública em toda a parte e em todos os sectores da administração geral. O seu fim é, principalmente, o de prevenir os delitos», que por sua vez considerava como *polícia judiciária* aquela que «investiga os delitos que a polícia administrativa não impediu que se cometessem, reúne as respectivas provas e entrega os autores aos tribunais encarregados por lei de os punir»[MARCELLO CAETANO, *Manual de Direito...*, 10.ª Edição, Vol. II, p. 1153 e *Princípios Fundamentais...*, p. 267].

[158] Quanto à concepção de órgão de polícia criminal, o nosso *Dos Órgãos de Polícia Criminal*, Almedina, Coimbra, 2004, pp.11 e ss.; GERMANO MARQUES DA SILVA, *Curso de Processo Penal*, Verbo, Lisboa/S.Paulo, Vol. I (4.ª Edição), pp. 275 a 284, e no que concerne às medidas cautelares e de polícia, Vol. III (2.ª Edição), pp. 63 e ss..

[159] GERMANO MARQUES DA SILVA, *Curso de Processo...*, Vol. III, p. 63. Na primeira edição, o ilustre professor na 1.ª edição fala-nos de acto «pré-processual», conquanto na 2.ª edição em «actos de polícia», pois não difere na natureza e no sentido de que temos falado, por quer em uma acepção quer em outra, carece de apreciação e de validação judicial.

[160] A identificação impõe-se por razões de identificação do autor da infracção contra-ordenacional, nos termos do art. 49.º do RGCO.

[161] Assim como defendemos a revista de segurança no quadro administrativo ou a própria revista preventiva e de segurança prevista na al. *b*) do n.º 1 do art. 251.º do CPP. Quanto à revista preventiva e de segurança o nosso *Revistas e Buscas*, 2.ª Edição, Almedina, Coimbra, 2005, pp. 24-26 e *infra* Capítulo IX.

[n.º 4 do art. 3.º], a detenção e entrega imediata de suspeitos quando surpreendidos em flagrante delito [al. *e)* do n.º 1 do art. 4.º]. Todavia, a prossecução dos mesmos actos – *p. e.*, a prática de medidas cautelares e de polícia, como o exame, a apreensão, a busca não domiciliária ao local do crime, a apresentação do detido ao juiz de turno – cabe aos demais órgãos de polícia criminal.

42. Realce merece a disposição do n.º 3 do art. 3.º da Lei Quadro no que concerne à *elaboração de inquérito por ilícito criminal* por factos estritamente conexos com violação de lei no âmbito das relações administrativas ou por recusa da prática de acto legalmente devido também no âmbito das relações administrativas. Por um lado, há a referir que esta nova função de elaboração de inquérito criminal não se encontrava prevista na Lei n.º 140/99 e que, no nosso entender, poderá ultrapassar os limites do n.º 3 do art. 237.º da CRP, e por outro, a desobediência a que este preceito se refere não se confunde com a falta de «obediência devida a ordem ou mandado legítimos que tenham sido regularmente comunicados e emanados do agente de polícia municipal»[162].

A consignação de desenvolvimento de inquérito por ilícito criminal encontra **um limite iminentemente funcional** – os factos delituosos criminais têm de se prender com as funções de «fiscalização do cumprimento das normas regulamentares municipais», [al. *a)* do n.º 1 do art. 3.º da Lei Quadro], de «fiscalização do cumprimento das normas de âmbito nacional ou regional cuja competência de aplicação ou de fiscalização caiba ao município», [al. *b)* do n.º 1 do art. 3.º da Lei Quadro], e de «aplicação efectiva das decisões das autoridades municipais», [al. *c)* do n.º 1 do art. 3.º da Lei Quadro].

Mas, está de todo em todo afastada a possibilidade de exercício de competências próprias de OPC, devendo o agente de polícia municipal, sempre que detenha em flagrante delito um suspeito da prática de crime punido com pena de prisão, entregar o mesmo de imediato à autoridade judiciária ou a entidade policial, conforme al. *e)* do art. 4.º da Lei Quadro e nos termos do art. 255.º, n.º 1, al. *b)* do CPP. Deste

---

[162] Prevista no n.º 1 do art. 14.º da Lei Quadro.

preceito, pode-se retirar que o **órgão de polícia municipal não é** para efeitos do Código de Processo Penal **entidade policial**, não podendo ser por maioria de razão OPC.

43. Outro ponto de relevo é a submissão da actividade de polícia municipal aos princípios constitucionalmente consagrados para a demais administração pública, tendo sempre presente, por um lado, a prossecução do interesse público (local) e, por outro, o respeito pelos direitos e interesses legalmente protegidos dos munícipes.

As polícias municipais encontram-se, desta feita, subordinadas à Constituição e à lei – n.º 2 do art. 266.º, art. 3.º, n.º 2 e art. 18.º, n.º 1 da CRP – e devem prosseguir os princípios da igualdade – art. 266.º, n.º 2 e art. 13.º da CRP –, da proporcionalidade *lato sensu* ou da proibição do excesso na sua tríplice vertente [adequação; exigibilidade ou necessidade e subsidiariedade; e proporcionalidade *stricto sensu*][163], da justiça, da imparcialidade e da boa fé – art. 266.º, n.º 2 da CRP –, democrático e da lealdade[164] e o pleno respeito e fomento do princípio da liberdade[165].

---

[163] Conforme se retira do art. 16.º da Lei Quadro. Quanto ao princípio da proporcionalidade *lato sensu* ou da proibição do excesso, referimos que é um principio que deve verificar-se quer no plano legiferante quer no plano da interpretação e aplicação das normas desde a actividade de *prima facie* – como a de polícia – até à actividade de decidir quer administrativa quer judicialmente. Neste sentido os nossos *Dos Órgãos de Polícia...*, pp. 196 e 197, *Regime Jurídico da Investigação Criminal Comentado e Anotado*, 3.ª Edição, Almedina, Coimbra, 2006, p. 68 e *Escuta Telefónicas – Da Excepcionalidade à Vulgaridade*, Almedina, Coimbra, 2004, pp. 53 a 55.

[164] Quanto ao princípio democrático e da lealdade, Germano Marques da Silva, *Curso de Processo...*, 4.ª Edição, Vol. I, pp. 66 e ss., *Ética Policial e Sociedade Democrática*, Edição do ISCPSI, 2001, pp. 67 e ss., e os nossos *Dos Órgãos de Polícia...*, pp. 59 a 74, *Processo Penal – Tomo I*, Almedina, Coimbra, 2005, pp. 165-174 e 175-183.

[165] A liberdade, como conjunto complexo de direitos e de deveres que os homens e as suas instituições definem e proclamam, apresenta-se-nos também como realidade inerente ao ser humano que, como nos ensina o sábio grego [*Apud* John Rawls, *Uma Teoria para a Justiça*, (tradução de Carlos Pinto Correia),Editorial Presença, Lisboa, 1993, p. 197], detém o sentido do que é justo e injusto e constrói no seu intelecto e na sua materialidade uma concepção de justiça sedimentada em critérios de equidade [Sobre as teorias da justiça veja-se António Braz Teixeira, *Sentido e Valor do Direito*,

Os princípios que vinculam as forças de segurança devem nortear as polícias municipais que, nos seus actos, infligem restrições ao exercício de direitos, liberdades e garantias dos cidadãos munícipes, que não perdem a categoria de sujeitos desses mesmos direitos só porque a intervenção é administrativa e não penal.

§ 13.º Lei Quadro – da concepção à fiscalização dos actos da Polícia Municipal

44. O n.º 1 do art. 1.º da Lei Quadro considera as polícias municipais como «serviços municipais especialmente vocacionados para o exercício de funções de polícia administrativa, com as competências, poderes de autoridade e inserção hierárquica». Apresenta-se como um serviço público territorialmente limitado – município a que pertence – com uma especialidade funcional: exercer funções de *polícia administrativa*. Esta concepção delimita a caracterização da polícia municipal e afasta, desde logo, qualquer aproximação ou comparação aos OPC.

Apesar de muitos defenderem que existe um conflito de natureza, consideramos que não se vislumbra qualquer conflito, pois a actividade da polícia municipal só roça as arestas do plano judiciário nos casos

---

INCM, 2.ª Ed., 2000, pp. 223 e ss.], que permitirá a edificação de um caminho adequado e equilibrado entre o dogma e a intolerância, fomentando um reducionismo que promova uma visão de mera preferência entre a religião e a moral. Como princípio, inerente a um Estado de direito democrático, a liberdade, sendo um direito natural de todo ser humano que se realiza no seu próprio pensar e age livremente no mundo, que, como ser livre e pessoal, deve exigir "a consagração legal de tudo o que seja indispensável para a realização de cada homem"[*Idem*, p. 210]. Nesta linha de pensamento afirmamos que a liberdade apenas se concretiza quando a justiça, como "insubstancial que de nada depende mas do qual, no mundo jurídico, tudo depende", se enraíza em princípios como os da igualdade e da imparcialidade. O Homem encontra-se quando o princípio da liberdade é rebocado e reforçado com os princípios da ordem, da paz, do respeito pela personalidade individual, da solidariedade, da segurança, funcionando todos em coexistência intrínseca e harmoniosa como se de corolários simultâneos se tratassem. **A liberdade apresenta-se à Polícia como meta a defender e a alcançar como se lhe impõe constitucionalmente** – art. 272.º da CRP – devendo promover todos os actos atinentes a esse cumprimento *ex vi* do art. 3.º conjugado com o art. 18.º, n.º 1 da CRP. Neste sentido os nossos, *Dos Órgãos de Polícia...*, pp. 41 e ss..

estritos do inquérito criminal no âmbito do n.º 3 do art. 3.º, da identificação e revista no âmbito do n.º 4 do art. 3.º, e nos casos de detenção em flagrante delito por crime punido com pena de prisão e a sua entrega imediata a autoridade judiciária ou entidade policial – al. *e)* do art. 4.º da Lei Quadro.

Esta miragem de actividade emerge quer dos princípios da necessidade e subsidiariedade positiva – pois, face às circunstâncias factuais e como primeiro passo na manutenção da tranquilidade pública, impõe-se àquelas a aplicação de medidas cautelares até que a entidade competente possa intervir e tomar conta da ocorrência – quer do princípio da cooperação vertical e horizontal activa.

45. No patamar do exercício de funções de polícia administrativa, compete, prioritariamente, aos municípios fiscalizar «o cumprimento das leis e regulamentos que disciplinem matérias relativas às atribuições das autarquias e à competência dos seus órgãos», conforme n.º 1 do art. 2.º da Lei Quadro. Fiscalização espelhada ao longo dos artigos 3.º e 4.º, sendo que, como se referiu, há atribuições e competências que estão sujeitas à cláusula de coordenação e de respeito pelas atribuições e competências das forças de segurança.

Como sabemos, há normas de âmbito nacional cuja concreção se realiza no plano geográfico local e cuja fiscalização se manifesta mais profícua em um plano estratégico localizado – por meio das polícias municipais – promovendo-se a democracia participativa e o princípio da subsidiariedade. A prevenção e a vigilância do cumprimento das normas regulamentares que incidem sobre o quotidiano do munícipe poderá a longo prazo consciencializar os responsáveis políticos e a comunidade local da necessidade de construir uma sociedade dentro dos padrões do direito e da cidadania, conduzindo-nos à co-responsabilização.

46. Como já deixamos patente, a polícia municipal quer na sua natureza própria de atribuição e de competência quer na natureza de cooperação é e deve ser encarada como garante dos direitos dos cidadãos – locais. Esta concepção retira-se desde logo do n.º 3 do art. 237.º da CRP ao consagrar que «as polícias municipais cooperam (...) na **protecção** das comunidades das locais». A protecção engloba, em nosso entender e no respeito pelo princípio da descentralização e da subsidiariedade, não só bens materiais – sendo muitos deles constituintes de direitos fundamentais carreados de tutela jurídico-criminal, como a propriedade –, mas também bens jurídicos pessoais constituintes do núcleo central dos direitos fundamentais pessoais – como a vida, a integridade física, a reserva da intimidade da vida privada, a imagem, a palavra, a honra.

Na actividade de cooperação directa ou indirecta com as forças de segurança – POLÍCIA –, a polícia municipal está vinculada à constituição e à legalidade – n.º 2 do art. 3.º da CRP – e, por conseguinte, aos preceitos constitucionais respeitantes aos direitos, liberdades e garantias – n.º 1 do art. 18.º da CRP. Consideramos, desta feita, que a natureza de cooperação não afasta o ónus de defesa e garantia dos direitos fundamentais do cidadão, pois está-lhes enraizado na sua função de polícia (municipal).

47. Problema que nos acerca é a **fiscalização da legalidade da actividade de polícia municipal e da legalidade na criação**, na organização e funcionamento das polícias municipais. Quem é competente para fiscalizar e controlar da legalidade? Como se depreende, não está em causa o controlo de mérito, pois este encontra-se vedado constitucionalmente – *a contrario* art. 242.º, n.º 1 da CRP.

Quanto ao controlo do cumprimento legal e regulamentar na criação, organização e funcionamento das polícias municipais são competentes os membros do Governo responsáveis pelas áreas das finanças e das autarquias locais – n.º 1 do art. 10.º da Lei Quadro.

Quanto à actividade de polícia municipal que viole gravemente direitos, liberdades e garantias do cidadão munícipe compete «ao membro do Governo responsável pela **administração interna**, por **iniciativa própria** ou **mediante proposta** do membro do Governo responsável pelas autarquias locais, determinar a investigação» – n.º 2 do art. 10.º da Lei Quadro. Interrogação pertinente é a de se saber se a Inspecção-Geral da Administração Interna (IGAI) pode ou não proceder a esta investigação? Somos da opinião que pode e deve.

Não só da Lei Quadro não resulta qualquer restrição ou limitação a que a investigação de tais actos ofensivos de direitos possa ser levada a cabo por aquela inspecção, como ainda a IGAI é uma inspecção do MAI que se pode accionar *ex officio* ou a pedido ou por determinação para proceder a uma investigação sempre que da actuação dos OPM haja ou resulte uma ilegalidade ou um exercício desproporcional das atribuições que lhe estão adstritas.

Refira-se, ainda, que se da violação resultar a ofensa a um bem jurídico de tutela jurídico-criminal, o Ministério Público não só pode, como deve, desde que seja crime público, proceder ou ordenar que se proceda à investigação para apuramento da verdade, como recai sobre os outros agentes de polícia municipal o ónus de comunicar esses delitos à autoridade judiciária ou à entidade policial[166].

Acresce que devemos referir que aos superiores hierárquicos[167], inclusive o presidente da câmara, aos quais cumpre o dever de orientação da actividade de polícia municipal local, cabe o dever de fiscalização e controlo da actividade de função de polícia municipal, devendo promover os respectivos processos disciplinares de acordo com o estatuto disciplinar próprio[168] e comunicar às autoridades competentes as matérias factuais que consignem a prática de um crime.

48. À assembleia municipal, sob proposta da câmara municipal, compete, por *deliberação*, **criar as polícias municipais**, conforme n.º 1 do art. 11.º da Lei Quadro.

Da *deliberação* deve constar «a enumeração das respectivas competências e a área do território do município» em que serão exercidas – n.º 1 do art. 12.º da Lei Quadro –, e deve formalizar-se através da «aprovação do regulamento da polícia municipal e do respectivo quadro de pessoal», cuja eficácia depende de ratificação por Resolução do Conselho de Ministros e respectiva publicação em Diário da República, conforme n.ºˢ 2 e 3 do art. 11.º da Lei Quadro e artigos 2.º, 3.º, 4.º, e 5.º do DL n.º 197/2008, de 7 de Outubro, que estipula as regras a observar na criação das polícias municipais e regula as relações entre a administração central e os municípios.

---

[166] Cfr. al. *b*) do n.º 1 do art. 242.º do CPP.

[167] Quanto aos poderes de fiscalização do superior hierárquico, DIOGO FREITAS DO AMARAL, *Curso de Direito...*, Vol. I, pp. 640 e ss., MARCELLO CAETANO, *Manual de Direito Administrativo*, 10.ª Edição, pp. 244 e ss..

[168] Cfr. n.º 1 do art. 19.º da Lei Quadro.

Relativamente ao **financiamento** das polícias municipais, retira-se da Lei Quadro que competirá ao Governo promover as medidas legislativas adequadas e necessárias a dotar os municípios com polícia municipal de meios financeiros que correspondam às necessidades inerentes às *competências efectivamente exercidas*[169].

Retira-se desta lei que a dotação dos meios financeiros depende de cada município e da análise do caso concreto tendo como fio orientador as competências que a polícia municipal exerce de forma efectiva.

§ 14.º Dos órgãos de polícia municipal

49. Cabe-nos abordar uma das mais polémicas questiúnculas sobre a polícia municipal, pois, como se retira do exposto, consideramos que os agentes de polícia municipal não podem revestir natureza de Órgão de Polícia Criminal (OPC), apesar de na Lei Quadro se prescrever alguns actos típicos daquele órgão auxiliar ou coadjuvador da Autoridade Judiciária (AJ)[170]. Face a esta posição cumpre-nos discretear sobre o posicionamento em termos de atribuições e competências, exercício de autoridade e, consequentemente, o recurso a meios coercivos:

α. A **actividade** desenvolvida pelo órgãos de polícia municipal é **administrativa e de âmbito territorial** – art. 2.º, n.º 1 da Lei Quadro –, *i. e.*, afasta-se a ideia de função ou prossecução de actos processuais penais quer como medidas cautelares e de polícia quer como actos determinados pela AJ.

β. Contudo, do n.º 3 do art. 3.º afere-se que os órgãos de polícia municipal (OPM) têm competência para levantar auto e/ou desenvolver inquérito por ilícito criminal, mas que tenha por

---

[169] Cfr. art. 13.º da lei Quadro.
[170] Quanto à coadjuvação à AJ por parte dos OPM, consideramos que a mesma se processa por imperativo constitucional – n.º 3 do art. 202.º da CRP. Neste sentido, não se nos afigura muito correcta nem conforme este comando constitucional o n.º 3 do art. 4.º da LQPM ao estipular que a execução de comunicações, notificações e pedidos de averiguações por ordem das AJ se processará mediante protocolo do governo com o município.

objecto «factos estritamente conexos com violação de lei ou recusa[171] da prática de acto legalmente devido no âmbito das relações administrativas» e o n.º 4 do art. 3.º prescreve que os OPM «podem proceder à **identificação e revista**[172] dos suspeitos no local do cometimento do ilícito», podendo detê-los em flagrante delito [conforme al. *b*) do n.º 1 do art. 255.º do CPP e al. *e*) do art. 4.º da LQPM] no âmbito de exercício de poderes de autoridade e devendo de imediato entregar o detido ou à AJ ou ao OPC competentes[173]. Competências estas, que, face ao preceituado no n.º 3 do art. 237.º da CRP, podem estar feridas de inconstitucionalidade material, pelo que só podem ser vistas como residuais e subsidiárias e, como tal, não lhes confere natureza de OPC, posição corroborada pelo n.º 5 do art. 3.º da Lei Quadro.

Desta feita, os agentes de polícia municipal apenas podem, no exercício de poderes de autoridade, desenvolver funções de órgão de polícia municipal. Acresce reafirmar que o OPM pode e deve, em flagrante delito, deter um cidadão pela prática de um crime com o ónus de o entregar à AJ ou a entidade policial territorialmente competente. Pois, se um cidadão pode deter, muito mais um OPM que é detentor de uma formação mínima jurídica. No nosso entender, os OPM podem proceder à revista de segurança dos agentes da prática de crime em flagrante delito e dentro do estipulado pela al. *b*) do n.º 1 do art. 251.º e al. *c*) do n.º 5 do art. 174.º do CPP.

---

[171] Quanto à recusa que pode gerar a consignação do crime de desobediência, art. 14.º da Lei Quadro.

[172] Compreende-se, como já referimos, que os OPM façam a revista de suspeito da prática de crime, pois esta enquadra-se, principal e fundamentalmente, no âmbito da revista de segurança ou medida preventiva e, por conseguinte, de preservação de provas materiais ou reais que se perderiam se a revista não fosse efectuada. Quanto às revistas de segurança ou medida preventiva o nosso *Revistas e Buscas*, 2.ª Edição, Almedina, Coimbra, 2005, pp. 24-26 e *infra* §§.º 92.º-95.º.

[173] Segue-se o determinado pelo art. 255.º, n.º 1, al. *b*) e n.º 2 do CPP. Quanto à revista efectuada pelo OPM, o nosso *Revistas e Buscas*, 2.ª Edição, pp. 53-54. Quanto a este assunto, Parecer da PGR n.º 28/2008, de 5 de Agosto, publicado no DR, II Série, em 12 de Agosto de 2008.

γ. A **identificação de infractores das normas administrativas**, cuja fiscalização compete aos agentes de polícia municipal, bem como a solicitação de apresentação da documentação de identificação necessária à actividade em curso estão subjugadas ao *princípio da necessidade* – quer para proceder à fiscalização quer para a elaboração do auto referente à infracção – conforme n.º 2 do art. 14.º da Lei Quadro. A identificação estipulada neste preceito não se confunde com a identificação prescrita no n.º 4 do art. 3.º da Lei Quadro, por esta se cingir, única e exclusivamente, ao âmbito de suspeitos da prática de crime, conquanto a identificação prescrita no n.º 2 do art. 14.º da Lei Quadro se cinge aos infractores de normas administrativas a que estão obrigados e sujeitos a fiscalização camarária, típicas do campo de atribuição e competência da polícia municipal.

Pode-se aferir que está vedado aos agentes de polícia municipal a possibilidade de procederem a revista de qualquer infractor no âmbito da função de polícia dentro das suas atribuições e competências administrativas. Contudo, consideramos que os OPM, no âmbito das suas atribuições e competências, podem e devem proceder à apreensão de «objectos que serviram ou estavam destinados a servir para a prática de uma contra-ordenação, ou que por esta forma produzidos, e bem assim quaisquer outros que forem susceptíveis de servir de prova», nos termos do n.º 1 do art. 48.º-A do RGCO.

δ. Outro ponto de discussão prende-se com a subjugação do recurso a **meios coercivos** ao princípio da legalidade – «só podem utilizar os meios coercivos previstos na lei», como o uso de arma de fogo [art. 17.º da Lei Quadro e art. 23.º do DL n.º 239//2009, de 16 de Setembro, que aprova o regime de direitos e deveres dos OPM] –, ao princípio da proporcionalidade ou da proibição do excesso – «na estrita medida das necessidades decorrentes do exercício das suas funções, da sua legítima defesa ou de terceiros» –, ao princípio da subsidiariedade – a solicitação das forças de segurança territorialmente competentes [GNR ou PSP] para fazer uso de meios coercivos indispensáveis à situação de ordem ou tranquilidade públicas e salvaguarda do interesse público que sejam indisponíveis ou não autorizados para a polícia municipal, nos termos do art. 16.º da Lei Quadro – e, concomitantemente, ao princípio de reserva de lei –, *ex vi* art. 161.º, 164.º e 165.º da CRP.

Pode-se, em jeito de súmula, referir que os agentes de polícia municipal detêm uma natureza hibridamente esfumada, cujos ramos se alongaram mais do que a raiz e o tronco. No nosso entender, permitiu-se criar uma dúvida de actuação diária, que urge solucionar sob pena de a confusão e as 'guerrilhas' se amalgamarem e criarem um 'caos' da tipologia a aceitar e implementar quanto às atribuições e competências de cada POLÍCIA.

§ 15.º Dos contributos finais para uma nova tipologia de polícia (municipal)

50. Do exposto, consideramos que devemos perguntarmo-nos que polícia municipal queremos no futuro: se uma polícia municipal de cariz administrativo, mantendo-se o quadro constitucional actual e a luz ordinária vigente; se queremos uma polícia municipal de cariz administrativo e de ordem e tranquilidade públicas idêntica à PSP e à GNR, dotada de pormenores de polícia judiciária; ou, se pelo contrário, queremos reestruturar as forças de segurança e incluir no lote destas a polícia municipal; ou ainda, se queremos uma polícia municipal de índole fiscalizante. Ou, antes, interrogarmo-nos que POLÍCIA queremos consagrar constitucionalmente nos próximos tempos?

Pensamos que o grande problema actual é permitir que a polícia municipal desempenhe certos actos que roçam o panorama de polícia judiciária e, simultaneamente, vedar-lhes o exercício de funções típicas dos órgãos de polícia criminal, criando-lhes um caminho turbulento em que irão caminhar cujos acertos colmatar-se-ão com o tempo – manifestação da realeza humana.

51. Defendemos que, face ao quadro constitucional, a polícia municipal não deve desenvolver funções de órgão de polícia criminal, pois deve apenas cingir-se ao quadro de polícia administrativa dotada de prerrogativas de autoridade, nem deve proceder a inquéritos de índole criminal, nem mesmo quanto a «factos estritamente conexos com violação de lei ou recusa da prática de acto legalmente devido no âmbito das relações administrativas». A Polícia Municipal, face ao quadro constitucional vigente, devia cingir-se à natureza originária atribuída pela Constituição na Revisão de 1997: natureza administrativa local.

Como se depreende da nossa exposição, consideramos que, por um lado, na esteira de ALEXANDRE S. PINHEIRO e MÁRIO J. FERNANDES, "as polícias municipais e as forças de segurança são realidades constitucionalmente diferentes"[174], e que, por outro, a polícia municipal emerge de um quadro jurídico-constitucional de *descentralização* e de prossecução de tarefas sob a égide do princípio da *subsidiariedade* negativa e positiva, jamais se configurando como órgão de polícia criminal, e que aquela está vinculada aos mesmos princípios constitucionais que a demais POLÍCIA, consagrada no art. 272.º da CRP, na defesa e garantia e respeito dos direitos fundamentais dos cidadãos (locais), sem que nos olvidemos de que a *ética policial*, como ensina GERMANO MARQUES DA SILVA, que "comunga de toda a problemática que é própria desta e como tal é também a expressão, no contexto policial, de uma ética geral"[175], se deve erigir como exigência natural.

§ 16.º Conclusão capitular

52. Cumpre-nos contribuir para a construção de uma tipologia de polícia não em sentido restrito, mas em sentido lato, capaz de congregar a construção jurídico-constitucional – ou seja, constitucionalizada em um Estado de direito democrático – ornada e embebida pelo freio da liberdade e da democraticidade.

Consideramos que ***polícia em sentido lato*** é actividade de natureza executiva – ordem e tranquilidade públicas e administrativa –,

---

[174] ALEXANDRE S. PINHEIRO e MÁRIO J. DE BRITO FERNANDES, *Comentário à IV Revisão...*, p. 517.

[175] GERMANO MARQUES DA SILVA, *Ética Policial...*, p. 20. No que respeita à vinculação aos princípios constitucionais por parte dos OPM, cfr. art. 3.º do DL n.º 239/2009, de 16 de Setembro.

dotada de natureza judiciária no quadro de coadjuvação e de prossecução de actos próprios no âmbito do processo penal – cuja função jurídico-constitucional se manifesta na concreção da defesa da legalidade democrática, da garantia da segurança interna e da defesa e garantia dos direitos do cidadão e da prevenção criminal quer por vigilância quer por prevenção criminal *stricto sensu*, podendo para cumprimento daquelas funções fazer uso da força – *coacção* – dentro dos limites do estritamente necessário e no respeito pelo direito e pela pessoa humana.

A POLÍCIA é, hoje, não só defensora e garante da legalidade democrática, da segurança interna nacional e europeia e dos direitos dos cidadãos, como também é ela promotora desses mesmos interesses, valores, bens jurídicos, cuja acção se deve conformar com a lei infraconstitucional, constitucional e supraconstitucional. A Polícia deve ser o garante do bem-estar e da qualidade de vida em liberdade, em justiça e em segurança de todos os cidadãos (sem qualquer discriminação, inclusiva de condição de arguido ou de vítima), marcando-se como actuação no respeito e na defesa da dignidade da pessoa humana.

Capítulo III

DA SEGURANÇA COMO TAREFA FUNDAMENTAL DO ESTADO DE DIREITO DEMOCRÁTICO

Sumário: § 7.º Introdução
§ 8.º Da Segurança como direito dos Cidadãos
§ 9.º Das funções de Polícia como garantia dos direitos e da segurança
§ 10.º Da investigação criminal eficiente como 'trave mestra' da segurança num Estado de direito democrático
§ 11.º Conclusão capitular

Fontes: AMARAL, DIOGO FREITAS DO, *Curso de Direito Administrativo*, Almedina, Coimbra, 1996, Vol. I; BELEZA, TEREZA e ISASCA, FREDERIDO, *Direito Processual Penal Textos*, AAFDL, Lisboa, 1992; CAETANO, MARCELLO, *Manual de Ciência Política e Direito Constitucional*, Almedina, Coimbra, 1996, 6.ª Edição, Tomo I, Reimpressão; *Manual de Direito Administrativo*, Almedina, Coimbra, 7.ª Reimpressão da 10.ª Edição, 2004, vol. II; CANOTILHO, GOMES e MOREIRA, VITAL, *Constituição da República Portuguesa Anotada*, 3.ª Edição, Coimbra Editora, 1993 (e 4.ª Edição, Vol. I, 2007); CLEMENTE, PEDRO, *Da Polícia de Ordem Pública*, Governo Civil de Lisboa, 1998; HASSEMER, WINFRIED, *A Segurança Pública no Estado de Direito*, AAFDL, Lisboa, 1995; LARGUIER, JEAN, *La Procédure Pénale*, Presses Universitaires de France, Paris, 1976; MIRANDA, JORGE e MEDEIROS, RUI, (Coord.), *Constituição Portuguesa Anotada* – Tomo I, Coimbra Editora, Coimbra, 2005; ROTMAN, EDGARDO, "O conceito de prevenção do crime", *in Revista Portuguesa de Ciência Criminal* (RPCC), Ano 8.º, Fasc. 3.º, 1998; SOUSA, ANTÓNIO FRANCISCO DE, "Prevenção e repressão como função da Polícia", *in Revista do Ministério Público* (RMP), Ano 24, Abril/ /Junho, 2003, n.º 94; VALENTE, MANUEL MONTEIRO GUEDES, *Regime Jurídico da Investigação Criminal Comentado e Anotado*, 2.ª Edição, Almedina, Coimbra, 2004; "A Investigação Criminal como Motor de Arranque do Processo Penal", *in Revista Portuguesa*, Ano LXIII, II Série, n.º 122, Março/Abril 2000; "Terrorismo: Fundamento da Restrição de Direitos?", *in Terrorismo*, (Coord. ADRIANO MOREIRA), 2.ª Edição,

Almedina, 2004; "Enquadramento Jurídico das Polícias Municipais – Do Quadro Constitucional ao Quadro Ordinário", in *Estudos de Homenagem ao Professor Doutor GERMANO MARQUES DA SILVA*, Almedina, Coimbra, 2004; "Contributos para uma Tipologia de Segurança Interna", in *I Colóquio de Segurança Interna*, Almedina, Coimbra, 2005.

§ 17.º Introdução

53. Quando lemos ou ouvimos falar de segurança[176], pensamos, imediata e erroneamente, em coacção, em restrição de direitos, de liberdades e garantias. São poucos os que pensam na segurança como um direito garantístico do exercício dos demais direitos, liberdades e garantias, *i. e.*, como direito garantia[177].

Ao lermos nos jornais e ao ouvirmos na rádio ou na televisão que a criminalidade aumenta, todos nós reclamamos ao poder político que garanta a segurança na e da comunidade, que mantenha a justiça nas relações interpessoais e sociais e que promova o nosso bem-estar, preconizando "uma ordem capaz de tornar plenamente efectivos os direitos e as liberdades" (art.º 28.º DUDH) de todos os indivíduos, de forma a que cada um ocupe o "seu lugar próprio *e* ao qual corresponda uma função no todo sem prejuízo das finalidades e actividades particulares de cada um"[178-179].

---

[176] Este capítulo tem como base o texto publicado na Revista *Polícia Portuguesa*, n.º 125º, Set/Out de 2000, pp. 27 a 29, sob o mesmo título. Procedeu-se a alterações formais e de conteúdo para uma melhor aproximação às novas concepções e doutrinas sobre a matéria.

[177] Cfr. GOMES CANOTILHO e VITAL MOREIRA, *Constituição da República Portuguesa Anotada*, 4.ª Edição, Coimbra Editora, Coimbra, Vol. I, pp. 478-479.

[178] MARCELLO CAETANO, *Manual de Ciência Política e Direito Constitucional*, Almedina, Coimbra, 1996, 6.ª Edição, Tomo I, Reimpressão, p. 143 (Itálico nosso) e *Manual de Direito Administrativo*, Almedina, Coimbra, 7.ª Reimpressão da 10.ª Edição, 2004, Vol. II, pp. 1145-1175.

[179] Se olharmos para a sistemática do Código Penal português, a Parte Especial dedica o Capítulo V do Título IV aos *Crimes contra a ordem e tranquilidade públicas* [artigos 295.º a 307]. Mas, os dois capítulos anteriores – *Dos crimes de perigo comum* e *Dos crimes contra a segurança das comunicações* – estão dotados de tipos legais de crime que, havendo a sua prática, afectam a ordem e a tranquilidade públicas, *i. e.*,

A segurança como bem jurídico colectivo ou supra-individual não pode ser vista em uma perspectiva limitativa dos demais direitos fundamentais, mas, tão só e em uma visão humanista e humanizante, como garantia da liberdade física e psicológica para usufruto pleno dos demais direitos fundamentais. Face a esta realidade, impõe-se a criação de uma força colectiva – POLÍCIA – capaz de promover e garantir, em níveis aceitáveis, a segurança dos cidadãos e dos seus bens, o que onera o Estado de direito democrático a consagrar aquela como sua tarefa fundamental.

§ 18.º Da Segurança como direito dos Cidadãos

54. A vida é, como sabemos, o principal interesse do homem, logo este precisa de ser amparado contra os perigos não só da natureza, mas também da cobiça humana, da prepotência e violência dos mais poderosos, *i. e.*, o direito inalienável da vida impõe ao Estado que, como afirma MARCELLO CAETANO[180], garanta "no seio da própria sociedade a existência pacífica segundo as regras da justiça que define e impõe".

Ao Estado compete desta forma institucionalizar uma força colectiva organizada jurídica e funcionalmente – POLÍCIA – que tenha por fim realizar os "interesses gerais e os princípios socialmente aceites"[181], coadjuvada por "meios de acção coerciva"[182] capazes de resolver o

---

a segurança da comunidade – *p. e.*, crimes de incêndio [p. e p. pelo art. 272.º do CP], de captura ou desvio de meio de transporte [p. e p. pelo art. 287.º do CP], de condução perigosa [p. e p. pelo art. 291.º do CP], de lançamento de projéctil contra veículo [p. e p. pelo art. 293.º do CP]. Digamos que a ordem, a tranquilidade e a paz públicas, que se impõe à Polícia que garanta, ultrapassam um só ramo do direito e o próprio direito, ou seja, aquelas abancam o espectro social, cultural, económico e jurídico – *v. g.*, o direito penal, o direito administrativo preventivo e sancionatório e o próprio campo do direito civil [veja o caso da responsabilidade extracontratual e pelo risco].

[180] MARCELLO CAETANO, *Manual de Ciência Política...*, p. 144.
[181] *Idem*, p. 145.
[182] *Ibidem*.

maior número de conflitos, evitando o surgimento de milícias, de bandos armados, da chamada justiça privada e justiça popular.

A segurança[183], nesta perspectiva, não pode ser encarada unicamente como coacção jurídica e coacção material, mas primordialmente como "uma garantia de exercício seguro e tranquilo de direitos, liberto de ameaças ou agressões"[184], quer na sua dimensão negativa – direito subjectivo à segurança que comporta a defesa face às agressões dos poderes públicos – quer na sua dimensão positiva – direito positivo à protecção exercida pelos poderes públicos contra quaisquer agressões ou ameaças de outrem[185].

Na nossa opinião, foi neste sentido que o legislador Constitucional consagrou o direito à segurança no mesmo número do mesmo artigo – 27.º – da Constituição que consagrou o direito à liberdade[186], funcionando os dois como corolários e fundamento da expressão de todos os demais direitos pessoais, culturais, sociais e económicos.

55. Das palavras de MARCELLO CAETANO e DIOGO FREITAS DO AMARAL, poder-se-á aferir que segurança é uma das necessidades colectivas, cuja satisfação *regular e contínua* deve ser provida pela *actividade típica dos organismos e indivíduos* da Administração Pública, *nos termos estabelecidos pela legislação aplicável*, devendo aqueles obter para *o efeito os recursos mais adequados e utilizar as formas mais convenientes*, quer sob *direcção ou fiscalização* do poder político, quer sob o *controle*

---

[183] A segurança, como acto ou efeito de segurar, de afastar o perigo, surge como tarefa de proteger as pessoas e os valores que constituem a sociedade política, devendo o poder político ser um instrumento juridicamente organizado e tecnicamente estruturado na defesa externa e na defesa da ordem e tranquilidade interna. Quanto a tipologias de segurança e tipologia de segurança interna, o nosso "Contributos para uma tipologia de Segurança Interna", in *I Colóquio de Segurança Interna*, Almedina, Coimbra, 2005, pp. 69-88.

[184] GOMES CANOTILHO e VITAL MOREIRA, *Constituição da República Portuguesa Anotada*, 3.ª Edição, Coimbra Editora, 1993, p. 184 e na 4.ª Edição, 2007, Vol. I, p. 478.

[185] *Ibidem*.

[186] A liberdade, como valor supremo da justiça, terá de ser entendida como o maior princípio da justiça e do homem [Quanto a este assunto *infra* § 42.º Do princípio da liberdade].

dos tribunais[187]. **Necessidade colectiva** por ser concebida como bem jurídico supra-individual que a todos beneficia e por representar a face da cedência dos cidadãos ao poder político de uma das tarefas em troca de uma limitação estreita da liberdade[188]. Necessidade que se sobrepõe, na visão do homem sujeito de direitos e de deveres, à necessidade de sobrevivência do Estado poderoso, *i. e.*, que está ao serviço da comunidade e não do Estado como aparelho de poder[189].

Não obstante esta nossa visão jurídico-política da segurança como função ou tarefa fundamental do Estado, ao qual cada cidadão confiou parte da sua liberdade para gerir em prol da edificação do bem individual e supra-individual, cresce, face à evolução ascendente do sentimento de insegurança (e segurança) e face à fonte de produto monetário e económico que a segurança gera, a 'complementariedade', melhor, a subsidiariedade da segurança individual – serviço licenciado de autoprotecção privada – ou da segurança promovida por pessoas colectivas – prestação de serviços de segurança por empresas de segurança detentoras de Alvará.

O monopólio da prossecução da segurança pelo Estado desintegra-se para dar lugar e espaço à sua promoção – em determinados sectores da comunidade – [privado individual e colectivo] – por outras pessoas colectivas que estão adstritas à verificação das finalidades e pressupostos prescritos pela legislação da segurança privada – DL n.º 35/2004, de 21 de Fevereiro, alterado pelo DL n.º 198/2005, de 10 de Novembro, e pela Lei n.º 38/2008, dc 8 de Agosto.

Convém, aqui, relembrar a constatação e respectivo receio de WINFRIED HASSEMER de que se entrega às empresas de segurança privada a tutela

---

[187] DIOGO FREITAS DO AMARAL, *Curso de Direito Administrativo*, Almedina, Coimbra, 1996, Vol. I, Págs. 32 e ss.

[188] Como defende BECCARIA, foi "a necessidade que obrigou os homens a ceder parte da sua liberdade: é, pois, certo que cada um não quer colocar no depósito público senão a mínima parte possível, aquela que basta para induzir os outros a defendê-lo". Cfr. CESARE BECCARIA, *Dos delitos e das Penas*, (Trad. JOSÉ DE FARIA COSTA), Fundação Calouste Gulbenkian, Lisboa, 1998, p. 65.

[189] Os n.ºs 1 e 2 do art. 1.º da Lei n.º 53/2007, de 31 de Agosto, que aprova a LOPSP, é claro ao determinar que a Polícia de Segurança Pública (PSP) é «uma força de segurança (...) com natureza de serviço público» que tem por «missão assegurar a legalidade democrática, garantir a segurança interna e os direitos dos cidadãos».

primeira de bens jurídicos afectados por uma criminalidade (de massa) que meios aterroriza os cidadãos e que faz correr a ideia protectora do Estado ao qual foi entregue uma parcela da liberdade de cada cidadão, para o proteger, atribuição originária que transfere para o sector privado sob o seu olhar licenciador e fiscalizador. Esta solução descredibiliza a confiança do cidadão depositada no Estado, gera uma desigualdade na fruição real do bem segurança – nem todos têm posses para se socorrerem de serviços de autoprotecção ou de serviços prestadores de segurança –, e enfraquece o Estado no acesso à informação do mundo do crime de massa e do crime organizado. Há, assim, um perigo para o Estado de Direito Democrático[190].

Podemos, assim, considerar que a tarefa fundamental do Estado – segurança – **impõe** não só a **organização de uma força capaz de servir os interesses vitais da comunidade política, a garantia da estabilidade dos bens**, mas também **a durabilidade credível das normas e a irrevogabilidade das decisões do poder que respeitem interesses justos e comuns**.

Prosseguindo este raciocínio e tendo sido a segurança consagrada como direito fundamental do cidadão, mesmo que garantistico dos demais direitos, compete ao Estado garanti-lo como sua tarefa fundamental por força da al. *b)* do art. 9.º da CRP[191].

Como já afirmamos, para prosseguir esta tarefa nobre e imperativa em um Estado de Direito Democrático, este terá de recorrer às Forças de Segurança – POLÍCIA –, que, por força do n.º 1 do art. 272.º do CRP, "tem por funções defender a legalidade democrática e garantir a segurança interna e os direitos dos cidadãos", podendo e devendo para tal recorrer às *medidas de polícia*[192] previstas na lei, que jamais poderão ser utilizadas para além do estritamente necessário.

---

[190] Quanto a este assunto, WINFRIED HASSEMER, *A Segurança Pública no Estado de Direito*, AAFDL, Lisboa, 1995, p. 113.

[191] A al. *b)* do art. 9.º da CRP consagra como tarefa fundamental do Estado a garantia « dos direitos, liberdades fundamentais e o respeito pelos princípios do Estado de direito democrático". Quanto às medidas de polícia o n.º 3 do art. 1.º, os n.ºs 2 e 3 do art. 2.º e o art. 16.º da LSI.

[192] Seguimos, aqui, o conceito abrangente inscrito no n.º 2 do art. 272.º da CRP, que enquadra as medidas administrativas e as processuais penais ou medidas cautelares e de polícia.

§ 19.º Das funções de Polícia como garantia dos direitos e da segurança

56. O Estado tem como tarefa a segurança de todos os cidadãos – nacionais ou não – e dos seus bens, cujo conteúdo programático se insere na segurança interna. Quanto à segurança interna, o n.º 1 do art. 1.º da Lei n.º 20/87 – que aprova a Lei da Segurança Interna –, prescreve que consiste em "garantir a ordem, a segurança e a tranquilidade públicas, proteger pessoas e bens, prevenir a criminalidade e contribuir para assegurar o normal funcionamento das instituições democráticas, o regular exercício dos direitos e liberdades fundamentais dos cidadãos e o respeito pela legalidade democrática".

Cuidamos, todavia, em acrescentar que o conceito na nossa opinião não se esgota neste articulado. A segurança interna deve primeiramente ter como fim a realização não ficta, mas real do princípio estruturante de qualquer Estado moderno que é o *respeito da dignidade da pessoa humana*[193] através da promoção de uma ordem, de uma segurança e de uma tranquilidade públicas, que seja capaz e eficiente na protecção das pessoas contra quaisquer ameaças ou agressões de outrem ou dos próprios poderes públicos que ponham em causa a sua vida, a sua integridade física ou moral, que seja eficaz não só na protecção, como também na promoção do bem-estar material das pessoas, que passa pela protecção dos seus bens, de forma a evitar que sejam danificados ou subtraídos ao seu domínio directo e imediato.

O Estado, ao proteger a vida, a integridade e a propriedade das pessoas, promove a defesa dos demais direitos pessoais, culturais, sociais e económicos através da acção das Forças de Segurança, às quais é cometida também a *função de prevenção da criminalidade*, como estipula o n.º 3 do art. 272º da CRP[194].

---

[193] A dignidade da pessoa humana, reconhecida pelo preâmbulo da DUDH como "fundamento da liberdade, da justiça e da paz no mundo", apresenta-se como princípio estruturante do nosso Estado e como fundamento do direito à vida, à integridade física e moral, à liberdade e à segurança quer pessoal, quer colectiva. Cfr. art. 1.º e a anotação a este comando constitucional em Gomes Canotilho e Vital Moreira, *Constituição da República...*, 4.ª Edição, Vol. I, pp. 196-201 e em Jorge Miranda e Rui Medeiros, *Constituição Portuguesa Anotada – Tomo I*, Coimbra Editora, Coimbra, 2005, pp. 51-57.

[194] Neste sentido Gomes Canotilho e Vital Moreira, *Constituição da República...*, 3.ª Ed., p. 957.

57. A prevenção criminal comporta duas funções primordiais: a função de vigilância e a função de prevenção criminal em sentido estrito[195].

Prosseguindo com GOMES CANOTILHO e VITAL MOREIRA, a **função de vigilância** levada a cabo pela Polícia tenta evitar que se infrinjam "as limitações impostas pelas normas e actos das autoridades para a defesa da segurança interna, da legalidade democrática e dos direitos dos cidadãos"[196], sem que alguma vez se deixe de respeitar esses mesmos direitos.

O exercício de qualquer direito não pode funcionar como limite dos direitos dos outros. Todos temos direito a circular na via pública – a pé, com veículo (etc.) –, mas este direito não pode implicar a restrição total do direito de liberdade de circulação dos demais cidadãos, o que implica uma acção de vigilância sobre os que circulam na via pública de modo a que estes não ponham em causa as normas que regulamentam o direito de circulação, a legalidade do próprio acto e os direitos de todos os demais cidadãos: *p. e.*, o peão tem direito a que o condutor do veículo lhe dê passagem na passadeira, mas o peão não se pode prevalecer deste direito para parar a normal circulação de viaturas; ou a ordem de cessação de ruído de vizinhança, produzido entre as 23H00 e as 7H00, ou a ordem para que o produtor do ruído adopte medidas adequadas a cessar imediatamente a incomodidade, dada pelo elemento policial [art. 24.º do Regulamento Geral do Ruído (RGR), aprovado pelo DL n.º 9/2007, de 17 de Janeiro] é um acto de vigilância preventiva, quando pró-activa, e repressiva, quando reactiva[197].

---

[195] Quanto a este assunto e no mesmo sentido, *infra* §15.º.

[196] GOMES CANOTILHO e VITAL MOREIRA, *Constituição da República...*, 3.ª Ed.,, p. 956.

[197] Quanto à actuação pró-activa e reactiva da polícia, EDGARDO ROTMAN, "O conceito de prevenção do crime", in *Revista Portuguesa de Ciência Criminal* (RPCC), Ano 8.º, Fasc. 3.º, 1998, pp. 319-372 e ANTÓNIO FRANCISCO DE SOUSA, "Prevenção e repressão como função da Polícia", in *Revista do Ministério Público* (RMP), Ano 24, Abril/Junho, 2003, n.º 94, pp. 49-74.

Se o elemento policial **A** verificar que, na residência de **B**, existe ruído incomodativo para os restantes habitantes do prédio ou zona, entre as 23h00 e as 7h00, deve intervir preventivamente de modo a evitar o conflito interpessoal, alertando e ordenando a **B** que o ruído excede o admissível e que afecta a paz pública, ou seja, que produz incomodidade. Nos termos do art. 24.º do RGR, **A** deve ordenar a **B** que adopte medidas adequadas a fazer cessar o ruído, assim como pode determinar um tempo para que **B** cesse o ruído, pois não se exige que haja uma solicitação das pessoas que se encontram incomodadas com o ruído de **B**. Promover-se-á, desta feita, uma actuação proactiva do conflito latente e evita-se que se produza o dano em concreto, que se gere o conflito e, sequentemente, uma acção reactiva.

58. Os ilustres professores afirmam ainda que à Polícia cabe, ainda, a **função de prevenção criminal em sentido estrito** que se traduz "na adopção de medidas adequadas para certas infracções de natureza criminal", medidas essas que visam a protecção de pessoas e bens, a vigilância de indivíduos e locais suspeitos – medidas cautelares e de polícia –, sem que se restrinja ou limite o exercício dos direitos, liberdades e garantias do cidadão[198]. A prática das medidas cautelares e de polícia – *p. e.*, a identificação de um suspeito de um crime ou a recolha de informações sobre esse crime [art. 250.º do CPP] – é uma acto de polícia próprio da função de prevenção criminal *stricto sensu*[199].

A Polícia na prossecução das funções de vigilância e de prevenção criminal em sentido estrito promove e garante a segurança pública, protege a vida e a integridade das pessoas e a sua propriedade, assegura não só o normal funcionamento das instituições e o respeito da legalidade democrática, mas também garante a materialização dos direitos e liberdades, sendo o bem-estar cultural e económico próprio

---

[198] Gomes Canotilho e Vital Moreira, *Constituição da República...*, 3.ª Edição, pp. 956/957.

[199] Quanto à função de vigilância ou da prevenção criminal *stricto sensu* no âmbito da droga, o nosso *Regime Jurídico da Investigação...*, 3.ª Edição, pp. 31-32 e pp. 113-117.

de uma sociedade organizada política, cultural, social e economicamente[200].

A segurança (interna) não se esgota, desta feita, na manutenção da ordem ou da tranquilidade públicas – *i. e.*, na função única exclusiva de vigilância –, pois impõe uma amplitude na sua acção que extravasa a orla administrativista e operacional da Polícia e atraca na actividade preventiva ou repressiva do *ius puniendi* – *i. e.*, os actos praticados por iniciativa própria ou *a priori* da intervenção judicial e por ordem desta ou *a posteriori* da intervenção impelem-nos a considerar que compõem a estrutura do fim segurança.

§ 20.º Da investigação criminal eficiente como 'trave mestra' da segurança num Estado de direito democrático

59. A investigação criminal, levada a cabo pela polícia, procura descobrir, recolher, conservar, examinar e interpretar provas reais e também procura localizar, contactar e apresentar as provas pessoais que conduzam ao esclarecimento da verdade material judicialmente admissível dos factos que consubstanciam a prática de um crime[201], ou seja, a investigação criminal pode ser o motor de arranque e o alicerce do processo crime que irá decidir pela condenação ou pela absolvição[202]. Estas decisões dependem fortemente do empenho e da qualidade da investigação levada a cabo pela Polícia. Desta, espera-se que esteja preparada para conduzir uma tarefa que tem de colocar acima de tudo

---

[200] Cfr. artigo 3.º da Lei n.º 53/2007, de 31 de Agosto, e artigos 1.º, 28.º e 29.º da LSI.

[201] Os nossos estudos *Regime Jurídico da Investigação Criminal Comentado e Anotado*, 3.ª Edição, Almedina, Coimbra, 2006 e "A Investigação Criminal como Motor de Arranque do Processo Penal", in *Revista Portuguesa*, Ano LXIII, II Série, n.º 122, Março/Abril 2000, pp. 2 e ss. e GOMES DIAS *apud* TEREZA BELEZA e FREDERIDO ISASCA, *Direito Processual Penal Textos*, AAFDL, Lisboa, 1992 p. 65.

[202] Quanto a este assunto os nossos estudos "A Investigação Criminal como Motor de Arranque do Processo Penal", in *Polícia Portuguesa*, Ano LXIII (II Série), n.º 122, Março/Abril 2000, pp. 2 e ss. e, de forma mais desenvolvida, *Regime Jurídico da Investigação Criminal Comentado e Anotado*, 3.ª Edição, Almedina, Coimbra, 2006.

a dignidade do(s) suspeito(s) e a defesa dos seus direitos, liberdades e garantias, de forma a que se evite a condenação de um inocente.

Uma investigação eficaz na descoberta e na recolha de indícios suficientes, no exame e interpretação dos mesmos, conseguindo obter em tempo útil as provas reais que confirmam a ocorrência de um facto num determinado local, numa dada hora e o modo da sua execução, poderá conduzir a uma rápida localização e contacto com o(s) agente(s) desse mesmo facto, podendo-os apresentar em tempo útil (sem que tenha decorrido a prescrição,[203] ou sem que tenha decorrido o prazo de apresentação de queixa[204]), o que não só aumentará, sem margem de dúvidas, as possibilidades da responsabilização e punição desses agentes, mas também permitirá a sua melhor reintegração e ressocialização (art.º 40.º CP).

60. A da descoberta de quem comete delitos – dos autores – e a sua provável responsabilização – provoca no seio da comunidade, principalmente, no âmago dos "criminosos", um sentimento de receio, um sentimento de insegurança quanto aos actos delituosos que pretendam efectuar, porque sabem que a máquina investigadora é eficaz na sua actuação e eficiente na descoberta dos autores dos crimes, prosseguindo-se assim prevenção geral negativa e positiva e a prevenção especial do direito punitivo, *i. e.*, promove a prevenção criminal e, consequentemente, a segurança.

Um sentimento de possível punidade pelos actos violadores das normas que tutelam jurídico-criminalmente os bens jurídicos fundamentais instalar-se-á, o que promoverá uma diminuição da criminalidade, que consequentemente reflectirá uma maior segurança real e psicológica dos cidadãos. Como afirmava MONTESQUIEU, não é a moderação das penas que conduz ao relaxamento[205], à irresponsabilidade, mas sim a impunidade dos actos que violam as normas essenciais ao funcionamento da sociedade.

A investigação criminal pode funcionar como a trave mestra da Segurança (Interna) – tarefa fundamental do Estado – e que "se revela

---

[203] Art. 118.º e ss. do CP.
[204] Art. 115.º CP.
[205] JEAN LARGUIER, *La Procédure Pénale*, Presses Universitaires de France, Paris, 1976, p. 9.

essencial à existência, à sobrevivência e ao desenvolvimento da comunidade nacional e garante a manutenção de ordem pública e o progresso constante, pacífico e harmonioso da sociedade"[206].

§ 21.º Conclusão capitular

61. Sociedade em que reine a desordem, o vandalismo, a irresponsabilidade, a impunidade[207], não existirá bem-estar económico, social e cultural, nem existirá progresso pacífico e harmonioso, nem existirá, desta feita, a liberdade adequada e desejada para que se exerçam os direitos fundamentais. Em suma, não existirá segurança para que cada um possa exercer os seus direitos.

A segurança, que deve ser tida em conta pelos cidadãos como **forma activa de participação na organização política da sua comunidade**, não deve, na nossa opinião, ser excluída das responsabilidades fundamentais do Estado através da sua transferência quer para entidades privadas – segurança privada –, quer para pessoas colectivas territoriais[208].

Quanto ao perigo desta transferência, HASSEMER afirma que "A nossa polícia, por exemplo, retira-se para a rectaguarda na luta contra o crime em favor das empresas de segurança precisamente no campo das formas de criminalidade que mais imediatamente atemorizam os cidadãos.

---

[206] PEDRO CLEMENTE, *Da Polícia de Ordem Pública*, Governo Civil de Lisboa, 1998, p. 108.

[207] A criminalidade diminui e a segurança real aumenta e credibiliza-se sempre que quem infringe é responsabilizado, reintegrado e ressocializado (art.º 40.º CP) e aquele que não infringiu é absolvido. Realizam-se os fins da prevenção geral e especial do direito punitivo, credibilizando-se as instituições que investigam e que julgam, que procuram prevenir o ilícito.

[208] Referimo-nos às posições perigosamente andantes de transferência para as policiais municipais – art. 237.º, n.º 3 da CRP – de tarefas materiais de segurança interna e de esvaziamento do conteúdo duro das forças de segurança – art. 272.º da CRP. Quanto a este assunto o nosso "Enquadramento Jurídico das Polícias Municipais – Do Quadro Constitucional ao Quadro Ordinário", in *Estudos de Homenagem ao Professor Doutor GERMANO MARQUES DA SILVA*, Almedina, Coimbra, 2004, pp. 249-278.

Este facto constitui-se num escândalo da política de segurança e num perigo para o Estado de direito. Privatiza-se um campo que é o cerne do Estado e isto tem consequências: desigualdade entre os ricos e os pobres no tocante à protecção contra o crime; perda da sujeição à lei, da protecção dos direitos humanos e do controlo do Estado de direito no combate ao crime"[209].

A prossecução e garantia da segurança (interna) é função da POLÍCIA enquanto braço prossecutor de uma das tarefas fundamentais do Estado de Direito Democrático, cabendo àquela promovê-la, defendê-la e repô-la dentro dos princípios norteadores da actividade policial enquadrantes do pilar dos estados modernos: o princípio do respeito da dignidade da pessoa humana.

A omissão da função «garantir a segurança interna» é uma ofensa grave ao ideário constitucional de construção de um Estado ao serviço do cidadão e edificador de um espaço de segurança e de liberdade nacional, regional e internacional.

---

[209] WINFRIED HASSEMER, *A Segurança Pública no Estado de Direito*, AAFDL, Lisboa, 1995, p. 113.

Capítulo IV
DA NATUREZA DA ACTUAÇÃO POLICIAL

Sumário: § 22.º Introdução
§ 23.º Natureza Judicial?
§ 24.º Natureza Político-Legislativa?
§ 25.º Natureza Executiva?
   α. Defesa da Legalidade Democrática
   β. Garantia de Segurança Interna
   γ. Defesa e Garantia dos Direitos do Cidadão
§ 26.º Interdisciplinaridade com o Poder Judicial
   α. Direito civil
   β. Direito administrativo
   γ. Direito criminal
   δ. Direito de menores
   ε. Direito do trabalho
§ 27.º Conclusão capitular

Fontes: BARRETO, MASCARENHAS, *História da Polícia em Portugal*, Braga, 1979; BELEZA, TEREZA e ISASCA, FREDERICO, *Direito Processual Penal – textos*, AAFDL, Lisboa, 1992; CANOTILHO, GOMES e MOREIRA, VITAL, *Constituição da República Portuguesa Anotada*, 3.ª Edição, Coimbra Editora, 1993; CLEMENTE, PEDRO, *Da Polícia de Ordem Pública*, Governo Civil de Lisboa, 1998; DIAS, JORGE DE FIGUEIREDO, *Direito Processual Penal*, (Colecção Clássicos Jurídicos – Reimpressão da 1.ª Edição de 1974), Coimbra Editora, 2004; LARGUIER, JEAN, *La Procédure Pénale*, 4.ª Ed., Presses Universitaires de France, 1973; ROTMAN, EDGARDO, "O conceito de prevenção do crime", *in Revista Portuguesa de Ciência Criminal* (RPCC), Ano 8.º, Fasc. 3.º, 1998; SILVA, GERMANO MARQUES DA, *Curso de Processo Penal*, 2.ª edição, Verbo, Lisboa/S. Paulo, 2000, Vol. III; SOUSA, ANTÓNIO FRANCISCO DE, "Prevenção e repressão como função da Polícia", *in Revista do Ministério Público* (RMP), Ano 24,

Abril/Junho, 2003, n.º 94; VALENTE, MANUEL MONTEIRO GUEDES, "Terrorismo – Fundamento de restrição de direitos?", in *Terrorismo*, Coordenação de ADRIANO MOREIRA, 2.ª Edição; *Regime Jurídico da Investigação Criminal Comentado e Anotado*, 3.ª Edição, Almedina, Coimbra, 2006; "Cooperação Policial – Viagem Inacabada", in *Projecto Grotius II Penal*, Varsóvia, 12 de Setembro de 2002; "A Segurança como tarefa fundamental do Estado de Direito Democrático", in *Revista Pública Portuguesa*, ano LXIII, II Série, n.º 125, SET/OUT 2002; *Consumo de Drogas – Reflexões sobre o Novo Quadro Legal*, 3.ª Edição, Almedina, Coimbra, 2006; *O Novo Regime Jurídico do Agente Infiltrado – Comentado e Anotado – Legislação Complementar*, (em co-autoria com FERNANDO GONÇALVES e M. JOÃO ALVES) Almedina, Coimbra, 2001; "A Investigação Criminal como Motor de Arranque do Processo Penal", in *Revista Portuguesa*, Ano LXIII, II Série, n.º 122, Mar/Abr. 2000; *Lei e Crime – o Agente Infiltrado versus o Agente Provocador – os Princípios do Processo Penal*, (em co-autoria com F. GONÇALVES e M. JOÃO ALVES), Almedina, Coimbra, 2001.

§ 22.º Introdução

62. A discussão sobre a natureza da actuação policial impõe-nos um desafio de extrema complexidade e susceptível de criar fricções opinativas quanto à sua real caracterização. A POLÍCIA, hoje, não é um instrumento de poder exercido de forma totalitária[210], mas, como "face visível da lei", é e deve ser defensora e garante da qualidade de vida e do bem-estar da comunidade, possibilitando liberdade em segurança, e instrumento de conciliação entre os três poderes: Político-legislativo, Judicial e Executivo.

Como intuito deste capítulo, procuramos analisar a natureza dos actos praticados pela POLÍCIA – na acepção do art.º 272.º da CRP –, que, por sua vez, também irá fundamentar a sua própria natureza.

§ 23.º Natureza Judicial?

63. A POLÍCIA – de ordem e tranquilidade públicas, administrativa e judiciária –, até pelo seu enquadramento sistemático-constitucional,

---

[210] A Polícia, em muitos momentos da história da humanidade, foi um instrumento de cimentação e concretização do poder despótico e arbitrário do príncipe ou do detentor do poder político. Quanto à evolução da actividade da polícia no sentido de verdadeiro serviço público de defesa e garantia da ordem, tranquilidade e segurança públicas, MASCARENHAS BARRETO, *História da Polícia em Portugal*, Braga, 1979.

não tem natureza originariamente judicial. Contudo, como manifestação de poder, apresenta-se-nos como uma das autoridades de coadjuvação[211]. Alguns autores poder-se-ão interrogar da legitimidade da prossecução de certos actos processuais levados a cabo pela POLICIA face à própria Constituição, principalmente no que concerne às garantias do processo criminal – art.º 32.º da CRP. Actos esses que podem e, normalmente, são essenciais à descoberta das provas reais e à localização das provas pessoais do crime.

No âmbito do Poder Judicial, poder-se-á afirmar que a Polícia – mais concretamente na veste de órgão de polícia criminal – promove uma actuação indirecta ou deferida quer por despacho de delegação genérica – *p. e.*, **Directiva n.º 1/2002 da PGR** – quer por despacho de delegação específica – **no processo em concreto**.

As medidas cautelares e de polícia não podem ser consideradas como actos judiciais, nem processuais no sentido originário, só o passando a ser depois de *apreciadas* e *validadas* pela autoridade judiciária: MP, JIC e Juiz[212].

64. A promoção de actos originários do poder judicial não se enquadra nas atribuições e competências próprias e originárias dos OPC, mas antes nas competências deferidas e nas atribuições de coadjuvação.

No âmbito da prossecução do *poder judicial*, a POLÍCIA – *administrativa, de ordem pública e judiciária* – apresenta-se como colaboradora ou coadjuvadora na prossecução da justiça, como se retira dos artigos 272.º, n.º 1 da CRP:

α. **Defesa da "legalidade democrática";**
β. **Garante da "segurança interna";**
γ. **Garante dos "direitos dos cidadãos"**[213],

---

[211] Cfr. artigos 202.º, n.º 3, 266.º, 267.º e 272.º coadjuvados com os artigos 3.º e 18.º todos da CRP.

[212] GERMANO MARQUES DA SILVA, *Curso de Processo Penal*, 2.ª edição, Verbo, Lisboa/S. Paulo, 2000, Vol. III, pp. 63 e ss..

[213] Quanto a esta visão tripartida das funções da POLÍCIA, *infra* § 25.º e o nosso "Terrorismo – Fundamento de restrição de direitos?", *in Terrorismo*, Coordenação de ADRIANO MOREIRA, 2.ª Edição, pp. 419- 457 e GOMES CANOTILHO e VITAL MOREIRA, *Constituição da República Portuguesa Anotada*, 3.ª Edição, Coimbra Editora, 1993, pp. 793 e ss..

cuja promoção está adstricta aos princípios estruturantes da actuação policial – *consagrados nos artigos 1.º, 3.º, 6.º, 13.º, 18.º, 32.º, 34.º, 266.º, 267.º da CRP* –, sendo que aos tribunais cumpre "administrar a justiça em nome do povo" e que à administração da justiça cabe "assegurar a defesa dos direitos e interesses legalmente protegidos dos cidadãos, reprimir a violação da legalidade democrática e diminuir os conflitos de interesses públicos e privados", aqueles têm para o exercício das suas funções "direito à coadjuvação das outras autoridades"[214].

Perguntamos que outras autoridades?

Seguindo a posição de G. CANOTILHO e VITAL MOREIRA[215], o legislador constituinte quis vincular "*todas as demais autoridades do estado*, nomeadamente – *Administração*, sem excluir, porém, os tribunais uns em relação aos outros". Como afirmam os ilustres professores, o direito à coadjuvação envolve três factores essenciais:

α. o direito de solicitação de "ajuda das demais autoridades";
β. o dever de prestação dessa ajuda;
γ. "a ajuda deve ser prestada nos termos indicados pelo tribunal interessado".

Da coadjuvação prevista no art.º 202.º e no art.º 272.º da CRP, defendemos que a actuação da POLÍCIA pode considerar-se uma *intervenção preventiva* – sempre anterior à intervenção do tribunal – ou *repressiva* – que poderá ser anterior ou posterior à intervenção do tribunal.

65. Na *função preventiva*, a POLÍCIA evitará que a legalidade democrática, os direitos dos cidadãos e a segurança interna sejam beliscados por actos humanos. Hoje, é nesta perspectiva que se consigna a ideia de uma POLÍCIA moderna, aquela que se antecipa à verificação de factos que ponham em causa a ordem, a tranquilidade e a segurança

---

[214] Cfr. n.ºs 1, 2 e 3 do art.º 202.º da CRP.
[215] GOMES CANOTILHO e VITAL MOREIRA, *Constituição da República...*, 3.ª Edição, p. 793.

públicas[216] – como por exemplo, recolher o máximo de informações para que uma manifestação legítima e legal não se transforme em ilegítima e ilícita. Actuação que se cumpre no âmbito de função de vigilância.

Contudo e como sabemos, é impossível prevenir todos os factos criminógenos ou contra-ordenacionais. Pelo que a POLÍCIA intervém muitas vezes segundo os ditames da repressão, ou seja, com o fundamento de fazer cessar a infracção em curso. Neste campo, a intervenção policial poderá enquadrar uma de duas situações – *a priori* ou *a posteriori* da intervenção do tribunal, *máxime*, autoridade judicial:

α. *a priori* podemos referir as *medidas cautelares e de polícia* previstas nos art.ºs 248.º e ss. do CPP, assim como a *detenção*, art.º 254.º e ss. do CPP, a *constituição de arguido*, art.º 58.º e ss. do CPP, a aplicação do *termo de identidade e residência*[217], artigos 61.º, n.º 2 al. *c)*, 196.º e 385.º do CPP. Actos pré-processuais que passam a processuais após a sua apreciação e validação pela autoridade judicial competente.

β. *a posteriori* podemos referir os actos que emergem de um despacho de delegação específica, no qual se dota o OPC das competências legais e legítimas para proceder a diligências processuais que conduzam ao apuramento da verdade material dos factos, como se depreende dos artigos 263.º e 270.º do CPP – quanto ao inquérito – e do art.º 290.º do CPP – quanto à instrução. Arriscamos, pois, a afirmar que, neste âmbito, a POLÍCIA (OPC) desenvolve actos próprios do poder judicial – apresentando-se desta feita como operador de justiça – não como consequência própria, mas sim indirecta, delegada ou deferida.

---

[216] Função designada por muitos de pró-activa, que se contrapõe à função reactiva, após a verificação do facto perturbador da ordem e tranquilidade públicas ou ofensivo de bens jurídicos tutelados criminalmente. Quanto a este assunto EDGARDO ROTMAN, "O conceito de prevenção do crime", in *Revista Portuguesa de Ciência Criminal* (RPCC), Ano 8.º, Fasc. 3.º, 1998, pp. 319-372, ANTÓNIO FRANCISCO DE SOUSA, "Prevenção e repressão como função da Polícia", in *Revista do Ministério Público* (RMP), Ano 24, Abril/Junho, 2003, n.º 94, pp. 49-74.

[217] No que respeita ao termo de identidade e residência (TIR), consideramos que só deve ser aplicado pelos OPC nos casos estritos previstos no art. 385.º do CPP.

§ 24.º Natureza Político-Legislativa?

66. A POLÍCIA, apesar de ao longo dos tempos fazer a concordância do poder político com a comunidade, em geral, e demais instituições governamentais e não governamentais, como se retira do brocábulo «diz-me a polícia que tens, dir-te-ei o Estado que és», e mesmo que possa influenciar o poder politico-legislativo, não tem essa natureza originária.

A natureza *político-legislativa* é da competência própria do poder político, como se depreende dos art.ºˢ 161.º e ss. da CRP. Acresce que, até 1996, os tribunais superiores (STJ) podiam legislar através dos assentos, que foram julgados inconstitucionais pelo Ac. do TC n.º 743/96[218].

A POLÍCIA não tem competência legislativa no sentido literal e constitucional. Os vários serviços de polícia – PJ, PSP, GNR, SEF, (etc.) – têm certamente necessidade de criar regulamentos internos para a prossecução das suas atribuições e funções, sobejamente conhecidos por NEP'S – Normas de Execução Permanente –, que obrigatoriamente têm de estar conformes ao direito – aos princípios gerais do direito, aos princípios do direito *sub judice*, às normas positivas da lei em regulamentação e que deve, ainda, estar de acordo com a jurisprudência e com a doutrina.

As normas que os órgãos superiores de Polícia emanam não são normas jurídicas *stricto sensu*, mas sim normas reguladoras de execução.

§ 25.º Natureza Executiva?

67. Face ao art.º 272.º da CRP, que estipula que a POLÍCIA tem *funções*, poder-se-à deduzir que à POLÍCIA cabem competências e atribuições do poder executivo quer *lacto sensu* quer *stricto sensu*.

Contudo, há a referir que, apesar do artigo sobre a *polícia* estar prescrito no título respeitante à Administração Pública, a "POLÍCIA" em destaque no art.º 272.º não se esgota na orla institucional da *polícia administrativa*[219]. Os princípios consagrados no art.º 272.º da CRP são

---

[218] Cfr. *DR*, I Série, de 18 de Julho de 1996.
[219] *Hoc sensu* GOMES CANOTILHO e VITAL MOREIRA, *Constituição da República...*, 3.ª Edição, pp. 954-955.

princípios gerais da actuação policial, pelo que abrangem "todos os tipos de polícias, (...): a) *a polícia administrativa* em sentido restrito; b) *a polícia de segurança*; c) *a polícia judiciária*"²²⁰. O preceito constitucional, partindo do *conceito orgânico* de polícia – "conjunto de órgãos e institutos encarregados da actividade de polícia"²²¹ –, fundada numa concepção "tendencialmente funcional e teleológica"²²², procura marcar e acentuar o âmbito de "acção ou actividade" da POLÍCIA, que se concentra em três vectores fulcrais.

α. Defesa da Legalidade Democrática

68. A função de «defesa da legalidade democrática» não se identifica "com a função tradicional de defesa da «ordem pública», que abrangia a defesa da *tranquilidade* (manutenção da ordem na rua, lugares públicos, etc.), da *segurança* (prevenção de acidentes, defesa contra catástrofes, prevenção de crimes) e da *salubridade* (águas, alimentos, etc.)"²²³.

Na esteira de GOMES CANOTILHO e VITAL MOREIRA, defendemos que o sentido do conceito **legalidade democrática** "estará, porventura, ligado à ideia em geral, naquilo que concerne à vida da colectividade"²²⁴. Pois, se o Estado se funda na legalidade democrática – nas regras próprias de um estado de *direito democrático*²²⁵ –, impõe-se também que a POLÍCIA, uma das faces da autoridade pública, esteja submetida "à lei em geral, de acordo com o *princípio da legalidade* ou, mais amplamente, o *princípio da juridicidade*"²²⁶, prescrito no art.º 266.º da CRP, como veremos mais à frente²²⁷.

---

²²⁰ *Idem*, p. 955.
²²¹ *Ibidem*.
²²² *Ibidem*.
²²³ *Ibidem*.
²²⁴ *Ibidem*. O conceito legalidade democrática aparece no texto constitucional em várias disposições – art.ᵒˢ 3.º, n.º 2; 199.º, al. *f)*; 202.º, n.º 2; 219.º, n.º 1 – sem que os seus contornos se apresentem de forma transparente. *Hoc sensu*, GOMES CANOTILHO e VITAL MOREIRA, *Constituição da República...*, 3.ª Edição, pp. 69 e 955.
²²⁵ *Idem*, p. 69.
²²⁶ *Ibidem*.
²²⁷ Quanto ao princípio da legalidade da actividade policial *infra* § 31.º.

β. Garantia de Segurança Interna

69. Esta concepção tem feito correr muita tinta, porque a prossecução desta função da POLÍCIA colide necessariamente com direitos, liberdades e garantias, cuja análise mais pormenorizada se fará quando analisarmos os princípios da Liberdade e da Segurança.

Ao Estado cabe como tarefa fundamental a segurança interna, que, nos termos do n.º 1 do art.º 1.º da Lei n.º 53/2008, de 29 de Agosto – Lei da Segurança Interna – consiste em «garantir a ordem, a segurança e a tranquilidade públicas, proteger pessoas e bens, prevenir a criminalidade e contribuir para assegurar o normal funcionamento das instituições democráticas, o regular exercício dos direitos e liberdades fundamentais dos cidadãos e o respeito pela legalidade democrática».

Contudo, cuidamos em acrescentar que o conceito, na nossa opinião, é mais abrangente. Pois, a segurança interna deve primeiramente ter como fim a realização não ficta, mas real do princípio estruturante de qualquer Estado moderno que é o respeito da dignidade da pessoa humana[228] através da promoção de uma ordem, de uma segurança e de uma tranquilidade públicas, que seja capaz e eficiente na protecção das pessoas contra quaisquer ameaças ou agressões de outrem ou dos próprios poderes públicos que ponham em causa a sua vida, a sua integridade física ou moral, que seja eficaz não só na protecção, como também na promoção do bem-estar material das pessoas, que passa pela protecção dos seus bens, de forma a evitar que sejam danificados ou subtraídos do seu domínio directo e imediato.

O Estado, ao proteger a vida, a integridade e a propriedade das pessoas, promoverá a defesa dos demais direitos pessoais, culturais, sociais e económicos através da acção das Forças de Segurança, às quais é cometida também função de prevenção da criminalidade, como estipula o n.º 3 do art.º 272.º da CRP[229].

---

[228] A dignidade da pessoa humana, reconhecida pelo preâmbulo da DUDH como "fundamento da liberdade, da justiça e da paz no mundo", apresentando-se como princípio estruturante do nosso Estado e como fundamento do direito à vida, à integridade física e moral, à liberdade e à segurança quer pessoal, quer colectiva.

[229] *Hoc sensu* GOMES CANOTILHO e VITAL MOREIRA, *Constituição da República...*, 3.ª Edição, p. 957.

70. O legislador constituinte ao atribuir a função de "garantir a segurança interna" à Polícia quis "justamente colocar as FAS à margem dessa função"[230], escopo reforçado pela conjugação entre o n.º 1 e n.º 3 do mesmo preceito.

Desta interligação resulta que a *prevenção criminal*, "incluindo a dos crimes contra a segurança do Estado" – previstos e punidos pelos artigos 308.º e ss. do CP – é função primordial da POLÍCIA e apresenta-se como instrumento funcional para garantir a segurança interna, ou seja, esta apenas se garante eficiente e eficazmente se forem evitadas as violações às regras do Estado de direito democrático, quando aquelas se verificarem, se descobrirem e responsabilizarem os seus agentes[231].

Neste ponto há, inquestionavelmente, uma interdisciplinaridade entre a natureza executiva e a natureza judicial dos actos praticados pela Polícia: ao prosseguir uma função de prevenção criminal em sentido estrito a POLÍCIA pratica actos que se enquadram no âmbito judicial, como a detenção do autor de um crime.

Desta feita e segundo a tese de G. CANOTILHO e V. MOREIRA[232], com que concordamos, a prevenção criminal comporta a função de vigilância e a função de prevenção criminal *stricto sensu*.

71. Prosseguindo com os ilustres professores, a **função de vigilância** levada a cabo pela POLÍCIA tenta evitar que se infrinjam "as limitações impostas pelas normas e actos das autoridades para a defesa da segurança interna, da legalidade democrática e dos direitos dos cidadãos"[233], sem que alguma vez se deixe de respeitar esses mesmos direitos. Como exemplo do exercício desta função poder-se-á

---

[230] *Ibidem*.

[231] Sobre este assunto, os nossos estudos "A Segurança como Tarefa Fundamental do Estado de Direito Democrático", *in Revista Pública Portuguesa*, ano LXIII, II Série, n.º 125, SET/OUT 2002, pp. 27 e ss., *Consumo de Drogas – Reflexões sobre o Novo Quadro Legal*, 3.ª Edição, Almedina, Coimbra, 2006, pp. 70 e ss., *O Novo Regime Jurídico do Agente Infiltrado – Comentado e Anotado* – Legislação Complementar, (em co-autoria com FERNANDO GONÇALVES e M. JOÃO ALVES) Almedina, Coimbra, 2001, pp. 28 e ss..

[232] GOMES CANOTILHO e VITAL MOREIRA, *Constituição da República...*, 3.ª Edição, p. 956.

[233] *Ibidem*.

apontar o estudo e consequente delimitação do percurso de um desfile de índole manifestante por parte da Polícia.

Acresce que o *direito de manifestação*[234] não pode funcionar como limite do direito de liberdade de circulação dos demais cidadãos, o que implica uma acção de vigilância sobre os que se manifestam de modo a que estes não ponham em causa as normas que regulamentam o direito de manifestação, a legalidade do próprio acto manifestação e os direitos de todos os demais cidadãos.

72. À POLÍCIA compete, também, a **função de prevenção criminal** *stricto sensu* que se traduz "na adopção de medidas adequadas para certas infracções de natureza criminal", medidas essas que visam a protecção de pessoas e bens, a vigilância de indivíduos e locais suspeitos, sem que se restrinja ou limite de forma abusiva ou ilegalmente o exercício dos direitos, liberdades e garantias do cidadão[235].

A prossecução da função de prevenção criminal *stricto sensu* enquadra os actos de investigação criminal[236], assim como os actos pré-processuais – medidas cautelares e de polícia, previstas nos art. 248.º e ss. do CPP – desenvolvidos no âmbito do processo criminal.

A POLÍCIA, ao exercer as suas *funções de vigilância e de prevenção criminal em sentido estrito*, promove e garante a ordem, a segurança e tranquilidade públicas, protege a vida, a integridade das pessoas e a sua propriedade, assegurando não só o normal funcionamento das instituições e o respeito da legalidade democrática, mas também garante a materialização dos direitos e liberdades, sendo o bem-estar cultural e económico um dos mais reclamados em uma sociedade organizada política, cultural, social e economicamente[237].

73. Como verificamos, a prevenção criminal poderá ser materializada desde que se verifique uma investigação policial baseada nos

---

[234] Quanto ao exercício do *direito de manifestação*, o n.º 2 do art. 45.º da CRP e o DL n.º 406/74, de 29 de Agosto.

[235] *Idem*, pp. 956/957.

[236] Quanto à investigação criminal, o nosso *Regime Jurídico da Investigação Criminal Comentado e Anotado*, 3.ª Edição, Almedina, Coimbra, 2006 e *infra* §§ 62.º-83.º.

[237] Cfr. art. 3.º da LOPSP e artigos 1.º, 28.º e 29.º da LSI.

ensinamentos Científicos das Ciências Sociais e, essencialmente, nos fundamentos das Ciências Jurídico-Criminais. Sendo estes últimos, como sabemos, fulcrais para se promover uma prevenção criminal *stricto sensu*, que alcançará os seus objectivos materiais e adjectivos permitindo que se desenvolvam actos que consignam uma investigação criminal legal, científica e eticamente aceite e defendida pela colectividade.

A investigação criminal, levada a cabo pela POLÍCIA, procurará descobrir, recolher, conservar, examinar e interpretar provas reais e, também, localizar, contactar e apresentar as provas pessoais que conduzam ao esclarecimento da verdade material dos factos que consubstanciam a prática de um crime[238].

A investigação criminal[239] é, desta forma, o motor de arranque e o alicerce do processo crime que irá decidir pela condenação ou pela absolvição[240], sendo também o pilar da prevenção criminal prescrita no n.º 3 do art.º 272.º da CRP. Estas decisões dependem fortemente do empenho e da qualidade da investigação levada a cabo pela POLÍCIA. Desta espera-se que esteja preparada para conduzir uma tarefa que tem de colocar acima de tudo a dignidade do(s) suspeito(s) e a defesa dos seus direitos, liberdades e garantias, de forma a que se evite a condenação de um inocente.

Uma investigação eficaz, como já afirmamos, na descoberta e na recolha de indícios suficientes, no exame e interpretação dos mesmos, conseguindo obter em tempo útil as provas reais que confirmam a ocorrência de um facto num determinado local, numa dada hora e o modo da sua execução, poderá conduzir a uma rápida localização e contacto com o(s) agente(s) desse mesmo facto, podendo-os apresentar

---

[238] O nosso estudo "A Investigação Criminal como Motor de Arranque do Processo Penal", in *Revista Portuguesa*, Ano LXIII, II Série, n.º 122, Mar/Abr. 2000, pp. 2 e ss., *Lei e Crime – o Agente Infiltrado versus o Agente Provocador – os Princípios do Processo Penal*, (em co-autoria com F. GONÇALVES e M. JOÃO ALVES, Almedina, Coimbra, 2001, p. 22, e GOMES DIAS *apud* TEREZA BELEZA e FREDERICO ISASCA, *Direito Processual Penal – textos*, AAFDL, Lisboa, 1992 p. 65.

[239] Quanto à investigação criminal, o nosso *Regime Jurídico da Investigação Criminal...*, 3.ª Edição, Almedina, Coimbra, 2006.

[240] Quanto a este assunto o nosso estudo "A Investigação Criminal ...", in *Revista Portuguesa*, Ano LXIII, II Série, n.º 122, Mar/Abr. 2000, pp. 2 e ss..

em tempo útil (sem que tenha decorrido a prescrição[241], ou sem que tenha decorrido o prazo de apresentação de queixa[242]), o que não só aumentará, sem margem de dúvidas, as possibilidades da responsabilização desses agentes, mas também permitirá a sua reintegração e ressocialização (art.º 40.º do CP).

74. A probabilidade da descoberta de quem comete delitos provoca no seio da comunidade, principalmente, no âmago dos "criminosos", um sentimento de receio, um sentimento de insegurança quanto aos actos delituosos que pretendam efectuar, porque sabem que a máquina investigadora é eficaz na sua actuação e eficiente na descoberta dos autores dos crimes, prosseguindo-se assim a prevenção geral negativa e positiva e a prevenção especial do direito punitivo.

Instalar-se-á, consequentemente, um sentido de possível punidade pelos actos violadores das normas que tutelam jurídico-penalmente os bens jurídicos fundamentais, o que conduzirá a uma diminuição da criminalidade, que consequentemente reflectirá uma maior segurança real e psicológica dos cidadãos[243].

A investigação criminal, quando eficazmente exercida, funcionará certamente, como instrumento legal e material de que a POLÍCIA deve fazer uso para promover e levar a cabo um dos bens mais preciosos da sociedade: a Segurança (Interna) – tarefa fundamental do Estado, porque "se revela essencial à existência, à sobrevivência e ao desenvolvimento da comunidade nacional e garante a manutenção da ordem pública e o processo constante, pacífico e harmonioso da sociedade"[244].

---

[241] Art.º 118.º e ss. do CP.

[242] Art.º 115.º do CP.

[243] Como afirma MONTESQUIEU, não é a moderação das penas que conduz ao relaxamento, à irresponsabilidade, mas sim a impunidade dos actos que violam as normas essenciais ao funcionamento da sociedade. *Apud* JEAN LARGUIER, *La Procédure Pénale*, 4.ª Edição, Presses Universitaires de France, 1973, p. 9.

[244] PEDRO CLEMENTE, *Da Polícia de Ordem Pública*, Governo Civil de Lisboa, 1998, p. 198.

γ. Defesa e Garantia dos Direitos do Cidadão

75. À POLÍCIA cabe como função, conforme o consagrado *in fine* do n.º 1 do art.º 272.º da CRP, a defesa e garantia dos direitos do cidadão.

Como afirmam os Prof.s G. CANOTILHO e V. MOREIRA, a defesa e a garantia dos direitos dos cidadãos impõe-se à POLÍCIA como uma "obrigação de protecção pública dos direitos fundamentais"[245] que se deve articular com o *direito à segurança* consagrado pelo n.º 1 do art.º 27.º da CRP, fundamento e garantia da prossecução do princípio da liberdade. Desta forma esta obrigação que recai sobre o Estado preconiza uma protecção dos cidadãos face a agressões provenientes de terceiros, defendendo-os e garantindo-os através da actividade de polícia, cujo exercício se bipolariza ao encontrar os direitos dos cidadãos como um limite da actividade e como "um dos próprios fins dessa função"[246].

A defesa e garantia dos direitos dos cidadãos encontram-se consagrados como uma das tarefas fundamentais do Estado, *ex vi* al. *b)* do art.º 9.º da CRP. Os direitos e liberdades fundamentais apresentam-se como "um encargo *do Estado de direito democrático*, no sentido de os garantir e de os fazer observar por todos"[247], impondo-se Àquele "uma postura *activa* para os fazer valer como elemento objectivo da sociedade"[248], passando essa "postura activa" pela actividade de Polícia à qual cabe a sua defesa e garantia, que passará também pela *defesa da legalidade democrática*[249] e *garantia da segurança interna*[250].

76. Se analisarmos as Leis Orgânicas das várias Polícias – PJ, PSP, GNR, SEF, (etc.) – verificamos que, explícita ou implicitamente,

---

[245] GOMES CANOTILHO e VITAL MOREIRA, *Constituição da República...*, 3.ª Edição, p. 956.
[246] *Ibidem*.
[247] G. CANOTILHO e V. MOREIRA, *Constituição da República...*, 3.ª Edição, p. 93. Itálico nosso.
[248] *Ibidem*.
[249] Cfr. *supra* ponto α.
[250] Cfr. *supra* ponto β.

se consigna que as suas funções se dirijem na essência à defesa da *legalidade democrática*, à garantia da *segurança interna* e à defesa e garantia dos *direitos do cidadão*[251].

Estas funções, quando prosseguidas e executadas, têm o carácter de serviço público, revestindo um cariz executivo, principalmente na *função de vigilância*, e um cariz também judicial, essencialmente na *função de prevenção criminal «stricto sensu»*. Funções que preenchem o ideário do Estado de direito democrático.

§ 26.º Interdisciplinaridade com o Poder Judicial

77. A POLÍCIA, como verificamos no ponto anterior, desenvolve actos quer a *priori* quer a *posteriori* da intervenção do poder judicial, alastrando-se uma interdisciplinaridade natural com o exercício daquele poder pelos seus titulares, manifestação que se verifica em vários planos.

α. Direito Civil

78. No âmbito civil, a POLÍCIA não dirime questões do foro civil, contudo participa factos que lhe são comunicados daquele foro, assim como efectua diligências processuais que se enquadram no foro civil, dos quais destacamos *apreensões* de bens ordenadas pelo tribunal, acompanhamento nos *arrestos*, nas *penhoras* judiciais.

Quanto às *participações* elaboradas pelos elementos policiais, apesar de parecer descabido, defendemos que devem ser enviadas para os Tribunais de Comarca (Tc) uma vez que o seu arquivamento e guarda nas instalações policiais poderá não ter qualquer utilidade. Contudo, mesmo que não se envie para o Tc, os elementos policiais devem elaborar um auto sempre que intervenham, mesmo que a questão se enquadre no foro civil.

---

[251] Cfr. a título de exemplo o n.º 2 do art. 1.º da LOPSP, n.º 2 do art. 1.º da LOGNR, artigos 2.º, 3.º, 4.º, 6.º, 7.º e 8.º da LOPJ, art. 1.º da LSI.

Como exemplo dessa interdisciplinaridade, apresentamos as designadas *Participações de Acidente*, cujos autos têm servido de prova em sede de audiência de julgamento, sendo uma prova documental que permitirá do Tribunal decidir de forma equitativa e justa, ou os danos provocados por animais – art. 502.º do CCiv. –, cuja participação policial se apresenta como documento importante para a decisão judicial.

β. Direito administrativo

79. No âmbito administrativo, como se verificará ao longo do curso e como já verificaram em várias cadeiras já leccionadas, a actividade de Polícia abrange o âmbito administrativo, como prestar informações aos legal e legitimamente interessados [art.º 66.º do CPA], encerramento de um espectáculo e divertimento público [n.º 2 do art.º 33.º do DL n.º 310/2002, de 18 de Dezembro], encerramento de uma via ao trânsito [art. 9.º do CE], levantamento de um auto de notícia por contra-ordenação [art.º 48.º do RGCO].

Poderíamos enumerar, como veremos ao longo do nosso curso, muitos mais exemplos que demonstrassem a vertente fortemente administrativa da actuação policial, autos que irão servir de suporte para análise e decisões administrativas e, em sede de recurso contencioso, decisões judiciais.

γ. Direito criminal

80. No âmbito criminal, como já sabem e como veremos, é neste plano que as manifestações de interdisciplinaridade se concretizam com maior vigor. A POLÍCIA, na prossecução das suas funções de defesa da legalidade democrática, de garantia da segurança interna e defesa e garantia dos direitos, legalidades e garantias, previne e reprime o crime – facto humano ilícito, típico e culposo –, cuja realização parte do Direito Penal substantivo – que protege bens jurídicos fundamentais ao desenvolvimento do homem inserido na sua comunidade – para se efectivar com o Direito Penal adjectivo.

Como já defendemos, o Processo Penal surge como forma de realizar o direito penal substantivo, permitindo assim o reconhecimento jurídico da existência de um crime e a aplicação das penas ou das medidas de segurança, fundada no respeito pelos interesses e direitos jurídica e constitucionalmente protegidos na dialéctica indivíduo/sociedade[252].

Vestido de uma função instrumental visando a *realização de justiça*[253], o Processo Penal apresenta-se também como um instrumento legal fundamental da legitimação e da legalidade da intervenção da POLÍCIA como Órgão de Polícia Criminal (OPC), como poderemos destacar:

– comunicação da notícia do crime (art.º 241.º e ss. CPP);
– medidas cautelares e de polícia (art.º 248.º e ss. CPP);
– detenção (art.º 254.º e ss.);
– realização de revistas, buscas, apreensões, escutas telefónicas, etc. (art.º 174.º e ss. CPP).

O Processo Penal conjugado com o Direito Penal, com uma interpretação conforme a Constituição e a Convenção Europeia dos Direitos do Homem [CEDH], é uma «Bíblia» que qualquer elemento policial deve ler todos os dias.

δ. Direito de menores e família

81. No âmbito da menoridade, plano em que a actuação policial se tem demonstrado preponderante quer na vigência da *Organização Tutelar Educativa* (OTM), quer, depois de 01JAN2001, com a *Lei Tutelar Educativa* (LTE) – conforme se depreende dos artigos 50.º e ss., do artigo 72.º e ss. e 128.º – e com a *Lei de Protecção de Crianças e Jovens em Perigo* (LPCJP) – como se depreende dos artigos 7.º, 8.º, 64.º, 66.º, 93.º.

A POLÍCIA no âmbito da menoridade é, muitas vezes, a primeira instituição a intervir, cabendo-lhe por inerência dos princípios gerais do direito e das normas do Direito Internacional Público, constitucionais e infraconstitucionais, uma promoção e protecção dos direitos das crianças como uma tarefa fundamental do Estado.

---

[252] Quanto a este assunto o nosso estudo, *Lei e Crime* ..., (Co-autoria com FERNANDO GONÇALVES e M. JOÃO ALVES), pp. 12-13, notas 9, 10, 11, 12.
[253] *Idem*, p. 14.

Como «face visível da lei», acrescentamos do direito, a POLÍCIA surge como operador da justiça, quer como auxiliadora, quer como coadjuvante quer, ainda, como a primeira «mão» da justiça, o que lhe incumbe uma intervenção capaz de pôr cobro a qualquer uma das situações prescritas no art.º 3.º da LPCJP.

ε. Direito do trabalho

82. No âmbito laboral, apesar de nos parecer fora do âmbito policial, hoje a Polícia actua em várias *operações conjuntas* com a Inspecção Geral do Trabalho (IGT) e com os Serviços de Estrangeiros e Fronteiras (SEF) quer na prevenção quer na repressão das condições de trabalho. Como função da POLÍCIA cabe a prevenção de crimes [*ex vi* n.º 3 do art.º 272.º da CRP], recai sobre a mesma a prevenção do crime de infracção de regras de segurança, p. e p. pelo art.º 152.º-B do CP.

Como sabemos, como nos tem revelado a imprensa, a imigração ilegal está muito intimamente ligada ao mercado de emprego, mais propriamente na área da hotelaria e da construção civil, o que tem motivado que a investigação e a repressão de um dos fenómenos mais preocupantes dos nossos dias pela forma como se encontram estruturadas e organizadas as redes se proceda na base da cooperação policial e judicial[254].

§ 27.º Conclusão capitular

83. Deste capítulo, poder-se-á depreender a **natureza híbrida e complexa** da POLÍCIA na prossecução das suas próprias funções. Mas, a Polícia está dotada de democraticidade e de legalidade, assente no pilar do respeito da dignidade da pessoa humana, que lhe cumpre defender e garantir, mesmo contra os abusos do poder material e formal.

---

[254] Sobre este assunto, o nosso estudo "Cooperação Policial – Viagem Inacabada", *in Projecto Grotius II Penal*, Varsóvia, 12 de Setembro de 2002 e *infra* §§ 88.º-93.º.

A actuação da Polícia não se esgota no mero contacto com o cidadão na resolução dos problemas, pois estende-se aos planos jurídico, social, económico e cultural, cuja interdisciplinaridade lhe garante uma natureza capaz de se entrelaçar na demanda de uma segurança e liberdade próprias de uma sociedade em crescente no exercício da cidadania e cuja legitimidade emana de uma concepção clara de que a **Polícia** não **está ao serviço** do poder pelo poder, mas ao serviço **dos interesses da comunidade e do cidadão considerado individual e comunitariamente.**

Capítulo V

DA LEGITIMIDADE DA ACTIVIDADE POLICIAL E DA «DEMANDA DA SEGURANÇA»

Sumário: § 28.º Da legitimidade da actividade policial
§ 29.º Da «demanda da segurança»

Fontes: AGOSTINHO, SANTO, *A Cidade de Deus*, (tradução de J. DIAS PEREIRA), 2.ª Edição, Fundação Calouste Gulbenkian, Lisboa, 1996, Vols. I e III; **BECCARIA**, CESARE, *Dos Delitos e das Penas*, (tradução de JOSÉ DE FARIA COSTA), 2.ª Edição, Fundação Calouste Gulbenkian, Lisboa,1998; **CANOTILHO**, J. J. GOMES, *Direito Constitucional e Teoria da Constituição*, 3.ª Edição, Almedina, Coimbra, 1999; **CONDE**, FRANCISCO MUÑOZ, "Prólogo a la Edición española", *in La Ciencia del Derecho Penal ante el Nuevo Milenio*, Tirant lo Blanch, Valencia, 2004; **ESPADA**, JOÃO CARLOS, *A Tradição da Liberdade*, Principia, S. João do Estoril, 1998; **FERRAJOLI**, LUIGI, "Jurisdição e democracia", *in RMP*, Ano 18.º, Out./Dez., 1997, n.º 72; **IBÁÑEZ**, PERFECTO ANDRÉS, "Por um Ministério Público «dentro da legalidade»", *in RMP*, Ano 18.º, Abril/Junho, 1997, n.º 70; **HASSEMER**, WINFRIED, "Alternativas al principio de culpabilidad?", *in Cuadernos de Política Criminal*, Instituto Universditario de Criminología – Universidad Complutense de Madrid, n.º 18, 1982; **KELSEN**, HANS, *A Justiça e o Direito Natural*, (tradução de JOÃO BAPTISTA MACHADO), Almedina, 2001; **MOURA**, JOSÉ SOUTO DE, "Dignidade da pessoa e poder judicial", *in RMP*, Ano 18.º, Abril/Junho, 1997, n.º 70; **NEVES**, A. CASTANHEIRA, *Coordenadas de uma Reflexão sobre o Sentido Actual do Direito*, Lições policopiadas de Filosofia de Direito, Centro de Publicações da UCP, 2002/03; **RAWLS**, JOHN, *Uma Teoria para a Justiça*, (tradução de CARLOS PINTO CORREIA), Editorial Presença, Lisboa, 1993; **RODRIGUES**, ANABELA MIRANDA, "O Tribunal Penal Internacional e a Prisão Perpétua – que futuro", *in Direito e Justiça*, Vol. XV, 2001, Tomo 1; **SILVA**, GERMANO MARQUES DA, *Ética Policial e Sociedade Democrática*, Edição do ISCPSI, Lisboa, 2001; **TEIXEIRA**, ANTÓNIO BRAZ, *Sentido e Valor do Direito*, INCM, 2ª Ed., 2000; **TOQUEVILLE**, ALEXIS, *Da Democracia na América*, Principia, S. João do Estoril; **VALENTE**, MANUEL MONTEIRO GUEDES, *Escutas Telefónicas – Da excepcionalidade à vulgaridade*, Almedina, Coimbra, 2004; **ZIPPELIUS**, REINHOLD, *Teoria Geral Do Estado*, (tradução de KARIN PRAEFKE-AIRES COUTINHO), 3.ª Edição, Fundação Calouste Gulbenkian, Lisboa, 1997.

§ 28.º Da legitimidade da actividade policial

84. A acção do Estado, na desenvoltura da tarefa ou missão fundamental liberdade/segurança para garantia de exercício pleno dos direitos fundamentais dos cidadãos, não lhe basta pedastalizar uma delas e destronar a outra, pois tal sacralização conduziria ou a uma anarquia total ou a um Estado polícia. A harmonização inerente ao convívio mútuo entre liberdade e segurança impele à cedência de um em detrimento do outro sem que algum perca o seu conteúdo e alcance essencial e, nunca, algum deles pode ferir a área centrífuga da dignidade da pessoa humana.

À actividade policial quer no plano de ordem pública, quer no plano de polícia administrativa, quer no plano de polícia judiciária, *maxime*, investigatória criminal do Estado – desenvolvida pelos OPC, sob olhar fiscalizador e orientador da AJ – não lhe basta arrogar-se da legalidade positiva para se sentir dotada do verdadeiro mandato ou *lex* do povo.

Aquela carece de *legitimidade* na dupla vertente: a lei deve imanar do órgão eleito pelo povo, por um lado, *i. e.*, *legitimação normativa*; e, por outro, não só a lei em si mesma, mas também a actividade policial devem sentir-se necessárias e úteis aos olhos dos demais cidadãos, *i. e.*, *legitimação social*[255]. Quanto à primeira vertente, não duvidamos de que se encontra preenchida face à origem orgânica dos diplomas que regem na generalidade e na especialidade a actividade da polícia. Dúvidas se levantam relativamente à vertente da necessidade e da utilidade da actividade ou das medidas processuais penais ou administrativas aplicadas pela polícia: conduzirá e fundamentará critérios de eficácia e permitirá vinculá-las à não violação de direitos fundamentais, mesmo que, para tal, se abdique de descobrir a verdade material(?); ou, contrariamente, aquelas medidas afectam gravemente

---

[255] Deve ser acatada pelos cidadãos "pela obediência voluntária". REINHOLD ZIPPELIUS, *Teoria Geral Do Estado*, (tradução de KARIN PRAEFKE-AIRES COUTINHO), 3.ª Edição, Fundação Calouste Gulbenkian, Lisboa, 1997, pp. 71 e 154-156. Quanto à legitimidade sociológica assente na confiança de que o povo tributa a polícia, GERMANO MARQUES DA SILVA, *Ética Policial e Sociedade Democrática*, Edição do ISCPSI, Lisboa, 2001, p. 20.

os direitos e liberdades dos cidadãos – de modo que a sua não aplicação causaria um mal inferior ao provocado pela sua intervenção e aplicação – que, apesar de legais, não lhes é reconhecida utilidade e não é aceite pela comunidade tal intervenção.

Como exemplo, trazemos à colação a detenção de um indivíduo que acabara de furtar dinheiro em uma loja no Cacém: a população regozijou-se com a detenção do autor do delito, mas criticou a força «bruta» do agente que o tentava sentar na viatura através de joelhadas no abdómen[256]. A legitimidade da actuação policial quebra-se com a não aceitação de um uso desmesurado da força física, *i. e.*, quebra-se a confiança e o mandato que o povo dá à polícia para a prossecução da segurança/liberdade.

85. A legitimidade da intervenção policial não emerge da impiedade e obstinação de PORFÍRIO da qual se deve apartar, por os *olhos vendados* não se apresentarem como a solução para a concretização de uma sociedade mais justa, mais livre e mais solidária, mas emerge da ponderação de APOLEIO[257], para que, como nos ensina SANTO AGOSTINHO, "não nos vença o desejo de vingança"[258], *i. e.*, a polícia e qualquer cidadão não podem olvidar que a "**justiça substitui o curto-circuito da vingança** pela colocação à distância dos protagonistas, cujo símbolo em direito penal é o estabelecimento de uma distância entre crime e pena"[259], o que aparta qualquer acto policial de intervenção física sobre o corpo do agente de um crime para além do estritamente necessário e só quando necessário, por quebrar a *lex* do povo a si deferida.

---

[256] Seguimos as imagens e comentários televisivos relativamente ao facto relatado.
[257] SANTO AGOSTINHO, *A Cidade de Deus*, (tradução de J. DIAS PEREIRA), 2.ª Edição, Fundação Calouste Gulbenkian, Lisboa, 1996, Vol. I, Livro II, Capítulo XVI, p. 233.
[258] SANTO AGOSTINHO, *A Cidade de Deus*, 2.ª Edição, Vol. III, Livro XXII, Capítulo XXIII, p. 2332.
[259] ANABELA MIRANDA RODRIGUES, "O Tribunal Penal Internacional e a Prisão Perpétua – que futuro", *in Direito e Justiça*, Vol. XV, 2001, Tomo 1, p. 17. Negrito nosso.

Como ensina Germano M. da Silva, "a população está disposta a colaborar com uma polícia que lhe pareça claramente legítima, ou seja, uma polícia que respeite a legalidade, seja tecnicamente eficaz, cumpra os imperativos morais dominantes e seja eticamente responsável"[260].

86. A legitimidade da prescrição legal da intervenção da polícia – *p. e.*, a prescrição legal para a realização das escutas telefónicas e posterior recurso a esse método de recolha, descoberta ou localização e contacto de provas[261] – deve nascer de uma política criminal direccionada para o homem sujeito e não para o homem objecto – dos outros e do Estado –, *i. e.*, deve emergir de uma política de segurança subjugada a uma política criminal humanista e humanizante. A legitimidade há-de, inequivocamente, brotar do prossecução da finalidade máxima da actividade de polícia – protecção dos direitos fundamentais das pessoas – que pugnará por colocar, no alto do obelisco, o pilar central do Estado de direito democrático – respeito da dignidade da pessoa humana –, ou seja, a legitimidade nasce da vontade popular em um "moderno **Estado constitucional democrático de direito**"[262].

Trazemos à colação a tese de Luigi Ferrajoli quando identifica as fontes da legitimação do poder judicial com "o sistema das garantias, ou seja, dos limites e vínculos – primeiro entre todos, o princípio da estrita legalidade penal – destinados a reduzir ao máximo o arbítrio dos juízes, para tutela dos direitos dos cidadãos"[263].

Acrescentamos à teorização de Luigi Ferrajoli, a *liberdade* como limite imanente de todo o poder – quer político, quer executivo, quer judicial – e do seu exercício, porque *aquela* não é só condição trans-

---

[260] Germano Marques da Silva, *Ética Policial e Sociedade Democrática*, Edição do ISCPSI, Lisboa, 2001, p. 85.

[261] Quanto à realização de intercepção e de gravação de comunicações e conversações, o nosso *Escutas Telefónicas – Da excepcionalidade à vulgaridade*, Almedina, Coimbra, 2004.

[262] J. J. Gomes Canotilho, *Direito Constitucional e Teoria da Constituição*, 3.ª Edição, Almedina, Coimbra, 1999, p. 108.

[263] Luigi Ferrajoli, "Jurisdição e democracia", *in RMP*, Ano 18.º, Out./Dez., 1997, n.º 72, p. 20.

cendental de comunicação humana e intrapessoal[264], mas apresenta-se kantianamente como o mais alto princípio da justiça[265].

O culto da liberdade e o exercício da liberdade converteram-na em princípio[266], cuja limitação ou restrição não pode alguma vez ferir o seu núcleo essencial – a dignidade da pessoa humana – que impõe que, em conflito com o poder, se preserve e se reclame a protecção da dignidade[267]. A legitimidade é, hoje, fundamento e limite imanente da intervenção da POLÍCIA.

§ 29.º Da «demanda da segurança»

87. O estudo da legitimidade da intervenção policial – seja formal seja material – induz-nos a olhar para o homem como centro nevrálgico de decisão face à crescente bandeira da «demanda da segurança» cristalizada e apartada da bandeira fulcral de uma comunidade em democracia crescente: a liberdade. As bandeiras apontadas relevam de acordo com a estrutura conceptual ou tipológica do Homem face à cedência que operou da sua liberdade no encontro com a vivência em comunidade. Cedência essa que se autolimita e se autoregula pela assunção que cada membro da comunidade pragmatiza[268] e que influencia as decisões jurídico-políticas e sociais sobre o *modus agendi* da POLÍCIA.

---

[264] Quanto a este assunto WINFRIED HASSEMER, "Alternativas al principio de culpabilidad?", in *Cuadernos de Política Criminal*, Instituto Universitario de Criminología – Universidad Complutense de Madrid, n.º 18, 1982, pp. 473 e ss..

[265] HANS KELSEN, *A Justiça e o Direito Natural*, (tradução de JOÃO BAPTISTA MACHADO), Almedina, 2001, p. 81.

[266] Quanto à liberdade como princípio de actuação da polícia/OPC *infra* Capítulo V, § 32.º. Quanto à liberdade como princípio em que o homem político se realiza na construção da sua própria eticidade, JOHN RAWLS, *Uma Teoria para a Justiça*, (tradução de CARLOS PINTO CORREIA),Editorial Presença, Lisboa, 1993 e ANTÓNIO BRAZ TEIXEIRA, *Sentido e Valor do Direito*, INCM, 2ª Ed., 2000, pp. 223 e ss..

[267] Quanto a este assunto, JOSÉ SOUTO DE MOURA, "Dignidade da pessoa e poder judicial", in *RMP*, Ano 18.º, Abril/Junho, 1997, n.º 70, p. 95 e ss..

[268] *Hoc sensu* CESARE BECCARIA, *Dos Delitos e das Penas*, (tradução de JOSÉ DE FARIA COSTA), 2.ª Edição, Fundação Calouste Gulbenkian, Lisboa, 1998.

Relevante é a visão que, nos nossos dias, se cria ou se propugna para o homem: a práxis da eficácia e da máxima eficiência baliza uma imagem do homem não como um sujeito – dotado de direitos e de deveres –, mas como instrumento da comunidade, como objecto de um único percurso para uma única meta – descoberta da verdade. Nem a valoração do homem ético de CASTANHEIRA NEVES[269] nem o homem político de JOHN RAWLS[270] travam a tão bem caracterizada, por ANABELA MIRANDA RODRIGUES, «demanda da segurança»[271] – a cruzada dos nossos representantes – ou o «progresso do retrocesso».

Acresce a este sintoma de enfermidade generalizada a constatação de que esta demanda é desorganizada no intelecto, na formalização e na materialização. Explicitemos esta tríplice preocupação desesperada com o exemplo de quem constrói uma casa: do *intelecto* esquematiza-se os alicerces no plano de servir a elevação dos pilares e acento das traves mestras e paralelas ou secundárias, aos quais se aplicam as conhecidas placas de betão aramado ou falso e se ornam com paredes exteriores – duplas – e interiores – simples –, terminando com o telhado capaz de suportar os invernos tenebrosos e os verões escaldantes – *i. e.*, intelectualiza-se a orgânica e o funcionamento da POLÍCIA, *maxime*, «forças de segurança»; desta visionalização intelectual o arquitecto *formaliza*-a transcrevendo-a para o papel – *i. e.*, o poder político--legislativo formaliza a intelectualização através de diploma legal [al. c) do art. 161.º da CRP]; que por sua vez o pedreiro *materializa*-a para deleite dos nossos olhos, como se tratasse de uma obra de Deus – *i. e.*, a actividade diária da Polícia e a materialização dos programas jurídico-políticos pelos elementos policiais. Desta feita surge-nos a questão: Qual o ponto de partida da «demanda da segurança»? Se é que há ponto de partida?

---

[269] A. CASTANHEIRA NEVES, *Coordenadas de uma Reflexão sobre o Sentido Actual do Direito,* Lições policopiadas de Filosofia de Direito, Centro de Publicações da UCP, 2002/03, pp. 34 e ss..

[270] JOHN RAWLS, *Uma Teoria...*, pp. 197 e ss..

[271] ANABELA MIRANDA RODRIGUES, na aula de Mestrado na Faculdade de Direito da Universidade de Coimbra, na cadeira de Processo Criminal, no dia 21 de Novembro de 2003.

88. A «demanda da segurança» sai da materialização e formaliza--se e, quando em vez, intelectualiza-se de forma 'atabalhoada' e 'desordenada', originando políticas de segurança precárias e reactivas quer no plano legiferante quer no plano executivo da intervenção do Estado, cozendo o retalho que se descoseu ou a parte do tecido, ainda bom, que se rasgou com o esforço inadequado dos homens servidores do Estado.

A «demanda da segurança» converteu-se, nos nossos dias, em elixir dos políticos na busca do apoio popular[272], muitas vezes ou praticamente sempre, apresentou-se como bandeira de campanha, vertendo no futuro próximo uma *política securitária* isolada da política criminal. Política da eficácia que olvida a causa e se atraca na solução imediata do problema sem que se cure a raiz ou o ramo causador da alteração da ordem e da tranquilidade públicas e, consequentemente, da segurança como bem jurídico da comunidade que se encontra enfaixada constitucionalmente entre os vértices da liberdade. A absolutização da segurança acarreta um risco: a miopia e a falsa visão dos problemas.

Como agravo, trazemos à colação a certa constatação de PERFECTO ANDRÉS IBÁÑEZ: "O político pragmático – (...) – quer soluções rápidas para os problemas que o preocupam, tratando-se geralmente numa perspectiva conjuntural, marcada pela cadência das datas eleitorais. Precisa de encontrar para esses problemas causas facilmente identificáveis e cómodos sujeitos-objecto de imputação. (...) Com essa inspiração redutora, forma abrindo caminho, na doutrina e também em diversas legislações, propostas que se orientam para o alargamento das margens de discricionaridade no exercício da acção penal, para propiciar a negociação da pena com o arguido, para ensaiar formas processuais expeditas, só para baixar os custos do processo penal, que ostensivamente se administrativiza", desjurisdicionalizando-se, desjudicializando-se e desligitimando-se a razão de intervenção punitiva do Estado.

89. A Polícia apresenta-se como o promotor da solução do problema por duas ordens de razão: a primeira tem a ver com a sua **situalização espacial e temporal**, *i. e.*, encontra-se territorialmente implementada

---

[272] Quanto a este assunto PERFECTO ANDRÉS IBÁÑEZ, "Por um Ministério Público «dentro da legalidade»", *in RMP*, Ano 18.º, Abril/Junho, 1997, n.º 70, p. 11.

a nível nacional e funciona vinte quatro horas por dia, o que não acontece com os demais serviços e o que facilita uma política pragmática e eficaz na solução de focos de desordem ou intranquilidade públicas; a segunda prende-se com a **cultura do «papão polícia»**, *i. e.*, a ameaça da intervenção policial diária – prevenção geral negativa – tem um efeito imediato, mesmo que efémero, sobre o cidadão, o que distorce a idealização constitucional de Polícia de serviço público.

Maior é a preocupação de MUÑOZ CONDE, que partilhamos, quando afirma que, após o 11 de Setembro de 2001, o Direito penal – direito de tutela das garantias e dos direitos fundamentais dos cidadãos, transformou-se em um "Direito penal bélico, um «Direito penal do inimigo» (...), em que as **garantias praticamente desapareceram** para converter-se exclusivamente em um **instrumento que busca a toda a custa a segurança cognitiva**, por cima de qualquer outro valor de direito fundamental", regressando-se "ao tempo mais obscuro do Direito penal totalitário"[273]. Esta visão de Direito penal de guerra impregna a polícia de uma legitimação enraizada na «demanda da segurança» característica de um Estado de polícia ou autoritário, cuja aceitação pelo «povo» se desmorona no belisco incontrolável dos direitos fundamentais.

Face à pugna do direito penal do inimigo – cujos direitos fundamentais cedem não só a políticas securitárias, mas a políticas de etiquetagem do ser humano –, a POLÍCIA, face visível da intervenção punitiva do Estado, interioriza a mensagem e pragmatiza-a no exercício da sua actividade jurídico-criminal preventiva e repressiva[274], afectando fortemente a liberdade de todo e qualquer cidadão quer como direito fundamental pessoal quer, como tal, como o mais alto valor da justiça[275].

---

[273] FRANCISCO MUÑOZ CONDE, "Prólogo a la Edición española", *in La Ciencia del Derecho Penal ante el Nuevo Milenio*, Tirant lo Blanch, Valencia, 2004, p. 13. Negrito nosso.

[274] Quanto a este assunto, *supra* §§ 9.º, 10.º, 13.º, 15.º e 16.º.

[275] HANS KELSEN, *A Justiça e o Direito...*, p. 81.

Capítulo VI
DOS PRINCÍPIOS DA INTERVENÇÃO DA POLÍCIA

Sumário: § 30.º Considerações gerais
§ 31.º Do princípio da legalidade
§ 32.º Do princípio da proibição do excesso e da proporcionalidade *lato sensu*
§ 33.º Do princípio respeito dos interesses e dos direitos protegidos dos cidadãos
§ 34.º Do princípio da prossecução do interesse público
§ 35.º Do princípio da boa fé
§ 36.º Do princípio da oportunidade da actuação policial
§ 37.º Do princípio democrático na actuação da Polícia:
    a. Considerações gerais
    b. Da actuação da Polícia/OPC como realização dos princípios constitucionais
    c. Do princípio democrático como princípio de dignidade e de liberdade
    d. Da inadmissibilidade de provas como manifestação do princípio democrático
§ 38.º Do princípio da lealdade na actuação da Polícia:
    a. Considerações gerais
    b. Do princípio da lealdade e os métodos proibidos de prova
    c. Da actividade policial na administração da justiça e do princípio da lealdade
§ 39.º Dos princípios da igualdade e da imparcialidade
§ 40.º Do princípio da Justiça
§ 41.º Do princípio da "concordância prática" na actuação da Polícia

§ 42.º Do Princípio da Liberdade:
   a. Considerações genéricas
   b. Manifestações do princípio da liberdade na actuação dos OPC no âmbito do Código de Processo Penal:
      α. primado da liberdade individual
      β. estrutura do processo
      γ. presunção de inocência
      δ. princípio do contraditório
      ε. princípio da jurisdicidade
      η. princípio da lealdade
      φ. determinação e identificação do objecto do processo
      ι. da libertação em caso de detenção ilegal

Fontes: AMARAL, DIOGO FREITAS DO et ALIA, *Código do Procedimento Administrativo Anotado*, 3.ª Edição, Almedina, Coimbra, 1997; AMARAL, DIOGO FREITAS DO, *Direito Administrativo*, Lisboa, 1988, Vol. II; "O princípio da justiça no art. 266.º da Constituição", in *Estudos de Homenagem ao Prof. Doutor Rogério Soares, Boletim da Faculdade de Direito, Stvdia Ivridica, 61, Ad Honorem – 1*, Coimbra Editora, Coimbra, 2001; ANDRADE, JOSÉ VIEIRA DE, *Direitos Fundamentais na Constituição Portuguesa de 1976*, 3.ª Edição, Almedina, Coimbra, 2004; ANDRADE, MANUEL DA COSTA, "Sobre o Regime Processual penal das Escutas Telefónicas", in *RPCC*, Ano I, Fasc. 3.º, Julho-Setembro, 1991; ARISTÓTELES, "Do Discurso e do Discurso Jurídico", in *Obra Jurídica*, Rés – Editora, Colecção Resjurídica, Porto; BELEZA, TEREZA e ISASCA, FREDERICO, *Direito Processual Penal – Textos*, AAFDL, Lisboa, 1992; BELEZA, TEREZA et ALIA, *Apontamentos de Direito Processual Penal*, AAFDL, Lisboa, 1995, III Vol.; BOSLY, HENRY-D. e VANDERMEERSCH, DAMIEN, "La loi Belge du 30 juin 1994 relative a la protection de la vie privée contre les écoutes, la prise de connaissance et de telecomunications et de telecomunications privées», in *Revue de Droit Penal et de Criminologie*, 75.º Année, Avril 1995; CAETANO, MARCELLO, *Manual de Direito Administrativo*, 7.ª Reimpressão da 10.ª Edição, Almedina, Coimbra, 2004, Vol. II; CANAS, VITALINO, "Princípio da proibição do excesso e a polícia", in *I Colóquio de Segurança Interna – TOMO I*, Almedina, (no prelo), e "Princípio da Proporcionalidade", in *Dicionário da Administração Pública – Vol. VI*; CANOTILHO, GOMES e MOREIRA, VITAL, *Constituição da República Portuguesa Anotada*, 3.ª Edição, Coimbra Editora, 1993 (e 4.ª Edição, 2007, Vol. I); CANOTILHO, GOMES, *Direito Constitucional e Teoria da Constituição*, Almedina, Coimbra, 1999; CAUPERS, JOÃO, *Introdução ao Direito Administrativo*, Âncora Editora, Lisboa, 2000; CORDEIRO, ANTÓNIO MENEZES, *Tratado de Direito Civil Português* – I – Parte Geral – Tomo I, 2.ª Edição, Almedina, Coimbra, 2000; CUNHA, JOSÉ MANUEL DAMIÃO DA, *O Caso Julgado Parcial*, Publicações da Universidade Católica, Porto, 2002; DIAS, JORGE DE FIGUEIREDO e ANDRADE, MANUEL DA COSTA, *Criminologia – O Homem Delinquente e a Sociedade*

Criminógena, Reimpressão, Coimbra Editora, 1992; **Dias**, Jorge de Figueiredo, *Direito Processual Penal*, Coimbra Editora, 1981; *Direito Penal Português – As Consequências do Jurídicas Crime*, Aequitas – Editorial Notícias, 1993; *Direito Processual Penal*, (Lições Coligidas por Maria João Antunes), Coimbra Editora, 1988-9; "Do princípio da «objectividade» ao princípio da «lealdade» do comportamento do Ministério Público no Processo Penal", (Anotação ao AC. STJ n.º 5/94, Proc. n.º 46444), in *Revista de Legislação e Jurisprudência*, Ano 128, n.º 3860; **Duhamel**, Olivier e **Meny**, Yves, *Dictionnaire constitucionnel*, Puf, Paris, 1992; **Gomes**, D. António Ferreira, "A sociedade e o Trabalho: Democracia, Sindicalismo, Justiça e Paz", in *Direito e Justiça*, Vol. I, 1980; **Hassemer**, Winfried, *Persona, Mundo y Responsabilidad*, (tradução de Francisco Muñoz Conde e de M.ª del Mar Díaz Pita), Tirant lo Blanch Alternativa, Valencia, 1999; **Liszt**, Franz von, *Tratado de Direito Penal*, (tradução de José Higino Duarte Pereira), Russell, Campinas/SP, 2003, Tomo II; **Lomba**, Pedro, "A Actividade da Polícia como Relação Administrativa", in *Estudos de Direito de Polícia*, (coordenação de Jorge Miranda), AAFDL, Lisboa, 2003, Vol. I; **Medeiros**, Rui, *A Decisão de Insconstitucionalidade*, Edições da UCP, 1998; **Meireis**, Manuel Augusto Alves, *O Regime das Provas Obtidas pelo Agente Provocador em Processo Penal*, Almedina, Coimbra, 1999; **Miranda**, Jorge, "O Regime dos Direitos, Liberdades e Garantias", in *Estudos Sobre a Constituição*, Petrony, Lisboa, 1979, 3.º Vol.; *Manual de Direito Constitucional*, (2ª Edição), Coimbra Editora, Coimbra, Tomo IV; **Moura**, José Souto de, "Inquérito e Instrução", in *Jornadas de Direito Processual Penal. O Novo Código de Processo Penal*, Almedina, Coimbra, 1995; **Neves**, A. Castanheira, "O princípio da legalidade criminal", in *Digesta*, Coimbra Editora, 1995, Vol. I; **Oliveira**, Mário Esteves de, **Gonçalves**, Pedro Costa e **Amorim**, J. Pacheco, *Código do Procedimento Administrativo*, Coimbra, 1997; **Pérez**, Francisco Alonso, *Medios de Investigación en el Proceso Penal*, 2.ª Edição, Dykinson, Madrid; **Pinheiro**, Alexandre Sousa e **Fernandes**, Mário João de Brito, *Comentário à IV Revisão Constitucional*, AAFDL, Lisboa, 1999; **Pinto**, Maria da Gloria Ferreira, "Princípio da igualdade – Fórmula vazia ou carregada de sentido?", in *BMJ*, n.º 385; **Rawls**, John, *Uma Teoria para a Justiça*, (tradução de Carlos Pinto Correia), Editorial Presença, Lisboa, 1993; **Rodrigues**, Laura Zuñiga, *Politica Criminal*, Colex, Madrid, 2001; **Segorbe**, Beatriz e **Trabuco**, Cláudia, *O Conselho Constitucional Francês*, Quarteto, Coimbra, 2002; **Silva**, Germano Marques da, *Curso de Processo Penal,* Verbo, 1999, Volumes, I, II e III; *Ética Policial e Sociedade Democrática*, Edição do ISCPSI, Lisboa, 2001; **Sousa**, Marcelo Rebelo de, *Lições de Direito Administrativo – I*, Lisboa, 1995; **Sousa**, Marcello Rebelo de e **Matos**, André Salgado de, *Direito Administrativo Geral – Introdução e Princípios Fundamentais – Tomo I*, Dom Quixote, Lisboa, 2004; **Sousa**, Rabindranath Capelo de, *O Direito Geral da Personalidade*, Coimbra Editora, 1995; **Teixeira**, António Braz, *Sentido e Valor do Direito*, 2.ª Edição, INCM, 2000; **Valente**, Manuel Monteiro Guedes, "A Investigação Criminal como Motor de Arranque do Processo Penal", in *Polícia Portuguesa*, Ano LXIII, II Série, n.º 122, Março/Abril, 2000; *Regime Jurídico do Agente Infiltrado Comentado e*

Anotado, (co-autoria F. GONÇALVES e M. J. ALVES), Almedina, 2001; *Escutas Telefónicas – Da Excepcionalidade à Vulgaridade*, Almedina, Coimbra, 2004 (1.ª Edição) e 2008 (2.ª Edição); "Enquadramento Jurídico das Polícias Municipais: Do Quadro Constitucional ao Quadro ordinário", *in Estudos de Homenagem ao Professor Doutor Germano Marques da Silva*, Almedina, Coimbra, 2004; *Consumo de Drogas – Reflexões sobre o Novo Quadro Legal*, 3.ª Edição, Almedina, Coimbra, 2006; *Processo Penal – Tomo I*, Almedina, Coimbra, 2004; "Revistas e Buscas – Que viagem queremos fazer?", *in I Congresso de Processo Penal – Memórias*, Almedina, 2005; VITORINO, ANTÓNIO, *Carta dos Direitos Fundamentais da União Europeia*, Princípia, S. João do Estoril, 2002; ZIPPELIUS, REINHOLD, *Teoria Geral Do Estado*, (tradução de KARIN PRAEFKE-AIRES COUTINHO), 3.ª Edição, Fundação Calouste Gulbenkian, Lisboa, 1997.

§ 30.º Considerações gerais

90. A POLÍCIA, enquanto face visível da lei e do Estado, principalmente da sua natureza, não detém um exercício material do «poder» ilimitado ou arbitrário, mas, contrariamente a muitos momentos da história, está subordinada à Constituição e à lei, em sentido formal e material, e a todo o direito[276]: princípios gerais do direito, princípios gerais do ramo específico do direito a aplicar, lei formal e material, jurisprudência e doutrina.

A POLÍCIA, sistematicamente, enquadrada no Título IX – *Administração Pública* – da Parte III – *Organização do Poder Político* – da Constituição da República Portuguesa, terá de actuar de acordo com os princípios gerais vinculativos da administração pública, consagrados nos artigos 266.º e ss. em conjugação com os artigos 1.º, 3.º, 6.º, 9.º, do 12.º ao 23.º, do 24.º ao 79.º da CRP, cujo estudo pretendemos aprofundar neste capítulo. Acresce que iremos abordar a POLÍCIA na sua tríplice vertente consagrada no art. 272.º da CRP: ordem e tranquilidade pública, administrativa e judiciária (OPC).

---

[276] Quanto a este assunto DIOGO FREITAS DO AMARAL et ALIA, *Código do Procedimento Administrativo Anotado*, 3.ª Edição, Almedina, Coimbra, 1997, p. 40, anotação ao art. 3.º do CPA, que prescreve a vinculação dos órgãos da Administração à lei e ao direito. Cfr. n.º 2 do art. 3.º da CRP.

§ 31.º Do princípio da legalidade

91. À POLÍCIA cabe, constitucionalmente, a função de «defesa da legalidade democrática» – n.º 1 do art. 272.º da CRP –, *i. e.*, garantir o "respeito e cumprimento das leis em geral, naquilo que concerne à vida da colectividade"[277]. Se lhe cumpre tão nobre missão, não poderá a mesma apartar-se da legalidade que defende e garante sob pena de se esboroar a legitimidade da sua acção diária, ou seja, a POLÍCIA deve obediência à lei e à constituição. Desta feita, poder-se-á afirmar que não podemos olvidar o princípio da constitucionalidade ao estudarmos o princípio da legalidade.

No que concerne à obediência ao princípio da legalidade duas questões se levantam: a *dimensão negativa* do princípio da legalidade, *i. e.*, "*princípio da prevalência da lei*"[278] – todos os actos da polícia têm de se conformar com as leis, sob pena de serem ilegais[279]; e a *dimensão positiva* do princípio da legalidade, *i. e.*, "princípio da *precedência de lei*"[280] – a Polícia só pode intervir de acordo e com base na lei ou com autorização desta[281].

92. Quanto à dimensão positiva do princípio da legalidade há que questionar se a sua valência é igual na medida e na intensidade para a *polícia coactiva* – principalmente de reposição da ordem e tranquilidade pública ou de repressão criminal – e para a *polícia prestadora de serviços* – *p. e.*, pró activa ou preventiva no plano criminal e polícia administrativa [escola segura, idosos em segurança, serviço de armas] – e se, como interrogam GOMES CANOTILHO e VITAL MOREIRA, "para este efeito não se deverá considerar como lei a própria Constituição, falando-se a este propósito em execução imediata ou directa da Constituição"[282].

---

[277] GOMES CANOTILHO e VITAL MOREIRA, *Constituição da República Portuguesa Anotada*, 3.ª Edição, Coimbra Editora, 1993, p. 955.
[278] GOMES CANOTILHO e VITAL MOREIRA, *Constituição da República...*, 3.ª Edição, pp. 922 e 923.
[279] *Ibidem.*
[280] *Ibidem.*
[281] *Ibidem.*
[282] *Ibidem.*

No que respeita a esta última questão, há a indagar se a Polícia – que na sua actividade imediata de funções acarreta, em regra, uma provável limitação ao exercício de direitos dos cidadãos – está subordinada ao *princípio da constitucionalidade*[283] – executa directamente a constituição ou se, apenas, deve obediência à lei – que define o interesse público a seguir pela polícia. Não obstante a concepção constitucional democrática de que a polícia (enquanto Administração) não está isenta de obediência à lei, a problemática de actuação conforme a constituição e de afastamento de uma norma legal por ser admissível a sua inconstitucionalidade [orgânica, formal e material] coloca-se quando se situa no plano do art. 18.º, n.º 1 da CRP: «Os preceitos constitucionais respeitantes aos direitos, liberdades e garantias são **directamente aplicáveis** e **vinculam entidades públicas** e privadas»[284]. Ora vejamos:

α. à polícia cabe garantir os direitos dos cidadãos – n.º 1 do art. 272.º da CRP – e os preceitos constitucionais referentes a direitos aplicam-se directamente e vinculam aquela quer como sua garante quer como sua respeitante – n.º 1 do art. 18.º da CRP;

β. se surgisse uma lei que permitisse o recurso do método da provocação para obtenção de prova criminal, levantar-se-ia a questão de saber se a polícia poderia ou não recorrer a esse método;

γ. se defendermos que a polícia deve obediência à lei e que não pode interpretar e aplicar a norma em conformidade com a constituição, por se presumir constitucional até a declaração de inconstitucionalidade, a polícia ao recorrer ao método da provocação para obter provas criminais violaria o prescrito no n.º 8 do art. 32.º da CRP – situação que condenamos;

δ. mas, se, face ao n.º 8 do art. 32.º da CRP e considerando que a polícia podia fiscalizar (difusamente) a constitucionalidade

---

[283] Quanto a este assunto, GOMES CANOTILHO e VITAL MOREIRA, *Constituição da República...*, 3.ª Edição, p. 923 e RUI MEDEIROS, *A Decisão de Inconstitucionalidade*, Edições da UCP, 1998, pp. 167 e ss.. Quanto ao sistema francês que não admite o princípio de constitucionalidade, por a lei ser a fonte exclusiva e incontestada do direito, BEATRIZ SEGORBE e CLÁUDIA TRABUCO, *O Conselho Constitucional Francês*, Quarteto, Coimbra, 2002, pp. 61-63.

[284] Negrito nosso.

da norma em causa, aquela não só podia como devia recusar aplicar tal método ofensivo dos direitos, liberdades e garantias fundamentais;

i. e.,

ε. defendemos que, sempre que, relativamente, a uma norma a aplicar pela polícia, seja suscitada a inconstitucionalidade ou que alguém responsável da polícia tenha dúvidas sérias da constitucionalidade da mesma, a polícia deve obediência ao princípio da constitucionalidade, i. e., não deve aplicar a norma sob pena de ofender direitos, liberdades e garantias do cidadão e provocar um mal maior do que se não tivesse aplicado a norma (presumidamente) inconstitucional.

93. Com a devida vénia, consideramos que o pressuposto *flagrante e manifesta* inconstitucionalidade apontados por GOMES CANOTILHO e VITAL MOREIRA[285] não consome toda a problemática. Na linha de RUI MEDEIROS, que defende que o "princípio da subordinação da Administração à Constituição aponta, (...), para o reconhecimento de uma competência administrativa de fiscalização da constitucionalidade das leis e, mais concretamente, para a admissibilidade de um poder administrativo de rejeição das leis inconstitucionais"[286], consideramos que, por um lado, o art. 18.º, n.º 1 da CRP impõe que qualquer entidade pública – *p. e.*, a polícia – está vinculada ao respeito dos direitos, liberdades e garantias não só consagradas na constituição, mas também os consagrados no direito internacional – *ex vi* do art. 16.º, n.º 2 da CRP – e, por outro, a polícia, como entidade ou serviço do Estado, está subordinada à Constituição – *ex vi* do n.º 2 do art. 3.º da CRP –, *i. e.*, "as normas e princípios hierarquicamente superiores da Constituição"[287], pelo que "as actuações administrativas não devem ser inconstitucionais e que as autoridades administrativas são chamadas a contribuir para a concretização das normas da Lei Fundamental"[288].

---

[285] GOMES CANOTILHO e VITAL MOREIRA, *Constituição da República...*, 3.ª Edição, p. 924.
[286] RUI MEDEIROS, *A Decisão de Inconstitucionalidade*, p. 167.
[287] GOMES CANOTILHO e VITAL MOREIRA, *Constituição da República...*, 3.ª Edição, p. 922.
[288] RUI MEDEIROS, *A Decisão de Inconstitucionalidade*, p. 169.

94. A POLÍCIA desenvolve actos ou promove por iniciativa própria ou por determinação de autoridade [administrativa ou judicial] medidas de polícia – administrativas[289] ou processuais penais – que devem estar previstas em lei anterior à sua aplicação e que não podem «ser utilizadas para além do necessário», conforme n.º 2 do art. 272.º da CRP[290]. Centremos a discussão na precedência da lei e na tipicidade das medidas de polícia, *i. e.*, em um Estado de Direito democrático não se alvitra a hipótese da polícia poder recorrer a medidas que não estejam tipificadas em lei – pois, com a CRP de 1976 foram afastadas do nosso ideário a atipicidade das medidas de polícia[291].

Qualquer acto de polícia ou medida – seja civil, seja administrativa, seja criminal – têm de encontrar "fundamento necessário na lei" e têm de ser "medidas ou procedimentos individualizados e com conteúdo suficientemente definido na lei"[292]. Arrogando-nos da posição de GOMES CANOTILHO e VITAL MOREIRA, poder-se-á afirmar que:

α. seja um *regulamento geral* emanado de autoridade de polícia – *p. e.*, normas de segurança de acesso a um recinto em que decorrerá um evento durante um ano civil;

β. seja uma *decisão concreta e particular* – *p. e.*, ordem de cessação de ruído [art. 24.º do Regulamento Geral do Ruído],

---

[289] Cfr. art. 3.º do CPA e art. 1.º, n.ºs 2 e 3 da LSI.

[290] Quanto à proibição do excesso, falaremos no próximo §.

[291] Há, como já referimos, que distinguir *medida de polícia* – acto ou medida preventiva administrativa, dotada de carácter público, que assenta na ideia de perigo e aplicada independentemente da verificação do dano social, da competência de órgãos da Administração dotados de prerrogativas de actividade policial, de controlo jurisdicional posterior, destinada a controlar comportamento individuais perigosos e vinculadas ao fim e à competência – da *medida de segurança* – que assenta na prevenção do perigo, com o intuito de se prevenir ou evitar uma conduta que provoque um dano social e de afastar os indivíduos perigosos da produção desses danos, cuja aplicação é juridiscional e pertença dos Tribunais. Quanto a este assunto MARCELLO CAETANO, *Manual de Direito Administrativo*, 7.ª Reimpressão da 10.ª Edição, Almedina, Coimbra, 2004, Vol. II, pp. 1169-1171, PEDRO LOMBA, "A Actividade da Polícia como Relação Administrativa", in *Estudos de Direito de Polícia*, (coordenação de JORGE MIRANDA), AAFDL, Lisboa, 2003, Vol. I, pp. 211-216.

[292] GOMES CANOTILHO e VITAL MOREIRA, *Constituição da República...*, 3.ª Edição, p. 956.

ordem de suspensão de um espectáculo público [art. 33.º, n.º 2 do DL n.º 310/02, de 18 de Dezembro], a suspensão imediata da actividade de segurança privada [n.º 1 do art. 29.º do DL n.º 35/2004, de 21 de Fevereiro];

γ. seja *medida ou acto coercivo* – *p. e.*, uso da arma de fogo, detenção para identificação [art. 250.º do CPP] ou detenção [art. 254.º e ss. do CPP];

δ. seja *acto ou medida operativa de vigilância* – *p. e.*, vigilância de zonas de tráfico de droga [art. 2.º do DL n.º 81/95, de 22 de Abril] ou vigilância de pessoas [al. *a*) do n.º 2 art. 16.º da Lei da Segurança Interna, aprovado pela Lei n.º 20/87, de 12 de Junho, alterada pela Lei n.º 8/91, de 1 de Abril].

Qualquer que seja a actuação policial, medida ou acto de polícia, está sujeita "ao princípio da precedência da lei e da tipicidade legal"[293].

95. O princípio da legalidade[294], quanto às medidas cautelares e de polícia e os meios de obtenção de prova, impõe que não basta que o meio de obtenção de prova esteja previsto na lei – *p. e.*, artigos 187.º a 190.º do CPP quanto às escutas telefónicas –, pois impõe, ainda, como limite orientador e protector dos direitos individuais do cidadão suspeito e terceiro, que o recurso a qualquer uma das medidas cautelares e de polícia – previstas nos artigos 248.º e ss. do CPP – ou aos meios de obtenção de prova – *p. e.*, realização das escutas – preencha determinados pressupostos a montante e a jusante, ou seja, «exigências de fundamento e critério» para que cumpra a sua *"função de garantia*, exigida pela ideia de Estado-de-Direito, contra o exercício ilegítimo (político-juridicamente ilegítimo) já abusivo (persecutório e arbitrário),

---

[293] *Ibidem*. Poder-se-á afirmar que o princípio da legalidade é, hoje, "o fundamento, o critério e o limite de toda a actividade administrativa", inclusive da polícia, cuja acção se aceita por estado de necessidade interventivo. DIOGO FREITAS DO AMARAL et ALIA, *Código de Procedimento Administrativo...*, 3.ª Edição, p. 40.

[294] Como defende FIGUEIREDO DIAS, "o princípio da legalidade defende e potencia o efeito de prevenção geral que está e deve continuar ligado não unicamente à pena, mas a toda a administração da justiça penal". FIGUEIREDO DIAS, *Direito Processual Penal*, Coimbra Editora, 1981, p. 120.

já incontrolável (subtraído à racionalidade jurídico-dogmático e crítico-metodológico) do *ius puniendi*"[295].

A **montante**, o pedido para a prossecução de um meio de obtenção de prova – *p. e.*, busca domiciliária ou a realização de escutas telefónicas – efectuado pelo MP a solicitação do OPC deve, por um lado, respeitar a tipicidade substantiva – a suspeita da prática do crime sobre que incide o fundamento da busca ou, em especial, de entre outros requisitos, os crimes que podem ser objecto de escuta telefónica –, por outro, deve respeitar a excepcionalidade do meio em causa, e, ainda, deve fazer referência de que aquele meio de obtenção de prova não só é o meio adequado à prossecução dos fins do processo penal, *maxime* investigação criminal, mas também é o meio necessário e o mais proporcional *stricto sensu* para a prossecução daqueles fins.

A **jusante**, o despacho do juiz, que autoriza ou ordena a realização daquela busca ou da intercepção e gravação de comunicações e conversações telefónicas, deverá ser, por um lado, um exame crítico às razões apontadas pelo MP e OPC e, por outro, deveria ser fundamentado de facto e de direito[296] de forma a que os direitos e liberdades dos cidadãos, que tanto suor custou aos nossos antepassados, não estejam à mercê de um deferimento baseado na confiança no solicitante.

A mesma lógica se deve encontrar no âmbito das medidas cautelares e de polícia: a montante, o OPC deve fazer um juízo de saber se a medida está tipificada e se, estando tipificada, estão ou não preenchidos os pressupostos ou o conteúdo dessa medida; conquanto a jusante, não só a autoridade de polícia criminal (APC), mas o MP ou JIC se impõe na apreciação desse juízo de legalidade para posterior validação – art. 251.º, n.º 2 e 253.º, n.º 2 conjugados com o n.º 5 do art. 174.º do CPP.

---

[295] A. CASTANHEIRA NEVES, "O princípio da legalidade criminal", *in Digesta*, Coimbra Editora, 1995, Vol. I, p. 353.

[296] Quanto à fundamentação de facto e de direito do requerimento e do despacho de autorização ou de ordem do juiz, veja-se al. *b)* do n.º 1 e n.º 5.º do art. 97.º do CPP.

§ 32.º Do princípio da proibição do excesso e da proporcionalidade *lato sensu*

96. Relativamente ao princípio da proporcionalidade *lato sensu* ou da proibição do excesso[297] no que concerne à POLÍCIA (*maxime* OPC), deve-se repartir nos seus corolários directos – adequação, exigibilidade e necessidade, proporcionalidade *stricto sensu* – e em um corolário indirecto – subsidiariedade. Princípio de consagração constitucional no art. 18.º, n.º 2, no art. 266.º, n.º 2 e art. 272.º, n.º 2 da CRP. Cumpre afirmar, na esteira de GOMES CANOTILHO e VITAL MOREIRA, que o princípio da proibição do excesso é um princípio conglobado e integrado do Estado de direito democrático[298], cuja materialização ultrapassa a visão abstracta e formal e se enraíza na própria aplicabilidade concreta da norma.

Os pressupostos da proporcionalidade *lato sensu* prescritos para a *lege ferenda* devem-se, também, verificar e materializar na interpretação e aplicação da norma sempre que em causa se possa restringir ou coarctar direitos, liberdades e garantias, *i. e.*, o art. 18.º, n.º 2 da CRP, deve verificar-se sempre na operacionalização da lei administrativa – conforme art. 5.º, n.º 2, conjugado com o n.º 2 do art. 3.º do CPA – criminal.

---

[297] Quanto ao princípio da proporcionalidade VITALINO CANAS, "Princípio da proibição do excesso e a polícia", in *I Colóquio de Segurança Interna*, Almedina, pp. 185-211, e "Princípio da Proporcionalidade", in *Dicionário da Administração Pública* – Vol. VI e LAURA ZUÑIGA RODRIGUES, *Politica Criminal*, Colex, Madrid, pp. 58-63. Quanto ao princípio da proporcionalidade *lato sensu* no âmbito do recurso às escutas telefónicas, o nosso *Escutas Telefónicas – Da Excepcionalidade à Vulgaridade*, Almedina, Coimbra, 2004, pp. 53-54, MANUEL DA COSTA ANDRADE, *""Sobre o Regime Processual Penal das Escutas Telefónicas"*, in RPCC, Ano I, Fasc. 3.º, Julho-Setembro, 1991, pp. 386 e ss., FRANCISCO ALONSO PÉREZ, *Medios de Investigación en el Proceso Penal*, 2.ª Edição, Dykinson, Madrid, pp. 404 a 406, HENRY-D. BOSLY e DAMIEN VANDERMEERSCH, "La Loi Belge du 30 juin 1994 relative a la protection de la vie privée contre les écoutes, la prise de connaissance et de telecomunications et de telecomunications privées", in *Revue de Droit Penal et de Criminologie (RDPC)*, 75.º Année, Avril 1995, pp. 319-322, LAURA ZUÑIGA RODRIGUES, *Política Criminal*, Colex, Madrid, 2001, pp. 58-63.

[298] GOMES CANOTILHO e VITAL MOREIRA, *Constituição da República...*, 4.ª Edição, Vol. I, p. 205.

97. O dever da actividade da polícia se limitar ao estritamente necessário e mostrar-se apta para o efeito retira-se da 2.ª parte do n.º 2 do art. 18.º da CRP, que consiste no princípio da proporcionalidade ou princípio da proibição do excesso, que tem como corolários:

α. o *princípio da adequação*, i. e., as medidas restritivas legalmente previstas devem revelar-se como meio adequado para a prossecução dos fins visados pela lei, salvaguardando-se outros direitos ou bens jurídicos constitucionalmente protegidos – *p. e.*, a ordem de cessação de ruído de vizinhança [art. 24.º do Regulamento Geral do Ruído] deve ser adequada ao fim geral que é permitir o gozo e o exercício do direito ao descanso e sossego;

β. o *princípio da exigibilidade ou da necessidade*, ou seja, as medidas restritivas previstas na lei devem revelar-se necessárias, melhor, devem ser exigíveis na medida em que essas medidas nunca devem transpor as exigências do fins de prossecução do interesse a tutelar [*a fortiori* art. 29.º, n.º 2 da DUDH], porque são o meio mais eficaz e menos oneroso para os restantes direitos, liberdades e garantias – a ordem de cessação de ruído de vizinhança pode ser exigível devido à hora em que o mesmo ocorre; e

γ. o *princípio da proporcionalidade em sentido restrito* ou da *razoabilidade*[299], *i. e.*, as medidas ou os meios legais restritivos e os fins obtidos situam-se em uma justa e proporcionada medida, impedindo-se a adopção de medidas legais – formais e materiais – restritivas desproporcionadas, excessivas, em relação aos fins obtidos[300] – *i. e.*, a ordem de cessação do ruído é menos gravoso para o cidadão advertido do que proceder de imediato à autuação prevista na al. *g*) do n.º 1 do art. 28.º do respectivo Regulamento ou a autoridade policial procede, pri-

---

[299] Neste sentido MARCELLO REBELO DE SOUSA e ANDRÉ SALGADO DE MATOS, *Direito Administrativo Geral – Introdução e Princípios Fundamentais* – Tomo I, Dom Quixote, Lisboa, 2004, p. 207.

[300] *Hoc sensu* GOMES CANOTILHO e VITAL MOREIRA, *Constituição da República...*, 4.ª Edição, Vol. I, p. 393 e JORGE MIRANDA, "O Regime dos Direitos, Liberdades e Garantias", *in Estudos Sobre a Constituição*, Petrony, Lisboa, 1979, 3.º Vol., p. 82 e *Manual de Direito Constitucional*, (2.ª Edição), Coimbra Editora, Coimbra, Tomo IV, p. 307.

meiramente, à notificação do proprietário ou possuidor da viatura, cujo alarme esteja accionado, antes da ordem a remoção da mesma, se aquela medida for razoável para repôr o bem-estar dos cidadãos, como se retira do n.º 2 do art. 23.º do RGR – pois, se o proprietário do veículo for contactado no prazo de vinte minutos para desligar o alarme não se afigura conforme aos princípios da legalidade material e ao direito proceder à remoção do mesmo. O art. 18.º da CEDH e o art. 30.º da Convenção Interamericana estipulam que as restrições devem ater-se aos fins em nome dos quais são estabelecidas ou permitidas, devendo as mesmas apenas ser adoptadas se esses fins não puderem ser alcançados por meio de medidas menos gravosas[301].

Do exposto e em termos gerais, podemos afirmar que o princípio da proporcionalidade é um "princípio informador e conformador da actividade"[302] da polícia, desde logo por na desenvoltura das medidas de polícia não puderem «ser utilizadas para além do necessário» – *ex vi* da parte final do n.º 2 do art. 272.º da CRP – ou só puderem afectar os direitos subjectivos ou interesses legalmente protegidos «em termos adequados e proporcionais aos objectivos a realizar» – *ex vi* do n.º 2 do art. 5.º do CPA –, ou seja, deverem obedecer aos "requisitos da necessidade, da exigibilidade e da proporcionalidade"[303] face à possível lesão de direitos, liberdades e garantias do cidadão.

98. O freio ao arbítrio ou ao abusivo recurso às medidas de polícia – sejam administrativas [*p. e.*, suspensão de um espectáculo *ex vi* art. 33.º, n.º 2 do DL n.º 310/02, de 18 de Dezembro] sejam criminais [*p. e.*, a apreensão de bens suspeito de terem servido para a prática de um crime, *ex vi* al. c) do n.º 2 do art. 249.º conjugado com o n.º 4 do art. 178.º do CPP] – pode-se aferir desde logo da verificação ou não dos pressupostos consteladores do princípio da proporcionalidade *lato sensu*.

---

[301] JORGE MIRANDA, *Manual de Direito Constitucional*, (2.ª Edição), Tomo IV, p. 307.
[302] GOMES CANOTILHO e VITAL MOREIRA, *Constituição da República...*, 3.ª Edição, p. 924.
[303] *Ibidem*.

Mais, quanto aos meios de obtenção de prova mais gravosos – como por exemplo, o recurso às buscas domiciliárias, à apreensão de correspondência, às escutas e/ou ao agente infiltrado – aquele freio deve-se, desde logo, verificar no momento da solicitação – requerimento – e, consequentemente, no momento da autorização ou da ordem de realização desses meios[304]. Se a verdade já estiver descoberta e se houver prova suficiente para acusar ou não acusar ou para pronunciar ou não pronunciar, a diligência não reveste qualquer interesse judiciário. Tendo em conta os meios de obtenção de prova, as medidas cautelares e de polícia e as medidas administrativas devem obediência ao princípio da proporcionalidade *lato sensu* ou da proibição do excesso. Veja-se a seguinte exposição.

α. A decisão pela solicitação – primeira triagem do MP – de autorização para realização de determinados meios de obtenção de prova e o sequente despacho de autorização ou ordem do juiz deve fundar-se em pressupostos de *adequação* do meio de obtenção de provas reais e pessoais para o caso concreto, *i. e.*, para a prossecução dos fins visados na prevenção e investigação do facto delituoso *sub judice* e não em abstracto.

Se o MP, após o estudo criterioso das circunstâncias factuais apresentadas pelo OPC detentor do processo, considerar que com a realização de uma busca domiciliária se atingem os mesmos objectivos – descoberta e recolha de prova real e contacto e localização de prova pessoal – que se atingiriam com a realização *p. e.* de uma escuta telefónica, não deve solicitar a realização desta ao JIC, mas antes a autorização para proceder a uma busca domiciliária, por *ser adequada aos fins do processo*.

Por maioria de razão se impõe, a montante, o mesmo raciocínio à APC que solicita a realização do meio de obtenção de prova e, a jusante, ao juiz que cabe decidir sobre a solicitação. O mesmo raciocínio se impõe no campo das medidas cautelares

---

[304] No caso das escutas telefónicas devem-se verificar as razões de crença de que a diligência é «indispensável para a descoberta da verdade ou que a prova seria, de outra forma, impossível ou muito difícil de obter», *ex vi* da parte final do n.º 1 do art. 187.º do CPP. Quanto ao regime jurídico das escutas telefónicas, o nosso *Escutas Telefónicas. Da Excepcionalidade à Vulgaridade*, 2.ª Edição. Almedina, Coimbra, 2008.

e de polícia – a apreensão de bens ilícitos ou a identificação de testemunhas de um crime devem ser adequadas aos fins do processo penal em geral e do processo *sub judice*, ou seja, se outras medidas se mostrarem mais adequadas [*p. e.*, detenção para identificação, *ex vi* da al. *g*) do n.º 3 do art. 27.º da CRP e do art. 250.º do CPP, ou a realização de revista ou de busca não domiciliária, nos termos do n.º 1 do art. 251.º do CPP], aquelas devem ser afastadas – e das medidas administrativas – se o controlo electrónico à entrada de um recinto desportivo se mostrar adequado, não se deve efectuar a revista manual e de tacto no corpo das pessoas[305].

β. A *exigibilidade e/ou necessidade* do meio de obtenção de prova impõe-se quer em uma perspectiva material quer em uma perspectiva filosófico-jurídica. Ora vejamos com o exemplo da realização das escutas telefónicas.

A prossecução daquelas não se esgota em um olhar de eficácia, de eficiência e/ou economia processual e, ainda, de celeridade processual, pois os fins do processo penal[306] – realização da justiça e descoberta da verdade, protecção dos direitos fundamentais, restabelecimento da paz jurídica e "concordância prática" – não podem ser examinados isoladamente, por serem uma estrutura maciça de um todo, que se entrelaça e se interliga, cujas decisões se devem co-ponderar para que uma finalidade não se absolutize e aniquile a(s) outra(s).

Como afirma W. HASSEMER, "um míope entendimento do que se considera hoje como um direito penal eficaz pode ser, mais tarde, contraproducente"[307]. Acresce que os pressupostos de eficácia e eficiência no 'combate' ao crime preenchem o ideário ilustrativo da política de segurança e afastam-se da estratégia de uma política criminal direccionada para a prevenção criminal

---

[305] Não olvidamos que a revista electrónica não detecta pedras, bolas de golfe ou pacotes de sumo, de leite ou garrafas de água, que podem ser usadas como arma de arremesso. Quanto aos procedimentos na entrada dos recintos desportivos, no que concerne à revista de segurança e de prevenção, Lei n.º 16/2004, de 11 de Maio e *infra* §§ 91.º-94.º.

[306] FIGUEIREDO DIAS, *Direito Processual...*, (1989), pp. 20 a 26.

[307] WINFRIED HASSEMER, *Persona, mundo y responsabilidad (...)*, p. 95.

lato sensu: prevenção criminal nos sentidos de vigilância e *stricto sensu* do n.º 3 art. 272.º da CRP; e prevenção geral – negativa e positiva – e prevenção especial do direito punitivo.

Absorvidos por este sentido de retracção à reacção contra o medo com medidas de investigação preventivas coactivas, a decisão quer pela solicitação pela APC, quer pelo MP quer do despacho de autorização ou ordem do juiz obriga a que aqueles façam um juízo valorativo da necessidade ou exigibilidade da realização das escutas telefónicas não em abstracto, mas *in casu concreto*. Se os fins da escuta se alcançarem com a realização de uma busca e respectiva apreensão de bens ilícitos, aquela mostrar-se-á desnecessária e inexigível.

No plano das medidas cautelares e de polícia, a exigibilidade e a necessidade da medida tem de se verificar – *p. e.*, a apreensão dos bens ilícitos *ex vi* da al. *c*) do n.º 2 do art. 249.º do CPP deve-se mostrar necessária e exigível para a preservação do meio de prova real – e, no plano das medidas administrativas, também se impõe o mesmo raciocínio – *i. e.*, a revista electrónica [de segurança e preventiva] não pode ser arbitrária no sentido de estar à mercê do elemento que a efectua, mas deve ser exigível face ao risco de afectação da segurança que o evento acarreta.

γ. Há, ainda, a referir a verificação do princípio da proporcionalidade *stricto sensu*, que consigna, por seu turno e tendo em conta o mesmo exemplo da escuta, que a solicitação ou a decisão de autorização ou de ordem de realização das escutas telefónicas emirja, como meio legal de investigação criminal que afecta, directa e indirectamente, direitos fundamentais do cidadão suspeito e do cidadão terceiro, de uma justa e proporcional ponderação entre o meio em si mesmo e os fins almejados, *i. e.*, terá de se verificar uma proporcionalidade quanto às finalidades do processo *sub judice* – quer de prevenção quer de investigação criminal – e quanto à gravidade do crime em investigação ou a investigar[308]. Pressupostos estes de verificação cumulativa.

---

[308] Quanto à proporcionalidade *stricto sensu* no recurso a meios de obtenção de prova, o nosso *Regime Jurídico do Agente Infiltrado Comentado e Anotado*, (co-autoria F. GONÇALVES e M. J. ALVES), Almedina, 2001, p. 83.

A *medida cautelar e de polícia* tem de ser a menos onerosa para os direitos, liberdades e garantias do cidadão tendo em conta os fins do processo crime – a detenção para identificação afigura-se menos onerosa do que a detenção para apresentação imediata ao juiz. Do mesmo modo devemos optar por uma *medida administrativa* menos onerosa para aqueles direitos – a revista de segurança electrónica é menos onerosa do que a pessoa estar sujeita à apalpação de outrem, *i. e.*, à revista manual e de tacto que restringe a integridade da pessoa.

δ. Acresce, apesar de filho ilegítimo do princípio da proporcionalidade, mas legítimo do princípio da exigibilidade ou da necessidade, falar do princípio da *subsidiariedade*[309], que deverá pesar na decisão de quem solicita e de quem decide pelo despacho de autorização ou de ordem à realização de meios de obtenção de prova.

Ousando designá-lo de princípio da escadaria ascendente, como já referimos, e tendo em conta o exemplo da escuta telefónica, a APC só deve solicitar ao MP e, consequentemente, este ao JIC a realização das escutas se os meios de obtenção de prova menos gravosos – exame, revistas, buscas, apreensões e posteriores exames periciais aos objectos apreendidos (*p. e.*, a um documento, a uma carta para verificação de caligrafia, a dactiloscopia, …) – não forem os adequados, os necessários e proporcionais *stricto sensu* para a concretização das finalidades do processo – quer inculpem quer absolvam.

---

[309] Quanto a este assunto, Figueiredo Dias, *Direito Penal Português – As Consequências do Jurídicas Crime*, Aequitas – Editorial Notícias, 1993, p. 446, § 705. No âmbito das escutas telefónicas, Manuel da Costa Andrade, "Sobre o Regime Processual Penal...", *in RPCC*, pp. 387, Bosly e Vandermeersch, "La Loi Belge...", *in RDPC*, pp. 322 e 323. O princípio da subsidiariedade de que falamos, apesar de beber a filosofia e a teleologia no princípio da subsidiariedade da actuação/relação do Estado face ao cidadão próprio da organização dos serviços e órgãos, não se confunde com o mesmo, como se preconiza no âmbito das polícias municipais [Cfr. os nossos "Enquadramento Jurídico das Polícias Municipais: Do Quadro Constitucional ao Quadro ordinário", *in Estudos de Homenagem ao Professor Doutor Germano Marques da Silva*, Almedina, Coimbra, 2004, pp. 249-278, e *Consumo de Drogas – Reflexões sobre o Novo Quadro Legal*, 3.ª Edição, Almedina, Coimbra, 2006, pp. 91-93].

A subsidiariedade deve verificar-se desde logo na aplicação de medidas cautelares e de polícia – pois, se o OPC considerar que a identificação do suspeito da prática de crime no local for suficiente para a preservação dos meios de prova pessoal, não deve deter o suspeito para identificação – e na aplicação das medidas administrativas – se o simples aviso ao proprietário do veículo cujo alarme não se desliga automaticamente for suficiente para impedir o desassossego instalado, a polícia não deve ordenar a remoção do veículo[310].

§ 33.º Do princípio do respeito dos direitos e interesses legalmente protegidos dos cidadãos

99. A actividade da polícia colide, necessariamente, com os direitos e interesses dos cidadãos – quer direitos subjectivos clássicos quer os demais. Releva, claramente, a posição que o cidadão ocupa, nos nossos dias de democracia, quando a actuação se centra no plano administrativo punitivo e no plano criminal.

O respeito por este princípio pela POLÍCIA emerge, desde logo, do n.º 1 do art. 272.º da CRP por se apresentar como sua função a garantia dos direitos do cidadão e, por se enquadrar na administração pública, do n.º 1 do art. 266.º da CRP, cujos princípios norteadores cabe-lhe respeitar e promover na sua actividade diária.

A protecção dos direitos dos cidadãos – todos os direitos e os fundamentais por excelência – apresenta-se como obrigação do Estado, quer em uma vertente positiva – defendendo-os e garantindo-os face à ameaça de outrem – quer em uma vertente negativa – não actuar de modo que os ofenda e sacrifique arbitrária e desmesuradamente –, *i. e.*, os direitos e interesses do cidadão são, por um lado, fundamento da

---

[310] Quanto a este assunto art. 23.º do Regulamento Geral do Ruído. A não remoção do veículo não afasta o levantamento do respectivo auto de notícia para posterior (apreciação) procedimento administrativo e futura decisão de aplicação de coima pela prática de uma contra-ordenação leve – al. *g*) do n.º 1 do art. 28.º do RGR. Não obstante a observância do princípio da legalidade, não está afastada a possibilidade da materialização do princípio da oportunidade, de que falaremos mais à frente.

actuação da polícia – um fim em si mesmo – e, por outro, um limite imanente da actividade administrativa em geral[311] e, em especial, da actividade policial[312], muito em especial no âmbito do direito administrativo sancionatório e criminal.

100. O princípio **do respeito dos direitos e interesses legalmente protegidos dos cidadãos** tem expressão em uma das finalidades do processo criminal – garantir e defender os direitos fundamentais do cidadão. A protecção dos direitos fundamentais das pessoas, sejam ou não suspeitos da prática de um determinado crime, não se esgota na individualidade do visado, pois tutela, sobremaneira, "o interesse da comunidade de que o processo penal decorra segundo as regras do Estado de Direito"[313]. Interesse esse que deve ser função primordial da polícia, que não pode ser baluarte da garantia dos direitos e simultaneamente delator dessa garantia.

Neste sentido, somos da opinião de que, p. e., se *A* é suspeito de tráfico de droga – crime p. e p. pelos arts. 21.º e ss. do DL n.º 15/93, de 20 de Janeiro –, não se afigura legalmente admissível a realização de intercepção e gravação de comunicações e conversações entre *A* e outrém insuspeito, mesmo socorrendo-nos do princípio da verdade material que claudica quando a lesão aos direitos fundamentais é mais grave do que a não aplicação das consequências jurídicas do crime[314].

---

[311] No sentido de que o princípio do respeito dos direitos e interesses legalmente protegidos do cidadão é a dimensão subjectiva do princípio da legalidade – pois, proíbe que aqueles interesses e direitos particulares sejam afectados com o "desrespeito dos parâmetros de juricidade da actuação administrativa", MARCELLO REBELO DE SOUSA e ANDRÉ SALGADO DE MATOS, *Direito Administrativo Geral – Introdução e Princípios Fundamentais* – Tomo I, Dom Quixote, Lisboa, 2004, p. 204. Como ensina LAURA Z. RODRIGUES, os direitos fundamentais que centram a pessoa humana como um fim em si mesma, em que o indivíduo se sobrepõe ao Estado, são "valores de referência no ordenamento jurídico, como valores supra ordenados que dão conteúdo à validade e à legitimidade de todas as normas e políticas do Estado", inclusive ao conteúdo em que se insere a Polícia. LAURA ZUÑIGA RODRIGUES, *Politica Criminal*, pp. 54-55.

[312] Hoc sensu GOMES CANOTILHO e VITAL MOREIRA, *Constituição da República...*, 3.ª Edição, p. 956.

[313] FIGUEIREDO DIAS, *Direito Processual Penal*, 1988-9, p. 22.

[314] Quanto a este assunto o nosso *Escutas Telefónicas...*, 1.ª Edição, pp. 55 e 56.

O direito à palavra e à reserva da intimidade da vida privada do insuspeito sobrepõe-se à descoberta da verdade material, sob pena de produzirmos um sistema em que «o vale tudo» fará desmoronar a credibilidade e a legitimidade da actuação policial.

No quadro das medidas administrativas (de polícia) devemos, como afirma FREITAS DO AMARAL, centrar a ideia de que o interesse particular tem relevância e é um limite imanente e material da intervenção administrativa, em especial da polícia, conciliando desta feita o interesse público ou comum com "os direitos subjectivos e interesses legítimos dos particulares"[315] – *p. e.*, a revista de segurança prescrita no art. 25.º da Lei n.º 39/2009, de 30 de Julho[316], tem *duas vertentes imediatas* [uma *comunitária*, protecção e defesa da integridade pessoal dos vários utentes ou fruidores do evento; outra *particular e individual*, afastamento de suspeita de porte de objecto que constitua perigo para si ou para os demais cidadãos], mas não pode aquela constituir um fim absoluto e sem qualquer fundamento; outro exemplo é a inibição temporária (12H) de conduzir por se encontrar com excesso de álcool no sangue, que ultrapassa todo espectro comunitário e incide no espectro individual na salvaguarda da integridade do próprio inibido[317].

§ 34.º Do princípio da prossecução do interesse público

101. O princípio da prossecução do interesse público *lato sensu* da actividade policial – quer de ordem e tranquilidade pública, quer administrativa, quer judiciária, entendida como prevenção criminal de modo que se viva em segurança e se exerça os direitos e liberdades sem

---

[315] DIOGO FREITAS DO AMARAL, *Direito Administrativo*, Lisboa, 1988, Vol. II, pp. 81-82. No sentido de aprofundamento dos direitos fundamentais, o nosso "Revistas e Buscas – Que viagem queremos fazer?", *in I Congresso de Processo Penal – Memórias*, Almedina, 2005, pp. 286-289.

[316] Quanto às revistas de segurança e de prevenção, o nosso *Revistas e Buscas*, 2.ª Edição, Almedina, 2005, pp. 24-26.

[317] Quanto a este assunto art. 160.º, n.º 1 do CE, que com o DL n.º 44/2005, de 3 de Fevereiro, passa a art. 154.º, n.º 1.

«medo do perigo e do debilitamento das normas jurídicas» – ancora nas finalidades próprias de uma administração que tem de prosseguir o que teleologicamente a lei e a Constituição consignam de interesse público, «interesse geral», «interesse colectivo» ou «utilidade pública»[318].

O interesse público apresenta-se, duplamente, à polícia como "um dos mais importantes limites da margem de livre decisão"[319]: a polícia, por um lado, só está *legitimada a prosseguir o interesse público*, devendo apartar-se da prossecução de interesses privados, mesmo que tenha de intervir para repor a ordem e a tranquilidade pública – p. e., se *A* e *B* se encontram a discutir na via pública, provocando incómodo, por *A* não ter entregue as batatas para o restaurante de *B*, como estava contratualizado, a polícia só pode intervir para repor o sossego e o descanso dos demais cidadãos e aconselhar a resolverem a questão privada [do incumprimento do contrato] em sede de tribunal civil, devendo elaborar um auto de notícia quer por razões de ruído de vizinhança quer como prova futura da ocorrência; por outro lado, a polícia *só deve prosseguir o interesse público prescrito na lei ou que dela se retire* – p. e., a polícia/OPC não pode fazer cessar o ruído de vizinhança para aplicar a coima para que se obtenha receitas orçamentais, mas para repor a ordem e tranquilidade públicas e para garantir aos demais cidadãos a fruição do direito de descanso e, consequentemente, saúde e bem-estar.

102. Na sua actividade administrativa, a POLÍCIA deve promover as medidas administrativas tipificadas na lei e no mínimo necessário, sem que aniquile os direitos individuais do visado ou de qualquer outra pessoa, que se direccionem na prossecução do interesse público.

Se *A*, portador de anomalia psíquica, pratica actos que danificam viaturas ou outros bens de outrem, criando uma situação de «perigo

---

[318] GOMES CANOTILHO e VITAL MOREIRA, *Constituição da República...*, 3.ª Edição, p. 922. Acresce que qualquer interesse ou necessidade colectiva não só deve ser individualizada, como também deve pressupor a realização do direito. Neste sentido MARCELO REBELO DE SOUSA e ANDRÉ SALGADO DE MATOS, *Direito Administrativo...* – Tomo I, p. 37.

[319] MARCELO REBELO DE SOUSA e ANDRÉ SALGADO DE MATOS, *Direito Administrativo...* – Tomo I, p. 201 (na 2.ª Edição, p. 205).

para bens jurídicos de relevante valor, próprios ou alheios, de natureza pessoal ou patrimonial» [n.º 1 do art. 12.º da Lei de Saúde Mental – LSM], a polícia, entenda-se elemento policial, na impossibilidade de contactar a AJ ou autoridade de saúde pública (ASP) pode e deve proceder à condução do *A* para internamento em hospital, *ex vi* do n.º 3 do art. 23.º, conjugado com o art. 22.º da LSM. Deste exemplo podemos, também, extrair uma vertente de protecção do direito e interesse particular de *A*.

O interesse público impõe à polícia que conduza *A* para internamento – que actua como uma medida administrativa cautelar de polícia, prevista na lei, adequada a repor a segurança (e a saúde) pública(s) –, mas já não é legal a detenção do mesmo por duas ordens de razão: primeiro, por ultrapassar o fim teleológico prescrito artigos 22.º e 23.º, n.º 3 da LSM e, em segundo, por infligir sobre o direito de liberdade e de integridade pessoal do *A* um gravame muito maior do que legal e legitimamente se aceita, por não se poder absolutizar o interesse público segurança, tendo em conta que o indivíduo é inimputável.

103. No âmbito do processo penal, a realização da justiça e a descoberta da verdade material acarreta uma finalidade ou interesse público geral, *i. e.*, como ensina FIGUEIREDO DIAS, "por detrás da imposição de uma pena está uma finalidade de prevenção geral de integração e, portanto, uma exigência de verdade e de justiça na aplicação da sanção"[320].

O interesse público do restabelecimento da paz jurídica "posta em causa pelo crime – ou até pela suspeita da prática do crime" abraça não só o arguido – que deve «ser julgado no mais curto prazo compatível com as garantias de defesa», art. 32.º, n.º 2 da CRP –, como também a comunidade jurídica, "que reforça a sua fidelidade aos bens jurídico-penais, apesar do crime"[321].

O restabelecimento da paz jurídica inicia o seu processo com a intervenção *ab initio* da polícia ao tomar conta da *notitia criminis* e ao promover todas as medidas cautelares e de polícia adequadas, necessárias e proporcionais à prossecução do interesse comum. Mas, esse

---

[320] FIGUEIREDO DIAS, *Direito Penal Português...*, pp. 22.
[321] *Idem*, p. 24.

interesse não é absoluto, *i. e.*, as medidas cautelares e de polícia têm de ser as legalmente tipificadas e não se sobrepõe face aos direitos fundamentais do suspeito que se apresentam como limite imanente e material da intervenção policial, não obstante a sua compressão ser constitucionalmente admitida.

No âmbito administrativo, trago à colação a fiscalização dos proprietários dos canídeos que circulam na via pública sem licença, que é uma medida administrativa que terá efeitos na defesa dos direitos e interesses da comunidade em geral, mas também do próprio proprietário no sentido de sanar a irregularidade em que se encontra[322].

§ 35.º Do princípio da boa fé

104. O princípio da boa fé é um princípio de consagração constitucional recente, figurando *in fine* n.º 2 do art. 266.º da CRP, desde a 4.ª Revisão Constitucional – Lei Constitucional n.º 1/97 –, não obstante de já figurar no CPA – art. 6.º-A – desde a reforma operada pelo DL n.º 6/96, de 31 de Janeiro – e de ser referência na jurisprudência do STA, conforme se pode constatar nos Acs. de 30/09/93, rec. 20 659, e de 24/10/96, rec. 39 578[323].

O princípio da boa fé, até então, podia-se revisitar no âmbito do princípio da justiça, de consagração constitucional – art. 266.º, n.º 2 da CRP – e administrativa – art. 6.º do CPA. Contudo, entendeu-se autonomizar o princípio da boa fé por não ser, hoje, um mero princípio de intenção moral, mas por ser um verdadeiro princípio legitimador da actividade da administração em geral e, muito em especial, da polícia, e por corresponder "à necessidade de criar um clima de *confiança* e previsibilidade no seio da Administração Pública"[324], onerando, desde logo, a administração [Polícia] actuar com fundamento em

---

[322] Quanto aos canídeos DL n.º 313/2003, de 17 de Dezembro, DL n.º 314/2003, de 17 de Dezembro, e Portaria 421/2004, de 24 de Abril.

[323] Quanto a este assunto ALEXANDRE SOUSA PINHEIRO e MÁRIO JOÃO DE BRITO FERNANDES, *Comentário à IV Revisão Constitucional*, AAFDL, Lisboa, 1999, p. 546.

[324] DIOGO FREITAS DO AMARAL et ALIA, *Código do Procedimento...*, p. 47. Itálico nosso.

"valores básicos do ordenamento" e adoptar, por respeito a um "dever jurídico-funcional", condutas "consequentes e não contraditórias". O princípio da boa fé apresenta-se como "instrumento garantístico das expectativas e da confiança dos particulares geradas a partir de comportamentos"[325], neste caso, da polícia.

O princípio da boa fé é o espelho do princípio da lealdade no âmbito processual penal, que a Polícia deve materializar no labor da prevenção criminal. Não queremos afastar o princípio da boa fé na desenvoltura de actos pré-processuais ou processuais da polícia, que, na nossa opinião, se deve verificar sempre que haja uma actuação da polícia: *p. e.*, ao proceder à apreensão de bens de proveniência ilícita – al. *c)* do n.º 2 do art. 249.º do CPP –, a polícia (OPC) não deve apreender bens que não tenham essa natureza, *i. e.*, só deve apreender os bens de que tenha a certeza da sua proveniência ilícita[326], sob pena de violação da boa fé e da quebra de confiança que a comunidade deposita na actuação da polícia[327].

105. O princípio da boa fé ganha relevância na actividade administrativa da polícia e, dentro desta, na de cariz sancionatório, principalmente no âmbito do direito rodoviário. Vejamos o seguinte exemplo:

> *A*, agente policial, ao patrulhar a Rua *Y*, durante vários dias não autua qualquer veículo estacionado em cima do passeio, por considerar que o estacionamento em cima do passeio não afecta qualquer direito de outrem e, até, facilitava a circulação. Mas, durante um turno, *A* decide autuar todos os veículos que se encontram em cima do passeio da Rua *Y*.

---

[325] Alexandre Sousa Pinheiro e Mário João de Brito Fernandes, *Comentário à IV Revisão Constitucional*, p. 547. A confiança é, principalmente no directo civil, tutelada desde o direito romano, pois não faria sentido que não fosse tutelada jurídico-constitucionalmente. Quanto à tutela da confiança no direito civil, António Menezes Cordeiro, *Tratado de Direito Civil Português – I – Parte Geral – Tomo I*, 2.ª Edição, Almedina, Coimbra, 2000, pp. 233 e ss..

[326] A apreensão, nos termos da al. *c)* do n.º 2 do art. 249.º do CPP, só é admissível jurídico-constitucionalmente e jurídico-processual-criminalmente desde que estejam preenchidos os pressupostos da medida cautelar e de polícia, sob pena de se violar o princípio da tipicidade.

[327] Acresce referir que o princípio da boa fé advém ou surge por influência e imposição do princípio de segurança jurídica.

A actuação de *A* não se coaduna com o princípio da boa fé por ter quebrado a *confiança* e a *previsibilidade* criada naqueles moradores. Não obstante de se verificar a infracção ao art. 49.º do CE, somos da opinião que a actuação de *A* não se coaduna com o ideário do princípio da boa fé e, também, da oportunidade da intervenção policial, que deve orientar a concretização do princípio da legalidade, porque ao longo de vários dias e semanas deu a entender aos administrados que não seriam autuados por terem o veículo em cima do passeio, tendo em conta a falta de espaço para estacionar.

O exemplo que apresentamos vai de encontro com a posição de MÁRIO ESTEVES DE OLIVEIRA/ PEDRO COSTA GONÇALVES/ J. PACHECO AMORIM[328], quando afirmam que há ofensa do princípio da boa fé por o particular ser *induzido em erro* pela Administração na sua actuação diária, cuja alteração de actuação provoca um efeito desfavorável ao administrado de boa fé, que objectivamente está associada aos valores da justiça, da igualdade e da proporcionalidade[329].

§ 36.º Do princípio da oportunidade da actuação policial

106. A obediência cega e absoluta ao princípio da legalidade ou ao princípio *dura lex, sed lex* não se coaduna com a concepção do Homem fraco e naturalmente propenso a errar. Ancorados na linha de pensamento democrático da actuação da polícia – quer no quadro de polícia de ordem e tranquilidade públicas, quer no de polícia administrativa quer no de polícia judiciária – encontramos o princípio da legalidade e, como vector de legitimação e de cimentação da actuação, o princípio da oportunidade.

O **princípio da oportunidade** da intervenção policial não se encontra positivado, mas faz, hoje, parte do nosso direito, em especial

---

[328] MÁRIO ESTEVES DE OLIVEIRA, PEDRO COSTA GONLAVES e J. PACHECO AMORIM, *Código do Procedimento Administrativo*, Coimbra, 1997, p. 114.

[329] Quanto à *boa fé objectiva* na actuação da administração, MARCELO REBELO DE SOUSA, *Lições de Direito Administrativo* – I, Lisboa, 1995, p. 139 e à *boa fé objectiva* em termos gerais, com mais precisão no direito civil, ANTÓNIO MENEZES CORDEIRO, *Tratado de Direito Civil..., – I – Parte Geral* – Tomo I, 2.ª Edição, pp. 228 e ss..

da doutrina e pode-se enquadrar como princípio estruturante do processo penal[330] e, por maioria de razão, como princípio geral da actividade policial.

Impõe-se, desde já, dois apontamentos iniciais relativos ao princípio da oportunidade. A opção pela aplicação deste princípio não afasta nem aniquila a verificação do princípio da legalidade e, ainda, se pode afirmar que é uma das formas de concretizar o fundamento teleológico da lei: *p. e.*, a opção por não deter um indivíduo em detrimento de levantar única e exclusivamente o auto de notícia em uma situação enquadrável na legítima defesa, não ofende o princípio da legalidade da promoção penal.

A opção pelo princípio da oportunidade deve reger-se segundo critérios de objectividade e de isenção para que não se aniquile o princípio da legalidade e da boa fé da intervenção policial – *p. e.*, a decisão de *A* não autuar os veículos da Rua *Y* tem de ser isenta e objectiva, tendo em conta as circunstâncias factuais de inexistência de lugares para estacionar, de não afectarem qualquer bem jurídico individual ou colectivo superior [*p. e.*, liberdade de locomoção, como a saída de residência], de permitirem circulação rodoviária. A decisão não pode ser contraditória, *i. e.*, não pode o *A* optar por autuar o *B* e o *C* e, arbitrariamente, não autuar os demais cidadãos pelas restantes infracções.

107. O princípio da oportunidade não tem expressão formal, mas material e instrumental no sentido de ser um princípio inerente à prossecução da actividade não só judicial criminal, mas também administrativa do Estado. Nesta linha de pensamento, a Polícia, face visível do Estado, não se pode apartar dos princípios que humanizam e legitimam a sua intervenção.

No plano da *ordem e tranquilidade públicas*, a opção de proceder à revista de todos os utentes de um evento cultural enquadra-se em um *plano de oportunidade operacional e táctica* face às informações de que a polícia dispõe e à prevenção do perigo. Não podemos afirmar que há ofensa ao princípio da legalidade por inobservância dos pressupostos e de ser desproporcional – desadequada, desnecessária e despropor-

---

[330] Sobre este assunto, o nosso *Processo Penal – Tomo I*, Almedina, Coimbra, 2004, pp. 200-213.

cional *stricto sensu* – a decisão de proceder à revista de segurança de todos os utentes do espectáculo desportivo, prevista no art. 25.º da Lei n.º 39/2009, de 30 de Julho. Como exemplo académico, poder-se-á indicar a decisão da autoridade policial de mudar o local de reunião ou manifestação não respeitando a verificação da distância dos 100m prevista no art. 13.º do DL n.º 406/74, de 29 de Agosto, cujo não cumprimento deste normativo não afecta o princípio da legalidade.

No âmbito administrativo, se o elemento policial *A*, em vez de autuar o *B* por se fazer passear na via pública com um canídeo não perigoso, com trela e açaimo funcional, mas sem licença emitida pela Junta de Freguesia, nos termos do art. 4.º da Portaria n.º 421/2004, de 24 de Abril, optar por informar *B* da infracção e da necessidade de regularizar a detenção do canídeo, materializa o princípio da oportunidade.

Não olvidamos que o art. 42.º do RGCO submete o procedimento contra-ordenacional ao princípio da legalidade, mas é preciso relembrar que o RGCO foi aprovado antes da Revisão Constitucional de 1997, que, para a acção penal, alterou o pilar de subordinação: a acção penal deixou de estar "subordinada ao princípio da legalidade" para ser "orientada pelo princípio da legalidade".

Quanto ao quadro jurídico-criminal, se o elemento policial *A* optar por aceitar a identificação de *B* no local, sem que tenha sido identificado nos termos dos n.ºs 3 e 4 do art. 250.º do CPP, e confirmada por *C*, que foi identificado com Bilhete de Identidade, em vez de o deter para identificação, materializa o princípio da oportunidade da intervenção policial.

§ 37.º Do princípio democrático na actuação da polícia

a. Considerações gerais

108. ARISTÓTELES escrevera que "as acções boas e as acções más (...) são voluntárias, quando são cumpridas com conhecimento de causa"[331].

---

[331] ARISTÓTELES, "Do Discurso e do Discurso Jurídico", *in Obra Jurídica*, Rés – Editora, Colecção Resjurídica, Porto, p. 149.

Muitas das acções policiais podem reflectir uma má actuação por ser cumprida "com conhecimento de causa", principalmente quando viola um dos princípios cruciais na edificação da justiça – o **princípio democrático**[332]. Princípio que releva de sobremaneira no plano judiciário, mas que não menos é a sua relevância no âmbito da ordem e tranquilidade públicas e administrativo, cuja actividade policial pode e deve respeitar, defender e garantir no seu processo de concreção.

Tendo como base a formulação de LINCOLN quando considerava como «essência» da democracia o "governo do povo, pelo povo e para o povo"[333-334] e que a POLÍCIA é a face visível do povo e da administração da justiça, impõe-se que actue dentro dos ditames do princípio democrático, que, como "*norma jurídica* constitucionalmente positivada"[335], é, consequentemente, um princípio de actuação não só no plano processual penal[336], mas também no plano administrativo e de operacionalidade da segurança pública.

b. Da actuação da Polícia/OPC como realização dos princípios constitucionais

109. Os fins da actuação da polícia, em especial no quadro do processo penal, não se esgotam na descoberta da verdade material a qualquer custo, em especial dos direitos fundamentais. A tutela dos **direitos, liberdades e garantias individuais** é uma das finalidades da polícia **não só contra as agressões dos particulares, mas também contra os abusos do** *jus puniendi* **do Estado.**

---

[332] Quanto ao princípio democrático no âmbito do processo penal, o nosso *Processo Penal – Tomo I*, Almedina, Coimbra, pp. 167-174.

[333] LINCOLN apud GOMES CANOTILHO, *Direito Constitucional e Teoria da Constituição*, 3.ª Edição, Almedina, Coimbra, 1999, p. 281.

[334] Cfr. art. 202.º, n.º1 da CRP.

[335] Cfr. GOMES CANOTILHO, *Direito Constitucional...*, 3.ª Edição, p. 281.

[336] O direito processual penal é, "por excelência, direito constitucional aplicado" [J. DE FIGUEIREDO DIAS apud TEREZA BELEZA e FREDERICO ISASCA, *Direito Processual Penal – Textos*, AAFDL, Lisboa, 1992. P.12], pelo que jamais poderá apartar-se dos princípios constitucionais quer na legiferação processual penal, quer na aplicação das mesmas normas na fase do inquérito, na da instrução e na do julgamento.

No conflito entre direitos dos particulares e o interesse comum a polícia não pode arrogar-se de todos os meios e métodos ao seu dispor para prosseguir o interesse comum em detrimento dos direitos e interesses dos particulares. Os fins não podem e, muito menos, devem em um estado de direito democrático justificar os meios e métodos. Quem se arroga da moral para defender a legalidade, garantir a segurança e os direitos dos cidadãos, não pode socorrer-se de meios desonestos, de meios em nada deontológicos, embora apregoados como eficazes, mas nem sempre eficientes, para surpreender alguns infractores. Como exemplo deste comportamento menos decoroso e menos transparente, podemos referir os radares de detecção da velocidade: a colocação às escondidas dos aparelhos demonstrava um método de prevenção rodoviária designado de «caça à multa», que em nada contribuía para a prevenção.

110. A polícia deve ser promotora da materialização dos princípios e dos direitos próprios de um Estado de direito democrático, ou seja, **deve materializar o princípio democrático como** *"forma de legitimação do poder"*[337] **de forma que se torne no** *"impulso dirigente* **de uma sociedade"**[338]. Ao materializar o princípio democrático, a polícia materializa os direitos fundamentais que, além de serem um "elemento constitutivo do estado de direito"[339], também "são um elemento básico para a realização do princípio democrático"[340], fundamento para a existência de uma força colectiva dotada de prerrogativas de *ius imperii* e, simultaneamente, limite imanente e concreto da sua actuação.

Os direitos fundamentais impõem à polícia uma atitude contra o exercício do poder autoritário no sentido de que exigem que toda e qualquer intervenção – no plano civil, administrativo, da menoridade, criminal – se desenvolva de acordo com as regras da transparência democrática[341].

---

[337] GOMES CANOTILHO, *Direito Constitucional...*, 3.ª Edição, p. 282. Negrito nosso.
[338] *Ibidem*. Negrito nosso.
[339] *Idem*, p. 284.
[340] *Ibidem*.
[341] Neste sentido GOMES CANOTILHO, *Direito Constitucional...*, 3.ª Edição, p. 285.

c. Do princípio democrático como princípio de dignidade e de liberdade

111. O princípio democrático impõe que ao cidadão seja dada a liberdade de escolha dos seus actos. Na linha de G. MARQUES DA SILVA "a capacidade para o bem e para o mal está em cada um de nós como uma possibilidade que as circunstâncias podem sempre ajudar a exteriorizar – «a ocasião faz o herói e o ladrão»"[342], logo não faz parte da democracia que exista uma polícia que tenha por função concretizar a democracia como um valor essencial da sociedade e que, em simultâneo, utilize meios e métodos antidemocráticos[343], próprios de uma legitimação autoritária do poder.

O respeito e a promoção da dignidade da pessoa humana como princípio estruturante do Estado de direito democrático obriga a que a igualdade[344] entre todos os cidadãos face à lei, igualdade de direitos e de deveres, seja uma igualdade de natureza e de dignidade humana, afastando toda e qualquer discriminação de tratamento, *i. e.*, a polícia não pode partir para uma intervenção administrativa sancionatória – contra-ordenação – e/ou uma investigação criminal escalonizando as pessoas segundo uma apetência ou não para a prática do mal.

A polícia não deve olhar para o *A* ou *B* como se fossem infractores por natureza, como se estivessem imbuídos de uma apetência natural para o mal. Caso o faça, está, indiscutivelmente, a violar o princípio da igualdade, prejudicando-o no sentido de que se parte, *p. e.*,

---

[342] GERMANO MARQUES DA SILVA *apud* TEREZA BELEZA e Outros, *Apontamentos de Direito Processual Penal*, AAFDL, Lisboa, 1995, III Vol., p. 63 e *Curso de Processo Penal*, Verbo, 1999, Vol. II, p. 160.

[343] Neste sentido GERMANO MARQUES DA SILVA, *Curso de Processo Penal*, Verbo, 1999, Vol. II, p. 159. No sentido de que a polícia deve ter "um autêntico talento democrático", reconhecendo-se que a polícia é "parte integrante do conjunto do sistema penal", que está "ao serviço da comunidade", serviço esse democrático e profissional – tendo em conta a "planificação, coordenação e avaliação das suas actividades" – e que é uma "autêntica polícia democrática de respeito pelos direitos fundamentais dos cidadãos", LAURA ZUÑIGA RODRIGUES, *Política Criminal...*, pp. 219-220.

[344] Para ALEXIS DE TOCQUEVILLE o sentido da democracia no mundo moderno assenta na igualdade de condições. *Apud* OLIVIER DUHAMEL e YVES MENY, *Dictionnaire constitucionnel*, Puf, Paris, 1992, p. 286.

para uma investigação com o pressuposto de que o indivíduo *A* ou *B* irá cometer o crime *Y*, não interessa o meio ou método para denunciá-lo. Mais, se o elemento policial provocar a conduta ilícita, suprimindo-lhes a livre formação da vontade, viola o princípio democrático no sentido de violação dos direitos fundamentais.

112. A concepção democrática da sociedade impõe que a polícia tenha necessariamente uma visão do ser humano como um ser frágil e de que o polícia não é um «pária»[345] impoluto da sociedade. **A situação económica, social ou psicológica do ser humano poderá conduzi-lo à prática de uma acto ilícito em um momento que, não fossem aquelas condicionantes, jamais o praticaria**[346]. Se a sociedade democrática cria ao homem muitas ocasiões propícias a transformá-lo em um agente infractor, não podemos defender, *p. e.*, o método da provocação[347] do crime para a descoberta da verdade material ou para a descoberta de provas pessoais e reais, mas antes recriminar este método de investigação criminal que cria o seu próprio objecto[348].

Sufragando a posição de G. MARQUES DA SILVA e apoiando-nos nas suas palavras, defendemos que a polícia perturba mais a ordem pública "com a violação das regras fundamentais da dignidade e da rectidão da actuação judiciária, pilares fundamentais da sociedade

---

[345] Quanto à polícia se sentir «pária» da sociedade, WESTLEY *apud* JORGE DE FIGUEIREDO DIAS e MANUEL DA COSTA ANDRADE, *Criminologia – O Homem Delinquente e a Sociedade Criminógena*, Reimpressão, Coimbra Editora, 1992, p. 465.

[346] Como acontece no designado furto de formigueiro ou no furto praticado por toxicodependentes para obterem o dinheiro suficiente para a aquisição do estupefaciente ou substância psicotrópica.

[347] Seguindo G. MARQUES DA SILVA, a provocação é informativa e formativa, porque "cria o próprio crime e o próprio criminoso". Além de denunciá-lo, é um método de investigação criminal contrário às concepções democráticas da sociedade, porque corrói a dignidade da pessoa humana e viola a igualdade do cidadão perante a lei, cujo tratamento se baseia em análises momentâneas de apetência ou não para a prática de actos ilícitos. GERMANO MARQUES DA SILVA, *Curso de Processo...*, vol. II, p. 160.

[348] *Ibidem*. A provocação não é um método de investigação legal e deontológico próprio de uma sociedade assente em valores morais e éticos como o da solidariedade, o do perdão, o do respeito pela dignidade da pessoa humana, pela personalidade humana que por natureza é frágil.

democrática, do que pela não repressão de alguns crimes, por mais graves que sejam, pois são sempre muitos, porventura a maioria, os que não são punidos, por não descobertos, sejam quais forem os métodos de investigação utilizados"[349].

d. Da inadmissibilidade de provas como manifestação do princípio democrático

113. O princípio democrático tem maior expressão no plano criminal da actividade policial por ser neste que os direitos fundamentais mais estão expostos e susceptíveis de serem agredidos. Todavia, não podemos descurar a cultura do principio democrático em outros planos: como o administrativo, principalmente, sancionatório e no de ordem e tranquilidade pública.

A ideia de que a inadmissibilidade das provas que sejam contrárias à lei – art. 125º do CPP –, *i. e.*, a ilicitude da prova que seja obtida por métodos e meios não só proibidos, mas também inconciliáveis quer com os princípios gerais do direito, quer com os princípios estruturantes de cada ramo do direito, em especial do processo penal[350], estipula que se essas provas não foram obtidas através de um agente que actua legalmente, mas sim por um agente que tem uma conduta objectivamente criminosa, não podem ser usadas contra quem inicialmente se propunha, mas tão só contra quem as obteve de forma ilícita.

Os métodos da *provocação* ou da *tortura* são, no nosso entender, meios enganosos, cruéis e desacreditados, que ofendem a dignidade da pessoa humana, que, como meios criminosos, ilícitos de obtenção de provas, violam os princípios estruturantes do processo penal que são a materialização dos princípios constitucionais do Estado de direito democrático que ornam e cristalizam não só o respeito como o culto da dignidade da pessoa humana. As provas obtidas por tais meios são provas proibidas por força do art. 126.º do CPP e n.º 8 do art. 32.º da

---

[349] G. Marques da Silva, *Curso de Processo Penal*, Vol. II, p. 161 e *apud* Tereza Beleza e Outros, *Apontamentos...*, III Vol., p. 64.

[350] Neste sentido G. Marques da Silva *apud* Tereza Beleza e Outros, *Apontamentos...*, p. 64.

CRP, a par da respectiva responsabilidade criminal, disciplinar e civil que possa advir para o elemento policial.

A opinião dos que defendem **a provocação** do crime como um meio eficaz no combate à criminalidade é, no nosso entender, **contrária aos preceitos fundamentais da dignidade, da rectidão da acção judiciária** e, essencialmente, **à ética e à moral da actuação do Estado que se deve apresentar**, em uma concepção democrática, **como a primeira pessoa de bem, caracterizada por uma actuação transparente nos seus métodos de investigação criminal,** *i. e.*, **a provocação retira a legitimidade ao** *ius puniendi*.

114. O princípio democrático funda-se na defesa dos direitos fundamentais e assenta na legalidade democrática da actuação do *jus puniendi*. Desta feita, o princípio democrático não é compatível com métodos de investigação contra-ordenacional ou criminal objectivamente criminosos, *i. e.*, meios e métodos criminosos. Quer o processo contra-ordenacional quer o processo criminal não admitem provas contrárias à lei, à ordem pública, ao direito, e que a lei não admita, e/ou que tenham sido obtidas com violação do princípio democrático, cuja vontade para a prática da infracção é desvirtuada.

Se *A*, agente policial, para obter provas para um processo contra-ordenacional por venda de bebidas alcoólicas a menores – DL n.º 9//2002, de 24 de Janeiro –, incentiva *B*, proprietário do estabelecimento comercial *Y*, a vender uma bebida alcoólica ao menor *C*, *A* provoca o ilícito e as provas por si obtidas não são admissíveis no processo contra-ordenacional – *ex vi* do art. 41.º, n.º 2 [no qual se estipula a sujeição das autoridades administrativas aos mesmos deveres das entidades competentes para o processo criminal] e do n.º 2 do art. 48.º [no qual se estipula que as autoridades policiais têm deveres equivalentes aos que têm em matéria criminal] do RGCO, que se reforça com o disposto nos artigos 125.º e 126.º do CPP que se aplicam subsidiariamente *ex vi* do art. 41.º do RGCO, cuja tutela constitucional se encontra salvaguardada pelo n.º 8 e n.º 10 do art. 32.º da CRP.

Se *A*, agente policial, para obter provas para um processo crime por homicídio, agride/tortura *B* para que confesse o crime, a confissão não é valorada por ter sido obtida mediante tortura – art. 126.º, n.º 1 do CPP e art. 32.º, n.º 8 da CRP –, a par de um processo crime por ofensas à integridade física de *B*.

115. Como já afirmamos, é no quadro criminal que o princípio democrático ganha maior relevância, no que concerne à acção dos OPC que têm como função primordial, no âmbito do processo penal, coadjuvar as autoridades judiciais – o MP na fase de inquérito e o juiz na instrução – artigos 55.º, 288.º, 290.º, n.º 2 do CPP. Não lhes competindo unicamente a obrigatoriedade de comunicar a *noticia criminis* – art. 240.º, n.º 1, al. *a*) do CPP –, mas, sob a dependência funcional e orientação do MP – art. 263.º do CPP–, compete-lhes também efectuar a investigação criminal que compreende a efectivação de diligências necessárias na busca de provas que permitam reconstituir os factos que, no "respeito pelo princípio de verdade material"[351], conduzirão a uma decisão: submeter ou não submeter alguém a julgamento.

Decisão que "funciona como filtro de selecção que impedirá o assoberbamento dos tribunais com casos inviáveis"[352], procura-se desta forma libertar os tribunais de processos que levariam à partida a uma absolvição do arguido[353]. **A função dos OPC é, sem dúvida, importantíssima no desenrolar do processo, digamos crucial na defesa dos direitos e liberdades do cidadão.**

Entidades e agentes que têm de "levar a cabo quaisquer actos ordenados por uma autoridade judiciária ou determinados" pelo CPP – al. *c*) do n.º 1 do art. 1.º do CPP –, os OPC estão subjugados aos princípios gerais do direito e aos princípios processuais penais. À polícia acresce a responsabilidade da defesa da *legalidade democrática* e da garantia dos *direitos do cidadão* – n.º 1 do art. 272.º da CRP. **Acima da descoberta da verdade material** – descoberta do como, onde, quando, porquê e quem –, **encontra-se a liberdade e os direitos de cada cidadão, cuja a garantia é uma das tarefas fundamentais do Estado** [al. *b*) do art. 9.º da CRP]: *v. g.*, da polícia.

---

[351] JOSÉ SOUTO DE MOURA, "Inquérito e Instrução", in *Jornadas de Direito Pro-cessual Penal. O Novo Código de Processo Penal*, Coimbra: Almedina, 1995, p. 84.

[352] *Ibidem*.

[353] Neste sentido o nosso estudo "A Investigação Criminal como Motor de Arranque do Processo Penal", in *Polícia Portuguesa*, Ano LXIII, II Série, n.º 122, Março/Abril, 2000, p. 4.

Os OPC, se exercem uma actividade investigatória em um Estado assente nos primados do direito e da democracia, devem actuar de acordo com o princípio democrático, tendo sempre em consideração cada indivíduo como um ser humano sujeito à fraqueza do mal e nunca *à priori* como um criminoso.

§ 38.º Do princípio da lealdade na actuação da POLÍCIA

a. Considerações gerais

116. Um Estado de direito democrático assente na dignidade da pessoa humana e na vontade popular, como propósito ideológico e pragmático da construção de uma sociedade livre, justa e solidária[354], exige uma POLÍCIA que tenha como interesse e fim não só garantir a segurança interna, mas que promova o respeito e a garantia dos direitos fundamentais da pessoa na pugna pela paz jurídica[355] e consubstancia, assim, a defesa da legalidade democrática.

A *defesa da legalidade democrática*, a *garantia da segurança interna* e *dos direitos dos cidadãos* alcançam-se se os operadores do Estado (*maxime* de justiça) e em especial a POLÍCIA procederem legalmente – seguindo critérios de objectividade, de acordo com os preceitos constitucionais que enformam a actuação da polícia – e se, fundamentalmente, a actuação daqueles for regida e orientada por princípios deontológicos que, de alguma forma, "integram os princípios jurídicos, mais não seja para iluminar o intérprete na busca do espírito da lei, princípio reitor da interpretação jurídica"[356].

Sufragamos a posição de G. MARQUES DA SILVA, quando afirma que o **princípio da lealdade**, como princípio "de natureza essencialmente moral"[357], que deve traduzir "uma maneira de ser da investigação e

---

[354] Cfr. art. 1.º da CRP.
[355] Neste sentido J. DE FIGUEIREDO DIAS, *Direito Processual Penal*, (Lições Coligidas por MARIA JOÃO ANTUNES), Coimbra Editora, 1988-9, pp. 20 e ss..
[356] GERMANO MARQUES DA SILVA *apud* TEREZA BELEZA e Outros, *Apontamentos...*, III Vol., p. 65.
[357] *Ibidem*.

obtenção das provas em conformidade com o respeito dos direitos da pessoa e a dignidade da justiça"[358], é **um princípio integrante do processo penal, uma vez que impõe aos agentes – de entre os quais se destacam os OPC/polícia –, que operam a administração da justiça, a obrigatoriedade de actuarem no estrito respeito pelos valores próprios da pessoa humana,** como a sua dignidade (valor supremo que se sobrepõe aos próprios fins de justiça), como a sua integridade pessoal (física ou moral)[359], cuja "interdição é absoluta"[360], como a própria liberdade de formação e manifestação da sua vontade perante a demais sociedade.

A polícia/OPC deve, sempre, optar por uma atitude de profundo respeito pela personalidade humana[361] e de respeito pela realização de justiça criminal e/ou administrativa, que não se alcança quando *a priori* esses agentes se socorrem de meios de obtenção de prova e de investigação que violam um dos pilares do Estado moderno: o respeito pela dignidade da pessoa humana[362].

b. Do princípio da lealdade e os métodos proibidos de prova

117. O Estado de direito democrático impõe à polícia/OPC a obrigatoriedade de proceder com atitude leal na obtenção de provas

---

[358] GERMANO M. DA SILVA *apud* TEREZA BELEZA e Outros, *Apontamentos...*, III Vol., p. 65 e GERMANO MARQUES DA SILVA, *Curso de Processo...*, Vol. I e Vol. II, pp. 53 e 161.

[359] Cfr. 1.ª parte do n.º 8 do art. 32.º e n.ºs 1 e 2 do art. 26.º e art. 25.º da CRP.

[360] GOMES CANOTILHO e VITAL MOREIRA, *Constituição da República...*, 3.ª Edição, p. 206.

[361] Cuja tutela geral está consagrada no art. 70.º da CC, que, segundo RABINDRANATH CAPELO DE SOUSA, imprime o respeito que todos devem ao homem como um ser intelectivo capaz de "perceber e entender dados dos sentidos, de organizar e orientar os sentimentos (...), em suma, de pensar e conhecer". RABINDRANATH CAPELO DE SOUSA, *O Direito Geral da Personalidade*, Coimbra Editora, 1995, p. 234. Quanto à protecção dos direitos da personalidade – que, na linha de OTTO VON GIERKE, se sintetiza como os "direitos que concedem ao seu sujeito um domínio sobre uma parte da sua própria esfera da personalidade", *i. e.*, direitos subjectivos que devem ser observados por todos –, ANTÓNIO MENEZES CORDEIRO, *Tratado de Direito Civil*, Tomo I, pp. 201-215 (p. 203).

[362] Neste sentido GERMANO MARQUES DA SILVA, *Curso de Processo...*, Vol. I e Vol. II, p. 53 e p. 161.

no âmbito contra-ordenacional e criminal, desde logo por imposição constitucional – "a nulidade de todas as provas obtidas mediante tortura, coacção, ofensa da integridade física ou moral da pessoa, abusiva intromissão na vida privada, no domicílio, na correspondência ou nas telecomunicações", *ex vi* do n.ºs 8 e 10 do art. 32.º da CRP –, cuja expressão processual se manifesta nos artigos 118.º e 126.º da CPP e nos artigos 42.º e 43.º do RGCO.

O princípio da lealdade, cuja violação na obtenção de provas[363] é "fundamento de proibição de provas"[364], não se esgota na fase da investigação, nem na recolha de provas do processo criminal e contra-ordenacional, pois deve verificar-se em todo o procedimento.

O princípio da lealdade impõe a prossecução dos interesses e fins do processo segundo critérios de legalidade e de objectividade[365]. Critérios estes que, conjuntamente com os princípios gerais do direito devem nortear a actuação da polícia/OPC que não pode operar por meios ilícitos para obter a *notitia criminis* ou contra-ordenacional, com o fundamento de que o indivíduo *A* tem uma propensão natural para a prática da infracção *X* ou *Y*, cuja materialização só depende única e exclusivamente de um incitamento, de uma provocação.

O incitamento ou a interpelação à prática do facto presente *X*, confirmando-se a aptidão de *A* para a prática daquela infracção, é um meio de obtenção de prova próprio dos processos de estrutura inquisitória em que a verdade material era o fim essencial do processo (criminal) para a realizaçao da justiça[366]: acima do Homem, detentor de direitos e deveres, estava a verdade, bem supremo e absoluto.

---

[363] A prova penal será sempre um complexo e melindroso problema para o processo penal. Neste sentido GERMANO MARQUES DA SILVA, *Curso de Processo...*, Vol. I, p. 53.

[364] GERMANO MARQUES DA SILVA, *Curso de Processo...*, Vol. II, p.161 e *apud* TEREZA BELEZA e Outros, *Apontamentos...*, Vol. III, p. 65.

[365] Neste sentido JORGE DE FIGUEIREDO DIAS, "Do princípio da «objectividade» ao princípio da «lealdade» do comportamento do Ministério Público no Processo Penal", (Anotação ao AC. STJ n.º 5/94, Proc. n.º 46444), *in Revista de Legislação e Jurisprudência*, Ano 128, n.º 3860, pp. 344 e ss..

[366] Neste sentido MANUEL AUGUSTO ALVES MEIREIS, *O Regime das Provas Obtidas pelo Agente Provocador em Processo Penal*, Almedina, Coimbra, 1999, p. 196.

118. A polícia/OPC não pode ver a verdade material como valor supremo, contrariamente à dignidade da pessoa humana, à sua integridade, à sua liberdade de pensar e conhecer sem qualquer coacção, interpelação, provocação. A busca da verdade material não se pode prender com métodos ou meios criminosos com a finalidade de prevenir o cometimento de infracções – criminais e contra-ordenacionais. Pois, teríamos uma justiça enferma cultivada por uma sociedade delatora e germinadora da autodestruição[367].

A polícia/OPC para prosseguir a função que lhe está adstrita constitucionalmente – defesa da legalidade democrática, garantia da segurança interna e dos direitos do cidadão – não pode apartar-se de princípios deontológicos e morais que são a essência de bens jurídicos tutelados constitucionalmente e no direito internacional.

O princípio da lealdade é um "princípio que hoje, um pouco por toda a parte, vai sendo reputado essencial à actuação"[368] não só do MP, como afirma FIGUEIREDO DIAS, mas também reputado essencial à actuação de toda a máquina de justiça – administrativa ou criminal –, *i. e.*, a todos os sujeitos processuais e os operadores, em especial a polícia//OPC, primeiro embate de restrição dos direitos e liberdades do cidadão.

c. Da actividade policial na administração da justiça e do princípio da lealdade

119. O princípio da lealdade, como o democrático, releva sobremaneira no quadro jurídico-criminal, sem nos olvidarmos do administrativo sancionatório em que existe obtenção de prova. Tendo em conta esta relevância e a sua desenvoltura nos tempos contemporâneos, CLAUS ROXIN crismou o princípio de "«o mais alto princípio de todo o processo penal: o de exigência de *fair trail*», de um *procedi-*

---

[367] Neste sentido GERMANO MARQUES DA SILVA, *Curso de Processo...*, Vol. II, p.162 e *apud* TEREZA BELEZA e Outros, *Apontamentos...*, Vol. III, p. 66. Quanto à ordem pública, como "factor sistemático de limitação da autonomia privada", ANTÓNIO MENEZES CORDEIRO, *Tratado...*, Tomo I, pp. 507-508.

[368] JORGE DE FIGUEIREDO DIAS, "Do princípio da «objectividade»...", in *RLJ*, Ano 128, n.º 3860, p. 344.

mento leal"³⁶⁹, ao qual toda a administração da justiça – inclusive e principalmente a polícia/OPC – deve subordinar-se para que se respeitem as normas essenciais à dignidade e à rectidão da acção judiciária, para que não se confundam justiça e infractores, para que exista uma diferença de qualidade entre aqueles e os que vêem na paz jurídica um pilar fulcral da Ordem Pública³⁷⁰.

A consagração constitucional do princípio da lealdade retira-se do n.º 8 do art. 32.º da CRP e impera como ditame e limite orientador da actividade da polícia/OPC, quer quando actuam por iniciativa própria preventiva e repressiva quer no patamar da coadjuvação³⁷¹ da AJ – MP ou JIC ou Juiz –, devendo actuar de acordo com os critérios de legalidade, de isenção e de objectividade.

O **MP**, como ensinam LOWE/ROSENBERG, é "um **órgão público da administração da justiça (guardião da lei)**", logo terá o dever de "velar para que as decisões obedeçam à lei, não ponham em causa a unidade da ordem jurídica e não inflijam qualquer sacrifício injustificado ao arguido"³⁷² pelo que **deve impelir o OPC/polícia a actuar de acordo com os princípios inerentes a um processo leal e não ofensivo à integridade pessoal e dignidade humana do suposto infractor** – que é **sujeito de direitos e de deveres e não objecto** do processo em curso ou da intervenção policial administrativa *sub judice* em desenvolvimento.

120. O procedimento leal por parte da polícia /OPC proíbe que se faça uso de métodos proibidos, como a provocação³⁷³ na recolha de provas, porque **o suspeito (arguido) nunca poderá ser tratado como um objecto** – como um meio de prova utilizado contra si mesmo,

---

³⁶⁹ CLAUS ROXIN *apud* JORGE DE FIGUEIREDO DIAS, "Do princípio da «objectividade»...", in *RLJ*, Ano 128, n.º 3860, p. 344-345.

³⁷⁰ Neste sentido GERMANO MARQUES DA SILVA, *Curso de Processo...*, Vol. I e II, pp. 52 e ss. e 160 e ss., *apud* TEREZA BELEZA e Outros, *Apontamentos...*, Vol. III, pp. 65 e 66.

³⁷¹ Cfr. artigos 55.º e 263.º do CPP.

³⁷² LEOWE/ROSENBERG *apud* JORGE DE FIGUEIREDO DIAS, "Do princípio da «objectividade»...", in *RLJ*, ano 128, n.º 3860, p. 348. Negrito nosso.

³⁷³ Que funciona como um verdadeiro "atentado à liberdade de formação e actualização da vontade", MANUEL AUGUSTO ALVES MEIREIS, *O Regime de Provas...*, p. 206.

característica do processo de estrutura inquisitória[374] –, mas tem de ser visto como **um sujeito processual** – "que persiste e subsiste na plenitude do seu sentido e alcance mesmo quando figura (ao mesmo tempo) como um meio de prova"[375].

O princípio da lealdade impele e impede a polícia/OPC a não recorrer a meios enganosos, a métodos ardilosos que traduzem a obtenção de provas de forma ilícita, que induzem o arguido à prática de factos que não praticaria se não fosse ardilosamente interpelado, provocado e incitado.

Apoiando-nos nas palavras de FIGUEIREDO DIAS, a par do "dever de legalidade e de objectividade", a polícia/OPC deve assumir no processo "um estrito dever de lealdade, de *fair play* do seu comportamento", cuja análise "se concretiza em exigências muito concretas de forma de actuação"[376]. **Dever esse que deve estar presente aquando do aparecimento de novos meios técnicos e científicos de investigação criminal[377] e contra-ordenacional**, cujo uso deve ser conforme à disposição constitucional do n.º 8, do art. 32.º e à legalidade internacional [artigos 5.º e 12.º da DUDH, artigos 3.º e 8.º CEHD e art. 7.º do PIDCP], aos artigos 125.º e 126.º do CPP e aos artigos 42.º e 43.º do RGCO.

O princípio da lealdade impele a polícia/OPC e demais agentes do Estado a ter um comportamento de respeito e a promover a dignidade da pessoa humana, os direitos e liberdades fundamentais e a dignidade da justiça, escopos de um Estado de direito democrático[378].

O princípio da lealdade pretende que a eficácia da justiça seja um valor a alcançar, mas cujo processo se desenvolva em uma sociedade livre e democrática, onde os fins jamais justificam os meios, que se evite a degradação da dignidade da pessoa humana e da justiça, cuja

---

[374] Neste sentido MANUEL AUGUSTO ALVES MEIREIS, *O Regime de Provas...*, p. 206.

[375] MANUEL DA COSTA ANDRADE, *Sobre as Proibições de Prova em Processo Penal*, Coimbra Editora, 1992, p. 212 e 213.

[376] JORGE DE FIGUEIREDO DIAS, "Do princípio da «objectividade»...", in *RLJ*, Ano 128, n.º 3860, p. 349.

[377] Neste sentido GERMANO MARQUES DA SILVA, *Curso de Processo...*, Vol. I, p. 53.

[378] Neste sentido JORGE DE FIGUEIREDO DIAS, "Do princípio da «objectividade»...", in *RLJ*, Ano 128, p. 350.

eficácia só é de louvar quando se alcança "pelo engenho e arte"[379], sob pena da polícia/OPC fazer uso de formas incontroláveis de resposta ao crime, que se poderão traduzir em consequências perversas e indesejáveis[380].

§ 39.º Dos princípios da igualdade e da imparcialidade

121. A junção destes dois princípios fundamentais na actividade da polícia – de ordem pública, administrativa e/ou judiciária – deve-se à inter-relação dos mesmos, apesar de não se confundirem, sendo que o princípio da imparcialidade é, necessariamente, uma consequência do princípio da igualdade.

O princípio da igualdade[381] tem consagração geral e universal no art. 13.º da CRP e, como afirmam GOMES CANOTILHO e VITAL MOREIRA, reveste o manto de "um dos princípios estruturantes do sistema constitucional global, conjugando dialecticamente as dimensões liberais, democráticas e sociais inerentes ao conceito de *Estado de direito democrático e social*"[382].

Sucintamente, o princípio da igualdade como princípio estruturante de *Estado de direito democrático e social,* por um lado, impõe que exista igualdade na aplicação do direito – *dimensão liberal,* em que todos são iguais perante a lei geral e abstracta –, por outro, garante a igualdade dos cidadãos na participação da vida política da comunidade – *dimensão democrática,* que proíbe discriminações no pleno exercício do poder político – e, ainda, exige que sejam eliminadas as desigualdades fácticas capaz de se concretizar uma igual-

---

[379] GERMANO MARQUES DA SILVA, *Curso de Processo...*, Vol. I, p. 54.

[380] Neste sentido MANUEL DA COSTA ANDRADE, *Sobre as Proibições...*, p. 233.

[381] Quanto ao princípio da igualdade, GOMES CANOTILHO, *Direito Constitucional e Teoria da Constituição,* 3.ª Edição, Almedina, Coimbra, 1999, pp. 398-407, MARIA DA GLORIA FERREIRA PINTO, "Princípio da igualdade – Fórmula vazia ou carregada de sentido?", *in BMJ,* n.º 385, JORGE MIRANDA, *Manual de Direito Constitucional,* Coimbra Editora, Coimbra, Tomo IV, pp. 221-254.

[382] GOMES CANOTILHO e VITAL MOREIRA, *Constituição da República...,* 3.ª Edição, p. 125.

dade de facto ou material económica, social e cultural – *dimensão social*, que possa «promover (...) a igualdade real entre os portugueses», conforme al. *d*) do art. 9.º da CRP[383].

122. A vinculação da POLÍCIA ao princípio da igualdade emerge do n.º 2 do art. 266.º da CRP, cuja consagração é "refracção do princípio geral consagrado no art. 13.º"' da CRP[384]. A polícia não só está vinculada ao princípio da igualdade como se impõe que actue de forma a materializá-lo, denunciando por exemplo a discriminação racial.

O princípio da igualdade no âmbito da actuação da polícia releva quer no quadrante negativo – em que se proíbem tratamento preferenciais – quer no positivo – que impõe tratamento igual para situações iguais. Ora vejamos:

α. se *A*, agente da polícia, optar por autuar «veículo sim veículo não» da Rua *Y* que se encontram em infracção ao art. 49.º do CE, viola o princípio da igualdade nos dois quadrantes;

β. no âmbito criminal podemos verificar actuações que podem ferir a igualdade de tratamento – *p. e.*, *B*, *C*, *D* e *E* são surpreendidos por *A* a furtar em um estabelecimento comercial, mas *A* identifica somente *B*, *C*, *D* enquanto que *E*, por ser seu amigo, não identifica, nem o conduz à Esquadra;

γ. e, em termos de polícia no sentido de ordem e tranquilidade públicas, se o comandante da Esquadra *X* opta sempre por colocar táctica e operacionalmente dois elementos junto da Escola *Y*, sem que o faça com as restantes escolas da zona, poder-se-á afigurar uma situação de violação do princípio da igualdade se todas estiverem com índices de criminalidade idênticos ou, mesmo, iguais.

Releva, ainda, referir que o princípio da igualdade impõe a verificação do *princípio da autovinculação da Administração, maxime*

---

[383] Quanto a esta estrutura de análise do princípio da igualdade, GOMES CANOTILHO e VITAL MOREIRA, *Constituição da República...*, 3.ª Edição, p. 126.

[384] GOMES CANOTILHO e VITAL MOREIRA, *Constituição da República...*, 3.ª Edição, p. 924. Para um estudo mais adequado, DIOGO FREITAS DO AMARAL et ALIA, *Código do Procedimento...*, p. 42.

Polícia, no sentido de esta ter de aplicar as normas jurídicas que admitam a discricionariedade da actuação da polícia de acordo "com os mesmos critérios, as mesmas medidas e as mesmas condições a todos os particulares", *i. e.*, apoiando-nos no exemplo descrito em **γ**, táctica e operacionalmente impõe-se ao Comandante da Esquadra *X* que use dos mesmos critérios, das mesmas medidas e condições para com todas as escolas da sua zona, devendo os dois elementos percorrer todas as escolas.

123. No que concerne ao princípio da imparcialidade, com consagração constitucional no art. 266.º, n.º 2 da CRP, e associado ao princípio da igualdade, releva na actividade da polícia quer quando promotora da sua função quer como objecto dos seus interesses particulares, em especial dos elementos policiais.

Este princípio, que não se confunde nem se aproxima do princípio da neutralidade, por a polícia ter a seu cargo interesses públicos a prosseguir preconiza que, por um lado, a polícia na prossecução do interesse público – *p. e.*, garantir a segurança interna – actue de forma isenta na determinação daquele para que não sacrifique desnecessariamente e desproporcionalmente os direitos e interesses dos particulares – *p. e.*, na delimitação do espaço da manifestação, a polícia não pode sacrificar, por um lado, o direito de circulação dos moradores da zona interdita, mas já pode interditar esse direito aos manifestantes. A par deste procedimento impõe-se à polícia que proceda da mesma forma com todos os moradores da zona e com todos os manifestantes, *i. e.*, que não interdite a um morador a passagem ou que deixe circular o manifestante, o que criaria um critério disforme da polícia prosseguir o interesse público.

Acresce referir que o princípio da imparcialidade se encontra mais vulnerável no âmbito do exercício de direitos dos elementos da POLÍCIA, cujas garantias do impedimento ou da suspeição ou da escusa – previstas nos artigos 44.º a 51.º do CPA – são olvidadas com o recurso à identificação de prerrogativa de autoridade policial: *p. e.*, *A*, agente da polícia, que, após o porteiro da discoteca o impedir de entrar de forma arbitrária, se identifica como autoridade policial para proceder contra-ordenacionalmente; ou *B*, elemento policial, tem um acidente de viação e se faz valer da sua condição para levantar o auto de acidente de viação realizado pela polícia local. Quer a atitude de *A* quer a de *B* violam o princípio da imparcialidade.

§ 40.º Do princípio da Justiça

124. A submissão da actividade policial ao **princípio da justiça**[385] – consagrado no n.º 2 do art. 266.º da CRP e no art. 6.º do CPA – é uma consequência do Estado de direito democrático que vincula toda a actividade administrativa, inclusive a policial, a "critérios de justiça material ou de valor, constitucionalmente plasmados"[386], sendo de destacar "o princípio da dignidade da pessoa humana (art. 1.º), o princípio da efectividade dos direitos fundamentais (art. 2.º)"[387], a igualdade, a proporcionalidade, a boa fé, a razoabilidade, a equidade.

A violação pela polícia/OPC de um destes princípios materiais ou valores constitui violação do princípio da justiça: se a medida cautelar e de polícia for desproporcional ao fim do processo *in concreto – p. e.*, deter para identificação quando poder-se-ia identificar no local, art. 250.º do CPP –, se a medida administrativa for detractora da confiança – boa fé – criada no particular – *p. e.*, autuar os veículos estacionados em cima do passeio quando nunca a polícia o fez – ou se a medida operacional de ordem pública ofender a dignidade da pessoa humana – *p. e.*, o uso de algemas a um cidadão, em frente aos filhos, que provoca distúrbios quando com um simples agarrar de braço em cada lado, poder-se-ia levá-lo para a viatura policial ou para um local recatado.

Poder-se-á afirmar que o princípio da justiça é um princípio geral de intervenção da actividade policial por esta, desde logo, ser a face visível não só da lei, mas de todo o direito.

---

[385] Quanto a um estudo profundo sobre o princípio da justiça, DIOGO FREITAS DO AMARAL, "O princípio da justiça no artigo 266.º da Constituição", in *Estudos em Homenagem ao Prof. Doutor* ROGÉRIO SOARES, *Boletim da Faculdade de Direito*, STVDIA IVRIDICA, 61, AD HONOREM –1, Coimbra Editora, Coimbra, 2001, pp. 685-704.

[386] GOMES CANOTILHO e VITAL MOREIRA, *Constituição da República...*, 3.ª Edição, p. 925 e DIOGO FREITAS DO AMARAL et ALIA, *Código do Procedimento...*, 3.ª Edição, p. 44.

[387] GOMES CANOTILHO e VITAL MOREIRA, *Constituição da República...*, 3.ª Edição, p. 925. Para AGUADO CORREA, o princípio da justiça – no sentido de moderação, medida justa e de equilíbrio –, a par do princípio da liberdade, é um pilar basilar do princípio da proporcionalidade. AGUADO CORREA *apud* LAURA ZUÑIGA RODRIGUES, *Política...*, p. 58.

§ 41.º Do princípio da "concordância prática" na actuação da polícia

125. O princípio da «concordância prática»[388] é um princípio que a doutrina constitucional e processual penal fez revigorar face à interpretação das normas quando na balança se procura equilibrar princípios e direitos e interesses públicos e privados relevantes.

O princípio da **concordância prática ou da harmonização**, tendo em conta que o seu campo electivo tem sido os direitos fundamentais – "colisão entre direitos fundamentais ou entre direitos fundamentais e bens jurídicos constitucionalmente protegidos"[389] –, está direccionado para a actuação policial, que, em regra, significa, por um lado, a garantia de um direito fundamental pessoal ou colectivo – a segurança, a liberdade, a vida, a integridade física, a reserva da intimidade da vida privada, a imagem, a honra –, *i. e.*, de um bem jurídico cuja tutela jurídico-constitucional e jurídico-criminal se encontra materializada, e, por outro, a restrição de outro bem jurídico – *p. e.*, a liberdade física ou de circulação face à ordem de detenção ou à ordem de permanência no local do facto que originou a intervenção da polícia.

A natureza poliédrica e multifacetada da polícia – actor primeiro nas condutas humanas e nos acontecimentos naturais que inferem com o exercício dos direitos de cada um ou da comunidade – onera-nos a missão de dotá-la não só de instrumentos materiais e de meios humanos adequados a fazer frente ao fenómeno motivador da alteração da ordem, da tranquilidade, da segurança públicas – ou seja, do normal funcionamento das instituições e do normal desenvolvimento da comunidade organizada económica, social, cultural e politicamente –, como também de instrumentos legais e doutrinários que legalizem e legitimem a intervenção da mesma – falamos da legitimidade normativa

---

[388] Quanto a este assunto, o nosso "Da «concordância prática» da actuação policial", in *Reuniões e Manifestações. Actuação Policial*, Colecção Científica do Centro de Investigação do ISCPSI, Almedina, Coimbra, 2009, pp. 291-298.

[389] GOMES CANOTILHO, *Direito Constitucional e Teoria da Constituição*, 3.ª Edição, Almedina, Coimbra, 1999, p. 1150.

que não pode sobreviver sem a legitimidade sociológica[390] – e lhe dêem a confiança necessária para que possa prosseguir, sem dúvidas cartesianas, a função que lhe está conferida pela constituição.

126. O princípio da **concordância prática ou da harmonização** "impõe a coordenação e combinação dos bens jurídicos em conflito de forma a evitar o sacrifício (total) de uns em relação aos outros"[391]. Pretende este princípio que não se esvazia de sentido, conteúdo e essência qualquer outro princípio, outro direito, outro interesse ou outra finalidade processual ou de actuação em prol da absolutização do que se pretende proteger ou que se protegeu. Pretende que a actuação de qualquer ente estadual – quer interpretativa quer operativa – se arrogue da previsão legal pura e crua e se olvide da interpretação conforme a Constituição e a salvaguarda de todos os bens em conflito – que ganham espaço de igual valor constitucional – face a "limites e condicionamentos recíprocos de forma a conseguir uma harmonização ou concordância prática entre estes bens"[392].

O princípio da concordância prática não se confunde com o princípio da proporcionalidade em sentido lato, nem com o princípio da proporcionalidade em sentido restrito. Estes princípios, que se apresentam como limites ao arbítrio do poder legiferante e material de interpretação e aplicação das normas que restringem direitos, liberdades e garantias, não consubstanciam um limite ao esvaziamento ou à nidificação do conteúdo e do alcance do bem jurídico afectado, mas um limite à trituração desse bem jurídico face à inadequação, à desnecessidade e inexigibilidade de intervenção e à não acepção do fim face à interpretação e/ou ao meio empregue.

O princípio da concordância prática ou da harmonização – aliado ao princípio da unidade jurídica – impõe a concreção máxima de cada um dos bens jurídicos em colisão, sendo que prevalecerá um sem que seja deificado e sem que o outro, bem jurídico sacrificado, não seja desnudado e esterilizado.

---

[390] Quanto a este assunto REINHOLD ZIPPELIUS, *Teoria Geral do Estado*, (Tradução de KARIN PRAEFKE-AIRES COUTINHO), 3.ª Edição, Fundação Calouste Gulbenkian, Lisboa, 1997, pp. 71 e 154-156 e *supra* Capítulo III.
[391] GOMES CANOTILHO, *Direito Constitucional...*, 3.ª Edição, p. 1150.
[392] GOMES CANOTILHO, *Direito Constitucional...*, 3.ª Edição, p. 1150.

127. Sendo o processo penal direito constitucional materializado e sendo esta área jurídica de relevante valor e interesse para a polícia, o princípio da concordância prática ganha espaço e releva não só face à colisão de direitos, liberdades e garantias do cidadão – que se impõe para a prossecução das finalidades do processo –, como também releva na concreção das finalidades do processo em conflito – realização da justiça, descoberta da verdade, defesa e garantia dos direitos fundamentais e paz jurídica.

Quanto às finalidades do processo penal, como afirma o decano FIGUEIREDO DIAS, é impossível uma "integral harmonização" das finalidades em torno de "todos ou na generalidade dos concretos problemas do processo penal", o que implicará, em caso de conflito, a compressão mais ou menos de uma das finalidades do processo penal face ao caso concreto e ao bem jurídico a tutelar, mas sempre atribuindo a cada uma das finalidades "a máxima eficácia pos-sível: **de cada finalidade há-de salvar-se**, em cada situação, **o máximo conteúdo possível**, optimizando-se os ganhos e minimizando-se as perdas axiológicas e funcionais", ou seja, a «concordância prática»[393].

No âmbito do processo penal, a actuação policial – principalmente na promoção das designadas medidas cautelares e de polícia – não pode olvidar as finalidades do processo nem os bens jurídicos que deve tutelar a sua intervenção. Do mesmo modo se impõe uma assumpção da concordância prática ou da harmonização quando em colisão se encontram princípios de actuação da polícia:

Princípio da legalidade *versus* o princípio da oportunidade;
– Princípio da prossecução do interesse público *versus* o respeito do interesse legalmente protegido do particular;
– Princípio da segurança *versus* o princípio da liberdade;
– Princípio da justiça *versus* princípio da igualdade.

Acresce referir que igual conflito se desenvolve quando o elemento policial tem em mãos dois direitos fundamentais que deve tutelar – *p. e.*, o direito à vida e o direito à integridade física –, que não pode sobrevalorizar um em relação ao outro, mas deve salvaguardar o direito social e juridicamente mais relevante – vida – sem que desnude

---

[393] JORGE DE FIGUEIREDO DIAS, *Lições de Processo Penal,* (Coligidas por MARIA JOÃO ANTUNES), Edição Policopiada, Coimbra, 1988-9, pp. 24 a 26. Negrito nosso.

totalmente o de menor relevo – a integridade física. Agrava-se o conflito quando de um lado a polícia deve preservar as provas de um delito, tendo necessidade de recorrer aos exames previstos na al. *a)* do n.º 2 do art. 249.º do CPP, e do outro tem de restringir o direito à liberdade de circulação de pessoas – quer por não poderem passar no local do delito quer serem obrigadas a permanecer no local até ordem em contrário. Há a harmonização de dois direitos – o direito da vítima na descoberta da verdade e na realização da justiça e o direito de e à liberdade dos demais cidadãos.

128. O princípio da concordância prática ou da harmonização, como princípio próprio do processo penal e como sua finalidade, deve, também, ser encarado no momento da decisão de solicitação, por parte da APC à AJ, de autorização ou ordem de realização de certos meios de obtenção de prova: buscas domiciliárias, apreensão de correspondência, escutas telefónicas, recurso ao agente infiltrado.

Sendo que há casos com "carácter irremediavelmente antimónio e antitético"[394] quanto à função/finalidade da actividade policial, a solução para a "impossibilidade de harmonização integral das finalidades" dessa actividade pode estar na "tarefa – infinitamente penosa e delicada – de operar a *concordância prática das finalidades em conflito*"[395]. Como já referimos, esta tarefa conduz à compressão das finalidades, dos direitos e dos princípios em conflito, de "forma a atribuir a cada uma a máxima eficácia possível". De cada finalidade, de cada direito e de cada princípio em colisão "há-de salvar-se, em cada situação, o máximo conteúdo possível, optimizando-se os ganhos e minimizando-se as perdas axiológicas e funcionais"[396].

Na situação de *A*, agente policial, ter de prosseguir a função de *garantir a segurança interna* – p. e., efectuar uma detenção de um indivíduo pela prática de condução perigosa, crime p. e p. pelo art. 291.º do CP – não pode ultrapassar o limite imperativo da detenção, *i. e.*, priva-o da liberdade, mas não pode para tal socorrer-se de meios

---

[394] JORGE DE FIGUEIREDO DIAS, *Lições de Processo Penal*, pp. 25.

[395] *Ibidem*. Teoria de K. HESSE no plano dos direitos fundamentais no termos jurídico-constitucionais.

[396] *Ibidem*.

que ofendam a integridade física ou a vida do infractor. O agente *A* concilia, na prática, a finalidade/função de garantia da segurança interna e dos direitos dos cidadãos, prossegue a finalidade da realização da justiça, da defesa e garantia dos direitos fundamentais – infractor e demais transeuntes – e alcança a paz jurídica por submeter a julgamento quem cometeu um facto delituoso censurável e censurado social e jurídico-criminalmente.

Seguindo a teorização para o plano criminal de FIGUEIREDO DIAS, deve-se promover uma optimização das finalidades/funções em conflito, mesmo que existam casos em que se impõe "eleger uma só das finalidades, por nela estar em causa a intocável dignidade da pessoa humana"[397] – *p. e.*, optar por não deter o infractor porque na operacionalização da detenção poder-se ofender a dignidade da pessoa – impelindo-se que, sempre que esteja em causa a dignidade da pessoa humana do arguido ou de outrem, não se promove qualquer transacção, dando primazia absoluta à finalidade/função que melhor protege e garante o respeito da dignidade da pessoa humana – princípio estruturante do Estado de direito democrático, consagrado no art. 1.º da CRP[398].

Cabe ao polícia/OPC, na harmonização das finalidades/função da sua actividade e dos princípios que norteiam o recurso às medidas cautelares e de polícia, aos meios de obtenção de prova ou aos meios coercivos potencialmente mais violadores dos direitos fundamentais, dar primazia aos que garantem com maior vigor o respeito da dignidade da pessoa humana e a defesa e garantia àqueles direitos sob pena de nidificação de valores ou bens jurídicos.

129. A actuação da polícia de ordem pública, administrativa e judiciária tem de atender ao «princípio da concordância prática». As funções ou fins adstritos à polícia constitucionalmente (art. 272.º da CRP) são uma das tarefas fundamentais do Estado de direito e democrático. Mas, essas funções não são estanques nem são absolutas, uma vez que à polícia se impõe que faça a harmonização das funções inculcadas face à obrigação de ao Estado se exigir que garanta aos cidadãos bem-estar

---

[397] *Ibidem.*
[398] *Idem*, p. 26.

e qualidade de vida. Desde logo, se impõe à polícia que não absolutize a segurança em detrimento total da liberdade, porque esta solução não garantirá os direitos dos cidadãos, nem o bem-estar e muito menos qualidade de vida aos cidadãos – tarefas fundamentais do Estado [als. *b)* e *d)* do art. 9.º da CRP].

A actuação das forças e serviços de segurança implicará, muitas vezes, a restrição de direitos e liberdades fundamentais dos cidadãos. No sentido de evitar uma restrição excessiva ou aniquiladora de qualquer um dos direitos ou liberdades fundamentais, assim como de princípios norteadores da intervenção policial, o princípio da «concordância prática» tem de materializar não só no plano legiferante, como também no plano hermenêutico da actuação policial. A prossecução de um princípio, de uma finalidade ou de um direito ou liberdade por parte da actuação policial implicará que na restrição do princípio, da finalidade, do direito ou da liberdade se opte por uma concordância que permite aproveitar o máximo de cada um dos elementos em conflito sem que algum seja nihilificado. Caso contrário promover-se-á um desequilíbrio do sistema da actuação policial.

§ 42.º Do Princípio da Liberdade

a. Considerações genéricas

130. A **liberdade**[399], como conjunto complexo de direitos e de deveres que os homens e as suas instituições definem e proclamam e como realidade inerente ao ser humano que, como nos ensina o sábio grego[400], imbricada em uma concepção de justiça sedimentada em critérios de equidade[401], apresenta-se à POLÍCIA como **meta a defender e a alcançar** como se lhe impõe constitucionalmente – art. 272.º da

---

[399] Quanto ao princípio da liberdade no processo penal, o nosso *Processo Penal* – Tomo I, 1.ª Edição, pp. 237-255.

[400] ARISTÓTELES *apud* JOHN RAWLS, *Uma Teoria para a Justiça*, (Tradução de CARLOS PINTO CORREIA), Editorial Presença, Lisboa, 1993, p. 197.

[401] Sobre as teorias da justiça veja-se ANTÓNIO BRAZ TEIXEIRA, *Sentido e Valor do Direito*, 2.ª Edição, INCM, 2000, pp. 223 e ss..

CRP – devendo promover todos os actos atinentes a esse cumprimento *ex vi* do art. 3.º conjugado com o art. 18.º, n.º 1 da CRP, tendo em conta que a privação (restrição) da liberdade só se admite no quadro constitucional previsto no n.º 3 do art. 27.º da CRP.

Princípio inerente a um Estado de direito democrático e direito natural de todo ser humano que se realiza no seu próprio pensar e agir livremente no mundo, que, como ser livre e pessoal, a liberdade exige "a consagração legal de tudo o que seja indispensável para a realização de cada homem"[402]. Desta feita, defendemos que a liberdade só se concretiza quando a justiça, como "insubstancial que de nada depende mas do qual, no mundo jurídico, tudo depende", se enraíza em princípios como os da igualdade e da imparcialidade[403] enformadores da actividade policial.

131. A liberdade não só é, indubitavelmente, um direito natural, um valor, um ideal, mas também é um princípio que deve ser cultivado pela polícia/OPC de modo que cada sujeito de direitos e de deveres possa autodeterminar-se, escolher voluntária e espontaneamente, ausente de quaisquer interferências na procura incessante de realização de necessidades e do seu ideal de crescimento e desenvolvimento no seio comunitário. Mas, a liberdade não pode ser circunscrita ao campo privado, ao campo da política, da moral, das ideias, da acção, da palavra, do culto (...) . A liberdade, como princípio, tem de ser pública na qual todos os cidadãos se revejam e se sintam membros de uma comunidade, na qual participam activamente e para a qual dirigem os seus intentos éticos, morais e religiosos, e na qual encontrem a legitimação da actuação policial, baluarte de garantia.

A natureza pública da liberdade preconiza-se em dois vectores:

α. o ***negativo*** que consubstancia a proclamação da liberdade face ao poder do Estado, cuja estrutura de funcionamento, quer seja económica, quer seja judicial, quer seja política, jamais poderá

---

[402] *Idem*, p. 210.

[403] O Homem encontra-se quando o princípio da liberdade é rebocado e reforçado com os princípios da ordem, da paz, do respeito pela personalidade individual, da solidariedade, da segurança, funcionando todos em coexistência intrínseca e harmoniosa como se de corolários simultâneos se tratassem.

restringir aquela sem fundamento enraizado na própria essência da liberdade face à restrição. Esta, como o art. 18.º da CRP consagra, deve estar expressamente prevista na Constituição – 1ª parte do n.º 2[404]. A restrição deve salvaguardar outros direitos ou interesses constitucionalmente protegidos – *in fine* do n.º 2[405] – e deve limitar-se ao estritamente necessário e mostrar-se apta para o efeito – 2ª parte do n.º 2[406]. A restrição não pode aniquilar a liberdade diminuindo a extensão e o alcance essencial do seu conteúdo – *in fine* do n.º 3[407-408]. A perspectiva

---

[404] Concordamos com a tese de que "a admissibilidade da restrição **à liberdade terá de encontrar no texto constitucional** *expressão suficiente e adequada* (parecendo de admitir, porém que a previsão não necessita de ser *directa* para ser *expressa*)" [Cfr. G. CANOTILHO e VITAL MOREIRA, *Constituição da República...*, 2.ª Edição, 1.º Vol., p. 167 e ss., negrito nosso]. JORGE MIRANDA defende que estamos perante o princípio da tipicidade das restrições autónomas dos direitos, liberdades e garantais [JORGE MIRANDA, "*O Regime dos Direitos, Liberdades e Garantias*", in *Estudos Sobre a Constituição*, Livraria Petrony, Lisboa, 1979, 3.º Vol., p. 81].

[405] Este pressuposto significa que a restrição da liberdade não pode ser desmotivada, de forma gratuita e arbitrária, sendo necessário que esse direito ou interesse que se invoca tenha uma adequada e suficiente expressão constitucional, como acontece com os interesses de *segurança interna* (art. 272.º) e de *defesa nacional* (art. 273.º). Neste sentido GOMES CANOTILHO e VITAL MOREIRA, *Constituição da República...*, 2.ª Edição, 1.º Vol., pp. 169 e 170.

[406] A restrição do exercício da liberdade tem de encarnar o *princípio da proporcionalidade* ou *princípio da proibição do excesso*, cujo alcance depende do íntegro respeito dos seus corolários: o *princípio da adequação* para a prossecução dos fins visados; o *princípio da exigibilidade*, as medidas restritivas da liberdade devem ser exigíveis (*a fortiori* art. 29.º, n.º 2 da DUDH), porque são o meio mais eficaz e menos oneroso para liberdade; o *princípio da proporcionalidade em sentido restrito*, em que os meios legais restritivos e os fins obtidos situam-se numa justa e proporcionada medida. Neste sentido GOMES CANOTILHO e VITAL MOREIRA, *Constituição da República...*, 1.º Vol., pp. 170 e 171. Cfr. JORGE MIRANDA, "O Regime dos Direitos...", in *Estudos sobre...*, 3.º Vol., p. 82 e o art.18.º da CEDH e *supra* § 22.º.

[407] No equacionamento da problemática do conteúdo essencial de um direito em confronto com outro bem, jamais a ponderação poderá levar à *aniquilação* de quaisquer direitos fundamentais, que são *bens jurídicos objectivos*. Neste sentido GOMES CANOTILHO e VITAL MOREIRA, *Constituição da República...*, 1.º Vol., p. 172. Cfr. J. MIRANDA, "O Regime dos Direitos...", *in Estudos sobre...*, 3.º Vol., p. 82.

[408] Neste sentido JOHN RAWLS, que afirma que "os argumentos para a restrição da liberdade decorrem do próprio princípio da liberdade", [JOHN RAWLS, *Uma Teoria...*,

negativa da liberdade faz incorrer a polícia em deveres jurídico-constitucionalmente consagrados e de auto-limitação e/ou de condicionamento da sua actividade: *p. e.*, no dever de promover e materializar os princípios da presunção de inocência – todo o suspeito da prática de crime presume-se inocente até trânsito em julgado –, da celeridade processual – devendo promover as suas atribuições e competências de modo a que a liberdade do cidadão não seja privada de forma excessiva – do respeito pela integridade pessoal das pessoas (moral e física) – a polícia não pode actuar de forma a ofender a integridade do cidadão, como agredindo-o voluntariamente ou usar desproporcionadamente da força física.

β. o *positivo* que reveste a defesa do cidadão[409] face a agressões e ameaças dos demais membros da comunidade, cuja actividade da polícia/OPC se funda e se legitima. A efectivação depende da vontade de estruturação e organização do Estado que se manifesta na criação não só de uma defesa material dessa liberdade, desenvolvida e exercida pelas forças de segurança, pelos tribunais, mas também e necessariamente na criação de um espírito de serviço público por parte daquelas que devem actuar de acordo com os instrumentos jurídicos em vigor no nosso ordenamento jurídico.

132. O Estado ao legislar autolimita-se de modo que se legitime perante os seus súbitos, pois estes não verão com bons olhos a restrição da sua liberdade em prol de interesses muitas vezes recheados

---

p. 195]. A privação da liberdade terá de se cimentar na própria essência de liberdade de outros e nunca na salvaguarda de princípios de autoritarismo estatal. No modelo inquisitório a verdade material pura e crua era o fim único e exclusivo, mas no modelo de estrutura acusatória a dignidade humana é o fim único, cuja realização depende da defesa da própria liberdade individual face aos poderes do estado, que, muitas das vezes, se arrogam da prossecução do interesse público como forma de justificar o injustificável. Neste plano, a defesa desenvolve se e efectiva-se através de instrumentos jurídicos supra legais e ordinários, desde diplomas internacionais, passando pela Constituição da República e pela legislação ordinária interna.

[409] Defesa promovida pela Polícia, cujos actos se apresentam como garantia dos direitos do cidadão.

de receitas milagrosas e de promessas de eficácia na protelação da liberdade face aos demais cidadãos e ao próprio Estado.

Sendo que é no processo penal que o princípio da liberdade ganha maior relevo e no qual a polícia em sentido judiciário ganha dimensão activa e que aquele é, como ensina JEAN LARGUIER, um instrumento jurídico imbuído e edificado segundo o primado da liberdade do cidadão, o *princípio da liberdade* deve reflectir-se na intervenção da polícia como reflexo de uma busca humana que procura assegurar *todas as garantias de defesa*[410] ao arguido e, consequentemente, de protecção *erga omnes*.

Na defesa da sua liberdade, podemos falar da consagração da *natureza excepcional e precária da detenção* que é, inequivocamente, uma manifestação de que o legislador constitucional procurou sedimentar e vincular a actividade da polícia/OPC, no processo penal, à defesa dos inocentes e dos homens honestos com base no princípio da liberdade.

O art. 27.º da CRP consagra a liberdade não apenas como direito, mas como valor e princípio a defender e a cultivar por todos os operadores da justiça. Acresce que a privação da liberdade dependerá de *sentença judicial condenatória,* mas a mesma terá de se fundar na *prática de acto punido por lei com pena de prisão ou de aplicação judicial de medida de segurança*. Mas, a disposição legal que declare o acto punível terá de ser anterior à prática do mesmo, conforme consagra o n.º 1 do art. 29.º da CRP e o art.º 1.º do CP. Os princípios da legalidade, da tipicidade e da não retroactividade da lei penal são corolários consequentes do princípio da liberdade[411] que a polícia deve ter presente em cada actuação em concreto.

JOHN RAWLS afirma que "a existência de mecanismos penais eficazes constitui a garantia que os sujeitos dispõem face aos seus semelhantes"[412], a cuja formulação acrescentamos que essa garantia se deve efectivar mais fortemente face aos poderes do Estado, principalmente

---

[410] Cfr. art. 32.º, n.º 1 da CRP.

[411] Como afirma JOHN RAWLS, "ao aplicar o princípio da legalidade, devemos ter em mente a totalidade dos direitos e deveres que definem as liberdades e ajustar em conformidade as exigências respectivas". JOHN RAWLS, *Uma Teoria...,* p. 195.

[412] *Ibidem.*

quando estamos *no campo criminal em que o exercício da liberdade está mais fortemente limitado e condicionado*, devendo esta liberdade 'menor' ser melhor protegida de modo que se transforme em uma efectiva realidade.

A Constituição da República Portuguesa, nos artigos 27.º, 28.º, 29.º, 30.º, 31.º, 32.º e 33.º, procurou incutir no espírito do legislador, do intérprete e do aplicador da lei – *maxime* polícia/OPC – o sentido de que **o princípio da liberdade é um valor sagrado e supremo que se sobrepõe à própria verdade material**, *i. e.*, apoiando-nos na síntese de JOSÉ VIEIRA DE ANDRADE, a polícia/OPC deve obediência ao **princípio *in dubio pro libertate* – tem de optar pela solução "menos restritiva ou onerosa para a esfera da livre actuação dos indivíduos – um imperativo da razão prática que não dispensa a procura da solução mais correcta", mesmo que não seja a liberdade total**[413]. JOHN RAWLS titula este valor como o princípio da prioridade da liberdade, que ancorado em razões de justiça e de respeito pelos demais princípios humanos, poderá possibilitar a concretização da *democracia constitucional*[414].

b. Manifestações do princípio da liberdade na actuação dos OPC – Polícia

α. primado da liberdade individual

133. O primado da liberdade individual emerge *ab initio* do princípio da legalidade quer no plano substantivo criminal, que impõe a existência de uma conduta que consubstancie um *facto descrito e declarado passível de pena/contra-ordenação por lei anterior ao momento da sua prática*[415], quer no plano adjectivo, cujas medidas ou

---

[413] JOSÉ VIEIRA DE ANDRADE, *Direitos Fundamentais na Constituição Portuguesa de 1976*, 3.ª Edição, Almedina, Coimbra, p. 309, nota 60. Neste sentido LAURA ZUÑIGA RODRIGUES, *Política...*, pp. 54 e 58.
[414] JOHN RAWLS, *Uma Teoria...*, p. 197.
[415] Cfr. n.º 1 do art. 1.º do CP e o art. 1.º do RGCO.

actos a praticar pela polícia/OPC têm de estar tipificadas na lei. Neste sentido, se exige que se a polícia/OPC tiver dúvidas deve dar primazia à liberdade: *in dubio pro libertate*.

No âmbito criminal, a intervenção polícia/OPC no que concerne à detenção encontra-se limitada à natureza do crime – se for de natureza particular a privação da liberdade não se mantém, *ex vi* do art. 255.º, n.º 4 do CPP – e, em caso de erro quer da pessoa quer na análise dos pressupostos, aqueles têm de libertar o detido, *ex vi* do art. 261.º do CPP.

β. estrutura do processo (crime)

134. A polícia não está ausente no que à estrutura do processo diz respeito, por a consagração do princípio da separação de funções ou do acusatório, que tem como substracto a dicotomia de que quem investiga e acusa é diferente de quem julga, procurar concretizar o sonho da prossecução do trapézio da liberdade. Trapézio esse que está em uma balança que anda de um lado para o outro, mas que está preso ao suporte da fiscalização de outrem.

A investigação funciona como uma balança, onde colocamos em um dos pratos todos os indícios criminais e onde registamos expressa e tacitamente os meios/métodos de obtenção desses indícios, mas também no outro temos o arguido, detentor de direitos e liberdades fundamentais, que terá o seu direito de defesa e de contrariar aqueles indícios e de apresentar elementos que fundamentem a sua contraditoriedade. Contudo, ambos os pratos estão presos e controlados por um pé capaz de equilibrar o balançar de forma que a acção penal não caia no autoritarismo ou no tão conhecido Estado polícia.

135. A separação das funções promove necessariamente o respeito pelo princípio da liberdade, porque a ponderação e análise factual é, sem dúvida, mais justa, a mais que exerce-se com independência, com imparcialidade e objectividade, tendo como fim último a realização da pessoa humana e da sua dignidade.

A estrutura acusatória encontra voz no *Juiz das liberdades* que fiscaliza todos os actos praticados pela polícia/OPC – artigos 251.º, n.º 2, 253.º, 174.º, n.º 6 e 178.º, n.º 5 do CPP – e a quem cabe autorizar os actos que colidam com direitos fundamentais – art. 32.º, n.º 4 da CRP e artigos 268.º e 269.º do CPP – que afastou o fantasma do juiz polícia típico do processo de natureza inquisitória pura. Podemos aferir que o n.º 7 do art. 8.º da LOIC tem, na sua génese, não só a operatividade judicial, mas também diminuição do fulgor emotivo do OPC que procedeu à investigação criminal e demais diligências na fase do inquérito.

O princípio da liberdade impõe à polícia/OPC uma intervenção fundamentada[416] e fundeada na concreção dos demais princípios gerais e específicos de actuação e baseada no exame crítico das medidas cautelares e de polícia e, até mesmo, medidas cautelares administrativas por que se optou em um caso concreto.

γ. presunção de inocência

136. O princípio da liberdade preenche o conteúdo do princípio da presunção de inocência até trânsito em julgado. A inadmissibilidade da presunção de culpa acarreta o reconhecimento de que a privação da liberdade, entenda-se a física e a psicológica, é um mal que

---

[416] JOÃO CAUPERS, relativamente à fundamentação da decisão administrativa, afirma que a fundamentação da decisão, a indicação das razões que a fundamentam, é "um factor indispensável para controlar a legalidade desta", além de "procurar assegurar o rigor de ponderação de interesses subjacentes à decisão" [JOÃO CAUPERS, *Introdução ao Direito Administrativo*, Âncora Editora, Lisboa, 2000, p. 73]. No direito criminal adjectivo a fundamentação obriga necessariamente à ponderação dos factos e das disposições legais que conduzem à convicção do tribunal, o que funciona indubitavelmente como factor indispensável de controlo da legalidade da decisão judicial. A fundamentação, mecanismo de controlo das jurisdições modernas, tem o seu maior fulgor não num processo de natureza inquisitória, mas sim num processo de natureza acusatória, em que a convicção do tribunal se forma na audiência de julgamento, devendo a mesma passar de mera convicção oratória a convicção escrita e amalgamada na sentença. A fundamentação poderá ser vista como uma consequência imediata e inevitável do processo de estrutura acusatória que tem como primado a defesa dos direitos e liberdades do arguido face aos poderes do *ius puniendi*, que, pela sua simbologia, ao iniciar-se o inquérito criminal, coarcta toda e qualquer liberdade de acção física e moral.

não deve ser, primeiramente, posto em prática com fundamento em razões políticas, religiosas, culturais ou económicas[417], nem com fundamento em presunções fruto de deduções empíricas ou coloquiais.

Como ensina G. MARQUES DA SILVA, face à crescente ideia de insegurança pela visibilidade do crescimento da criminalidade, promovida pelos *mass media*, existe o perigo de a polícia, no intuito de promoção de medidas policiais de intimidação, olhar para tudo como se fosse suspeito, sendo, assim, "uma doença de profissão policial", que se caracteriza por criar nos agentes policiais a "tendência para ver tudo como fonte potencial de perturbação e de desordem e consequentemente a abordar todas as situações com um sentimento de desconfiança"[418]. Imaginemos o seguinte exemplo:

> Se *A* estava junto do carro e este consta para apreender porque foi furtado, logo *A* é o agente do crime, deve ser detido e presente ao juiz de instrução para primeiro interrogatório judicial. Perante os factos descritos, presume-se que *A* foi o autor material daquele comportamento desviante e censurável jurídico-criminalmente.

Estes pensamentos e estas deduções violam a essência dos princípios que regem o Direito penal substantivo e adjectivo, dos direitos, liberdades e garantias dos cidadãos, e são próprios de um processo de índole inquisitória, em que a presunção de culpa é regra e a de inocência é a excepção, tendo o arguido o ónus de provar a sua inocência. O princípio da liberdade impõe ao Estado – *maxime* polícia/OPC – o ónus da prova de que *A* foi o autor dos factos descritos e que a lei penal qualifica como crime de furto de uso de veículo – p. e p. pelo art. 208.º do CP – ou de furto qualificado – p. e p. pelo art. 204.º do CP.

Se persistir a dúvida de que se *A* foi ou não o autor do furto, deve conduzir o tribunal à decisão de absolvição e não de condenação. A descrição *de que não se provou, mas tudo leva a crer que* é típica

---

[417] Não podemos pensar que, como *A* não tem meios de sobrevivência e anda a minguar nas ruas, deve o mesmo ser coarctado da sua liberdade de modo que não incomode os demais cidadãos cumpridores.

[418] GERMANO MARQUES DA SILVA, *Ética Policial e Sociedade Democrática*, Edição do ISCPSI, Lisboa, 2001, p. 52.

de um processo de estrutura inquisitória, em que o arguido, a quem estava cometido o *onus probandi*, não conseguiu provar a sua inocência, logo se presumia a sua culpa, quando esta jamais deverá ser presumida.

137. À polícia/OPC, face ao princípio da presunção de inocência, cabe pugnar por promover a celeridade processual[419], uma vez que o arguido deve *ser julgado no mais curto prazo compatível com as garantias de defesa – in fine* do n.º 2 do art. 32º da CRP –, devendo promover com a maior celeridade possível as diligências solicitadas pela AJ competente. Que liberdade tem um indivíduo quando, sendo arguido de um processo crime, vê a comprovação judicial da sua inocência a ser adiada *sine die*? Não tem liberdade, não poderá vivê-la, exercitá-la e senti-la como sua e como real.

A POLÍCIA na sua intervenção, quer *a priori* quer *a posteriori*, deve partir sempre do pressuposto de que o indivíduo que investiga ou sobre qual está a praticar actos ou diligências processuais é inocente até sentença transitada em julgado, evitando-se assim a ideia errónea e muitas vezes falível de que aquele é o culpado e não um culpado.

δ. princípio do contraditório

138. A actividade da POLÍCIA não só está sujeita ao princípio do contraditório no sentido de que os seus actos podem e devem ser discreteados no processo crime quer pela acusação quer pela defesa, porque a verdade material não é só a de quem investiga como todo acto material ou diligência está sujeito a ser contraditado quer pelo fiscalizador interno ou externo quer pelas autoridades judiciais quando suscitadas.

---

[419] Mas, jamais a celeridade processual poderá ser promovida com base na restrição dos direitos, liberdades e garantias do cidadão. Estes também e jamais poderão servir para justificar a morosidade da justiça ou da inércia dos operadores da justiça. Neste sentido ANABELA MIRANDA RODRIGUES, "A Celeridade do Processo Penal – Uma Visão de Direito Comparado", *in Actas de Revisão do Código de Processo Penal*, Assembleia da República – Edições, 1999, Vol. II – Tomo II, p. 75.

A verdade só será plena quando se descobre a verdade material, o agente do crime e não um agente do crime, a causa real do crime e não a causa real de uma das partes. No âmbito criminal, tendo em conta a necessidade de chamar o arguido a participar na administração da justiça criminal, o legislador constitucional consagrou a subordinação ao princípio do contraditório a audiência de julgamento e os actos instrutórios – 2.ª parte do n.º 5 do art. 32.º da CRP –, nos quais serão discreteados os actos produzidos pela Polícia *a priori* e *a posteriori* da intervenção judicial que coadjuvaram na identificação e determinação do objecto do processo.

A produção de prova é realizada na audiência de julgamento, devendo os meios de prova apresentados nesta fase ser *submetidos ao princípio do contraditório, mesmo que tenham sido oficiosamente produzidos pelo tribunal*, conforme estipula o n.º 2 do art. 327.º do CPP. Os meios de prova – produzidos e/ou obtidos pelos OPC/Polícia – têm de ser discutidos e debatidos entre a acusação e a defesa, proporcionando um controlo das provas por parte do arguido e um discreteamento do resultado quer das apresentadas pela acusação, quer das apresentadas por si próprio[420].

A inquirição de testemunha – muitas vezes, elemento policial – está sujeita ao contraditório, n.º 4 do art. 348º do CPP, e nas alegações finais é dada a palavra quer à acusação quer à defesa, sendo esta, sob pena de nulidade, sempre o última a falar, n.ºs 1 e 2 do art. 360.º do CPP[421].

O princípio do contraditório releva para a actuação da polícia//OPC como freio balizador e limitador da actuação preventiva e repressiva, quer a *priori* quer a *posteriori* da intervenção da AJ. Mas, é a montante, na consciencialização de que o seu labor vai ser examinado e contradito em outras sedes, que deve induzir a polícia/OPC a prosseguir uma actuação cingida ao primado da liberdade.

---

[420] Neste sentido G. MARQUES DA SILVA, *Curso de Processo...*, 4.ª Ed., Vol. I, p. 77.

[421] Cfr. artigos 327.º, 348.º, 355.º e 360.º do CPP. Acrescentamos que o n.º 3 do art. 321.º também estipula que a decisão de exclusão ou de restrição da publicidade é, sempre que possível, precedida de **audição contraditória** dos sujeitos processuais interessados, (negrito nosso).

ε. princípio da jurisdicidade

139. O princípio da jurisdicidade dos actos da polícia/OPC advém da tutela efectiva dos direitos fundamentais, considerados em uma perspectiva individual e colectiva, como os da dignidade, da liberdade, da igualdade e da segurança que se prossegue através do processo penal jurisdicionalizado, no qual tem presença um juiz imparcial, que apenas se preocupa com a realização da justiça[422]. Nesta perspectiva, o juiz funciona como *barómetro independente*[423] que assegura a efectivação das garantias, dos direitos e da liberdade do arguido.

O princípio jurisdicidade impende como uma espada sobre a polícia/OPC na demanda de uma actividade sujeita a todo tempo à fiscalização e intervenção judicial, quer seja actividade administrativa, quer seja actividade judicial em sede de competências próprias ou delegadas.

η. princípio da lealdade

140. A proibição de medidas cautelares e de polícia e de métodos enganosos, criminosos e delatores na obtenção da prova, consagrada no art. 126.º do CPP, funciona como um garante da liberdade de todos os cidadãos. Uma liberdade física e moral que se consubstancia na própria liberdade de decisão ou de formação da sua própria vontade, que não é impelida, nem interpelada a ser a génese de uma conduta punida pelo ordenamento jurídico como crime e, até mesmo, como contra-ordenação. Pois, a lealdade, como ensina G. MARQUES DA SILVA, "pretende imprimir na investigação criminal toda uma atitude de respeito pela dignidade das pessoas e da justiça"[424].

---

[422] Neste sentido GERMANO MARQUES DA SILVA, *Curso de Processo...*, 4.ª Ed., Vol. I, pp. 52 e 53.

[423] No sentido de que o juiz independente é garante da expressão e da tutela da liberdade, que está na lei, legitima e devidamente promulgada, D. ANTÓNIO FERREIRA GOMES, "A sociedade e o Trabalho: Democracia, Sindicalismo, Justiça e Paz", in *Direito e Justiça*, Vol. I, 1980, p. 14.

[424] GERMANO MARQUES DA SILVA, *Ética Policial e Sociedade Democrática*, Edição do ISCPSI, Lisboa, 2001, p. 69.

O princípio da lealdade é, neste sentido, um corolário do princípio da liberdade, que, como valor a respeitar mesmo em detrimento da verdade material, apenas se realiza em um processo penal de estrutura acusatória em que a sua moldura é recheada pelos primados do princípio democrático que deve legitimar todo o poder do Estado e ser o impulso orientador de uma sociedade[425] erigida em valores éticos e morais inerente ao respeito pela dignidade da pessoa humana.

141. A primazia da liberdade contra os abusos do poder punitivo é própria de um Estado que se rege pelos primados do direito e da democracia em que o *indivíduo em si é um sujeito de direitos e de deveres* e não um objecto do qual se arranca uma verdade capaz de satisfazer os interesses gerais de segurança e de cumprimento do dever.

Os princípios democrático e da lealdade são duas traves mestras de um processo capaz de traduzir "uma maneira de ser da investigação e obtenção das provas em conformidade com o respeito dos direitos da pessoa e a dignidade da justiça"[426], impondo-se **aos agentes que operam a administração da justiça a obrigatoriedade de actuarem no estrito respeito pelos valores próprios da pessoa humana,** como a sua dignidade (valor supremo que se sobrepõe aos próprios fins de justiça), como a sua integridade pessoal (física ou moral)[427], cuja "interdição é absoluta"[428], como a própria liberdade de formação e manifestação da sua vontade perante a demais sociedade, ou seja, a Polícia/OPC deve ter uma atitude de profundo respeito pela personalidade humana[429] e de respeito pela realização de justiça, promovendo-se

---

[425] Neste sentido GOMES CANOTILHO, *Direito Constitucional e Teoria da Constituição,* Almedina, Coimbra, 1999, p. 281

[426] GERMANO MARQUES DA SILVA *apud* TEREZA BELEZA e Outros, *Apontamentos...,* III Vol., p. 65; e *Curso de Processo...*, Vol. I (1.ª Ed., 1992) e Vol. II (2.ª Ed., 1999), pp. 53 e 161.

[427] Cfr. 1.ª parte do n.º 8 do art. 32.º e n.ᵒˢ 1 e 2 do art. 26.º e art. 25.º da CRP.

[428] G. CANOTILHO e VITAL MOREIRA, *Constituição da República...*, 3.ª Edição, p. 206.

[429] Cuja tutela geral está consagrada no art. 70.º da CC, que, segundo RABINDRANATH CAPELO DE SOUSA, imprime o respeito que todos devem ao homem como um ser intelectivo capaz de "perceber e entender dados dos sentidos, de organizar e orientar os sentimentos (...), em suma, de pensar e conhecer". RABINDRANATH CAPELO DE SOUSA, *O Direito Geral da Personalidade*, Coimbra Editora, 1995, p. 234.

assim a realização do princípio da liberdade quer na sua dimensão positiva, quer na negativa.

A justiça não se realiza quando *a priori* os seus agentes se socorrem de medidas ou meios de obtenção de prova e de investigação que violem um dos pilares do processo penal: o respeito pela dignidade da pessoa humana[430], que por sua vez violam o princípio da liberdade.

ϕ. identificação e determinação do objecto do processo

142. A actividade policial, principalmente na fase de inquérito e, nesta na de investigação, é crucial para a identificação e determinação do objecto do processo[431], mas a indisponibilidade do objecto transforma-se em manifestação do princípio da liberdade.

A Polícia/OPC, na sua actividade investigatória, funcionará como o instrumento técnico-táctico essencial para que juridicamente se determine e se identifique o objecto do processo penal[432], pois dela depende em muito a credibilidade da justiça e da salvaguarda dos valores superiores como o da liberdade.

As limitações à liberdade de qualificação jurídica dos factos descritos na acusação ou na pronuncia é, indubitavelmente, uma manifestação de que o processo penal procura defender os direitos, as garantias e as liberdades do arguido, que se presume inocente até transito em julgado, cuja liberdade individual é preciso preservar e assegurar o mais garantisticamente de modo que não se condenem inocentes, mesmo que se saiba que se absolvem culpados.

Acresce que cumpre à POLÍCIA defender e garantir os direitos de todos os cidadãos, inclusive arguidos – art. 272.º, n.º 1 da CRP –, dos quais se destaca a liberdade. Na labuta diária, no quadro criminal de

---

[430] Neste sentido GERMANO MARQUES DA SILVA, *Curso de Processo...*, Vol. I (1.ª Ed., 1992) e Vol. II (2.ª Ed., 1999), pp. 53 e 161.

[431] Quanto a este assunto JOSÉ MANUEL DAMIÃO DA CUNHA, *O Caso Julgado Parcial*, Publicações da Universidade Católica, Porto, 2002, pp. 809-811.

[432] Quanto a este assunto com maior desenvolvimento, o nosso "Do Objecto do Processo: Da Importância dos Órgãos de Polícia Criminal na sua Identificação e Determinação", *in Politeia*, Ano III, n.º 2, 2006, pp. 115-139.

intervenção policial, o papel das polícias/OPC releva para identificar e determinar o objecto do processo crime e evitar que o cidadão seja julgado e condenado por um crime que não cometeu.

No mesmo sentido ideológico-operativo, a actividade de polícia administrativa sancionatória – quadro contra-ordenacional – é crucial para identificar e determinar o objecto do processo, como se pode retirar dos artigos 48.º e 48.º-A do RGCO –, *p. e.*, não basta levantar o auto de notícia, impõe-se à autoridade policial que descreva e indique todas as circunstâncias factuais que enquadrem a conduta de determinada pessoa em uma contra-ordenação, *i. e.*, o auto não pode nem deve facilitar a imprecisão probatória e de tipificação da conduta: se A anda na via pública com um canídeo sem trela, não pode resultar no processo contra-ordenacional a ideia de que não se afigura a circulação com canídeo sem trela, mas antes sem identificação e registo, como estipulam o DL n.º 313/2003, alterado pela Lei n.º 49/2007, de 31 de Agosto, o DL n.º 314/2003 e a Portaria n.º 421/2004.

ι. da libertação em caso de detenção ilegal

144. Como manifestação do princípio da liberdade – "interesse individual juridicamente protegido que consiste na *livre manifestação da vontade*"[433], *i. e.*, *liberdade de acção* e não mero *livre-arbítrio* –, os OPC ou as APC estão obrigados a proceder à **libertação** de qualquer cidadão detido logo que seja manifesto que a detenção se efectuou «por erro sobre a pessoa ou fora dos casos em que era legalmente admissível ou que a medida se tornou desnecessária», nos termos do n.º 1 do art. 261.º do CPP[434].

O princípio da liberdade vigora, também, quando o OPC recorre à detenção para identificação – al. *g)* do n.º 3 do art. 27.º da CRP e art. 250.º do CPP –, a qual deve cessar logo que se tenha procedido à diligência, devendo-se colocar em liberdade o cidadão.

---

[433] FRANZ VON LISZT, *Tratado de Direito Penal*, (tradução de JOSÉ HIGINO DUARTE PEREIRA), Russell, Campinas/SP, 2003, Tomo II, pp. 94-95.

[434] Quanto a este assunto o nosso *Processo Penal* – Tomo I, Almedina, Coimbra, pp. 298-301.

Capítulo VII

DAS COMPETÊNCIAS EM GERAL FACE À NATUREZA DA INFRACÇÃO

Sumário: § 43.º Considerações gerais
§ 44.º Do papel da Polícia nas contra-ordenações:
a. Considerações gerais
b. Das contra-ordenações em geral
c. Da actividade policial no processo contra-ordenacional
§ 45.º Da intervenção em geral da Polícia – OPC – no âmbito criminal

Fontes: Canotilho, Gomes e Moreira, Vital, *Constituição da República Portuguesa Anotada*, 3.ª Edição, Coimbra Editora, 1993; Correia, Eduardo, "Direito penal e o direito de mera ordenação social", in *Direito Penal Económico e Europeu: Textos Doutrinários – Problemas Gerais*, Coimbra Editora, Vol. I, 1998; *A Teoria do Concurso em Direito Criminal. Caso Julgado e Poderes de Cognição do Juiz*, Almedina, Coimbra; Dias, Jorge de Figueiredo, "O movimento da descriminalização e o ilícito de mera ordenação social", in *Direito Penal Económico e Europeu: Textos Doutrinários – Problemas Gerais*, Coimbra Editora, Volume I, 1998; *Direito Penal – Parte Geral – Questões Fundamentais – A Doutrina Geral do Crime* – Tomo I, Coimbra Editora, 2005; *Consequências Jurídicas do Crime*, Aequitas, Lisboa; *Direito Processual Penal*, (colecção Clássicos Jurídicos – Reimpressão da 1.ª Edição de 1974), Coimbra Editora, 2004; Fernandes, António Joaquim, *Regime Geral das Contra--Ordenações – Notas Práticas*, Ediforum, Lisboa, 1998; Gonçalves, Maia, *Código de Processo Penal Anotado e Comentado*, 12.ª Edição, Almedina, Coimbra, 2001; Mendes, António de Oliveira e Cabral, José dos Santos, *Notas ao Regime Geral das Contra-Ordenações e Coimas*, Almedina, Coimbra, 2003; Monteiro, Cristina Líbano, "O consumo de Droga na política e na técnica legislativa: Comentário à Lei n.º 30/2000", in *Revista Portuguesa de Ciências Criminais*, Ano 11, Fasc. 3.º, Vol. I; Pereira, António Beça, *Regime Geral das Contra-Ordenações e Coimas*, 5.ª Edição,

Almedina, Coimbra, 2003; PINHEIRO, ALEXANDRE SOUSA e FERNANDES, MÁRIO JOÃO DE BRITO, *Comentário à IV Revisão Constitucional*, AAFDL, Lisboa, 1999; SILVA, GERMANO MARQUES DA, *Direito Penal Português – Teoria Geral do Crime*, Verbo, Lisboa/S. Paulo; *Curso de Processo Penal*, 2.ª Edição, Verbo, Lisboa/S. Paulo, 1999, Vol. II e Vol. III; VALENTE, MANUEL MONTEIRO GUEDES, *Consumo de Drogas – Reflexões Sobre o Novo Quadro Legal*, 2.ª Edição, Almedina, 2003; *Direito de Menores – Estudo Luso-Hispânico sobre Menores em perigo e Delinquência Juvenil*, (co-autoria com NIEVES SANZ MULAS), Âncora Editora, Lisboa, 2003; *Processo Penal – Tomo I*, Almedina, Coimbra, 2004.

§ 43.º Considerações gerais

145. A POLÍCIA quer vista a pele de OPC/APC quer de autoridade de polícia ou agente policial e em qualquer tipo ou sistema político (foi) é e será sempre a face visível da lei. A orgânica e o funcionamento dela é o resultado da sociedade que criamos e das estruturas de poder material que construímos.

Se optamos por dar um pendor mais securitário, em que a autoridade é fruto do normativo imposto, teremos uma polícia que defenderá, em primeira linha, o Estado e tudo o que aquele representa na sociedade, cuja legitimação apenas emerge da *lex*.

Se optarmos por dar um pendor mais humanizante e vincado às políticas criminais de índole democratizante, teremos uma polícia que não esgota a legitimação do poder material na *lex*, mas encontra-a na vontade popular e no exercício aceite e apoiado por todos, cuja acção não se centra na defesa do Estado, pessoa dotada de *ius imperii*, mas na prossecução de um serviço público próprio e imbricado com as funções que lhe estão adstritas constitucionalmente – defesa da legalidade democrática, garantia da segurança (interna) e garantia dos direitos (de todos os direitos) dos cidadãos – teleologicamente ancoradas no respeito da dignidade da pessoa humana.

A polícia, materialmente falando, como actividade diária que a todos afecta positiva ou negativamente, deve ser encarada sempre como força colectiva prestadora de serviço público quer no quadro de ordem pública, quer no de polícia administrativa, quer no de polícia judiciária. A polícia não pode ser esbulhada de prerrogativas legais de *ius imperii* que limitem ou inoperacionalizem a prossecução das consagradas funções. Todavia, a actividade da polícia não pode ultrapassar os limites que o direito – princípios gerais, norma, jurisprudência e doutrina – lhe impõe para que seja legal e legítima.

146. O esbulho das prerrogativas de intervenção da Polícia não pode verificar-se ou variar consoante a natureza da infracção, *i. e.*, não podemos dar todas e mais algumas prerrogativas de intervenção no âmbito criminal e diminuir por completo se a infracção for de natureza contra-ordenacional. Deve haver um equilíbrio admissível face à censurabilidade que recai sobre a infracção, pois os pressupostos formais e materiais de intervenção que legitimam e limitam devem ser os mesmos no plano criminal e no plano contra-ordenacional, mas mais acuradamente positivados e concretizados no plano criminal por encerrar em si mesmo o princípio da liberdade – valor supremo da justiça.

Neste sentido, é comummente aceite a *detenção para identificação* no quadro jurídico-criminal adjectivo – n.º 6 do art. 250.º do CPP *ex vi* da al. *g*) do n.º 3 do art. 27.º da CRP –, mas de discussão viva no quadro contra-ordenacional[435]. Contudo, aos que defendem a não detenção para identificação no quadro administrativo sancionatório – contra-ordenações – pergunta-se se à recusa de identificação deve corresponder a detenção por desobediência, *i. e.*, se a recusa à ordem de identificação por infracção de natureza contra-ordenacional e feita a cominação legal, o agente de autoridade pode ou deve deter o infractor por desobediência. Pois e como se esgrimirá em §.º próprio, seria um contrasenso aceitar esta solução muito mais restritiva da liberdade do cidadão, além de que a al. *g*) do n.º 3 do art. 27.º da CRP não limita, no nosso entender, a detenção para identificação ao campo criminal.

---

[435] No Parecer da PGR n.º 579/2002, L-H, conclui-se pela não aceitação da detenção para identificação no plano administrativo sancionatório. Quanto a este assunto *infra* § 34.º.

§ 44.º Do papel da POLÍCIA nas contra-ordenações

a. Considerações gerais

147. As contra-ordenações, que surgiram, na Alemanha[436], no após II Grande Guerra como reacção contra à *hiper criminalização* ou "inflação incriminatória" com "legislação penal extravagante"[437], são, hoje, uma das áreas por excelência da actividade policial: *v. g.*, no quadro rodoviário, ambiental, dos ruídos, dos licenciamentos, da ordem pública, da propriedade industrial e intelectual, da segurança social e do fisco, dos estupefacientes e substâncias psicotrópicas, dos animais de companhia, (etc.).

Cumpre-se, a par da "exigência de que se retirasse dos quadros do direito penal um larguíssimo número de infracções de nula ou duvidosa relevância ética" e da "necessidade de guardar o conteúdo ético que vive nas sanções penais (...) para comportamentos também eles eticamente relevantes, e de distinguir estes das infracções que não deveriam ser ameaçadas com penas criminais, mas com meras advertências sociais, coimas e sanções ordenativas", uma das razões da criação alemã das *Ordnungswidrigkeit*: a "conveniência de revestir o processamento destas infracções de especificidades que permitissem, sobretudo, a aplicação das sanções pelos agentes administrativos encarregados da fiscalização e controlo das respectivas actividades"[438], como é o caso da polícia em sentido administrativo.

---

[436] Com a promulgação, em 1949, da *Wirtschaftsstrafgesetz*, e, em 1952, da *Gesetz über Ordnungswidrigkeiten*. Em Portugal, foi sob a batuta de EDUARDO CORREIA, ainda Ministro da Justiça, que surgiu o primeiro diploma a instituir o ilícito de mera ordenação social: DL n.º 232/79, de 24 de Julho. Em Itália, é a Lei n.º 689, de 24 de Novembro de 1981 que introduz a figura da *Ordnungswidrigkeit*. Quanto a este assunto JORGE DE FIGUEIREDO DIAS, "O movimento da descriminalização e o ilícito de mera ordenação social", in *Direito Penal Económico e Europeu: Textos Doutrinários – Problemas Gerais*, Coimbra Editora, Volume I, 1998, pp. 21-22 e, quanto à autonomia do direito de mera ordenação social, *Direito Penal – Parte Geral – –Tomo I*, Coimbra Editora, Coimbra, 2004, pp. 149-157.

[437] JORGE DE FIGUEIREDO DIAS, "O movimento da descriminalização...", in *Direito Penal Económico...*, Volume I, p. 21.

[438] *Ibidem*.

148. As contra-ordenações apresentam-se como uma área por excelência de intervenção da administração sancionatória em geral e da polícia administrativa em especial. Como ensina o saudoso Prof. Eduardo Correia[439], nesta actividade administrativa, não promovida pelo MP, o princípio da oportunidade, a par do princípio da legalidade de intervenção, ganha *grande amplitude*, que se reflecte na actividade da polícia em sentido administrativo[440].

Por um lado, as contra-ordenações apresentam-se, hoje, como instrumento de regulação social de reposição da normalidade afectada e de protecção de bens jurídicos carentes de dignidade de tutela penal, cuja sanção administrativa se encontra como suficiente para tutelar áreas como a ordem e tranquilidade públicas, como a circulação rodoviária, como a ordenação administrativa de licenciamentos quer de estabelecimentos quer de espectáculos públicos quer de actividades, que pela sua natureza ruidosa ou de risco, impõem uma licença de entidade competente – *p. e.*, uso de explosivos, obras na via pública ou no sector privado (etc.).

Contudo, partilhamos da preocupação de Figueiredo Dias quanto ao ilícito de mera ordenação alargar o seu âmbito de incidência "à custa do ilícito penal", carregando aquele «a responsabilidade de obviar aos grandes e novos riscos da sociedade pós-industrial através da construção de um "**direito de intervenção preventivo**" dotado de *sanções (administrativas) mais fortes, pesadas e diversificadas relativamente às coimas*», fardo que pode implicar dois problemas: o do ilícito administrativo passar a "assumir competência exclusiva para sancionar certos

---

[439] Eduardo Correia, "Direito penal e o direito de mera ordenação social", in *Direito Penal Económico e Europeu: Textos Doutrinários – Problemas Gerais*, Coimbra Editora, Vol. I, 1998, p. 14.

[440] Quanto a este assunto *supra* § 26.º Do princípio da oportunidade. A Administração, com a Revolução Francesa "juridifica-se e sujeita-se à legalidade, ao mesmo tempo que a actividade policial se concentra na protecção antecipada de perigos indeterminados para a consistência dos direitos subjectivos do cidadão" [Figueiredo Dias, *Direito Penal...*, p. 145].

A Polícia deixa de constituir o pilar do designado *Estado de Polícia*, não estando aquela subordinada a preceitos jurídicos, para estar não só sujeita à legalidade e juricidade, como também ser o garante dos direitos do cidadão face aos perigos não dignos de tutela penal.

ilícitos **dignos e carentes de pena**" e o de as sanções administrativas a aplicar deixarem de "ser a coima para constituir, com diferente etiqueta, verdadeiras **penas ou medidas criminais**"[441].

Por outro lado, as contra-ordenações induzem-nos a materializar alguns princípios como o da *ultima ratio* do direito penal, como o da subsidiariedade – *p. e.*, princípio fundamento para a descriminalização do consumo de estupefacientes e substâncias psicotrópicas[442] – como o da descentralização administrativa. E, ainda, no quadro da polícia administrativa permite que se possa desenvolver uma actividade *ab initio ad finem* dotada de exercício de competências formais e materiais que acarretam uma maior responsabilidade por serem, *ipso facto*, garantes da legalidade e da oportunidade da intervenção, que não pode ferir princípios como o da justiça, o da boa fé, o da imparcialidade, o da igualdade, o da proporcionalidade *lato sensu* – adequação, necessidade, proporcionalidade *stricto sensu* –, na prossecução do interesse público e particular.

Acrescente-se que os direitos dos cidadãos não ficam à mercê da polícia sem controlo jurisdicional. Desde logo, o n.º 10 do art. 32.º da CRP consagra para o processo contra-ordenacional o assegurar ao arguido dos direitos de audiência e de defesa, que acarreta, necessariamente, todas as garantias inerentes àqueles direitos que emergem do processo crime e os n.ºs 4 e 5 do art. 268.º da CRP consagram o recurso contencioso e à justiça administrativa sempre que um direito do cidadão seja afectado por uma decisão ou acto material da administração, *i. e.*, encontra-se inquestionavelmente consagrado o *princípio da plenitude da garantia jurisdicional administrativa*[443].

---

[441] Jorge de Figueiredo Dias, *Direito Penal – Parte Geral – Questões Fundamentais – A Doutrina Geral do Crime* – Tomo I, Coimbra Editora, 2005, pp. 156--157.

[442] Quanto a este assunto o nosso *Consumo de Drogas – Reflexões Sobre o Novo Quadro Legal*, 2.ª Edição, Almedina, 2003, pp. 87-89.

[443] Quanto a este assunto, Gomes Canotilho e Vital Moreira, *Constituição da República Portuguesa Anotada*, 3.ª Edição, Coimbra Editora, 1993, p. 937. Neste sentido e envergando este princípio, cfr. o art. 28.º do DL n.º 292/2000, de 14 de Novembro, alterado pelo DL n.º 259/2002, de 23 de Novembro.

b. das contra-ordenações em geral

149. A polícia no âmbito das contra-ordenações não pode olvidar que estamos perante um regime sancionatório, *i. e.*, punitivo[444] de condutas que afectam bens jurídicos, cuja tutela o legislador entendeu não dotar de dignidade penal, por, como ensina FIGUEIREDO DIAS na esteira de LANGUE, os bens jurídicos serem apenas "*motivo* e não *conteúdo* do tipo" ou por o fundamento da ilicitude ser "só a *consequência* e não *causa* da proibição legal"[445]. Não obstante há princípios que se impõe de verificação concreta e de respeito pela *praxis* policial.

No que concerne à actividade da polícia importa reter alguns pontos de reflexão face ao pendor coactivo e restritivo dos direitos dos cidadãos emergente do regime geral e dos regimes específicos das contra-ordenações:

α. a ideia chave de que, *ex vi* art. 32.º do RGCO, o ***direito penal se aplica subsidiariamente ao direito de mera ordenação social***, acarreta em si a constatação de que "o direito das contra-ordenações se não é direito penal, é em todo o caso direito sancionatório de carácter punitivo"[446], o que impele a polícia a empenhar *in concreto* os princípios de intervenção próprios da zona do direito criminal.

β. a ***concepção normativa*** de contra-ordenação – «todo o facto ilícito e censurável que preencha um tipo legal no qual se comine uma coima», art. 1.º do RGCO – impele que a polícia considere não só a ilicitude, mas a tipicidade, a culpabilidade e a punibilidade de uma conduta com uma coima[447]. Desta feita, as causas de justificação e de exculpação devem ser tidas em conta na actuação policial.

γ. a polícia não pode cominar uma conduta como contra-ordenação se à altura da prática a mesma não for descrita e declarada

---

[444] Neste sentido JORGE DE FIGUEIREDO DIAS, *Direito Penal...*, p. 153.
[445] JORGE DE FIGUEIREDO DIAS, *Direito Penal – Parte Geral ...*, p. 151.
[446] *Idem*, p. 153.
[447] Quanto a este assunto ANTÓNIO JOAQUIM FERNANDES, *Regime Geral das Contra-Ordenações – Notas Práticas*, Ediforum, Lisboa, 1998, pp. 23-25.

passível de coima – art. 2.º do RGCO –, *i. e.*, a acção policial está vinculada à previsão legal da sanção da conduta como contra-ordenação – princípio da *legalidade* –, pois não há coima sem lei.

δ. quanto à aplicação das contra-ordenações no *tempo*, cumpre referir que:

i) proibe-se a retroactividade da lei contra-ordenacional – n.º 1 do art. 3.º do RGCO;

ii) se à data da intervenção da polícia a conduta violadora de norma de ordenação social for punida a título de contra--ordenação e no desenrolar do processo deixar de ser punida a qualquer título sancionatório, o processo deve ser arquivado por deixar de existir a ilicitude – *ex vi* do n.º 2 do art. 3.º do RGCO;

iii) mas, se a norma de ordenação social for temporária, já a conduta será sempre punida a título de contra-ordenação – *ex vi* do n.º 3 do art. 3.º do RGCO;

iv) se a conduta for punida com uma coima de um valor monetário e, com posterior alteração, esse valor aumentar, o processo deve ser dirigido para aplicação do primeiro regime sancionatório;

v) todavia, se apesar do valor da coima ser superior, o arguido puder requerer a sua suspensão ou a sua substituição por trabalho a favor da comunidade por não deter o valor em que foi coimado, apresentando-se este regime mais favorável, a decisão deve optar por este último e não pelo de menor valor monetário;

vi) acresce os casos em que se verifica que a conduta *X* é punida a título de crime e, em um dado momento, passou a ser punida a título de contra-ordenação, a polícia deve ter presente que o processo – mesmo detendo as mesmas garantias do processo crime – deve transitar para a entidade competente para o processamento e aplicação da coima respectiva – *p. e.*, a Lei n.º 30/2000, de 29 de Novembro, descriminalizou *stricto sensu* a conduta criminal consumo de estupefacientes e de substâncias psicotrópicas, cuja entidade competente para o processamento e aplicação da sanção passou a ser a CDT, cuja execução ficou a cargo dos Governos Civis[448].

ε. a polícia deve ter presente que *as causas de justificação e de exculpação* prescritas para o direito penal, por aplicação subsidiária – excepto os artigos 8.º, n.º 2 e 9.º do RGCO –, se aplicam ao *ilícito de mera ordenação social* – até por obediência ao princípio da unicidade do direito [art. 31.º, n.º 1 do CP] e vivência dos princípios jurídico constitucionais.

ζ. quanto aos *elementos subjectivos*, a polícia deve ter em conta se a conduta se enquadra no quadro jurídico do *dolo* – directo, necessário e eventual [art. 14.º do CP] – ou da *negligência* – consciente e inconsciente [art. 15.º do CP] –, cujo auto de notícia deve reflectir com a maior rectidão o estado em que o agente praticou a conduta punida como contra-ordenação;

η. na mesma linha, há a referir que a polícia deve aferir a *imputabilidade* do agente no momento da prática da infracção contra--ordenacional[449] – se era maior ou menor de 16 anos de idade – art. 10.º do RGCO – [de extrema importância no quadro do consumo de drogas[450] ou na prática de facto punível como contra-ordenação em que haja danos para terceiros, inclusive Estado] ou se existia, *no momento da prática do facto*, alguma situação enquadrável na inimputabilidade por anomalia psíquica

---

[448] Quanto a este assunto o nosso *Consumo de Drogas...*, 2.ª Edição, pp. 153--188, mais precisamente pp. 181-188.

[449] Como afirmam ANTÓNIO DE OLIVEIRA MENDES e JOSÉ DOS SANTOS CABRAL, só se pode censurar juridicamente um comportamento humano "se contrário ao Direito e pessoalmente censurável ao agente, censura só admissível quando o agente se encontra em condições para se comportar de outro modo, isto é, de acordo com as exigências do ordenamento jurídico". ANTÓNIO DE OLIVEIRA MENDES e JOSÉ DOS SANTOS CABRAL, *Notas ao Regime Geral das Contra-Ordenações e Coimas*, Almedina, Coimbra, 2003, p. 45. Neste sentido ANTÓNIO BEÇA PEREIRA, *Regime Geral das Contra--Ordenações e Coimas*, 5.ª Edição, Almedina, Coimbra, 2003, p. 43.

[450] Quanto a este assunto o nosso *Consumo de Drogas...*, 2.ª Edição, pp. 125--128.

– art. 11.º do RGCO – [*p. e.*, de relevante interesse no quadro do consumo de drogas[451]];

θ. quanto ao ***concurso de contra-ordenações*** – a polícia deve ter em conta o preceituado no art. 19.º do RGCO e os princípios inerentes ao direito criminal que dirimem a problemática do concurso de infracções. Todavia, ao lermos o art. 19.º do RGCO poder-se-á retirar que só existe *concurso real* ou *efectivo* de infracções contra-ordenacionais, *i. e.*, que não existe um bem jurídico tutelado por duas contra-ordenações diferentes. A doutrina, no caso da prática de tipos de contra-ordenações que protejam o mesmo bem jurídico, tem-o enquadrado na designada contra-ordenação continuada, aplicando-se as regras do crime continuado prescrito no art. 30.º, n.º 2 do CP por aplicação subsidiária nos termos do art. 32.º do RGCO[452]. Todavia, parece-nos que a opção deveria ser a de aplicação ou do princípio da especialidade ou da subsidiariedade ou da consumpção do direito criminal[453].

ι. no que concerne ao ***concurso de infracções pela prática do mesmo facto***[454] – *p. e.*, prática de condução sob o efeito do álcool, punida a título de crime pelo art. 292.º do CP e a título de contra-ordenação – o agente será punido a título de crime,

---

[451] *Idem*, p. 129.

[452] Na linha ERICH GÖHLER, ANTÓNIO BEÇA PEREIRA, *Regime Geral...*, p. 57. Por todos, ANTÓNIO DE OLIVEIRA MENDES e JOSÉ DOS SANTOS CABRAL, *Notas ao Regime...*, pp. 59-60 e ANTÓNIO JOAQUIM FERNANDES, *Op. Cit.*, pp. 45-46.

[453] Quanto a este assunto, GERMANO MARQUES DA SILVA, *Direito Penal Português – Teoria Geral do Crime*, Verbo, Lisboa/S. Paulo, Vol. I, pp. 305-321, EDUARDO CORREIA, *A Teoria do Concurso em Direito Criminal. Caso Julgado e Poderes de Cognição do Juiz*, Almedina, Coimbra, pp. 348 e ss. e *Direito Criminal*, Almedina, Coimbra, Vol. II, pp. 203-224, JORGE DE FIGUEIREDO DIAS, *Direito Penal...*, p. 161 e *Consequências Jurídicas do Crime*, Aequitas, Lisboa, pp. 276 e ss..

[454] Importa, desde já, reter que não estamos a falar de *concurso real ou aparente* de contra-ordenações, que deve seguir as regras do concurso aparente e real de crimes, mas quando a conduta em si mesma praticada pode ser punida a título de crime e de contra-ordenação ou quando o agente pratica várias condutas, sendo uma delas crime e as outras contra-ordenações.

Capítulo VII – Das Competências em Geral Face à Natureza da Infracção   207

podendo ser-lhe aplicada sanção acessória prevista para a contra-ordenação, *i. e.*, não pode ser condenado a título de crime e de contra-ordenação pela prática do *mesmo facto – ne bis in idem –*, pois face ao *concurso ideal ou aparente de infracções* prevalece quer pelo princípio da subsidiariedade quer da consumpção quer da especialidade a punição a título de crime, o que invalida a aplicação por parte da autoridade administrativa – polícia – da respectiva coima[455]. Mas, se *A* praticar o crime de condução sob a influência do álcool – p. e p. pelo art. 292.º do CP – e se não parou ao sinal STOP – contra-ordenação prevista no art. 21.º do RST, aprovado pelo Decreto Regulamentar n.º 22-A/98, de 1 de Outubro e punida pelo art. 23.º, al. *a)* do RST, ou seja, no quadro do *concurso real de infracções*, será punido a título de crime pela condução sob a influência do álcool e a título de contra-ordenação pela desobediência ao sinal de paragem obrigatória STOP, podendo ser aplicada pela AJ competente para a aplicação da sanção criminal – art. 38.º do RGCO[456]. Acresce que, no caso da contra-ordenação ser pelo consumo de estupefacientes e se enquadre no âmbito da Lei n.º 30/2000, de 29 de Dezembro, *ex vi* do art. 41.º do DL n.º 130-A/2001, de 23 de Abril, o processamento da contra-ordenação é da competência da CDT territorialmente competente[457].

---

[455] Se a polícia já tiver coimado o agente e, posteriormente, aquele for condenado a título de crime, deve a coima caducar, nos termos do art. 82.º do RGCO, e se a polícia já tiver coimado o agente e, posteriormente, aquele for acusado em processo crime pelo mesmo facto, deve ser suspensa a execução da coima, nos termos do n.º 2 do art. 90.º do RGCO. Quanto a este assunto, ANTÓNIO DE OLIVEIRA MENDES e JOSÉ DOS SANTOS CABRAL, *Notas ao Regime...*, pp. 61-62, 203-204 e 211, ANTÓNIO BEÇA PEREIRA, *Regime Geral...*, pp. 59, 145-146151-152 e ANTÓNIO JOAQUIM FERNANDES, *Regime Geral...*, pp. 46-47, 115-116, 126-127.

[456] Quanto a este assunto e com posições diferenciadas ANTÓNIO DE OLIVEIRA MENDES e JOSÉ DOS SANTOS CABRAL, *Notas ao Regime...*, pp. 97-98, ANTÓNIO BEÇA PEREIRA, *Regime Geral...*, pp. 82-83 e ANTÓNIO JOAQUIM FERNANDES, *Regime Geral...*, pp. 67-68.

[457] Quanto a este assunto o nosso *Consumo de Drogas...*, 2.ª Edição, p. 154, nota 407.

c. da actividade policial no processo contra-ordenacional

150. A polícia administrativa – considerada no RGCO como «autoridades policiais» – no quadro das contra-ordenações em geral não só está investida de prerrogativas de *ius imperii*, como de deveres legais de respeito pelos direitos e garantias do arguido, de colaboração com a AJ competente no quadro do concurso de infracções e de sujeição da decisão ao controlo e fiscalização hierárquica e jurisdicional.

Neste sentido, apraz-nos iniciar com as prerrogativas de que as *autoridades policias* se encontram investidas para a prossecução da sua acção administrativa, preventiva e sancionatória, no âmbito das contra-ordenações:

α. as *autoridades policiais*, em regra, no âmbito das contra-ordenações mantêm **direitos** – *p. e.*, de respeito pela ordem dada de identificação – **e deveres equivalentes** – *p. e.*, proceder ao levantamento do auto de notícia da infracção ou envio do processo contra-ordenacional ao MP se a conduta constituir crime ou for punida, também, a título de crime nos termos do art. 40.º, n.º 1– que têm no âmbito criminal – *ex vi* do n.º 2 do art. 48.º do RGCO;

β. neste sentido, as *autoridades policiais* têm de **tomar conta dos eventos ou circunstâncias** que sejam susceptíveis de constituir **responsabilidade por contra-ordenação** de que tenham conhecimento[458] – 1.ª parte do n.º 1 do art. 48.º e n.º 1 do art. 54.º do RGCO – *i. e.*, devem elaborar ou auto de notícia[459] – se presenciarem a infracção – ou auto de ocorrência – quando lhe seja comunicada a infracção – ou participação da infracção [n.º 1 do art. 54.º do RGCO] – no caso das contra-ordenações

---

[458] Quanto à aquisição da notícia da infracção, refira-se que pode ser de forma directa e própria ou por denúncia. Quanto a este assunto no plano criminal que se aplica à contra-ordenação o nosso *Processo Penal* – Tomo I, Almedina, Coimbra, 2004, pp. 262-265.

[459] Quanto ao auto de notícia ou de ocorrência, deve-se seguir o preceituado no art. 243.º do CPP que se aplica subsidiariamente nos termos do art. 41.º do RGCO. Quanto a este assunto o nosso *Processo Penal...* – Tomo I, 2.ª Edição, pp. 282-289.

tributárias para os funcionários que não sejam competentes para levantar auto de notícia, mas que sejam autoridades policiais, como os elementos da PSP, nos termos do art. 60.º, n.º 1 em conjugação com os artigos 57.º e 58.º da Lei n.º 15/2001, de 5 de Junho [que aprovou o RGIT];

γ. no levantamento do auto de notícia por contra-ordenação, as *autoridades policiais* devem tomar as **providências necessárias a salvaguardar as provas** da infracção – podendo para o efeito proceder, nos termos do art. 249.º do CPP, a exames, a identificação de testemunhas e a apreensões de objectos [art. 249.º, 171.º do CPP e 48.º-A do RGCO] – *ex vi* da 2.ª parte do n.º 1 do art. 48.º do RGCO;

δ. compete às *autoridades policiais* proceder à **comunicação** da notícia da contra-ordenação e das provas recolhidas às autoridades administrativas competentes para o processamento e aplicação de medidas administrativas provisórias ou definitivas e das sanções contra-ordenacionais – *ex vi* do n.º 3 do art. 48.º e do art. 54.º do RGCO – *p. e.*, se elementos da PSP ou da GNR verificarem a contra-ordenação prevista no art. 57.º do DL n.º 28/84, de 20 de Janeiro [*abate de reses com inobservância de requisitos técnicos*] devem comunicá-la à Autoridade de Segurança Alimentar e Economia *ex vi* do n.º 1 do art. 52.º do mesmo diploma conjugado com a al. *m)* do n.º 2 do art. 3.º da LOASAE;

ε. as *autoridades policiais* podem e devem, para preservar provas de que ocorreu ou de que estava a decorrer ou de que iria decorrer a contra-ordenação, **apreender**, «provisoriamente», os objectos da contra-ordenação ou produzidos pela conduta, assim como outros que possam servir de prova – no caso de venda de bebidas alcoólicas a menores, o vasilhame, uma amostra do líquido para perícia futura, o dinheiro[460] e o talão

---

[460] Quanto a este assunto o nosso *Direito de Menores – Estudo Luso-Hispânico sobre Menores em perigo e Delinquência Juvenil*, (co-autoria com NIEVES SANZ MULAS), Âncora Editora, Lisboa, 2003, pp. 102-106.

ou cartão de compra e venda – que serão restituídos, caso não sejam declarados perdidos, nos termos do art. 22.º do RGCO, quando a sua apreensão se mostrar desnecessária ou haja decisão condenatória definitiva – conforme art. 48.º-A do RGCO. Já o novo Regime Jurídico do Consumo de Drogas fala em apreensão das doses diárias desde que se mostre necessário. Contudo, defendemos que se devem apreender as doses de que o "indiciado" se faz transportar para serem submetidas a teste rápido e para salvaguarda de prova real no caso de se vir apurar que não estavamos no âmbito do consumo, mas do tráfico de droga[461];

φ. quanto às provas a recolher ou a produzir, as *autoridades policiais* têm de obedecer ao n.º 8 do art. 32.º da CRP e ao art. 125.º e 126.º do CPP, *i. e.*, não se pode produzir prova com a intromissão ilícita na correspondência e telecomunicações ou que violem segredo profissional ou que colidam com a reserva da intimidade da vida privada – exames corporais, ao sangue – excepto se obtidas com o consentimento do titular ou com autorização judicial, sob pena de **serem provas proibidas**[462] – *ex vi* do art. 42.º do RGCO. As provas têm de provir de uma produção lícita, democrática e leal, sob pena de não se poderem valorar por serem provas proibidas;

η. para a prossecução do processo contra-ordenacional impõe-se a *identificação* do agente da mesma, sob pena do não conhecimento do autor da contra-ordenação inviabilizar o processo e a respectiva responsabilização, pelo que o art. 49.º do RGCO legitima normativamente as *autoridades policiais* a «exigir ao agente de uma contra-ordenação a respectiva identificação». Quando a lei prescreve o verbo «exigir» está a dotar a ordem

---

[461] Cfr. o nosso *Consumo de Drogas. Reflexões sobre o Quadro Legal*, 3.ª Edição, Almedina, Coimbra, 2006, pp. 120-121.

[462] Neste sentido ANTÓNIO DE OLIVEIRA MENDES e JOSÉ DOS SANTOS CABRAL, *Notas ao Regime...*, p. 111. Quanto à proibição de provas no quadro criminal que se aplica, com adequada adaptação, ao processo contra-ordenacional, o nosso *Processo Penal – Tomo I*, pp. 363-373 e 418-437.

a autoridade policial de *ius imperii* devendo, se necessário, socorrer-se das formalidades prescritas no art. 250.º do CPP, inclusive a condução à esquadra ou posto policial para proceder à identificação, caso se verifica a situação do n.º 6 do art. 250.º do CPP.

Este procedimento levanta a questão de se saber se as *autoridades policiais* podem deter para identificar um arguido de uma contra-ordenação. ALEXANDRE PINHEIRO e MÁRIO FERNANDES[463] consideram que a interpretação do art. 49.º do sentido de permissão de detenção para identificação[464] no âmbito das contra-ordenações é inconstitucional, por aquela detenção só ser admissível nas situações em que se admite a privação da liberdade, o que, naturalmente, não se admite no regime contra-ordenacional. Neste mesmo sentido, se decidiu o Parecer da Procuradoria Geral da República – Proc. n.º 579/2002, L-H –, limitando a aplicação subsidiária do art. 250.º do CPP.

Na doutrina, ANTÓNIO MENDES/JOSÉ CABRAL[465] e ANTÓNIO PEREIRA[466] defendem a aplicação do regime prescrito na Lei n.º 5/95, de 21 de Fevereiro[467], *i. e.*, nos termos do art. 3.º deste diploma,

---

[463] ALEXANDRE SOUSA PINHEIRO e MÁRIO JOÃO DE BRITO FERNANDES, *Comentário à IV Revisão Constitucional*, AAFDL, Lisboa, 1999, pp. 121-122.

[464] O art. 42.º do DL n.º 232/79, de 24 de Julho, que havia aprovado o primeiro regime das contra-ordenações, previa a possibilidade das autoridades policiais, em flagrante delito, procederem à detenção para identificação, cuja duração jamais poderia ultrapassar as 24 horas.

[465] ANTÓNIO DE OLIVEIRA MENDES e JOSÉ DOS SANTOS CABRAL, *Notas ao Regime...*, p. 132.

[466] ANTÓNIO BEÇA PEREIRA, *Regime Geral...*, p. 98.

[467] Que muitos autores consideram que se encontra revogada tacitamente pelo art. 250.º do CPP com a redacção dada pela Lei n.º 58/98, de 25 de Agosto. MAIA GONÇALVES, *Código de Processo Penal Anotado e Comentado*, 12.ª Edição, Almedina, Coimbra, p. 515. Posição que seguimos por considerarmos que não faz sentido termos dois regimes legais para identificação de suspeitos da prática de crime, de penetração ou permanência irregular no território nacional ou sobre quem exista processo de extradição ou de expulsão, apesar de um mais garantístico do que o outro – o previsto na Lei n.º 5/95 –, quando, face às divergências que existiam na conciliação entre a Lei n.º 5/95 e o art. 250.º do CPP original, se prescreveu um novo art. 250.º com o intuito de harmonizar o procedimento da identificação de acordo com a

as autoridades policiais podem conduzir ao posto policial mais próximo para identificação quem se recusar a identificar sem que o tempo de privação da liberdade seja superior a duas horas. Posições que merecem uma reflexão teórico-prática por influírem no desenrolar do processo contra-ordenacional: quanto à segunda posição, a de que as autoridades policiais devem optar por se reger pela Lei n.º 5/95, a par da revogação tácita operada pelo art. 250.º com a redacção dada pela Lei n.º 58/98, de 25 de Agosto, acresce que apenas se dirige a suspeitos da prática de crime, de penetração ou permanência irregular no território nacional ou sobre quem exista processo de extradição ou de expulsão – n.º 1 do art. 1.º –, o que, face à possível inconstitucionalidade defendida por ALEXANDRE PINHEIRO e MÁRIO FERNANDES[468] gera uma problemática de operatividade policial; quanto à posição destes dois autores, consideramos que se for aplicada *tout cour* gera absoluta inoperabilidade do regime jurídico, porque muitas vezes os cidadãos arguidos pela prática de uma contra-ordenação recusam-se a identificar e a polícia, socorrendo-se do art. 250.º do CPP, tem como solução última a condução do cidadão ao posto policial para identificação.

Acresce referir que o regime de identificação pelos agentes das forças e serviços de segurança previsto na Lei n.º 5/95, ao estipular a restrição da liberdade do cidadão por um prazo máximo de duas horas, cuja suspeita se reportava à prática de

---

al. *g*) do n.º 3 do art. 27.º CRP, devendo-se por isso considerar o regime previsto na Lei n.º 5/95 revogado tacitamente. Quanto a este assunto, GERMANO MARQUES DA SILVA, *Curso de Processo Penal*, 2.ª Edição, Verbo, Lisboa/S. Paulo, 1999, Vol. II, p. 211, nota 2 e Vol. III, pp. 66-67. Quanto à recusa à ordem de identificação no âmbito da fiscalização rodoviária e o crime de desobediência, tendo em conta o art. 388.º do Código Penal antes da reforma operada pelo DL n.º 48/95, de 15 de Março e o art. 348.º do Código Penal em vigor, Parecer n.º 13/96, da Procuradoria-Geral da República, publicado no Diário da República n.º 286, II série, de 12 de Dezembro de 1997, pp. 15247-15255. Quanto ao *Crime de Desobediência*, p. e p. pelo art. 348.º do CP, MANUEL MAIA GONÇALVES, *Código Penal Português Anotado e Comentado*, 17.ª Edição, Almedina, Coimbra, 2005, pp. 1000-1010.

[468] ALEXANDRE SOUSA PINHEIRO e MÁRIO JOÃO DE BRITO FERNANDES, *Comentário à IV Revisão Constitucional*, AAFDL, Lisboa, 1999, pp. 121-122.

crime grave e muito grave, criava um regime desigualitário materialmente por ser mais benévolo que o regime do art. 250.º do CPP, cujo prazo máximo de restrição da liberdade é (era) de seis horas para todo e qualquer crime. Podíamos ter um cidadão suspeito pela prática de crime contra a propriedade detido para identificação durante seis horas e um outro suspeito da prática de crime contra a vida (*p. e.*, homicídio) detido para identificação durante duas horas. O regime de identificação instituído gerava uma violação grave do princípio constitucional da igualdade e do princípio de proporcionalidade *stricto sensu*.
O argumento de que a al. *g*) do n.º 3 do art. 27.º da CRP apenas se refere aos casos de suspeição em que a lei admite a privação da liberdade, não colhe o nosso apoio por duas ordens de razão: quando o legislador constitucional prescreve a «**detenção de suspeitos**, para efeitos de identificação, nos casos e pelo tempo estritamente necessário»[469], não identifica a natureza do suspeito – se de crime, se de ter penetrado e permanecer irregular no território nacional, se de ter um processo de extradição ou de expulsão ou se de ter praticado uma contra-ordenação –, pois deixa um campo aberto a preencher pelo legislador ordinário e pelo intérprete dentro da vinculação aos direitos, liberdades e garantias do cidadão; em segundo lugar, a **própria identificação *in loco* ou *in situ* é uma privação da liberdade do cidadão** – é uma detenção (atípica) , muitas vezes mais coerciva e ofensiva de direitos fundamentais pessoais – imagem, honra – do que a condução ao posto policial, em que a identificação se processa de forma mais resguardada e fora dos olhares prontos para criticar, opinativamente, e levantar a suspeita e o «fumo do fogo».
Ou será que, face à não admissibilidade da condução ao posto policial do suspeito da prática da contra-ordenação (detenção) para identificação, se deve optar por permitir que, perante a recusa de identificação por parte do cidadão, as autoridades policiais façam a cominação ao crime de desobediência – p. e

---

[469] Negrito nosso.

p. pelo art. 348.º do CP –, como defendem ANTÓNIO PEREIRA[470] e ANTÓNIO FERNANDES[471], admitindo-se que, afinal, a solução para as contra-ordenações é a ameaça penal?

A opção pela cominação ao crime de desobediência por recusa à identificação solicitada por autoridade administrativa foi expressa no art. 47.º da Lei Quadro das Contra-Ordenações Ambientais, aprovada pela Lei n.º 50/2006, de 29 de Agosto. Compreendemos a opção legisla-tiva face à relutância em admitir a condução a posto policial para identificação, mas não apoiamos a solução aprovada, porque demonstra que a validade e a força das contra-ordenações só fun-ciona com a ameaça penal, além de que viola o princípio da proporcionalidade *stricto sensu* consagrado no n.º 2 do art. 18.º da CRP uma vez que o ordenamento jurídico detém uma solução jurídica menos agressiva para os direitos e liberdades do cidadão.

Defendemos que não deve haver cominação do crime de desobediência em contra-ordenações[472] e que, como *ultima ratio*, as autoridades policiais podem conduzir o agente de uma contra-ordenação para identificação nos termos do art. 250.º, n.º 6 do CPP por aplicação subsidiária nos termos do art. 41.º do RGCO, sob pena de não só se inoperacionar a actividade da polícia no âmbito das contra-ordenações, como também de ser impossível responsabilizar o agente da contra-ordenação por inexistência de identificação do mesmo. Esta opção é, na nossa opinião, a que mais se confina em concordância com o art. 18.º, n.º 2 da CRP;

ı. na fase do processo contra-ordenacional, as *autoridades policiais* podem solicitar que **testemunhas** e **peritos** compareçam e se pronunciem sobre a matéria do processo, sob pena do pagamento de uma sanção pecuniária por falta injustificada[473] – nos termos do art. 52.º do RGCO;

---

[470] ANTÓNIO BEÇA PEREIRA, *Regime Geral...*, p. 98.

[471] ANTÓNIO JOAQUIM FERNANDES, *Regime Geral...*, p. 80.

[472] Neste sentido CRISTINA LÍBANO MONTEIRO, "O consumo de Droga na política e na técnica legislativa: Comentário à Lei n.º 30/2000", in *Revista Portuguesa de Ciências Criminais*, Ano 11, Fasc. 3.º, Vol. I, p. 75, nota 9.

[473] A justificação deve seguir o preceituado pelo art. 117.º do CPP *ex vi* do art. 41.º do RGCO.

φ. as *autoridades policiais* têm o **dever de colaborar** com as autoridades administrativas ou serviços públicos no quadro das contra-ordenações – n.º 3 do art. 54.º do RGCO –, podendo essa colaboração se materializar na própria investigação e instrução do processo contra-ordenacional, *i. e.*, situamo-nos no quadro da *cooperação horizontal*. A par desta cooperação, há a *cooperação vertical – i. e.*, a colaboração que as *autoridades policiais* têm de prestar à AJ quando o processo contra-ordenacional é instruído nos termos do art. 38.º do RGCO – *ex vi* do n.º 1 do art. 56.º do RGCO –, assim como à *AJ compete colaborar* com as autoridades policias, quando investidas de autoridade administrativa ou para investigar e instruir o processo, para consulta do processo e exame dos objectos aprendidos – n.º 1 do art. 45.º do RGCO.

λ. as *autoridades policiais*, principalmente na função de autoridade administrativa, têm o dever de comunicar e de notificar os arguidos das decisões, dos despachos e das medidas que tomam para que aqueles possam exercer o seu direito de defesa, inclusive o recurso – artigos 46.º e 47.º do RGCO.

151. Ao agente de um processo de contra-ordenação deve ser garantido o **direito de audiência e defesa** – n.º 10 do art. 32.º da CRP e 50.º do RGCO – sob pena de *nulidade insanável* nos termos do art. 119.º, al. c) e art. 122.º do CPP *ex vi* do art. 41.º do RGCO[474]. O *direito de audiência e defesa* consiste em o arguido poder consultar o processo – pois, com a notificação termina o segredo de justiça – e se pronunciar, em um prazo razoável, sobre a contra-ordenação imputada e sobre a sanção ou sanções em que incorre, quer de forma escrita, quer verbal com redução para os autos, quer pessoalmente, quer por pessoa mandatada para o efeito – advogado[475] – ou nomeado, oficiosamente ou por requerimento, pela autoridade administrativa, cuja recusa cabe recurso para o tribunal territorialmente competente – *ex vi* do art. 53 e art. 61.º do RGCO.

Ao arguido é assegurado do **direito de recurso** – garantia jurisdicional – da decisão, do despacho ou da medida cautelar ou definitiva

---

[474] Neste sentido ANTÓNIO JOAQUIM FERNANDES, *Regime Geral...*, p. 82
[475] Neste sentido ANTÓNIO JOAQUIM FERNANDES, *Regime Geral...*, p. 81.

a aplicar pela autoridade policial – quando investida de autoridade administrativa e desde que as medidas não se destinem à preparação do arquivamento do processo ou aplicação da sanção – para o tribunal competente nos termos do art. 61.º do RGCO. Este direito de recurso é a materialização do *direito de acesso à justiça* – art. 20.º da CRP – e da *garantia da tutela jurisdicional* dos administrados consagrada no n.º 4 do art. 266.º da CRP.

152. As contra-ordenações surgem imbuídas da possibilidade de concretizar o **princípio da oportunidade** na actuação administrativa regida dentro dos quadrantes do princípio da legalidade [art. 61.º do RGCO] – que vingou com maior veemência por se mostrar como mais garantístico para o cidadão e por razões de cautela da actividade da Administração, *i. e.*, por representar um perigo deixar àquela a possibilidade de "definir o se, o quando e o como perseguir e sancionar infractores"[476].

Do RGCO poder-se-á, de forma escassa, admitir a manifestação do princípio da oportunidade[477] na possibilidade do *pagamento voluntário* – art. 50.º-A do RGCO – e a *admoestação* – art. 51.º do RGCO. Todavia, a manifestação do princípio da oportunidade ganha relevo na interpretação e aplicação do normativo dos regimes específicos: *p. e.*, o art. 10.º do RGR, aprovado pelo DL n.º 292/2000, alterado pelo DL n.º 259/2002, prevê que, antes de proceder ao levantamento do auto de notícia por contra-ordenação por ruído de vizinhança, a autoridade policial alerte o infractor para que cesse o ruído.

§ 45.º Da intervenção em geral da POLÍCIA – OPC – no âmbito criminal

153. A verdadeira razão de ser da POLÍCIA, como ensina FIGUEIREDO DIAS[478], é "a manutenção da ordem e a preservação da segurança e da

---

[476] ANTÓNIO DE OLIVEIRA MENDES e JOSÉ DOS SANTOS CABRAL, *Notas ao Regime...*, p. 112.
[477] Quanto ao princípio da oportunidade da actividade policial *supra* § 26.º.
[478] JORGE DE FIGUEIREDO DIAS, *Direito Processual Penal*, (colecção Clássicos Jurídicos – Reimpressão da 1.ª Edição de 1974), Coimbra Editora, 2004, pp. 397-398.

tranquilidade pública", onde se enquadra – por "exigências de segurança geral" – a *prevenção criminal* e a *luta contra a criminalidade* – permitindo àquela, como órgão auxiliar da justiça na sua veste de OPC, a prática de actos processuais penais de competência própria – medidas cautelares e de polícia – carentes de apreciação e validação judicial e de actos processuais penais por determinação da AJ competente na fase do processo em curso – MP [inquérito], JIC [instrução] e Juiz [julgamento].

A competência da POLÍCIA para a prevenção criminal emerge, *ab initio*, do texto constitucional ao incumbir à polícia – dentro da segurança pública geral – a **prevenção dos crimes**, «incluindo contra a segurança do Estado, (...) com a observância das regras gerais sobre polícia e com o respeito pelos crimes, liberdades e garantias dos cidadãos» – n.º 3 do art. 272.º da CRP.

A CRP dota a POLÍCIA de competência própria para a prevenção criminal *stricto sensu* – traduzida "na adopção de medidas adequadas para certas infracções de natureza criminal", medidas essas que visam a protecção de pessoas e bens, a vigilância de indivíduos e locais suspeitos, sem que se restrinja ou limite o exercício dos direitos, liberdades e garantias do cidadão[479].

A POLÍCIA no sentido de polícia judiciária – podendo investir-se quer como OPC quer como APC[480] –, como se verá no capítulo sequente, é um garante da liberdade dos cidadãos ao prevenir e reprimir a prática de crimes, *i. e.*, a POLÍCIA é o garante de bens fundamentais dignos de tutela penal, garantia promovida com um processo penal democrático.

---

[479] GOMES CANOTILHO e VITAL MOREIRA, *Constituição da República Portuguesa Anotada*, 3.ª Edição, Coimbra Editora, 1993, pp. 956-957. Quanto a este assunto *supra* § 10.º e *infra* Capítulo VII.

[480] Quanto a este assunto *supra* § 8.º.

Capítulo VIII
COMPETÊNCIAS ESPECÍFICAS

Sumário: § 46.º Introdução
   Secção I – Da Notícia do Facto – Crime/Contra-Ordenação:
      § 47.º Considerações gerais
      § 48.º Da notícia do crime
      § 49.º Do auto de notícia
   Secção II – Das Medidas Cautelares e de Polícia no Processo Criminal:
      § 50.º Da comunicação da notícia do crime
      § 51.º Das providências cautelares
      § 52.º Da identificação e solicitação de informações
      § 53.º Da revista cautelar
      § 54.º Da busca não domiciliária
      § 55.º Da localização celular
      § 56.º Da apreensão de correspondência
      § 57.º Da elaboração do relatório
   Secção III – Da Detenção:
      § 58.º Da concepção e da finalidade da detenção
      § 59.º Da detenção em flagrante delito:
         a. concepção de flagrante delito
         b. detenção em flagrante delito
      § 60.º Da detenção fora de flagrante delito
      § 61.º Da libertação de detido
   Secção IV – Da Investigação Criminal:
      Subsecção I – Da Investigação Criminal como Pilar da Liberdade: Encontro com a Ciência Total:
         § 62.º Introdução:
            a. da revolução humana emergente dos descobrimentos portugueses: o homem ocupa o centro da discussão

b. da investigação criminal ancorada no Homem como sujeito
   c. caminhos a percorrer: política criminal ou política securitária [Apuleio ou Porfírio]
§ 63.º O «olhar» constitucional:
   a. da dialéctica do art. 27.º da CRP
   b. da defesa e garantia dos direitos e liberdades fundamentais – art. 9.º, al. b), art. 202.º e art. 272.º da CRP
   c. da força centrífuga do art. 32.º e das esferas paralelas [p. e., os arts. 26.º e 34.º da CRP]
   d. da vinculação e da aplicação directa [art. 18.º, n.º 1 da CRP]
§ 64.º O olhar processual penal:
   a. do processo penal como direito dos inocentes e da liberdade
   b. da acção penal [art. 219.º da CRP e arts. 48.º, 262.º e ss. do CPP]
   c. das medidas cautelares e de polícia
   d. dos meios de obtenção de prova [*maxime* revista e busca e escutas telefónicas]
   e. dos perigos de novos meios de obtenção de prova propensos a forte *danosidade social* [agente infiltrado e agente provocador]
§ 65.º O primado da liberdade na LOIC – a liberdade como fundamento de um direito penal democrático

Subsecção II – Da Investigação Criminal: Questões Preliminares:
§ 66.º Introdução
§ 67.º Da investigação criminal e da criminologia;
§ 68.º Das finalidades da investigação criminal

Subsecção III – Do Regime Jurídico da Investigação Criminal:
§ 69.º Da tipologia
§ 70.º Da direcção da investigação criminal
§ 71.º Dos actos cautelares e do início da investigação
§ 72.º Da autonomia orgânica e hierárquica dos OPC
§ 73.º Da autonomia técnica e táctica
§ 74.º Da avocação e da fiscalização – materialização da direcção do processo
§ 75.º Do perigo de policialização da investigação criminal
§ 76.º Dos Órgãos de Polícia Criminal:
   a. Dos OPC de competência genérica
   b. Dos OPC de competência específica
   c. Das competências gerais dos OPC

§ 77.º Da competência do SEF
§ 78.º Da competência específica da GNR e da PSP
§ 79.º Da competência de investigação da PJ
§ 80.º Da investigação da PJ à operacionalização policial (PSP/GNR)
§ 81.º Da competência deferida para a investigação:
   a. Do enquadramento geral
   b. Do travão à absoluta exclusividade
§ 82.º Do dever de cooperação
§ 83.º Coordenação dos Órgãos de Polícia Criminal de Competência Genérica:
   a. Do Conselho Coordenador
   b. Do sistema de coordenação
Subsecção IV – Do Agente Infiltrado – Meio Excepcional de Investigação:
§ 84.º Considerações Gerais
§ 85.º Do regime jurídico do agente infiltrado:
   a. Conceptualização
   b. Das finalidades do agente infiltrado
   c. Do agente infiltrado face ao agente provocador
   d. Do agente encoberto
   e. Do terceiro como agente infiltrado
§ 86.º Do âmbito geral de recurso ao agente infiltrado
§ 87.º Dos pressupostos do recurso ao agente infiltrado:
   a. do princípio da proporcionalidade *lato sensu*
   b. dos elementos objectivos
   c. da liberdade de participação
   d. da autorização judiciária
   e. do relatório
§ 88.º Da protecção do agente infiltrado
§ 89.º Da irresponsabilidade do agente infiltrado
§ 90.º Conclusão

Fontes: Agostinho, Santo, *A Cidade de Deus*, (tradução de J. Dias Pereira), 2.ª Edição, Fundação Calouste Gulbenkian, Lisboa, 1996, Vol. I, Livro II, Capítulo XVI; **Albuquerque**, Paulo Pinto de, *Comentário ao Código de Processo Penal à Luz da Constituição da República Portuguesa e da Convenção Europeia dos Direitos do Homem*, 2.ª Edição, Universidade Católica Editora, Lisboa, 2008; **Andrade**, Manuel da Costa, *Sobre as Proibições de Prova em Processo Penal*, Coimbra Editora, 1992;

"Criminologia", in *Polis, Enciclopédia Verbo da Sociedade e do Estado*, Editorial Verbo, Lisboa/ S. Paulo, 1997; **Beccaria**, Cesare, *Dos Delitos e das Penas*, (tradução de Lucia Guidicini), Martins Fontes, S. Paulo, 1991; **Beleza**, Teresa Pizarro e **Isasca**, Frederico, *Direito Processual Penal Textos*, AAFDL, Lisboa, 1992; **Beleza**, Tereza e **Isasca**, Frederido, *Direito Processual Penal Textos*, AAFDL, Lisboa, 1992; **Beleza**, Tereza et Alia, *Apontamentos de Direito Processual Penal*, AAFDL, Lisboa, 1995, III Vol.; **Cachão**, Fernanda, "A qualidade do agente", in *Euronotícias*, 27 de Julho de 2001; **Colomer**, Juan-Luis Gomez, *El Processo Penal Aleman, Introducion y Normas Basicas*, Bosch, Casa Editorial, AS, Barcelona, 1985; **Conde**, Francisco Muñoz, "Prólogo", *in La Ciência Del Derecho Penal ante el Nuevo Milénio*, Tirante lo Blanch, Valência, 2004; **Correia**, Eduardo, *Direito Criminal*, (c/ colaboração de Jorge de Figueiredo Dias), Almedina, Coimbra, 1997, Vol. I; **Costa**, José de Faria, "As Relações entre o Ministério Público e a Polícia: A Experiência Portuguesa", *in BFD*, Coimbra, Vol. LXX, 1994; **Dias**, Jorge de Figueiredo e **Andrade**, Manuel da Costa, *Criminologia, O Homem Delinquente e a Sociedade Criminógena*, Coimbra Editora, Reimpressão, 1992; **Dias**, Jorge de Figueiredo, *Direito Processual Penal*, (Col. Clássicos Jurídicos), Coimbra Editora, Reimpressão da 1.ª Edição, 2004; "Sobre os sujeitos processuais no novo Código de Processo Penal", *in O Novo Código de Processo Penal*, Jornadas de Direito Processual Penal, Almedina, Coimbra, 1988; *Direito Penal Português – As consequências jurídicas do crime*, Aequitas – Editorial Notícias, Lisboa, 1993; **Duhamel**, Olivier e **Meny**, Yves, *Dictionnaire constitucionnel*, Puf, Paris, 1992; **Faria**, Miguel José, *Direitos Fundamentais e Direitos do Homem*, 3.ª Edição, ISCPSI, Lisboa, 2001; **Ferreira**, Manuel Cavaleiro de, *Curso de Processo Penal*, Editora Danúbio, L.da, 1986, Vol. 1; *Curso de Processo Penal*, Lisboa, 1981, Vol. 2.º; *Curso de Processo Penal I*, Reimpressão da U. Católica, 1981; *Direito Penal Português*, Editorial Verbo, Lisboa/ S. Paulo, 1982, Vol. I; **Franchimont**, Michel, **Jacobs**, Ann e **Masset**, Adrien, *Manuel de Procédure Pénale*, Ed. Collection Scientifique de la Faculté de Droit de Liége, 1989; **Gonçalves**, Fernando e **Alves**, Manuel João, *Os Tribunais, as Polícias e o Cidadão,* Almedina, Coimbra, 2000; **Gonçalves**, Manuel Lopes Maia, *Código Processual Penal Anotado*, 7.ª Edição, Almedina, Coimbra, 1996; **Gonzalez-Castell**, Adán Carrizo, "El Agente Infiltrado en España y Portugal", *in Criminalidade Organizada e Criminalidade de Massa*, Almedina, Coimbra, 2009; **Hassemer**, Winfried, *A Segurança Pública no Estado de Direito*, AAFDL, Lisboa, 1995; **Horst**, Harthmuth, "Os Limites da Prevenção Criminal à Luz dos Direitos do Homem", *in Revista Portuguesa de Ciência Criminal*, Ano 8, 1998; **Larenz**, Karl, Metodologia da ciência do Direito, (tradução de José Lamego), Fundação Calouste Gulbenkian, 1978; **Larguier**, Jean, *La Procédure Pénale*, Presses Universitaires de France, 1976; **Leal-Henriques**, Manuel e **Pinho**, David Borges de, *Código de Processo Penal Anotado*, 2.ª Edição, Rei dos Livros, Lisboa, 2000, II Vol.; **Mannheim**, Hermann, *Criminologia Comparada*, Fundação Calouste Gulbenkian, Lisboa, 1984, Vol. I; **Meireis**, Manuel Augusto Alves, *O Regime das Provas Obtidas pelo Agente Provocador em Processo Penal*, Almedina, Coimbra, 1999; **Mendonza**, Amparo López, "De la investigación policial", *in Revista Oficial de* *la Dirección General de la Policía*, n.º 163; MESQUITA, DÁ, "Repressão Criminal e Iniciativa Própria dos Órgãos de Polícia Criminal", *in I Congresso de Processo Penal – Memórias*, Almedina, Coimbra, 2005; MIRANDA, JORGE, "O Regime dos Direitos, Liberdades e Garantias", *in Estudos Sobre a Constituição*, Petrony, Lisboa, 1979, 3.º Vol.; *Manual de Direito Constitucional*, (2.ª Edição), Coimbra Editora, Coimbra, Tomo IV; MOLINA, ANTÓNIO GARCÍA-PABLOS DE, *Criminología – Una Introducción a sus Fundamentos Teóricos para Juristas*, Tirant lo Blanch Libros, Valencia, 1996; MOURA, JOSÉ SOUTO DE, " Inquérito e Instrução" *in Jornadas de Direito Processual Penal / O novo Código de Processo Penal*, CEJ, Livraria Almedina, Coimbra; MULAS, NIEVES SANZ, *Alternativas a la Pena Privativa de Liberdad*, Colex, Madrid, 2000; ONETO, ISABEL, *O Agente Infiltrado*, Coimbra Editora, 2005; PEREIRA, RUI, «O "Agente Encoberto" na Ordem Jurídica Portuguesa», *in I Congresso de Processo Penal – Memórias*, Almedina, 2005; PEREZ, FRANCISCO ALONSO, *Medios de Investigación en el Proceso Penal*, 2.ª Edição, Dykinson, Madrid, 2003; PINHEIRO, ALEXANDRE SOUSA e FERNANDES, MÁRIO JOÃO DE BRITO, *Comentário à IV Revisão Constitucional*, AAFDL, Lisboa, 1999; PINHO, DAVID BORGES DE, *Da Acção penal – Tramitação e Formulários*, Livraria Almedina, Coimbra, 1988; PINTO, ANTÓNIO AUGUSTO TOLDA, *A Tramitação Processual Penal*, 2.ª Edição, Coimbra Editora, 2001; POIARES, CARLOS ALBERTO, *Análise Psicocriminal das Drogas – O discurso do Legislador*, Almeida & Leitão, Ld.ª, 1998; POPPER, KARL, *Conjecturas e Refutações*, (tradução de BENEDITA BETTENCOURT), Almedina, Coimbra, 2003; RODRIGUES, ANABELA MIRANDA e DUARTE-FONSECA, ANTÓNIO CARLOS, *Comentário da Lei Tutelar Educativa*, Coimbra Editora, Coimbra, 2000; RODRIGUES, ANABELA MIRANDA, "A fase preparatória do processo penal – tendências na Europa. O caso português", *in STVDIA IVRIDICA*, N.º 61, Coimbra Editora; "O Inquérito no Novo Código de Processo Penal", *in Jornadas de Direito Processual Penal – O Novo Código de Processo Penal*, CEJ, 1995; Prefácio de *Lei e Crime: O Agente Infiltrado versus o Agente Provocador – Os Princípios do Processo Penal*, Almedina, 2001; "Política Criminal – Novos Desafios, Velhos Rumos", *in Liber Discipulorum para FIGUEIREDO DIAS*, Coimbra Editora, 2003; RODRIGUES, J. NARCISO DA CUNHA, "A posição Institucional e as Atribuições do Ministério Público e das Polícias na Investigação Criminal", *in BMJ*, n.º 337; SANTOS, MANUEL SIMAS, LEAL-HENRIQUES, MANUEL e PINHO, DAVID BORGES DE, *Código de Processo Penal Anotado*, Rei dos Livros, Lisboa, 1996, 1.º Vol.; *Código de Processo Penal Anotado*, Rei dos Livros, Lisboa, 1997, 2.º Vol.; SILVA, GERMANO MARQUES DA, *Curso de Processo Penal*, Verbo, Lisboa / S. Paulo, 1993, Vol. I; *Curso de Processo Penal*, 2.ª Ed., Verbo, Lisboa/ S. Paulo, 2000,Vol. II; *Curso de Processo Penal*, 2.ª Edição, Verbo, Lisboa/S. Paulo, Vol. III; *Direito Penal Português*, Editorial Verbo, Lisboa/ S. Paulo, 1997, Vol. I; *A Ética Policial e Sociedade Democrática*, Edições do ISCPSI, 2001; "Bufos, Infiltrados, Provocadores e Arrependidos", *in Direito e Justiça*, Vol. VIII, T. 2; SOUSA, PEDRO, "Da Análise Criminal", Trabalho de Mestrado em Direito – Ciências Jurídico-Criminais – da Faculdade de Direito da Universidade de Coimbra, na cadeira de Processo Penal, regida pela Prof.ª ANABELA MIRANDA RODRIGUES; TORNAGHI, HÉLIO, *Curso de Processo Penal*, Editora Saraiva, 4.ª Edição, S. Paulo, 1987; VALENTE, MANUEL MONTEIRO GUEDES,

Da Publicação da Matéria de Facto Nas Condenações Nos Processos Disciplinares, ISCPSI, 2000; "Investigação Criminal como motor de arranque do Processo Penal", *in Polícia Portuguesa*, Ano LXIII, n.º 122, Março/Abril, 2000; *Lei e Crime: O agente infiltrado versus o agente provocador – Os princípios do processo penal*, (em co--autoria com FERNANDO GONÇALVES e MANUEL JOÃO ALVES), Almedina, 2001; *O Novo Regime Jurídico do Agente Infiltrado*, (co-autoria com F. GONÇALVES e M. J.ALVES), Almedina, 2001; "Natureza da Actuação Policial", *in Polícia Portuguesa*, Ano LXV, n.º 134, Março/Abril, 2002; "Dos Delitos Contra a Economia e Contra a Saúde Pública: A actuação dos OPC face ao novo quadro legal da investigação Criminal", *in Revista Polícia Portuguesa*, n.º 135, Maio/Junho, 2002; "COOPERAÇÃO POLICIAL – Uma Viagem Inacabada!", *in Cooperación Policial y Judicial en Materia de Delitos Financeiros, Fraude y Corrupción – Delitos Financeiros, Fraude y Corrupción en Europa* – Vol. IV, Aquila-fuente, Ediciones Universidad de Salamanca, n.º 40, 2002; *Consumo de Drogas – Reflexões sobre o Novo Quadro Legal*, 2.ª Edição, Almedina, Coimbra, 2003; *Direito de Menores*, (Co-autoria com NIEVES SANZ MULAS), Âncora Editora, Lisboa, 2003; *Regime Jurídico da Investigação Criminal Comentado e Anotado*, 2.ª Edição, Almedina, 2004; *Dos Órgãos de Polícia Criminal*, Almedina, 2004; *Processo Penal* – Tomo I, Almedina, Coimbra, 2004 e 2.ª Edição, 2009; "Terrorismo: Fundamento de Restrição de Direitos?", *in Terrorismo*, Coordenado por ADRIANO MOREIRA, 2.ª Edição, Almedina, Coimbra, 2004; *Revistas e Buscas*, 2.ª Edição, Almedina, 2005; "Revistas e Buscas: Que viagem queremos fazer?", *in I Congresso de Processo Penal – Memórias*, Almedina, Coimbra, 2005; *Natureza Jurídica do Corpo da Guarda Prisional*, EDIUAL, Lisboa, 2008; *Escutas Telefónicas. Da Excepcionalidade à Vulgaridade*, 2.ª Edição, Almedina, Coimbra, 2008; ZIEGLER, JEAN, *Os Senhores do Crime*, Terramar, Lisboa

§ 46.º Introdução

154. A POLÍCIA – seja de ordem ou tranquilidade públicas, seja administrativa, seja judiciária – detém atribuições e competências gerais[481] e especificas, cujo estudo se impõe face a hibricidade da actividade da polícia. Não só nas leis orgânicas e de funcionamento, mas também em outros diplomas poder-se-á verificar a concreção de actos ora de competência geral ora específica.

Nesta linha de pensamento, podemos referir que a actividade de polícia judiciária (criminal) pode, aparentemente, revestir natureza geral para a PJ, mas já não para a PSP, GNR, SEF, ASAE, IGAC. Em termos

---

[481] Quanto às competências gerais *supra* Capítulo VII.

gerais, a actividade judiciária criminal é da competência originária dos tribunais, cabendo à POLÍCIA – seja PJ, seja PSP, seja GNR – coadjuvar aqueles na «administração da justiça». Desta feita, a actividade policial judiciária criminal, apesar de poder contar com actos de competência própria, são de competência específica e não geral, desde logo pela sua natureza temporária, precária e cautelar, *i. e.*, só podem revestir a natureza de acto processual após apreciação e validação por parte da AJ competente.

Ao longo deste capítulo iremos debruçar o nosso estudo sobre a actividade policial em uma das suas facetas específicas, actuando como OPC ou como APC, fazendo-se algumas referências à polícia no quadro do RGCO.

Secção I

Da Notícia do Facto – Crime/Contra-ordenação

§ 47.º Considerações gerais

155. Os Órgãos de Polícia Criminal (OPC), como «entidades e agentes policiais a quem caiba levar a cabo quaisquer actos ordenados por uma autoridade judiciária ou determinados» pelo CPP [al. *c*) do n.º 1 do art. 1º do CPP], têm o dever de «coadjuvar as autoridades judiciais com vista à realização das finalidades do processo» [n.º 1 do art. 55º, arts. 270º e 288º, n.º 1 do CPP] e, em especial, «mesmo por iniciativa própria, colher notícia dos crimes e impedir quanto possível as suas consequências, descobrir os seus agentes e levar a cabo os actos necessários e urgentes destinados a assegurar os meios de prova» [n.º 2 do art. 55º do CPP], cujas disposições se enquadram no Livro VI, Titulo I, Capítulos I, II, III, artigos 241º e ss. do CPP.

O CPP – art. 1.º, n.º 1, al. *c*), art. 55.º e art. 263.º – estipula que os OPC coadjuvam o Ministério Público[482] na fase do inquérito, cuja direcção lhe compete, nos termos do n.º 1 do art. 263º do CPP e art. 219.º da CRP. Sendo o inquérito[483] «o conjunto de diligências que visam investigar a existência de um crime, determinar os seus agentes e a responsabilidade deles e descobrir e recolher as provas, em ordem à decisão sobre a acusação», cumpre aos OPC coadjuvar quer por iniciativa própria – medidas cautelares e de polícia – quer por deter-

---

[482] No mesmo sentido a al. *c*) do n.º 3 do art. 3.º da Lei de Organização da Investigação Criminal aprovada pela Lei n.º 21/2000, de 10 de Agosto.

[483] O inquérito no Processo Tutelar Educativo compreende «o conjunto de diligências que visam investigar a existência de facto qualificado pela lei como crime e determinar a necessidade de educação do menor para o direito, com vista à decisão sobre a aplicação de medida tutelar», ou seja, o inquérito detém uma dupla função: "a actividade de investigação sobre a verificação *da prática do facto (...) e* averiguação da necessidade de educação do menor para o direito, (...) pressuposto indispensável da aplicação de uma medida tutelar". Anabela Miranda Rodrigues e António Carlos Duarte-Fonseca, *Comentário da Lei Tutelar Educativa*, Coimbra Editora, Coimbra, 2000, pp. 187e 188. Itálico nosso.

minação do MP[484] – despacho de natureza específica – proceder a diligências que elucidem aquele da decisão de dedução ou não da acusação quer por determinação do JIC. Os OPC têm, também, o dever de coadjuvar o JIC na fase de instrução – *ex vi* n.º 1 do art. 288.º e n.º 2 do art. 290.º do CPP – e o juiz na fase de julgamento – como se retira do art. 340.º do CPP.

156. Os OPC têm de intervir quer para evitar a prática de um crime ou de uma contra-ordenação, quer para evitar que outros ou o próprio agente destrua os meios de prova, quer para salvar ou minorar os riscos das vítimas e, até mesmo, do próprio autor do facto[485] – crime/
/contra-ordenação.

Os OPC promovem, geralmente, uma intervenção anterior à comunicação do crime ao Ministério Público. A base legal para essa intervenção encontra-se no n.º 2 do art. 55º do CPP que comete aos OPC o colhimento da *notitia criminis*, o impedimento da evolução das consequências do crime, a descoberta do(s) autor(es) do(s) facto(s) e, ainda, a prática de todos os actos que se mostrem necessários e urgentes para que se assegurem os meios de prova[486], e no n.º 1 do art. 249.º do CPP – norma genérica e abrangente. Os actos necessários e urgentes estão tipificados na lei e o seu uso tem de obedecer necessariamente à proporcionalidade do facto em si e aos fim do próprio acto policial.

Os OPC actuam, em regra, no processo crime no uso de competência delegada – art. 270º do CPP –, e, em "casos pontuais, especificados pela lei, podem praticar actos processuais no uso de competência própria"[487-488]. Defendemos que os OPC desenvolvem *per si* diligências

---

[484] Os OPC que, nos termos do n.º 2 do art. 263.º do CPP, actuam sob a directa orientação do Ministério Público e na sua dependência funcional coadjuvam o Ministério Público na investigação do crime.

[485] Cfr. artigos 55.º, 249.º do CPP e 48.º 48.º-A e 49.º do RGCO.

[486] *Hoc sensu* art. 249.º do CPP.

[487] MANUEL LOPES MAIA GONÇALVES, *Código Processual Penal Anotado*, 7.ª Edição, Almedina, Coimbra, 1996, p. 141.

[488] Os actos processuais, praticados aquando de um crime cujo agente é imputável, devem, *mutatis mutandis*, ser levados a cabo pelos OPC quando o agente desse facto típico e ilícito é um menor de 12 a 16 anos de idade, sendo de realçar os que

admissíveis legalmente que se enquadram no âmbito das competências próprias[489], apesar da sua natureza residual e precária ou cautelar, subordinadas sempre à apreciação e validação por parte da AJ[490] – *i. e.*, praticam medidas cautelares e de polícia.

Como ensina ANABELA M. RODRIGUES, o legislador tomou "consciência clara de que a realização de uma investigação criminal necessita, para ser eficaz, de ter ao seu dispor certos meios que são afinal, na prática, os meios *normais* de actuação" nas fases em que se estrutura a prova, ou seja, esta "nova filosofia assenta na legalização dos meios de actuação que até aqui (ao CPP/87) se encontravam numa zona de semi-clandestinidade", apesar da sua consagração representar "um risco, assumido pelo Código, de utilização abusiva dessas medidas", o que conduziu o legislador "a apertar os critérios que legitimam a intervenção das polícias nesses casos – restringe-se a utilização das medidas a *actos urgentes* (arts 251º, n.ºˢ 1 e 252º, n.º 2) – e a introduzir o **limite da intervenção homologadora da autoridade judiciária** (artigos 251º, n.º 2 e 252º, n.º 3)"[491]. Os actos a praticar pelos OPC *a priori* da intervenção da AJ obedecem não só à previsão legal, mas também ao preenchimento dos pressupostos da medida cautelar e de polícia, como ainda obedecem aos princípios norteadores da intervenção policial, sendo de destacar os princípios da proibição do excesso ou da proporcionalidade *lato sensu*, da igualdade, da justiça, da lealdade e da boa-fé.

---

se prendem com a notícia do facto, com as medidas cautelares e de polícia e com a detenção. Quanto à notícia do facto típico e ilícito e à detenção, a LTE especifica os seus pressupostos e as suas formalidades colmatando as omissões com a aplicação subsidiária do CPP (*ex vi* art. 128º da LTE). Todavia, quanto às medidas cautelares e de polícia, exceptuando-se a identificação de menor (art. 50º), a LTE é omissa, pelo que se devem aplicar subsidiariamente as disposições processuais do CPP *ex vi* art. 128.º da LTE.

[489] ANABELA MIRANDA RODRIGUES, "A fase preparatória do processo penal – tendências na Europa. O caso português", *in STVDIA IVRIDICA*, N.º 61, Coimbra Editora, pp. 958/959.

[490] Quanto a este assunto o nosso *Regime Jurídico da Investigação Criminal Comentado e Anotado*, 2.ª Edição, Almedina, 2004, pp. 74 e 75 e 3.ª Edição, pp. 78-79.

[491] ANABELA MIRANDA RODRIGUES, *O Inquérito no Novo Código de Processo Penal*, in *Jornadas de Direito Processual Penal – O Novo Código de Processo Penal*, CEJ, 1995, p. 71. Neste sentido MANUEL SIMAS SANTOS, MANUEL LEAL-HENRIQUES e DAVID BORGES DE PINHO, *Código de Processo...*, 2.º Vol., p. 25. Negrito nosso.

§ 48.º Da notícia do crime

157. À polícia /OPC cabe colher a notícia do crime e comunicá-la ao detentor da acção penal – MP – que tem a obrigação de promoção oficiosa do processo crime[492], desde que detenha legitimidade. A polícia/OPC pode adquirir a notícia do crime por *conhecimento próprio ou constatação directa*, por *auto de notícia* lavrado por outro OPC ou por *denúncia* – conforme art. 241.º do CPP[493]. Ora vejamos:

α. o *conhecimento próprio ou constatação directa* consiste em o OPC obter o conhecimento do crime de forma directa e imediata. Contudo, como afirma GERMANO MARQUES DA SILVA, aquela "expressão tem um conteúdo mais amplo, abrangendo não só o conhecimento directo, mas também aquele que é obtido por qualquer meio que não pelos expressamente disciplinados pela lei, *i. e.*, aquele que não é provocado por intermédio dos órgãos de polícia criminal ou denúncia"[494]. Desta feita, incluem-se os crimes de que a polícia/OPC tem conhecimento ou por meio da comunicação social, de notícias anónimas ou por meio de rumores públicos.
O OPC, como o Ministério Público, por sua vez, ao ter conhecimento, através da comunicação social, de rumores ou de notícia anónima, de crimes, mesmo que não tenha indícios, pode e, na nossa opinião, deve levantar o auto de notícia para que o MP possa determinar uma "investigação de natureza policial no sentido da sua confirmação, da obtenção de indícios credíveis"[495] da existência ou não do(s) facto(s) falado(s). Contudo, caso se confirmem os rumores ou as notícias, ao Ministério Público cabe iniciar a promoção processual penal quando o(s) facto(s) consigna(m) um crime de natureza pública,

---

[492] Quanto ao processo tutelar educativo, artigos 41.º, 72.º, 73.º e 74.º da LTE.
[493] Quanto a este assunto, o nosso *Processo Penal* – Tomo I, 1.ª Edição, pp. 262-270.
[494] GERMANO MARQUES DA SILVA, *Curso de Processo Penal*, 2.ª Edição, Verbo, Lisboa/S. Paulo, Vol. III, p. 53. Neste sentido também MANUEL SIMAS SANTOS, MANUEL LEAL-HENRIQUES e DAVID BORGES DE PINHO, *Código de Processo...*, 2.º Vol., p. 11.
[495] *Idem*, pp. 53 e 54.

sendo que os de natureza semipública e particular carecem de denúncia do ofendido[496]. Quanto aos rumores e boatos, há a referir que carecem de ser confirmados para se poder promover a investigação e que não devem ser desprezados quer pela polícia/OPC quer pela AJ. A polícia costuma tomar conhecimento directo e próprio – *in situ* e em um quadro físico-psíquico imediato –, lavrando auto de notícia ou detenção e transmite-a à AJ.

β. o *conhecimento por meio de auto de notícia* lavrado por outro OPC ou por AJ assenta em um documento base lavrado quer por autoridade judiciária, quer pelos OPC quer por entidade policial, onde se descrevem os factos constitutivos do crime, o dia, a hora, o local e as circunstâncias em que ocorreu (eram) o(s) crime(s), a identificação dos autores (quando possível), dos ofendidos e onde se relatam os meios de prova conhecidos, assim como as medidas tomadas para a sua salvaguarda e para evitar efeitos nefastos possíveis do crime, cuja verificação do delito é directa ou fruto de denúncia que lhe fora directamente efectuada por qualquer pessoa ou por funcionário [497-498]. Acresce que os mesmos princípios se devem verificar no caso da elaboração das contra-ordenações.

A polícia/OPC costuma elaborar autos de notícia, desde que presencie o facto – crime ou contra-ordenação –, relativamente aos crimes de natureza pública e, se o fizerem no caso de crimes de natureza semipública ou particular, o prescrito no auto carece de ratificação por parte do legítimo titular do direito de queixa e, no caso de crime particular, carece também da manifestação de constituição de assistente no processo.

---

[496] Quanto aos menores que praticam factos qualificados como crime, o nosso *Direito de Menores*, (Co-autoria com NIEVES SANZ MULAS), Âncora Editora, Lisboa, pp. 213 e ss., ANABELA MIRANDA RODRIGUES e ANTÓNIO CARLOS DUARTE-FONSECA, *Lei Tutelar...*, p. 183, § 2.º do comentário ao n.º 2 do art. 72.º da LTE.

[497] Cfr. art. 241.º, 242.º, 243.º, 244.º e 248.º do CPP, que também se aplicam no processo tutelar educativo *ex vi* art. 128.º da LTE, sem se olvidar do art. 73.º, n.º 1 al. *a*) da LTE e o art. 48.º do RGCO.

[498] Quanto ao processo tutelar educativo ANABELA MIRANDA RODRIGUES e ANTÓNIO CARLOS DUARTE-FONSECA, *Lei Tutelar...*, p. 185.

γ. o *conhecimento por meio de denúncia* é obtido ou através de uma participação facultativa (queixa) apresentada pelos ofendidos ou através de um participação obrigatória quando quem tem conhecimento dos crimes no exercício das suas funções e por causa delas é funcionário, agente dos Estado ou gestor público, ou seja, funcionário na acepção do art. 386.º do CP[499] – al. *b*) do n.º 1 do art. 242.º do CPP.

A denúncia pode, ainda, configurar a participação activa de um cidadão na prossecução da justiça, *i. e.*, a denúncia feita por cidadão não titular do direito de queixa. O conhecimento da infracção contra-ordenacional pode ser obtida por denúncia do titular do direito afectado – *p. e.*, denúncia de ruído de vizinhança prevista no art. 10.º do RGR – ou por denúncia facultativa de um qualquer cidadão como no caso das infracções tributárias.

158. As entidades policiais – sejam ou não sejam OPC – têm o ónus de denúncia obrigatória de todos os crimes de que tenham conhecimento – *i. e.*, quer seja crime de natureza pública, quer de natureza semipública, quer de natureza particular[500]. O titular da acção penal é o MP e não o OPC ou qualquer outra entidade policial.

O limite que se afere da parte final do art. 244.º do CPP – «salvo se o procedimento respectivo depender de queixa ou de acusação particular» – não se aplica aos que se enquadram na al. *a*) do n.º 1 do art. 242.º do CPP, mas aos demais cidadãos, que, como se afere do art. 244.º do CPP, devem comunicar a notícia de qualquer crime público a qualquer autoridade judiciária – MP, JIC ou Juiz – ou Órgão de Polícia Criminal.

---

[499] Quanto ao processo tutelar educativo, qualquer pessoa pode efectuar denúncia ao Ministério Público ou a órgão de polícia criminal por facto qualificado como crime que um menor de 12 a 16 anos de idade tenha cometido, desde que a natureza daquele seja pública, ou seja, desde que o procedimento não dependa de queixa e/ou acusação particular, nos termos dos n.ºs 1 e 2 do art. 73.º da LTE. Quanto a este assunto o nosso *Direito de Menores*, (Co-autoria com Nieves Sanz Mulas), Âncora Editora, Lisboa, p. 215 e Anabela Miranda Rodrigues e António Carlos Duarte--Fonseca, *Lei Tutelar...*, p. 185.

[500] Quanto a este assunto o nosso *Processo Penal* – Tomo I, 1.ª Edição, p. 264.

Acresce que, não obstante a anterior redacção do n.º 3 do art. 242.º prescrever que «o disposto nos preceitos anteriores não prejudica o regime dos crimes cujo procedimento depende de queixa ou de acusação particular», defendíamos[501] a obrigação de relatar os factos da ocorrência a que foram os elementos policiais, como modo de documentação da diligência, elenco e registo de elementos probatórios – principalmente pessoais – que podem não ser identificáveis e determináveis, caso não se elabore um auto de ocorrência ou de notícia. Sendo ainda de relevar que não compete aos OPC ou elementos policiais a qualificação, mesmo que preliminar, da natureza de um crime, competência do MP[502], a quem compete, face ao auto, decidir ou não pela abertura de um inquérito – conforme art. 262.º e 263.º do CPP.

Com a devida vénia, não acompanhavamos MAIA GONÇALVES quando afirmava que "a obrigatoriedade de denúncia para as entidades policiais relativamente aos crimes de que tomarem conhecimento é só relativamente aos crimes públicos"[503] face ao disposto no n.º 3 do art. 242.º do CPP, cuja interpretação se impõe em conjunto com a al. *a)* do n.º 1 do mesmo preceito. Pois, entendemos que, a par da incompetência para qualificar o crime, o n.º 3 do art. 242.º do CPP devia ser interpretado no sentido de que a denúncia obrigatória que se exige às entidades policiais, não afasta o pressuposto dos crimes de natureza semipública – desejar procedimento criminal contra os agentes do crime – e dos crimes de natureza particular – desejar procedimento criminal contra os agentes do crime e constituir-se assistente no processo. A verificação destes dois quesitos[504] não se confunde com ónus de colher a *notitia criminis* e de preservar todos os meios de prova, *ex vi* do art. 55.º e 249.º, n.º 1 do CPP.

---

[501] Cfr. o nosso *Teoria Geral do Direito Policial*, 1.ª Edição, Almedina, Coimbra, 2005, p. 165.

[502] No momento da aquisição da notícia do crime pode-se entender que as circunstâncias factuais consignam a prática de um crime de natureza particular que, após alguns dias, se compagina com um crime de natureza pública. Não vemos mal algum ou qualquer objecção que os OPC elaborem auto de notícia ou de ocorrência sobre factos que a priori parecem enquadrar um crime de natureza não pública.

[503] MAIA GONÇALVES, *Código de Processo...*, 7.ª Edição, p. 508.

[504] Que o MP pode sanar nos termos do art. 52.º do CPP.

A nova redacção do n.º 3 do art. 242.º do CPP, aditada pela Reforma de 2007, veio, na nossa linha, afastar quaisquer dúvidas ao prescrever que os casos que consiguem crimes semi-públicos ou particular só darão lugar a *inquérito* [e não a denúncia ou aquisição de notícia de crime] se existir queixa no prazo legalmente previsto, *i. e.*, se houver desejo de procedimento criminal e, nos crimes particulares, a constituição de assistente[505].

§ 49.º Do auto de notícia e de denúncia

159. O processo crime inicia-se com a *notitia criminis*, podendo esta revestir a forma de auto de notícia ou de ocorrência e/ou de um auto de denúncia e, ainda, de auto de detenção[506].

O **auto de notícia** consigna-se para factos que sejam presenciados pelo autuante – *ex vi* do n.º 1 do art. 243.º do CPP –, conquanto o **auto de ocorrência**[507] – conhecido por participação – tem-se para os factos de que se tem conhecimento, mas que não foram presenciados pelo autuante e que não se compaginam com o auto de denúncia – para crimes de natureza semipública e particular.

O **auto de notícia**, que preenche a figura do conhecimento directo ou próprio por parte da polícia/OPC ou AJ, pode ser levantado ou mandado levantar pela AJ, pela autoridade de polícia criminal – APC –, por OPC ou por entidade policial sempre que o crime de que tenha tido conhecimento seja de natureza pública – de denúncia obrigatória, conforme n.º 1 do art. 243.º do CPP. Todavia, como referimos no

---

[505] Quanto a este assunto, o nosso *Processo Penal* – Tomo I, 2.ª Edição, Almedina, Coimbra, 2009, pp. 281-282.

[506] Quanto ao auto de detenção, *infra* Secção III deste Capítulo.

[507] Releva a distinção para efeitos da valor probatório e de fazer fé em juízo, que não se verifica se o agente que levanta o auto não presenciou o facto – *ex vi* do n.º 1 do art. 99.º do CPP. *Hoc sensu* AC. RL de 13 de Outubro de 1999, *apud* MAIA GONÇALVES, *Código de Processo...*, 7.ª Edição, p. 275. Quanto à figura do auto de ocorrência a elaborar no âmbito do consumo de droga, o nosso *Consumo de Drogas – Reflexões sobre o Novo Quadro Legal*, 2.ª Edição, Almedina, Coimbra, 2003, pp. 109-112 e 3.ª Edição, pp. 112-116.

§.º antecedente, defendemos que os OPC ou APC devem, por prudência, levantar um auto de notícia ou de ocorrência (participação) quanto a factos de que tenham conhecimento mesmo que consignem um crime de natureza não pública, sob pena de perda de elementos probatórios – pessoais e reais – cruciais para a prossecução do processo.

O **auto de denúncia** compreende o documento elaborado[508] pelo OPC ou pela APC ou pela AJ e destinado a narrar um crime de crime natureza semipública ou particular, *i. e.*, consigna o designado *conhecimento indirecto* ou *por meio de denúncia*[509], ficando esta adstrita à vontade do titular do direito de queixa. Acresce que poder-se-á dar a situação de um cidadão, não titular do direito de queixa, se dirigir a uma AJ ou OPC ou entidade policial para denunciar um crime de natureza pública, devendo, neste caso, ser elaborado um auto de denúncia, em que o denunciante é identificado e assina o auto nessa qualidade.

Acresce que se um cidadão denunciar um crime que *a priori* se afigure de natureza pública, o OPC deve receber a denúncia e documentá-la, remetendo-a ao MP para que promova as diligências necessárias para se notificar o titular do direito de queixa para o exercer – que, muitas vezes, nem sabe que um bem jurídico pessoal foi ofendido, *p. e.*, furto de viatura sem que tenha conhecimento por estar ausente do país por motivos de férias ou por motivos de trabalho.

160. Os autos de notícias/ocorrência ou de denúncia devem:

i) mencionar os factos constitutivos do crime [*i. e.*, responder ao *o quê*];

ii) mencionar o dia, a hora[510], o local e as circunstâncias de cometimento do crime[511] [*i. e.*, responder ao *quando*, ao *onde* e ao *modo*];

---

[508] Como se depreende do n.º 1 do art. 4.º da Lei n.º 19/2004, de 19 de Agosto, podem levantar auto de notícia ou de denúncia e comunicá-los (as) ao MP, as delegações, os gabinetes médico-legais do INML e, por maioria de razão, o perito médico.

[509] Cfr. *supra* § 48.º Da notícia do crime.

[510] A indicação da hora do acto ou diligência processual é de extrema importância quando afecta liberdades fundamentais da pessoa – *p. e.*, a detenção, a condução sob detenção, a obrigatoriedade de permanência no local do exame.

[511] Cfr. n.º 6 do art. 94.º do CPP.

iii) mencionar tudo o que seja idóneo e adequado para se «averiguar acerca da identificação dos agentes do crime» [*i. e.*, responder ao *quem*];

iv) a identidade dos ofendidos e, sempre que possível, todos os meios de prova conhecidos, principalmente testemunhas que possam depor sobre os factos originadores da *notitia criminis* – conforme n.º 1 do art. 243.º do CPP – quer os que preencham elementos probatórios que fundem a acusação quer os que possam servir de justificação ou exculpação ou que possam provar a inocência do arguido ou que possam relevar para a verificação de inexistência de crime – como se retira e se impõe pelo art. 219.º da CRP e pelo art. 53.º, n.º 1 do CPP – isenção e objectividade[512].

v) ser escritos e, perfeitamente, legíveis, não devendo conter «espaços em branco que não sejam inutilizados, nem entrelinhas, rasuras ou emendas que não sejam ressalvadas» – n.º 1 do art. 94.º do CPP – e, caso se verifique alguma ilegibilidade, «qualquer participante processual interessado pode solicitar, sem encargos, a respectiva transcrição dactilográfica» – *ex vi* n.º 4 do art. 94.º do CPP[513].

vi) ser assinados por quem o levantou ou mandou levantar, sendo que a assinatura deve ser feita pelo próprio punho, não sendo admissível qualquer reprodução daquela – *ex vi* do n.º 2 do art. 243.º e n.º 2 do art. 95.º do CPP. Ressalva-se os casos de impossibilidade por não saber escrever ou se encontrar momentaneamente impossibilitada de escrever – *p. e.*, por ter sofrido um acidente –, em que a entidade deve mencionar no auto a natureza da impossibilidade – *ex vi* do n.º 3 do art. 95.º do CPP. No caso em que se impõe a assinatura de outrem –

---

[512] Quanto à isenção e à objectividade do Ministério Público e demais operadores judiciários – *maxime* polícia/OPC –, o nosso *Processo Penal* – Tomo I, 1.ª Edição, pp. 110-111.

[513] Acompanhamos MAIA GONÇALVES quando afirma que a inobservância destes quesitos gera única e exclusivamente uma irregularidade processual, devendo-se seguir o regime previsto nos art. 118.º, n.os 1 e 2 e art. 123.º do CPP. MAIA GONÇALVES, *Código de Processo...*, 7.ª Edição, p. 274.

como no auto de apreensão ou de reconhecimento – e aquele se recusar a assinar, a entidade que levantou o auto deve, sempre que possível antes de encerrar o escrito[514], mencionar a recusa e os motivos apresentados – *ex vi* do n.º 3 do art. 95.º do CPP. Caso já se tenha encerrado o auto e alguém se recuse a assinar, deve-se fazer um aditamento ao auto em causa para se descrever as razões da recusa e se indicar as testemunhas da recusa.

Os autos de notícia/ocorrência e denúncia devem ser remetidos obrigatoriamente ao MP no mais curto prazo de tempo, independentemente de já se ter comunicado a notícia do crime via fax, e-mail ou telefonicamente.

161. A denúncia não está sujeita a quaisquer formalismos, sendo que pode ser apresentada oralmente ou por escrito. Quando apresentada de forma oral, deve ser transcrita em auto próprio e deve ser assinada quer pela entidade que a recebe quer pelo denunciante, sem nos olvidarmos de que este pode, física ou academicamente – analfabetismo –, estar impossibilitado de assinar, devendo as razões ser apostas no auto.

Se o denunciante se recusar assinar, devem ser apostos os motivos da recusa. No caso dos crimes semipúblicos e particulares parece-nos, *a priori*, descabido que o denunciante não assine o auto, compreendendo-se nos casos de salvaguarda da integridade física ou do receio de ameaças por parte do denunciado – como nos crimes de violação, abuso sexual de menores, conforme e nos termos do art. 178.º, n.º 1 e n.º 4 do CP.

---

[514] No Ac. da RC de 6 de Março de 1991 [*apud* MAIA GONÇALVES, *Código de Processo...*, 7.ª Edição, p. 276] defende-se que a razão da recusa ou da impossibilidade deve ser aposta no auto antes do seu encerramento. Pensamos que como regra se deve seguir o ensinamento. Contudo, casos há de recusa em que esta é manifestada após o encerramento do auto, o que no nosso entender não afecta a validade do auto. Partilhamos da posição de MAIA GONÇALVES quanto à omissão da assinatura gerar simples irregularidade que pode ser sanada com a aposição das mesmas, como se retira do n.º 3 do art. 123.º do CPP [MAIA GONÇALVES, *Código de Processo...*, 7.ª Edição, p. 275].

No que respeita ao conteúdo do auto de denúncia, deve-se seguir o estipulado para o auto de notícia, tendo em conta a especificidade da peça processual, de modo a que se possa responder às questões *o quê*, *quem*, *quando*, *onde*, *como* e, se possível, *porquê*. Devendo, ainda, o denunciante poder declarar que deseja constituir-se assistente. A constituição de assistente[515] é obrigatória e a sua vontade deve ser inequívoca no âmbito dos crimes particulares, cujo procedimento depende de acusação particular, devendo, nestes casos, a entidade que receber a denúncia informar o denunciante desse ónus e dos procedimentos a observar – *ex vi* n.º 4 do art. 247.º e 50.º do CPP.

162. Nos crimes semipúblicos[516], para iniciar a promoção penal, é suficiente que o denunciante declare que deseja procedimento criminal contra os agentes do crime, sendo que existem crimes de natureza pública – *p. e.*, nos crimes contra a paz, identidade cultural e integridade pessoal, nos crimes de tráfico de influências, favorecimento pessoal praticado por funcionário, denegação de justiça, prevaricação, corrupção, peculato, participação económica em negócio, abuso de poder e fraude na obtenção ou desvio de subsídio ou de subvenção – em que qualquer cidadão se pode constituir assistente[517], por os bens jurídicos ofendidos afectarem a colectividade no todo e não apenas o indivíduo considerado isoladamente.

Relevante é a discussão sobre se a detenção por crime de injúria a agente de autoridade – p. e p. pelo art. 181.º conjugado com a al. *a)* do n.º 1 do art. 188.º do CP – e a aposição no auto de detenção, por parte do agente, o desejo inequívoco de proceder criminalmente contra o arguido. Consideramos que este desejo aposto de forma inequívoca no auto deve ser aceite como «exercício do direito de queixa» que lhe assiste, independentemente da sua qualidade de OPC[518], não sendo, por inexistência de obrigação de formalismo para o auto de

---

[515] Quanto à constituição de assistente os artigos 68.º a 70.º do CPP.

[516] Quanto à queixa como pressuposto para a promoção penal nos crimes de natureza semipública art. 49.º do CPP.

[517] Cfr. al. *e)* do n.º 1 do art. 68.º do CPP.

[518] Quanto a este assunto o AC. RC de 18 de Janeiro de 1996 *apud* MAIA GONÇALVES, *Código de Processo ...*, 7.ª Edição, p. 511.

denúncia e por se considerar ilogicamente aceitável em exercício de funções de polícia, necessário que o agente de autoridade formalize uma denúncia *stricto sensu*.

Outra discussão prende-se com a situação relatada por OPC se apresentar *a priori* como crime de natureza pública e, após determinadas diligências, o MP identificar e determinar que ao facto é subsumível um crime de natureza semipública ou particular ou quando em sede de concurso de crimes se averigua que um dos factos consigna um crime de natureza semipública ou particular. Nestes casos, somos da opinião que é ao MP – titular da acção penal – que compete decidir, tendo em conta o n.º 5 do art. 113.º e a al. *b)* do n.º 1 e n.º 4 do art. 178.º do CP – de acordo com o art. 52.º do CPP[519].

A natureza do crime final pode ser diferente da natureza que inicialmente se afigurava como possível, pelo que está nas mãos do titular da acção penal – MP – e não do OPC essa determinação final, não obstante daquele ter de se basear *ab initio* em uma possível natureza do crime face aos factos apurados no momento concreto da intervenção policial.

---

[519] Se o crime mais grave não depender de queixa e se existirem crimes de natureza pública, mesmo que exista um paridade na gravidade, o MP deve, por dotado de legitimidade, promover a acção penal quanto a esses crimes – *ex vi* art. 52.º, n.º 1 do CPP. Caso o crime público seja de menor gravidade ou ainda se tenha apurada a natureza semipública do crime subsumível aos factos deve o MP notificar os titulares do direito de queixa para que declarem se desejam ou não proceder criminalmente e, quando for caso disso, se desejam constituir-se assistentes no processo – *ex vi* n.º 2 do art. 52.º do CPP.

Secção II

DAS MEDIDAS CAUTELARES E DE POLÍCIA
NO PROCESSO CRIMINAL

§ 50.º Da comunicação da notícia do crime

163. As entidades policiais[520], *maxime* os OPC, que tenham conhecimento directo ou por denúncia de um crime, devem comunicá-lo no mais curto prazo ao Ministério Público, *ex vi* n.º 1 do art. 248.º do CPP[521] e n.º 3 do art. 2.º da LOIC[522]. Nos casos de urgência, a comunicação pode ser efectuada por «qualquer meio de comunicação para o efeito disponível»[523], sendo que se for efectuada oralmente – telefone ou telemóvel ou pessoalmente – deve ser confirmada por escrito, *ex vi* do n.º 3 do art. 248.º do CPP. O prazo para transmissão da notícia do crime não pode ultrapassar 10 dias, conforme parte final do n.º 1 do art. 248.º, n.º 3 do art. 243.º e o art. 245.º do CPP e o n.º 3 do art. 2.º da LOIC.

A Reforma de 2007 aditou ao 248.º do CPP que a transmissão da notícia do crime ao MP se efectua "no mais curto prazo, **que não pode exceder 10 dias**" e que os OPC devem comunicar ao MP as "**notícias de crime manifestamente infundadas**". Quanto à transmissão de notícias de crime manifestamente infundadas, sempre foi nossa opinião que não sendo o OPC o órgão titular da acção penal, não lhe cabia decidir do fundamento ou não e do destino a dar à denúncia apresentada, mas sim ao MP, titular constitucional da acção penal.

---

[520] Quanto à incongruência do CPP determinar que as entidades policiais devem levantar auto de notícia e os preceitos referentes às medidas cautelares e de polícia atribuirem presumivelmente só aos OPC competências para procederem, assim como se dever considerarem os elementos do Corpo da Guarda Prisional como entidades policiais nos termos processuais penais e deverem proceder como OPC, o nosso *Natureza Jurídica do Corpo da Guarda Prisional*, EDIUAL, Lisboa, 2008, pp. 103-115.

[521] No âmbito dos menores que praticam factos qualificados pela lei como crime, art. 73.º, n.º 4 da LTE.

[522] Quanto à comunicação da notícia do crime, o nosso *Processo Penal – Tomo I*, 1.ª Edição, pp. 271-272.

[523] Como o fax, o telemóvel, o telefone, o e-mail.

No que respeita à possibilidade do OPC transmitir a notícia do crime ao MP após 10 dias do seu conhecimento, parece-nos, como já afirmámos e escrevemos[524], que não se afigura consentâneo com um processo penal submetido *ab initio ad finem* ao princípio da jurisdicionalidade, nem se afigura de acordo com princípio da titularidade da acção penal atribuída constitucionalmente ao MP.

Acresce que o prazo de 10 dias não se afigura de acordo com outros prazos previstos para diligências cautelares processuais penais levadas a cabo pelos OPC: a comunicação de apreensão cautelar deve ser efectuada no máximo em 72 horas, *ex vi* do n.º 5 do art. 178.º do CPP; a suspensão de correspondência tem de ser apreciada e validada no prazo de 48 horas, *ex vi* do n.º 3 do art. 252.º do CPP; a apreciação e validação de busca não domiciliária levada a cabo pelo OPC [art. 174.º, n.º 5, al. *a)* e n.º 5, art. 251.º, n.º 1, al. *a)* e n.º 2 do CPP] e de busca domiciliária levada a cabo pelo OPC [art. 177.º, n.º 3, als. *a)* e *b)* do CPP] tem de ser imediata.

Face ao exposto, somos da opinião de que a dilatação do prazo para 10 dias para a transmissão da notícia do crime ao Ministério Público, prevista no n.º 3 do art. 243.º, art. 245.º e n.º 1 do art. 248.º do CPP, assim como no n.º 3 do art. 2.º da LOIC, está ferida de inconstitucionalidade por violação do n.º 1 do art. 26.º, n.ºs 1 e 5 do art. 32.º e n.º 1 do art. 219.º da CRP[525].

A Constituição de 1976 afastou, em definitivo, a *policialização* do processo crime, pelo que nem o legislador nem o intérprete e aplicador da norma [*maxime* OPC/APC] podem esquecer-se de que o processo crime está subordinado *ab initio ad finem* ao princípio da jurisdicionalização.

164. A comunicação ao MP deve ser imediata[526] e, como estão obrigados os OPC, em regra deve ser feita com o envio do auto de notícia,

---

[524] Cfr. o nosso *Processo Penal* – Tomo I, 2.ª Edição, pp. 290-291.

[525] Quanto a este assunto e na mesma linha de pensamento, PAULO PINTO DE ALBUQUERQUE, *Comentário do Código de Processo Penal à Luz da Constituição da República Portuguesa e da Convenção Europeia dos Direitos do Homem*, 2.ª Edição, Universidade Católica Editora, Lisboa, 2008, pp. 644-645.

[526] No âmbito da LTE, os OPC além da comunicação da notícia do facto qualificada pela lei como crime, estão obrigados a elaborar uma informação, no prazo

que deve conter todas as circunstâncias de facto, de modo, de tempo, de lugar e, se possível, de autoria exigidas pelo art. 243.º do CPP.

A comunicação imediata da notícia do crime impõe-se por ser o MP o *titular da acção penal* – art. 219.º, n.º 1 da CRP e art. 48.º do CPP – e para se permitir que a *direcção* e a *orientação* do inquérito – art. 263.º do CPP – se verifique *ab initio*, evitando ou minorando-se a ofensa a bens jurídicos pessoais quer das vítimas quer dos arguidos por parte dos operadores judiciários coadjuvantes. Verifica-se, assim, a intenção de promover, *ab initio*, o princípio da juridicidade no âmbito criminal.

§ 51.º Das providências cautelares

165. A Polícia/OPC tem responsabilidade na prevenção criminal – *ex vi* art. 272.º da CRP[527] –, recaindo sobre ela/ele a necessidade de **salvaguardar todos os meios de prova** – quer inculpem quer inocentem o arguido –, pelo que deve socorrer-se da máxima objectividade e isenção na promoção das medidas cautelares e de polícia[528].

---

máximo de oito dias, sobre *conduta anterior do menor e a sua situação familiar, educativa e social* – conforme art. 73.º, n.º 2 da LTE. No entanto há a registar que o legislador atribuiu uma competência própria e não delegada de investigação aos OPC quanto à *conduta anterior do menor e a sua situação familiar, educativa e social*. A atribuição desta competência pressupõe que os OPC saibam que têm como limites o objecto da informação e os princípios processuais consignados na CRP, no CPP e na LTE que são garantias invioláveis dos direitos e liberdades de qualquer cidadão, tendo sempre por base de orientação o respeito da dignidade da pessoa humana. Os OPC jamais, e seria imoral se tal acontecesse, poderão utilizar esta competência para poderem entrar nas residências das pessoas afim de verificarem a existência de meios de prova de outros crimes relativamente à restante família, pois qualquer procedimento ou acto dirigido a esses fins tem de obedecer aos trâmites legais consignados no CPP. Quanto a este assunto no âmbito dos menores, o nosso *Direito de Menores...*, pp. 213-215. Quanto à comunicação da infracção contra-ordenacional *supra* § 45.º.

[527] Apesar do artigo se dirigir à Polícia – de segurança, ordem e tranquilidade públicas, administrativa e judiciária – a fonte constitucional dos OPC emerge do art. 272.º da CRP. Sobre a natureza da actividade da polícia nas três vertentes e face aos poderes legislativo, judicial e executivo, o nosso *Dos Órgãos de Polícia Criminal*, Almedina, 2004, pp. 11 e ss. e *supra* §§ 22.º e ss..

[528] Quanto a este assunto, o nosso *Processo Penal – Tomo I*, 1.ª Edição, pp. 110--112 e 272-274.

A salvaguarda ou a conservação dos meios de prova emerge da necessidade de carrear para o processo crime os elementos probatórios – pessoais ou reais – capazes e suficientes a induzir ao titular do processo uma decisão fundeada na «verdade material» no duplo sentido de que nos fala FIGUEIREDO DIAS: verdade subtraída à influência da acusação e da defesa e *"judicial, prática* e, sobretudo, não uma verdade obtida a todo o preço mas *processualmente válida"*[529].

Como agravo impõe-se que, na sentença, o tribunal, ao fundamentar, deve enumerar os factos provados e não provados, expor os motivos de facto e de direito que fundamentam a sua decisão e indicar e fazer um exame crítico das provas que serviram para formar a sua convicção – *ex vi* do n.º 2 do art. 374.º do CPP –, o que obriga os OPC a actuarem diligentemente ao tomarem conhecimento ou ao 'esbarrarem' com a conduta criminosa, impondo-se-lhes que medidas e actos cautelares devem obedecer ao princípio da legalidade e, consequentemente, da tipicidade, ao princípio da proibição do excesso ou da proporcionalidade *lato sensu* – adequação, exigibilidade ou necessidade, proporcionalidade *stricto sensu* – ao princípio da subsidiariedade, ao princípio da prossecução do interesse público – que neste porto de imbricância se prende com as finalidades do processo penal –, ao princípio democrático e da lealdade, ao princípio da igualdade, da justiça, da boa fé e da liberdade – o maior valor da justiça[530].

Os OPC, ao tomarem conhecimento de um facto que consigna um crime de forma directa ou indirecta, *p. e.* através de denúncia de outrem, devem, antes da intervenção da AJ competente para proceder a investigações, praticar **actos cautelares**[531], actos de natureza pré-processual e de competência própria[532], que se mostrem não só **necessários e**

---

[529] FIGUEIREDO DIAS, *Direito Processual Penal*, (Col. Clássicos Jurídicos), Coimbra Editora, Reimpressão da 1.ª Edição, 2004, pp. 193-194.

[530] Quanto aos princípios norteadores da intervenção da POLÍCIA/OPC, *supra* Capítulo V.

[531] Falamos das *medidas cautelares e de polícia* previstas nos artigos 248.º a 253.º do CPP.

[532] Para SOUTO DE MOURA, os OPC têm, neste âmbito, uma "competência material originária para tomar conhecimento de um crime e iniciar a respectiva investigação". SOUTO DE MOURA, "Inquérito e Instrução", in *Jornadas de Direito....*, pp. 105 e ss..

urgentes[533], como também **adequados e menos onerosos** para os direitos do cidadão, que se destinem a «assegurar os meios de prova». Providências e actos sujeitos a posterior apreciação e valoração por parte da AJ.

166. A par dos actos que possam caber na cláusula geral do n.º 1 do art. 249.º do CPP, compete, nos termos do n.º 2 do art. 249.º do CPP[534], aos OPC praticar actos próprios fundamentais à descoberta da verdade material judicialmente válida e à realização da justiça, sem que ofenda os direitos fundamentais dos cidadãos e de modo que se alcance a paz jurídica e social[535]. Desta forma, compete aos OPC:

α. proceder a **exames dos vestígios do crime** ocorrido – devendo evitar que os vestígios do crime se apaguem ou alterem, podendo para tal proibir que entrem ou transitem no local do crime e a prática de actos que possam destruir os vestígios antes de examinados, assim como determinar a permanência de pessoas no local do crime – e assegurar que o estado das coisas e dos locais se mantenham de acordo com o facto ocorrido e qualificado pela lei como crime;

β. colher **informações** por meio das pessoas que supostamente presenciaram o facto delituoso ou que, por razões de laços de amizade e familiares, conheçam da situação factual, das razões e das circunstâncias, que permitam não só esclarecer a circunscrição do modo, do tempo e do local, mas também identificar o(s) agente(s) do crime que originou a abertura do processo crime e a sua possível reconstituição;

---

[533] Os actos necessários e urgentes prendem-se com **situações de urgência** que "são aqueles que demandam ou exigem diligências imediatas, indispensáveis à recolha e garantia dos meios de prova sujeitos a desaparecimento", conforme art. 249.º, n.ºˢ 1 e 2 – exames dos vestígios do crime, recolha de informação, apreensões no decurso das revistas e buscas – e art. 251.º – revistas e buscas sem prévia autorização judiciária. Neste sentido MANUEL SIMAS SANTOS, MANUEL LEAL-HENRIQUES e DAVID BORGES DE PINHO, *Código de Processo...*, 2.º Vol., p. 25.

[534] Cfr. art. 2.º, n.º 3 da LOIC e o nosso *Regime Jurídico da Investigação...*, 2.ª Edição, pp. 59 e ss., 3.ª Edição, pp. 63 e ss..

[535] A actividade do OPC é fundamental para uma efectiva concretização das finalidades do processo penal. Quanto às finalidades do processo penal, o nosso *Processo Penal – Tomo I*, 2.ª Edição, pp. 21-24.

γ. apreender os **objectos do crime** e os que serviram de meio adequado à prática e à verificação do mesmo para posterior entrega aos seus legítimos proprietários ou para exames técnico-científicos laboratoriais que possam conduzir com rigor à verdade, cuja conservação e manutenção desses objectos é da competência dos OPC até a sua entrega à AJ.

Refira-se que, mesmo após a intervenção da AJ, nos termos do n.º 3 do art. 249.º do CPP, recai sobre os OPC o ónus de assegurar novos meios de prova de que tenham conhecimento e de procederem, face à urgência e necessidade da actuação, aos exames, à colheita de informações e a novas apreensões.

Este preceito não se confina às diligências ordenadas pela AJ – pois, estas são actos processuais por serem praticados por ordem ou autorização judiciária –, mas às situações em que OPC tem conhecimento de factos reais e pessoais relativamente a um processo que está em curso, conhecimento esse obtido pelo próprio ou por denúncia sem que para tal tenha sido catapultado: *p.e.*, a descoberta do agente do crime, que deve ser identificado, ou a descoberta e apreensão dos objectos furtados de uma loja, cujo expediente já tenha sido elaborado e enviado ao tribunal competente, dando origem ao designado aditamento.

167. Questão pertinente é saber se o *uso do conteúdo da comunicação interceptada*[536], na realização de uma escuta telefónica, para proceder a «actos cautelares necessários e urgentes para assegurar os meios de prova» pode consignar uma medida cautelar e de polícia. Como já referimos, as medidas cautelares e de polícia obedecem à sua previsão legal e ao preenchimento do pressuposto da precariedade e da futura sujeição ao controlo jurisdicional e à natureza cautelar.

O *uso do conteúdo da comunicação interceptada* está previsto no n.º 2 do art. 188.º do CPP, *i. e.*, respeita-se o princípio da legalidade e da tipicidade. Podemos, também, aferir da sua precariedade e da sujeição ao controlo jurisdicional, por ao Juiz competir fiscalizar toda a actividade investigatória e actos da investigação em curso no âmbito das escutas telefónicas.

---

[536] Quanto a este assunto, o nosso *Escutas Telefónicas. Da Excepcionalidade à Vulgaridade*, 2.ª Edição, Almedina, Coimbra, 2008, pp. 81-82.

Contudo, pensamos que o *uso do conteúdo da comunicação interceptada* não é uma verdadeira medida cautelar e de polícia autónoma, *i. e.*, não é em si mesma uma medida cautelar, mas um instrumento jurídico que legaliza a prática de «actos cautelares necessário e urgentes para assegurar os meios de prova» por parte dos OPC, actos esses caracteristicamente cautelares.

168. Outro ponto de discussão é o de se saber se o TIR, prescrito nos termos do art. 385.º do CPP, pode ser considerado uma medida cautelar e de polícia ou se mantém a sua natureza de medida de coacção prevista no art. 196.º do CPP.

O OPC, em primeiro lugar, não pode aplicar medida de coacção, competência própria e exclusiva do JIC – al. *b*) do n.º 1 do art. 268.º do CPP – com excepção do TIR que «pode» ser aplicado pelo MP. O verbo «poder» retira ao MP qualquer competência originária e própria para aplicar o TIR, ficando o mesmo dependente da aplicação ou não pelo JIC[537].

Acresce que, em segundo lugar, a competência para aplicação do TIR por parte do OPC reveste ou deve revestir *natureza subsidiária e cautelar*, como se pode retirar do n.º 3 do art. 385.º do CPP. O OPC só aplica o TIR e liberta o detido em processo sob forma sumária[538] se não for possível apresentá-lo ao tribunal em tempo útil de funcionamento da secretaria do tribunal. A natureza subsidiária e cautelar retira-se do próprio sentido e valor precário que revestem os actos praticados pela polícia/OPC *antes da intervenção judicial*. Este TIR não é aplicado por ordem da AJ, mas por iniciativa própria do OPC acto este sujeito à apreciação e validação por parte da AJ competente.

A aplicação do TIR por parte do OPC, nos termos do n.º 3 do art. 385.º do CPP, não confina uma medida de coacção, mas antes uma medida cautelar e de polícia sujeita a apreciação e validação por parte da AJ competente – JIC, no primeiro interrogatório de arguido detido e em julgamento sumário, e MP, nas restantes situações processuais.

---

[537] Não acompanhamos os que se arrogam do prescrito no art. 196.º do CPP para defender que o MP e o OPC tem, originariamente, competência para aplicar o TIR, pois aquele preceito deve ser interpretado no sentido da especificação que o próprio CPP determinar, como é o caso do art. 385.º, n.º 3 do CPP.

[538] Quanto à detenção em processo sob forma sumária, al. *a*) do n.º 1 do art. 254.º do CPP.

§ 52.º Da identificação e solicitação de informações

169. A **identificação**[539] **de um suposto autor ou co-autor de um delito** terá de respeitar as formalidades prescritas pelo art. 250.º do CPP. A identificação é uma medida cautelar e de polícia que se impõe na desenvoltura de actos pré-processuais ou processuais sob pena de não se assegurar as provas pessoais, para futuro contacto e apresentação quer sede de inquérito ou de instrução quer em sede de julgamento.

A identificação prescrita no art. 250.º do CPP difere da identificação prescrita na al. *a)* do n.º 1 do art. 28.º da LSI quanto aos fundamentos e pressupostos e quanto à natureza, sendo a segunda uma *medida de polícia* a desenvolver por ordem da autoridade de Polícia (AP) – estipuladas pelo art. 26.º da LSI e por força do art. 32.º, n.º 1 da LSI –, e podendo ser desenvolvida quanto a «qualquer pessoa que se encontre ou circule em lugar público ou sujeito a vigilância policial» – *ex vi* do n.º 1 e al. *a)* do n.º 1 do art. 28.º da LSI. Acresce que o elemento policial, no âmbito da LSI, actua como agente de autoridade e não como órgão de polícia criminal.

Mas, em caso de urgência e de perigo na demora da determinação da autoridade de polícia – cujas leis orgânicas das forças e serviços de segurança com competência em matéria de segurança interna [art. 25.º da LSI] estipulam quem detém prerrogativas de autoridade de polícia [art. 26.º da LSI] – para aplicar qualquer uma medida de polícia, excepto as que carecem de prévia autorização judicial [controlo de comunicações (art. 27.º da LSI); encerramento temporário de paióis, depósitos ou fábricas de armamento ou explosivos, revogação

---

[539] Quanto à **identificação** veja-se, também, al. *a)* do n.º 1 do art. 28.º da Lei n.º 53/2008, de 29 de Agosto, que aprovou a Lei de Segurança Interna e a Lei n.º 5/95, de 21 de Fevereiro, que estabelece um regime de obrigatoriedade de porte de documento de identificação e um novo tempo máximo de privação da liberdade – de duas horas – que, com a harmonização promovida pela redacção do art. 250.º dada pela Lei n.º 59/98, de 25 de Agosto, no nosso entender foi tacitamente revogado. No mesmo sentido, Maia Gonçalves, *Código de Processo...*, 7.ª Edição..., p. 516. Quanto ao regime jurídico da identificação, o nosso *Processo Penal – Tomo I*, pp. 275-278, António Augusto Tolda Pinto, *A Tramitação Processual Penal*, 2.ª Edição, Coimbra Editora, 2001, pp. 637 e ss..

ou suspensão de autorizações aos titulares daqueles estabelecimentos, encerramento temporário de estabelecimentos destinados à venda de armas ou explosivos e a cessação da actividade de empresas, grupos, organizações ou associações que actuem no quadro do terrorismo, da criminalidade violenta ou altamente organizada, conforme als. *e)*, *f)*, *g)* e *h)* do art. 29.º da LSI], os agentes de autoridade podem aplicar algumas das medidas de polícia, *in casu* a «identificação de pessoas suspeitas», devendo comunicar de imediato a autoridade de polícia competente, nos termos do n.º 2 do art. 32.º da LSI.

170. Quanto ao âmbito do CPP, o OPC deve ter em conta que a pessoa a identificar é um cidadão titular de direitos fundamentais – do qual se destacam a liberdade [o pedido de identificação a um cidadão limita-lhe automaticamente a liberdade de circulação], o bom nome e reputação [ao ser confrontado com a solicitação de identificação por parte de um OPC, principalmente quando acompanhado de pessoas do seu habitat e em certos locais, produz um efeito estigmatizante pela dúvida que se instaura face ao cidadão identificando].

Do art. 250.º do CPP, que deve ser conjugado com a al. *g)* do n.º 3 do art. 27.º da CRP, retira-se que o OPC pode proceder à identificação de um cidadão que se encontre em lugar público, aberto ao público ou sujeito a vigilância policial, sempre que sobre ele recaiam fundadas suspeitas da prática de crime(s), da pendência de processo de extradição ou de expulsão, de que tenha penetrado ou permaneça irregularmente no território nacional[540] ou de haver contra si mandado de detenção, nos termos do n.º 1 do art. 250º do CPP. Acresce que a identificação do cidadão pela Polícia/OPC não se esgota no âmbito criminal, pois pode ser uma medida administrativa – no âmbito das contra-ordenações ou de pura segurança, *p. e.* à entrada de um estádio de futebol se o cidadão leva um objecto proibido de entrar e fica na polícia até ao final do jogo.

---

[540] Sobre as condições de entrada, permanência, saída e afastamento de cidadãos estrangeiros, o DL n.º 244/98, de 8 de Agosto, alterado pela Lei n.º 97/99, de 26 de Julho, pelo DL n.º 4/2001, de 10 de Janeiro, alterado pelo DL n.º 34/2003, de 25 de Fevereiro.

Os OPC, nos termos do n.º 2 do art. 250º do CPP e antes de procederem à identificação, devem:

i) em primeiro lugar, provar a sua qualidade identificando-se;

ii) em segundo lugar, comunicar ao suspeito as circunstâncias que fundamentam a obrigação de identificação;

iii) e, em terceiro lugar, indicar os meios por que este se pode identificar.

171. O suspeito [da prática de crime(s)] pode identificar-se mediante a apresentação do bilhete de identidade ou passaporte, caso seja cidadão português, do título de residência, bilhete de identidade, passaporte ou documento que substitua o passaporte, caso seja cidadão estrangeiro, conforme n.º 3 do art. 250.º do CPP. Se for impossível apresentar um dos documentos referidos no número anterior, o suspeito pode identificar-se mediante a apresentação de documento original ou cópia autenticada, que contenha o seu nome completo, a sua assinatura e a sua fotografia, conforme n.º 4 do art. 250.º do CPP.

Quando não for portador de nenhum daqueles documentos de identificação, o OPC deve:

α. procurar, imediatamente, comunicar com familiares ou pessoa de sua confiança, podendo ao sujeito ser facultada a possibilidade de se identificar através da comunicação com uma pessoa que apresente os seus documentos de identificação; ou

β. deslocar-se, acompanhado pelos OPC, ao lugar onde se encontram os seus documentos de identificação; ou

γ. promover a identificação através de reconhecimento da sua identidade por uma pessoa identificada nos termos do n.º 3 ou do n.º 4 do art. 250.º do CPP que garanta a veracidade dos dados pessoais do sujeito.

172. Se o OPC tiver promovido as diligências citadas e, mesmo assim, seja impossível identificar o suspeito de acordo com as formalidades descritas, o OPC pode conduzi-lo ao posto policial mais próximo e compeli-lo a permanecer ali pelo tempo estritamente indispensável à identificação, em caso algum superior a seis horas[541], realizando, em caso de necessidade, provas dactiloscópicas, fotográficas ou de natureza análoga e convidando o identificando a indicar residência onde possa ser encontrado e receber comunicações, conforme o n.º 6 do art. 250.º do CPP.

O regime de identificação anterior à redacção do art. 250.º dada pela Lei n.º 59/98, de 25 de Agosto, por inexistência de previsão constitucional – que veio acontecer com a Revisão Constitucional de 1997 –, prefigura uma "identificação coactiva", detém "natureza puramente instrumental", sem a qual não se poderia obter a identidade do suposto agente da prática de um crime, e encontra-se fora do "elenco das medidas de coacção"[542].

A condução à Esquadra da Polícia de um suspeito para ser identificado por impossibilidade de identificação na via pública nos termos dos n.ºs 3 e 4 do art. 250.º do CPP compreende o conteúdo da designada **detenção para identificação** consagrada na al. g) do n.º 3 do art. 27.º da CRP, aditada pela IV Revisão Constitucional operada pela Lei Constitucional n.º 1/97, de 20 de Setembro[543], devendo a pessoa detida para identificação ser informada de imediato das razões da sua detenção *ex vi* n.º 4 do art. 27.º da CRP.

A detenção para identificação – em que o OPC tem legitimidade de conduzir um indivíduo para identificação, sendo privado da liberdade – afasta, por completo, a ideia de que a recusa à identificação, mesmo com a cominação, consubstancia um crime de desobediência. A posição doutrinária de que a recusa à identificação gera crime de desobediência mostra-se *contrária à ideia de detenção para identificação*

---

[541] Se for menor o tempo limite é de três horas, conforme al. *b*) do art. 50.º da LTE. Quanto à identificação de menor, o nosso *Direito de Menores*, (co-autoria Nieves Sanz Mulas), Âncora Editora, Lisboa, 2003, pp. 220-222.

[542] Quanto a este assunto, Anabela M. Rodrigues, "O Inquérito no novo Código de Processo Penal", *in Jornadas de Direito Processual Penal. O Novo Código de Processo Penal*, Almedina, Coimbra, 1995, p. 72 e AC. TC n.º 7/87, publicado no DR, de 19 de Fevereiro de 1987.

[543] A Revisão Constitucional veio supervenientemente afastar a inconstitucionalidade material de que padecia o art. 250.º do CPP. Quanto a este assunto, Alexandre Sousa Pinheiro e Mário João de Brito Fernandes, *Comentário à IV Revisão Constitucional*, AAFDL, Lisboa, 1999, pp. 118-119.

e não faz sentido que, sendo possível deter para identificar – medida coactiva que "só pode ser aplicada quando o suspeito a identificar não o faça doutro modo, nos termos dos n.ᵒˢ 3 e 4 do art. 250.º"[544] –, se opte deter pela prática do crime de desobediência.

Acresce referir que o prazo de 6 horas para proceder à identificação do cidadão que se enquadre no âmbito do n.º 1 do art. 250.º do CPP começa a contar desde o momento exacto em que a pessoa fica privada do seu *ius ambulandi*, ou seja, desde o momento em que o cidadão foi interceptado pelo OPC. Do mesmo modo afirmamos que o prazo de 6 horas é o prazo limite para a identificação do cidadão, ou seja, se o OPC conseguir proceder à identificação do cidadão num prazo inferior [*p. e.*, numa hora ou em duas horas], logo que esteja identificado e se prove que não ficará detido nos termos e para os fins do art. 254.º do CPP, o OPC tem de colocá-lo, de imediato, em liberdade, sob pena de abuso de poder e de detenção ilegal [ou sequestro]. Qualquer interpretação contrária viola não só o princípio *odiosa sunt restringenda* como os princípios da necessidade e exigibilidade e da proporcionalidade *stricto sensu*, consagrados nos artigos 18.º, n.º 2 e 266.º, n.º 2 da CRP.

173. Os actos de identificação devem, sempre, ser reduzidos a auto e as provas de identificação do suspeito constantes são destruídas na sua presença a pedido do mesmo, caso a suspeita da prática do crime não se confirme, *ex vi* n.º 7 do art. 250.º do CPP.

Contudo, defendemos que a destruição dos actos de identificação não invalidam a elaboração de uma participação ou auto em que a entidade que procedeu à diligência indique *quem*, *quando*, *onde* e *porque* foi detido para identificação e quando é que a diligência cessou, sob pena da fiscalização e controlo da legalidade da actividade policial não ser exequível.

174. Refira-se, ainda, que no âmbito do art. 250.º do CPP, o OPC pode e deve receber do suspeito, bem como de quaisquer pessoas susceptíveis de fornecerem **informações** úteis, sem prejuízo, quanto

---

[544] GERMANO MARQUES DA SILVA, *Curso de Processo...*, 2.ª Edição, Vol. II, p. 211.

ao suspeito, do disposto no artigo 59.º do CPP[545] – constituição de arguido –, informações relativas ao crime e, nomeadamente, à descoberta e à conservação de meios de prova que poderiam perder-se antes da intervenção da autoridade judiciária, nos termos do n.º 8 do art. 250.º do CPP.

No decurso do procedimento da identificação, o OPC deve facultar a possibilidade do suspeito ou do identificando contactar com pessoa da sua confiança – *ex vi* n.º 9 do art. 250.º do CPP – imperativo essencial e crucial na actuação das forças de segurança. Se o identificando for menor impõe-se, de imediato, o contacto com familiar ou pessoa de confiança sempre que o OPC tenha necessidade de conduzir o menor para o posto policial mais próximo[546].

Acresce, neste canto, dizer que o procedimento de identificação no quadro das contra-ordenações rege-se segundo as mesmas linhas orientadoras do art. 250.º do CPP – por aplicação subsidiária *ex vi* do art. 41.º do RGCO.

---

[545] No caso de menores, o art. 59.º do CPP, aquando de recolha de informações, apenas se aplica às pessoas imputáveis que as fornecem, uma vez que apenas pode ser constituído arguido «aquele que contra quem for deduzida acusação ou requerida instrução num processo criminal» (n.º 1 do art. 57.º do CPP), sendo que é obrigatória a constituição de arguido logo que corra «inquérito contra pessoa determinada em relação à qual haja suspeita fundada da prática de crime, esta prestar declarações perante qualquer autoridade judiciária ou órgão de polícia criminal»; «tenha de ser aplicada a qualquer pessoa uma medida de coacção ou de garantia patrimonial»; «um suspeito for detido, nos termos e para os efeitos previstos nos artigos 254.º a 261.º»; ou seja «levantado auto de notícia que dê uma pessoa como agente de um crime e aquele lhe for comunicado, salvo se a notícia for manifestamente infundada» (n.º 1 do art. 58.º do CPP).

Mas, a **constituição de arguido** também deverá ocorrer: «Se, durante qualquer inquirição feita a pessoa que não é arguido, surgir fundada suspeita de crime por ela cometido, a entidade que procede ao acto suspende-o imediatamente e procede à comunicação e à indicação referidas no n.º 2 do artigo anterior»; e se «A pessoa sobre quem recair suspeita de ter cometido um crime tem direito a ser constituída, a seu pedido, como arguido sempre que estiverem a ser efectuadas diligências, destinadas a comprovar a imputação, que pessoalmente a afectem», conforme n.os 1 e 2 do art. 59.º do CPP.

[546] Quanto à identificação de menor o art. 50.º da LTE e o nosso *Direito de Menores...*, pp. 220-222.

Há a reter que os direitos fundamentais limitam, aparentemente, muito mais a actividade policial (OPC) no quadro criminal, por a conduta punida a título de contra-ordenação não ser dotada da censurabilidade própria da conduta punida criminalmente, apesar da finalidade da identificação no plano da contra-ordenação em geral ou em um regime específico [como *p. e.* no processo de consumo de droga, prevista no art. 4.º da Lei n.º 30/2000, de 29 de Novembro] se igualar à do plano criminal – saber dos agentes e das testemunhas (de acusação ou de defesa) da infracção.

Defendemos que os direitos fundamentais são um limite inultrapassável para qualquer restrição independentemente da natureza daquela, assim como reside neles o fundamento da intervenção da polícia/OPC.

§ 53.º Da revista cautelar

175. A revista a pessoas não é, hoje, matéria exclusiva do direito criminal adjectivo[547], sendo que, neste ponto de estudo – das medidas cautelares e de polícia – centrar-nos-emos na revista como medida cautelar criminal adjectiva sujeita a apreciação e a validação judicial. Cumpre, desde já, anotar que a revista cautelar e de polícia prevista no art. 251.º do CPP deve obedecer á teleologia do acto em si – prevista no n.º 1 do art. 174.º do CPP – e que só é cautelar se preencher os pressupostos do art. 251.º do CPP, não obstante de após apreciação e validação se consignar como meio de obtenção de prova.

A revista, no âmbito do Código de Processo Penal, pode ter carácter de meio de obtenção de prova – art. 174.º e 175.º do CPP[548] – ou de medida cautelar e de polícia – art. 251.º do CPP. Na legislação

---

[547] Quanto à revista como medida de segurança e preventiva ou de prevenção do perigo *infra* Capítulo IX e o nosso *Revistas e Buscas*, 2.ª Edição, Almedina, 2005, pp. 24-26, 35-49; o art. 25.º da Lei n.º 39/2009, de 30 de Julho; os artigos 84.º, 85.º, 86.º DL n.º 323-D/2000, de 20 de Dezembro; e o art. 6.º do DL n.º 35/2004, de 21 de Fevereiro, alterado pelo DL n.º 198/2005, de 10 de Novembro, e pela Lei n.º 38/2008, de 8 de Agosto.

[548] Quanto à revista como meio de obtenção de prova, os nossos *Revistas e Buscas*, 2.ª Edição, pp. 19-21 e *Processo Penal – Tomo I*, 1.ª Edição, pp. 317-318.

avulsa a revista, com excepção do art. 53.º do DL n.º 15/93, de 22 de Janeiro[549], apresenta-se *a priori* como medida cautelar e de polícia em uma vertente preventiva e de segurança – art. 5.º da Lei n.º 8/97, de 12 de Abril, art. 25.º, n.º 3 da Lei n.º 39/2009, de 30 de Julho, art. 4.º da Lei n.º 30/2000, de 29 de Novembro[550]. A epígrafe do art. 25.º da Lei n.º 39/2009, de 30 de Julho, é *revista pessoal de prevenção de segurança*, não obstante de, em um dado momento em que possa aparecer uma prova real da prática de um crime, a mesma possa consubstanciar um meio de obtenção de prova.

176. A **revista**, como **medida cautelar e de polícia**, é **uma medida de excepção** e, como tal, apenas se **deve efectuar quando se verifica uma detenção** – quer para identificação quer nos termos do art. 254.º e ss. do CPP – e **haja fundadas suspeitas** de que, nas suas roupas ou junto ao corpo, o **detido ou suspeito oculta objectos relacionadas com o crime** que sejam **susceptíveis de servir de prova** da infracção (crime) e que, de outro modo, poder-se-iam **perder** ou quando de **fuga iminente do suspeito** – nos termos da al. *a*) do n.º 1 do art. 251.º do CPP.

Admite-se, ainda, a revista cautelar para **acautelar práticas criminosas durante actos processuais** ou para evitar que pessoas suspeitas que vão ser conduzidas a departamento policial, entrem nas viaturas policiais e nos respectivos departamentos com armas ou «objectos com os quais possam praticar actos de violência» – nos termos da al. *b*) do n.º 1 do art. 251.º do CPP. O legislador, com a Reforma de 2007, ampliou o âmbito da revista cautelar e de polícia, seguindo a posição doutrinária por nós defendida como revista de segurança[551].

Esta revista carece de apreciação e de validação por parte da AJ, *ex vi* n.º 2 do art. 251.º do CPP que remete para o n.º 6 do art. 174.º do CPP, *i. e.*, está sujeita ao princípio do controlo jurisdicional.

---

[549] Quanto à revista prevista no art. 53.º do DL n.º 15/93, de 22 de Janeiro, os nossos *Revistas e Buscas*, 2.ª Edição, pp. 26-29 e *Processo Penal – Tomo I*, 1.ª Edição, pp. 321-323.

[550] Quanto à revista no âmbito destes preceitos, o nosso *Revistas e Buscas*, 2.ª Edição, pp. 24-25 e 29-32. Quanto à revista a menores, os nossos *Revistas e Buscas*, 2.ª Edição, pp. 32-49 e *Direito de Menores*, pp. 222-235.

[551] Cfr. o nosso *Revistas e Buscas*, 2.ª Edição, pp. 24-26.

Os OPC, a par da medida cautelar e por razões de segurança, devem efectuar uma **revista sumária**[552], que antecede a revista com maior pormenor, solicitando primeiramente que o suspeito deposite sobre uma superfície rígida todos os artigos que o possam indiciar da prática do facto delituoso que originou a intervenção da Polícia e que possam ferir o/a agente ou outrem ou a si próprio – seringas, navalhas, armas. A revista deve ser efectuada em um local reservado e, sempre que possível, na presença de alguém de confiança do revistado e evitar que se ofenda a dignidade pessoal e o pudor do visado com a diligência – conforme preceitua o n.º 2 do art. 175.º do CPP.

177. A revista de que temos falado enquadra-se no âmbito processual penal, todavia cumpre-nos, neste momento, tecer breves referências a uma revista cautelar, no sentido de prevenção e segurança para tutela de bens jurídicos fundamentais – *v. g.*, vida e integridade física –, prevista como medida de polícia e na al. *a)* do art. 29.º da LSI. A revista a pessoas para «detectar a presença de armas, substâncias ou engenhos explosivos ou pirotécnicos, objectos proibidos ou susceptíveis de possibilitar actos de violência», assim como para detectar se essa pessoa é procurada, se encontra em situação irregular no território nacional ou se está privada da liberdade, é uma medida de polícia que pode ser levada a cabo pelos agentes das forças e serviços de segurança, previstos no art. 25.º da LSI, após determinação das autoridades de polícia [*ex vi* n.º 1 do art. 32.º da LSI] ou por iniciativa própria em caso de urgência ou por existir *periculum in mora* na intervenção da autoridade de polícia [*ex vi* n.º 2 do art. 32.º da LSI].

Esta revista inicia-se, sempre, como *medida de polícia* e, verificadas as detecções enunciadas na al. *a)* do art. 29.º da LSI, passará de imediato a preencher o quadro de uma revista como medida cautelar e de polícia, prevista no n.º 1 do art. 251.º do CPP. O fundamento da

---

[552] Sobre as revistas os nossos *Revistas e Buscas*, 2.ª Edição, pp. 19 e ss., *Lei e Crime...*, pp. 219 e ss., GERMANO M. DA SILVA, *Curso de Processo Penal*, 2.ª Ed., Verbo, Lisboa/S. Paulo, 2000,Vol. II, pp. 193 e ss. FERNANDO GONÇALVES e MANUEL JOÃO ALVES, *Os Tribunais, as Polícias e o Cidadão*, Almedina, Coimbra, 2000, pp. 202 e ss., TOLDA PINTO, *Op. Cit.*, pp. 648 e ss.. Quanto à revista a menores o nosso *Direito de Menores...*, pp. 222 a 236.

revista como *medida de polícia* não se prende com os fundamentos e pressupostos verificados ou verificáveis em concreto e exigíveis para a revista como *medida cautelar e de polícia*, uma vez que aquela se funda no conceito de segurança interna, prescrito no n.º 1 do art. 1.º da LSI – actuar para defender e garantir a segurança interna, ou seja, prevenção do perigo e do dano –, cuja acção não necessita de uma suspeita concreta, mas as circunstâncias geradoras de perigo legitimam a revista como *medida de polícia*. Esta revista era efectuada com fundamento na cláusula geral de polícia prevista no n.º 2 do art. 29.º da DUDH, sendo que hoje se encontra tipificada em lei da Assembleia da República.

A revista como *medida de polícia*, mesmo que não se converta em medida cautelar e de polícia, deve ser comunicada ao Tribunal territorialmente competente no mais curto prazo, nunca excedendo as 48 horas da aplicação da medida, para que o juiz a aprecie e valide no prazo máximo de 8 dias, nos termos do art. 33.º, n.ºs 1 e 3 da LSI.

§ 54.º Da busca cautelar e/ou não domiciliárias

178. A natureza das buscas[553] é, originariamente, de meio de obtenção de prova – art. 174.º a 177.º do CPP – e, excepcionalmente, podem ter natureza de medida cautelar e de polícia – art. 251.º do CPP e art. 5.º da Lei n.º 8/97, de 12 de Abril – e, ainda, podem ter natureza preventiva[554] e de natureza de medida de polícia no quadro da segurança interna – nos termos da al. *a)* do art. 29.º da LSI.

As buscas podem-se classificar de buscas domiciliárias[555] e não domiciliárias, sendo que como medida cautelar e de polícia, a busca

---

[553] Quanto às buscas de forma desenvolvida com crítica à jurisprudência o nosso *Revistas e Buscas...*, 2.ª Edição, pp. 59-146. Quanto à busca no âmbito dos menores o nosso *Direito de Menores...*, pp. 236 a 241.

[554] Quanto à busca preventiva ou de segurança, o nosso "Revistas e Buscas: Que viagem queremos fazer?", in *I Congresso de Processo Penal – Memórias*, Almedina, Coimbra, 2005, pp. 307-308 e *infra* Capítulo IX.

[555] Quanto às buscas domiciliárias, os nossos *Processo Penal – Tomo I*, 2.ª Edição, pp. 387-412 e *Revistas e Buscas*, 2.ª Edição, pp. 96-132.

é não domiciliária. Se o OPC tiver de efectuar uma busca domiciliária nos termos da al. *a)* do n.º 5 do art. 174.º do CPP sem autorização da AJ – Juiz –, a diligência é uma busca domiciliária de cariz excepcional e não é uma medida cautelar e de polícia – *a contrario* al. *a)* do n.º 1 do art. 251.º do CPP. Em todas as tipologias de busca procura-se delimitar o campo de intervenção da diligência que violará a reserva da intimidade da vida privada da pessoa e da família e a inviolabilidade de domicílio, evitando-se que, mesmo quando legal e legítima, não ofenda o conteúdo mínimo ou essencial dos direitos fundamentais afectados.

As buscas cautelares e/ou não domiciliárias afectam, também e necessariamente, direitos fundamentais dos visados e, por regra e por conseguinte, carecem de autorização judicial ou do consentimento daqueles, sendo que a intervenção coerciva do OPC é excepcional e centra-se no princípio *periculum in mora*. De realce apontamos a competência originária de autorização ou ordem do MP para a realização das buscas não domiciliárias e, consequentemente, a mesma competência para apreciar e validar a diligência, por tal acto não constar do elenco dos que competem em exclusivo ao juiz de instrução em sede de inquérito – *a contrario* artigos 268.º, 269.º e 177.º do CPP em conjugação com o art. 174.º n.º 3 do CPP.

179. A busca incide sobre **locais reservados ou não acessíveis ao público** desde que sobre os mesmos recaiam **indícios** de que se **encontram objectos relacionados com a prática de um facto tipificado como crime** e que sejam **susceptíveis de servirem como prova incriminatória ou absolutória** no processo em curso ou que existam indícios de que nesses locais se escondem pessoas que devem ser localizadas e contactadas, *i. e.*, detidas para serem presentes à autoridade judiciária competente – art. 174.º, n.º 2 do CPP – ou que se destinam a **detectar a intromissão ou a presença de armas e substâncias ou engenhos explosivos ou pirotécnicos nos estabelecimentos de ensino ou recintos desportivos ou onde ocorrem eventos lúdicos** – art. 5.º da Lei n.º 8/97, de 12 de Abril – ou que se destina à **descoberta de objecto ou de substância perigosa ocultada nos «locais e dependências individuais ou colectivas» dos Centros Educativos ou nos veículos** que entram e saem daqueles centros – artigos 84.º e 86.º do DL n.º 323-D/2000, de 20 de Dezembro – ou que se destinam cautelarmente, por urgência e necessidade, **preservar meios de prova** – al. *a)* do n.º 1 do art. 251.º do CPP.

O meio de obtenção de prova *buscas* não se reduz ao espectro do domicílio. Como se referiu, podem incidir sobre locais inacessíveis ao público ou reservados que podem ser locais de domínio privado de acesso condicionado – *p. e.*, discoteca, veículo, oficina, garagem – ou de acesso livre – café ou restaurante.

As diligências de procura de objectos ou pessoas relacionados com a prática de um crime nos locais, cuja natureza se destingue da áurea de domicílio, carece, também, de autorização judiciária – Juiz ou MP – e só nos casos de impossibilidade destes autorizarem ou ordenarem as buscas e por razões de perigo de desaparecimento de provas reais ou pessoais ou de perigo para a vida e integridade física de pessoas os OPC podem levar a cabo a diligência[556].

180. Como primeiro apontamento, referimos que as buscas não domiciliárias enquadram-se, frequentemente, no plano normativo das medidas cautelares e de polícia, sem que se afastem do esqueleto do regime regra prescrito nos arts. 174.º a 177.º do CPP, sujeitas à verificação dos princípios da urgência e da necessidade de intervenção do OPC – art. 249.º, n.º 1 do CPP – sem a prévia autorização ou ordem judiciária com o intuito de preservar meios de prova que pereceriam caso a intervenção tardasse por razões burocráticas provocando uma derrocada nas finalidades imediatas do processo penal: descoberta da verdade e, por maioria de razão, realização da justiça penal.

Como segundo acorde, realçamos o facto de **as buscas não domiciliárias estarem sujeitas a pressupostos apertados vinculativos e cumulativos** de verificação: desde logo não podem imbricar com o âmbito das buscas domiciliárias; assim como de recair sobre o visado suspeita de fuga ou em caso de detenção [*lato sensu*]; deve existir fundada razão de que naquele local se ocultam objectos ou pessoas relacionadas

---

[556] Claro é que, em sede de instrução, a autoridade judiciária competente para autorizar e ordenar, assim como apreciar e validar buscas não domiciliária é o juiz de instrução, pois enquadram-se nos actos de instrução considerados adequados à «comprovação judicial da decisão de deduzir acusação ou de arquivar o inquérito em ordem a submeter ou não a causa a julgamento» – conforme art. 286.º, n.º 1 do CPP.

com o crime – *p. e.*, suspeitos ou vítimas; esses objectos têm de servir como meios de prova; e que a não realização da busca provocaria a perda desses meios de prova criando uma inutilidade da diligência.

Acresce que a busca não domiciliária pode e deve realizar-se mesmo quando não se verifica o flagrante delito ou quando a detenção residirá unicamente no fundamento da identificação do agente do crime – al. *g)* do n.º 3 do art. 27.º da CRP em conjugação com o art. 250.º do CPP –, sob pena de perda de provas reais e pessoais fundamentais para o processo e para a tutela dos bens jurídicos agredidos ou colocados em perigo de lesão pela conduta humana.

Como terceira linha de ideias, realce-se que as buscas não domiciliárias no âmbito das medidas cautelares e de polícia preenchem o quadro de actos próprios dos OPC, mas simultaneamente caracterizam-se como *actos pré-processuais*[557] sujeitos à apreciação e à validação por autoridade judiciária competente – n.º 2 do art. 251.º em conjugação com o n.º 6 do art. 174.º do CPP.

Como quarta escalada, destacamos o facto de as buscas em causa se vincularem ao princípio da proporcionalidade *lato sensu*, *i. e.*, adequada aos fins da diligência e do processo penal, exigível e necessária para a preservação dos meios de prova e, ainda, proporcional *stricto sensu*, melhor, considerada como o meio ou a medida cautelar e de polícia que menos onera os direitos fundamentais quer do agente da infracção quer dos demais cidadãos.

Reconhecemos que, na situação espacio-temporal em que ocorre a intervenção policial, existe uma premente dificuldade em discernir objectivamente os vértices límpidos do princípio da proibição do excesso. Mas, os OPC devem ao máximo respeitar os direitos fundamentais dos cidadãos e evitar excessos e a violação dos princípios constitucionais regedores da actuação policial.

181. Como havíamos escrito no início deste §, consideramos que existem buscas preventivas no quadro da segurança interna e com natureza de *medida de polícia*, prevista na al. *a)* do art. 29.º da LSI.

---

[557] Quanto a este assunto, GERMANO MARQUES DA SILVA, *Curso de Processo Penal*, 2.ª Edição, Verbo, Lisboa/S. Paulo, Vol. III, pp. 63 e ss..

Estas buscas não se confundem, nem se podem equiparar às buscas preventivas levadas a cabo pelas forças e serviços de segurança em locais fixos ou móveis para salvaguarda de bens jurídicos superiores – *v. g.*, vida, integridade física, liberdade – aos bens jurídicos sacrificados – *v. g.*, liberdade de locomoção, propriedade, inviolabilidade de espaço reservado, intimidade da vida privada –, cuja suspeita é abstracta quanto aos sujeitos e quanto aos espaços. Estas buscas – *p. e.*, a procura de uma criança desaparecida – não se encontram limitadas a pessoas nem aos espaços de actuação e devem-se enquadrar no âmbito da cláusula geral de polícia consagrada no n.º 2 do art. 29.º da DUDH e, caso assim não se entenda, podem-se enquadrar no âmbito das causas de justificação – *v. g.*, direito de necessidade previsto no art. 34.º do CP – ou no âmbito das causas de exculpação – *v. g.*, estado de necessidade previsto no art. 35.º do CP.

As buscas, previstas na al. *a)* do art. 29.º da LSI, podem incidir sobre um número indeterminado de pessoas e de espaços fixos – lugares públicos, abertos ao público ou sujeitos a vigilância policial – ou móveis – viaturas, mochilas, malas – sem que exista uma suspeita concreta, bastando tão só um *perigo abstracto* de que nesses locais e entre aquelas pessoas existam «armas, substâncias ou engenhos explosivos ou pirotécnicos, objectos proibidos ou susceptíveis de possibilitar actos de violência», assim como que aí estejam «pessoas procuradas ou em situação irregular no território nacional ou privadas da sua liberdade».

O objecto e o fim de acção da *medida de polícia* busca difere do objecto e fim do *meio de obtenção de prova* ou da *medida cautelar e de polícia* busca. Mas, esta pode iniciar-se como *medida de polícia* e, verificadas situações consignantes da prática de crime, passarem a ter natureza de *medida cautelar e de polícia* prevista na al. *a)* do n.º 1 do art. 251.º do CPP. A mutabilidade da acção policial verifica-se no campo operacional e, na mesma linha, no campo jurídico.

Se *A* (autoridade de Polícia), comandante responsável pelo policiamento de um evento, onde se encontram e para onde se dirigem milhares de pessoas que podem fazer-se acompanhar de armas ou de explosivos ou de objectos susceptíveis de serem usados em actos de violência, determinar aos seus agentes de autoridade que efectuem *buscas* a todas as viaturas ou mochilas que vão entrar dentro de um determinado perímetro de segurança, estas buscas enquadram-se no âmbito das *medidas de polícia*, prevista na al. *a)* do art. 29.º da LSI.

Se, no decorrer de uma busca a uma viatura, **B**, agente de autoridade, verifica que **C**, transporta várias *armas de fogo proibidas* e *produto estupefaciente para venda*, a *medida de polícia busca* passa a *medida cautelar e de polícia busca não domiciliária*, prevista na al. *a)* do n.º 1 do art. 251.º do CPP, assim como terá de proceder à detenção de **C** em flagrante delito, nos termos e para os efeitos dos artigos 254.º e ss. do CPP.

§ 55.º Da suspensão de correspondência

182. A polícia/OPC não pode apreender a correspondência sem autorização ou ordem do Juiz. Contudo, a epígrafe do art. 252.º do CPP é *apreensão de correspondência*, o que nos leva a considerar que formalmente os OPC podem apreender cautelarmente a correspondência de um cidadão suspeito da prática de crime. Assim e tendo em conta a epígrafe, a apreensão de correspondência[558] pode ser vista segundo dois prismas: como *meio excepcional de obtenção de prova* pela ofensa ou restrição de bens jurídicos fundamentais pessoais – reserva da intimidade da vida privada [art. 26.º da CRP] tutelado pelo direito ao sigilo e inviolabilidade da correspondência [art. 34.º da CRP] – previsto no art. 179.º do CPP; e como *medida cautelar e de polícia de cariz excepcional – ex vi* do art. 252.º do CPP.

A apreensão de correspondência apresenta-se como acto ordenado ou autorizado pelo juiz – n.º 1 do art. 252.º do CPP –, *i. e.*, ao se prescrever que os OPC transmitem a **correspondência intacta** apreendida **ao juiz** que **tiver ordenado ou autorizado a diligência,** está-se a prescrever que o acto do OPC resume-se ao cumprimento de uma diligência

---

[558] Quanto à apreensão de correspondência no âmbito dos menores, o nosso *Direito de Menores...*, pp. 241-242. Quanto à apreensão de correspondência como medida cautelar e de polícia Maia Gonçalves, *Código de Processo...*, 7.ª Edição, p. 519, Leal-Henriques e Simas Santos, *Código de Processo Penal Anotado*, 2.ª Edição, Rei dos Livros, Lisboa, 2000, II Vol., pp. 40-41. Quanto à apreensão de correspondência como meio de obtenção de prova, o nosso *Processo Penal* – Tomo I, 1.ª Edição, pp. 378-381 e 2.ª Edição, pp. 431-433.

ordenada ou autorizada por um juiz e não uma medida precária e *a priori* da intervenção da autoridade judiciária.

Se considerarmos que os OPC só podem apreender a correspondência por ordem ou autorização do juiz de instrução, a inserção deste preceito – principalmente do n.º 1 – nas medidas cautelares e de polícia não se adequa à teleologia daquelas, por não serem um acto pré-processual e de competência materialmente originária, mas antes um acto ordenado pela AJ, *i. e.*, não se afigura como medida cautelar e de polícia.

183. Acresce que o n.º 2 do art. 252.º do CPP suscita, desde logo, duas questões: a abertura da correspondência [encomendas] refere-se à correspondência apreendida por ordem ou autorização do JIC ou à correspondência de importância extrema por conter informações cruciais para a investigação de um crime – do catálogo – e, por isso, pode ser aberta por autorização do Juiz sem que tenha ordenado a diligência.

Se a apreensão de correspondência é de um melindre gravoso, esse melindre aumenta se a diligência cominar com a sua abertura. Somos da opinião de que o n.º 2 do art. 252.º do CPP se correlaciona e entrelaça com o n.º 1 do mesmo preceito, *i. e.*, a abertura da correspondência nos termos do n.º 2 do art. 252.º do CPP – acto exclusivo do juiz [n.º 1 do art. 179.º do CPP e al. *b*) do n.º 1 do art. 269.º do CPP *ex vi* do n.º 4 do art. 32.º da CRP] – só pode cingir– se à abertura por ordem daquele e à correspondência apreendida por ordem ou autorização do mesmo. *Summo rigore*, **o n.º 2 do art. 252.º do CPP não é uma verdadeira medida cautelar e de polícia**.

A abertura de *valores fechados* [p. e., envelopes com quantias monetárias, com títulos de crédito, com ouro], cuja proveniência seja ilícita e o conhecimento do seu conteúdo pode ser fundamental para a descoberta do crime em investigação, por suspeita de deter material íntimo e da esfera privada do investigado, está sujeita ao mesmo regime das *encomendas* [que é correspondência], ou seja, pode ser apreendido, mas a abertura carece de prévia autorização do juiz que for informado do facto pelo OPC.

Imaginemos que o OPC/*A* efectua uma busca à residência de *B*, por suspeita de tráfico de droga vindo da Colômbia, em cujo mandado ordenava, também, a apreensão da correspondência de *B*, e no decurso da operação policial *A* verifica que existem cartas ou outras encomendas para **B** não abertas vindas da Colômbia. O OPC/**A** deve entrar em contacto com o Juiz que ordenou a diligência processual e solicitar a abertura da correspondência por ser admissível que tenha informação crucial para a detecção da droga e a sua respectiva apreensão. Mais, esta solução também se impõe se o crime de que **B** for suspeito for de terrorismo com o uso de engenho explosivo, crime p. e p. pelo art. 4.º da Lei n.º 52/2003, de 22 de Agosto, em que se suspeita que na correspondência apreendida se possa encontrar o código de desactivação do engenho explosivo.

No âmbito do terrorismo ou de crime em que estejam em causa bens jurídicos superiores como a vida ou a integridade física de pessoas, cuja evacuação seja impossível, se impõe ao OPC que, caso não consiga contactar o juiz e com fundamento no estado de necessidade, abra a correspondência para descobrir os códigos de desactivação dos engenhos explosivos.

184. O n.º 3 do art. 252.º do CPP já reveste natureza precária e cautelar: por um lado, legitima os OPC a ordenar a **suspensão** da remessa de qualquer correspondência nas estações dos correios e de telecomunicações por suspeita de conterem informação útil à investigação de um crime ou à descoberta da verdade e que, devido à demora da autorização ou ordem de apreensão por parte do JIC, poder-se-ia perder; mas, por outro, sujeita a ordem de suspensão à convalidação, no prazo de 48 horas, por despacho fundamentado do JIC. Acresce que a ordem do OPC deve ser fundamentada e não ser o resultado de uma actuação discricionária.

Acresce-se que a *suspensão da correspondência* só pode ser ordenado por OPC nos casos em que ao Juiz é legítimo ordenar a sua apreensão[559], *i. e.*, nos casos do n.º 1 do art. 179.º do CPP:

α. a correspondência ser expedida ou recebida pelo suspeito a investigar – al. *a*);

β. estar em causa um crime que seja punível com pena superior, no seu máximo, a três anos – catálogo de crimes –, nos termos da al. *b*);

γ. e que a diligência se revele de grande interesse para a descoberta da verdade ou para a prova – al. *c*).

---

[559] Não faria sentido legitimar uma maior amplitude aos OPC do que a legitimada ao juiz das liberdades.

Capítulo VIII – Competências Específicas

Se o OPC/*A* efectua uma busca à residência de **B**, e verifica que existe correspondência fechada *de C para B*, desde que o mandado determine a apreensão de correspondência, esta apreensão não se enquadra no âmbito das medidas cautelares e de polícia – art. 249.º, n.º 2, al. *c*) do CPP –, mas no âmbito dos meios de obtenção de prova. Mas, se o OPC/*A* determinar à estação de correios *Y* a suspensão de correspondência de *C* para *B* por suspeita da prática de crime de furto de peças do culto religioso – al. *c*) do n.º 1 do art. 204.º do CP –, já podemos falar de medida cautelar e de polícia, precária que carece de apreciação e validação nas próximas 48 horas. A decisão do OPC/*A* tem de preencher os pressupostos do n.º 1 do art. 179.º do CPP, pois se o crime fosse de furto de uso de veículo – p. e p. pelo art. 208.º do CP –, já não se verificava o pressuposto da al. *b*) do n.º 1 do art. 179.º do CPP, o que inviabilizava a ordem de suspensão de correspondência.

Summo rigore, consideramos que só **o n.º 3 do art. 252.º se pode enquadrar como medida cautelar e de polícia** – *i. e.*, só a suspensão da correspondência se afigura como medida cautelar e precária – **por ser um acto que carece de apreciação e validação posterior e por ser aplicável por necessidade e urgência** sob pena de não se assegurar a descoberta da verdade ou de não se assegurar a prova.

§ 56.º Da localização celular

185. A Reforma de 2007 aditou às medidas cautelares e de polícia a medida *localização celular*, prevista no art. 252.º-A do CPP, que se encontra, também, prescrita como meio de obtenção de prova – n.º 2 do art. 189.º do CPP[560]. A localização celular contende directamente com o direito de liberdade de movimentos – *ius ambulandi* – e, consequentemente, com o direito que o cidadão tem de "não se saber, a

---

[560] Quanto à localização celular como medida cautelar e de polícia e de meio de obtenção de prova, o nosso *Processo Penal* – Tomo I, 2.ª Edição, pp. 303-304 e 487-493 e, tendo em conta a conflitualidade de direitos e liberdades fundamentais, assim como a cooperação judiciária internacional, o nosso *Escutas Telefónicas. Da Excepcionalidade à Vulgaridade*, 2.ª Edição, pp. 100-106 e pp. 133-165.

todo o momento, onde (...) se encontra"[561], devia ser considerada unicamente como meio de obtenção de prova e não como medida cautelar e de polícia. Prendemo-nos na localização celular como medida cautelar e de polícia.

As medidas cautelares e de polícia[562] detêm natureza temporária, precária e carecem de ser apreciadas e validadas pela Autoridade judiciária competente. Desta feita, as medidas cautelares e de polícia só são admissíveis com fundamento na urgência e no *periculum in mora* para fazer cessar o dano de uma conduta humana negativa que afecta qualquer bem jurídico ou que põe em perigo de lesão um bem jurídico e por existir perigo na demora da intervenção da Autoridade Judiciária (AJ). Impõe-se por razões de preservação de prova real e pessoal fundamental para o processo que se irá iniciar ou que está em curso, cuja não actuação dos OPC (polícia) podia afectar as finalidades do processo: descoberta da verdade material prática e judicialmente válida, assim como a realização da justiça e a defesa dos direitos fundamentais dos cidadãos e, como ponto final, o alcance da paz pública.

As medidas cautelares e de polícia são (ou só devem ser) prosseguidas por elementos policiais (OPC ou APC) e não por AJ[563] como se afere do n.º 1 do art. 252.º-A do CPP, na linha do que acontece com os n.ºs 1 e 2 do art. 252.º do CPP, cuja epígrafe é *apreensão de correspondência*. Não se nos afigura adequado que as AJ possam praticar medidas cautelares e de polícia, sob pena de se neutralizar a sua *ratio* e teleologia.

---

[561] Cfr. ANDRÉ LAMAS LEITE, "Entre Péricles e Sísifo...", in *RPCC*, Ano 17, n.º 4, p. 664. Este autor, na mesma página e nota 89, indica-nos a posição do Supremo Tribunal Federal dos EUA: o direito de que o cidadão tem de não se saber onde se encontra "não é uma garantia dos sujeitos, desde que os mesmos circulem em locais públicos". Já a nossa doutrina, na linha da alemã, considera que o local onde se encontra a pessoa não é o mais importante, "mas sim a natureza e a qualidade dos dados, *maxime* a sua atinência a uma esfera de «auto-determinação informacional»".

[562] Quanto às medidas cautelares e de polícia e a sua justificação no quadro jus-processual penal, o nosso *Processo Penal – Tomo I*, 2.ª Edição, pp. 289-306 e ANABELA MIRANDA RODRIGUES "O Inquérito no Novo Código de Processo Penal", in *Jornadas de Direito Processual Penal*, Almedina, Coimbra, 1995, pp. 70-72.

[563] Se há intervenção da AJ não podemos confirmar a diligência como pré-processual, mas como processual, e deve seguir os quesitos do art. 189.º, n.º 2 do CPP.

A localização celular, como medida cautelar e de polícia, só é admissível quando impere a necessidade de obtenção de dados sobre o local onde se encontra o cidadão visado por razões de afastamento do "perigo para a vida ou de ofensa à integridade física grave", conforme n.º 1 do art. 252.º-A do CPP. A construção legal positiva configura uma situação de *estado de necessidade* e, nunca, de medida cautelar e de polícia, ou seja, as polícias podiam sempre proceder à localização celular desde que em causa estivesse a vida ou a integridade física de qualquer pessoa [arguido, vítima, testemunha ou qualquer outro cidadão] por razões imperiosas de salvar valores superiores como a vida e a integridade física sob a égide do *princípio do estado de necessidade de intervenção do Estado* por meio da polícia.

186. Outra questão importante para as polícias é saber que tipos legais de crime põem em perigo a *vida* e a *integridade física grave* e que legitimam a sua intervenção por meio da localização celular. Somos de opinião que o legislador, *a priori*, pode ter limitado o catálogo aos crimes contra as pessoas, em especial contra a vida, contra a integridade física e contra a liberdade[564]. Consideramos que a cláusula aberta "perigo para a vida ou de ofensa de integridade física grave" inclui outras tipologias criminais cuja execução afectam indirectamente aqueles bens jurídicos – *v. g.*, terrorismo, tráfico de armas, tráfico de droga – e que se enquadram na criminalidade grave, complexa e altamente especializada [criminalidade organizada e violenta].

Como já referimos, o quadro inscrito no n.º 1 é de *estado de necessidade* e, por isso, desnecessário uma vez que já se encontra previsto e do qual as polícias/OPC se podem socorrer: *p. e.*, a polícia/OPC pode e deve proceder à localização celular de uma pessoa que se encontra sequestrada ou raptada, quer através do telemóvel do suposto agente do crime quer através do telemóvel da suposta vítima. Mas, o quadro prescrito no n.º 2 do art. 252.º-A do CPP preenche um puro meio de obtenção de prova e, como tal, carece de autorização e/ou ordem do juiz por a diligência colidir com direitos e liberdades fundamentais[565].

---

[564] Podemos adiantar que se enquadram neste catálogo os crimes de sequestro, rapto, escravidão, tráfico de pessoas e contra a liberdade de autodeterminação sexual.

[565] Cfr. n.º 4 do art. 32.º da CRP e n.º 2 do art. 189.º do CPP.

Neste sentido, esta tentativa de *policialização* da fase inicial do processo viola o princípio da jurisdicionalização de todo o processo – *ab initio ad finem* – e, consequentemente, está ferida de inconstitucionalidade material por violação do art. 32.º, n.º 4 da CRP, que consagra a intervenção do juiz sempre que o acto ou diligência processual colidir "directamente com os direitos fundamentais". Este juízo de inconstitucionalidade não enquadrará se a situação factual preencher os quesitos do estado de necessidade[566], o que afasta a opção legislativa demasiado perigosa por poder ser uma alavanca para se proceder a escutas telefónicas sem autorização judicial e fora da fase de inquérito como impõe o n.º 1 do art. 187.º do CPP. A comunicação *a posteriori* ao juiz não afasta a violação do direito fundamental *liberdade* e de *não se saber onde se encontra o cidadão*, assim como da *palavra falada* e da *reserva da intimidade da vida privada*. Nem a prescrição de nulidade, que entendemos como proibição de uso dos dados de localização, repõe (ou restaura) a integridade dos direitos fundamentais agredidos.

187. Não obstante considerarmos que os OPC podem promover diligências cautelares e de polícia depois da comunicação da notícia do crime e das respectivas provas reais e pessoais à AJ – *v. g.*, n.º 3 do art. 249.º do CPP –, defendemos que o n.º 2 do art. 252.º-A do CPP, que impõe a comunicação ao juiz no prazo máximo de 48 horas, se a localização celular se referir a um processo em curso, é contrário ao n.º 2 do art. 189.º do CPP. Mas, tendo em conta que, estando o processo em curso, não se levanta, em princípio, o *periculum in mora* da intervenção da AJ e da perda da prova que se está a recolher para o processo – um dado de localização de um arguido ou intermediário ou vítima por meio celular. Não consideramos adequada a solução do n.º 2 do art. 252.º-A do CPP num momento histórico em que já se encontra implementado o tribunal de turno: o MP e o JIC encontram-se, melhor, deviam encontrar-se contactáveis. Há uma desconformidade deste preceito com o consagrado no n.º 4 do art. 32.º da CRP[567],

---

[566] Quanto ao *estado de necessidade* legitimador da restrição de um direito fundamental, GOMES CANOTILHO e VITAL MOREIRA, *Constituição da República...*, 4.ª Edição, Vol. I, p. 543.

[567] Conjugado com o n.º 4 do art. 34.º da CRP.

excepto se for *estado de necessidade* de evitar o "perigo para vida ou de ofensa à integridade física grave".

O n.º 3 do art. 252.º-A do CPP prevê a comunicação dos dados de localização celular ao "juiz da sede da entidade competente para a investigação criminal" caso os mesmos se refiram a um novo processo, *i. e.*, no âmbito da prevenção criminal *stricto sensu* ou, como afirma PAULO P. ALBUQUERQUE, no quadro da "pura prevenção criminal"[568], o que levanta algumas questões.

A intercepção de comunicações – que permitirá a localização celular do arguido, do intermediário ou da vítima – só é admissível constitucionalmente "em matéria de processo criminal", ou seja, só é admissível quando existe um processo crime e nunca antes da sua existência, sob pena de inconstitucionalidade material por violação do art. 34.º, n.º 4, *in fine* da CRP.

Esta solução legislativa advinda da Reforma de 2007 é mais um marco significativo da *policialização* do processo e, dentro deste, da investigação criminal e, consequentemente, gerador da sua *desjurisdicionalização*. Não queremos afastar a importância dos dados de localização celular das pessoas previstas no n.º 4 do art. 187.º do CPP, que são fundamentais para provar, quantas vezes, a sua inocência ou para descobrir a verdade sobre se um determinado arguido é quem, num determinado espaço, coordena as operações de compra e venda de estupefacientes [art. 21.º do DL n.º 15/93, de 20 de Janeiro] e, desta forma, se realizar a justiça (penal).

188. A tutela efectiva dos direitos, liberdades e garantias fundamentais de todos os cidadãos deve ser uma preocupação diária e contínua da polícia/OPC. A afectação daqueles com a intervenção jurídico--operativa-processual de forma mais grave do que o não alcance da paz pública não se compadece com o espírito constitucional da sua materialização.

A localização celular não se confunde com a vigilância policial. A vigilância policial é uma técnica de pesquisa directa de informações

---

[568] Cfr. PAULO PINTO DE ALBUQUERQUE, *Comentário ao Código de Processo Penal à Luz da Constituição e da Convenção dos Direitos do Homem*, Universidade Católica Editora, Lisboa, 2007, p. 652.

sobre determinada pessoa[569] ou sobre a actividade ilícita de uma ou mais pessoas, cujo conteúdo é transposto para um relatório que será entregue ao MP para decidir se um requerimento ao Juiz de uma diligência mais gravosa para o cidadão visado tem ou não fundamento: como a realização de uma busca domiciliária, de uma apreensão de correspondência, de intercepção e gravação de conversações e comunicações e, até mesmo, de localização celular. A vigilância policial não restringe tão forte e tão gravemente os direitos fundamentais da *liberdade* e, como não é possível actualmente localizar sem interceptar a comunicação, da *palavra falada* como a localização celular. A vigilância policial não entra no âmago dos direitos fundamentais pessoais como a intimidade da vida privada que a localização celular pode afectar.

Acresce referir que se for admissível e se a doutrina e a jurisprudência entenderem a *localização celular* como medida cautelar e de polícia, consideramos que os sujeitos passivos desta medida se aferem do n.º 4 do art. 187.º do CPP [arguido, intermediário ligado ao *factum criminis* e a vítima que consinta], impondo-se aqui o princípio da interpretação restritiva das leis ou preceitos restritivos dos direitos fundamentais, seguindo o brocado *odiosa sunt restringenda*[570]. Do mesmo modo, consideramos que a consequência jurídica de *nulidade*, prevista no n.º 4 do art. 252.º-A do CPP, para "obtenção de dados sobre localização celular com violação" dos quesitos impostos e do princípio da proporcionalidade *lato sensu* [adequação, necessidade e exigibilidade, subsidiariedade e proporcionalidade *stricto sensu*], assim como do princípio da lealdade, se inserem no quadro das proibições de prova, previstas no art. 126.º do CPP e consagradas no n.º 8 do art. 32.º da CRP.

---

[569] No quadro da recolha de informações no âmbito de segurança interna ou no âmbito da prevenção criminal, cuja GNR e PSP têm competência nas sua "áreas de actuação e com vista à detecção de situações de tráfico e consumo de estupefacientes ou substâncias psicotrópicas", de vigiar recintos "frequentados por grupos de risco" ou zonas "referenciadas como locais de tráfico ou de consumo", cfr. als. *a)* e *b)* do n.º 2 do art. 2.º do DL n.º 81/95, de 22 de Abril.

[570] Quanto ao afastamento da interpretação extensiva das normas restritivas, JORGE MIRANDA, *Manual de Direito... – Tomo IV*, 3.ª Edição, p. 340.

Refira-se, ainda, que a lealdade da actuação policial impede que a polícia/OPC utilize a localização celular, com fundamento no estado de necessidade de salvaguarda de bens jurídicos como a vida ou a integridade física de uma pessoa [*p. e.*, por suspeita de um crime de sequestro ou de rapto], para obter a localização do agente de um crime de tráfico de droga, p. e p. pelo art. 21.º do DL n.º 15/93, de 22 de Janeiro, ou de furto qualificado, p. e p. pelo art. 204.º do CP. Caso a polícia/OPC aja desta forma, gerará uma proibição de prova por violar o princípio da lealdade [n.º 8 do art. 32.º da CRP e art. 126.º do CPP].

§ 57.º Da elaboração do relatório

189. Os OPC, sempre que promovam as medidas cautelares e de polícia – que se destinam à recolha e conservação da prova reais e pessoais antes da intervenção da AJ por razões de urgência face ao perigo de se perderem, podendo ser enquadradas como medidas de prevenção sujeitos à apreciação e à validação por parte da AJ competente [MP e JIC] – têm, nos termos do n.º 1 do art. 253.º do CPP, de elaborar um relatório[571] do qual deve sucintamente constar:

– as *investigações levadas a cabo* – que se devem resumir no apuramento da identidade dos agentes do facto motivador da intervenção do OPC, das testemunhas, nos exames previstos na al. *a)* do n.º 2 do art. 249.º do CPP. Nunca se pode interpretar a expressão «investigações levadas a cabo» no sentido de que o OPC pode, *a priori* da actuação da AJ – *maxime* MP –, promover a investigação criminal nos termos da Lei n.º 49/2008, de 27 de Agosto, pois na fase do inquérito o titular do processo é o MP – conforme art. 219.º da CRP, artigos 48.º e ss. e 263.º e ss. do CPP e n.ºˢ 1, 2 e 3 do art. 2.º da LOIC. Contudo, se a AJ competente já tiver intervindo, «as investigações levadas a cabo» já se compreendem no sentido pleno da investigação criminal amalgamado na LOIC;

---

[571] Quanto a este assunto o nosso *Processo Penal – Tomo I*, 2.ª Edição, pp. 304--305.

- os *resultados obtidos* – p. e., dos exames promovidos nos termos da al. *a)* do n.º 2 do art. 249.º do CPP, se há detidos ou apenas identificados;
- os *factos apurados* – p. e., se foi uma só ou mais infracções, se todas consignam a prática de crime ou se alguma consigna uma contra-ordenação, se existem danos materiais ou não;
- as *provas recolhidas* – quer pessoais [agente(s) do crime, vítima(s), testemunha(s)] quer reais [objectos que serviram para a prática do crime – arma de fogo, gazua, faca – e os objectos móbil do crime – ouro furtado, roubado ou receptado].

190. O relatório terá de ser enviado à AJ competente para fase do processo em curso – MP no inquérito e JIC na instrução –, conforme n.º 2 do art. 253.º do CPP, e não se confunde com a comunicação da diligência – art. 251, n.º 2 em conjugação com o n.º 6 do art. 174.º do CPP – ou com a comunicação da notícia do crime – art. 248.º do CPP –, pois funciona como um instrumento de fiscalização e controlo[572] formal e material da actividade dos OPC em uma fase pré-processual ou da actividade dos OPC por determinação da AJ, cujos actos se revestem de teor judicial.

Como já escrevemos, consideramos que deve ser a APC a elaborar o relatório e não o OPC, uma vez que consideramos que deve ser a APC a assumir a responsabilidade das operações policiais por ser ela quem operacionalmente dirige e orienta a execução das diligências promovidas pelo OPC[573].

A figura do relatório só faz sentido nos casos em que ocorram essas operações policiais de âmbito processual penal, uma vez que este relatório não é o mesmo relatório que o OPC elabora no final das diligências de investigação no âmbito do inquérito, determinadas pelo MP, ou no âmbito da instrução, determinadas pelo JIC. Este relatório, como medida cautelar e de polícia documental, insere-se no âmbito dos actos pré-processuais que será apreciado e validado pela AJ competente.

---

[572] *Hoc sensu* SIMAS SANTOS e LEAL-HENRIQUES, *Código de Processo...*, II Vol., p. 42.

[573] Cfr. o nosso *Processo penal – Tomo I*, 2.ª Edição, pp. 305-306.

Secção III

Da Detenção

§ 58.º Da concepção e da finalidade da detenção

191. A detenção[574] é uma privação da liberdade que ultrapassa o teor finalistico do CPP/29 – "prisão para fins processuais anterior à condenação"[575] – cujo fundamento jurídico-constitucional se afere do art. 27.º da CRP. A par do direito à liberdade – cujo princípio da privação da liberdade se resigna na «consequência de sentença judicial condenatória pela prática de acto punido por lei com pena de prisão ou de aplicação judicial de medida de segurança» [n.º 2 do preceito] – ancora o direito à segurança quer individual quer colectiva, que, quando afectada, pode legitimar quem de direito a promover diligências que privem o agressor da liberdade[576].

Privação da liberdade que se apresenta como excepção ao princípio geral da privação da liberdade e que apenas se pode verificar sob determinados pressupostos de facto e de direito[577], conforme consagração constitucional – «detenção em flagrante delito» [al. *a*) do art. 27.º

---

[574] No estudo da detenção seguimos, com alguns ajustes e actualizações, a estrutura e a posição doutrinária adoptada no nosso *Processo Penal – Tomo I*, 2.ª Edição, pp. 307-341.

[575] Manuel Cavaleiro de Ferreira, *Curso de Processo...*, Vol. II, 1981, p. 383 e, quanto à detenção e à prisão preventiva, *Curso de Processo...*, Vol. 1.º, 1986, pp. 237 e ss..

[576] Quanto ao equilíbrio destes dois direitos o nosso *Dos Órgãos...*, pp. 108 a 111, e Gomes Canotilho e Vital Moreira, *Constituição da República...*, 3.ª Edição, pp. 179 e ss.. Como ensina Miguel Faria há "rigor e cautelas legais, no que respeita à detenção com o fim manifesto de evitar excessos, erros e desvios às disposições de lei em matéria tão sensível como é a da liberdade dos cidadãos" [Miguel José Faria, *Direitos Fundamentais e Direitos do Homem*, 3.ª Edição, ISCPSI, Lisboa, 2001, p. 190].

[577] Não olvidamos as privações da liberdade por sanção disciplinar militar [al. *d*) do art. 27.º da CRP], por aplicação de medida tutelar educativa em regime fechado, semiaberto ou aberto dos menores[al. *e*) do art. 27.º da CRP] , nem por aplicação de internamento por anomalia psíquica[al. *h*) do art. 27.º da CRP].

da CRP], detenção ou prisão preventiva por fortes indícios de prática de crime doloso a que corresponda pena de prisão cujo limite máximo seja superior a três anos» [al. *b)* do art. 27.º da CRP] «prisão, detenção ou outra medida coactiva sujeita a controlo judicial, de pessoa que tenha penetrado ou permaneça irregularmente no território nacional ou contra a qual esteja em curso processo de extradição ou de expulsão» [al. *c)* do art. 27.º da CRP], «detenção por decisão judicial em virtude de desobediência a decisão tomada por um tribunal ou para assegurar a comparência perante autoridade judiciária competente» [al. *f)* do art. 27.º da CRP], detenção para identificação [al. *g)* do art. 27.º da CRP]. A detenção está dotada de uma finalidade *específica*: comparência em tribunal, expulsão ou extradição de um cidadão, proceder a identificação de suspeitos.

192. A detenção distingue-se da prisão preventiva[578] e da própria execução de pena de prisão. Em todas as medidas o cidadão fica privado da liberdade por um determinado período de tempo, sendo, em princípio, o da detenção o mais reduzido. A execução da pena de *prisão* – como a mais gravosa privação da liberdade – apenas se verifica após sentença condenatória em pena de prisão transitada em julgado, pois já se percorreu o *iter processualis* onde os sujeitos processuais participaram activamente.

A *prisão preventiva* é a mais gravosa das medidas de coacção e reveste (ou devia revestir) carácter excepcional e subsidiário, por privar o preso preventivo da liberdade pessoal por decisão de um juiz – conforme art. 28.º da CRP e 202.º do CPP –, cuja aplicação deve obedecer aos princípios da legalidade e da proporcionalidade *lato sensu* – adequação, exigibilidade ou necessidade e proporcionalidade

---

[578] Quanto à destrinça MANUEL CAVALEIRO DE FERREIRA, *Curso de Processo...*, Vol. 1.º, 1986, pp. 237 e ss., GERMANO MARQUES DA SILVA, *Curso de Processo...*, 2.ª Edição, pp. 209 e ss.. Para FRANCISCO ALONSO PEREZ, na linha de SÁNCHEZ DEL RIO, a distinção entre detenção e prisão centra-se no sujeito operativo activo, *i. e.*, a prisão só pode ser decretada por uma autoridade judicial. Quanto a este assunto no direito espanhol, FRANCISCO ALONSO PEREZ, *Medios de Investigación en el Proceso Penal*, 2.ª Edição, Dykinson, Madrid, 2003, p. 180.

stricto sensu – e da excepcionalidade e da subsidiariedade, que emerge de "uma decisão judicial interlocutória"[579].

A *detenção* é uma medida privativa da liberdade meramente cautelar e efectuada, em regra, por OPC. Tem natureza precária, temporária ou provisória e finalidades específicas[580] que se vincam na própria destrinça das finalidades das várias detenções possíveis e encontra-se "sujeita à condição resolutiva de homologação judicial"[581]. Face ao exposto cabe-nos fazer dois apontamentos:

α. as diferentes detenções, como *p. e.* a detenção para identificação e detenção em flagrante delito, têm natureza precária – sujeitas ao um limite temporário e sujeitas à apreciação e validação pela AJ – sendo que a destrinça se fundeará na finalidade específica que cada uma encerra e nos limites de prazo temporal de 6 horas, 24 horas ou de 48 horas;

β. a ideia de *precariedade* manifesta-se ou reforça-se ao se prescrever que, no âmbito do processo sumário, o arguido deve ser libertado e notificado para se apresentar no primeiro dia útil a seguir para julgamento, após a prestação de TIR – *ex vi* art. 385.º do CPP – se houver impossibilidade dos serviços judiciais de receberem o detido e de ser apresentado ao juiz para julgamento sob forma sumária e se não existirem razões «para crer que não se apresentará espontaneamente perante a autoridade judiciária no prazo que lhe for fixado»[582].

---

[579] MAIA GONÇALVES, *Código de Processo...*, 12.ª Edição, p. 521.

[580] Quanto a estas características da detenção, GERMANO MARQUES DA SILVA, *Curso de Processo...*, 2.ª Edição, Vol. II, p. 209.

[581] MAIA GONÇALVES, *Código de Processo...*, 12.ª Edição, p. 521.

[582] Cfr. segunda parte do n.º 1 do art. 385.º do CPP. A Reforma de 2007 alterou o regime aprovado pela Lei n.º 59/98, de 25 de Agosto, cuja libertação era imediata [após a elaboração do expediente] caso o detido em processo sumário não pudesse ser presente de imediato a juiz para julgamento. O novo regime veio restringir o direito à liberdade ao submeter a libertação do arguido detido a um novo pressuposto: que não existam razões que levem a crer que o arguido não se apresente espontaneamente perante AJ no prazo que lhe for fixado. Se existirem razões de que o arguido não se apresentará à AJ, os OPC não podem, nem devem colocá-lo em liberdade, excepto se o OPC concluir que o arguido detido não poderá ser apresentado a juiz no prazo de 48 horas, conforme n.º 2 do art. 385.º do CPP.

193. A *detenção*, como medida privativa da liberdade, encerra finalidades próprias ou específicas tendo em conta o cenário factual finalistico da intervenção dos OPC, da APC ou da AJ, independentemente de ser em flagrante ou fora de flagrante delito, mas tendo presente a natureza do processo – comum ou sumário ou outro processo especial – e a natureza do crime – público, semi-público ou particular.

O art. 254.º do CPP estipula as finalidades da detenção[583] procedida de acordo com os artigos 255.º a 261.º do CPP, o que nos leva a aferir que há outro tipo de detenção que não se enquadra literalmente no âmbito destas finalidades – *p. e.*, a detenção para identificação

---

[583] Quanto às finalidades da detenção e à redacção do art. 254.º do CPP, operada pela Lei n.º 59/98, de 20 de Agosto, há dois apontamentos a fazer:

α. quanto à parte final da al. *a*) do n.º 1, aditou-se o termo *execução* «de uma medida de coacção» como uma das finalidades da detenção. Aditamento que, na opinião de GERMANO M. DA SILVA, resolveu a controvérsia quanto à audição do arguido antes da execução da medida de coacção, *i. e.*, com a actual redacção do art. 254.º do CPP, sempre que a medida de coacção tenha sido aplicada sem audição do arguido recai sobre o juiz que emitiu o mandado a obrigatoriedade de interrogar o arguido «para que possa pronunciar-se sobre a medida de coacção que lhe foi aplicada sem prévia audição» [GERMANO MARQUES DA SILVA, *Curso de Processo*..., 2.ª Edição, p. 212], cumprindo a disposição do art. 194.º, n.º 2 do CPP que prescreve que a aplicação de uma medida de coacção «é precedida, sempre que possível e conveniente, de audição do arguido».

β. o n.º 2 do art. 254.º do CPP – introduzido pela Lei n.º 59/98, de 20 de Agosto – apresenta-se como um reforço do disposto na al. *a*) do n.º 1, *i. e.*, na esteira de GERMANO M. DA SILVA, não devemos interpretar literalmente o preceito, porque a obrigatoriedade do interrogatório de arguido detido para «aplicação e *execução* de medida de coacção» não pode cingir-se à medida de coacção prisão preventiva, mas deve-se verificar sempre que se detenha alguém para aplicação ou execução de qualquer das medidas de coacção – *v. g.*, a medida de permanência em habitação – e não em exclusivo para aplicação ou execução da prisão preventiva (*Idem*, p. 213).

A apresentação do detido deve ser ao juiz que emitiu ou ordenou a detenção seja o JIC seja o Juiz de julgamento, uma vez que as medidas de coacção podem ser aplicadas em qualquer fase processual e não em exclusivo na fase de inquérito ou na fase de instrução [*Hoc sensu* GERMANO MARQUES DA SILVA, *Curso de Processo*..., 2.ª Edição, p. 213]. Cfr. o nosso *Processo Penal – Tomo I*, 1.ª Edição, p. 288 e nota 962.

[n.º 6 do art. 250.º do CPP *ex vi* al. *g)* do n.º 3 do art. 27.º da CRP]. Cabe aferir as finalidades da detenção face ao quadro do flagrante delito e ao quadro da detenção fora do flagrante delito.

No quadro do flagrante delito, há, ainda, a aferir a finalidade face à natureza do processo – comum ou sumário – para se concrecar o escopo da detenção.

A detenção *em flagrante delito* em sede de **processo sumário** destina-se a apresentar o detido para julgamento, nunca podendo o prazo entre a privação da liberdade e a apresentação ao Tribunal ultrapassar as 48H00' – al. *a)* do n.º 1 do art. 254.º, n.º 3 do art. 382.º do CPP *ex vi* do art. 28.º, n.º 1 e art. 27.º, n.º 3, al. *a)* da CRP.

Se *A* comete um crime de furto simples, p. e p. pelo art. 203.º do CP, e se foi detido em flagrante delito por OPC e se acto contínuo o titular do direito de queixa exercer o mesmo, desde que o Tribunal esteja em funcionamento, *A* tem de ser imediatamente presente para julgamento em processo sumário. Acresce que se o Tribunal não estiver a funcionar e desde que não existam razões para crer que o arguido detido «não se apresentará espontaneamente perante autoridade judiciária no prazo que lhe for fixado», *A* tem de ser libertado sob TIR e notificado para se apresentar perante o MP, no dia e hora que lhe forem determinados, para serem submetidos a julgamento em processo sumário ou para primeiro interrogatório judicial de arguido detido e possível aplicação de medida de coacção, nos termos do n.º 1 e do n.º 3 do art. 385.º do CPP.

O OPC terá de colocar de imediato em liberdade o arguido detido se tiver conhecimento de que o mesmo não poderá ser apresentado a juiz no prazo de 48 horas, *ex vi* n.º 2 do art. 385.º do CPP. A solução adoptada pelo legislador com a Lei n.º 48/   /2007, de 29 de Agosto, é a materialização do princípio da liberdade e do princípio da proporcionalidade na sua vertente de exigibilidade da manutenção da detenção, assim como respeita o princípio da constitucionalidade no plano da legiferação.

Se *A* (OPC) detém em flagrante delito *B* por crime de furto simples, p. e p. pelo art. 203.º do CP, seguido de apresentação de queixa nos termos do art. 113.º do CP, e sabe que *B* não se apresentará à AJ no dia e hora que lhe for fixado, não o deve colocar em liberdade. Mas, não obstante todo este cenário, se *A* souber que não existirá Tribunal nos próximos 4 dias, terá de colocar de imediato *B* em liberdade.

A detenção *em flagrante delito* em sede de **processo comum** destina-se a apresentar o detido para primeiro interrogatório judicial e, sendo caso disso, para aplicação de medida de coacção, nunca podendo o prazo entre a privação da liberdade e a apresentação ultrapassar as 48H00' – al. *a)* do n.º 1 do art. 254.º, artigos 141.º e 196.º a 211.º do CPP *ex vi* do art. 28.º, n.º 1 e art. 27.º, n.º 3, al. *a)* da CRP.

Se *A* for detido em flagrante delito pela prática de crime de furto qualificado – p. e p. pelo art. 204.º do CP – ou de roubo – p. e p. pelo art. 210.º do CP –, será presente ao JIC para primeiro interrogatório judicial e, caso seja admissível, para aplicação de medida de coacção.

Não obstante estarmos no âmbito do processo comum, os OPC devem aplicar o princípio de libertação imediata do arguido detido caso concluam que não poderá o arguido detido ser presente a juiz no prazo de 48 horas.

A detenção *fora de flagrante delito*, que ocorre em regra em sede de processo comum[584] visa:

a) para aplicação ou execução de uma medida de coacção nos casos em que é admitida, devendo ser apresentado ao juiz que emitiu o mandado de detenção – al. *a)* do n.º 1 e n.º 2 do art. 254.º, artigos 196.º a 211.º do CPP *ex vi* do art. 28.º, n.º 1 da CRP;

b) para assegurar a presença do detido – arguido ou outra pessoa, como uma testemunha, um OPC, um perito[585] – perante a autoridade judiciária – MP, JIC ou Juiz – em acto processual, nunca

---

[584] Pois, se após uma falta a julgamento, mesmo em sede de processo sumário, se optasse, como na Alemanha, pela emissão de um mandado de detenção para assegurar a presença imediata do faltoso em julgamento, por, como ensina FIGUEIREDO DIAS, a detenção ser "um antecedente da contumácia e não tanto uma consequência da mesma"[FIGUEIREDO DIAS *apud* M. SIMAS SANTOS e M. LEAL-HENRIQUES, *Código de Processo...*, 2.ª Edição, II Vol., p. 45], poder-se-ía, desde que se respeitasse os prazos, verificar uma detenção fora de flagrante delito em sede de processo sumário.

[585] Na redacção anterior, a detenção para apresentação em acto processual, visava a apresentação do detido ao juiz em acto processual, enquanto que com a nova redacção a presença é perante a autoridade judiciária – MP, JIC e Juiz. Quanto a este assunto GERMANO MARQUES DA SILVA, *Curso de Processo...*, 2.ª Edição, Vol. II, p. 212.

podendo ultrapassar as 24H00', com o intuito de "evitar a perturbação dos trabalhos e as faltas sucessivas"[586], apresentando-se como uma *medida de disciplina processual*[587] – al. *b)* do n.º 1 do art. 254.º do CPP [Cfr. artigos 85.º, n.º 2 e 116.º, n.º 2 do CPP] *ex vi* do art. 27.º, n.º 3, al. *f)* da CRP.

Acresce que a comparência perante o MP em acto processual se processa ou com mandado de condução – art. 273.º, n.º 3 e art. 116.º do CPP – ou, se tiver de ser ordenada detenção, o mesmo terá de ser ordenado pelo Juiz[588].

§ 59.º Da detenção em flagrante delito

a. concepção de flagrante delito

194. O flagrante delito afasta, desde logo, as dúvidas advindas dos meios de prova como testemunhas ou o reconhecimento e permite imprimir uma maior eficácia e eficiência não só ao processo penal em si mesmo, mas também à polícia/OPC. Do texto legal depreende-se que o legislador consagrou não só o flagrante delito – n.º 1 do art. 256.º do CPP –, mas também o quase flagrante delito – 1.ª parte do n.º 2 do art. 256.º do CPP – e, ainda, a presunção de flagrante delito – 2.ª parte do n.º 2 do art. 256.º do CPP.

O *flagrante delito* é «todo o crime que se está cometendo ou se acabou de cometer», *i. e.*, há flagrante delito quando o agente do crime é surpreendido a executá-lo ou a terminar de o executar, detendo o agente do delito «sinais que evidenciam a sua participação»[589] no crime, afastando-se desta concepção a aquisição da prova directa do crime – pressuposto de *visibilidade* do delito –, centrando-se a concepção no pressuposto da *actualidade* do delito[590].

---

[586] GERMANO MARQUES DA SILVA, *Curso de Processo...*, 2.ª Edição, Vol. II, p. 212.
[587] *Ibidem*.
[588] *Hoc sensu* MAIA GONÇALVES, *Código de Processo...*, 12.ª Edição, p. 521.
[589] *Idem*, p. 214.
[590] MAIA GONÇALVES, *Código de Processo...*, 12.ª Edição, p. 524. Quanto à questão da actualidade e da visibilidade do crime, MANUEL CAVALEIRO DE FERREIRA, *Curso. ..*, 1981, Vol. 2.º, 389.

Poder-se-á, com GERMANO M. DA SILVA, apontar como características do flagrante delito: *evidência probatória, actualidade, presença de testemunhas*[591].

No *quase flagrante delito*, o agente não está a cometer a infracção criminal, sendo contudo "surpreendido logo no momento em que findou a execução, mas sempre ainda no local da infracção em momento no qual a evidência da infracção e do seu autor deriva directamente da própria surpresa"[592], modalidade a que se refere a 1.ª parte do n.º 2 do art. 256.º do CPP. Consigna o quase flagrante delito a situação em que o indivíduo está pendurado na janela da residência que acabara de arrombar e da qual subtraía bens.

Na *presunção de flagrante delito* – modalidade prescrita na 2.ª parte do n.º 2 do art. 256.º do CPP –, o agente não é detido no local do crime, nem durante a execução ou logo que ela cessou. Verifica-se a presunção de flagrante delito quando o agente, logo após o crime, é perseguido por qualquer pessoa – p. e., cidadão ou entidade policial ou judicial – ou é encontrado após o crime com objectos ou sinais que mostrem claramente que o cometeu ou nele participou[593].

195. O n.º 3 do art. 256.º do CPP procura clarificar o **flagrante delito nos crimes permanentes**, exigindo-se *actualidade* do crime e, simultaneamente, *evidência* probatória[594].

Desta feita, em caso de *crime permanente* – p. e., furto de uso de veículo p. e p. pelo art. 208.º do CP, sequestro, p. e p. pelo art. 160.º do CP, deserção, p. e p. pelo art. 142.º e ss. do Código de Justiça Militar – só há flagrante delito se houver sinais de que o crime se está a cometer e o agente estiver a participar, *i. e.*, como afirma FIGUEIREDO DIAS,

---

[591] GERMANO MARQUES DA SILVA, *Curso de Processo...*, 2.ª Edição, pp. 214 e 215.

[592] MANUEL CAVALEIRO DE FERREIRA, *Curso de Processo..*, 1981, Vol. 2.º, p. 388. *Hoc sensu* GERMANO MARQUES DA SILVA, *Curso de Processo...*, 2.ª Edição, p. 214 e MAIA GONÇALVES, *Código de Processo...*, 12.ª Edição, p. 524.

[593] GERMANO MARQUES DA SILVA, *Curso de Processo...*, 2.ª Edição, p. 214 e MAIA GONÇALVES, *Código de Processo...*, 12.ª Edição, p. 524.

[594] Quanto a este assunto MAIA GONÇALVES, *Código de Processo...*, 12.ª Edição, p. 525.

«se os membros de uma associação criminosa são detidos enquanto procedem a uma reunião, pode aceitar-se, em princípio, que o tenham sido em flagrante, mas já não, seguramente, quando se encontrem a dormir em suas próprias casas»[595].

Acompanhando GERMANO M. DA SILVA[596], consideramos que, nos casos de crime permanente, o flagrante delito persiste se o crime estiver a ser executado, cessando quando cessa a execução, impondo-se, face ao preceito, a *actualidade* do crime – «o crime está a ser cometido e o agente está nele a participar» – e a *evidência probatória* – «sinais evidentes» –, *i. e.*, só há flagrante delito no crime de furto de uso de veículo se o agente do mesmo estiver a conduzir o veículo no momento em que é interceptado pelo OPC ou pela AJ.

b. detenção em flagrante delito

196. A detenção em flagrante delito só é admissível para os crimes de natureza pública e semipública. Para que a detenção se mantenha quanto aos crimes de natureza semipública impõe-se que, em acto contínuo, o titular do direito de queixa exerça esse direito – *ex vi* n.º 3 do art. 255.º do CPP – devendo a AJ ou entidade policial (*maxime* OPC) levantar ou mandar levantar auto em que a queixa fique registada. Daqui se depreende que, no âmbito dos crimes de natureza particular, não pode haver detenção em flagrante delito, mas tão só identificação do agente do crime – *ex vi* n.º 4 do art. 255.º do CPP – sendo necessário aguardar por "uma eventual iniciativa do titular do direito de acusação"[597]. Só se pode falar de uma detenção para identificação, nos termos do n.º 6 do art. 250.º do CPP *ex vi* da al. *g)* do n.º 3 do art. 27.º da CRP.

No caso de crimes permanentes que carecem de queixa – *p. e.*, o furto de uso de veículo, p. e p. pelo art. 208.º do CP –, o exercício da mesma é fundamental para a laboração operacional e de prevenção da criminalidade.

A detenção em flagrante delito pode ser operacionalizada quer por AJ quer por entidade policial – *maxime* OPC – quer ainda por

---

[595] FIGUEIREDO DIAS *apud* GERMANO MARQUES DA SILVA, *Curso de Processo...*, 2.ª Edição, p. 215.
[596] *Ibidem*.
[597] MAIA GONÇALVES, *Código de Processo...*, 12.ª Edição, p. 523.

qualquer pessoa do povo – *ex vi* do n.º 1 do art. 255.º do CPP. Enquanto a detenção operada pela AJ e pelos OPC ou entidades policiais não oferece dúvidas de maior, já a detenção por um dos pares sugeriu ao legislador o cuidado de não a dotar de prerrogativas de autoridade, mas de prerrogativas preventivas.

A detenção efectuada por um cidadão – «qualquer pessoa» – só é admissível se não estiver presente uma AJ ou entidade policial e se não for possível chamar aqueles em tempo útil, *i. e.*, a detenção reveste carácter residual e subsidiário. O detentor do povo deve entregar de imediato o detido ou à AJ ou ao OPC ou entidade policial, que deverá redigir o auto de acordo com os quesitos do art. 243.º do CPP e, sendo caso disso, deve comunicar à AJ a detenção, conforme art. 259.º do CPP.

197. A detenção em flagrante delito é, imediatamente, comunicada ao MP – art. 259.º, al. *b*) e art. 248.º do CPP – que deve interrogar sumariamente o arguido detido e decidir por:

α. Promover o *arquivamento do processo* – caso conclua que não se verificam os pressupostos para prosseguir criminalmente, nos termos do art. 277.º do CPP –, o *arquivamento do processo por dispensa ou isenção de pena* – nos termos do art. 280.º do CPP –, a *suspensão provisória do processo* – nos termos do art. 281.º do CPP – e, ainda, verificados os quesitos do art. 392.º do CPP, que a pena seja aplicada em *processo sumaríssimo*. Refira-se que se o MP optar por promover o arquivamento do processo, a *suspensão provisória do processo* ou a aplicação da pena em *processo sumaríssimo*, deve decidir «em acto seguido à detenção, sempre antes de esgotado o prazo para o julgamento em processo sumário, se for admissível o julgamento em processo sumário"[598].

β. Promover o *julgamento em processo sumário* – caso entenda prosseguir com o processo para julgamento, o MP, fazendo a triagem e verificados os pressupostos do processo sumário – em que verifica uma presunção de legalidade da actuação dos

---

[598] GERMANO MARQUES DA SILVA, *Curso de Processo...*, 2.ª Edição, p. 217.

OPC – submete o caso a julgamento sob a forma sumária – art. 381.º do CPP[599].

γ. Ou, devendo o processo seguir a forma comum, apresenta o detido ao JIC para *primeiro interrogatório judicial* e para *aplicação de uma medida de coacção ou garantia patrimonial* – art. 254.º, n.º 1, al. *a)* e art. 141.º do CPP. Acresce que GERMANO M. DA SILVA considera que a apresentação do arguido detido ao JIC só se justifica se o MP considerar que o processo deve seguir a forma comum e se entender promover "a aplicação de uma medida de coacção", caso não entenda necessário aplicar medida de coacção o MP pode optar por ouvir sumariamente o detido e libertá-lo imediatamente[600].

§ 60.º Detenção fora de flagrante delito

198. A detenção *fora de flagrante* delito só pode efectuar-se com mandato das AJ – n.º 1 do art. 257.º do CPP – ou com ordem de detenção das APC – n.º 2 do art. 257.º do CPP. A detenção fora de flagrante delito tem consagração constitucional – art. 27.º, n.º 3 – *i. e.*, só é admissível a detenção fora de flagrante delito[601]:

i) «por fortes indícios de prática de crime doloso a que corresponda pena de prisão cujo limite máximo seja superior a três anos»[602] – al. *b)*;

ii) «de pessoa que tenha penetrado ou permaneça irregularmente no território nacional ou contra a qual esteja em curso processo de extradição ou de expulsão» – al. *c)*;

---

[599] Quanto ao processo sumário, defendemos que o estipulado no art. 385.º do CPP – sujeição a TIR do arguido detido – só é admissível no âmbito do processo sumário se o arguido for notificado para comparecer no 1.º dia útil, pois se pode ser apresentado ao Juiz quer para primeiro interrogatório quer para julgamento sob a forma sumária, o OPC não pode nem deve aplicar o TIR. *Hoc sensu* GERMANO MARQUES DA SILVA, *Curso de Processo...*, 2.ª Edição, pp. 218 e 219.

[600] GERMANO MARQUES DA SILVA, *Curso de Processo...*, 2.ª Edição, p. 218.

[601] Quanto a este assunto GERMANO MARQUES DA SILVA, *Curso de Processo...*, 2.ª Edição, p. 219.

[602] Cfr. al. *a)* do n.º 1 do art. 202.º do CPP.

iii) em virtude «de desobediência a decisão tomada por um tribunal ou para assegurar a comparência perante autoridade judiciária competente» – al. *f)*; e

iv) para proceder à de identificação policial[603] – al. *g)*.

A detenção fora de flagrante delito – prevista nos art. 257.º e 258.º do CPP, cuja interpretação se impõe em harmonia com o art. 27.º da CRP – terá de preencher pressupostos materiais e formais.

A nova redacção do n.º 1 do art. 257.º do CPP, dada pela Lei n.º 48//2007, de 29 de Agosto, limitou o âmbito da detenção fora de flagrante delito por ordem do Juiz e do Ministério Público. As autoridades judiciárias, além das especificidades e limitações atinentes a cada uma das autoridades judiciárias, só podem ordenar a detenção fora de flagrante delito «quando houver fundadas razões para considerar que o visado se não apresentaria espontaneamente perante autoridade judiciária no prazo que lhe fosse fixado», conforme n.º 1 do art. 257.º do CPP. Só é admissível a detenção fora do flagrante delito se existir perigo do arguido se furtar à acção de justiça.

Esta alteração limitou a acção do juiz e do MP devido à impossibilidade de emissão de mandado de detenção fora de flagrante delito nos casos de se verificar "perigo de continuação criminosa, perigo de perturbação do inquérito ou perigo para a ordem pública[604].

a. pressupostos materiais

199. Os pressupostos materiais devem-se aferir conforme a entidade que emite o mandado ou ordem de detenção[605]:

α. relativamente ao **mandado** emitido pelo **Juiz** [JIC – para o inquérito e instrução – e Juiz de julgamento], os pressupostos

---

[603] Cfr. *supra* § 52.º Da identificação e solicitação de informações e art. 250.º, n.º 6 do CPP.

[604] Cfr. PAULO PINTO DE ALBUQUERQUE, *Comentário ao Código de Processo...*, 2.ª Edição, p. 682.

[605] Quanto a este assunto GERMANO MARQUES DA SILVA, *Curso de Processo...*, 2.ª Edição, pp. 220 e 221 e SIMAS SANTOS e LEAL-HENRIQUES, *Código de Processo...*, 2.ª Edição, II Vol., p. 53.

materiais aferem-se da interpretação conjunta entre o art. 27.º da CRP e o art. 254.º do CPP:

i) para que seja aplicada ou para que o arguido execute uma medida de coacção – al. *a)* do n.º 1 do art. 254.º do CPP;

ii) para assegurar a presença imediata do detido perante autoridade judiciária – al. *b)* do n.º 1 do art. 254.º, 116.º e 333.º do CPP[606] e *in fine* al. *f)* do n.º 3 do art. 27.º da CRP;

iii) a par destes pressupostos, acresce a detenção fora de flagrante delito como medida preliminar para "aplicação de uma medida de coacção pela eventual prática de crime punível com uma pena de prisão de máximo superior a três anos ou de pessoa que tenha penetrado ou permaneça irregularmente no território nacional ou contra a qual esteja em curso um processo de extradição ou de expulsão"[607] – als. *b)* e *c)* do n.º 3 do art. 27.º da CRP.

β. quanto ao **mandado** emitido pelo **MP** – só admissível na fase de inquérito – impõe-se como pressuposto material que ao crime motivador da emissão do mandado possa ser aplicada como medida coacção a prisão preventiva – 2.ª parte do n.º 1 do art. 257.º do CPP. Restringe-se para evitar que ao MP seja possível desenvolver os mesmos actos do Juiz.

Acresce que, em acto contínuo, o MP terá de apresentar o detido ao JIC para primeiro interrogatório – art. 141.º do CPP – ou aplicação de medida de coacção ou de garantia patrimonial – artigos 191.º e ss. do CPP – e, se não puder apresentar de imediato o detido ao JIC, pode o MP proceder a um interrogatório sumário não judicial – n.º 1 do art. 143.º do CPP – e, logo que seja possível, submetê-lo a interrogatório judicial – n.º 3 do art. 143.º do CPP.

γ. no que concerne ao **mandado** ou **ordem** da **APC** – só se ao crime for admissível aplicar a prisão preventiva, se existirem

---

[606] Quanto a este assunto SIMAS SANTOS e LEAL-HENRIQUES, *Código de Processo...*, 2.ª Edição, II Vol., p. 53.

[607] GERMANO MARQUES DA SILVA, *Curso de Processo...*, 2.ª Edição, p. 220.

elementos que fundem o receio de fuga e se, face à situação de urgência e de perigo na demora, não for possível contactar AJ para que emita um mandado de detenção – *ex vi* n.º 2 do art. 257.º do CPP[608].

Acto contínuo à detenção, a APC deve apresentar o detido ao MP – se a diligência se mostrar impossível, deve comunicar a detenção *ex vi* da al. *b)* do art. 29.º do CPP – que podendo realizar o interrogatório sumário – art. 143.º do CPP – terá de decidir ou pela imediata libertação do detido com fundamento no art. 262.º do CPP ou pela ordem de apresentação ao JIC para interrogatório judicial e, se for o caso, aplicar medida de coacção ou garantia patrimonial – artigos 143.º, n.º 3 e 141.º do CPP. Se a APC contactar telefonicamente a AJ, não pode, posteriormente, argumentar que não era possível a sua intervenção. Acresce que a emissão da ordem de detenção da APC obedece aos princípios da proporcionalidade *lato sensu* – tem de ser adequada, exegível e necessária, proporcional *stricto sensu* [tem de ser a medida menos onerosa na prossecução do fim da detenção fora de flagrante delito] – e da subsidiariedade.

b. pressupostos formais

200. O pressuposto formal da detenção fora de flagrante delito é ou *mandado* de detenção emitido pelo Juiz ou pelo MP ou a *ordem//mandado* emitida/o pela APC.

No quadro dos mandados ou ordens[609] de detenção impõem-se vários quesito formais que cumpre referir:

α. têm de ser passados em *triplicado* – sendo um para o detido, outro para o estabelecimento prisional e outro para juntar ao processo. Com Maia Gonçalves, consideramos que o número

---

[608] Quanto a este assunto e com uma crítica relativamente à prescrição do n.º 2 do art. 257.º do CPP num momento histórico em que existem os Tribunais de turno, o nosso *Processo Penal* – Tomo I, 2.ª Edição, p. 319.

[609] Quando o art. 258.º do CPP fala em *mandados* engloba os mandados emitidos pela AJ e as ordens emitidas pela APC.

de três é o mínimo, podendo existir mais do que três exemplares[610] – como estipulava o art. 9.º, n.º 2 do DL n.º 295-A/90, de 21 de Setembro (anterior LOPJ), revogado pela Lei n.º 37//2008, de 6 de Agosto, que aprovou a nova LOPJ;

β. *assinatura* da AJ ou APC que emitiu o mandado ou a ordem – al. *a)* do n.º 1 do art. 258.º do CPP;

γ. *identificação da pessoa a ser detida* – al. *b)* do n.º 1 do art. 258.º do CPP – proibindo-se, desta feita, os mandados em branco, que, como afirma CAVALEIRO DE FERREIRA, não passava de uma "delegação de poderes de ordenar detenções, e por isso ilegal na sua execução"[611];

δ. *identificação do facto motivador* da detenção e circunstâncias que legalmente a fundamentam – al. *c)* do n.º 1 do art. 258.º do CPP. A identificação ou indicação do facto motivador não se esgota com "a mera indicação das normas aplicáveis" por não permitirem o visado com o mandado ou a ordem "ajuizar da legalidade da detenção"[612], *i. e.*, deve o mandado conter que

---

[610] MAIA GONÇALVES, *Código de Processo...*, 12.ª Edição, p. 528.

[611] CAVALEIRO DE FERREIRA *apud* MAIA GONÇALVES, *Curso de Processo...*, 12.ª Edição, p. 527. Já as Ordenações Filipinas [L. V, Tít. CXIX, 1] estipulavam que "(...) E quando mandarem prender por seus Alvarás, irão neles declarados os nomes dos que houverem de ser presos: e sem a dita declaração os não assinarão. Porém, se para maior segredo e segurança da Justiça passarem Alvarás, que prendam a pessoa ou pessoas que lhes amostrar ou nomear o que o tal Alvará lhe apresentar, levará todavia sempre outro Alvará secreto, em que vão declarados os nomes dos que mandam prender, o qual será apresentado ao Meirinho ou Alcaide ao tempo da prisão e pelo Alvará sem nome poderão buscar o que houverem de prender. Porém não o prenderão realmente sem verem o outro Alvará em que o nome vai declarado; e no Alvará sem nome se fará menção como a parte leva o outro em que o nome vaio declarado. E se por Alvará sem nome prenderem, pague cada um, que o fizer, dez cruzados (...) e mais cada um será degredado um ano para África. E se for pessoa em que caiba pena de açoites, seja açoitado. E o Julgador que o passar pagará ao que por tal Alvará sem nome for preso, cem reis por cada dia que estiver preso e mais será suspenso do ofício até nossa mercê". *Apud* GERMANO MARQUES DA SILVA, *Curso de Processo...*, 2.ª Edição, Vol. II, p. 222, nota 2.

[612] GERMANO MARQUES DA SILVA, *Curso de Processo...*, 2.ª Edição, Vol. II, p. 223. Na linha de CAVALEIRO DE FERREIRA, GERMANO M. DA SILVA relembra que o saudoso Mestre, na vigência do CPP/29, defendia que a indicação devia recair sobre

"a pessoa a deter e devidamente identificada é detida por fortes suspeitas de ter cometido factos que integram o crime de ..."[613];

ε. o mandado deve ser *certificado* – da certidão deve constar a hora, o dia, o local onde fora lavrada ou a impossibilidade de efectuar a detenção[614], devendo ao detido ser entregue uma cópia do mandado de detenção ou da ordem, que, no caso do n.º 2 do art. 258.º do CPP – *requisição de detenção* por motivos de urgência e de *periculum in mora* – e a par dos quesitos do n.º 1 do art. 258.º do CPP, deve conter a requisição e a indicação da AJ ou APC que a requereu.

201. A inexistência dos quesitos previstos nas als. *a)*, *b)* e *c)* do n.º 1 do art. 258.º do CPP geram *nulidade* e, por conseguinte, legitimam o *direito de resistência* por parte da pessoa a deter e, quando frustada a resistência, de requerer a providência do *habeas corpus* por detenção ilegal – art. 220.º do CPP e art. 31.º do CRP.

A detenção pode ser efectuada quer por OPC – entidade policial – quer por funcionário de justiça, devendo-se:

α. imediatamente dar conhecimento a familiar do detido – n.º 8 do art. 194.º *ex vi* art. 260.º do CPP – não carecendo de consentimento do detido para tal contacto se for menor de dezoito anos;

β. comunicar a detenção ao juiz que emitiu o mandado – al. *a)* do art. 259.º do CPP – ou ao MP que pode emitir mandado de detenção em caso de crime que admita a prisão preventiva – al. *b)* do art. 259.º do CPP;

γ. não deter se existirem causas de isenção da responsabilidade do arguido ou que possam extinguir o procedimento criminal – n.º 2 do art. 192.º *ex vi* art. 260.º do CPP – ou se, quando o mandado visa deter para cumprimento de pena de prisão por

---

o "facto concreto correspondente ao preceito incriminador, e sobre o qual há suspeita fundada". *Idem*, p. 222 e notas 4 e 5.

[613] Cfr. MAIA GONÇALVES, *Código de Processo...*, 12.ª Edição, p. 527.

[614] Face ao vazio legal do CPP/87, segue-se, como ensina MAIA GONÇALVES, o determinado pelos §§ 2.º, 3.º e 4.º do art. 296.º do CPP de 1929. Cfr. MAIA GONÇALVES, *Código de Processo...*, 12.ª Edição, p. 528.

incumprimento da pena de multa, o detido se prontificar a pagar a multa, cujo pagamento, não sendo possível ser efectuado à tesouraria do tribunal, pode ser efectuado no posto policial contra entrega de recibo[615].

§ 61.º Da libertação do detido ilegalmente

202. A actuação dos operadores judiciários – inclusive dos OPC – pauta-se por critérios de extrema legalidade. Casos há, contudo, em que aquela é ferida e fortemente ferida quando se detém ilegalmente uma pessoa, cuja cessação se pode operar ou com a libertação imediata ou ordem de soltura – art. 261.º do CPP – ou com a providência do *habeas corpus* – art. 220.º do CPP e art. 31.º da CRP. A libertação imediata do detido ilegalmente e a providência do *habeas corpus* por detenção ilegal são dois institutos corolários do princípio da liberdade.

α. Quanto à **libertação imediata** – *ordem de soltura* – prevista no art. 261.º do CPP, impõe-se caso se torne manifesto que a detenção:

i) foi efectuada por erro sobre a pessoa: como no caso de deter o indivíduo *A*, sobre quem existe um mandado pendente e, após diligências, se verifica que não era *A* que devia ser detido, mas *B* por este ter dado ao OPC, em um momento anterior, a identificação de *A*, seu irmão; ou

ii) por ser, no caso concreto, legalmente inadmissível a detenção: como na situação de não se preencherem os pressupostos da detenção em flagrante delito e os de fora de flagrante delito, ou se apurar que o crime é de natureza particular e não semi-pública; ou

iii) por se demonstrar uma medida desnecessária.

A libertação imediata ou a ordem de soltura – que se impõe, verificados os quesitos citados, a qualquer entidade que tenha

---

[615] Pensamos que a doutrina prescrita no art. 100.º do Código das Custas Judiciárias se pode aplicar nestes casos. *Hoc sensu* Maia Gonçalves, *Código de Processo...*, 12.ª Edição, p. 527.

ordenado a detenção ou a quem o detido for presente – apresentam-se como comando de reafirmação de princípios gerais de protecção da legalidade da detenção e como "um esquema de controlo quanto à legalidade da detenção", sendo que poder-se-á afirmar que esse controlo se afere através do despacho fundamentado da decisão de soltura por parte das AJ [MP e JIC] ou através do relatório sumário da ocorrência, onde indicará as razões da libertação, elaborado por APC ou por OPC e entregue ao MP que "apreciará se foram violados quaisquer preceitos legais, e, caso o tenham sido, tomará as providências que repute adequadas"[616].

β. No que concerne ao *habeas corpus* **em virtude de detenção ilegal**[617], cumpre-nos proceder a pequenas achegas quanto a esta providência por detenções ilegais.

O *habeas corpus* por detenção ilegal é um instituto de impugnação judicial de uma detenção ilegal – art. 31.º, n.º 1 da CRP e art. 220.º – e não um recurso – "modo de impugnação apenas de decisões judiciais e não de todas as demais entidades que podem ordenar ou efectuar detenções" –, cujo processamento encerra em si mesmo uma demora, contrária ao desejo de uma decisão célere que ponha termo à detenção ilegal.

A providência do *habeas corpus*, cujo fundamento é a detenção ilegal, visa que o detido seja presente ao juiz para que, após cumprimento da finalidade da detenção, faça cessar a situação de privação ilegal da liberdade.

No que concerne à ilegalidade da detenção, cinge-se ao prescrito pelo n.º 1 do art. 220.º do CPP[618]:

a) que a detenção tenha excedido o prazo para entrega do detido à AJ competente – excedendo-se o prazo das 48 ou

---

[616] Cfr. MAIA GONÇALVES, *Código de Processo...*, 12.ª Edição, p. 530.
[617] O *habeas corpus* fora perfilhado pela Constituição Política de 1933 – art. 8.º, § 4.º – e consagrado no regime ordinário pelo Decreto 35043 de 20 de Outubro de 1945.
[618] GERMANO MARQUES DA SILVA, *Curso de Processo...*, 2.ª Edição, Vol. II, pp. 227 e 228.

24 horas para apresentação à AJ, o detido deve ser de imediato libertado pela entidade que tiver procedido à detenção – se AJ, por despacho fundamentado, se por APC ou OPC por relatório com enumeração das razões da libertação não procederem à libertação. O detido ou qualquer cidadão no gozo dos seus direitos políticos pode e deve requerer a providência do *habeas corpus* – al. *a)* do n.º 1 e n.º 2 do art. 220.º e art. 221.º do CPP e n.º 2 do art. 31.º da CRP.

b) que a detenção se mantenha em locais não permitidos legalmente – pelos DL n.º 265/79, de 1 de Agosto e DL n.º 49/80, de 22 de Março –, cuja ordem judicial de apresentação imediata do detido destina-se a fazer cessar, mesmo que indirectamente, a ilegalidade – al. *b)* do n.º 1 e n.º 2 do art. 220.º e art. 221.º do CPP.

c) que a detenção tenha sido efectuada ou ordenada por entidade incompetente – al. *c)* do n.º 1 e n.º 2 do art. 220.º e art. 221.º do CPP.

d) que a detenção tenha sido motivada por facto segundo o qual a lei não permite – tendo-se aqui em causa a tipicidade e legalidade dos factos que a lei consigna como crime ou medida de segurança – al. *d)* do n.º 1 e n.º 2 do art. 220.º e art. 221.º do CPP.

Quanto à competência para decidir do *habeas corpus* por detenção ilegal, cabe ao JIC da área em que o detido se encontra – n.º 1 do art. 221.º do CPP – competência que se mantém, mesmo que tenha sido o juiz de julgamento que emitiu o mandado de detenção para comparência em sede de julgamento[619].

O JIC, considerado com fundamento o requerimento, ordena que a entidade que mantém a detenção apresente o detido, sob pena da prática do crime de abuso de poder – p. e p. pelo art.

---

[619] Quanto a este assunto GERMANO MARQUES DA SILVA, *Curso de Processo...*, 2.ª Edição, Vol. II, p. 229.

382.º do CP –, devendo aquela se fazer acompanhar de informações e esclarecimentos necessários à tomada de decisão sobre o requerimento, e, promovendo o contraditório – audição do MP e do defensor –, aprecia e decide da legalidade da detenção, devendo-a fazer cessar de imediato se for ilegal[620].

---

[620] Quanto a este assunto GERMANO MARQUES DA SILVA, *Curso de Processo...*, 2.ª Edição, Vol. II, pp. 229 e 230.

Secção IV

Da investigação criminal

Subsecção I
Da investigação criminal como pilar da liberdade: encontro com a ciência total[621]

§ 62.º Introdução

a. da revolução humana emergente dos descobrimentos portugueses: o homem ocupa o centro da discussão

203. A centralização do homem no centro do pensamento e da decisão política – mesmo que imbuída de absolutismo ou de totalitarismo – é uma consequência própria dos descobrimentos, feito igualável com a chegada do homem à Lua. A constatação de que o mundo não terminava onde a terra findava e de que do outro lado ou dos outros lados existiam pessoas com a mesma fisionomia e organizadas e adstritas a regras de conduta mais ou menos coercivas transformou a mentalização do homem face ao outro homem e do homem face ao mundo e às leis naturais e humanas que nos têm regido.

Fenómeno idêntico se sente quando Amstrong pisa o solo lunar: o homem vive em um sistema solar imensamente grande para que se escravize e se objective face aos seus pares ou face a si próprio. A razão humana ultrapassa a barreira do aceitável como legítimo e como contínuo à cortina da subjugação a vectores de pensamento esmagado pela ideia de que o verificacionismo[622] é o caminho a percorrer.

---

[621] O texto, que reproduzimos nesta subsecção, corresponde, com as devidas correcções, em grande parte à conferência proferida no seminário de encerramento do I Curso Intensivo em Ciências Criminais promovido pelo Conselho Distrital de Lisboa da Ordem dos Advogados – Centro de Formação – sob a temática **Ciências Criminais em Discussão**, no dia 7 de Maio de 2004, em Lisboa, no Auditório Nobre da Ordem dos Advogados.

[622] Quanto ao verificacionismo, Karl Popper, *Conjecturas e Refutações*, (tradução de Benedita Bettencourt), Almedina, Coimbra, 2003, pp. 310 e ss.. Do outro lado o falibilismo – em que não se pode "nunca oferecer razões positivas que

Contudo, dolorosamente sentimos que, face à apologia de uma demanda securitária e de um direito penal bélico, o «eu» escraviza-se ou esvazia-se de direitos em prol da máxima segurança baseada na convicção de que a restrição de direitos, liberdades e garantias são a estrada adequada e exigível na construção de um pilar de prevenção criminal, mesmo que para tal o pilar central da democracia – respeito pela dignidade da pessoa humana – se nidifique ou inutilize.

É neste sentido crítico que faremos a nossa viagem para que nos convidaram, sabendo de antemão dos sobressaltos inerentes aos socalcos do piso causados pela trituração dos que lutam e acreditam que é na liberdade que se realiza o homem, pois Kantianamente gritamos que é o mais alto valor da justiça humana.

b. da investigação criminal ancorada no Homem como sujeito

204. Outrora a investigação criminal objectivava o homem – objecto do poder político, do poder judicial que não mais era do que um objecto de prova judicial, sobre o qual recaíam todas as formas de tortura e de obtenção da verdade ou da confissão que iria expiar os pecados ou o mal infligido ao outro. A verdade teria de ser obtida a qualquer custo, pois era dotada de carácter absoluto e apresentava-se como valor supremo face à relatividade e efemeridade humana.

A longa pugna dos nossos antepassados, cujas vidas sacrificadas se escrevem nos nossos rostos, não pode esvaziar-se e perder-se com a defesa exacerbada de um direito penal bélico[623] – em que o Direito Penal do Estado de Direito, como direito respeitador e garante dos direitos fundamentais do cidadão se transforma em direito penal do inimigo – sem que as vozes dos mais críticos se levantem e defendam os escritos dos que já não conseguem ou não podem falar, cuja

---

justifiquem a crença de que uma teoria é verdadeira" –, permite que a dúvida revele o "máximo de informação verdadeira, *interessante e relevante*" [KARL POPPER, *Conjecturas...*, pp. 310-313].

[623] Quanto à ideia da transformação do Direito Penal dos direitos humanos em direito penal bélico, FRANCISCO MUÑOZ CONDE, "Prólogo", *in La Ciência Del Derecho Penal ante el Nuevo Milénio*, Tirante lo Blanch, Valência, 2004, p. 13.

memória por nós, cultores do direito baseado no homem e não na estrutura magnânima do Estado como centro do pensamento, deve ser respeitada e perpetuada.

205. A democratização do direito penal – substantivo e adjectivo – induz-nos a olharmos para a investigação criminal em uma dupla visão de protecção e garante da liberdade.

Por um lado, *prima facie* a liberdade de todos os cidadãos, pois o direito processual penal é, por excelência, o direito dos inocentes, logo se impõe que a intervenção criminal se limite aos casos admissíveis por lei e, mesmo nestes, cuja legitimidade esteja preenchida – *p. e.*, nos crimes semi-públicos e crimes particulares a intervenção do *ius puniendi* estatal depende da intervenção do legitimo titular do direito ferido pela conduta de outrem – e *secunda facie* a liberdade dos cidadãos poderem gozar e exercer plenamente os seus direitos fundamentais – prosseguindo-se a segurança (interna) – materializando-se a cidadania plena de todos os seus congéneres.

Por outro, a liberdade do arguido, como se depreende da posição de sujeito processual do processo dotado de poderes processuais garantísticos dos seus direitos e liberdades.

A limitação da intervenção investigatória dos OPC *prima facie* à *notitia criminis* e ao respectivo despacho da AJ, exceptuando-se as medidas cautelares e de polícia – previstas nos artigos 248.º a 253.º do CPP –, demonstra a mutação da visualização do arguido face aos instrumentos operativos da vivificação do *ius puniendi*: centraliza-se e subjuga-se a realização da justiça e a descoberta da verdade às finalidades não de eficácia e eficiência, mas de defesa e garantia dos direitos fundamentais e do seu pilar central – dignidade da pessoa humana – e o alcance da paz jurídica advém da «concordância prática» entre os conflitos inerentes ao processo criminal. Mutação nascente da lógica sócio-jurídica que nos rege o quotidiano em que o efémero releva e a essência se denigre na defesa de valores que ancoram o homem no centro da decisão, cuja ponderação depende do que for carreado para o processo no plano operacional investigatório.

206. A investigação criminal ou os actos de investigação, como queiram, olha ou devem olhar para o arguido como um **sujeito** processual dotado de poderes de contrariação de provas carreadas para o processo pelos operadores judiciários[624] – OPC e AJ – e, neste cismar, devem partir do pressuposto, como nos ensina ENRICO ALTAVILLA, de que a actividade desenvolvida ter-se-á de prender com o objectivo crucial de localizar, contactar e apresentar o arguido autor do facto ilícito, típico e culposo.

A dinâmica processual democrática, cimentada nos valores da lealdade e da livre vontade, impõe aos investigadores que olhem para o arguido ou suspeito de crime em investigação como um ser humano frágil e pecador, cujo escopo se constrói não no sentido de somente punir seca e eficazmente, mas antes de prevenir que os outros «eu» pequem e que o pecador volte a cometer o mesmo ou outro qualquer pecado.

Defendemos não uma teoria retributivista pura do *ius puniendi*, mas antes uma prevenção especial, que parte dos ditames da investigação levada a cabo pelos operadores judiciários e que finaliza com a sua reintegração na comunidade ou habitat em que nasceu e cresceu. Só com uma visão de homem pecador e frágil se pode ancorar a investigação criminal no respeito pela dignidade da pessoa humana e nos valores de um direito penal democraticamente enraizado nos valores da solidariedade, da justiça e da liberdade.

c. caminhos a percorrer: política criminal ou política securitária [Apuleio ou Porfírio]

207. A visão que escolhermos para a investigação criminal poder-nos-á conduzir ou ao apuleianismo ou ao porfirianismo[625].

Se optarmos por uma investigação criminal estruturada e dotada de espírito e cimentada nos princípios característicos da política cri-

---

[624] Temos vindo a defender que a defesa deverá proceder a investigações dentro de um quadro legal bem tipificado face à não obrigação da AJ estar vinculada a proceder às diligências de prova requerida pela defesa ou, então, dever-se-ia prescrever a obrigatoriedade da AJ promover as diligências de prova requeridas pela defesa. Quanto a este assunto o nosso *Regime Jurídico da Investigação Criminal ou Comentado e Anotado*, 2.ª Edição, Almedina, 2004, pp. 32-37.

[625] SANTO AGOSTINHO, *A Cidade de Deus*, (Tradução de J. DIAS PEREIRA), 2.ª Edição, Fundação Calouste Gulbenkian, Lisboa, 1996, Vol. I, Livro II, Capítulo XVI, p. 233.

minal – princípio da legalidade⁶²⁶, princípio da culpa⁶²⁷, princípio da humanidade⁶²⁸ e o princípio da recuperação ou ressocialização do delinquente⁶²⁹ – a visão apuleiana vigora, pois a piedade governa-nos e racionalmente conduz-nos à compreensão do delito e não à censurabilidade imediata.

Se optarmos por uma investigação criminal estruturada e dotada de espírito e cimentada em uma política securitária seca e literal, a visão porfiriana impõe-se, cuja impiedade se apresenta como motor racional da análise do crime.

A ordem que nos rege mental e materialmente conduz-nos sempre à interrogação do que deve ou não deve ser priorizado – se a pessoa dotada de direitos, liberdades e garantias ou se a verdade material a obter a qualquer custo mesmo que por meios que os criminosos utilizam. De um lado, temos a prevenção criminal, do outro temos a segurança no seu máximo esplendor, que justifica todos os meios – que se encontrarão previstos na lei – para se alcançar a verdade material e a realização da justiça e, consequentemente, a segurança necessária ou adequada à prossecução da liberdade, estando esta sujeita a um estado de obediência àquela.

---

⁶²⁶ Que se apresenta como garantia contra o livre arbítrio quer judicial quer administrativo – a legalidade não se esgota na previsão legal do meio, pois engloba a verificação e o respeito integral dos pressupostos exigidos para a aplicação dos meios de obtenção de prova.

⁶²⁷ Que afasta qualquer possibilidade de responsabilidade objectiva – a investigação, que se destina à descoberta da verdade e da prossecução da justiça, não pode partir do pressuposto objectivo de culpa, mas que aquela está inerente ao sujeito X e não a um sujeito qualquer, o que vincula os operadores judiciários a recorrer aos meios de obtenção de prova para descobrir quem e se o suspeito foi, na verdade, o responsável pela conduta.

⁶²⁸ Que se deve verificar não só na tipificação legal das penas [proibindo a pena de morte e as degradantes à dignidade humana da pessoa recluso], mas também na sua execução [recusando a prisão perpétua e as consequências jurídicas de tempo indeterminado] – princípio que se deve verificar a montante, *i. e.*, no momento da obtenção de prova.

⁶²⁹ Cujos estabelecimentos penitenciários devem ser idóneos e a execução das penas devem direccionar-se para a ressocialização e não dessocialização do delinquente.

Não defendemos uma política criminal absoluta que não tem qualquer incremento ou envolvimento da política securitária, sob pena de se converter em apolítica ou em um estado crítico sob a capa da anarquia. Defendemos uma política criminal que tem em conta as variações apontadas pela política securitária, em que toda a estratégia está direccionada para a dignificação do homem seja ou não suspeito, imputado ou arguido. Defendemos a primazia da política criminal orientada pelas variações estratégicas da política securitária, estando esta subjugada àquela e ao Direito penal.

§ 63.º O «olhar» constitucional

a. da dialéctica do art. 27.º da CRP

208. O legislador constituinte consagrou como direitos fundamentais emparelhados no mesmo artigo a *liberdade* e a *segurança*. Contudo, como se depreende do texto, o legislador colocou a liberdade em primeiro lugar e em segundo a segurança. Pensamos que não terá sido displicente a estrutura frásica do n.º 1 do art. 27.º da CRP.

A liberdade deve sempre sobrepor-se e objectivar-se como princípio face ao direito segurança, que jamais poderá ser nihilificado, mas nunca sacralizado, sob pena de sacrificarmos os direitos, liberdades e garantias "no altar do combate à criminalidade"[630].

A estrutura do art. 27.º da CRP demonstra a consciencialização da valorização e da consagração da liberdade como princípio jurídico-político ao limitar a privação da liberdade por autoridade pública – AJ ou OPC – ou por cidadão nos casos e nos termos previstos no preceito constitucional, ao proibir a detenção por parte de outrem e ao impor a protecção do Estado contra quaisquer atentados ao direito quer os autores sejam entes públicos quer sejam entes privados[631].

---

[630] ANABELA MIRANDA RODRIGUES, "Política Criminal – Novos Desafios, Velhos Rumos", *in Liber Discipulorum para FIGUEIREDO DIAS*, Coimbra Editora, 2003, p. 224.

[631] Quanto a este assunto, GOMES CANOTILHO e VITAL MOREIRA, *Constituição da República Portuguesa Anotada*, 3.ª Edição, Coimbra Editora, 1993, p. 184.

209. Como garantia específica do direito à liberdade face à intervenção ilegal das autoridades públicas a Constituição consagra o *habeas corpus* – art. 31.º – e o direito a indemnização – n.º 5 do art. 27.º. Como tutela jurídico-criminal do direito à liberdade, no plano substantivo, prevê-se e pune-se os crimes de sequestro, de rapto, de coacção física[632], de detenção ilegal[633] e, no plano adjectivo, legitima-se a intervenção dos OPC sem autorização e ordem judicial para pôr termo à violação deste direito fundamental[634].

Na esteira de GOMES CANOTILHO e VITAL MOREIRA, a segurança, como vimos defendendo, não é um valor absoluto nem pode ser elevado a princípio jurídico-político. A segurança deve ser encarada como uma *garantia* real de gozo e do exercício pleno dos demais direitos e liberdades fundamentais e não tanto como um direito autónomo. Desta feita, a segurança – quer interna quer internacional – ancora em uma *dimensão negativa* [*i. e.*, apresenta-se como um «direito *subjectivo* à segurança (direito de defesa perante as agressões dos poderes públicos)»[635]] e em uma *dimensão positiva* [*i. e.*, encerra em si um direito à protecção por parte dos serviços públicos contra as agressões de outrem[636]].

Summo rigore, a segurança é um direito garantia dos demais direitos, em especial do direito à liberdade plena, conquanto esta se apresenta como um valor constitucionalmente relevante dotado de prerrogativas de ser o mais alto valor da justiça.

b. da defesa e garantia dos direitos e liberdades fundamentais – art. 9.º, al. *b)*, art. 202.º e art. 272.º da CRP

210. Percorrida delevemente a CRP, destacamos três comandos de extraordinária vertente teorética e prática para a compreensão da logicidade própria do valor programático do conteúdo normativo consti-

---

[632] Cfr. artigos 155.º e ss. do CP.
[633] Cfr. art. 369.º, n.º 3 do CP.
[634] Cfr. art. 177.º, n.º 2 conjugado com o art. 174.º, n.º 4, al. *a)* e art. 1.º, n.º 2, al. *b)* do CPP.
[635] GOMES CANOTILHO e VITAL MOREIRAA, *Constituição da República...*, 3.ª Edição, p. 184.
[636] *Ibidem*.

tucional no campo da investigação criminal e da defesa e garantia da liberdade sob a perspectiva da *dimensão negativa*: a al. *b)* do art. 9.º, o art. 272.º e art. 202.º da CRP. Partimos dos princípios gerais, passando pelo poder judicial e pelo poder executivo administrativo.

Quanto à al. *b)* do art. 9.º da CRP, acompanhamos GOMES CANOTILHO e VITAL MOREIRA que defendem que a «Constituição torna claro que as liberdades fundamentais e o Estado de Direito não implicam apenas o seu respeito pelo Estado, mas que constituem também um *encargo* dele, no sentido de os garantir e de os fazer observar por todos»[637]. Esse encargo compete, *prima facie*, aos titulares até a intervenção da autoridade pública quer administrativo-judicial quer judicial.

211. Tarefa ou missão ou encargo, como queiram, que incumbe à POLÍCIA cumprir como sua missão – defender a legalidade democrática, garantir a segurança interna e os direitos dos cidadãos, n.º 1 do art. 272.º da CRP. Perguntar-me-ão como se explica que o legislador constituinte, neste canto, não tenha optado por consagrar o direito à liberdade como missão da POLÍCIA a par da segurança interna.

Três apontamentos simples: por um lado, como já referimos a segurança é uma garantia dos direitos fundamentais, inclusive do direito à liberdade; por outro, à ideia de legalidade democrática está adstrita a ideia de liberdade democrática; e, por último, cumpre como missão da POLÍCIA garantir os direitos dos cidadãos, *i. e.*, de todos os direitos inclusive o direito à liberdade. Na prossecução da missão nobre da POLÍCIA, incumbe-lhe a *prevenção dos crimes* subjugada às «regras gerais sobre polícia e com respeito pelos direitos, liberdades e garantias dos cidadãos», conforme n.º 3 do art. 272.º da CRP. A prevenção dos crimes concretiza-se, também, na prossecução de actos de investigação criminal levados a cabo pelos OPC que se subjugam a este comando constitucional.

A actividade da polícia não esgrime suficientemente a questiúncula da violação dos direitos fundamentais e a garantia dos direitos e liberdades dos cidadãos passa pela intervenção dos tribunais – MP e Juiz – aos quais cumpre «assegurar a defesa dos direitos e interesses legalmente protegidos dos cidadãos», conforme n.º 2 do art. 202.º da CRP.

---

[637] *Idem*, p. 93. Itálico nosso.

O MP e o Juiz, no âmbito da investigação criminal, devem defender e promover a legalidade de todos os actos de investigação e, ainda, promover a acção penal nos casos de violação de direitos fundamentais[638], prosseguindo a defesa e a garantia da liberdade, desde logo, pela sindicância à detenção em flagrante delito e pela apreciação e validação ou não dos actos cautelares e de polícia.

c. da força centrífuga do art. 32.º e das esferas paralelas [*p. e.* os arts. 26.º e 34.º da CRP]

212. A acção penal, por um lado, colide com o direito à liberdade e, por outro, nasce e inicia-se, em regra, exceptuando-se os casos de processo sumário, com a investigação promovida pelos OPC, tendo em conta os despachos de natureza específica e de natureza genérica e as competências originárias, mas relativas de investigação adstritas a cada OPC.

A protecção dos direitos fundamentais ao longo da investigação criminal emerge da constituição, cujas vinculação e aplicabilidade directas se impõem – n.º 1 do art. 18.º da CRP. Desde logo, o art. 32.º da CRP consagra, como a epígrafe demonstra, inúmeras *garantias de processo criminal*, vertidas em uma vasilha protectora da liberdade do indivíduo isolado e inserido em uma comunidade.

No plano da investigação criminal, destacamos o n.º 4 do art. 32.º da CRP – que impõe que todos os actos instrutórios que colidam com direitos fundamentais sejam da competência do juiz [perícias ao corpo, exames, revistas, buscas, intercepções e gravações de conversas e comunicações, apreensão e abertura de correspondência]– e o n.º 8 do mesmo preceito – que prescreve a nulidade das provas obtidas com ofensa à dignidade humana ou aos princípios fundamentais do Estado de direito democrático, *i. e.*, que ofendam a integridade pessoal [art. 25.º da CRP], a reserva da intimidade da vida privada e familiar [art. 26.º da CRP], a inviolabilidade de domicílio e da correspondência [art. 34.º da CRP].

---

[638] Cfr. os artigos 202.º e 219.º, conjugados com os artigos 27.º, 31.º, 32.º da CRP.

Quanto ao n.º 8 do art. 32.º há acrescentar que é, total e absolutamente, proibida a obtenção de prova através da ofensa à integridade pessoal de alguém e que deve-se considerar *abusiva* a intromissão fora dos casos previstos na lei ou sem autorização e/ou ordem judicial [n.ºˢ 2, 3 e 4 do art. 34.º da CRP], a intromissão desnecessária ou desproporcionada e a intromissão que aniquile os próprios direitos protegidos [n.ºˢ 2 e 3 do art. 18.º da CRP][639].

O art. 32.º é uma **força centrífuga** jurídico-constitucional de vinculação e aplicabilidade directa de defesa e de garantia da liberdade do cidadão face aos actos de investigação criminal perpetrados pelos OPC ou pela AJ competentes na fase processual penal em curso.

d. da vinculação e da aplicação directa [art. 18.º, n.º 1 da CRP]

213. Os preceitos constitucionais, que tutelam ou respeitam aos direitos, liberdades e garantias, vinculam os OPC ou a AJ na desenvoltura dos actos processuais investigatórios e aplicam-se directamente.

Na investigação criminal, os OPC não podem proceder a um acto que possa colidir com um direito constitucionalmente protegido mesmo que a lei processual ou as leis avulsas processuais nada estipulem sobre o acto em si ou contra o acto em si. Pois, **a teoria de que o que não é proibido é permitido não vigora no plano dos direitos fundamentais**, principalmente quando imbrica no campo do direito criminal.

§ 64.º O olhar processual penal

a. do processo penal como direito dos inocentes e da liberdade

214. O Direito processual penal é o direito dos inocentes e das liberdades e das garantias dos direitos do cidadão que se vê «a braços» com um processo crime. Como direito dos inocentes, desde logo limita que se apelem ou se promovam técnicas que *a priori* se afiguram

---

[639] Cfr. GOMES CANOTILHO e VITAL MOREIRA, *Constituição da República...*, 3.ª Edição, p. 206.

céleres na realização da justiça e da descoberta da verdade e que, por seu turno, restrinjam desproporcional ou desnecessariamente ou, até mesmo, nidifiquem os direitos dos cidadãos.

Todo o processo penal está imbuído de um espírito de defesa do cidadão face aos actos de materialização do *ius puniendi*, como se retira dos princípios estruturantes do processo penal, dos quais se destacam: princípio do acusatório, princípio da presunção de inocência, princípio do contraditório, princípio da igualdade de armas, princípio da legalidade, do consenso e da oportunidade, princípio da oficialidade, princípio da celeridade processual, princípio *in dubio pro reo*, princípio democrático e da lealdade, princípio da liberdade.

A liberdade e a investigação criminal emparelham-se em uma mesma finalidade: que não se venha a condenar um inocente. Mesmo que se alcancem os indícios suficientes para deduzir uma acusação, o legislador, conhecedor de que a reintegração do infractor não se adequa à sua privação da liberdade e concretizando o princípio da oportunidade, prescreveu os institutos do *arquivamento em caso de dispensa de pena* – art. 280.º do CPPP – e *de suspensão provisória do processo* – art. 281.º do CPP. Manifestação pura de que a investigação criminal pode contribuir para a efectivação destes dois institutos marcados pela ideia de liberdade e pela ideia de que a reintegração do delinquente se opera no seio da comunidade.

b. da acção penal [art. 219.º da CRP e arts. 48.º, 262.º e ss. do CPP]

215. A acção penal, por um lado, obedece ao princípio da legalidade, da objectividade e da isenção e, por outro, deve observar os limites impostos pela natureza do crime: público, semi-público e particular. A legitimidade originária do MP restringe-se aos crimes públicos e secundária aos crimes semipúblicos e particulares, pois se os legítimos titulares do direito de queixa não o exercem não deve ser o Estado a substituir-se à vontade subjectiva do particular para promover a acção penal.

Este plano de *legalidade* e *objectividade* inerente ao MP – que o adstrita a carrear para o processo criminal as provas que indiciam e as provas que inocentam – estende-se aos OPC e deve orientar o JIC na fase de instrução. Os princípios democrático e da lealdade, sendo este o mais alto princípio do processo penal contemporâneo[640], como vectores de orientação na investigação criminal, impõem-se como pilares de garantia efectiva dos direitos e liberdades dos cidadãos, sob pena, em caso de violação, de gerarem proibição de prova – art. 126.º do CPP em conformidade com o n.º 8 do art. 32.º da CRP.

c. das medidas cautelares e de polícia

216. No que concerne às medidas cautelares e de polícia há a realçar a sujeição premente, de entre outros de grande relevo, aos princípios da legalidade e da oportunidade e nunca ao princípio da discricionaridade, aos princípios da proibição do excesso ou da proporcionalidade *lato sensu* – adequação, necessidade e/ou exigibilidade, proporcionalidade *stricto sensu* e subsidiariedade –, da igualdade, da prossecução dos fins do processo – realização da justiça, descoberta da verdade, respeito pelos direitos fundamentais, paz jurídica – e da urgência e conservação dos meios de prova.

As medidas cautelares e de polícia – comunicação da notícia do crime, providências cautelares e urgentes [*p. e.*, exames, recolha de informações, apreensões], identificação, revistas e buscas não domiciliárias, suspensão de correspondência – revestem-se de natureza cautelar e precária, pois estão sujeitas à apreciação e validação da AJ competente. Apesar de serem actos de competência própria *ex lege*, carecem de serem sindicados para aferição da sua legalidade e do preenchimento dos pressupostos legitimantes.

A fiscalização e o controlo judicial reforçam a ideia de que a actividade pré-processual dos OPC – que gera o início da acção penal – estão sob o olhar crítico e a pena harmoniosa do juiz, jurisdicionalizando-se a investigação criminal e, consequentemente, evita-se a sua *policialização*.

---

[640] Claus Roxin *apud* Figueiredo Dias, "Do princípio da «objectividade» ao princípio da «lealdade» do comportamento do Ministério Público no Processo Penal", (Anotação ao Ac. STJ n.º 5/94, Proc. n.º 46 444), *in RLJ*, Ano 128, n.º 3860. Quanto aos princípios democrático e da lealdade na actuação da Polícia *supra* §§ 37.º e 38.º.

d. dos meios de obtenção de prova [*maxime* revista e busca e escutas telefónicas]

217. Outro ponto quente de discussão face à liberdade e à investigação criminal, prende-se com os meios de obtenção de prova – exames, revistas, buscas, apreensões, escutas telefónicas, agente infiltrado –, cuja colisão com os direitos da personalidade fundamentais são uma realidade.

Estes meios de obtenção de prova inscrevem-se como primazia entre os actos desenvolvidos no plano da investigação criminal, o que nos induz a tecer uma a duas advertências que demonstram a supremacia do valor liberdade à descoberta da verdade material que, consequentemente, poderá indiciar segurança.

Em primeiro lugar, realce-se o *primado da autorização ou da ordem judicial* para a prossecução destes meios de obtenção de prova, que ferem abusivamente direitos fundamentais como a reserva da intimidade da vida privada, a inviolabilidade de domicílio e das telecomunicações e a própria liberdade individual ou familiar. A sujeição ao controlo da autoridade judicial conduz-nos ao que acima referimos de *dimensão negativa* da segurança, que como garantia da liberdade, se impõe como protecção dos abusos ou intromissões indevidas da autoridade pública.

Em segundo lugar e exceptuando-se os casos das escutas telefónicas e do agente infiltrado, os OPC podem, preenchidos determinados pressupostos, sem autorização ou ordem judicial – art. 177.º, n.º 3 e art. 174.º, n.º 5, al. *a)* do CPP e art. 34.º e art. 35.º do CP – desenvolver actos urgentes que ponham termo à violação de bens jurídicos fundamentais, quando em causa estejam a integridade pessoal física ou a vida de alguém, preenchendo-se, desta feita, a segurança na sua *dimensão positiva, i. e.*, exige-se do Estado uma intervenção para prevenir e suster qualquer violação de direitos fundamentais por parte de outrem.

e. dos perigos de novos meios de obtenção de prova propensos a forte *danosidade social* [agente infiltrado e agente provocador]

218. Perigos maiores sobressaem quando o meio de obtenção de prova já por si só acarreta a desconfiança da legalidade e da legitimidade. Falamos dos meios de obtenção de prova que provocam uma *danosi-*

dade social elevada – o agente infiltrado *versus* o agente provocador – e nos fazem reflectir, mais do que da legalidade do meio, da sua legitimidade em uma sociedade democrática.

A técnica ou o meio de obtenção de prova da acção encoberta – vulgo agente infiltrado – foi aprovado pela Lei n.º 101/2001, de 25 de Agosto[641]. Dúvidas fortes se levantam, desde logo, sobre as finalidades do meio de obtenção de prova – prevenção e investigação criminal [n.º 1 do art. 1.º] – e sobre a admissibilidade de autorização pelo MP e posterior apreciação e validação pelo JIC [n.º 3 do art. 3.º], face aos comandos programáticos da constituição – artigos 32.º, n.º 4 e 272.º da CRP.

§ 54.º O primado da liberdade na LOIC – a liberdade como fundamento de um direito penal democrático

219. A investigação criminal deixou de ser um tabu guardado no cofre do saber policial e judicial. A crítica destrutiva e construtiva, que lhe acerca a cada momento, demonstra que o direito penal deixou de ser um instrumento de poder discricionário sobre os «pobres», passando a ser aplicado a todos os que violam bens jurídicos individuais ou individuais e supra-individuais ou, somente, supra-individuais, merecedores de tutela jurídico-criminal.

A onda de mudança crespada, mais de conhecimento e consentimento e de legitimidade do comum, conduziu a investigação criminal a apresentar-se como utensílio metódico e taurino adequado, exigível e necessário ao aprofundamento dos valores do homem em liberdade emergente da sua relação com o «eu», com o outro e com os outros. Desta comunicabilidade constante e ininterrupta, permite-se que um instrumento que outrora fora pilar material e formal do poder absoluto, se tenha mutado em trave mestra da liberdade.

O conhecimento das técnicas, do método e da concepção da investigação criminal não pode desmerecer ou desvalorizar o labor

---

[641] Meio ou técnica de investigação que entrou no nosso ordenamento jurídico pelo art. 52.º do DL n.º 430/83, de 13 de Dezembro, que se manteve com o art. 57.º do DL n.º 15/93, de 20 de Janeiro, que foi revogado pelo art. 7.º da Lei n.º 101/2001, de 25 de Agosto. Quanto ao regime jurídico do agente infiltrado *infra* Subsecção IV.

árduo e complexo dos que se dedicam, diariamente, a que cada um de nós possa gozar e exercer os seus direitos sob a capa real de segurança e de liberdade, consciente de que aquela não pode ser fundamento incalculável e legitimador de intervenções judiciais ou policiais ofensivas à liberdade do cidadão.

220. A investigação criminal, que, hoje, objectivamos ou subjectivamos, deve ser a ÍTACA de ULISSES ou a ilha de VIG de HANS do direito penal – a prevenção criminal. Não uma prevenção *stricto sensu* ou meramente localizador do tumor social. Não. Antes uma prevenção capaz de descobrir mais do que o tradicional cálculo matemático *do quê, de quem, do onde, do quando*. Para que a decisão detenha a melhor justiça humana – aquela que não condena um inocente ou que condena o culpado cuja responsabilidade da sanção seja por si aceite –, pedimos uma actividade investigatória que carreie para o processo as provas reais e pessoais capazes de fundamentar não só a decisão absolutória ou condenatória e, quando esta, as provas adequadas a encontrar a razão da existência daquele crime, *i. e.*, o «porquê?».

A interdisciplinaridade desejada entre a investigação criminal e a criminológica é ponto assente na reclamação social[642]. Não basta diagnosticar a doença, é preciso curá-la e encontrar as causas para que de futuro outros não sejam infectados. Soluções não existem, mas caminhos podem ser traçados e trilhados por toda a comunidade quer nas relações inter-individuais quer nas inter-grupais ou comunitárias.

Temos defendido que prender é fácil, mas reeducar e reinserir é muito difícil. Não duvidamos de que a reeducação e a reinserção do delinquente se dificultará caso não exista um estudo aprofundado – sobre o indivíduo e sobre o seu habitat – cabal a direccionar ou a desenhar caminhos possíveis para que não se opte pela extracção do delinquente da comunidade mãe – que o fez nascer e crescer. A interdisciplinaridade entre investigação criminal e investigação criminológica ajuda a que se possa optar pelo caminho da diversão e de oportunidade e não pela aplicação simples da pena de prisão ou da pena de multa.

---

[642] Neste sentido e como maior desenvolvimento, o nosso *Processo Penal – Tomo I*, 2.ª Edição, pp. 27-35.

221. A investigação criminal, proclamadamente exigida por nós, ocupa um papel fundamental na marcha do processo e no direito penal: por um lado, a actividade desenvolvida pelos OPC ou MP ou JIC releva na preponderância da identificação e determinação do objecto do processo e, por outro, esta concreção promove a prevenção criminal *lato sensu*, quer substantiva quer adjectiva. Mas, não pode partir e chegar dos e aos OPC, policializando-se e desjudicializando-se a investigação. Aqueles, órgãos auxiliares do MP ou do JIC ou *sujeitos processuais acessórios*, são uma das mãos da justiça dependente de todo um corpo – poder judicial.

Sentida como essencial à defesa e garantia do gozo e exercício pleno dos direitos do «eu», do «outro» e da «comunidade», a investigação criminal, baseada no respeito da dignidade da pessoa humana, deve ser entendida como um **pilar fundamental** não só para **o aprofundamento dos valores da solidariedade e da democracia**, mas também para **o exercício do valor supremo da justiça – a liberdade**.

SUBSECÇÃO II
Da investigação criminal: questões preliminares[643]

§ 66.º Introdução

222. Os caminhos da verdade trilham-se e marcam-se pela incessante busca da realidade perfeita construída em liberdade. A investigação corre atrás do verídico, muitas vezes intangível pela sua complexidade ou, quantas vezes, pela sua tão ingénua e verosímil simplicidade. Muitos factos são, apenas, compreendidos e resolvidos após uma investigação humana, acompanhada de meios e técnicas, que transformam a investigação em um motor capaz de promover as finalidades do processo penal: descoberta da verdade e realização da justiça, defesa

---

[643] Cumpre-nos informar que esta subsecção tem como base o nosso "Investigação Criminal como motor de arranque do Processo Penal", in *Polícia Portuguesa*, Ano LXIII, n.º 122, Março/Abril, 2000, pp. 1 e ss., cuja actualização e ajustamento ao objecto de estudo deste tomo se impuseram.

dos direitos fundamentais do cidadão (arguido), alcance da paz pública e a concordância prática[644].

Investigação vem do étimo latino *investigatione*[645] (*in* + *vestigius* + *actio*), significa a acção dirigida sobre o rasto, a peugada, e que levou à tradução de acto de *pesquisar, de indagar, de investigar*. Mas acto de investigar o quê? É um olhar inquiridor sobre os vestígios deixados e os rastos não apagados de um facto ou acontecimento de forma a que se chegue a uma verdade, a um conhecimento.

A investigação, como defende MANNHEIM[646], é um processo padronizado e sistemático destinado a atingir o conhecimento. A investigação procura descobrir factos que proporcionem uma "melhor compreensão e valorarão dos factos *já* observados"[647].

A investigação deverá preocupar-se com o encontro de provas e de contraprovas, funções adjuvantes na reformulação de hipóteses e na preparação de novos passos necessários à prossecução deste "infindável processo de reajustamento entre a teoria e a hipótese"[648] e o caso concreto, o motivo da pesquisa.

§ 67.º Da investigação criminal e da criminologia

223. A investigação criminal e a investigação criminológica, mesmo que as queiramos aproximar e determinar como ciências exactas, não poderão ser consideradas como tal[649], apesar de terem como fun

---

[644] Quanto a este assunto o nosso *Processo Penal* – Tomo I, 1.ª Edição, pp. 20-21.
[645] Cfr. *Dicionário Prático Lusitano*, Lello & Irmãos – Editores, Porto, 1979, p. 659.
[646] HERMANN MANNHEIM, *Criminologia Comparada*, Fundação Calouste Gulbenkian, Lisboa, 1984, Vol. I, p. 117.
[647] *Ibidem*. Itálico nosso.
[648] *Idem*, p. 119.
[649] Neste sentido HERMANN MANNHEIM, *Criminologia Comparada*, Fundação Calouste Gulbenkian, Lisboa, 1984, Vol. I, P. 119. Este investigador defende que a Criminologia não é uma ciência exacta, porque as proposições em que assenta qualquer investigação são temporárias e nunca definitivas, apesar de ter ganho com o positivismo a "consciência de si" e ter procurado "apresentar-se como ciência, alinhada pelos critérios metodológicos e epistemológicos susceptíveis de legitimar aquela reivindicação"

damento a procura da verdade dos factos que originaram o cometimento de um crime, a sua análise, o estudo do delinquente, da vítima e do controlo social.

A investigação criminal e a criminológica não assentam em proposições definitivas – excepto o facto[650] –, **mas em hipóteses que o investigador levanta aquando da notícia da conduta ilícita, culposa e típica**. A única proposição definitiva que existe é, sem dúvida, **o facto ocorrido**, que, em princípio, produziu um dano ao bem jurídico[651] ofendido em mãos: propriedade, vida, honra, a segurança do estado (...).

O investigador apenas tem na sua mão proposições temporárias como únicas peças que lhe permitem caminhar na busca solitária quer de quem foi o autor do delito, quer das suas causas principais, interligadas com a vítima e o contexto social. Contudo, nem sempre a conduta, que à partida preenche o conteúdo legal de um crime, será no final da investigação considerada como conduta tipificada como crime.

---

e se ter definido "como estudo *etiológico – explicativo* do crime", como nos dizem JORGE DE FIGUEIREDO DIAS e MANUEL DA COSTA ANDRADE, *Criminologia, O Homem Delinquente e a Sociedade Criminógena*, Coimbra Editora, Reimpressão, 1992, p. 5.

[650] Há a realçar que o facto existe, mas se constitui infracção ou não só após a investigação se poderá chegar a um caminho.

[651] A concepção de Bem Jurídico, além de definir o valor, o interesse tutelado pelo direito penal, também surge, nos finais do século XIX, como limitador do poder punitivo do Estado. Precursor deste sentimento, FRANZ VON LISZT procurou explicar o conceito material de bem jurídico nos "interesses preexistentes à valoração pelo legislador: o conteúdo anti-social do ilícito é independente da valoração pelo legislador. A norma jurídica encontra-o, não o cria.", GERMANO MARQUES DA SILVA, *Direito Penal Português*, Editorial Verbo, Lisboa/ S. Paulo, 1997, Vol. I, pp. 21 e ss. Este Professor continua a afirmar que a Constituição deverá ser "o critério de referência na escolha do que pode legitimamente ser protegido pelo direito penal" a mais que o legislador ordinário deverá estar subordinado aos "bens dotados de relevância constitucional", delimitando as funções quer do "Estado de direito em sentido formal" quer "do Estado de direito em sentido material", sendo assim "o Estado simplesmente limitado pelo direito que cria". Aqui, também, devemos recordar a conceptualização de que o "Direito Penal foi sempre o direito tutelar dos interes-ses fundamentais do homem em sociedade e da coexistência social". Cfr. MANUEL CAVALEIRO DE FERREIRA, *Direito Penal Português*, Editorial Verbo, Lisboa/ S. Paulo, 1982, Vol. I, p. 9.

GARCIA-PABLOS MOLINA define a Criminologia como uma *"ciencia empírica e interdisciplinária"*[652]. Não querendo destorcer o sentido, pensamos que, apesar de existirem estudiosos que a querem enquadrar e a vêem como uma ciência exacta, a investigação criminal não está longe do empirismo e da interdisciplinariedade própria de uma área que, muitas das vezes, só alcança os seus frutos quando apoiada e auxiliada por outras ciências, estas sim exactas.

224. A investigação criminal é um processo de procura de indícios e de vestígios que indiquem e expliquem e que façam compreender *quem, como, quando, onde* e *porquê* foi cometido o crime *X*. Este processo, que dança em um reajustar deambulatório entre a prova conseguida e a contraprova aceite, deve ser padronizado e sistemático segundo as regras jurídicas que travem o poder de quem o pode abusar.

A investigação criminal, como afirma GOMES DIAS, "descobre, recolhe, conserva, examina e interpreta as provas reais", assim como "localiza, contacta e apresenta as provas pessoais"[653] que conduzam ao esclarecimento da verdade material dos factos que consubstanciam a prática de um crime.

Outra questão é saber se a investigação criminal é o mesmo que investigação criminológica. A primeira, que deve esclarecer "factos de relevância penal (...) indagar, através dos meios de conhecimento humano, de como ocorreu, na realidade, um fenómeno psicofísico do passado"[654], deve também e imperativamente socorrer-se da segunda, que se preocupa "com a descoberta das causas do crime e com os efeitos dos vários métodos de tratamento"[655].

---

[652] ANTÓNIO GARCÍA-PABLOS DE MOLINA, *Criminología. Una Introducción a sus Fundamentos Teóricos para Juristas*, Tirant lo Blanch Libros, Valencia, 1996, p.19.

[653] Posição tomada num debate que decorreu em 1981 sobre **A Revisão Constitucional, o Processo Penal e os Tribunais**, organizado pelo Sindicato dos Magistrados do Ministério Público *apud* TERESA PIZARRO BELEZA e FREDERICO ISASCA, *Direito Processual Penal Textos*, AAFDL, Lisboa, 1992, p. 65. Quanto à conceptualização da investigação criminal o nosso *Regime Jurídico da Investigação Criminal Comentado e Anotado*, 2.ª Edição, Almedina, Coimbra, 2004, pp. 51-58 e *infra* Subsecção III.

[654] GOMES DIAS *apud* TERESA P. BELEZA e FREDERICO ISASCA, *Direito Processual...*, p. 63.

[655] *Idem*, p. 120.

A investigação criminológica tem como base a Criminologia, que, segundo SYKES, "é o estudo das origens da lei criminal, da administração da justiça penal, das causas do comportamento delinquente e da prevenção e controle do crime, incluindo a reabilitação individual e a modificação do ambiente"[656]. No mesmo sentido, SUTHERLAND considera-a como "a ciência que estuda a infracção enquanto fenómeno social; o seu campo engloba os processos de elaboração das leis, da infracção às leis e das reacções provocadas pela infracção às leis"[657].

A **investigação criminológica**[658] e o seu campo de aplicação deve ser facto **imprescindível de conhecimento** do *"agente esclarecedor de factos qualificados como infracções"* [659-660], que detém a faculdade de investigar e de descobrir a verdade material dos factos ocorridos, de reconstituir historicamente as condutas passadas que cominaram num crime; pois sendo a investigação criminológica, em "certa medida, dependente do conteúdo do direito criminal"[661], jamais se poderia afastá-la de quem é responsável pela investigação criminal.

Quem investiga deve evitar " a tentação da evidência imediatista em nome da qual se poderia considerar esta discussão como ociosa, **uma vez que se pode dizer que** o objecto da criminologia *é – e só*

---

[656] Cfr. SYKES *apud* MANUEL DA COSTA ANDRADE, Criminologia, *in Polis, Enciclopédia Verbo da Sociedade e do Estado*, Editorial Verbo, Lisboa/ S. Paulo, 1997, Vol. I, p. 1420.

[657] Cfr. SUTHERLAND *apud* MANUEL DA COSTA ANDRADE, "Criminologia", *in Polis...*, Vol. I, p. 1420.

[658] Ao discutir-se o objecto da Criminologia, ter-se-á obrigatoriamente de "pôr em causa as formações sociais vigentes e os fundamentos do poder político como instância de definição *do que é e do que deve ser* problema criminal e, por isso, criminológico", JORGE DE FIGUEIREDO DIAS e MANUEL DA COSTA ANDRADE, *Criminologia...*, p. 64.

[659] Seguindo o raciocínio de GOMES DIAS, o investigador criminal deve ser "um criminalista experiente que, a par de uma preparação especializada muito profunda, possua capacidade de raciocínio lógico-crítico, sentido psicológico instintivo, qualidades de carácter, consciência elevada do dever, decisão rápida e grande exactidão de trabalho". TERESA P. BELEZA e FREDERICO ISASCA, *Direito Processual...*, p. 63.

[660] *Idem*, p. 64.

[661] JORGE DE FIGUEIREDO DIAS e MANUEL DA COSTA ANDRADE, *Criminologia...*, p. 121.

pode ser – o crime. **Apesar do** conceito de crime – conglomerado histórico de elementos jurídicos, éticos, religiosos, de estereótipos e de coeficientes sociológicos – não **ser** um conceito unívoco"[662].

225. Se a investigação criminal surge como rastilho do processo penal, sendo o processo penal a realização do direito penal, e se a investigação criminológica é a forma da criminologia se realizar, não devemos ignorar o douto ensinamento de PABLOS DE MOLINA: "Criminología y Derecho Penal deben coordinar sus esfuerzos sin intransigencias ni pretensiones de exclusividad, ya que una e otra disciplina gozan de autonomía por razón de sus respectivos objectos y métodos, pero están llamadas a enterderse; son inseparables, como partes integrantes de una ciencia penal total o globalizadora"[663].

Um distanciamento do Direito penal da investigação criminológica é uma atitude ignorante e arrogante[664]. Neste sentido, HASSEMER acrescenta que um juiz ao decidir tem de ter conhecimento dos problemas criminais para que a sua decisão seja certa para o caso concreto e tenha sucesso nos programas de prevenção do delito e de ressocialização do delinquente[665].

Como nos ensina CAVALEIRO DE FERREIRA, com o qual concordamos, a evolução da "prognose da criminalidade, de importância basilar para a sua prevenção" para uma ampliação do seu campo de investigação, de forma a que abrangesse "o homem na sua integralidade, e não reduzido a mero expoente de mecanismos causais, bem como da sociedade e sua organização", transformou a Criminologia frente ao "Direito Penal numa ciência de inestimável préstimo", porque sendo aquele "a disciplina jurídica onde mais claramente se surpreende a

---

[662] Cfr. JORGE DE FIGUEIREDO DIAS e MANUEL DA COSTA ANDRADE, *Criminologia...*, p. 65.

[663] Cfr. todo o conteúdo que expressa esta ideia de interligação entre a Criminologia e o Direito Penal, consequentemente com a investigação criminal, ANTONIO GARCIA PABLOS DE MOLINA, *Criminología...*, pp. 87 e ss.

[664] *Ibidem*.

[665] HASSEMER *apud* ANTONIO GARCIA PABLOS DE MOLINA, *Criminología*, p. 87, nota 137. Neste sentido NIEVES SANZ MULAS, *Alternativas a la Pena Privativa de Liberdad*, Colex, Madrid, 2000, p. 288.

correspondência das normas com os actos humanos e o próprio homem", ele não pode compreender a realidade empírica sem a indispensável concorrência dos "resultados das investigações criminológicas que tomam na devida consideração a realidade humana e social"[666].

§ 68.º Das finalidades da investigação criminal

226. A investigação criminológica tem como finalidade transformar a criminologia em uma ciência credível no estudo do crime, do delinquente, da vítima e do controlo social da conduta delituosa, de forma a que tenha capacidade de captar uma informação válida sobre a origem, a dinâmica e as principais variáveis do delito para que seja um prestigioso auxiliar dos programas de prevenção criminal[667] e das técnicas de ressocialização do delinquente[668].

Recorrendo a ciências auxiliares, entre as quais se inclui a criminologia, e utilizando quer *métodos adequados*, quer *processos apropriados de actuação técnica especializados*, a investigação criminal tem por finalidade *reconstituir factos já ocorridos, (factos com relevância penal) e descobrir quem os produziu*[669] – identificar e determinar o objecto do processo e os seus autores –, melhor, fundar os alicerces da realização do Direito Penal.

227. A investigação criminal tem como fim último a realização do direito nas prossecuções de defesa da sociedade, do colectivo, que

---

[666] MANUEL CAVALEIRO DE FERREIRA, *Direito Penal Português*, Verbo, Lisboa/ /S. Paulo, 1982, Vol. I, pp. 25 e 28.

[667] Sobre prevenção criminal aconselha-se a leitura de GERMANO MARQUES DA SILVA, *Direito Penal Português*, Verbo, Lisboa/ S. Paulo, 1997, Vol. I, pp. 30 e ss.; EDUARDO CORREIA (c/ colaboração de JORGE DE FIGUEIREDO DIAS), *Direito Criminal*, Almedina, Coimbra, 1997, Vol. I, pp. 39 e ss.; ANTÓNIO G. P. DE MOLINA, *Criminología...*, pp. 235 e ss..

[668] Esta nossa análise baseia-se na definição de criminologia de ANTÓNIO G. P. DE MOLINA, *Criminología...*, p. 19.

[669] GOMES DIAS *apud* TERESA BELEZA e FREDERICO ISASCA, *Direito Processual...*, pp. 63-64.

tem o direito de viver em segurança e numa ordem social e internacional que lhe garanta a efectivação plena dos seus direitos e liberdades[670], ou seja, a realização dos fins e interesses da ordem jurídica, em particular do direito penal e das penas[671], subjugados a princípios consagrados constitucionalmente[672] que só se alcançam quando se descobre *quem é que, como é que, quando é que, onde é que*, e o *porque é que* se praticou aquele delito. Realiza-se desta forma o "Direito como instituição, como ordem concreta (...) culminando-se o processo jurídico de ordenação da vida em sociedade"[673].

Como se tudo se processasse na "busca da finalidade adequada ao aperfeiçoamento do homem e da vida social" de forma a que "a resolução de conflitos supusesse a eleição de interesses predominantes ou a conciliação de interesses, aferindo-os pela sua relacionação com interesses superiores, que servirão de critério de decisão" para que se alcance "o fim ou objectivo último de toda a ordem jurídica" como meio de garantir "a segurança na vida social ou nela estabelecer a justiça"[674].

228. A investigação criminal permite que a lei penal seja aplicada ao caso concreto, promovendo deste modo a sua "cristalização definitiva"[675], saindo da sua redoma abstracta para uma aplicação material e concreta, movida pelas instâncias que controlam[676] e reagem contra

---

[670] Como se pode ver pelo art. 28.º da DUDH que consigna que *Toda a pessoa tem direito a que reine, no plano social e no plano internacional, uma ordem capaz de tornar plenamente efectivos os direitos e liberdades enunciados na presente Declaração*.

[671] Sobre os fins do direito penal e das penas, veja-se GERMANO MARQUES DA SILVA, *Direito Penal...*, Vol. I, pp. 30 e ss., EDUARDO CORREIA, *Direito Criminal*, Vol. I, 39 e ss., MANUEL CAVALEIRO DE FERREIRA, *Direito Penal...*, Vol. I, pp. 41 e ss..

[672] Cfr. artigos 1.º, 2.º e 9.º da CRP.

[673] MANUEL CAVALEIRO DE FERREIRA, *Direito Penal...*, Vol. I, p. 43.

[674] MANUEL CAVALEIRO DE FERREIRA, *Direito Penal...*, Vol. I, p. 36.

[675] JORGE DE FIGUEIREDO DIAS e MANUEL DA COSTA ANDRADE, *Criminologia...*, p. 67 e ss..

[676] Como instâncias de controle podem-se considerar a lei, a polícia, a acusação pública, o tribunal, o sistema penitenciário, MANUEL DA COSTA ANDRADE, "Criminologia", *in Polis...*, Vol. I, p. 1425.

a delinquência, apoiada pela criminologia que nos ajuda não só a entender os pressupostos factuais e a razão da sua existência, mas também porque é que o crime existe, sabendo-se que é um malefício para a sociedade.

A criminologia tradicional tem um carácter exclusivamente etiológico, preocupando-se em "saber *porque é que as pessoas cometem crimes*", tendo como postulado a " *diferença*: o crime radica em características diferentes do delinquente ou da sua inserção sociocultural"; a Criminologia nova preocupa-se em saber "*porque é que determinadas pessoas são seleccionadas e estigmatizadas* como delinquentes e quais as consequências daquela estigmatização" ganhando assim "(...) uma nova vertente: a da reacção social que trata das instâncias de controle, dos critérios e *mecanismos de selecção*, bem como das *carreiras delinquentes* subsequentes à estigmatização formal"[677].

Não é admissível em um Estado de direito julgamentos populares no âmbito jurídico[678], uma vez que é desprovido de qualquer possibilidade de defesa e coarcta todos e quaisquer direitos, liberdades e garantias[679]. O apuramento da verdade material dos factos para que quem julga tenha na sua mão elementos suficientes que determinem a sua vontade no sentido da condenação ou da absolvição é condição inalienável de um estado subordinado ao direito e aos ditames da democracia, pois só no processo, ou seja, no encadeamento de actos[680] que serão os meios e instrumentos aptos à prossecução de fins, neste caso jurídicos, se podem garantir os direitos dos cidadãos.

Neste sentido, HÉLIO TORNAGHI define processo como sendo "uma atividade, um encaminhamento, em determinada direcção, *acrescentando que* onde há tumulto, movimento em várias direcções e sentidos, não há processo". Apesar de já se ter definido como objecto do

---

[677] MANUEL DA COSTA ANDRADE, "Criminologia", in *Polis*, Vol. I, p. 1424 e 1425.

[678] Mas já o são no âmbito político e económico desde que o julgamento não se coadune com a prática de um crime.

[679] Cfr. artigos 30.º e 32.º da CRP, artigos 10.º e 11.º da DUDH, artigos 9.º, 10.º e 14.º PIDCP, artigos 5.º, 6.º e 7.º da CEDH.

[680] JOSÉ SOUTO DE MOURA, " Inquérito e Instrução" in *Jornadas de Direito Processual Penal/O novo Código de Processo Penal*, CEJ, Livraria Almedina, Coimbra, p. 83.

processo "a própria acção, *esta* como meio de pôr em movimento a actividade judicial, *a mesma não passa de* uma das actividades componentes do processo", continuando, MANUEL CAVALEIRO DE FERREIRA afirma que o objecto do processo é "o facto na sua existência histórica, que importa averiguar no decurso do processo"[681].

Falamos do processo crime[682], que mais não é do que uma "sequência de actos juridicamente pré – ordenados e praticados por certas pessoas legitimamente autorizadas em ordem à decisão sobre se foi praticado algum crime e, em caso afirmativo, sobre as respectivas consequências jurídicas e sua justa aplicação"[683].

O processo penal como direito adjectivo ou formal, visando a aplicação do direito material, não se esgota num "simples ordenamento de formas; *mas* antes compreende o ordenamento das actividades necessárias para alcançar a aplicação do direito material aos casos concretos pelos Tribunais, quer consideradas em si mesmas, quer na forma que revestem"[684].

---

[681] HÉLIO TORNAGHI, *Curso de Processo Penal*, Editora Saraiva, 4.ª Edição, S. Paulo, 1987, p. 3. MANUEL CAVALEIRO DE FERREIRA, *Curso de Processo Penal I*, Reimpressão da U. Católica, 1981, p. 32. JUAN-LUIS GOMEZ COLOMER afirma que é o objecto do processo que "determina, por tanto, los límites de la investigacion y los de la sentencia, (...), determina la correlación existente entre hecho imputado, acusación y sentencia". JUAN-LUIS GOMEZ COLOMER, *El Processo Penal Aleman, Introducion y Normas Basicas*, Bosch, Casa Editorial, AS, Barcelona, 1985, p. 40. Sobre o objecto do processo veja-se GERMANO MARQUES DA SILVA, *Curso de Processo...*, Vol. I, pp. 18 e ss.

[682] JOSÉ SOUTO DE MOURA, citando G. BETTIOL, afirma que " a definição dos crimes e cominação de penas sem processo é tarefa estéril, e o processo sem crime é obviamente vazio". JOSÉ SOUTO DE MOURA, "Inquérito e Instrução", in *Jornadas de Direito Processual...*, p. 92.

[683] G. MARQUES DA SILVA, *Curso de Processo Penal*, Verbo, Lisboa/S. Paulo, 1993, Vol. I, p. 13. HÉLIO TORNAGHI vai mais longe ao definir o processo penal como "uma sequência ordenada de fatos, atos e negócios jurídicos que a lei impõe (normas imperativas) ou dispõe (normas técnicas e normas puramente ordenatórias) para averiguação do crime e da autoria e para o julgamento da ilicitude e da culpabilidade". HÉLIO TORNAGHI, *Curso de Processo...*, p. 3. GOMEZ COLOMER considera que "el processo penal debe servir para esclarecer y enjuiciar un hecho o acontecimiento producido". J. L. GOMEZ COLOMER, *El Proceso Penal Aleman...*, p. 40.

[684] MANUEL CAVALEIRO DE FERREIRA, *Curso de Processo...*, p. 5.

229. O processo penal surge como forma de realizar o direito penal substantivo[685], permitindo assim o reconhecimento jurídico da existência de um crime e a aplicação das penas ou das medidas de segurança[686-687], fundado no respeito pelos interesses e direitos jurídica e constitucionalmente protegidos na dialéctica indivíduo/sociedade[688].

A função instrumental do processo visa no fundo a "realização da justiça, que pressupõe a descoberta da verdade material e o restabelecimento da paz jurídica", incidindo esta "tanto no plano individual, do arguido e da vítima, como no plano mais amplo da comunidade jurídica".

---

[685] Apesar de ser "o direito substantivo, cuja concretização pretendem as diferentes espécies de processo, (...) que determina a acomodação, quer dos meios, quer das formas, à sua própria natureza". MANUEL CAVALEIRO DE FERREIRA, *Curso de Processo...*, p. 20.

[686] É que "o crime só pode ser reconhecido juridicamente e as penas ou medidas de segurança aplicadas pelo processo penal", GERMANO MARQUES DA SILVA, *Curso de Processo...*, Vol. I, p. 13. Como já nos dizia JEAN LARGUIER :"La procédure pénale, au contraire, se présente à nous comme une partie integrante du problème pénal: dès lors, en effect, que jaillit l'une des questions évoquées en droit pénal, c'est, dans l'immense majorité des cas, à travers un procès pénal. (...) La procédure pénale est donc la mise en oeuvre concrète du droit pénal – ou, si l'on préfère, le droit pénal en action. L'infraction va permettre de déclencher le procès, et la peine, si peine il y a, ne peut normalement intervenir que sur le fondement d'une décision judiciaire: la procédure pénale est donc, en quelque sorte, la transition entre l'infraction commise et la sanction prononcée." JEAN LARGUIER, *La Procédure Pénale*, Presses Universitaires de France, 1976, p. 4.

[687] Neste sentido MICHEL FRANCHIMONT, ANN JACOBS e ADRIEN MASSET, *Manuel de Procédure Pénale*, Ed. Collection Scientifique de la Faculté de Droit de Liége, 1989, p. 11: " Le droit pénal détermine notamment les incriminations et les sanctions applicables. La procédure pénale est le trait d'union entre l'infractions et la peine. Elle traite du procès pénal; elle comprend les règles d'organisation, de compétence et de fonctionnement des juridictions répressives ainsi que du déroulement du procès pénal au cours des differrentes phases: l'information, l'instruction, le jugement".

[688] O processo penal tem como fim "a aplicação da lei penal aos casos concretos, tendo (...) um valor instrumental bem preciso: que nenhum responsável passe sem punição (*impunitum non relinqui facinus*) nem nenhum inocente seja condenado (*innocentium non condemnari*)". G. MARQUES DA SILVA, *Curso de Processo...*, Vol. I, p. 24. JEAN LARGUIER explica este sentimento de justiça citando MONTESQUIEU: "On peut penser que l'existence d'une bonne machine judiciaire donnera à réfléchir aux délinquants: la cause de tous les relâchements, dit Montesquieu, vient de l'impunité des crimes, non de la moderation des peines". JEAN LARGUIER, *La Procédure...*, p. 5.

A realização da justiça não pode ser *um fim absoluto, ou único, do processo penal*, devendo-se muitas das vezes sacrificar a própria verdade *por razões de segurança*, que *só pode ser procurada*[689] «de modo processualmente válido e admissível e, portanto, com o integral respeito dos direitos fundamentais das pessoas que no processo se vêem envolvidas»[690]. Função que só se alcança com uma promissora e bem estruturada investigação criminal.

230. A investigação criminal compõe-se de actos juridicamente pré-ordenados que são praticados por grupos de pessoas legal e legitimamente autorizadas, que seguem um modelo padronizado e sistemático, e que irão dizer se existiu ou não um crime, determinar os autores e reunir as provas necessárias a uma decisão[691] – e deve obediência, entre outros, aos princípios da isenção e da objectividade.

Restritamente, podemos afirmar que a investigação criminal pertence, em regra, a uma fase preparatória do processo[692-693] que se preocupa

---

[689] G. MARQUES DA SILVA, *Curso de Processo...*, Vol. I, pp. 24 e 25.

[690] JORGE DE FIGUEIREDO DIAS apud G. MARQUES DA SILVA, *Curso de Processo...*, Vol. I, p. 25, nota 3.

[691] AA, *Investigação Criminal*, Ed. EPP, 1998, p. 34 e JOSÉ SOUTO DE MOURA, "Inquérito e Instrução", *in Jornadas de Direito Processual...*, p. 84. A Investigação que se processa na fase da instrução preparatória procura "investigar a existência das infracções, determinar os seus agentes, e averiguar a sua responsabilidade, recolhendo o conjunto de provas que a tal fim são adequadas; *cuja* sua direcção efectiva cabe ao Ministério Público, porque o seu objectivo é fundamentar a acusação em juízo, isto é, dar consistência ao juízo de probabilidade pelo Ministério Público formulado sobre o fundamento da sua acusação". MANUEL CAVALEIRO DE FERREIRA, *Curso de Processo...*, p. 39.

[692] Não nos podemos esquecer de que existirá sempre investigação até ao *terminus* do processo, porque o juiz, em sede de julgamento, também procura as provas que o levam a formar um juízo de absolvição ou de condenação do arguido. Cfr. art. 340.º do CPP.

[693] O processo alemão também se div*ide* em duas fases fundamentais: a da investigação, na qual se "tiende a poner de manifiesto, en primer lugar, la existencia objetiva del hecho; en segundo lugar, la toma en consideración por el Derecho penal de ese hecho, es decir, si se trata de un acto punible o no; y, por último, entrando en el terreno subjetivo ya, si ese hecho punible puede ser imputado con fundamento a una persona"; e a do julgamento que como "(procedimiento principal) sirve para sentar el análisis definitivo del hecho punible y sus consecuencias jurídicas, produciéndose el

em efectivar as diligências necessárias na busca de provas que permitam reconstituir os factos que, no "respeito pelo princípio de verdade material"[694], conduzirão a uma decisão: submeter ou não submeter alguém a julgamento.

Esta decisão é o "filtro de selecção que impedirá o assoberbamento dos tribunais com casos inviáveis"[695]; procura-se, desta forma, libertar os tribunais de processos que levariam à partida a uma absolvição do arguido. Mas, podemos afirmar, em uma análise mais ampla, que a investigação criminal[696] vai desde a notícia do crime até à sentença transitada em julgado, porque até este momento, há a presunção de inocência[697] do suspeito[698] e poderão aparecer novos elementos que visem corroborar a condenação ou mesmo demonstrar que o suspeito não cometeu a conduta ilícita de que é acusado, evitando-se assim que um inocente entre no degredo da prisão[699].

---

fallo de culpabilidad o inocencia en relación con el hecho enjuiciado, con expressión, en su caso, de la cantidad de pena a cumplir". Cfr. J. L. GOMEZ COLOMER, *El Proceso Penal Aleman...*, p. 40.

[694] JOSE SOUTO DE MOURA, "Inquérito e Instrução", *in Jornadas de Direito Processual...*, p. 84.

[695] *Ibidem*.

[696] A investigação criminal procura deste modo que haja uma identidade do objecto do processo penal, ou seja, que exista uma identidade subjectiva e uma identidade objectiva, que àquela mesma pessoa seja imputado o mesmo facto. Neste sentido J. L. GOMEZ COLOMER, *El Processo Penal Aleman...*, p. 42.

[697] O art. 355.º do CPP estipula que só são válidas as provas produzidas em audiência de julgamento, logo nesta também se fará investigação e análise de provas que irão conduzir a uma decisão. Neste sentido veja-se o Ac. do STJ de 17/04/91 in AJ, n.º 18, processo n.º 41356. Esta orientação é consequência dos princípios do contraditório e da imediação, como afirmam MANUEL SIMAS SANTOS, MANUEL LEAL--HENRIQUES e DAVID BORGES DE PINHO, *Código de Processo Penal*, Rei dos Livros, Lisboa, 1996, Vol. II, p. 312.

[698] Cfr. n.º 2 do art. 32.º da CRP, n.º 2 do art. 14.º do PIDCP, n.º 2 do art. 6.º da CEDH e n.º 1 do art. 11.º da DUDH.

[699] Concordamos plenamente com JEAN LARQUIER quando afirma que "dans la vie quotidienne, la procédure pénale nous concerne tous: non par son application effective, mais par la menace et protection qu'elle implique (...) si l'on dit que le Code pénal est la «la grande charte des malfaiteurs», on ajoute que le Code de procédure pénale est celle des honnêtes gens (...) Il faudrait pouvoir distinguer l'innocent du coupable – et c'est précisément ce à quoi entend aboutir la procédure pénale!", [JEAN LARGUIER, *La Procédure...*, pp. 6 e 7].

A investigação criminal funciona como um «rastilho» do processo penal, caso falhe ao iniciar a marcha poderá pôr em causa todos os direitos, liberdades e garantias do arguido, destronando o princípio da dignidade da pessoa humana, que deverá presidir a qualquer processo crime.

SUBSECÇÃO III
Regime jurídico da investigação criminal

§ 69.º Da tipologia

231. O tema da investigação criminal[700] tem sido profícuo na promoção da discussão pública sobre os moldes, os modelos ideais e a coordenação das polícias, o que resultou na inevitável publicação da Lei n.º 21/2000, de 10 de Agosto, que aprovou a *organização da investigação criminal*. Este regime foi alterado pela Lei n.º 49/2008, de 27 de Agosto, que aprovou a nova Organização da Investigação Criminal.

O legislador, numa tentativa de demarcar os vértices da investigação criminal, levada a cabo pelos OPC, para limitar os possíveis abusos da actuação policial, definiu-a como sendo a actividade que «compreende o conjunto de diligências que, nos termos da lei processual penal, visam averiguar a existência de um crime, determinar os seus agentes e a sua responsabilidade descobrir e recolher as provas, no âmbito do processo».

A investigação criminal, numa visão restritiva e clássica, visa descobrir, recolher, conservar, examinar e interpretar as provas reais – objectos utilizados na prática do crime e objectos do próprio crime –, assim como localizar, contactar e apresentar as provas pessoais – autores e testemunhas do crime – que conduzam ao esclarecimento da verdade material dos factos que consubstanciam a prática de um

---

[700] Regime aprovado pela Lei n.º 49/2008, de 27 de Agosto, que revogou a Lei n.º 21/2000, de 10 de Agosto, com as alterações aprovadas pelo DL n.º 305/2002, de 13 de Dezembro. Quanto à investigação criminal de modo mais aprofundado, o nosso *Regime Jurídico da Investigação criminal Comentado e Anotado*, 4.ª Edição, Almedina, Coimbra, (no prelo).

crime[701]. Para tal contribui a inspecção técnico policial que "constitui a pedra angular da investigação, assim como a fonte de alimentação de toda a actividade probatória"[702].

Centrado em uma versão mais positivista face ao direito punitivo substantivo e adjectivo, DAVID V. BORGES DE PINHO considera a investigação criminal como a averiguação de "todo um conjunto de dados e elementos (...) em ordem à comprovação do que foi denunciado ou se teve conhecimento, à identificação dos intervenientes activos e passivos da infracção penal, ao apuramento dos efeitos ou resultados da mesma infracção e à conformidade e enquadramento dos elementos de facto na tipologia descrita nos normativos penais, sem descurar, obviamente, todo aquele circunstacialismo determinante de uma mais ou menos acentuada censura ao agente em termos de culpa"[703].

A investigação criminal apresenta-se como fim último a realização do direito nas prossecuções de defesa da sociedade, do colectivo, que tem o direito de viver em segurança e numa ordem social e internacional que lhes garanta a efectivação plena dos seus direitos e liberdades, ou seja, a realização dos fins e interesses da ordem jurídica, em particular do direito penal e das penas, subjugados a princípios consagrados constitucionalmente (artigos 1.º, 2.º e 9.º da CRP) que só se alcançam quando se descobre **quem é que, como é que, quando é que, onde é que**, e o **porque é que** se praticou aquele delito[704]. Realiza-se, assim, o "direito como instituição, como ordem concreta ... *culminando-se* o processo jurídico de ordenação da vida em sociedade"[705].

---

[701] Quanto a este assunto o nosso *Lei e Crime: O agente infiltrado versus o agente provocador – Os princípios do processo penal*, (em co-autoria com FERNANDO GONÇALVES e MANUEL JOÃO ALVES), Almedina, 2001, p. 22 e *hoc sensu* GOMES DIAS *apud* TERESA PIZARRO BELEZA e FREDERICO ISASCA, *Direito Processual Penal – Textos*, AAFDL, Lisboa, 1992, p. 65.

[702] AMPARO LÓPEZ MENDONZA, "De la investigación policial", in *Revista Oficial de la Dirección General de la Policía*, n.º 163, p. 22).

[703] DAVID V. BORGES DE PINHO, *Da Acção penal – Tramitação e Formulários*, Livraria Almedina, Coimbra, 1988, p. 73.

[704] Quanto a este assunto, os nossos *Lei e Crime...*, p. 25 e "A investigação criminal como motor de arranque do processo penal", in *Polícia Portuguesa*, n.º 122.º, p. 3.

[705] MANUEL DE CAVALEIRO FERREIRA, *Direito Penal Português*, Verbo, 1982, Vol. I, p. 43. Itálico nosso.

232. O legislador não limitou a investigação criminal a um plano restrito, que incide com o decurso do inquérito. O texto legislativo é, praticamente, uma cópia do preceituado no n.º 1 do art. 262.º do CPP, em que se prescreve que «o inquérito compreende o conjunto de diligências que visam investigar a existência de um crime, determinar os seus agentes e a responsabilidade deles e descobrir e recolher as provas, em ordem à decisão sobre a acusação», como se o inquérito se resumisse à investigação criminal. Contudo, o art. 1.º da LOIC fala «no âmbito do processo» e não apenas «em ordem à decisão sobre a acusação», deixando antever que a investigação criminal tem uma vertente ampla em termos de lei positiva.

Na fase do inquérito, a investigação efectuada deve ser mais abrangente, capaz de permitir, também, uma decisão "sobre o pedido de indemnização civil e para fundamentar a aplicação de medidas de coacção e de garantia patrimonial"[706]. Estes parâmetros devem guiar o investigador criminal, pois **não lhe basta descobrir e recolher a prova real e localizar a prova pessoal**, pois a sua acção é muito mais ampla para uma justa decisão, seja esta em qualquer fase processual.

233. FRANCISCO ALONSO PÉREZ ensina que «para que un Tribunal declare la existencia de responsabilidad criminal e imponga a una determinada persona la correspondiente sanción penal y, en su caso, civil, es preciso que adquiera la certeza de que se cometió una infracción penal y que fue autor de la misma el imputado a quien se condena», pois a aquisição da certeza advém de uma investigação criminal capaz de convencer o tribunal «de que los hechos que se imputan a esta persona sucedieron en realidad»[707].

A investigação criminal será assim o motor de todo o processo que proporcionará ao Tribunal o convencimento de que o crime *Y* existiu, de que decorreu no local *W*, na hora *X*, com o uso dos objectos *KK*, cujo(s) autor(es) é/são *ZZ*, pelas razões *RR*. Não podemos afastar os motivos do crime da sua consumação e da sua efectivação,

---

[706] GERMANO MARQUES DA SILVA, *Curso de Processo Penal*, 2.ª Ed., Verbo, Lisboa/S. Paulo, 2000, Vol. III, pp. 74-75.
[707] FRANCISCO ALONSO PÉREZ, *Medios de Investigación en el Proceso Penal*, 2.ª Ed., Dykinson, Madrid, 2003, p. 33.

quer na investigação, quer na fase de decisão, pois esta depende do equilíbrio obtido e verificado entre a causa e o efeito vitimológico triplo: por um lado a vítima real e efectiva do crime; por outro a sociedade que se sente insegura; e, por último, o próprio autor do delito, que poder-se-á transformar numa vítima da sede de justiça ou da aplicação de uma pena exemplar, provocando a revolta e a dessocialização – derrotando o ideário da prevenção.

Como temos vindo a defender, à investigação criminal cabe procurar que exista uma identidade do objecto do processo penal[708], ou seja, que exista uma identidade subjectiva e uma identidade objectiva, que à mesma pessoa seja imputado o mesmo facto[709].

234. Hoje, investigar um delito é mais do que descobrir as provas reais para que sejam recolhidas, examinadas e interpretadas e localizar as provas pessoais, para que sejam contactadas e apresentadas. Um investigador tem necessariamente de ir mais além, tem de estar **dotado dos princípios inerentes à investigação criminológica** para que se possa decidir com justiça e equidade. Lamentavelmente, o legislador transpôs para o preceito algumas linhas do que se deve compreender como investigação criminal quotidiana, não seguindo o ensinamento que a Lei Tutelar Educativa – aprovada pela Lei n.º 166/99, de 14 de Setembro – prescrito no art. 72.º, n.º 2, ao impor ao OPC, que denúncia ou transmite uma denúncia de um menor que cometeu um facto qualificado como crime, a elaboração de uma informação «sobre a conduta anterior do menor e sua situação familiar, educativa e social». Dados essenciais a uma justa decisão, que não se reflecte na simples aplicação de uma sanção, mas que essa sanção cumpra os fins do direito punitivo.

Deste modo, a investigação criminal permitirá a aplicação da lei penal ao caso concreto, promovendo deste modo a sua "cristalização definitiva"[710], saindo da sua redoma abstracta para uma aplicação material e concreta, movida pelas instâncias que controlam (como

---

[708] Neste sentido e com maior desenvolvimento, o nosso "Do Objecto do Processo...", in Politeia, Ano III, n.º 2, pp. 115-139.

[709] Quanto a este assunto o nosso Lei e Crime..., p. 16 e, hoc sensu, GERMANO MARQUES DA SILVA, Curso de Processo..., Vol. III, pp. 74 e 94 e ss..

[710] JORGE DE FIGUEIREDO DIAS e MANUEL DA COSTA ANDRADE, Criminologia, Coimbra Editora, 1997, p. 67 e ss..

a lei, a polícia, a acusação pública, o tribunal, o sistema penitenciário[711]) e reagem contra a delinquência, apoiada pela criminologia que nos ajuda não só a entender os pressupostos factuais e a razão da sua existência, mas também porque é que o crime existe, porque é que aquele indivíduo cometeu este ou aquele crime, como ressocializá-lo, como evitar que outros cometam o mesmo crime, que é um malefício para a sociedade[712].

235. Os juízes que decidem da causa têm de estar dotados de uma formação criminológica[713], mas não basta. O conhecimento criminológico tem de ser dotado dos elementos objectivos – vida económica, social, cultural e educacional do agente do crime – e subjectivos – cogniscibilidade do acto e da sua conduta diária – de modo que possa tomar uma decisão não só quanto à autoria, mas às razões do crime.

Nesta linha, acompanhamos GERMANO M. DA SILVA, ao escrever que "se a investigação dos factos constitutivos do crime é essencial, não é de somenos importância a investigação sobre a personalidade do agente", e que "o conhecimento da personalidade do agente é frequentemente imprescindível para perceber a motivação do crime e essencial para graduar a sua responsabilidade", tendo também "grande importância em termos estritamente processuais e na fase processual do inquérito"[714].

Nesta fase, em vez da acusação, os elementos objectivos e subjectivos descobertos e colhidos para o processo poderão conduzir o MP a optar, recorrendo ao princípio da oportunidade, por arquivar o processo – nos termos do art. 280.º do CPP –, pela suspensão provisória do processo – nos termos do art. 281.º do CPP –, tendo sempre em conta a personalidade do agente do crime. Pois, o conhecimento da personalidade do arguido é fundamental para a escolha das injunções e regras de conduta oponíveis aquando da suspensão provisória do processo, assim como na escolha da medida de coacção a aplicar ao arguido[715].

---

[711] MANUEL DA COSTA ANDRADE, "Criminologia", in Polis, Vol. I, p. 1425.
[712] Idem e nosso Lei e Crime..., p. 26.
[713] NIEVES SANZ MULAS, Alternativas a la Pena Privativa de Liberdad, Colex, Madrid, 2000, p. 288.
[714] GERMANO MARQUES DA SILVA, Curso de Processo..., Vol. III, p. 76.
[715] Hoc sensu GERMANO MARQUES DA SILVA, Curso de Processo..., Vol. III, p. 76.

Sufragamos a posição de GERMANO M. DA SILVA. É demasiado perigoso e falacioso o investigador "partir do pressuposto de que o crime noticiado foi efectivamente cometido e interpretar as provas indiciárias à luz desta matriz", sem que o mesmo realize uma apreciação e interpretação crítica das provas, de modo a que se diminuam os erros judiciários que conduzem à detenção e à prisão de inocentes[716].

236. A investigação criminal *lato sensu* compreende a actividade investigatória desde a *notitia criminis* até sentença transitada em julgado. Pois, até este momento presume-se inocente o imputado e poderão aparecer novos elementos de prova que podem corroborar a condenação ou, até mesmo, demonstrar que o suspeito está inocente[717]. Como se pode estirar dos Acs. do STJ de 20-12-1989 e de 28-06-1993, a investigação criminal, cuja tutela pertence à autoridade judiciária, não é uma actividade única e exclusiva dos OPC, mas sim orientada, dirigida pela AJ competente e, simultaneamente, partilhada desde a notícia do crime até sentença transitada em julgado. Caso assim não entendêssemos, corríamos o risco de condenar e, mais grave, "colocar" inocentes na prisão. Pois, «o tribunal **está** obrigado a investigar os factos atinentes ao juízo de censura ético-jurídico a formular dentro do falado tipo de culpa»[718], ou seja, a investigação ultrapassa a fase do inquérito ou da instrução, quando haja, devendo os seus princípios serem observados em sede de julgamento de modo que se possa determinar o «juízo de censura ético-jurídico a formular dentro do falado tipo de culpa».

A investigação criminal não se deve prender única e exclusivamente com a descoberta, recolha, conservação, exame e interpretação

---

[716] *Idem*, pp. 76-77.

[717] Neste sentido, o STJ considera que «a *"notitia criminis"* é a condição *"sine qua non"* para o início da investigação criminal» (Ac. STJ n.º 20188, Proc. n.º 40177, de 20-12-1989, consultado em www.dgsi.pt no dia 1 de Julho de 2003) e que «num processo como o penal, dominado pelo princípio da verdade material, é ao juiz que compete investigar e esclarecer oficiosamente os factos, sendo a acusatoriedade temperada com o princípio da investigação judicial» (Ac. STJ n.º 19257, Proc. n.º 63281, de 28-06-1993, consultado em www.dgsi.pt no dia 1 de Julho de 2003).

[718] Ac. STJ, Proc. n.º 60, de 28-3-1996, *in* www.dgsi.pt no dia 1 de Julho de 2003.

de provas conducentes à incriminação de *A* ou *B*, mas de todas aquelas que possam também corroborar a tese da sua inocência – falamos de uma investigação criminal leal e democrática, em que o Homem é o centro de partida e de chegada[719-720].

§ 70.º Da direcção da investigação criminal

237. O art. 2.º da LOIC, como temos defendido, pouco trouxe de novo a não ser reproduzir o que preceitos processuais penais já consignavam quanto à orientação e direcção das fases processuais. Preconizou que aos OPC está adstrita uma independência técnica e táctica, ficando bem vincada a dependência funcional face à autoridade judiciária titular da fase do processo[721].

A LOIC é o resultado do que ANABELA M. RODRIGUES designa de *"policialização* da investigação criminal", em cujo filme «o Ministério Público "ocupa parcialmente a cena", quando devia dominá-la, enquanto

---

[719] Quanto à investigação democrática o nosso *Regime Jurídico da Investigação...*, 2.ª Edição, pp. 27-50.

[720] O legislador, infelizmente, preocupado com a defesa da sociedade imbuída de um sentimento de insegurança, apenas prescreveu que o conjunto de diligência investigatórias «visam averiguar a existência de um crime, determinar os seus agentes e a sua responsabilidade, descobrir e recolher as provas». Num Estado de direito democrático e apesar de sabermos que os OPC estão obrigados aos princípios da legalidade, da objectividade, da imparcialidade, da isenção, seria mais adequado que, face aos valores e princípios que nos norteiam, de modo a vincular a actividade dos OPC, se tivesse prescrito que as diligências se destinam a averiguar a existência de um crime, determinar os seus agentes e a sua responsabilidade, descobrir e recolher as provas que indiciem quer a culpa quer a inocência dos suspeitos e de todas as que possam justificar a conduta ou exculpar o agente.

[721] Como demonstra o Parecer da Comissão de Legislação da OA sobre a primeira LOIC, aprovada pela Lei n.º 21/2000, de 10 de Agosto, cujo relator foi GERMANO M. DA SILVA, quanto às "definições de autonomia técnica, autonomia táctica e simples autonomia, objecto dos n.ºˢ 5, 6 e 7 do art. 2.º, não são por si suficientemente precisas no que se refere ao n.º 7 parece mesmo contraditória, não se conformando com o sistema processual em vigor". Cfr. CL/13/00 – Observações da Comissão de Legislação da Ordem dos Advogados Sobre o Projecto de Lei Sobre Investigação Criminal.

a polícia desempenha plenamente o seu papel»[722]. Esta *policialização* deve-se a uma «certa passividade dos magistrados durante a fase preparatória do processo», devido às suas «atribuições essencialmente sedentárias»[723]. Contudo, na esteira da ilustre Professora, o que se verifica é que «a subordinação orgânica se sobrepõe à subordinação funcional», o que afasta a idei de controlo e fiscalização pelo MP durante a fase preparatória do processo. Cenário que encobre perigos e cria um «mal estar». Pois, esta «subalternização da autoridade judiciária na investigação – (...) – põe em causa o princípio da investigação sob garantia judicial»[724].

238. A direcção da investigação é sempre da competência da autoridade judiciária responsável pela fase do processo em que se encontra o processo, ou seja, transforma toda e qualquer competência de investigação dos OPC em relativa e dependente – *ex vi* n.º 1 do art. 263.º e n.º 1 do 288.º do CPP e n.º 1 do art. 2.º da LOIC.

Como autoridade judiciária, entenda-se «o juiz, o juiz de instrução e o Ministério Público, cada um relativamente aos actos processuais que cabem na sua competência» – nos termos da al. *b)* do n.º 1 do art. 1.º do CPP. A direcção do inquérito é da competência do Ministério Público (MP) – 1.ª parte do n.º 1 do art. 263.º do CPP – titular da acção penal – n.º 1 do art. 219.º da CRP. Ao Juiz de Instrução (JIC) cabe a direcção da instrução – 1.ª parte do n.º 1 do art. 288.º do CPP.

239. O n.º 2 do art. 2.º da LOIC determina a coadjuvação[725] dos OPC à autoridade judiciária competente para fase do processo em curso. Consideram-se OPC «todas as entidades e agentes policiais a quem caiba levar a cabo quaisquer actos ordenados por uma autoridade judiciária ou determinados» pelo CPP – al. *c)* do art. 1.º do CPP – e que lhes compete «coadjuvar as autoridades judiciárias com vista à realização das finalidades do processo» – conforme n.º 1 do art. 55.º do CPP –, não fazendo sentido algum que o legislador sentisse

---

[722] ANABELA M. RODRIGUES, "A fase preparatória do Processo Penal – tendências na Europa. O Caso Português", in *STVDIA IVRIDICA – BFD*, Coimbra Editora, n.º 61, p. 955.

[723] *Ibidem*.

[724] *Idem*, p. 956.

[725] Quanto à coadjuvação como cooperação judicial vertical, *infra* Capítulo VIII.

necessidade de voltar a repetir o que já está determinado desde 1987 e se encontra consagrado no art. 202.º, 219.º e 272.º da CRP.

A coadjuvação do OPC para com o MP encontra-se, também, prescrita na 2.ª parte do n.º 2 do art. 263.º e n.º 4 do art. 270.º, para com o JIC na 2.ª parte do n.º 1 do art. 288.º, n.º 2 do art. 290.º, todos do CPP e nas próprias Leis Orgânicas das polícias: na LOPJ – o art. 2.º, n.º 1 e art. 3.º da Lei n.º 37/2008, de 6 de Agosto; na LOGNR – al. *e)* do n.º 1 do art. 3.º e art. 12.º da Lei n.º 63/2007, de 6 de Novembro; na LOPSP – als. *c)* e *e)* do n.º 2 do art. 3.º e art. 11.º da Lei n.º 53/2007, de 31 de Agosto; na LOFSEF – o art. 1.º, n.º 2, do DL n.º 252/2000, de 16 de Outubro.

Verifica-se que o legislador sentiu necessidade de rescrever e redeterminar um *princípio de coadjuvação e de obrigatoriedade de assistência* por parte dos OPC para vincar a competência absoluta da investigação da autoridade judiciária. Relembramos o que a Comissão de Legislação da OA defendeu: "por força da lei processual a direcção da investigação compete efectivamente ao Ministério Público ou ao juiz de instrução, no inquérito e na instrução, respectivamente"[726]. Este princípio, que está consagrado constitucionalmente – n.º 3 do art. 202.º da CRP –, encontra-se prescrito na al. *c)* do n.º 1 do art. 1.º, no n.º 2 do art. 9.º e no art. 55.º do CPP. Como afirmam GOMES CANOTILHO e VITAL MOREIRA[727], o princípio da coadjuvação perspectiva três vertentes:

1. o direito de solicitação de "ajuda das demais autoridades";
2. o dever de prestação de ajuda;
3. "a ajuda deve ser prestada nos termos indicados pelo tribunal interessado".

Neste sentido, GERMANO M. DA SILVA afirma que a competência de coadjuvação dos OPC lhes é atribuída «para auxiliar as autoridades judiciárias no exercício das suas funções no processo, nos termos indicados pela autoridade judiciária»[728].

---

[726] Cfr. CL/13/00.

[727] GOMES CANOTILHO e VITAL MOREIRA, *Constituição da República Portuguesa Anotada*, 3.ª Ed., Coimbra Editora, 1993, p. 793 e o nosso "Natureza da Actuação Policial", *in Polícia Portuguesa*, Ano LXV, n.º 134, Março/Abril, 2002, p. 21 e *supra* Capítulo II.

[728] GERMANO MARQUES DA SILVA, *Curso de Processo...*, Vol. I, p. 282.

240. O n.º 4 do art. 2.º da LOIC prescreve o mesmo teor do n.º 2 do art. 263.º e do n.º 1 do art. 288.º, ambos do CPP, introduzindo a expressão «sem prejuízo da respectiva organização hierárquica». Como se retira da exposição de motivos, o legislador procurou limitar a ingerência da autoridade judiciária no desenrolar do processo quanto às decisões internas dos OPC, ou seja, procurou evitar que fosse a própria autoridade judiciária a decidir qual o agente da secção de investigação que procede às diligências investigatórias necessárias à decisão de acusação ou não acusação ou de pronúncia ou não pronúncia.

Mas, pensamos que esta limitação não pode ser absoluta, porque haverá casos cuja especificidade ou especial melindre imponham que seja a própria autoridade judiciária a determinar quem – o agente *y* ou *x* – que investiga. Pois, não faltarão exemplos académicos capazes de ilustrar uma situação em que o MP ou o JIC tenham necessidade, até pelo necessário segredo de justiça ou sigilo que se impõe no processo, de determinar que quem investiga é o agente *H* e não o *Y* como desejaria o Comandante da secção de inquéritos.

Como argumento da *dependência funcional* do OPC, apontamos o poder de avocar o processo por parte da autoridade judicial e o exercício da acção penal que cabe ao MP – n.º 1 do art. 219.º da CRP, art. 48.º do CPP e art. 1.º, art. 3.º, n.º 1, al. *c)* do EMP, aprovado pela Lei n.º 60/98, de 27 de Agosto. No exercício da acção penal compete ao MP «dirigir a investigação criminal, ainda quando realizada por outras entidades», conforme al. *h)* do n.º 1 do art. 3.º do EMP e «fiscalizar a actividade processual dos órgãos de polícia criminal», al. *n)* do n.º 1 do art. 3.º do EMP e «é coadjuvado (...) por órgãos de polícia criminal», n.º 3 do art. 3.º do EMP.

241. Na dependência do PGR funciona o DCIAP – Departamento Central de Investigação e Acção Penal –, «órgão de coordenação e de direcção da investigação e de prevenção da criminalidade violenta, altamente organizada ou de especial complexidade», conforme n.º 3 do art. 9.º e n.º 1 do art. 46.º do EMP. No âmbito da coordenação da investigação criminal, quanto aos crimes previstos no n.º 1 do art. 47.º do EMP, compete ao DCIAP o «exame e a execução de formas de articulação com outros departamentos e serviços, nomeadamente de polícia criminal, com vista ao reforço da simplificação, racionalidade e eficácia dos procedimentos», al. *a)* do n.º 1 do art. 47.º do EMP, e em «colaboração com os departamentos de investigação e acção penal das sedes dos distritos judiciais, a elaboração de estudos sobre a natureza, o volume e as tendências de evolução da criminalidade e os resultados obtidos na prevenção, na detecção e no controlo», al. *b)* do n.º 2 do art. 47.º do EMP.

Ao DCIAP compete dirigir a investigação – *maxime* inquérito – sempre que a actividade criminosa ocorra em comarcas que pertencem a distritos judiciais diferentes – al. *a)* do n.º 3 do art. 47.º do EMP –, assim como o inquérito relativamente a crimes de manifesta gravidade, de especial complexidade ou de dispersão territorial da actividade criminosa que justifiquem a direcção concentrada da investigação, precedido de despacho do PGR – al. *b)* do n.º 3 do art. 47.º do EMP. Ao DCIAP, no desenvolvimento das suas atribuições e competências de coordenação e de direcção da investigação, é devido a mesma coadjuvação que os OPC prestam a outros órgãos do MP.

242. Seja o MP seja o JIC seja o Juiz, a actividade do OPC coadjutor é «de ajuda à autoridade judiciária e esta ajuda deve ser prestada nos termos indicados por esta autoridade, uma vez que os actos praticados são *primariamente* da competência da autoridade coadjuvada»[729]. A autoridade coadjuvada emite «as directivas que entender convenientes para a prática pelos órgãos de polícia criminal daqueles actos ou actividades que, sendo da competência própria das autoridades judiciárias, vão ser praticados pelos órgãos de polícia criminal»[730].

A dependência funcional do OPC face ao MP «respeita ao concreto exercício da função processual», em que a actividade dos OPC, no processo penal, «deve ser qualificada como actividade de Administração de Justiça»[731]. Como afirma o Prof. GERMANO, face ao «sistema processual português a investigação criminal não é autónoma

---

[729] GERMANO MARQUES DA SILVA, *Curso de Processo...*, Vol. I, p. 283. Itálico nosso.
[730] *Ibidem.*
[731] *Idem*, pp. 283-284.

das fases processuais em que se integra (inquérito e instrução) e, por isso, a sua direcção compete à autoridade judiciária, a quem a lei atribui o domínio e a responsabilidade por cada uma daquelas fases do processo»[732].

Ao se prescrever a dependência funcional dos OPC, mas «sem prejuízo da respectiva organização hierárquica», reitera-se o princípio da indivisibilidade do Ministério Público – que «é um corpo de magistrados e não de polícias e assessores» – e a hierarquia das polícias de que nos fala CUNHA RODRIGUES[733]. O MP não «*coordena*» a investigação criminal – «se se entender por coordenação a superintendência numa actividade que gera relações recíprocas» –, pois o MP «não *coordena, ordena*»[734].

Como afirma ANABELA M. RODRIGUES, a **intervenção da autoridade judiciária na fase da investigação criminal** «assenta na ideia de que, a montante do julgamento, a recolha de provas e a sua apreciação com vista a um eventual julgamento é uma actividade que pode ser tão pesada para direitos, liberdades e garantias dos cidadãos que a **sua legalidade deve ser escrupulosamente resguardada**»[735].

243. A dependência funcional, como ensina FIGUEIREDO DIAS, é alcançada com «uma rigorosa delimitação de competências entre autoridades judiciárias e as polícias, aquelas dirigindo, estas realizando as tarefas de investigação»[736], permitindo que a *dependência funcional* «deverá desenvolver-se num quadro de coordenação, confiança, desburocratização, simplificação e cooperação, essenciais ao funcionamento do sistema»[737].

---

[732] *Ibidem*.
[733] J. N. DA CUNHA RODRIGUES, "A posição Institucional e as Atribuições do Ministério Público e das Polícias na Investigação Criminal", in *BMJ*, n.º 337, pp. 39-40.
[734] *Idem*, p. 41.
[735] ANABELA MIRANDA RODRIGUES, "A fase preparatória...", in *STVDIA IVRIDICA*, n.º 61, p. 956. Negrito nosso.
[736] JORGE DE FIGUEIREDO DIAS, "Sobre os sujeitos processuais no novo Código de Processo Penal", in *O Novo Código de Processo Penal*, Jornadas de Direito Processual Penal, Almedina, Coimbra, 1988, p. 13.
[737] Cfr. ANABELA MIRANDA RODRIGUES, "A fase preparatória...", in *STVDIA IVRIDICA*, n.º 61, p. 957.

Na esteira de CUNHA RODRIGUES[738] e de GERMANO M. DA SILVA[739], podemos considerar que os poderes de direcção do MP face aos OPC se traduzem em:

- exigir a «comunicação da notícia do crime no mais curto prazo, que não pode exceder 10 dias» – artigos 243.º, n.º 3, 245.º e 248.º do CPP – e dos respectivos relatórios quanto às medidas cautelares e de polícia praticadas pelos OPC – artigos 248.º a 253.º do CPP»;
- «avocar o processo», a qualquer momento, e devolvê-lo, caso se mostre necessário, a outro OPC – art. 263.º do CPP e n.º 7 do art. 2.º da LOIC;
- «emitir directivas, ordens e instruções sobre o modo processual de realização da investigação criminal», determinando a realização de actos e diligências – art. 1.º, n.º 1, al. *c)*, art. 53.º, n.º 2, al. *b)*, art. 262.º, 263.º, 270.º e 290.º, n.º 2 do CPP n.ºˢ 1, 2 e 7 do art. 2.º LOIC;
- «apreciar o resultado das investigações, tomadas as iniciativas que se justificarem»;
- fiscalizar, a todo o momento, o modo de realização da investigação pelos OPC – art. 263.º e ss. do CPP e n.º 7 do art. 2.º da LOIC.

A dependência funcional impõe que se reitere o princípio de que «as actuações das polícias, do Ministério Público e do Juiz não são mais que níveis diferenciados, mas igualmente necessários, do combate pelo direito, pela liberdade e pela segurança»[740] de todos os cidadãos.

§ 71.º Dos actos cautelares e do início da investigação

244. A competência do OPC de «iniciar de imediato a investigação» antes do conhecimento do crime por parte do MP, mesmo sem prejuízo do despacho de natureza genérica previsto no n.º 4 do art. 270.º do CPP, conforme n.º 3 do art. 2.º da LOIC, tem de ser interpretado

---

[738] Cfr. CUNHA RODRIGUES, "A posição Institucional..." *in BMJ*, n.º 337, p. 40.
[739] Cfr. GERMANO MARQUES DA SILVA, *Curso de Processo...*, Vol. I, p. 271.
[740] Cfr. CUNHA RODRIGUES, "A posição Institucional..." *in BMJ*, n.º 337, p. 43.

restritivamente sob pena da interpretação não estar conforme o CPP e, consequentemente, com a Constituição. Pois, defendemos que se deve interpretar esta disposição com a parte final do preceito, ou seja, o início da investigação criminal deve-se prender com a prática de «actos cautelares necessários e urgentes para assegurar os meios de prova», como também prescreve *in fine* n.º 1 do art. 249.º do CPP.

A direcção do inquérito é do MP e a investigação criminal desenvolve-se dentro do processo, *in casu*, do inquérito. Não faz sentido considerarmos que o OPC pode investigar sem que dê conhecimento dos factos criminosos ao titular da fase processual – inquérito –, seria assim uma interpretação revogativa das normas processuais penais e contrária ao n.º 1 do art. 219.º da CRP.

Aqueles actos, como afirma ANABELA MIRANDA RODRIGUES, aquando do novo CPP (1987), representam a consciência, por parte do legislador, «de que a realização da investigação criminal necessita, para ser eficaz, de ter ao seu dispor certos meios que são afinal, na prática, os meios *normais* de actuação naquelas fases em que a prova se estrutura». Pois, por um lado, respeita-se «a nova filosofia assente na legalização dos meios de actuação que até aqui se encontravam numa zona de semi-clandestinidade; por outro lado, a consciência muito nítida de que a sua consagração representa um risco, assumido pelo Código, de utilização abusiva dessas medidas, levou a apertar os *critérios* que legitimam a intervenção das polícias nesses casos (...) e a introduzir o *limite da intervenção homologadora da autoridade judiciária*»[741]. Pois, é neste sentido que o legislador em 2000 quis legitimar a intervenção *a priori* do MP e nunca dotá-lo de um competência independente de investigação criminal.

Os OPC estão, *ab initio*, obrigados a comunicar no mais curto prazo, sem ultrapassar os 10 dias[742], os crimes de que tenham conhe-

---

[741] ANABELA M. RODRIGUES, "*O Inquérito no Novo Código de Processo Penal*", in Jornadas de Direito processual Penal – CEJ, Almedina, 1995, p. 71.

[742] Cfr. n.º 3 do art. 243.º, art. 245.º, n.º 1 do art. 248.º do CPP e n.º 3 do art. 2.º da LOIC. Como já defendemos, consideramos que estamos perante uma *policialização* da investigação criminal, assim como consideramos que tal disposição é contrária aos artigos 26.º, 32.º, n.ºs 1 e 4 e 219.º da CRP. Quanto a este assunto supra § 50.º.

cimento directo ou indirecto ou por denúncia ao MP, como já prescrevia o art. 248.º do CPP. O início imediato da investigação e "a prática dos actos processuais do derivados relativamente aos crimes que lhes forem denunciados ou que a integrem", nos termos do n.º 4 do art. 270.º do CPP[743], não pode afastar a obrigação de comunicação imediata

---

[743] Conforme Directiva n.º 1/2002, da PGR – Artigo 270.º do Código de Processo Penal – Delegação de competência – Actividade Processual do Ministério Público –, publicada no DR – II Série, de 4 de Abril de 2002, n.º 79, p. 6222, que transcrevemos:

"Por despacho de 8 de Março de 2002 do conselheiro Procurador-Geral da República, no uso da competência atribuída pelo art. 12.º, n.º 2, al. b), do Estatuto do Ministério Público (Lei n.º 60/98, de 27 de Agosto), a articulação da actuação dos órgãos de polícia criminal com o exercício das competências do Ministério Público, no âmbito do Código de Processo Penal de 1987, teve, como ponto de referência principal, o despacho de 21 de Dezembro de 1987, divulgado a coberto da circular n.º 8/87 desta Procuradoria-Geral, da mesma data.

Tal despacho definiu as linhas estruturantes de intervenção dos órgãos de polícia criminal, nas tarefas do processo, e desempenhou um papel fundamental na transição do sistema resultante do Código de Processo de Penal de 1929 e legislação complementar, para o sistema emergente do novo código. Mantêm aliás toda a actualidade as considerações introdutórias que ali se podem ver, relativamente ao enquadramento da relação entre o Ministério Público e os órgãos de polícia criminal (1).

Decorridos vários anos após a publicação do Código em vigor, torna-se necessária uma revisão da disciplina consagrada naquele Despacho, de forma a que a mesma exprima a experiência entretanto adquirida e contemple as modificações que tiveram lugar no nosso sistema penal e processual penal.

Entre essas alterações surgem, com particular relevo, as operadas com a revisão do Código de Processo Penal, através da Lei n.º 59/98, de 25 de Agosto, que consagrou expressamente a delegação genérica de competências, no n.º 4 daquele artigo 270.º, com a Lei da Organização da Investigação Criminal – Lei n.º 21/2000 de 10 de Agosto, bem como com o novo estatuto da Polícia Judiciária, decorrente do Decreto-Lei n.º 275-A/2000, de 9 de Novembro, alterado pela Lei n.º 103/2001, de 25 de Agosto.

Aproveita-se também a oportunidade para introduzir procedimentos de registo de processos, ao serviço de uma informação rápida, sobre o exercício funcional do Ministério Público.

Assim, nos termos do artigo 12.º, n.º 2, al. b), do Estatuto do Ministério Público, determino o seguinte:

I – Intervenção do Ministério Público

1 – Os Magistrados do Ministério Público intervirão directamente nos inquéritos relativos a crimes puníveis com pena de prisão superior a 5 anos, analisando a

notícia do crime, e, em princípio, definindo as diligências de investigação a levar a cabo, ou participando directamente na sua realização, quando o julguem oportuno, sem prejuízo da delegação genérica de competências para a investigação, na Polícia Judiciária, prevista neste despacho.

2 – A intervenção directa dos magistrados deverá igualmente ocorrer relativamente aos crimes puníveis com pena de prisão inferior a 5 anos, em relação aos quais, pela qualidade dos agentes ou das vítimas, ou pelas particulares circunstâncias que rodearam a sua prática, se justifique essa intervenção.

3 – O disposto nos números anteriores não obsta à delegação de competência para a prática de específicos actos de investigação ou de inquérito nos órgãos de polícia criminal respectivos.

4 – Sem prejuízo da disciplina que antecede, o magistrado titular do inquérito, sempre que ocorrerem motivos ponderosos, pode, no despacho que recair sobre a notícia do crime, revogar a delegação genérica que tenha sido feita em certo órgão de polícia criminal.

5 – Nos casos de delegação genérica de competência num órgão de polícia criminal, enquanto a mesma se mantiver, os magistrados devem abster-se de praticar, no processo ou seu traslado, actos avulsos de investigação.

II – Delegação Genérica na Polícia Judiciária

1 – Nos termos do artigo 270.º, n.º 4 do Código de Processo Penal, delego genericamente na Polícia Judiciária a competência para a investigação e para a prática dos actos processuais de inquérito derivados da mesma ou que a integrem, relativamente aos crimes previstos no artigo 4.º da Lei n.º 21/2000, de 10 de Agosto, e n.º 2 do artigo 5.º do Decreto-Lei n.º 275 A/2000, de 9 de Novembro.

2 – A delegação referida no número anterior abrange os actos previstos e não excepcionados pelo n.º 3 do artigo 270.º do Código Processo Penal, bem como a competência para a prática, por parte das autoridades de polícia criminal referidas no n.º 1 do artigo 11.º do Decreto-Lei 275 A/2000, de 9 de Novembro, dos actos processuais previstos nas alíneas a), b), c) e d), do n.º 1, do artigo 11.º – A daquele diploma, na redacção resultante da Lei n.º 103/2001, de 25 de Agosto.

3 – A legalidade dos actos processuais referidos no número anterior, praticados a coberto de delegação genérica de competências, será apreciada pelo magistrado responsável pelo processo, na primeira intervenção que nele tenha, e, designadamente na primeira intervenção posterior à comunicação prevista n.º 2 do artigo 11.º A do Decreto-Lei n.º 275 A/2000, de 9 de Novembro, na redacção resultante da Lei n.º 103/2001, de 25 de Agosto.

III – Deferimento de Competência à Polícia Judiciária

Quando se mostre verificado o circunstancialismo previsto no n.º 2, do artigo 5.º da Lei n.º 21/2000, de 10 de Agosto Magistrado responsável pelo processo requererá o deferimento da competência à Policia Judiciária.

a) – O requerimento será instruído com uma informação que discrimine os elementos resultantes do processo que preenchem as aludidas circunstâncias e remetido à respectiva Procuradoria-Geral Distrital, mantendo-se o processo até tomada de posição final sobre o deferimento no departamento a que pertencer, onde se procederá à prática das diligências urgentes que se justifiquem.

b) – Quando o Procurador-Geral Distrital considerar o requerimento infundado, devolvê-lo-á ao magistrado requerente, o que implica o não prosseguimento do pedido nos termos em que foi formulado.

IV – Delegação Genérica noutros Órgãos de Polícia Criminal

1 – Nos termos do artigo 270.º, n.º 4 do Código de Processo Penal, delego genericamente na Polícia de Segurança Pública e na Guarda Nacional Republicana a competência para a investigação e para a prática dos actos processuais da mesma derivados, relativamente aos crimes que lhes forem denunciados, cuja competência não esteja reservada à Polícia Judiciária, e ainda dos crimes cuja investigação lhes esteja cometida pelas respectivas leis orgânicas, sem prejuízo do disposto nos números 1, 2 e 3 do ponto I deste Despacho.

2 – Nos termos do n.º 4, do artigo 270.º do Código de Processo Penal, delego genericamente a competência para a investigação de

b) Crimes de natureza fiscal: – aduaneiros, não aduaneiros e contra a segurança social, nos órgãos de polícia criminal específicos, previstos na legislação respectiva;

c) Crimes anti-económicos e contra a saúde pública, nos órgãos de polícia criminal específicos, previstos na legislação respectiva;

d) Crimes de auxílio à emigração ilegal, associação de auxílio à emigração ilegal, entrada e permanência ilegal, angariação de mão de obra ilegal e crimes conexos, no Serviço de Estrangeiros e Fronteiras;

3 – A presente delegação abrange os actos previstos no n.º 3, do artigo 270.º do Código Processo Penal.

4 – A delegação prevista nos números anteriores respeitará a competência reservada da Policia Judiciária para a investigação dos crimes previstos nas alíneas *u*), *v*), *w*), do artigo 4.º da Lei n.º 21/2000, de 10 de Agosto.

V – Comunicações

1 – Os órgãos de polícia criminal devem transmitir ao Ministério Público, no mais curto prazo de tempo, a notícia de crime de que tenham conhecimento ou lhes tenha sido denunciado (artigo 248.º do Código de Processo Penal).

2 – Quando a competência para a investigação pertencer a outro órgão de polícia criminal, nomeadamente nas situações de competência reservada da Polícia

Judiciária, a transmissão far-se-á mediante o envio do original do auto de notícia ou de denúncia a este órgão e do duplicado ao Ministério Público.

3 – Na situação a que se refere o número anterior, a comunicação ao Ministério Público mencionará o destino dado ao original do auto de notícia ou de denúncia.

4 – Os Magistrados comunicarão ao seu superior hierárquico imediato, nos termos a definir pelos Procuradores Gerais Distritais, os despachos de arquivamento proferidos nos termos dos n.º 1 e 2 do artigo 277.º do Código de Processo Penal, relativamente a processos por crimes puníveis com pena de prisão superior a 5 anos, salvo se forem contra desconhecidos, ou tratando-se de casos que tenham tido, ou se preveja que venham a ter importante impacto público.

VI – Disposições Finais
1 – É aplicável, devidamente adaptado, o procedimento previsto no ponto III deste Despacho ao deferimento da competência para a direcção do inquérito e exercício da acção penal ao Departamento Central de Investigação e Acção Penal, previsto na alínea *b*), do n.º 3, do artigo 47.º do Estatuto do Ministério Público.

2 – Os Magistrados comunicarão ao Departamento Central de Investigação e Acção Penal a instauração dos processos de inquérito relativos a crimes previstos no n.º1, do artigo 47.º do Estatuto, no prazo de 5 dias após a instauração dos processos, fazendo-se menção desse facto no processo.

3 – É criado, nas Procuradorias da República e nos Departamentos de Investigação e Acção Penal, um sistema de registo que compreenda o seguinte:
– Processos em que se fez uso do artigo 16.º, n.º 3 do Código de Processo Penal;
– Processos em que se fez uso do instituto da suspensão provisória do processo;
– Processos em que foi deduzida a acusação em processo abreviado;
– Processos em que foi requerida a aplicação de multa em processo sumaríssimo;
– Processos que seguiram a forma sumária;
– Processos que têm por objecto infracções fiscais.

4 – Os Procuradores Gerais Distritais, se o julgarem oportuno, definirão os termos em que o registo a que se refere o número anterior será implementado e os elementos que o mesmo deve integrar.

5 – São revogadas as Circulares n.ºˢ 8/87, de 21 de Dezembro de 1987, 4/88, de 11 de Abril, 12/88, de 14 de Outubro, 2/90, de 21 de Março, 1/94, de 11 de Janeiro, 6/96, de 21 de Outubro, 9/99, de 15 de Julho, e 13/99, de 7 de Dezembro, desta Procuradoria-Geral da República."

Transcreve-se a seguinte passagem:
"1 –Ministério Público e órgãos de polícia criminal:
Como se vê da respectiva nota preambular, o Código de Processo penal 'optou decididamente por converter o inquérito, realizado sob a titularidade e a direcção do

Ministério Público, na fase geral e normal de preparar a decisão de acusação ou de não acusação'.

A titularidade e direcção do inquérito pressupõe a atribuição ao Ministério Público de competências, poderes e funções alargados.

Todavia, não pode retirar-se deste facto a ideia de que a investigação criminal deve ser directa e materialmente realizada pelo Ministério Público. A investigação criminal exige o domínio de técnicas, o conhecimento de variáveis estratégias e a disponibilidade de recursos logísticos que são geralmente atributo dos órgãos de polícia criminal.

Como magistratura, o Ministério Público não é – não deve ser – um corpo de polícia.

Sendo assim, a titularidade do inquérito deve ser entendida como o poder de dispor material e juridicamente da investigação, no sentido de:

a) Emitir directivas, ordens e instruções quanto ao modo como deve ser realizada;
b) Acompanhar e fiscalizar os vários actos;
c) Delegar ou solicitar a realização de diligências;
d) Presidir ou assistir a certos actos ou autorizar a sua realização;
e) Avocar, a todo tempo, o inquérito.

Para efectivação destes objectivos, os órgãos de polícia criminal actuam sob a directa orientação do Ministério Público e na sua dependência funcional (artigos 56.º e 263.º).

Este quadro é rico de potencialidades, mas também susceptível de equívocos.

O diverso enquadramento orgânico e hierárquico das polícias criminais e os multiformes estatutos da função impõem que os magistrados do Ministério Público exerçam os poderes directivos tendo presentes dois níveis de intervenção: o processual, em que é mister aplicar e fazer cumprir as normas e os princípios constantes do Código de processo Penal e da Lei Orgânica do Ministério Público, e o organizacional (interessando aspectos técnicos, estratégicos, operacionais e logísticos), em que importa resguardar o conteúdo essencial da autonomia das polícias.

Estou seguro de que o novo contexto constituirá oportunidade para o desenvolvimento do clima de cooperação que tem caracterizado as relações entre os órgãos de polícia criminal e o Ministério Público e espero que a acção dos Srs. Magistrados e Agentes do Ministério Público se continue a pautar por padrões de cortesia e tenha em conta, particularmente quanto aos corpos e estruturas policiais de primeiro escalão, a conveniência de os poderes directivos serem expressos em linguagem clara e segundo uma dominante informativa e pedagógica". [Cfr. *DR – II Série*, n.º 79, de 4 de Abril de 2002, pp. 6621 a 6623. Ao texto original do Diário da República apenas mantivemos a nota n.º 1, por considerarmos que não faria sentido rescrever as restantes notas por serem a letra de preceitos legais do CPP – art. 270.º –, da LOIC, do EMP – n.ºˢ 1 e 3 do art. 47.º –, da LOPJ – art. 11.º-A].

e apenas se deve cingir aos actos que se afigurem urgentes e necessários até à intervenção da autoridade judiciária competente[744].

Caso fosse outra a interpretação, estaríamos a caminhar para um sistema anglo-saxónico ou de policialização da investigação criminal [e, consequentemente, do processo] e a afastarmo-nos do sistema continental, o que não nos parece de todo adequado ao nosso ordenamento jurídico e contrário ao princípio sa jurisdicionalização do processo crime como consagra a nossa Constituição.

§ 72.º Da autonomia orgânica e hierárquica dos OPC

245. O prescrito no n.º 5 do art. 2.º da LOIC do preceito em análise reforça a ideia de separação entre a dependência funcional e a autonomia orgânica e hierárquica dos OPC, promovendo a separação de poderes. As Polícias, como nos ensina CUNHA RODRIGUES, apesar de «verdadeiros auxiliares da administração da justiça», são órgãos da Administração Pública[745].

---

[744] A **prática dos actos urgentes e necessários** à preservação da prova, em especial, as medidas cautelares e de polícia, a que estão adstritos os OPC, **obedece** não só ao princípio da legalidade – actos previstos ou que se extraem da lei – e ao **princípio da proibição do excesso ou da proporcionalidade** *lato sensu*. O acto cautelar singular do OPC – carente de apreciação e de validação judicial – não pode ofender os direitos fundamentais do agente do crime e, caso, algum dos direitos fundamentais tenha de ser restringido só o podem até ao limite emergente da protecção do conteúdo essencial do direito atingido. Limites esses nascentes da *adequação* do acto ou da medida cautelar ao fim a alcançar – preservação da prova real, *p. e.* apreensão da faca ou da arma usada no homicídio [al. *c)* do n.º 2 do art. 249.º em conjugação com o art. 178.º do CPP], ou pessoal, *p. e.* a identificação de testemunhas implica a obrigação de permanência das pessoas no *locus criminis* [als. a*)* e b*)* do n.º 2 do art. 249.º em conjugação com o art. 173.º e o n.º 8 do art. 250.º do CPP] –, da *exigibilidade* ou *necessidade* – apresentação do agente do crime ao Juiz de Instrução Criminal, p. e. a detenção em flagrante delito [al. a*)* do n.º 1 do art. 254.º em conjugação com os artigos 255.º e 256.º do CPP] – e da *proporcionalidade «stricto sensu»* – a apreensão de um determinado objecto para futuro exame, análise e interpretação era o meio de obtenção de prova mais proporcional ao perito.

[745] CUNHA RODRIGUES, "A posição institucional...", in *BMJ*, n.º 337, p. 43.

O legislador procurou evitar que a AJ decidisse que elemento policial é que vai investigar este ou aquele caso ao determinar que os funcionários que investigam ou praticam os actos delegados pela AJ são designados pela entidade do OPC a quem foi entregue o processo para investigação. Contudo, determinou que, por um lado, essa autonomia se baseia na autonomia técnica e táctica e que, por outro lado, essa autonomia tem de ser «necessária ao eficaz exercício dessas atribuições».

Se se demonstrar que a não ingerência da AJ prejudicará a investigação, defendemos que a AJ deve interferir na designação do funcionário, pois o funcionário pode já ser conhecido como não capaz de praticar as diligências e os actos delegados ou determinados pela AJ, ou, ainda, estarmos perante um caso que possa influenciar uma investigação colateral – em que esse OPC esteja sob investigação ordenada por aquela AJ.

O legislador, ao prescrever que a designação do funcionário de investigação obedece à «autonomia técnica e táctica necessária ao eficaz exercício dessas atribuições», consagra o princípio da separação de funções e de respeito pela autonomia técnica e táctica, tendo em conta o princípio da indivisibilidade do MP – que «impõe a unidade de acção», não sendo legítimas quaisquer «*directivas ou instruções diferenciadas segundo o corpo policial a que se dirigem ou os agentes que as têm de executar*»[746] – e a hierarquia das diferentes polícias – salvaguardando-a «como meio de assegurar as suas coesão e disciplina internas»[747].

246. Como temos defendido, deve existir uma *cooperação vertical*[748] entre aqueles órgão da administração da justiça que se traduz na coadjuvação imposta pelo ordenamento constitucional – art. 202.º,

---

[746] CUNHA RODRIGUES *apud* GERMANO MARQUES DA SILVA, *Curso de Processo...*, Vol. I, p. 270.

[747] *Ibidem*. Cfr. o n.º 3 do art. 11.º da LOPSP e o n.º 3 do art. 12.º da LOGNR.

[748] Quanto a este assunto o nosso estudo "COOPERAÇÃO POLICIAL – Uma Viagem Inacabada!", *in Cooperación Policial y Judicial en Materia de Delitos Financeiros, Fraude y Corrupción – Delitos Financeiros, Fraude y Corrupción en Europa* – Vol. IV, Aquilafuente, Ediciones Universidad de Salamanca, n.º 40, 2002, pp. 286 e ss. e *infra* Capítulo XI.

n.º 3 da CRP – e ordinário – artigos 1.º, n.º, 1, al. c), 9.º, n.º 2, 55.º, n.º 1, 56.º, 263.º, 270.º, n.º 3, 288.º, n.º 1 e 290.º, n.º 2 do CPP.

O n.º 4 do art. 2.º da LOIC prescreve a *dependência funcional* entre a AJ e os OPC, sendo que esta "é, como se sabe, alheia a qualquer forma de vinculação orgânica ou qualquer esquema organizatório sustentado na hierarquia", devendo funcionar como "modo de organizar o relacionamento entre as autoridades judiciárias e os órgãos de polícia criminal".

O *poder de direcção*, em que assenta a dependência funcional, tem de traduzir-se "em poderes de directiva e de controlo", que se distingue do poder de direcção – sendo este "a faculdade de dar ordens ou emitir directivas" –, conquanto os poder de directiva traduz-se na "faculdade de emitir directivas que são orientações genéricas, definindo imperativamente os objectivos a cumprir mas deixando liberdade de decisão no que concerne a meios a utilizar e às formas a adoptar para lograr os tais objectivos"[749].

Na Exposição de Motivos da Proposta de Lei n.º 26/VIII, que deu origem à Lei n.º 21/2000, de 10 de Agosto, revogada pela Lei n.º 49/2008, de 27 de Agosto, defende-se que a consagração da autonomia técnica e táctica advém da "ideia que a investigação da criminalidade, em geral, e a de maior gravame social e desvalor ético-jurídico, em especial, implica uma panóplia de conhecimentos e de recursos, enquadrando-se o respectivo exercício na valoração e em conformidade com as orientações das autoridades judiciárias"[750], ou seja, a autonomia tem de obedecer, segundo o espírito do legislador, à *valoração* e às *orientações das autoridades judiciárias*.

O respeito da AJ pela autonomia orgânica e hierárquica dos OPC sai reforçada com a nova LOIC, ao se ter aditado ao n.º 5 do art. 2.º que compete às «autoridades de polícia criminal» designar os funcionários (OPC) que procedem à investigação e aos actos delegados pela AJ. Consideramos que este aditamento não se prende com a autonomia táctica e técnica, mas com a autonomia orgânica e hierárquica das polícias que se afere da parte final do n.º 4 do mesmo preceito. Contudo,

---

[749] Cfr. *Exposição de Motivos* da Proposta de Lei n.º 26/VIII, que aprovou a LOIC, consultado em *www.assembleiadarepublica.pt/*, no dia 3 de Julho de 2003.

[750] *Idem*.

defendemos que estas autonomias não são totalmente absolutas e estanques, porque quem dirige o processo crime e a investigação criminal do mesmo é a AJ titular da fase processual em curso[751]. Caso assim não entendêssemos, podíamos correr o risco de, por "ironia do destino", ter um funcionário policial a investigar um processo crime cujo desfecho poder-lhe-ia ser útil ou desfavorável.

A salvaguarda prescrita *in fine* do n.º 5 do art. 2.º da LOIC procura, por um lado, democratizar o processo investigatório de modo a que haja intervenção da AJ sempre que exista prejuízo para a eficácia do exercício dessas atribuições e, por outro, evitar a absolutização da autonomia de modo a que não se caia no erro de um agente investigar um processo em que tenha interesse próprio[752].

§ 73.º Da autonomia técnica e táctica

247. O n.º 6 do art. 2.º da LOIC estipula o que se entende por «autonomia técnica» e por «autonomia táctica»[753]. Torna-se fundamental que tenhamos bem presente a ideia de que *autonomia* não é o mesmo que *independência* e que esta não significa *liberdade.*

Como ensina SOUSA FRANCO, devemos considerar a **autonomia** como "uma medida limitada de autodeterminação de certa instituição ou de um responsável por determinada incumbência, tarefa ou função", sendo que **independência** "pretende, em princípio, dar uma protecção absoluta a essa auto-organização e auto-decisão, apenas limitada pela função ou interesse que visa prosseguir" e, ainda, que a **liberdade** consubstancia uma "raiz necessariamente pessoal ou inconstitucional – é um direito das pessoas, por si ou agregadas em instituições, que exprime a determinabilidade ética pelo modo de prosseguir os próprios fins"[754]. O legislador não consagrou que os OPC têm

---

[751] Cfr. n.º 1 do art. 2.º da LOIC.

[752] Quanto a este assunto ver a anotação ao art. 2.º da LOIC no nosso *Regime Jurídico da Investigação Criminal...*, 4.ª Edição, (no prelo).

[753] O legislador substitui-se à doutrina e à jurisprudência.

[754] A. SOUSA FRANCO, "A Independência dos Tribunais", *apud* ALBERTO CAMPINHO, *Independência e Unidade da Judicatura*, Livraria do Minho, Braga, 1994, p. 41.

independência ou *liberdade técnica e táctica*, mas sim *autonomia*, ou seja, "uma medida limitada de autodeterminação" do OPC na prossecução da investigação criminal sob a direcção e dependência funcional da AJ.

Como refere a Comissão de Legislação da OA, no Parecer que elaborou quanto à Proposta de Lei n.º 26/VIII, que deu origem à 1.ª LOIC, "não parece crucial que o legislador procure definir conceitos de autonomia técnica e táctica. A concretização desses conceitos há-de ser preferencial fruto da prática e labor da doutrina. Como resulta dos n.ᵒˢ 5, 6 e 7 do art. 2.º, a tentativa de delimitação desses conceitos não é alcançada, nada clarificando, antes confundindo", afirmando ainda que "as definições de autonomia técnica, autonomia táctica e simples autonomia, objecto dos n.ᵒˢ 5, 6 e 7 do art. 2.º, não são por si suficientemente precisas e no que se refere ao n.º 7 parece mesmo contraditório, não se conformando com o sistema processual" vigente[755].

248. Deve-se entender por *autonomia técnica* a «utilização de um conjunto de conhecimentos e de métodos de agir (adequados)», ou seja, adequados à investigação criminal em curso face à natureza objectiva e subjectiva do processo. Contudo, interrogamo-nos que "conhecimentos" e que "métodos".

Afirmamos que todos "conhecimentos" e "métodos", legalmente admissíveis, que sejam adequados à prossecução dos fins da investigação criminal, mas que respeitem a máxima de que a *verdade material* não é um bem absoluto que se deve obter a qualquer custo, pois aquela cede sempre face a valores e bens jurídicos superiores, tais como a vida, a integridade física e moral, a reserva da intimidade da vida humana, a imagem, a honra, a liberdade, em suma, a dignidade da pessoa humana.

A absolutização é afastada pelo particípio passado «adequados», pois tudo o que ultrapasse a exigibilidade, a necessidade, a adequabilidade e a proporcionalidade *stricto sensu* deixa de ser justiça e passa a injustiça. O conhecimento e/ou método empírico ou científico não podem ser desadequados, porque num Estado de Direito

---

[755] Cfr. CL/13/00 da Comissão de Legislação da AO.

Democrático, não se pode absolutizar a verdade material como um ídolo de adoração[756].

A *autonomia táctica* «consiste na escolha do tempo, lugar e modo adequados à prática dos actos correspondentes ao exercício das atribuições legais dos órgãos de polícia criminal» conforme 2.ª parte do n.º 6 do art. 2.º da LOIC[757]. Nesta autonomia, cumpre aos OPC escolher que meios materiais, que estratégia, que meios logísticos e operacionais se apresentam como os melhores para que seja capaz de cumprir as coordenadas das autoridades jurídicas. Sempre que o meio a empregar ponha em causa direitos e liberdades do cidadão, deve constar da devida autorização judicial, que deve ponderar se o uso do meio presumível de violar a integridade física do investigado – p. e., o uso de explosivos para o rebentamento de portas blindadas – é o mais adequado, é exigível e necessário e proporcional ao fim do acto ou negligência a efectuar.

249. Na prossecução de uma busca domiciliária, meio de obtenção de provas reais e pessoais[758], compreendem a autonomia técnica, o estudo e o método a utilizar na busca, conquanto a autonomia táctica compreende a escolha dos elementos, se vão fardados ou à civil, a escolha do meio locomotor, o uso de martelos pesados ou de explosivos para entrar na residência. Contudo, há técnicas e tácticas que se confundem e provocam uma certa "celeuma" não só entre os OPC, mas também entre estes e as autoridades judiciárias.

Mantemos a posição defendida por GERMANO M. DA SILVA, que sufragamos, de que receava que "o n.º 6 do art. 2.º da Lei n.º 21/2000, de 10 de Agosto, possa vir a constituir mais uma fonte de conflitos sobre as relações entre as polícias e as autoridades se não prevalecer o bom senso e o sentido de humildade próprios do dever de servir que

---

[756] *Hoc sensu* o nosso *Revistas e Buscas*, 2.ª Edição, Almedina, 2005, p. 138 e ss. e GERMANO MARQUES DA SILVA, *Curso de Processo...*, 2.ª Ed. Vol. II, pp. 116-117.

[757] A redacção da 2.ª parte do n.º 6 do art. 2.º da LOIC [aprovada pela Lei n.º 21//2000, de 10 de Agosto] não era tão específica, porque prescrevia apenas que a autonomia táctica consistia «na opção pela melhor via e momento de cumprir» as atribuições legais dos OPC.

[758] Quanto às buscas, o nosso *Revistas e Buscas*, 2.ª Edição, pp. 59 e ss..

deve inspirar essas relações"[759]. Estes conflitos não estão excluídos com a nova redacção do n.º 6 do art. 2.º da LOIC. Acresce que ao especificar que a autonomia táctica se reduz a questões de tempo, de lugar e modo de execução, pode limitar o sentido próprio de autonomia táctica que é muito mais abrangente do que o legalmente positivado.

Como afirma ANABELA M. RODRIGUES, esta autonomia tem por finalidade "reservar para os órgãos de polícia criminal a realização das tarefas de investigação criminal que exigem técnicas, estratégias e meios logísticos e operacionais próprios das polícias"[760]. Esta reserva enquadra-se, como afirma a ilustra Professora, no plano organizacional que leva "em conta o disposto nas leis orgânicas das várias polícias definidoras da organização, competência e regras de funcionamento interno"[761].

A autonomia de que estão dotadas as polícias "não pode nunca ser interpretada no sentido de alterar as coordenadas, quer constitucionais, quer legais, que presidem ao modelo processual penal vigente, mas há-de pressupor que a autoridade judiciária exerce efectivamente a direcção da fase processual e correspondentemente da investigação que nela se integra"[762].

As autonomias de que estão preenchidos os OPC obedecem sempre aos princípios de actuação: legalidade, proporcionalidade *lato sensu*, interesse público, respeito do interesse particular, justiça, boa-fé, igualdade democrático e da lealdade e da cooperação.

---

[759] GERMANO MARQUES DA SILVA, *Curso de Processo...*, 4.ª Ed., Vol. I, p. 284, nota 3.

[760] ANABELA MIRANDA RODRIGUES, "A fase preparatória..., in *STVDIA IVRIDICA*, n.º 61, p. 957.

[761] *Ibidem*.

[762] GERMANO MARQUES DA SILVA, *Curso de Processo...*, 4.ª Edição, Vol. I, p. 284. *Hoc Sensu* ANABELA MIRANDA RODRIGUES, "A fase preparatória...", in *STVDIA IVRIDICA*, n.º 61, p. 957. Como denota a Comissão de Legislação da OA, cujo relator foi GERMANO M. DA SILVA, "a investigação de alguns crimes exige especiais conhecimentos e preparação técnica e muitas das vezes pressupõe o domínio de informações de cariz policial de que as autoridades judiciárias podem não dispor e em regra não dispõem, mas o eventual domínio desses conhecimentos, informações e técnicas não basta para legalmente afirmar que a autonomia na investigação por parte de quem tenha essas competências" [Cfr. CL/13/00 – Observações da Comissão de Legislação da Ordem dos Advogados sobre o Projecto de Proposta da Lei sobre a Investigação Criminal].

§ 74.º Da avocação e da fiscalização – materialização da direcção do processo

250. A interpretação do n.º 7 do art 2.º da LOIC[763] tem que se enquadrar no que ANABELA M. RODRIGUES considera de *competência própria e não meramente delegada*, e que GERMANO M. DA SILVA, por seu turno, designa de *actos pré-processuais*[764]. Neste sentido, o Ac. do STJ, n.º 22888, Proc. n.º 45387, de 25-11-1993, decidiu que «Os órgãos de polícia criminal exercem no Processo Penal uma actividade coadjuvante das autoridades judiciárias, o que não impede que, em

---

[763] Quanto a este assunto há a referir que o n.º 7 do art. 2.º da Proposta de lei n.º 26/IX, na versão de 2000/04/06 apresentada ao Conselho de Ministros prescrevia o seguinte:
"7. *A autonomia traduz-se no poder de* os órgãos de polícia criminal impulsionarem e desenvolverem, por si, as diligências legalmente admissíveis *e realiza-se* sem prejuízo de a autoridade judiciária poder, a todo o tempo, a avocar o processo, fiscalizar o seu andamento e legalidade e nele instruir **especificamente** sobre a efectivação de quaisquer actos (Itálico nosso)."
As alterações foram mínimas em relação à versão em vigor, tendo apenas sido suprimido do texto as expressões «A autonomia traduz-se no poder de» e «realiza-se». Contudo, e na nossa opinião, estas pequenas alterações não afectam a ideia inicial de que o número em apreço consagra a *autonomia simples* ao prescrever que ao OPC «impulsionam e desenvolvem, por si, as diligências legalmente admissíveis», mas sob o olhar avocante e fiscalizador da Autoridade Judiciária.
As críticas do Parecer CL/13/00, da OA, mantêm a sua pertinência, pois, como se afirma, a simples autonomia a "que se refere ao n.º 7, parece mesmo contraditória, não se conformando com o sistema processual em vigor", acrescentando que "o n.º 7 do art. 2.º, que se refere à autonomia das polícias, não pode nunca ser interpretado no sentido de independência na condução da investigação, porque por força da lei processual a direcção da investigação compete efectivamente ao Ministério Público ou ao juiz de instrução, no inquérito e na instrução, respectivamente", inferindo, ainda, que "o n.º 7 do art. 2.º suscita-nos, por isso, muitas dúvidas, pois parece pretender consagrar uma autonomia dificilmente compatível com a dependência funcional a que ficam submetidos os órgãos de polícia criminal quando coadjuvam as autoridades judiciárias" [Cfr. Parecer CL/13/00 da OA].

[764] ANABELA MIRANDA RODRIGUES, "A fase preparatória...", in *STVDIA IVRIDICA*, n.º 61, p. 958 e GERMANO MARQUES DA SILVA, *Curso de Processo...*, 2.ª Ed. Vol. III, pp. 63 e ss..

certos casos pontuais possa praticar actos processuais **no uso da competência própria e não delegada**»[765].

Defendemos que "as diligências legalmente admissíveis" que os OPC, por si, podem impulsionar e desenvolver são aqueles que se enquadram na *competência própria* que devem promover por iniciativa própria, competindo-lhe "colher a notícia dos crimes e impedir tanto quanto possível as suas consequências, descobrir os seus agentes e levar a cabo os actos necessários e urgentes destinados a assegurar os meios de prova"[766].

Os OPC podem impulsionar e desenvolver os actos processuais prescritos nos artigos 248.º e ss. do CPP, nomeadamente, a identificação, as revistas e buscas, as apreensões no decurso daquelas, a suspensão de correspondência, a recolha de informações, o exame dos vestígios do crime e, mais restritiva dos direitos e liberdades, a detenção. Actos estes que estão sujeitos à apreciação e validação por parte da Autoridade Judiciária. Se forem diligências delegadas por despacho de natureza genérica ou natureza concreta, não podem ser consideradas diligências desenvolvidas e impulsionadas "por si", ou seja, por iniciativa própria.

251. Depreendemos que os OPC detêm, por um lado, uma *competência geral* – coadjuvação das autoridades judiciárias no processo penal [art. 1.º, n.º 1, al. *c*); art. 9.º, n.º 2; art. 55.º, n.º 1; art. 56.º; art. 263.º; art. 288.º e art. 299.º todos do CPP e art. 2.º, n.os 2, 4 e 7 e art. 3.º, n.º 4 da LOIC] –, por outro, *competência própria ou específica* – os actos que os OPC devem desenvolver por iniciativa própria como se depreende dos artigos 55.º, n.º 2 e 248.º a 261.º do CPP e artigos 2.º e 3.º da LOIC[767] – e, ainda, *competência delegada* – n.º 4 do art. 270.º conjugado com al. *c*) do art. 1.º do CPP.

---

[765] Cfr. *www.dgsi.pt* consultado no dia 1 de Julho de 2003.

[766] ANABELA MIRANDA RODRIGUES, "A fase preparatória...", in *STVDIA IVRIDICA*, n.º 61, pp. 958-959.

[767] *Hoc sensu* MANUEL LEAL-HENRIQUES, MANUEL SIMAS SANTOS e DAVID BORGES DE PINHO, *Código de Processo Penal Anotado*, Rei dos Livros, Lisboa, 1996, Vol. I, pp. 270 e 271.

Há a referir que os OPC não têm «estatuto de verdadeiros sujeitos processuais», pois os actos por si desenvolvidos e impulsionados «não se integram num procedimento global que conduza a mera decisão, assumindo-se antes como protagonistas de intervenções pontuais e específicas, subordinados às autoridades judiciárias»[768] competentes, além de que os seus actos carecem sempre de apreciação e validação judicial.

252. A interpretação do n.º 7 do art. 2.º da LOIC tem, também, de incluir os actos que se enquadram no âmbito da delegação genérica – art. 270.º, n.º 4 do CPP e n.º 2 deste preceito – e os prescritos no despacho proferido pela AJ competente na fase do processo em curso. Quer numa situação, quer noutra, o OPC pode ter necessidade de proceder a um acto de *competência própria*, como p. e. a previsão do n.º 3 do art. 249.º CPP, recaindo sobre o OPC o dever de comunicação imediata à AJ competente.

No plano da direcção da investigação criminal, a AJ tem «o poder, a todo o tempo, de avocar o processo, fiscalizar o seu andamento e legalidade e nele instruir especificamente sobre a efectivação de quaisquer actos». A 2.ª parte do n.º 7 do art. 2.º da LOIC procura dar uma definição ampla do que se deve entender por *direcção e dependência funcional,* incluindo nessa descrição o poder da AJ de «instruir efectivamente», melhor, determinar a "efectivação de quaisquer actos" que considere importantes para uma decisão justa[769].

Como bem afirma ANABELA M. RODRIGUES, "o perigo da *policialização* da investigação criminal é real"[770], uma vez que o «ministério público "ocupa parcialmente a cena", quando devia dominá-la, enquanto a polícia desempenha plenamente o seu papel»[771].

A interpretação do n.º 7 do art. 2.º não pode pôr em causa a dependência funcional em que se encontram os OPC, sendo que aquela

---

[768] *Ibidem.*

[769] Como se afirma no Parecer CL/13/00 da OA, sobressai a ideia de contrariedade, por um lado, e, por outro, pode-se correr o risco de promover uma "acentuada autonomia ou independência das polícias na condução da investigação criminal".

[770] ANABELA MIRANDA RODRIGUES, "A fase preparatória...", *in STVDIA IVRIDICA,* n.º 61, p. 955.

[771] *Ibidem.*

procura "numa rigorosa delimitação de competências entre a autoridade judiciária e as polícias, aquelas dirigindo, estas realizando as tarefas de investigação"[772]. Não podemos querer alterar as posições e as competências de cada operador judiciário, colocando em causa o sistema processual penal e contrariando a CRP, fazendo perigar "o princípio da investigação sob garantia judicial"[773].

§ 75.º Do perigo de policialização da investigação criminal

253. O perigo da *policialização* ultrapassa a própria LOIC. A manutenção do teor que estava prescrito no art. 11.º-A aditado à LOPJ [DL n.º 275-A/2000, de 9 de Setembro] pela Lei n.º 103/2001, de 25 de Agosto, no art. 12.º da nova LOPJ, aprovada pela Lei n.º 37/2008, de 6 de Agosto, reafirma o real perigo e a efectiva desjudicialização e quebra de garantias jurisdicionais conquistadas ao longo de muitos anos.

Consideramos que o art. 12.º está ferido de inconstitucionalidade material por violação do art. 32.º, n.º 4 da CRP que consagra que todos os actos instrutórios que "se prendem directamente com direitos fundamentais" é da competência de um juiz, como se materializa nos artigos 268.º e 269.º do CPP.

O Despacho de delegação genérica não pode atribuir mais do que o próprio CPP atribui, nem pode alguma vez atribuir mais, violando os comandos constitucionais [*maxime*, n.º 4 do art. 32.º da CRP], a um OPC do que a Constituição e o CPP atribui ao MP. Como afirma PAULO P. DE ALBUQUERQUE[774], a al. *ii)* da al. *d)* do n.º 1 do art. 12.º da LOIC [anterior art. 11.º-A da LOPJ] atribui competência à APC da PJ – detenção fora de flagrante delito – que o n.º 1 do art. 257.º do CPP

---

[772] FIGUEIREDO DIAS, "Sobre os sujeitos Processuais no Novo Código de Processo Penal", in *Jornadas de Direito Processual Penal, o Novo CPP*, Almedina, 1995, pp. 13-14.

[773] ANABELA MIRANDA RODRIGUES, "A fase preparatória...", in *STVDIA IVRIDICA*, n.º 61, p. 956.

[774] Cfr. PAULO PINTO DE ALBUQUERQUE, *Comentário ao Código de Processo...*, 2.ª Edição, p. 682.

não atribui ao MP e, até mesmo, ao Juiz. Há um verdadeiro caminho de *policialização* do processo e uma quebra clara das garantias processuais penais constitucionalmente consagradas.

254. Se, ainda hoje, dúvidas há e questões se levantam quanto às competências do MP, face à nossa Constituição, que possam ferir direitos, liberdades e garantias fundamentais do cidadão, não compreendemos que uma Autoridade de Polícia Criminal (APC) possa ordenar actos instrutórios que colidem com direito fundamentais, tais como:

"a) A **realização de perícias** a efectuar por organismos oficiais, salvaguardadas as perícias relativas a questões psiquiátricas, sobre a personalidade e de autópsia médico-legal;

b) A **realização de revistas e buscas**, com excepção das domiciliárias e das realizadas em escritório de advogado, em consultório médico ou em estabelecimento hospitalar ou bancário;

c) **Apreensões**, excepto de correspondência, ou as que tenham lugar em escritório de advogado, em consultório médico ou em estabelecimento hospitalar ou bancário;

d) A **detenção fora do flagrante delito** nos casos em que seja admissível a prisão preventiva e:

i) Existam elementos que tornam fundado o receio de fuga ou não for possível, dada a situação de urgência e de perigo de demora, esperar pela intervenção da autoridade judiciária; ou

ii) No decurso de revistas ou de buscas sejam apreendidos ao suspeito objectos que tiverem servido ou estivessem destinados a servir a prática de um crime ou constituam seu produto, lucro, preço ou recompensa";

conforme o n.º 1 do art. 12.º da LOPJ.

O preceituado nas alíneas *a*), *b*) e *c*) do n.º 1 do art. 12.º da LOPJ consigam medidas cautelares e de polícia, que pela urgência e necessidade, os OPC, quaisquer que eles sejam, devem impulsionar e desenvolver por força do art. 249.º e 251.º da CPP. Se a interpretação não for de enquadrar estas competências no plano das *competências próprias* do OPC – PJ –, aparecendo como uma repetição do preceituado no CPP, ou, entendemos que, até então, as APC da PJ não se sentiam competentes para ordenar, impulsionar e desenvolver competências próprias dos OPC, ou, podem considerar que a APC se está a substituir à AJ, a quem compete ordenar e proceder as diligências prescritas nas alíneas *a*), *b*) e *c*).

A realização das revistas e buscas não domiciliárias tem de ser ordenadas ou autorizadas pela AJ, devendo em primeiro ser o JIC, caso este não possa, o MP, e, por último, nos casos de urgência e necessidade de preservação dos meios de prova reais e pessoais e nas situações de *periculum in mora,* os OPC podem proceder às revistas e buscas, assim como às apreensões.

A al. *d)* do n.º 1 do art. 12.º da LOPJ, tendo em conta que, nos nossos dias, estão instituídos os tribunais de turno, não faz qualquer sentido, nem se conforma com a Constituição. Esta alínea já se encontra prescrita no n.º 2 do art. 257.º do CPP, de constitucionalidade duvidosa, devido à existência do Tribunal de Turno. Acresce, como já referimos, que o segundo parágrafo da al. *d)* do n.º 1 do art. 12.º da LOPJ atribui mais prerrogativas processuais penais que as atribuídas pelo CPP ao Juiz e ao MP no n.º 1 do art. 257.º do CPP.

255. O argumento de que estas competências se desenvolvem «no âmbito do despacho de delegação genérica de competência de investigação criminal» não se nos afigura coerente e conforme à logicidade constitucional do nosso Estado de direito democrático, porque, como já referimos, rebuscando a posição de ANABELA M. RODRIGUES, hoje, estamos a *policializar* e a *desjudicializar* a investigação criminal o que qualificamos de «perigoso».

Os n.ᵒˢ 2 e 3 do art. 12.º da LOPJ qualificam-se de "remendo" na manta malogrosamente mal teada ao prescrever que a realização daqueles actos obedecem, "subsidiariamente, à tramitação" do CPP (n.º 2) e que as competências prescritas no n.º 1 podem ser avocadas ou o seu exercício condicionado pela AJ titular da fase do processo em curso (MP/JIC), nos termos do n.º 7 do art. 2.º da LOIC. Perdoem-me a expressão, mas "é pior a emenda que o soneto".

Não compreendemos a necessidade de se prescrever um preceito como o art. 12.º da LOPJ, face ao ordenamento processual penal em vigor. A APC ou o OPC não podem alguma vez substituir o papel da AJ (MP/JIC) na investigação criminal, sob pena de perdermos, por falta de sentido, "o princípio da investigação sob garantia judicial"[775].

§ 76.º Dos Órgãos de Polícia Criminal

a. Dos OPC de natureza genérica

256. A LOIC – art. 3.º – determina, por um lado, os OPC de competência genérica – PJ, PSP e GNR – e, por outro, os que podem ser considerados de competência específica, ou seja, «todos os restantes órgãos de polícia criminal» – como o SEF – e, ainda, as atribuições dos OPC nas fases processuais, que, como sabemos, já estavam consagradas pela al. *c)* do art. 1.º, art. 55.º, artigos 241.º e ss., artigos 263.º, 270.º, 288.º, 290.º, n.º 2, todos do CPP.

Órgão de Polícia Criminal é toda a entidade e agente policial «a quem caiba levar a cabo quaisquer actos ordenados por uma autoridade judiciária ou determinados por este código» ou legislação avulsa que se prenda com coadjuvação das AJ e com o «colher da notícia dos crimes e impedir quanto possível as suas consequências, descobrir os seus agentes e levar a cabo os actos necessários e urgentes destinados a assegurar os meios de prova» – conforme al. *c)* do art. 1.º e art. 55.º do CPP.

A LOPSP considera que «todos os elementos com funções policiais» são considerados *agentes de força pública e de autoridade* – art. 9.º – e que se consideram "*órgãos de polícia criminal* todos os elementos da PSP com funções policiais" – al. *b)* do n.º 1 do art. 11.º. A PSP tem funções que se enquadram no plano do direito processual penal e, também, no plano administrativo, e, em muitas situações, a

---

[775] Anabela Miranda Rodrigues, "A fase preparatória...", in *STVDIA IVRIDICA*, n.º 61, p. 956. Neste sentido crítico ao art. 11.º-A da LOPJ, Dá Mesquita, "Repressão Criminal e Iniciativa Própria dos Órgãos de Polícia Criminal", in *I Congresso de Processo Penal – Memórias*, Almedina, Coimbra, 2005, p. 77 e Pedro Sousa, "Da Análise Criminal", Trabalho de Mestrado em Direito – Ciências Jurídico-Criminais – da Faculdade de Direito da Universidade de Coimbra, na cadeira de Processo Penal, regida pela Prof.ª Anabela Miranda Rodrigues.

conduta ilícita é punida a título de crime e a título de contra-ordenação, mantendo o elemento policial as duas qualificações a de *agente de autoridade* – que se enquadra no plano do poder executivo – e de *OPC* – que se enquadra no plano do poder judicial[776].

A LOGNR prescreve que se consideram OPC, nos termos do CPP, «todos os militares da guarda a quem caiba levar a cabo quaisquer actos ordenados por uma autoridade judiciária ou determinados por aquele código», conforme al. *b*) do n.º 1 do art. 12.º, optando pela concepção prescrita no CPP. A LOGNR, apesar dos seus elementos serem considerados como agentes de força pública e de autoridade[777], não se refere aos seus elementos como tal, mas como "militares organizados num corpo especial de tropas", conforme n.º 1 do art. 1.º da LOGNR.

Não podemos confundir OPC com **Autoridade de Polícia Criminal** (APC), apesar de o mesmo sujeito poder ocupar as duas qualificações em um determinado momento. São considerados como APC «os directores, os oficiais, os inspectores e subinspectores de polícia e todos os funcionários policiais a quem as leis respectivas reconhecerem aquela qualificação», conforme al. *d*) do art. 1.º do CPP. O papel das APC difere quanto à natureza, sendo que a sua actuação implica sempre uma situação mais restritiva de direitos e liberdades do cidadão: *p. e.*, emissão de mandado de detenção – art. 259.º, n.º 2 do CPP; ou emissão de mandado de comparência – art. 273.º, n.º 1 do CPP.

257. A atribuição de qualidade de APC está subordinada ao princípio de reserva de lei e de precedência de lei, ou seja, as leis orgânicas de cada polícia é que determina quem reveste a qualidade de APC[778]. As leis orgânicas em funcionamento de cada Polícia estipulam quem pode vestir a capa de APC:

α. O n.º 1 do art. 11.º da LOPJ considera que são *autoridades de polícia criminal*, o Director Nacional, os Directores Nacionais-adjuntos, os Directores das unidades nacionais, os Directores

---

[776] Sobre a natureza híbrida da Polícia, o nosso "Natureza da actuação Policial", *in Revista Polícia Portuguesa*, n.º 134, Março/Abril, 2002, pp. 21 e ss. e *supra* Capítulo IV.

[777] Cfr. n.º 3 do 10.º da LOGNR.

[778] Quanto a este assunto e com desenvolvimento, o nosso *Natureza Jurídica do Corpo...*, pp. 97-103.

Capítulo VIII – Competências Específicas   353

das unidades territoriais, os Subdirectores das unidades territoriais, os assessores de investigação criminal, os coordenadores superiores de investigação criminal, os coordenadores de investigação criminal, os Inspectores-chefes.

β. A al. *a*) do n.º 1 do art. 11.º conjugada com o n.º 1 do art. 10.º da LOPSP prescreve que são *autoridade de polícia criminal* o Director Nacional, os Directores Nacionais-adjuntos, o Inspector Nacional, os Comandantes da Unidade Especial de Polícia, das Unidades e Subunidades até ao nível de Esquadra e outros Oficiais da PSP quando no exercício de funções de comando ou chefia operacional[779].

γ. A al. *a*) do n.º 1 do art. 12.º conjugada com o n.º 1 do art. 11.º da LOGNR prescreve que são consideradas *autoridades de polícia criminal* o Comandante-geral, o 2.º Comandante-geral, o Comandante do Comando Operacional da Guarda, os Comandantes de unidade e de subunidades de comando oficial, outros Oficiais da Guarda, quando no exercício de funções de comando ou chefia operacional[780].

Na GNR encontramos, ainda, a figura da *autoridade de polícia tributária* à qual compete a fiscalização, o controlo e o acompanhamento de mercadorias sujeitas à acção tributária, assim como a instrução de processos de contra-ordenação e respectiva aplicação de coimas, bem como a realização de diligências solicitadas pelas autoridades judiciais, no âmbito do regime aplicável às infracções tributárias. Neste âmbito, consideram-se *autoridades de polícia tributária* todos os «oficiais no exercício de funções de comando nas Unidades de Controlo Costeiro e de Acção Fiscal e nas respectivas subunidades» e os oficiais da GNR que exerçam funções de comando operacional de âmbito tributário, conforme n.º 1 do art. 13.º da LOGNR.

---

[779] A LOPSP, como a LOGNR, equiparou as Autoridades de Polícia Criminal às Autoridades de Polícia, cabendo a estas «determinar a aplicação das medidas de polícia previstas na lei», conforme n.º 2 do art. 10.º da LOPSP.

[780] Nos termos do n.º 2 do art. 11.º da LOGNR, prescreve-se que «no caso das suas funções de segurança interna, compete às *autoridades de polícia* referidas no número anterior determinar a aplicação das medidas de polícia previstas na lei».

δ. O n.º 1 do art. 3.º da LOSEF prescreve que são *autoridades de polícia criminal* para efeitos da lei penal o director-geral, os directores-gerais adjuntos, os directores de direcção central e os directores regionais, os inspectores superiores e inspectores, os inspectores adjuntos principais, os inspectores adjuntos, quando exerçam funções de chefia de unidades orgânicas.
O n.º 3 do art. 3.º da LOSEF vem determinar que "são considerados agentes de autoridade os inspectores-adjuntos", quando não exerçam funções de chefia de unidades orgânicas, posição que os coloca entre as autoridades de polícia criminal – al. *f)* do n.º 1 do art. 3.º – e, por maioria de razão, como órgãos de polícia criminal. As APC do SEF «são *competentes* para ordenar a detenção de pessoas e praticar outros actos urgentes, nos termos do Código de Processo Penal», nos termos do n.º 2, e «os funcionários mencionados nos n.ºs 1 e 3, podem ordenar a identificação de qualquer pessoa, nos termos da lei» nos termos do n.º 4 do art. 3.º de LOSEF.

b. Dos OPC de natureza específica

258. O legislador abrangeu neste diploma os *OPC de competência específica*, considerando como tal «todos os restantes órgãos de polícia criminal», conforme n.º 2 art. 3.º da LOIC. De entre muitos, destacamos o SEF (Serviço de Estrangeiros e Fronteiras) e a ASAE (Autoridade de Segurança Alimentar e Económica).
O n.º 2 do art. 1.º da LOSEF considera o SEF como OPC, competindo-lhe investigar os «crimes de auxílio à imigração ilegal, bem como investigar outros com ele conexos, sem prejuízo da competência de outras entidades», nomeadamente da PJ – als. *b)*, *c)* e *d)* do n.º 4 do art. 7.º da LOIC – *ex vi* al. *g)* da al. *l)* do art. 2.º da LOSEF. O SEF, como OPC, «actua no processo, nos termos da lei processual penal, *sob a direcção e em dependência funcional* da autoridade judiciária competente, realizando as acções determinadas e os actos delegados pela referida autoridade» – n.º 2 do art. 1.º da LOSEF.
As autonomias orgânica, hierárquica, técnica, táctica e simples, previstas nos n.ºs 4, 5, 6 e 7 do art. 2.º da LOIC, estendem-se ao SEF

quer nas prerrogativas de competência interna quer nas limitações impostas pelo direito, ao qual se subjuga toda a acção do Estado e seus órgãos e serviços.

259. A ASAE é órgão de polícia criminal nos termos e para os efeitos do Código de Processo Penal, conforme n.º 1 do art. 15.º da LOASAE, aprovada pelo DL n.º 274/2007, de 30 de Julho, competindo--lhe promover *acções* de natureza *preventiva e repressiva* em matéria de infracções contra a segurança alimentar (saúde pública) e a segurança económica e coadjuvar as autoridades judiciárias, nos termos do disposto no Código de Processo Penal, nos termos do n.º 2 do art. 3.º da LOASAE e da al. *c)* do art. 1.º do CPP [e quanto à investigação dos crimes anti-económicos e contra a saúde pública, art. 51.º do DL n.º 28/84, de 20 de Janeiro, que prevê e pune delitos antieconómicos e contra a saúde].

O n.º 2 do art. 15.º da LOASAE determina que se devem considerar APC o Inspector-geral, os Subinspectores-gerais, os Directores regionais, o Director de serviço de planeamento e controlo operacional, os Inspectores-chefes e os chefes das equipas multidisciplinares.

As autonomias orgânica, hierárquica, técnica, táctica e simples de que gozam os outros OPC, também preenchem o funcionamento da ASAE no plano do processo penal, ficando como qualquer OPC sob a direcção e dependência da AJ competente para a fase do processo em curso.

260. Acresce referir que a LOIC actual, diferentemente da LOIC anterior – talvez para limitar a tentação de criação de OPC de competência específica e de evitar conflitos e duplicação de processos –, sujeitou, nos termos do n.º 1 do art. 6.º, a atribuição de competência específica a dois princípios: ao *princípio da especialização* quanto às matérias a serem investigadas e ao conhecimento do *modus operandi* dos infractores, e, consequentemente, ao *princípio da racionalização de recursos* disponíveis para a prossecução de investigação criminal no sentido de evitar a duplicação de recursos na investigação criminal por meio da duplicação de processos crime. O n.º 1 do art. 6.º da LOIC materializou o princípio da racionalização consagrado no n.º 5 do art. 267.º da CRP.

Nesta senda, o legislador prescreveu, no n.º 2 do art. 6.º da LOIC, uma limitação automática de intervenção dos OPC de natureza genérica nas investigações dos OPC de natureza específica. Exceptuando-se as situações previstas nos n.º 4 e 5 do art. 7.º da LOIC, que dirime os conflitos entre a PJ e a Unidade de Acção Fiscal da GNR, o SEF e a CMVM, assim como da PJM[781], os OPC de natureza genérica não podem «iniciar ou prosseguir a investigação de crimes que, em concreto, estejam a ser investigados por órgãos de polícia criminal de competência específica». Esta disposição legal não afasta a competência da AJ – titular de investigação criminal – para determinar qual o OPC que, em concreto, investiga o crime, uma vez que serve apenas orientação impositiva para os OPC e não para as AJ.

c. Das competências gerais dos OPC

261. O n.º 4 do art. 3.º da LOIC estipula competências gerais dos OPC quer de competência genérica – PJ, PSP, GNR – quer específica – SEF, ASAE, IGAC, (...). A al. *a)* do n.º 4 do art. 3.º da LOIC prescreve e materializa, mais uma vez, o princípio de coadjuvação ou da cooperação vertical entre OPC e AJ. O mesmo princípio está consagrado desde logo no art. 202.º, n.º 3 da CRP, nos artigos 1.º, al. *c)*, 9.º, n.º 1, 55.º, 56.º, 263.º, 270.º, 288.º e 290.º do CPP, no art. 2.º, n.º 1 e art. 3.º da LOPJ, art. 3.º, n.º 2 al. *l)*, art. 11.º, da LOPSP, art. 3.º, n.º 2, al. *e)*, art. 12.º e 13.º da LOGNR, art. 1.º, n.º 2 da LOSEF e art. 15.º da LOASAE conjugado com as als. *c)* e *d)* art. 1.º do CPP. O princípio da coadjuvação ou de cooperação vertical é um reforço do preceituado no n.º 2 do art. 2.º. da LOIC[782].

A al. *b)* do n.º 4 do art. 3.º da LOIC prescreve que aos OPC compete promover os actos que preenchem a *competência própria*, que compreendem «as acções de prevenção e investigação» criminal, e os que

---

[781] Quanto a estas matérias *infra* § 77.º.

[782] Quanto a este assunto, o nosso estudo "Cooperação Policial: Viagem inacabada!", in *Cooperación Policial y Judicial en Matéria de Delitos Financeiros, Fraude y Corrupción*, Aquilafuente, Ediciones Universidad de Salamanca, n.º 40, pp. 286-289 e *infra* Capítulo IX.

Capítulo VIII – Competências Específicas

lhe sejam cometidas pela AJ, quer por despacho da delegação genérica[783], quer por despacho específico, através do qual a AJ instrui o OPC a efectuar quaisquer actos atinentes à descoberta da verdade material.

262. Quanto às **acções de prevenção criminal**, função da polícia por imposição constitucional – art. 272.º, n.º 3 –, não consideramos que estejam aqui prescritas as acções da prevenção da função de vigilância – que compreendem mais as funções administrativas, apesar de protegerem bens jurídicos fundamentais –, mas antes as acções de prevenção criminal *stricto sensu*, que compreendem a "adopção de medidas adequadas para certas infracções de natureza criminal"[784], medidas essas que visam a tutela de pessoas e bens, a vigilância de indivíduos e locais suspeitos, capazes de permitir acções de investigação criminal legais e adequadas aos fins do direito[785].

As acções de **investigação criminal** compreendem aqueles actos que se destinam a descobrir, recolher, conservar, examinar e interpretar as **provas reais** e localizar, contactar e apresentar as **provas pessoais**, capazes de explicarem o "porquê" daquela conduta delituosa. A al. *b)* do n.º 4 do art. 3.º da LOIC deve ser interpretada de acordo com os artigos 248.º e ss. e 270, n.º 4 do CPP.

§ 77.º Da competência do SEF, da Unidade de Acção Fiscal da GNR, da Comissão do Mercado dos Valores Mobiliários e da Polícia Judiciária Militar

263. O DL n.º 305/2002, de 13 de Dezembro, aditou à LOIC, aprovada pela Lei n.º 21/2000, de 10 de Agosto, um n.º 5 ao então art. 3.º, com o fundamento de que «atendendo (...) à forte incidência da criminalidade

---

[783] Cfr. *supra* Directiva n.º 1/2002, que procede à delegação da competência genérica dos OPC, transcrita na nota 603.

[784] GOMES CANOTILHO e VITAL MOREIRA, *Constituição da República...*, 3.ª Edição, pp. 956-957.

[785] Quanto a este assunto o nosso estudo "A Segurança como Tarefa fundamental do Estado de Direito Democrático", *in Polícia Portuguesa*, n.º 125, p. 28 e *supra* Capítulo II.

associada à imigração ilegal em termos de desestabilização colectiva, reforça-se o combate a esta forma de criminalidade através da inclusão dos crimes de auxílio à imigração ilegal, tráfico de pessoas e outros conexos no âmbito da competência de investigação da Polícia Judiciária, sem prejuízo das competências do Serviço de Estrangeiros e Fronteiras»[786].

Ao SEF fora atribuída competência para investigar crimes conexos com a sua actividade administrativa – tendo por base a especificidade da função –, que se manteve com a nova LOIC, conforme se pode retirar das als. *b)*, *c)* e *d)* do n.º 4 do art. 7.º da LOIC. Da al. *d)* do n.º 4 do art. 7.º da LOIC afere-se que fora acrescentada a competência para investigar crimes de «falsificação ou contrafacção de documento de identificação ou de viagem,...», tendo em conta que, na sua actividade diária nas fronteiras, lidam com crimes desta natureza ligados à imigração. Por outro lado, no sentido de lhe ampliar a competência de investigação de crimes de tráfico de pessoas, o legislador retirou as condicionantes previstas na al. *b)* do n.º 5 do art. 3.º da LOIC, aprovada pela Lei n.º 21/2000, de 10 de Agosto, alterado pelo DL n.º 305//2002, de 13 de Agosto: «..., com emprego de coacção grave, extorsão ou burla relativa a trabalho».

A competência de investigação criminal adstrita ao SEF retira-se da interpretação *a contrario* do n.º 4 do art. 7.º da LOIC: se compete à PJ investigar, sem prejuízo das competências do SEF, crimes de «auxílio à imigração ilegal e associação de auxílio à imigração ilegal» [al. *b)*], «de tráfico de pessoas» [al. *c)*] e «falsificação ou contrafacção de documento de identificação ou de viagem, falsidade de testemunho, perícia, interpretação ou tradução», conexos àqueles crimes [al. *d)*], depreende-se que ao SEF compete sempre investigar esta tipologia de crimes excepto se a natureza de criminalidade desenvolvida exige uma maior sofisticação de técnicas e de meios humanos e materiais inerentes a "um corpo superior de Polícia altamente especializado e dotado de meios de recolha, análise e difusão da informação em permanente actualização e desenvolvimento, garantia de uma particular eficácia no combate ao crime"[787].

---

[786] Preâmbulo do DL. n.º 305/2002, de 13 de Dezembro.

[787] Preâmbulo do DL n.º 305/2002, de 13 de Dezembro. Como já defendemos, não é essa a justificação fundamental para encher a alcofa das competências da

264. O n.º 4 do art. 7.º da LOIC prescreve que a Unidade de Acção Fiscal da GNR [UAFGNR] detém competência para investigar crimes tributários até € 500.000,00 (quinhentos mil euros) *a contrario* al. *a)* do n.º 4 do art. 7.º da LOIC. Esta alínea atribui, também, competência de investigação criminal de crimes tributários de valor superior a € 500.000,00 (quinhentos mil euros) caso a PJ não esteja a investigar esse crime ou a AJ não atribua à PJ a competência para o investigar – n.º 1 do art. 2.º, *in fine* n.º 5 do art. 7.º e n.º 7 do art. 8.º da LOIC – ou por despacho do PGR – n.º 5 do art. 8.º da LOIC.

Do mesmo modo se deve interpretar a competência específica de investigação criminal atribuída à Comissão de Mercado de Valores Mobiliários (CMVM)[788] – art. 385.º Código do Mercado de Valores Mobiliários – para investigar os crimes «relativos ao mercado de valores mobiliários», conforme al. *e)* do n.º 4 do art. 7.º da LOIC, caso a PJ não esteja a investigar ou a AJ competente não tenha delegado a investigação à PJ – n.º 1 do art. 2.º, *in fine* do n.º 5 do art. 7.º, n.º 7 do art. 8.º da LOIC – ou por despacho do PGR – n.º 5 do art. 8.º da LOIC.

A actual LOIC não olvidou a competência da Polícia Judiciária Militar (PJM), que é órgão de polícia criminal de natureza específica e tem competência para investigar os crimes estritamente militares, por força do n.º 6 do art. 7.º da LOIC e art. 1.º e ss. da LOPJM[789]. A competência de investigação de PJM respeita as competências de investigação da GNR – que é, também, uma força militar –, assim como pode ser afastada por despacho do PGR, ouvida a PJM, desde que a investigação do crime, mesmo sendo de natureza estritamente militar, seja de *especial complexidade* [carácter␣plurilocalizado das condutas ou pluralidade de agentes ou de vítimas], ou os factos praticados revestem

---

polícia judiciária com mais estes tipos de crime. Por um lado, a envolvência de elementos do SEF em processos pouco claros de imigração e, por outro, as redes de imigração ilegal são autênticas associações criminosas, que, como sabemos, *ex vi* al. *p)* do art. 4.º da LOIC, aprovada pela Lei n.º 21/2000, de 10 de Agosto, é da competência da PJ, foram a razão fundamental para esta alteração legislativa. Quanto a este assunto o nosso *Regime Jurídico da Investigação...*, 2.ª Edição, pp. 86-87.

[788] A CMVM não é OPC, mas detém prerrogativas de OPC.

[789] A Lei Orgânica de Polícia Judiciária Militar foi aprovada pelo DL n.º 200//2001, de 13 de Julho, alterado pela Lei n.º 100/2003, de 15 de Novembro.

forma altamente organizada ou tenham *carácter transnacional* ou *dimensão internacional*, ou a investigação exija *conhecimentos ou meios de elevada especialidade técnica*, nos termos do n.º 2 e n.º 3 do art. 8.º por força da segunda parte do n.º 6 do art. 7.º da LOIC.

265. A competência de investigação criminal por parte do OPC de competência específica – *v. g.*, UAFGNR, SEF, e CMVM – obedece, cumulativamente, ao *princípio da subsidiariedade* e ao *princípio da primazia da aquisição de notícia do crime*.

A competência de investigação criminal das tipologias criminais identificadas nas alíneas do n.º 4 do art. 7.º da LOIC é originária da polícia judiciária, mas não reservada. Desta feita, em obediência ao *princípio de subsidiariedade* podem os OPC identificados nesse número – UAFFNR, SEF, CMVM – proceder à investigação daqueles crimes, como se retira *a contrario* da 1.ª parte do n.º 4 do preceito.

Acresce, cumulativamente, que se preencha o *princípio da primazia de aquisição da notícia do crime* materializado no n.º 5 do art. 7.º da LOIC, que impõe que tem a competência para investigar os crimes identificados nas alíneas do n.º 4 do art. 7.º da LOIC o OPC que iniciou a investigação criminal por ter em primeiro lugar adquirido a notícia do crime. Se a PJ adquiriu a notícia do crime de *tráfico de pessoas*, poder--lhe-á ser atribuída a competência para investigar este crime por despacho do MP, no respeito ao princípio da primazia de aquisição da notícia do crime; se for o SEF, na mesma linha de raciocínio, o MP poder--lhe-á atribuir a investigação do crime de tráfico de pessoas.

Mas, os princípios não são absolutos e têm de ser conjugados com outros princípios superiores como os que regem o processo penal e com as suas finalidades. Desta feita, não obstante ter sido a PJ ou SEF adquirir a notícia do crime, o MP pode despachar a investigação criminal para o OPC que não adquiriu a notícia do crime – *in fine* n.º 5 do art. 7.º da LOIC. A esta ideia de não exclusividade de competências, acresce o prescrito no n.º 5 do art. 8.º da LOIC: o PGR, ouvidos os OPC em causa [PJ e SEF] e obedecendo ao princípio do interesse jurídico da realização da justiça (Direito), pode deferir a investigação do crime ao OPC diferente do que adquiriu a notícia do crime se, em concreto, for «mais adequado ao bom andamento da investigação» – por força do n.º 5 do art. 8.º da LOIC.

§ 78.º Da competência de investigação criminal da GNR e da PSP

266. A LOIC prescreve, no art. 6.º, a competência da GNR e da PSP. Compete, especificamente, àqueles órgãos de polícia criminal, a prevenção e a investigação:

a. dos crimes cuja competência não esteja reservada a outros órgãos de polícia criminal;
b. e dos crimes cuja investigação lhes seja cometida pela autoridade judiciária competente para a direcção do processo.

A actual LOIC não consagrou competência directa de investigação criminal à GNR e à PSP como acontecia com a LOIC revogada, quando, no n.º 6 do art. 3.º, previa a competência de investigação dos crimes cometida pelas leis orgânicas.

O legislador atribuiu à GNR e à PSP, ao prescrever as competências de investigação criminal pela negativa [de crimes que não sejam da competência da PJ e de outros OPC de competência específica] e pela via da subordinação a um despacho da AJ competente. Da análise do art. 6.º conjugado com o art. 7.º e o art. 8.º, n.º 1, n.º 6 e n.º 7 da LOIC, pode-se aferir que as competências de investigação criminal atribuídas à GNR e à PSP se inserem no âmbito de crimes que mais afectam a própria população no seu dia a dia. Existe a tentativa por parte do legislador de diminuir os conflitos institucionais no âmbito da prevenção e da investigação do crime. Acresce que é à AJ que cabe decidir qual o OPC que deve investigar, *in concreto*, um determinado crime, mesmo que seja da competência de outro OPC[790], *i. e.*, as competências específicas e reservadas são sempre relativas e dependentes da decisão da AJ competente para a fase processual em curso.

A nova LOIC, ao prescrever que o deferimento da investigação criminal a outro OPC que não o detentor da competência originária terá de ser por despacho do PGR – n.º 1, n.º 3, n.º 4 e n.º 5 do art. 8.º da LOIC – e pelos procuradores-gerais distritais, sob delegação do PGR, diminui ou aniquila a *autonomia interna* que deve ser respeitada a cada titular de cada processo na fase de inquérito e coloca em causa o n.º 2 do art. 219.º da CRP, além de burocratizar a investigação

---

[790] Como reforço da nossa posição temos o n.º 7 do art. 8.º da LOIC.

criminal que deve ser simples e deve estar sob a alçada do seu titular por força do n.º 1 do art. 2.º da LOIC. O legislador, com a LOIC de 2008, não só diminui as competências de investigação da GNR e da PSP, como quase aniquilou o *poder efectivo de direcção do inquérito* por parte do procurador titular do processo, *politicizando pela via da policialização* a investigação criminal.

267. As alíneas *c)*, *d)*, *e)* e *m)* do n.º 2 do art. 3.º da LOPSP enquadram-se no plano da prevenção criminal *stricto sensu*, cabendo aos seus elementos prevenir e investigar os ilícitos [al. *n)* do n.º 2 do art. 3.º da LOPSP], e conjugado com o art. 11.º da LOPSP, enquadram o plano da investigação criminal.

Da LOGNR podemos aferir preceitos que se enquadram no plano da prevenção criminal *stricto sensu* – als. *c)*, *d)*, *e)* e *m)* do n.º 1, als. *a)*, *d)* e *j)* do n.º 3 do art. 3.º da LOGNR – que consequentemente se enquadram no plano da investigação criminal.

268. De interesse elevado reveste-se a competência de investigação dos crimes que lhes [GNR e PSP] seja cometida pela AJ competente para a direcção do processo.

Do exposto, por um lado, devia ter saído reforçada a ideia fulcral, que temos defendido, de que o *dominus* do processo é o detentor da competência originária exclusivamente absoluta – facto que não aconteceu, como se depreende do art. 7.º, art. 8.º (excepto o n.º 7) e o art. 16.º da LOIC –, e, por outro, de que a PSP e GNR continuam a poder investigar um crime da competência reservada da PJ, desde que a mesma lhes seja cometida por despacho da AJ competente – quanto ao Ministério Público, PGR ou procuradores-gerais distritais, quanto ao magistratura judicial, juiz de instrução.

Consideramos, ainda, que este «fechar» legislativo prescrito no art. 8.º da LOIC – pois, neste preceito a transferência de competência de investigação resulta do consenso entre o PGR, os Directores Nacionais da PJ e PSP e do Comandante Geral da GNR e de outros responsáveis de outros OPC de competência específica, depende de Despacho do PGR e, quando delegado por este, dos procuradores-gerais distritais – não pode afastar o despacho concreto do processo do procurador titular do processo, sob pena de violar o n.º 1 do art. 2.º da LOIC e o n.º 2 do art. 219.º da CRP. Já a decisão do JIC determinar como OPC para coadjuvar na investigação outro OPC que não o OPC da fase do inquérito, prescrita no n.º 7 do art. 8.º da LOIC neutraliza o n.º 2 do art. 2.º da LOIC, ou seja, afasta por completo a limitação da AJ não poder deferir a outros OPC a investigação dos crimes de competência reservada elencados no n.º 2 do art. 7.º da LOIC.

Caso assim não se entendesse, o princípio da independência dos Tribunais e dos juízes seria violado e a interpretação em sentido contrário à nossa posição estará ferida de inconstitucionalidade material por violação do art. 203.º da CRP.

269. A atribuição destas competências de investigação criminal à PSP e à GNR levantou algumas dúvidas em várias instituições como à OA, de cujo Parecer CL/13/00 se pode retirar que a questão fundamental se prendia com a preparação e estrutura a curto prazo para que estas instituições policiais pudessem realizar «investigação criminal com verdadeira autonomia».

Apesar de se saber que o principal objectivo desta Lei era redistribuir competências no domínio da Investigação Criminal, de modo que a PJ se concentrasse na prevenção e investigação da criminalidade de sua competência reservada, o parecer da OA duvidava quanto à "preparação técnica da GNR e da PSP para assumirem as competências que são retiradas à PJ".

Pensamos que quer a GNR quer a PSP fizeram um esforço enorme desde a formação técnica, estratégica, logística e táctica, passando pela criação de estruturas e unidades orgânicas novas capazes de compreender os desafios que lhe foram incumbidos, cujos resultados se podem situar no plano positivo face às dificuldades próprias de cada instituição.

§ 79.º Da competência de investigação criminal da PJ

270. A LOIC prescreve a competência reservada e deferida de investigação criminal da PJ, conforme art. 7.º e art. 8.º da LOIC. A par destes, compete à PJ prevenir e investigar os crimes que lhe sejam cometidos pela AJ. Cabe, ainda, à PJ assegurar a ligação dos restantes OPC portugueses à INTERPOL e à EUROPOL, e a obrigação de centralizar, tratar, analisar e difundir nacionalmente a informação quanto aos crimes de que teve conhecimento, cabendo-lhe, ainda, cooperar com os demais OPC, assim como «coadjuvar as autoridades judiciárias na investigação, desenvolver e promover as acções de prevenção, detecção e investigação» de crimes cuja competência lhe esteja cometida pela LOIC ou deferida pelas AJ[791].

O legislador, em 2008, optou por não identificar as tipologias crimes, cuja competência de investigação seja da PJ, num preceito da LOPJ, como acontecera no art. 5.º da LOPJ anterior. O legislador manteve a mesma unidade legística por que optara nas demais LO de outros OPC. A competência de investigação criminal da PJ é *reservada* e *deferida*. A PJ *não detém competência exclusiva* de investigação criminal em qualquer tipologia criminal, porque essa competência exclusiva implica o *poder de direcção* da investigação que está atribuído à AJ competente em cada fase do processo – *ex vi* do n.º 1 do art. 2.º da LOIC no respeito pelos artigos 219.º, 202.º, 203.º e 32.º da CRP, sem se olvidarem os artigos 9.º, 48.º, 56.º, 262.º, n.º 2, 263.º, 288.º, n.º 1, 290.º, n.º 2 e 340.º do CPP.

Face ao exposto e ao positivado no CPP e na CRP, como veremos, não existe, em Portugal, qualquer OPC com competência exclusiva de investigação criminal. Todos os OPC estão sob a direcção e a dependência funcional de AJ competente.

271. Quanto ao n.º 4 do art. 7.º da LOIC, relembramos que se deve correlacionar com o n.º 5 do art. 7.º e com o n.º 5 do art. 8.º da LOPJ e com o art. 10.º da LOIC, *i. e.*, com o princípio da cooperação que, *in casu*, é horizontal[792].

O n.º 4 do art. 7.º da LOIC estipula, especificamente, sem prejuízo das competências da UAFGNR, do SEF e da CMVM, a PJ detém competência para investigar crimes, cujo *modus operandi* criminal impõe que sejam aqueles OPC de competência específica ou autoridades reguladoras com prerrogativas de OPC a procederem à investigação criminal dessas tipologias criminais[793].

---

[791] Cfr. artigos 2.º, 3.º, 4.º, 5.º, 6.º, 7.º e 12.º da LOPJ e os artigos 3.º, n.ºˢ 1 e 3, 7.º, 8.º e 12.º da LOIC.

[792] Quanto a este assunto, o nosso estudo "Cooperação Policial: Viagem Inacabada!", *in Cooperación...*, pp. 289-291.

[793] Quanto a este assunto *supra* § 66.º.

272. À PJ competirá, também, investigar os crimes que não lhe estejam originalmente cometidos, que não estejam elencados nos n.ºˢ 2 e 3 do art 7.º da LOIC, mas que possam estar conexos com os crimes de contrafacção [al. *d)* do n.º 2 do art. 7.º da LOIC], de tráfico de influência, de corrupção, de peculato e participação económica em negócio [al. *j)* do n.º 2 do art. 7.º da LOIC], de fraude na obtenção ou desvio de subsídio ou subvenção e fraude na obtenção de crédito bonificado [al. *o)* do n.º 2 do art. 7.º da LOIC] *ex vi* da al. *q)* do n.º 2 do art. 7.º da LOIC, assim como os crimes conexos com os crimes de insolvência dolosa e administração danosa [al. *d)* do n.º 3 do art. 7.º da LOIC], económico-financeiros [al. *j)* do n.º 3 do art. 7.º da LOIC], informáticos e praticados com recurso à tecnologia informática [al. *l)* do n.º 3 do art. 7.º da LOIC] *ex vi* da al. *n)* do n.º 3 do art. 7.º da LOIC.

O legislador, na linha de 2000[794], ao atribuir à PSP e à GNR competência não cometidas a outros OPC, em especial à PJ, reafirma que, sendo a PSP e a GNR duas forças de segurança (polícias) de natureza originária preventiva, devia caber-lhes investigar as tipologias criminais cuja incidência e proximidade e não exigibilidade de elevada sofisticação técnica e inamobilidade dos OPC se verifiquem. Mas, se a prática dessas tipologias criminais forem a actividade e, por isso, consignarem a prática do crime de associação criminosa, a competência para investigação criminal será, *a priori*, da PJ, caso assim entenda a AJ[795].

---

[794] Da LOIC/2000, aprovada pela Lei n.º 21/2000, de 10 de Agosto, [v. g. art. 4.º] confirma-se que à PSP e à GNR ficou reservada "a criminalidade cuja investigação requer uma eficácia de proximidade" [Cfr. Exposição de Motivos da Proposta de Lei n.º 26/IX], enquanto que à PJ ficou reservada, tendo em conta a sua especialização, a investigação "da criminalidade mais complexa que deve estar a cargo de uma polícia mais científica" [*Idem*]. Mas, da conjugação com o art. 3.º, n.ºˢ 2, 5 e 6 e com o art. 5.º da LOIC/2000 aferia-se que as competências, apesar de reservadas ou específicas, são totalmente relativas face ao titular da fase processual em curso: MP no inquérito e JIC na instrução. Este espírito manteve-se com a nova LOIC, aprovada pela Lei n.º 49/2008, de 27 de Agosto.

[795] Posição por nós defendida no seminário "*Criminalidade Económica-Financeira e Tributária*", no Instituto Superior de Ciências Policiais e Segurança Interna, no dia 5 de Junho de 2002. Quanto a este assunto, o nosso estudo "Dos Delitos Contra a Economia e Contra a Saúde Pública: A actuação dos OPC face ao novo quadro legal da investigação Criminal", *in Revista Polícia Portuguesa*, n.º 135, Maio/ /Junho, 2002, pp. 15 e ss..

273. A competência de investigação criminal da PJ é uma competência reservada e não exclusiva. O preâmbulo do DL n.º 305/2002, de 13 de Dezembro[796], enuncia que a **competência reservada** da PJ «funda-se na circunstância de a investigação dos crimes mais graves, quer pelo desvalor dos actos que os integram, quer pela sua complexidade, dever ser atribuída a um corpo superior de polícia criminal, conforme se retira também do Decreto-Lei n.º 275-A/2000, de 9 de Novembro, que aprovou a Lei Orgânica da Polícia Judiciária»[797].

O legislador de 2008 manteve a mesma linha de 2000 e consagrou uma competência reservada e não absoluta de investigação dos crimes prescritos no art. 7.º, além de que a tutela efectiva da investigação de todos os crimes pertence ao Ministério Público na fase de inquérito, como entidade titular da acção penal, como consagra o n.º 1 do art. 219.º da CRP, e do Juiz, nas restantes fases – ex vi do n.º 1 do art. 2.º da LOIC, artigos 288.º, n.º 1, 290.º, n.º 2 e 340.º do CPP e art. 202.º e 203.º da CRP.

A competência reservada da PJ tem **carácter relativo** e esse carácter é reafirmado pelo n.º 7 do art. 8.º da LOIC, ao consagrar que, na fase de instrução, pode ser outro OPC que não o da fase do inquérito a promover as diligências investigatórias, designado pelo JIC, por entender que «não se afigura, em concreto, o mais adequado ao bom andamento da investigação» a manutenção do OPC que fez a investigação na fase do inquérito.

274. Relativamente ao articulado actual, podemos manter as críticas de anterior edição, não obstante o legislador ter optado por elencagem de tipologias [dá amplitude de crimes] e não por elencagem de tipos legais de crime. Neste sentido, podemos referir que:

α. a al. *a)* do art. 4.º da LOIC, aprovada pela Lei n.º 21/2000, de 10 de Agosto, consignava a investigação do «Homicídio voluntário, desde que o agente não seja conhecido» tendo sido alterada pelo DL n.º 305/2002, de 13 de Dezembro, e, por uma

---

[796] Revogado pela Lei n.º 49/2008, de 27 de Agosto.
[797] A LOPJ aprovada pelo DL n.º 275-A/2000, de 9 de Novembro, foi revogada com a aprovação de nova LOPJ pela Lei n.º 37/2008, de 6 de Agosto.

questão de coerência, a al. *a)* do n.º 2 do art. 5.º da LOPJ, aprovada pelo DL n.º 275-A/2000, de 9 de Novembro, foi alterada com a mesma redacção pelo DL n.º 304/2002, de 13 de Dezembro, tendo passado a: «homicídio doloso e ofensas dolosas à integridade física de que venha a resultar a morte»[798].

A *priori* e *ab initio* do processo qualquer homicídio ou ofensa à integridade física de que resulte a morte de uma pessoa são dolosos, pois com o decorrer do processo investigatório podemos concluir, melhor, presumir que o crime que se investiga se enquadra no crime de homicídio por negligência, p. e p. pelo art. 137.º do CP ou no crime de ofensas à integridade física por negligência, p. e p. pelo art. 148.º do CP. Parece-nos descabido e sem sentido que a qualificação de competência reservada passe pelo tipo subjectivo de ilícito – dolo.

O legislador, em 2008, optou por manter a mesma linha legística ao prescrever que compete à PJ proceder à investigação de «crimes dolosos ou agravados pelo resultado, quando for elemento do tipo a morte de uma pessoa», conforme al. *a)* do n.º 2 do art. 7.º da LOIC. Mantemos as críticas que temos feito à técnica legística de separação ou de identificação da competência se fundar no elemento subjectivo do tipo – dolo –, quando este se apura ao longo do processo na fase de inquérito – investigação criminal – e, muito em especial, em sede de julgamento.

β. as als. *ee)* e *ff)* foram aditadas pelo DL n.º 305/2002, de 13 de Dezembro, à LOIC, aprovada pela Lei n.º 21/2000, de 10 de Agosto, com o fundamento de que «recentemente vem-se assistindo ao aumento do número de infracções fiscais e contra a segurança social, fenómenos criminais de elevada repercussão social e com reflexos consideráveis ao nível da cobrança de receitas do Estado» e de que «com a presente alteração à lei

---

[798] Aceitamos, mas dificilmente compreendemos que a PJ perca tempo a investigar um crime de homicídio doloso quando o seu autor foi detido em flagrante delito [art. 256.º do CPP] por outro OPC – PSP/GNR –, quando sobre ela recaem outras incumbências de investigação importantíssimas. Pois, da redacção da al. *a)* dever-se-ia retirar o tipo subjectivo de ilícito – dolo – e acrescentar, «desde que o agente não seja conhecido».

de organização da investigação criminal pretende-se cometer em exclusivo a investigação desta criminalidade complexa e organizada à Polícia Judiciária, que constitui um corpo superior de polícia altamente especializado e dotado de meios de recolha, análise e difusão de informação em permanente actualização e desenvolvimento, garantia de uma particular eficácia no combate ao crime»[799]. Ao art. 4.º da LOIC/2000, *ex vi* do mesmo diploma, foram aditadas duas alíneas, atribuindo à PJ competência específica para a investigação dos crimes tributários de valor superior a € 500,00, quando assumam especial complexidade, forma organizada ou carácter transnacional" [al. *ee)*] e "tráfico de armas, quando praticado de forma organizada" [al. *ff)*].

Como temos referido, esta alteração marcou e remarcou redundâncias e eufemismos nas competências de investigação. Do preceito proposto não constavam os crimes elencados nas alíneas *bb)* e *dd)*, que pelo seu melindre e especificidade se impunha que fosse conferida a competência de investigação criminal, conforme constava da Proposta de Lei n.º 26/IX, apresentada ao Conselho de Ministros de 6.4.2000.

O legislador, em 2008, manteve esta linha legística ao atribuir à PJ competência de investigação criminal à PJ, sem prejuízo de outros OPC e autoridades reguladoras com prerrogativas de OPC – UAFGNR, SEF e CMVM –, poderem investigar desde que tenham adquirido em primeiro lugar a notícia do crime e desde que a investigação não seja atribuída à PJ por determinação da AJ, se essa decisão, em concreto, se afigurar mais adequada ao bom andamento da investigação – conforme n.ºˢ 4 e 5 do art. 7.º e n.ºˢ 5 e 7 do art. 8.º da LOIC.

275. A prescrição da **competência reservada** da PJ para investigação de determinados crimes pode, por má interpretação ou interpretação de conveniência corporativa, acentuar o designado «perigo da

---

[799] Preâmbulo do DL n.º 305/2002, de 13 de Dezembro. Pensamos que esta qualificação da PJ pode ser soberba e injusta para com todos os outros corpos de polícia.

policialização da investigação criminal»[800], que se prorroga no Despacho de Delegação Genérica, nos termos do n.º 4 do art. 270.º do CPP, do Procurador-Geral da República, em que se delega «genericamente na Polícia Judiciária a competência para investigação e para a prática dos actos processuais de inquérito derivados da mesma ou que a integrem relativamente aos crimes previstos no art. 4.º da Lei n.º 21/2000, de 10 de Agosto»[801], ou seja, no art. 7.º da Lei n.º 49/2008, de 27 de Agosto.

Uma interpretação literal do art. 7.º da LOIC acentua esse perigo, por a autoridade judiciária competente – MP – ficar alheada de uma suposta fase pré-processual que pode ser muito longa, em que direitos e liberdades das pessoas podem ser postos em causa sem que, no mínimo, o MP se tenha pronunciado.

276. Este perigo aumentou com a possibilidade dos OPC terem 10 dias para comunicar a notícia do crime ao MP – conforme n.º 3 do art. 243.º, art. 245,º, n.º 1 do art 248.º todos do CPP e art. 2.º da LOIC.

Como agravo e ferido de inconstitucionalidade material por violação do n.º 1 do art. 219.º e art. 202.º da CRP, temos o n.º 2 do art. 7.º da LOIC quando estipula que a investigação das tipologias criminais elencadas são da competência reservada da PJ, «não podendo ser deferida a outros órgãos de polícia criminal».

Quem dirige a investigação criminal não são os OPC, que são órgãos coadjuvantes de administração da justiça, mas as AJ – MP, JIC e Juiz. Este preceito não só está ferido de ilegalidade, por violação dos artigos 48.º, 262.º, 263.º, 288, n.º 1, 290.º, n.º 2, 340.º do CPP, como de inconstitucionalidade material por violação do n.º 1 do art. 219.º, art. 202.º, 203.º e 32.º, n.º 4 da CRP.

É como fazer renascer o *inquérito preliminar*, introduzido no nosso sistema processual penal pelo DL n.º 377/77, de 6 de Setembro, que substitui o famigerado *inquérito policial*, criado pelo Decreto-Lei n.º 605/75, de 3 de Novembro, *que*, nos casos de julgamento em processo correccional, por razões de aceleração da marcha do processo penal, *dispensava a instrução* – quer a preparatória, quer a contradi-

---

[800] ANABELA MIRANDA RODRIGUES, "A fase preparatória...", in *STVDIA IVRIDICA*, n.º 61, p. 955.

[801] Cfr. *supra* Directiva n.º 1/2002, nota 727. Onde se lê Lei n.º 21/2000, de 10 de Agosto, deve-se fazer a correlação com a actual LOIC: Lei n.º 48/2008, de 27 de Agosto.

tória –, *devido ao princípio da celeridade* – «exigência da própria justiça, a qual não se compadece com delongas na apreciação dos feitos penais, de que deriva a atenuação ou mesmo a extinção dos efeitos de prevenção geral que às penas cumpre assegurar, e ainda a necessidade de dar pronta satisfação à pressão dos interesses violados»[802] –, e *no qual se enfatizava a função do juiz de instrução em detrimento da função do MP.*

Temos defendido que delegação genérica, prevista no n.º 4 do art. 270.º do CPP, não afasta a comunicação da *notitia criminis* ao MP, no mais curto prazo, a que estão obrigados os OPC – *ex vi* do n.º 1 do art. 248.º do CPP. O OPC, logo que tenha a notícia de um crime, tem o dever *ex lege* de comunicá-lo ao MP, devendo automaticamente proceder de acordo com as suas *competências próprias* – art. 248.º e ss. do CPP –, praticando todos os actos urgentes e necessários para a preservação de provas reais quer pessoais.

O perigo existe ao se associar a expressão «competência reservada» ao despacho de delegação genérica de competência e o OPC praticar todos os actos processuais de inquérito que derivem da investigação e os que a integrem sem que comuniquem de imediato a *notitia criminis* ao MP. O "perigo" diminuía se o MP entrasse em cena *ab initio*, assumindo o seu papel de verdadeiro "timoneiro" da investigação criminal que a lei lhe impõe e que a sociedade lhe exige *ex vi* n.º 1 do art. 219.º da CRP.

277. A *competência reservada* da PJ, para investigar e proceder a actos processuais de inquérito, que devia/deve ser após o despacho da AJ competente, ressalvando-se os actos cautelares e de polícia, incide sobre a criminalidade mais complexa prevista e punida quer pelo Código Penal, quer por legislação avulsa[803].

---

[802] Preâmbulo do DL n.º 605/77 e *hoc sensu* ANABELA MIRANDA RODRIGUES, "A fase preparatória..., *in STVDIA IVRIDICA*, n.º 61, p. 943.

[803] Dos quais se destacam:
- DL n.º 28/84, de 20 de Janeiro – Regime Jurídico das Infracções Contra a Economia e a Saúde Públicas;
- DL n.º 15/93, de 22 de Janeiro – Regime Jurídico aplicável ao Tráfico de Estupefacientes e Substâncias Psicotrópicas;
- Lei n.º 109/91, de 17 de Agosto – Criminalidade informática;

A diversidade e, simultaneamente, a especificidade investigatória imposta pela qualidade e natureza criminógena, defendemos que as competências genérica, reservada e específica dos OPC estão sujeitas à determinação do *dominus* do processo, ou seja, este pode delegar a investigação de um crime a outro OPC que não originariamente competente. Numa cidade em que a PJ não esteja sediada e exista a PSP ou a GNR e AJ entenda que o factor de proximidade pode funcionar em termos de celeridade processual, princípio corolário do princípio de presunção de inocência, aquele pode delegar a investigação de um crime cuja competência esteja reservada à PJ, sob pena do MP estar subordinado à PJ ou a outro OPC.

Somos da opinião de que não faz sentido que a investigação de um crime de roubo, *p. e.*, cuja competência originária é da PJ – al. *p)* do n.º 2 do art. 7.º –, em que o agente do crime é conhecido, tenha de ser da PJ quando há tanto crime complexo, plurilocalizado, com pluralidade de agentes, altamente organizados, transnacionais, internacionais, exigentes de conhecimentos e meios de elevada especialidade técnica[804] para investigar. Exceptuamos a situação do crime de roubo ser conexo com vários roubos ou do agente pertencer a um grupo de pessoas que se dedica à prática de criminalidade violenta[805].

§ 80.º Da investigação da PJ à operacionalização policial (PSP/GNR)

278. O OPC, que investiga um determinado crime, como rapto, sequestro, terrorismo, pode não ser aquele que desencadeia a operação

---

– Lei n.º 11/2004, de 27 de Março – Branqueamento de Capitais e outros Bens Provenientes de Crimes;
– DL n.º 486/99, de 13 de Novembro – Código de Valores Mobiliários;
– Lei n.º 15/2001, de 6 de Junho – Regime Geral das Infracções Tributárias;
– Lei n.º 22/2002, de 21 de Agosto alterada pelo DL n.º 34/2003, de 25 de Fevereiro – Regime Jurídico da Entrada e Saída de Estrangeiros no País.

[804] Consideramos serem estes os fundamentos da existência de um OPC ou de uma unidade de polícia especializada como a PJ. Cfr. n.º 2 do art. 8.º da LOIC.

[805] A celeridade processual passa, indubitavelmente, pela operacionalização dos meios humanos e materiais e não pela diminuição ou limitação de direitos, liberdades e garantias do cidadão.

final para a detenção dos agentes. Em certos crimes de extrema violência física e psicológica, cuja competência de investigação criminal é da PJ, a operação capaz a pôr termo à conduta criminal pode e deve ser desencadeada por elementos de outra polícia[806] – *p. e.*, PSP[807].

No quadro próprio do terrorismo, cuja investigação criminal compete originariamente à PJ – al. *l)* do n.º 2 do art. 7.º da LOIC –, existe uma *unidade especializada*, da Polícia de Segurança Pública, que se designa por Grupo de Operações Especiais (GOE), para *intervir e pôr termo à ocorrência deste tipo de crime*. O GOE é uma «força de reserva da PSP, à ordem do Director Nacional, destinada, fundamentalmente, a combater situações de violência declarada, cuja resolução ultrapasse os meios normais de actuação», nos termos do art. 43.º da LOPSP, além de poder colaborar com outras forças policiais em acções contra outras actividades criminais, por determinação do Director Nacional, nos termos do art. 6.º da LOPSP.

A prevenção da criminalidade organizada e do terrorismo constam do elenco dos *objectivos* – competências – fundamentais da PSP, devendo sempre ocorrer em cooperação com as demais forças e serviços de segurança e, sempre, sem prejuízo das atribuições legais de outras entidades – *ex vi* do art. 6.º da LOPSP.

Há a referir, quanto al. *l)* do preceito, a Lei n.º 52/2003, de 22 de Agosto – LCT –, que aprovou "a previsão e punição dos actos e organizações terroristas, em cumprimentos da Decisão Quadro n.º 2002//475/JAI, do Conselho, de 13 de Junho, relativa à luta contra o terrorismo", que prevê e pune os crimes de organização terrorista – art. 2.º da LCT –, de terrorismo – art. 4.º da LCT –, de outras organizações terroristas – art. 3.º da LCT –, de terrorismo internacional – art. 5.º da LCT[808].

---

[806] Ter-se-á de ter inteligência e humildade suficientes para se discernir o papel que cada OPC ocupa na cena, nem o nosso país é um país rico para desperdiçar recursos humanos, especializados para intervir em certos momentos de crise pontual ou geral.

[807] Veja-se o caso do assalto ao BES de Campolide em Lisboa, Agosto de 2008, cuja operação de reposição da ordem jurídica foi, e bem, efectuada pela PSP.

[808] Quanto a este assunto, o nosso estudo "Terrorismo: Fundamento de Restrição de Direitos?", *in Terrorismo*, (Coordenado por ADRIANO MOREIRA), 2.ª Edição, Almedina, Coimbra, pp. 419 e ss..

279. À PSP está atribuída a *exclusividade* de, em território nacional, licenciar, controlar e fiscalizar o fabrico, o armazenamento, a comercialização, o uso e o transporte «de armas, munições e substâncias explosivas e equiparadas que não pertençam às forças armadas e demais forças de segurança» – *ex vi* da al. *a)* do n.º 3 do art. 3.º da LOPSP.

A investigação do crime de tráfico de armas não é da competência reservada da PJ, pelo que, nos termos do art. 6.º da LOIC, a PSP tem competência para investigar este tipo de crime desde que a prática do mesmo não consigne crime de associação criminosa [al. *g)* do n.º 2 do art. 7.º da LOIC] ou seja cometido em conexão com os crimes previstos nas als. *d), j)* e *o)* do n.º 2 por força da al. *q)* do mesmo número e als. *d), j)* e *l)* do n.º 3 por força da al. *n)* do mesmo número do art. 7.º da LOIC.

O legislador teve o cuidado de limitar o âmbito de investigação no crime de tráfico de armas como forma de "respeitar" a atribuição exclusiva da PSP. Controlar não é sinónimo de investigar, mas é uma das tarefas da prevenção criminal e a investigação criminal pode permitir uma melhor actividade de controlo sobre o fluxo de armas[809]. A *exclusividade* administrativa não se converte em *exclusividade* no quadro criminal.

Compete à PSP o licenciamento, o controlo e a fiscalização das actividades de segurança privada. Tendo em conta que a PJ não tem competência reservada para investigar o crime de *exercício ilícito da actividade de segurança privada*, p. e p. pelo art. 32.º-A do DL n.º 35//2004, de 21 de Fevereiro, alterado pelo DL n.º 198/2005, de 10 de Novembro, e pela Lei n.º 38/2008, de 8 de Agosto, a competência para investigar este crime cabe à PSP, caso o mesmo não esteja conexo com os crimes previstos nas als. *d), j)* e *o)* do n.º 2 por força da al. *q)* do mesmo número ou com os crimes previstos com as als. *d), j)* e *l)* do n.º 3 por força da al. *n)* do mesmo número do art. 7.º da LOIC.

Do mesmo modo, caso o crime de *exercício ilícito da actividade de segurança privada* seja integrante da actividade criminosa de uma *associação criminosa*, a competência para investigar o crime pode

---

[809] No uso das competências da PJ e dos restantes OPC, impõe-se **inteligência e bom senso** para que cada actor saiba desempenhar o seu papel e servir a comunidade.

passar para a PJ por força da al. *g)* do n.º 2 do art. 7.º da LOIC, se a AJ competente[810] considerar que se justifica para um melhor andamento da investigação, podendo aquela provocar a cooperação entre os dois OPC, nos termos do n.º 3 do art. 5.º e no respeito pelos n.ºˢ 1 e 2 do art. 10.º da LOIC.

280. Este raciocínio deve ser aplicado quando outro OPC detém competências de prevenção e investigação de infracções criminais como acontece com a GNR que detém a competência para promover acções policiais que assegurem o cumprimento da lei e dos respectivos regulamentos de tutela e conservação da natureza e do ambiente[811].

Se a infracção a investigar for integrante ou for conexo com o crime de poluição[812], a competência de investigação criminal será da PJ, excepto se houver deferimento na GNR por despacho proferido pelo PGR, pelos procuradores-gerais distritais e, na nossa opinião, do procurador titular do processo –, assim como no âmbito dos crimes tributários[813] cuja correlação terá de obedecer ao disposto na al. *a)* do n.º 4 e no n.º 5 do art. 7.º conjugado com o n.º 5 do art. 8.º da LOIC.

§ 81.º Da competência deferida para a investigação

a. Do enquadramento geral

281. O artigo 8.º da LOIC consagra a competência deferida para a investigação e materializa o princípio da tutela efectiva da investigação criminal pela AJ – quanto ao MP os n.ºˢ 1 a 6 e quanto ao JIC o n.º 7. O artigo 8.º limita ou tranquiliza-nos, aparentemente, um pouco quanto aos perigos da total *policialização* do processo, assim

---

[810] Conforme se impõe constitucionalmente pelos artigos 219.º (para o MP), 202.º, 203.º, 32.º, n.ºˢ 1 e 4 (para o Juiz), e pelo CPP: artigos 48.º, 56.º, 262.º, n.º 2, 263.º, 288.º, n.º 1, 290.º, n.º 2 e 340.º.

[811] Cfr. al. *a)* do n.º 2 do art. 3.º da LOGNR.

[812] Cfr. al. *g)* do n.º 3 do art. 7.º conjugado com n.ºˢ 1, 3 e 6 do art. 8.º da LOIC.

[813] Cfr. als. *d)* e *e)* do n.º 2 do art. 3.º da LOGNR.

como imprime uma ideia de efectiva garantia dos direitos e garantias fundamentais dos cidadãos. Mas, podemos afirmar, que essa efectiva garantia apenas se verifica no n.º 7 do art. 8.º da LOIC. Ora vejamos.

282. O deferimento de competência de investigação implica a transferência de competência de investigação atribuída *ex lege* originariamente a um OPC para outro OPC de natureza genérica ou natureza específica. O legislador quando fala em deferimento não está a falar de delegação de prossecução de diligências processuais, cuja autonomia e/ou independência da AJ permitirão que a mesma delegue diligências num OPC diferente do que tem atribuída a competência quer por força da lei quer por força de despacho de deferimento.

O art. 8.º da LOIC estipula, para a *fase de inquérito*, as regras do deferimento geral baseado num despacho de natureza genérica – n.º 4 – e deferimento de despacho de natureza concreta para investigação de crimes concretos. O deferimento prescrito neste preceito é da competência originária do Procurador-geral da República – n.ºs 1, 3 e 5 – e delegada dos procuradores-gerais distritais – n.º 6. O deferimento de competência originária, atribuída ao Procurador-geral da República, é de natureza genérica, conquanto o de competência delegada, atribuída aos procuradores-gerais distritais, é de natureza concreta. Os dois tipos de deferimento devem obedecer aos princípios e quesitos expostos ao longo dos n.ºs 1, 2, 3, 4, 5 e 6 do art. 8.º da LOIC.

O deferimento procura materializar o princípio da racionalização dos meios e de rentabilização dos mesmos na prossecução da realização da justiça. Considerámos que a opção pelo deferimento e não pela prescrição legal dos crimes que a cada OPC cabe investigar independentemente do lugar, da especificidade, da complexidade, da plurilocalização e da pluralidade de agentes ou da necessidade de utilização de meios e conhecimentos técnicos especiais – que deviam estar centralizados num laboratório de polícia científica independente e ao serviço de todas as polícias – é uma demonstração de uma deficiente organização estatal dos serviços públicos de polícia e de uma fraca estratégia global dos serviços de polícia criminal para um país tão pequeno como o nosso.

283. O deferimento da investigação de crimes de competência atribuída à PJ a outros OPC de competência genérica – GNR e PSP –

e de competência específica, e *vice-versa*, prescrito no art. 8.º da LOIC, não afasta a possibilidade do Procurador, titular do processo, no caso concreto, determinar, por despacho de natureza concreta, a outro OPC a prossecução de diligências processuais penais que não ao OPC competente originalmente para crimes que não constem do deferimento do Procurador-geral da República ou dos procuradores-gerais distritais, sob pena de violação total do princípio da autonomia interna do MP.

Desta feita, afirmamos que, como já referimos anteriormente, o Procurador titular do processo, por despacho de natureza concreta, pode, se assim entender, determinar à PSP ou à GNR a promoção de actos processuais e de investigação criminal para os crimes elencados no n.º 2 do art. 7.º da LOIC, sob pena da interpretação contrária se considerar ferida ilegalidade por violação do art. 263.º do CPP e de inconstitucionalidade material por violação do n.º 1 e n.º 2 do art. 219.º da CRP.

O deferimento não pode alguma vez aniquilar o *efectivo poder de direcção* do inquérito por parte do Procurador que o titula, sob pena de *desfuncionalizarmos a acção de direcção* daquele e de abrirmos portas à sua *irresponsabilização justificada* por não detenção efectiva da direcção do inquérito. O despacho de deferimento genérico não pode limitar o poder de acção penal que recai em cada Procurador da República e, para tal, a autonomia que lhe está conferida pela Constituição.

284. O deferimento da investigação criminal dos crimes previstos no n.º 3 do art. 7.º da LOIC, de competência reservada da PJ, podem ser deferidos, por Despacho de natureza genérica e ouvidos os OPC envolvidos, a outro OPC de competência genérica ou específica desde que estejam preenchidos determinados princípios e pressupostos, conforme n.º 1 conjugado com o n.ºˢ 4 e 6 do art. 8.º da LOIC.

O deferimento depende da verificação do *princípio da adequação da decisão* ao bom andamento da investigação dos crimes[814] elencados ao longo do n.º 3 do art. 7.º da LOIC, o que implica que

---

[814] Cfr. primeira parte do n.º 1 do art. 8.º da LOIC.

a adequação dos meios – humanos, materiais, técnicos, científicos – do OPC receptor da competência.

O n.º 1 do art. 8.º da LOIC estipula que, cumulativamente com o *princípio da adequação da decisão* ao bom andamento da investigação dos crimes, se devem verificar outros princípios ou pressupostos:

- O *princípio da evidência e da simplicidade probatória* dos crimes, por força da al. *a)* do n.º 1 do art. 8.º da LOIC: *i. e.*, existem crimes cujas evidência da prova e simplicidade do processo não implicam que se verifique a necessidade de recurso a conhecimentos e meios de elevada especialidade técnica para provar a existência do crime e a autoria dos mesmos.
- O *princípio da inexigibilidade de mobilidade de acção e de meios* humanos e materiais de elevada especialidade técnica para a descoberta e produção de prova real e pessoal desses crimes, por força da al. *d)* do n.º 1 do art. 8.º da LOIC.
- Os tipos legais de crime preenchem os pressupostos das formas especiais do processo – sumário, sumaríssimo e abreviado –, por força da al. *b)* do n.º 1 do art. 8.º da LOIC, cuja audiência de julgamento necessite de desenvolvimento e prossecução de diligências processuais.
- A prossecução de orientações de prevenção e de investigação sobre a pequena criminalidade no âmbito da política criminal, nos termos dos artigos 15.º [815] e 16.º da Lei n.º 38/2009, de 20 de Julho, por força da al. *c)* do n.º 1 do art. 8.º da LOIC.

---

[815] Cujas orientações sobre a criminalidade menos grave se destinam a «favorecer a reparação da ofensa causada à vítima do crime, a reintegração social do agente e a celeridade processual e abrangem» os crimes: contra as pessoas, o aborto com consentimento da mulher grávida fora das situações de não punibilidade legalmente previstas, a ofensa à integridade física simples, a participação em rixa, a ameaça, a fraude sexual, a importunação sexual, a difamação e a injúria [al. *a)* do art. 15.º]; contra o património, o furto, o abuso de confiança, o dano e a burla não qualificados e a burla para obtenção de alimentos, bebidas ou serviços [al. *b)* do art. 15.º]; contra a sociedade, a falsificação de documento punível com pena de prisão não superior a 3 anos e a condução de veículo em estado de embriaguez ou sob a influência de estupefacientes ou substâncias psicotrópicas [al. *c)* do art. 15.º]; de emissão de cheque sem provisão e o tráfico de estupefacientes e substâncias psicotrópicas de menor gravidade ou praticado pelo traficante consumidor e a condução sem habilitação legal [al. *d)* do art. 15.º].

285. O deferimento da investigação de crimes da competência dos OPC de competência genérica e específica para a PJ pode ocorrer por despacho de natureza genérica do Procurador-geral da República ou por despacho de natureza concreta dos procuradores-gerais distritais, ouvidos os OPC, desde que se verifiquem determinados princípios e pressupostos prescritos no n.º 2 por força do n.º 3 do art. 8.º da LOIC.

O deferimento pode depender da verificação do *princípio da elevada especialidade e especificidade investigatória* devido à especial complexidade, à plurilocalização das condutas criminosas e/ou pluralidade de agentes e/ou de vítimas, nos termos da al. *a)* do n.º 2 do art. 8.º da LOIC.

Pode, ainda, depender do *princípio organizativo do «modus operandi»* que implica uma comissão de forma altamente organizada ou de quadro transnacional ou de dimensão internacional, nos termos da al. *b)* do n.º 2 do art. 8.º da LOIC. Se o crime de tráfico de armas que está cometido à PSP revestir esta natureza, a investigação criminal deste crime pode ser deferida à PJ.

O deferimento pode, também, ter como base o *princípio da cientificidade técnica da investigação* uma vez que o crime implica uma investigação criminal que exige conhecimentos e meios de elevada especialidade técnica, nos termos da al. *c)* do n.º 2 do art. 8.º da LOIC. Se o crime de tráfico de armas que está cometido à PSP exigir exames e perícias balísticas laboratoriais constantes de elevado teor técnico, a investigação criminal deste crime pode ser deferida à PJ.

Os princípios ou pressupostos do n.º 2 do art. 8.º da LOIC não são cumulativos, conquanto no n.º 1, só são cumulativos os princípios extraídos das alíneas com o *princípio da adequação da decisão judiciária ao bom andamento da investigação*. Este princípio dever-se-ia verificar no processo de deferimento das competências dos outros OPC na PJ, porque é demasiado importante para não ser considerado um princípio reitor da investigação criminal.

286. O deferimento da investigação criminal na fase da instrução ou de julgamento, ou em sede de recurso, é da competência do Juiz, que não está subordinado às competências reservadas, nem está subordinado aos Despachos emitidos pelo Procurador-geral da República ou os procuradores-gerais distritais. Assiste aos juízes toda a independência, que constitucionalmente lhe está consagrada, para que o Tribunal administre a justiça em nome do povo.

Não obstante esta afirmação, o legislador estipulou que a competência de investigação nas fases sequentes ao inquérito pertence ao OPC que assegurou a investigação naquela fase, excepto se o Juiz entender «que tal não se afigura, em concreto, o mais adequado ao bom andamento da investigação», *ex vi* n.º 7 do art. 8.º da LOIC.

O Juiz é soberano, cuja manifestação de soberania se revê na *potestas* de decidir que OPC investiga o crime em mãos, se o da fase de inquérito ou se um outro diferente independentemente da natureza da competência: genérica, reservada ou específica. Esta posição, amalgamada positivamente, centra-se no princípio *da adequação da decisão judiciária ao bom andamento da investigação* ao qual as AJ se encontram subordinadas para as tomadas de decisão quer por deferimento quer por despacho concreto sobre um processo em curso.

b. Do travão à absoluta exclusividade

287. O legislador, não obstante a redacção do n.º 2 do art. 7.º da LOIC, que consideramos estar ferida de ilegalidade e inconstitucionalidade, ao fazer vincar que a competência da investigação está sempre nas mãos da AJ [n.º 1 do art. 2.º da LOIC], trava a absoluta exclusividade da investigação criminal e evita o poderio que poderia advir de um império arreigado aos poderes inquisitoriais. O legislador quis evitar que se consagrasse um império polícia, melhor, um Estado Polícia.

Do art. 8.º conjugado com o art. 2.º, n.ºs 1 e 2, 4 e 7, art. 3.º, n.º 4, art. 5.º, n.º 3, art. 6.º, art. 7.º, n.º 1, art. 8.º, art. 9.º, art. 11.º, n.º 3 e art. 16.º da LOIC, cuja interpretação tem de ser conforme o CPP e a Constituição, retiram-se quatro ensinamentos fundamentais, que podem contribuir para "o bom senso e o sentido de humildade próprios do dever de servir"[816], imprimindo aos espíritos mais cépticos da sua limitada atribuição e relativa competência:

– O domínio da investigação criminal pertence à autoridade judiciária competente – MP no inquérito, JIC na instrução e Juiz no julgamento;

---

[816] GERMANO MARQUES DA SILVA, *Curso de Processo...*, 4.ª Ed., Vol. I, p. 284, nota 3.

- Não existem competências absolutas ou exclusivas de investigação criminal nos OPC, excepto a do *dominus* da fase processual em curso;
- A necessidade de coordenação operacional e judicial, irmãs gémeas, onde se prendem as autonomias técnica, táctica e simples, estão sob a alçada da coordenação judicial, principalmente, na fase do inquérito, em que *o deferimento da investigação criminal* de certos tipos de crime e competências reservadas e específicas é da competência originária do Procurador-geral da República e delegada dos procuradores-gerais distritais.
- O despacho de deferimento de natureza genérica do Procurador-geral da República e de natureza concreta dos procuradores-gerais distritais não afasta o despacho concreto do Procurador titular do processo para a prossecução de diligências processuais penais.

288. O desferimento final de que os OPC, nenhum deles, detém competência exclusiva para investigar determinados crimes, e na linha da posição defendida sempre por nós, o legislador especificou, com a nova Lei de Política Criminal – biénio 2009/2011 –, que a constituição de equipas conjuntas de combate ao crime violento e grave é da competência do Procurador-geral da República[817].

As equipas conjuntas podem ser *equipas especiais* com a finalidade de prosseguirem investigações altamente complexas e/ou *equipas mistas*, que compreendem elementos dos diferentes OPC, ouvidos seus dirigentes máximos, para promoverem investigações de crimes violentos e graves de investigação prioritária[818]. Estas equipas funcionam sob a direcção e a dependência funcional do Ministério Público e no respeito da dependência hierárquica policial[819].

As equipas conjuntas (ou mistas) constituídas pelo Procurador-geral da República enquadram-se no plano da acção penal – n.º 1 do art. 219.º da CRP –, conquanto que os equipas constituídas pelo Secretário-geral do Sistema de Segurança Interna[820] enquadram-se no plano de prevenção criminal – n.º 3 do art. 272.º da CRP.

---

[817] Cfr. n.º 1 do art. 12.º da LPC, aprovada pela Lei n.º 38/2009, de 20 de Julho.
[818] Cfr. primeira parte do n.º 1 do art. 12.º da LPC.
[819] Cfr. segunda parte do n.º 1 do art. 12.º da LPC.
[820] Cfr. n.º 2 do art. 12.º da LPC.

§ 82.º Do dever de cooperação

289. O dever de cooperação – mútua – prescrita no art. 10.º da LOIC preenche o espectro nacional e o que designamos de cooperação interna horizontal – entre os vários serviços de polícia[821].

Consagrou-se o *princípio da cooperação mútua* no exercício das atribuições de cada polícia, que pressupõe por um lado a troca de dados e de informações[822] sobre os vários crimes sempre que uma das polícias o solicite ou seja da sua competência específica, por outro lado o dever que recai num OPC de comunicar, no mais curto prazo, não devendo exceder 24 horas, ao outro OPC "os factos de que tenham conhecimento relativos à preparação e execução de crimes para cuja investigação sejam competentes, apenas podendo praticar, até à sua intervenção, os actos cautelares e urgentes para obstar à sua consumação e assegurar os meios de prova", *ex vi* n.º 2 art. 10.º.

Não obstante as "desavenças" entre as polícias, o art. 6.º, n.º 1, da LOPJ impõe à PJ a sua cooperação para com as outras entidades, assim como o n.º 2 impõe às demais entidades públicas o dever de cooperar com a PJ sempre que esta o solicite. O dever de cooperação para com a PJ no âmbito das suas atribuições, recai, também, sobre o pessoal e entidades que exercem funções de vigilância, protecção e segurança nos termos do DL n.º 35/2004, de 21 de Fevereiro, *ex vi* do n.º 3 do art. 6.º da LOPJ.

290. Do mesmo modo, o n.º 1 do art. 6.º da LOPSP prescreve que à PSP incumbe cooperar com as demais forças e serviços de segurança, tendo em conta que prosseguem os mesmos fins, pois um

---

[821] A nossa ingenuidade não desconhece as "desavenças" e os atritos normais do serviço entre as várias polícias. Não são poucas as vezes em que operação de tráfico de droga desenvolvida pela PSP ou GNR faz surgir algum mal estar a elementos da PJ. Sejamos justos em reconhecer que, amiúde, algumas operações inopinadas da PSP ou da GNR podem conduzir ao desfecho incompleto e malogrado de uma investigação que há muito a PJ desenvolvia. Quanto a este assunto, o nosso estudo "Cooperação Policial: Viagem Inacabada!", *in Cooperación...*, pp. 289 e ss. e *infra* Capítulo XI.

[822] Cfr. n.º 1 do art. 11.º da LPC.

desses fins é «prevenir a criminalidade em geral» e «prevenir a prática dos demais actos contrários à lei e aos regulamentos», *ex vi* al. *c)* e *d)* do n.º 2 do art. 3.º da LOPSP. Quanto à prevenção da criminalidade geral, a mesma deve ser efectuada em *coordenação* com as demais forças e serviços de segurança, *ex vi* al. *c)* do n.º 2 do art. 3.º da LOPSP.

Quanto ao SEF, o art. 5.º da LOSEF, não só se consagra o princípio da cooperação mútua, em especial na prevenção e investigação criminal, como também se impõe o dever dos outros serviços públicos – como as polícias – prestarem a colaboração que for solicitada pelo SEF.

No âmbito da fiscalização e controlo da circulação de pessoas, o SEF não só coordena a «cooperação entre as forças e serviços de segurança nacionais e de outros países em matéria de circulação de pessoas, do controlo de estrangeiros e da investigação dos crimes de auxílio à imigração ilegal e outros com eles conexos», nos termos da al. *v)* do n.º 1 do art. 2.º da LOSEF, como também assegura «a realização de controlos móveis e de operações conjuntas com serviços ou forças de segurança congéneres, nacionais e espanholas» e procede «à investigação dos crimes de auxílio à imigração ilegal, bem como investigar outros com ele conexos, sem prejuízo da competência de outras entidades», nos termos das als. *f)* e *g)* do n.º 2 do mesmo preceito.

No que respeita à GNR, o n.º 1 do art. 6.º da LOGNR expressamente dita, como sua missão, a obrigatoriedade de cooperar com as demais forças e serviços de segurança. Nesta linha e no sentido de evitar sobreposições, a al. *c)* do n.º 1 do art. 3.º da LOGNR estipula que a missão de prevenção da criminalidade em geral deve ser prosseguida em coordenação – cooperação – com as demais forças e serviços de segurança.

291. Os OPC portugueses GNR, PSP, PJ e SEF estão subordinados ao princípio *dupla obrigação de cooperação* por força do art. 12.º da LOIC: nacional [entre os vários OPC]; e europeia e internacional [através da integração daqueles OPC nos Gabinetes Nacionais de Ligação que funcionam junto da EUROPOL e da INTERPOL], n.º 3 do art. 12.º da LOIC.

À PJ compete «assegurar o funcionamento da Unidade Nacional EUROPOL e do Gabinete Nacional INTERPOL», por força do n.º 1 do art. 12.º da LOIC e do n.º 2 do art. 5.º da LOPJ. Integram a Unidade da EUROPOL e o Gabinete da INTERPOL, por meio de oficiais de ligação, os órgãos de polícia criminal GNR, PSP e SEF, por força do n.º 2 do art. 12.º da LOIC.

Acresce referir que, não obstante da Unidade da EUROPOL e do Gabinete da INTERPOL, fazerem parte os OPC de competência genérica – GNR, PSP e PJ – e de competência específica – SEF –, o legislador determinou que «todos os órgãos de polícia criminal têm acesso à informação disponibilizada» pela EUROPOL e INTERPOL, tendo em conta as competências de cada OPC, sendo que a cooperação com o órgão de polícia criminal ASAE terá de ser feita por meio da PJ, por força do n.º 4 conjugado com o n.º 1 do art. 12.º da LOIC.

Sempre que lhe seja facultada a cooperação *activa* – solicitar – e *passiva* – dar/prestar – na interligação com a INTERPOL ou EUROPOL, os OPC estão obrigados a fazê-lo.

292. A par do *dever geral de cooperação* [n.º 1 do art. 10.º da LOIC], como corolário deste, o n.º 2 do art. 10.º da LOIC determina o *dever de comunicação* quanto à preparação ou à execução de um dos crimes[823], cuja competência seja de outro OPC. Contudo, o preceito impõe que o OPC, não competente originariamente, pratique, até que o OPC competente intervenha, todos os actos cautelares e urgentes que obstem a consumação do crime e que assegurem os meios de prova. O OPC não competente originariamente está obrigado, *ex lege*, a desenvolver e promover as providências cautelares urgentes que se impõem por *periculum in mora* da intervenção do OPC originariamente competente e por necessidade de salvaguarda de provas reais e pessoais.

A 2.ª parte do n.º 2 do art. 10.º da LOIC, que deve ser conjugado com o n.º 1 do art. 5.º da LOIC, remete-nos para o procedimento que se impõe *ex vi* do art. 249.º e ss. do CPP. Actos esses que podem ser a identificação – art. 250.º do CPP –, a revista e busca não domiciliária – nos termos do art. 251.º conjugado com o art. 174.º do CPP –, as apreensões cautelares – art. 249.º, n.º 2, al. *c)* conjugado com o art. 178.º, n.º 4 do CPP–, a suspensão de correspondência – n.º 3 do art. 252.º do CPP –, a detenção dos agentes do crime – art. 254.º e ss. do

---

[823] O dever de comunicação já estava prescrito no art. 3.º do DL n.º 81/95, de 22 de Abril.

CPP–, a recolha de informações – art. 249.º, n.º 2, al. *b)* do CPP –, a realização de exames dos vestígios do crime – al. *a)* do n.º 2 do art. 249.º do CPP.

293. O n.º 2 do art. 10.º da LOIC, aprovada pela Lei n.º 49/2008, de 27 de Agosto, é idêntico ao n.º 2 do art. 6.º da LOIC, aprovada pela Lei n.º 21/2000, de 10 de Agosto. A nova redacção não só associou a cooperação policial e a comunicação do crime ao órgão de polícia criminal competente para investigação ao preceituado quanto aos conflitos de competência e às regras do deferimento da investigação criminal como também trouxe duas novas situações.

O legislador afastou do articulado a ideia de que as regras existentes para a cooperação apenas se dirigiam à GNR, à PSP e à PJ, mas que englobam todos os OPC sejam de competência genérica, reservada ou específica[824]. Todos os órgãos de polícia criminal estão obrigados a cooperar mutuamente com os outros órgãos de polícia criminal e num plano de igualdade e nunca de subalternidade.

A segunda situação é a prescrição de que a comunicação do crime ao órgão de polícia criminal competente originária ou deferidamente para a investigação do mesmo por parte do órgão de polícia criminal não competente está subordinada ao princípio da comunicação «no mais curto prazo, que não pode exceder *vinte e quatro horas*».

O legislador penal e processual penal denota uma elevada e preocupante incongruência legística e uma desordenada valoração das competências constitucionalmente atribuídas. A comunicação ao MP da notícia do crime deve ser efectuada «no mais curto prazo, que não pode exceder 10 dias», mas a comunicação do OPC incompetente para o OPC competente tem de ser feita em menos de 24 horas, o que significa que a comunicação ao OPC competente é mais importante do que ao MP. O argumento de que terá de ser desta forma para que o OPC competente possa promover as diligências pré-processuais urgentes e necessárias não é suficiente, porque o OPC incompetente

---

[824] O legislador seguiu a nossa crítica quanto ao art. 6.º da LOIC, aprovada pela Lei n.º 21/2000, de 10 de Agosto, como se pode ler no nosso *Regime Jurídico da Investigação...*, 3.ª Edição, pp. 107 e 108, 2.ª Edição, pp. 101-104, e 1.ª Edição, pp. 91-93.

tem o dever de praticar essas diligências – medidas cautelares e de polícia – por força dos n.ºˢ 1 e 2 do art. 10.º conjugado com o art. 5.º da LOIC.

Não nos parece errado que o OPC incompetente para a investigação criminal deva comunicar os factos criminais ao OPC legalmente competente para a investigação em menos de 24 horas. Errado e inaceitável é o legislador ter estipulado que o OPC não competente para a investigação do crime em causa comunique de imediato o crime ao OPC competente e não ao MP, ou seja, o legislador devia ter estipulado a comunicação imediata ao MP com conhecimento ao OPC com competência para a investigação do crime *sub judice*.

294. O *princípio da cooperação mútua* imposto pelo n.º 1 do art. 10.º da LOIC encontra-se, desde logo, afectado e colocado em "perigo" por três ordens de razão. A terceira razão será desenvolvida no § seguinte.

A primeira, de que já falamos, prende-se com a competência de investigação criminal de todos os OPC que se encontra expressa de forma negativa ou subsidiária, excepto a competência de investigação criminal da PJ que está expressa de forma positiva, como se pode verificar ao longo do art. 7.º da LOIC.

A segunda razão prende-se com a regra da atribuição do número único de identificação de processo crime [NUIPC] que, por força do n.º 3 do art. 10.º da LOIC, passa a ser atribuição do OPC com competência de investigação do crime em concreto.

Desta forma e como a norma revogatória, art. 21.º da LOIC, revoga expressamente tão só a Lei n.º 21/2000, de 10 de Agosto, alterada pelo DL n.º 305/2002, de 13 de Dezembro, poder-se-á afirmar que o n.º 3 do art. 10.º da Lei 48/2008, de 27 de Agosto, revogou tacitamente o n.º 13 da Portaria n.º 1223-A/91, de 30 de Dezembro, que estipulava que o «NUIPC é atribuído pelo serviço notador que proceder ao primeiro registo do processo, no momento deste, e mantém-se em todos os registos subsequentes».

A nova disposição prescreve que a atribuição do NUIPC é do OPC competente para a investigação do crime em concreto. Esta nova disposição abandonou o espírito legislativo e operativo da criação do NUIPC, que se prendia com a «ideia de facilitar a relação entre os cidadãos e o sistema de justiça criminal»[825] e para se evitar a duplicação de registos do processo sem que transitasse um serviço para outro serviço e para, por meio do sistema informático, identificar com celeridade o processo, assim como promover uma melhor justiça criminal com uma melhor identificação da localização territorial do crime e da operatividade policial quanto aos fenómenos criminais[826].

A atribuição do NUIPC pelo primeiro serviço judiciário ou policial que regista pela primeira vez permitia uma melhor atribuição do processo crime tendo em conta ao princípio da territorialidade [art. 19.º e ss. do CPP] e ao princípio da materialidade [art. 10.º e ss. do CPP]. A regra do n.º 3 do art. 10.º da LOIC não só prejudica a relação de cooperação mútua entre os OPC – porque a estatística criminal dos OPC se fará reflectir no relatório anual de segurança interna –, assim como não se afigura conforme aos preceitos processuais penais referentes às competências territorial e material e funcional dos tribunais.

§ 83.º Sistema integrado de informações criminais

295. A terceira razão prende-se com o sistema integrado de informação criminal prescrito no art. 11.º da LOIC, que, na nossa opinião não se afigura como um verdadeiro preceito de cooperação, porque não cria um sistema integrado de informações criminais.

O art. 11.º da LOIC instituiu tão só aquilo que existia actualmente: um *sistema de partilha de informações* subordinadas aos *princípios da necessidade* e da *competência*, assim como às regras que regem o *segredo de justiça* e *segredo de Estado*, conforme n.º 1 do art. 11.º.

Um sistema integrado de informações criminais pressupõe a existência de *uma só base de dados de informações criminais*, detentora de todos os registos, tratamento [análise, estudo, recomendações], conservação, sob alçada de uma entidade diferente de qualquer OPC, para a qual todos os OPC remetem obrigatoriamente, sob pena da prática de crime de abuso de poder e de denegação de justiça, todos os dados informativos criminais, base essa fiscalizada pelas AJ e Comissão

---

[825] Cfr. preâmbulo da Portaria n.º 1223-A/91, de 30 de Dezembro.
[826] Cfr. preâmbulo da Portaria n.º 1223-A/91, de 30 de Dezembro.

Nacional de Protecção de Dados [CNPD], cujo acesso à base se faria por níveis de competência funcional e material.

O legislador não teve a coragem de uma só vez resolver o problema do *laboratório da polícia científica* que nunca deve estar sob a direcção de qualquer polícia, mas ser totalmente independente, e o problema das informações criminais com a criação de um verdadeiro sistema integrado de informações criminais, independente de todos os OPC, permitindo uma melhor e mais eficaz fiscalização e controlo por parte da CNPD e das AJ.

296. O art. 11.º da LOIC institui um *Sistema Integrado de Partilha de Informações*, que pressupõe que cada OPC tem o seu sistema interno de informações, tem a sua base de dados informativos criminais e tem o seu próprio registo, tratamento e conservação.

Este sistema de partilha com várias bases de dados dificulta a fiscalização e o controlo promovido pela CNPD e pelas AJ, assim como limita ou não promove a cooperação policial desejada pelo legislador e por toda a comunidade. Ora vejamos.

O acesso à informação detida por OPC carece da verificação do *princípio de necessidade* de aceder aos dados retidos na base daquele OPC, que pode demonstrar que não existe essa necessidade de recurso à informação aí registada, tratada e conservada, ou limitá-la a uma só parte dessa informação, obstruindo a operatividade policial do OPC solicitantc, que tem de demonstrar que essa informação é fundamental e essencial ao bom andamento da investigação do crime.

O acesso à informação, que se fará por níveis de acesso, está subordinada ao *princípio da competência*, ou seja, o OPC solicitante tem de demonstrar que no caso *sub judice* é o OPC competente para a investigação em curso e para obter a informação solicitada, cuja análise dessa competência estará nas mãos do OPC solicitado e que pode negar o acesso – a partilha – com fundamento de que, naquele caso concreto, a competência para investigar é sua, independentemente do despacho concreto de AJ titular do processo. Se não existir bom senso podem-se gerar conflitos institucionais entre os OPC devido à sua operatividade[827].

---

[827] Não nos esqueçamos de que a cooperação policial decorre muito do *bom senso* e da ideia de que cada polícia tem de estar ao serviço público do cidadão e não

297. A partilha ou acesso à informação criminal pode ser limitada por a informação solicitada estar a ser alvo de uma investigação ou fazer parte integrante de um processo crime que se encontra em segredo de justiça, decretado nos termos do art. 86.º e ss. do CPP. Do mesmo modo pode ser negado o acesso à informação solicitada, por a mesma se encontrar sob o regime legal do segredo de Estado, conforme parte final do n.º 1 do art. 11.º da LOIC. Acresce referir que o legislador subordinou o regime de *acesso e partilha de informação criminal* a regulamentação sob a *reserva de lei*, tendo em conta o respeito das als. *b)* e *c)* do n.º 1 do art. 165.º da CRP, por força do n.º 4 do art. 11.º da LOIC.

Adite-se, ainda, que não se nos afigura correcto a forma verbal – «podem, ..., aceder...» – prescrita no n.º 3 do art. 11.º da LOIC. A AJ titular do processo, que dirige a investigação, não "pode aceder", mas *deve aceder*, a qualquer momento, ao sistema de informações do OPC que está investigar o crime para fiscalizar, *in concreto*, a actividade policial sob pena de a garantia da legalidade democrática que lhe está, constitucionalmente, atribuída ser uma inocuidade plena.

A AJ *acede*, sempre que entender, ao sistema de informações criminais dos OPC de modo a assumir em definitivo e em *efectividade* a direcção plena da investigação criminal.

§ 84.º Da fiscalização dos órgãos de polícia criminal

298. O legislador, em 2008, na linha de toda a LOIC de retirar a força directiva do Procurador titular do processo em investigação, diminuindo ou inocuizando o princípio da autonomia interna própria de quem será responsável directo pelo desfecho final do processo, optou por centralizar no Procurador-geral da República a fiscalização da actividade dos órgãos de polícia criminal, conforme art. 16.º da LOIC.

Afirmamos, desde já, que a fiscalização concreta da actividade dos OPC no processo *sub judice* cabe, sob pena de neutralização total

---

ao serviço do seu *ego* para promoção da imagem pessoal por meio da imprensa e, desse resultado, obter elevados dividendos.

da figura do titular do processo – *processi dominus* –, pertence, sem qualquer dúvida, ao Procurador titular do processo, na fase de inquérito, e ao juiz, nas fases sequentes. A fiscalização concreta tem a sua materialização efectiva no n.º 7 do art. 2.º da LOIC.

A fiscalização a levar a cabo pelo Procurador-geral da República é uma fiscalização superior, incide sobre a actividade processual dos OPC e ocorre na fase do inquérito, por força do n.º 1 do art. 16.º da LOIC. A intervenção do Procurador-geral da República só se justifica em situações muito específicas e, desde logo, se a direcção do inquérito estiver a ser conduzida de forma ilegal, contrária à Constituição, aos princípios do Estado de direito democrático e se violar os direitos, liberdades e garantias fundamentais dos cidadãos [vítima, arguido e demais comunidade], e, na nossa opinião, se os procuradores-gerais distritais não exercerem a sua competência de fiscalização hierárquica que o CPP prescreve: art. 278.º do CPP. Digamos que a intervenção hierárquica do Procurador-geral da República no processo para fiscalizar a actividade processual dos OPC já se aferia do art. 278.º do CPP.

Acrescentamos que o Procurador-geral da República, pelo seu estatuto e como última instância de intervenção no inquérito, não deve fiscalizar, mas determinar a fiscalização. O n.º 1 do art. 16.º da LOIC devia ter prescrito «determina a fiscalização» em vez de «fiscaliza». É esta a interpretação que deve ser feita sob pena de inocuizar e de aniquilar o princípio da autonomia interna do MP, consagrada pelo art. 219.º da CRP.

299. Consideramos que, se por um lado os poderes de fiscalização do Procurador-geral da República aparentemente foram ampliados ou reforçados, esses mesmos poderes não são tão reforçados como se afirma[828], uma vez que já estavam previstos e se aferiam das funções do mesmo prescritas no art. 12.º do EMP conjugado com o art. 220.º da CRP. A LOIC tão só materializou as atribuições e competências do Procurador-geral da República estatuídas no EMP e na Constituição.

---

[828] Cfr. Exposição de motivos da Proposta de Lei n.º 185/X.

A acção do Procurador-geral da República, segundo o art. 16.º da LOIC, parece esgotar-se na fase de inquérito ou actuar sobre factos ou diligências processuais penais desenvolvidas pelos OPC na fase de inquérito. Não concordamos com esta redução da actividade de fiscalização à actividade processual penal dos OPC atribuída ao MP, no agente do Procurador-geral da República, à fase de inquérito. Ao MP cumpre, constitucionalmente, defender a legalidade democrática, por força da parte final do n.º 1 do art. 219.º da CRP.

Face ao exposto, consideramos que o Procurador-geral da República pode determinar a fiscalização de toda a actividade processual penal investigatória, assim como administrativa preventiva e sancionatória, desenvolvida pelas polícias na qualidade de OPC ou de polícia administrativa ou de polícia de ordem e tranquilidade públicas.

300. A fiscalização da actividade de investigação criminal dos OPC desenvolvida ou determinada pelo Procurador-geral da República pode decorrer de vários moldes. O Procurador-geral da República pode determinar superiormente a fiscalização da «actividade processual dos órgãos de polícia criminal no decurso do inquérito» que pode consistir em:

- Na solicitação aos OPC de competência genérica de informações sobre a actividade processual e/ou na ordenação de inspecções aos respectivos serviços, para fiscalizar o cumprimento da lei, quanto à investigação criminal promovida na fase de inquérito, conforme n.º 2 do art. 16.º da LOIC.
- Na emissão de directivas ou instruções genéricas sobre o cumprimento da lei por parte dos OPC de competência genérica, no âmbito da investigação criminal desenvolvida na fase de inquérito, conforme n.º 3 da LOIC.
- Na ordem de realização de inquéritos e sindicâncias aos OPC de competência genérica quanto a factos praticados no quadro da investigação criminal promovida na fase de inquérito. A decisão de realização de inquéritos e sindicâncias pode ser de sua iniciativa ou por solicitação dos membros do Governo responsáveis pela sua tutela ou por solicitação dos dirigentes máximos daqueles OPC, conforme n.º 4 do art. 16.º da LOIC.

301. O art. 16.º da LOIC estipula que a fiscalização incide sobre os OPC de competência genérica – GNR, PSP e PJ –, mas consideramos que esse mesmo poder de direcção, de fiscalização, de sindicância e de emissão de directivas, que reside no Procurador-geral da República estende-se, com a mesma força, aos OPC de competência específica por força do art. 12.º do EMP e do art. 22.º da CRP.

Reafirmamos que este poder de fiscalização geral, não elimina o poder de direcção e de fiscalização concreta dos Procuradores titulares do processo *sub judicie*, sob pena do poder de direcção do inquérito e da investigação criminal – art. 263.º do CPP e art. 2.º, n.ºs 1, 2, 4 e 7 do art. 2.º da LOIC – ser inocuizado. Este poder concreto que reside nos Procuradores titulares do processo não se esgota na relação com os OPC de competência genérica, mas verifica-se em relação a todos os OPC, independentemente da competência: genérica, reservada ou específica.

§ 85.º Coordenação dos Órgãos de Polícia Criminal de Competência Genérica

a. Do Conselho Coordenador

302. A LOIC de 2008 manteve o Conselho Coordenador da Investigação Criminal, composto pelo MJ e MAI, que presidem, pelo Secretário-Geral do Sistema de Segurança Interna, pelos Directores Nacionais da PSP, da PJ e do SEF, pelo Comandante-Geral da GNR, os dirigentes máximos dos OPC de competência específica, o director-geral dos Serviços Prisionais no qual pode participar o membro do Governo responsável pela coordenação política da droga e o Presidente do Conselho Superior da Magistratura e o Procurador-Geral da República, ao qual compete coordenar jurídico-processualmente toda a investigação criminal a nível nacional, legitimando e limitando operações, sem que fira a autonomia táctica e técnica, assim como redefinindo formas de intervenção investigatórias previstas na lei, nos termos dos n.º 1, 4, 5, 6 e 7 do art. 13.º da LOIC.

Os dirigentes dos órgãos de polícia criminal de competência específica, com excepção do SEF, participam nas reuniões do Conselho

Coordenador sempre que as matérias a tratar justifiquem a respectiva presença, nos termos do n.º 2 conjugado com a al. *c)* do n.º 1 do art. 13.º da LOIC. Do mesmo modo, podem ser convidados para participar nas reuniões do Conselho Coordenador outras entidades, cuja função, legalmente atribuída, se enquadre em «especiais responsabilidades na prevenção e repressão da criminalidade ou pesquisa e produção de informações relevantes para a segurança interna» – *p. e.*, o SIS –, por força do n.º 8 do art. 13.º da LOIC.

A participação dos OPC de competência específica no Conselho Coordenador não é originária. Seria inadequado que a participação desses OPC e/ou os seus dirigentes máximos fosse originária, devido ao excessivo número de OPC com competência específica[829]. O legislador não afastou ou limitou o acesso ao Conselho dos dirigentes máximos dos órgãos de polícia criminal com competência específica, uma vez que quer a PJ, quer a GNR, quer a PSP, quer o SEF, efectuam certas operações com esses OPC: *p. e.* ASAE, IGT, IGF.

303. Aplaudimos a inserção permanente no Conselho Coordenador de Segurança do director-geral dos Serviços Prisionais, como se afere do n.º 2 e da al. *d)* do n.º 1 do art. 13.º da LOIC[830], que é o dirigente máximo do Corpo da Guarda Prisional que é uma força de segurança e que, na nossa opinião, detém materialmente prerrogativas de órgão de polícia criminal, além de ter acesso a imensa informação

---

[829] Um dos últimos OPC a ser criado foi a Autoridade da Correspondência que «no exercício de poderes sancionatórios e de supervisão, (...), através dos seus órgãos ou funcionários, goza dos mesmos direitos e faculdades e está submetida aos mesmos deveres dos órgãos de polícia criminal», podendo «proceder, (...), à busca, exame, recolha e apreensão de cópias ou extractos da escrita e demais documentação, que se encontre ou não em lugar reservado ou não livremente acessível ao público», após despacho de autorização judiciária – conforme n.º 1, al. *c)* e n.º 2 do art. 17.º da Lei n.º 18/2003, de 11 de Junho. Se lermos com atenção as leis orgânicas de imensas autoridades ou inspecções gerais, verificamos que existem serviços que ou são órgão de polícia criminal de competência específica ou têm prerrogativas de órgão de polícia criminal.

[830] A LSI seguiu a mesma linha ao integrar, como membro efectivo do Conselho Superior de Segurança Interna, o director-geral dos Serviços Prisionais, conforme al. *m)* do n.º 1 do art. 12.º da LSI.

criminal[831] fundamental para a prevenção e a investigação de crimes em concreto.

A coadjuvação do Conselho Coordenador ficou adstrita ao Secretário-Geral do Sistema de Segurança Interna, cabendo-lhe coadjuvar a presidência quer na preparação quer na condução das reuniões, por força do n.º 3 do art. 12.º da LOIC. Ao Secretário-Geral do Sistema de Segurança Interna compete, também, a coordenação dos órgãos de polícia criminal, sem que ofenda a autonomia orgânica e hierárquica dos dirigentes máximos e superiores dos respectivos OPC, como se retira do art. 15.º da LOIC, conjugado com os artigos 14.º a 24.º e 32.º da LSI[832].

A operacionalização dos OPC, que estão sob a direcção e na dependência funcional do MP no âmbito da investigação criminal, pertence à hierarquia dentro da sua autonomia orgânica e dentro dos limites das autonomias tácticas e técnicas.

304. O art. 14.º da LOIC prescreve as competências do Conselho Coordenador, que, sem menosprezar quaisquer outras, destacamos a garantia de adequada coadjuvação às autoridades judiciárias – al. *b)* –, a solicitação ao PGR para que adopte medidas, «providências que se revelem adequadas a uma eficaz acção na prevenção e investigação criminais» – al. *d)* –, e a definição de metodologias de trabalho e de acções de gestão que permitam uma melhor coordenação entre os vários OPC e uma maior eficácia de acção dos OPC nos vários patamares da hierarquia – al. *f)*, todas do n.º 1 do art. 14.º da LOIC.

Ao Conselho Coordenador compete, ainda, emitir orientações genéricas, sem que prejudique as orientações emitidas pelo Procurador-Geral da República e demais agentes do MP, que assegurem a articulação entre todos OPC, por força da al. *a)* do n.º 1 do art. 14.º da LOIC. Esta atribuição/competência do Conselho Coordenador não lhe permite ingerências em processos concretos, ou seja, o Conselho Coordenador «não pode emitir directivas, instruções ou ordens» quanto a processos em investigação[833] sob pena de violação do princípio de-

---

[831] Quanto a este assunto e com profundo desenvolvimento, o nosso *Natureza Jurídica do Corpo da Guarda Prisional*, EDIUAL, Lisboa, 2008.
[832] Quando ao sistema de coordenação *infra* pontos 305 e 306.
[833] Cfr. n.º 2 do art. 14.º da LOIC.

mocrático da separação de poderes, da violação do princípio da autonomia do MP e do princípio da independência do juiz consagrados constitucionalmente.

As deliberações do Conselho susceptíveis de relevar para o exercício das competências do Conselho Superior da Magistratura devem-lhe ser transmitidas, por força da al. *c)* do n.º 1 do art. 14.º da LOIC.

Ao Conselho cabe, ainda, apreciar as estatísticas que incidem sobre acções de prevenção e de investigação criminal para uma melhor decisão quanto à emissão de orientações genéricas para os OPC, por força da al. *e)* conjugada com a al. *a)* do n.º 1 do art. 14.º da LOIC.

b. Do sistema de coordenação

305. O sistema de coordenação é um complemento importante do conselho coordenador, permitindo que cada OPC se organize e estruture de acordo com a sua Lei orgânica. O n.º 2 do art. 15.º da LOIC é uma manifestação da autonomia técnica e táctica dos OPC, cuja coordenação operacional de cada OPC compete internamente a cada responsável máximo e intermédio de cada OPC, afastando a possível ingerência de um outro OPC ou da própria Autoridade Judiciária e do próprio Scretário-Geral do Sistema de Segurança Interna.

A LOIC de 2000 tinha um sistema de coordenação centrado nos oficiais de ligação e na possível criação de um Sistema Integrado de Informações Criminais:

> O n.º 2 do art. 8.º da LOIC de 2000 determina que sejam designados oficiais de ligação por parte da PSP ou GNR junto da PJ. Este preceito é um corolário do princípio de *cooperação mútua* prescrita no art. 6.º da LOIC e da prossecução do interesse público, que no plano da investigação criminal, é a segurança, que irá permitir o exercício pleno dos direitos e liberdades fundamentais.
>
> Os «oficiais de ligação» têm como função permitir uma *"articulação específica* com os Laboratórios de Polícia Científica e o Instituto Superior de Polícia Científica e Ciências Criminais". A articulação abrange não só o campo operacional – LPC –, mas também o campo da formação científica e de especialização – ISPJCC.

O Sistema Integrado de Informação Criminal, previsto no art. 8.º, n.º 3 da LOIC de 2000, tem em vista a recolha, a centralização, o tratamento e a difusão da informação, cuja competência é da PJ, como se depreende o art. 8.º da LOPJ.

O Sistema Integrado de Informação Criminal – SIIC – tem, também como fundamento o preceituado quer na al. *c)* do n.º 4 do art. 3.º da LOIC de 2000 quer na al. *c)* do n.º 1 do art. 5.º da LOPJ anterior, permitindo que todo o conhecimento técnico-científico, a informação obtida, tratada, analisada, sejam difundidos não só entre a própria PJ, mas também aos demais OPC, com os quais está obrigada a cooperar – *ex vi* art. 6.º, art. 5.º, n.º 1 da LOPJ anterior e art. 6.º e art. 3.º, n.º 4 da LOIC de 2000.

O novo regime jurídico da investigação criminal, *ex vi* do n.º 4 do art. 8.º da LOIC de 2000, não afasta o regime jurídico da prevenção e investigação criminal no âmbito do tráfico de droga, aprovado pelo DL n.º 81/95, de 22 de Abril[834].

306. A coordenação dos OPC – competência genérica, reservada e específica – está atribuída ao Secretário-Geral do Sistema de Segurança Interna. Este coordena os OPC sem afectar as competências do MP e no âmbito das orientações genéricas emitidas pelo Conselho Coordenador, devendo para prosseguir as suas funções de coordenação ouvir os dirigentes máximos, níveis hierárquicos, unidades territoriais, autoridades e agentes dos OPC, conforme n.os 1 e 2 do art. 15.º da LOIC.

Compete ao Secretário-Geral do Sistema de Segurança Interna promover o cumprimento das respectivas competências de investigação criminal para que se evitem conflitos entre os diferentes OPC, por força da al. *a)* do n.º 2 do art. 15.º da LOIC. Do mesmo modo, cabe-lhe garantir não só a partilha de meios e serviços de apoio aos OPC – *v. g.*, Laboratório de Polícia Científica –, como também assegurar que funcione o sistema de partilha de informações criminais e que haja o efectivo acesso por parte dos OPC, tendo em conta os princípios da necessidade e da competência, nos termos do art. 11.º da LOIC, por força das al. *b)* e *c)* do n.º 2 do art. 15.º da LOIC.

---

[834] Solução mantida pelo art. 19.º da nova LOIC, aprovada pela Lei n.º 49/2008, de 27 de Agosto.

O Secretário-Geral, na linha do Conselho Coordenador, não pode emitir quaisquer directivas, instruções ou ordens quanto a processos concretos[835], assim como lhe está, *ex lege*, vedado o acesso a qualquer processo concreto, aos seus elementos, nem pode aceder às informações constantes do sistema integrado de partilha de informações criminais[836]. Não nos podemos esquecer de que o cargo de secretário-geral de Sistema de Segurança Interna é um cargo de elevado teor político.

SUBSECÇÃO IV
Do Agente Infiltrado – Meio Excepcional de Investigação

§ 86.º Considerações Gerais

307. A sociedade, pela sua normal desenvoltura cultural, exige cada vez mais dos poderes político, legislativo, executivo, pois a nossa comunidade caminha e não se compadece com atrasos estruturais ou legislativos que sejam a causa de uma paz e segurança em queda, em que o crime se transforma em um negócio compensador.

A lei tem de se adequar aos tempos, ao quotidiano desenvolvimento das novas estruturas sociais e, consequentemente, da nova e mais requintada criminalidade. O crime está à frente da sua prevenção e, muito mais à frente, da sua repressão. As bandeiras da eficácia e da eficiente prevenção caiem por terra, como os acontecimentos de 11 de Setembro de 2001 de Nova Iorque, de 11 de Março de 2004 de Madrid e de 7 de Julho de 2005 de Londres demonstraram ao mundo. O legislador e muito menos os homens que interpretam e aplicam a lei dificilmente se antecipam aos factos humanos que violam bens jurídicos essenciais e fundamentais ao desenvolvimento do Homem[837].

---

[835] Cfr. n.º 3 do art. 15.º da LOIC.
[836] Cfr. n.º 4 do art. 15.º da LOIC.
[837] Sendo a lei um legado de todos os tempos históricos e valendo em cada momento do modo que este a entende e desimplica e de acordo com a consciência jurídica [Hoc sensu KARL LARENZ, Metodologia da ciência do Direito, (tradução de JOSÉ LAMEGO), Fundação Calouste Gulbenkian, 1978, pp. 193 e ss. e CARLOS ALBERTO POIARES, *Análise Psicocriminal das Drogas – O discurso do Legislador*, Almeida & Leitão, Ld.ª,

Assim como, no passado, "os homens independentes e isolados se uniram em sociedade, cansados de viver em contínuo estado de guerra e de gozar de uma liberdade inútil pela incerteza de sua conservação"[838] a sociedade, hoje, cede também parte da sua liberdade em troca de segurança e tranquilidade, impondo que os responsáveis criem os mecanismos necessários e proporcionais para que a Polícia possa desempenhar a função que o poder constituinte de 1976 lhe confiou: *defender a legalidade democrática e garantir a segurança interna e os direitos dos cidadãos*. A nível internacional, relembremos as críticas e a análise de ZIEGLER quanto às estruturas e às interdependências demasiado burocráticas das polícias a nível europeu, ao afirmar que a transnacionalidade do crime organizado aponta, como grande passo para uma luta eficiente contra esse mesmo crime, a instituição de uma organização policial internacional "dotada de competência supranacional", uma vez que a Europol não passa de um "Eunuco", que tem como única arma o rato do computador."[839]

308. A busca de mecanismos capazes de prevenir e investigar a criminalidade mais grave – altamente organizada, complexa, violenta, transnacional, internacional – e que mais preocupa e fere o normal desenvolvimento do Homem impele o legislador a decidir ampliar o âmbito das acções encobertas, vulgo **agente infiltrado**, subordinando o regime estabelecido aos princípios norteadores da administração da justiça, ajustando a lei ao tempo dos nossos dias e dando à sociedade a segurança jurídica no sentido de legalizar um meio de investigação excepcional que, até então, podia, apenas, ser usado no âmbito do tráfico de droga [artigos 59.º e 59.º-A do DL n.º 15/93, de 22 de Janeiro] e no âmbito do combate à corrupção e à criminalidade económico financeira [art. 6º da Lei n.º 36/94, de 29 de Setembro][840].

A Lei n.º 101/2001, de 25 de Agosto, alarga as finalidades do recurso ao agente infiltrado e o âmbito de possível aplicação, estipula

---

1998, p. 76], a mesma não pode estagnar sob pena de ser inútil e rejeitada pela comunidade.

[838] CESARE BECCARIA, *Dos Delitos e das Penas*, (tradução de LUCIA GUIDICINI), Martins Fontes, S. Paulo, 1991, p. 43].

[839] JEAN ZIEGLER, *Os Senhores do Crime*, Terramar, Lisboa, pp. 215 e 214.

[840] Preceitos revogados pelo art. 7º do RJAEFPIC.

os pressupostos da acção encoberta [legitimando-a e limitando-a], regula a protecção do funcionário e do terceiro que actue como agente infiltrado, assim como a irresponsabilidade do agente[841].

§ 87.º Enquadramento geral

309. O Regime Jurídico das Acções Encobertas para Fins de Prevenção e Investigação Criminal, aprovado pela Lei n.º 101/2001, de 25 de Agosto, ampliou o âmbito de aplicação da acção encoberta ou do agente infiltrado a um leque «alargado» de infracções criminais – art. 2.º –, possibilitando o recurso a este meio ou técnica de inves-tigação e de prevenção excepcional que tem em conta os princípios orientadores da restrição dos direitos fundamentais na investigação criminal, em especial o princípio da proporcionalidade *lato sensu* na sua visão tríplice: adequação, necessidade e proporcionalidade *stricto sensu*[842].

O princípio da necessidade impõe que se obedeça aos vértices do princípio da subsidiariedade. Como técnica excepcional, o agente infiltrado, quer por razões de ordem moral e ética, quer por razões de segurança do próprio infiltrado, somente, e repetimos somente, deve ser usado quando todos os outros meios de obtenção de prova não forem suficientemente capazes e eficazes para a descoberta da verdade e obtenção da prova. Acrescentamos que o recurso ao agente infiltrado deve obedecer ao *princípio da indispensabilidade* para a

---

[841] Quanto ao regime jurídico do agente infiltrado, os nossos *Processo Penal –* Tomo I, 2.ª Edição pp. 507-548, *O Novo Regime Jurídico do Agente Infiltrado Comentado e Anotado*, (com Fernando Gonçalves e Manuel João Alves), Almedina, 2001 e Rui Pereira, «O "Agente Encoberto" na Ordem Jurídica Portuguesa», *in I Congresso de Processo Penal –* Memórias, Almedina, 2005, pp. 225-256, Isabel Oneto, *O Agente Infiltrado*, Coimbra Editora, 2005. Quanto a um estudo comparado entre o regime português e o regime espanhol, fundado numa linha humanista e defensora dos direitos e liberdades fundamentais, Adán Carrizo Gonzalez-Castell, "El Agente Infiltrado en España y Portugal. Estudio comparado a la luz de las garantias y de los princípios constitucionales", *in Criminalidade Organizada e Criminalidade de massa. Interferências e Ingerências Mútuas*, Almedina, Coimbra, 2009, pp. 185-219.

[842] Cfr. *supra* § 32.º.

descoberta da verdade e ao *princípio da impossibilidade* objectiva de obtenção de prova por qualquer outro meio menos oneroso para os direitos e liberdades fundamentais dos cidadãos[843].

310. A barreira entre acção encoberta e a provocação é muito ténue, impendendo sobre o agente infiltrado uma formação moral e ética muito forte e fundada em valores e princípios cimentados no respeito pelos direitos, liberdades e garantias individuais para que a sua acção apenas seja informativa e não formativa do crime.

O legislador, procurando marcar a fronteira de recurso e evitar o seu desmoronamento, vinculou o recurso à técnica do agente infiltrado à verificação de determinados requisitos (art. 3.º):

α. a adequação da acção encoberta à prevenção e repressão criminal;
β. aquela deve destinar-se à descoberta de material probatório;
γ. a acção encoberta tem de ser proporcional quanto aos fins e quanto à gravidade do crime a investigar;
δ. autorização da autoridade judiciária, ou seja, controle jurisdicional.

Materialmente tudo depende de quem investiga, de quem autoriza e de quem julga. O agente infiltrado é um meio de obtenção de prova que colide com o exercício de direitos fundamentais – como a reserva da vida privada, pois o agente ao se tornar uma pessoa de confiança do suspeito poderá acceder a factos da vida e da família daquele, cujo conhecimento não se efectuaria se não fosse um agente infiltrado –, o que coloca certas reservas ao recurso esta técnica de investigação e prevenção criminal excepcional. Como afirma GERMANO MARQUES DA SILVA, o recurso a esta técnica depende "muito da prudência dos juízes que têm as formações mais diversas. É grande a margem entregue à **prudência do julgador**"[844].

---

[843] Princípios defendidos por nós para os meios de obtenção de prova que provoquem uma maior *danosidade social* e que o legislador prescreveu no n.º 1 do art. 187.º do CPP. Quanto a este assunto, o nosso *Escutas Telefónicas...*, 2.ª Edição, pp. 61-65.

[844] GERMANO M. DA SILVA apud FERNANDA CACHÃO, *"A qualidade do agente"*, in *Euronotícias*, 27 de Julho de 2001, p. 30. Refira-se que "uma sociedade organizada na base do respeito pelos valores da dignidade humana, que respeite e promova os

311. A Lei n.º 101/2001, de 25 de Agosto, ampliou o âmbito de aplicação da acção encoberta, permitindo, desta feita, recorrer a este meio de investigação para o deslindamento de outros tipos de crimes, que não os já previstos. Caso não fosse efectuada esta ampliação, "nos termos da Convenção Relativa ao Auxílio Judiciário Mútuo em Matéria Penal entre os Estados-Membros da União Europeia, teríamos de **admitir acções encobertas em investigações transnacionais fora do tráfico de droga e fora da corrupção**, *o que* seria, no mínimo, estranho admiti-lo para a cooperação internacional **e não para as investigações puramente nacionais**"[845].

Deste fundamento apresentado por ANTÓNIO COSTA, à altura Ministro da Justiça, poder-se-á, em uma primeira análise, aferir que esta mudança legislativa se deve aos ventos internacionais, aparecendo como uma «nova» que, para evitar a incongruência entre as permissões legais nacionais quanto às autoridades internas face a crimes cometidos quer portugueses quer por estrangeiros em território nacional e as permissões que o mesmo ordenamento jurídico dava em termos de cooperação judiciária internacional em matéria penal, impeliu o poder legislativo a ampliar o âmbito de aplicação da acção encoberta.

Pensamos que não terá sido esse o único motivo impulsionador da alteração legal do regime, mas cremos que ajudou a dar força a que o regime fosse modificado, pois a segurança e a liberdade são irmãs

---

valores da amizade e da solidariedade, que *vise a construção de um país mais livre, mais justo e mais fraterno*, não pode consentir que o exercício de uma das funções do Estado possa constituir a causa da quebra da solidariedade entre os seus membros, possa ser motivo de desconfiança no próximo, possa conduzir ao egoísmo e ao isolamento", [G. MARQUES DA SILVA, *A Ética Policial e Sociedade Democrática*, Edições do ISCPSI, 2001, p. 70] e que "a sociedade não oferece mais um direito penal que realmente seja uma garantia de liberdade: à magna carta do delinquente a sociedade opõe a magna carta do cidadão, o reclamo por um arsenal de meios efectivos de luta contra o crime e a repressão da violência.", [ANABELA MIRANDA RODRIGUES, *in* Prefácio de *Lei e Crime: O Agente Infiltrado versus o Agente Provocador – Os Princípios do Processo Penal*, Almedina, 2001, p. 6].

[845] ANTÓNIO COSTA (Ministro da Justiça), in *DAR*, I Série, n.º 99, de 22 de Junho de 2001, p. 3865, Col. 1; itálico e negrito nossos; Cfr. art. 160º-B da Lei n.º 144/99, de 31 de Agosto, que aprovou a *Lei de Cooperação Judiciária Internacional em Matéria Penal*, aditado pela Lei n.º 104/2001, de 25 de Agosto. Cfr. art. 20.º da Convenção das Nações Unidas Contra a Criminalidade Organizada Transnacional.

gémeas, cuja tutela jurídica tem de se prender com o equilíbrio do exercício de ambos os direitos, sendo que a liberdade, como o mais elevado princípio da justiça, deve enquadrar a segurança dentro de uma política criminal humanista[846].

§ 88.º Do regime jurídico do agente infiltrado

a. Conceptualização

312. A Lei n.º 101/2001, de 25 de Agosto, fala em acções encobertas e não em acções infiltradas, mas o regime aprovado é, legal e doutrinariamente, próprio do agente infiltrado, cujas características se distanciam do agente encoberto quer na natureza quer na competência subjectiva e objectiva.

No que concerne *à natureza* o agente encoberto não necessita de autorização judicial, porque não actua ao lado dos agentes dos crimes a investigar e a prevenir, encontrando-se à espera que a infracção ocorra para deter os agentes do crime. Quanto à *competência objectiva*, o agente encoberto não procede a investigações em locais cujo acesso careça de autorização judicial e não se cinge a um catálogo de crimes, como prescreve o art. 2.º da Lei n.º 101/2001. E quanto à *competência subjectiva*, o agente encoberto não tem de ser necessariamente da PJ, podendo ser de outra força de segurança como a PSP, a GNR ou SEF dentro das competências específicas de investigação criminal, conforme artigos 3.º, 6.º, 7.º e 8.º da LOIC, e o catálogo de crimes prescritos no art. 2.º deste diploma[847].

O n.º 2 do art. 1.º da Lei n.º 101/2001 estabelece o conceito de acção encoberta, *i. e.*, de acção infiltrada, desenvolvida pelo agente infiltrado ou agente «investigador», como **"aquelas que sejam desenvolvidas por funcionários de investigação criminal ou por terceiro actuando sob o controlo da Política Judiciária para prevenção ou repressão dos crimes indicados nesta lei, com ocultação da sua qualidade e identidade"**.

---

[846] Quanto à liberdade como princípio *supra* § 42.º.
[847] Quanto ao agente encoberto *infra* ponto **d.** deste §.º.

Da tipologia estipulada pela mão do legislador afere-se que a figura do agente infiltrado não deve confundir-se com a do agente provocador ou com a do agente encoberto, como veremos mais adiante[848].

313. O agente infiltrado é, *ab initio*, e deve ser sempre encarado como uma **técnica de investigação excepcional** que está, actualmente, consagrada em praticamente todos os ordenamentos jurídicos europeus – *v. g.*, França, Itália, Alemanha – variando apenas na amplitude de recurso.

A figura do agente infiltrado, bem como o uso de outros meios preventivos do crime – *p. e.*, a observância contínua de uma pessoa, a vigilância electrónica, os informadores secretos (etc.) – têm suscitado, no entanto, viva discussão doutrinária. Na Alemanha, por exemplo, como nos dá conta HARTHMUTH HORST, a actual discussão a este propósito é dominada pela "preocupação de que um aumento dos poderes da polícia (...) possa acabar por perturbar o equilíbrio entre o poder da polícia e o poder dos tribunais e possa tornar-se indirectamente numa ameaça dos direitos humanos"[849].

Em sentido oposto concluiu o nono congresso das Nações Unidas para a prevenção do crime e tratamento dos delinquentes que teve lugar na cidade do Cairo de 29 de Abril a 8 de Maio de 1995, quando declarou que a polícia e outros serviços de ordem pública têm de se socorrer das novas tecnologias de ponta como meio necessário para combater eficazmente a criminalidade organizada que também ela se socorre e domina essas mesmas tecnologias. No mesmo sentido, o art. 15.º da Convenção de Palermo, actual art. 20.º da Convenção das Nações Unidas contra a Criminalidade Organizada Transnacional, prescreve o recurso a acções encobertas «a fim de combater eficazmente a criminalidade organizada» – *in fine* do n.º 1 do art. 20.º.

---

[848] Quanto à discussão na generalidade na Assembleia da República relativamente à figura infiltrado e ao novo regime, *DAR*, I Série, n.º 99, de 22 de Junho de 2001, pp. 3865 e ss. e o nosso *Processo Penal* – Tomo I, 1.ª Edição, pp. 439-479.

[849] HARTHMUTH HORST, "Os Limites da Prevenção Criminal à Luz dos Direitos do Homem", in *Revista Portuguesa de Ciência Criminal*, Ano 8, 1998, p. 384. Hoc sensu WINFRIED HASSEMER, *A Segurança Pública no Estado de Direito*, AAFDL, Lisboa, 1995, pp. 91-97.

314. Agente infiltrado é, pois, o funcionário de investigação criminal ou terceiro – *p. e.*, o cidadão particular, que actue sob o controlo da Polícia Judiciária – que, com ocultação da sua qualidade e identidade e com o fim de obter provas para a incriminação do suspeito, ou suspeitos, ganha a sua confiança pessoal, para melhor o observar, em ordem a obter informações relativas às actividades criminosas de que é suspeito e provas – reais e pessoais – contra ele(s), com as finalidades exclusivas de prevenção ou repressão criminal, sem contudo, o(s) determinar à prática de novos crimes.

A figura do agente infiltrado é, substancial e adjectivamente, diferente da do agente provocador. O agente provocador cria o próprio crime e o próprio criminoso, porque induz o suspeito à prática de actos ilícitos, instigando-o e alimentando o crime, agindo, nomeadamente, como comprador – *p. e.*, de auto-rádios furtados ou de droga – ou fornecedor de bens ou serviços ilícitos – *p. e.*, venda de armas. O agente infiltrado, por sua vez, através da sua actuação limita-se, apenas, a obter a confiança do suspeito(s), tornando-se aparentemente num deles para, como refere MANUEL MEIREIS, «desta forma, ter acesso a informações, planos, processos, confidências ... que, de acordo com o seu plano constituirão as provas necessárias à condenação»[850].

O Tribunal Constitucional considerou, nesta linha, que o "que verdadeiramente importa, para assegurar essa legitimidade – da intervenção do agente infiltrado – é que o funcionário de investigação criminal não induza ou instigue o sujeito à prática de um crime que de outro modo não praticaria ou que não estivesse já disposto a praticar, antes se limite a ganhar a sua confiança para melhor o observar, e acolher informações a respeito das actividades criminosas de que ele é suspeito. E, bem assim, que a intervenção do agente infiltrado seja autorizada previamente ou posteriormente ratificada pela competente autoridade judiciária"[851].

315. O agente infiltrado, na sua actuação, pode, de acordo com o seu plano e tendo em conta os fins pretendidos [obtenção de prova

---

[850] MANUEL AUGUSTO ALVES MEIREIS, *O Regime das Provas Obtidas pelo Agente Provocador em Processo Penal*, Almedina, Coimbra, 1999, p. 164.

[851] Ac. TC n.º 578/98, Proc. n.º 835/95, *in DR-II Série*, n.º 48 de 26 de Fevereiro de 1999, p. 2951.

contra o(s) suspeito(s), com as finalidades exclusivas de prevenção ou repressão criminal], colaborar na actividade criminosa desenvolvida pelos respectivos agentes, prestando-lhes, designadamente auxílio material ou moral, ou até mesmo, praticar actos de execução do crime, até certo limite, como estabelece o n.º 1 do art. 6º.

Porém, tal colaboração (e prática de actos de execução) só é lícita se a *actividade criminosa estiver já em curso*, i. e., **não pode ser ele a instigar ou a dar início ao crime**. Não é tolerável que o agente infiltrado adopte uma conduta de impulso ou instigação dessa actividade, sob pena de se converter em um verdadeiro agente provocador.

Em suma, não pode o agente infiltrado, ou agente «investigador», como também é designado, determinar a prática do crime. A sua actividade não pode ser formativa do crime, mas apenas informativa[852].

---

[852] A este propósito reveste de grande interesse o douto acórdão do Supremo Tribunal de Justiça, de 15 de Janeiro de 1997. [Acórdãos do STJ, in *Colectânea de Jurisprudência*, Ano V, Tomo I, pp. 185-188], no qual foi dada como provada a seguinte matéria fáctica:

«1 – No dia 9 de Setembro de 1995, cerca das 22 horas, no lugar de Mariz (...) o arguido encontrava-se junto de diversos indivíduos conotados com o consumo de estupefacientes;

2 – Estavam, todos, na via pública perto de uma paragem dos transportes públicos;

3 – Nesse momento e nesse local encontravam-se dentro de uma viatura aí estacionada, dois agentes da PSP, trajando à civil, viatura essa não identificada como da PSP (...);

6 – Ao observarem aquele ajuntamento, um dos agentes, de nome Paulo Sérgio, *dirigiu-se* ao arguido, a *quem perguntou* se tinha droga para vender;

7 – **O arguido, desconhecendo que o Paulo Sérgio era agente da PSP, disse que não tinha droga mas sabia onde arranjá-la;**

8 – Então o agente Paulo Sérgio *solicitou-lhe* que lhe obtivesse uma grama de heroína;

9 – O arguido negou-se a tal;

10 – O agente Paulo Sérgio *voltou a pedir* ao arguido que lhe conseguisse a heroína, *tendo insistido* com ele para que lha obtivesse;

11 – Ao fim de algum tempo o arguido acedeu ir, com eles, buscar a droga;

12 – Dirigiram-se, o arguido e os dois agentes da PSP, no veículo destes, para próximo da Ponte do Freixo;

13 – Aí chegados o arguido saiu do carro, onde ficaram os agentes, e foi

316. A decisão do STJ, amalgamada no Ac. de 15 de Janeiro de 1997, face ao circunstancialismo fáctico, confirmou o acórdão recorrido, que absolveu o arguido, devido ao facto de os agentes da Polícia (PSP), através da sua actuação, **determinarem** o arguido à prática do crime, induzindo-o e instigando-o, sem o qual o crime não seria cometido. Os *agentes actuaram*, pois, como *verdadeiros agentes provocadores*, sendo por isso, considerada ilícita, com a consequente nulidade de todas as provas assim obtidas e a punição dos mesmos.

A actuação dos agentes da polícia «não foi destinada a encontrar ou criar uma situação em que se pudesse surpreender o arguido no desenvolvimento de uma actividade criminosa *que já viesse de trás*, essa abordagem, bem como a *insistência persistente* que se lhe seguiu, foi pelo contrário, (...), uma actuação *à sorte* a ver se se topava por acaso, com um indivíduo que estivesse ligado a meios de tráfico (...). Não havendo qualquer elemento que referenciasse o arguido a anteriores actividades de tráfico, foi a actividade policial *que o impeliu* enganosamente (...) a uma actividade pontual e desgarrada, *concluindo que*, a actuação policial foi nula (...), e os seus resultados não podem ser considerados. A justiça não pode ser feita à custa da moral; Se o for, é uma falsa justiça»[853].

A actuação policial é ilícita e as provas obtidas são nulas (proibidas) "quando os agentes se acercam do arguido, em relação ao qual não era referido qualquer conotação como consumidor ou traficante, *lhe perguntou se tem droga para vender* e perante a resposta de que não tinha mas sabia onde a poderiam adquirir, acedeu a ir com eles

buscar a droga a um indivíduo que não foi possível identificar em concreto;

14 – Quando o arguido voltou para junto do veículo e dos agentes da PSP, a fim de lhes entregar a heroína que havia ido adquirir para eles, estes identificaram-se como agentes de autoridade e de imediato detiveram o arguido;

15 – Na revista que então lhe foi feita apreenderam-lhe 6 embalagens (...) de heroína...;

16 – Destas 6 embalagens, uma delas(...) era destinada aos agentes da PSP – *conforme o solicitado*, e as restantes 5 embalagens (...) destinavam-se ao seu consumo pessoal» (itálicos nossos).

[853] *Ibidem.* Itálicos nossos.

até um local onde ficando eles no automóvel, o arguido foi junto da pessoa desconhecida trazendo consigo 6 embalagens, uma das quais para ceder a esses agentes»[854].

Neste sentido, o Ac. do Tribunal Europeu dos Direitos do Homem – caso Teixeira de Castro C. Portugal (44/1997/828/1034), de 9 de Junho de 1998 – condenou o Estado português a pagar a título de indemnização, a quantia de dez milhões de escudos a um cidadão português, condenado pelos tribunais portugueses por tráfico de droga, por concluir que os agentes da PSP, aí referidos, com ocultação da sua qualidade, ao procederem à detenção do cidadão, no momento em que lhes entregou certa porção de heroína, *que insistiram comprar*, não actuaram como agentes infiltrados, mas sim como verdadeiros agentes provocadores do crime[855].

317. O recurso à figura do agente infiltrado consubstancia, intrinsecamente em si mesma, uma técnica de investigação de moral duvidosa, uma vez que é o próprio suspeito que, actuando em erro sobre a qualidade do funcionário de investigação criminal produz, involuntariamente, a prova da sua própria condenação.

Como consequência desta realidade, *esta técnica só é de admitir no limite*, ou seja, e recorrendo uma vez mais às palavras de GERMANO M. DA SILVA, «**quando a inteligência dos agentes da justiça ou os meios sejam insuficientes** para afrontar com sucesso a actividade dos criminosos e a criminalidade ponha *gravemente* em causa os valores fundamentais que à justiça criminal cabe tutelar»[856], e esgotados que estejam os restantes meios de investigação criminal, como resulta, aliás da exposição de motivos da presente lei ao referir que a «primeira das preocupações traduz-se desde logo no princípio geral de que estas actuações estão sujeitas aos princípios da necessidade e proporcionalidade face à investigação a desenvolver»[857].

---

[854] Itálicos nossos.
[855] Itálicos nossos.
[856] GERMANO MARQUES DA SILVA, "Bufos, Infiltrados, Provocadores e Arrependidos", in *Direito e Justiça*, Vol. VIII, T. 2, , p. 31.
[857] Quanto a este assunto, o nosso *Processo Penal* – Tomo I, 2.ª Edição, p. 518.

b. Das finalidades do agente infiltrado

318. O Regime de Acções Encobertas, nos termos do n.º 1 do art. 1.º, tem como finalidades a *prevenção* e a *investigação criminal*. O legislador limita o recurso à técnica do agente infiltrado não só no seu âmbito (art. 2º), mas também quanto aos fins do uso desta técnica de investigação, apesar de a ter consignado neste diploma não apenas para fins de investigação criminal, mas para fins de prevenção criminal.

Extensão esta que provocou dúvidas e mereceu reparos de alguns deputados na discussão do diploma na generalidade[858]. Pois, existe a preocupação de evitar que uma técnica que deve ser **excepcional** passe a ser regra.

319. A função de prevenção criminal, atribuída à Polícia, está consagrada no n.º 3 do art. 272º da CRP, que consagra que "a **prevenção dos crimes**, incluindo a dos crimes contra a segurança do Estado, só pode fazer-se **com observância das regras gerais sobre polícia e com respeito pelos direitos, liberdades e garantias dos cidadãos**"[859].

A CRP consagra a prevenção criminal desenvolvida pela polícia – n.º 3 do art. 272.º – e, simultaneamente, limita-a e sujeita-a às regras legais a que as polícias devem obediência e pelas quais devem pugnar e ao respeito do cidadão na sua plenitude como sujeito de direitos, de liberdades e garantias que devem ser defendidos e garantidos por aquelas, *ex vi* n.º 1 do art. 272.º da CRP.

De iure condito, surge a questão de se saber se o legislador, ao prescrever a possibilidade de uso da acção encoberta para fins de

---

[858] Destaca-se a interpelação feita pelo deputado ANTÓNIO FILIPE (PCP) ao Ministro da Justiça, na discussão na generalidade na AR, no sentido do perigo da "***banalização excessiva** da figura do agente encoberto*, (in *Diário da Assembleia da República*, I Série, n.º 99, de 22 de Junho de 2001, p. 3870, Col. 2, itálico e negrito nosso). A estas dúvidas e reparos, assim como aos dos deputados o Ministro da Justiça, ANTÓNIO COSTA, reafirmou a sua convicção da eficácia e da justiça desta técnica de investigação, ao afirmar que o *recurso à acção encoberta na área da prevenção da criminalidade já é hoje admitida*, (in *DAR*, , I Série, n.º 99, de 22 de Junho de 2001, p. 3873, Col. 2, itálico nosso).

[859] Itálico e negrito nossos.

prevenção criminal, pretendeu abranger a prevenção criminal *lato sensu*, ou seja, na sua dupla função [de vigilância e de prevenção em sentido estrito] ou prevenção criminal *stricto sensu* [função de prevenção em sentido estrito].

Obedecendo à observância obrigatória do princípio da *ultima ratio* desta técnica de investigação, isto é, do princípio da subsidiariedade, da excepção e da proporcionalidade [na sua trilogia: adequação, necessidade e proporcionalidade *stricto sensu*], da indispensabilidade e da impossibilidade objectiva, quanto ao **recurso da figura do** *agente infiltrado*, defendemos que aquele **apenas se deve observar quanto à prevenção criminal** *stricto sensu* que se traduz "na adopção de medidas adequadas para certas infracções de natureza criminal"[860], medidas essas que visam a protecção de pessoas e bens, a vigilância de indivíduos e locais suspeitos, sem que se restrinja ou limite o exercício dos direitos, liberdades e garantias do cidadão[861].

320. No âmbito da investigação criminal tem sido profícua a discussão pública sobre os moldes, os modelos ideais e a coordenação das polícias, o que resultou na inevital publicação da Lei n.º 21/2000, de 10 de Agosto, que aprovou a *Organização da Investigação Criminal* (LOIC)[862], que fora revogada pela nova LOIC, aprovada pela Lei n.º 49/2008, de 27 de Agosto.

O legislador, em uma tentativa de demarcar os vértices da investigação criminal para limitar os possíveis abusos da actuação policial, definiu-a como sendo a actividade que "compreende o conjunto de diligências que, nos termos da lei processual penal, visam averiguar a existência de um crime, determinar os seus agentes e a sua responsabilidade descobrir e recolher as provas, no âmbito do processo", art. 1.º da LOIC.

O conceito de investigação criminal deve, na nossa opinião, ser mais abrangente. Compreende o processo de procura de indícios e de

---

[860] GOMES CANOTILHO e VITAL MOREIRA, *Constituição da República Portuguesa Anotada*, 3.ª Ed., Coimbra Editora, pp. 956 e 957.

[861] *Idem*. *Hoc sensu* o nosso estudo, "A segurança como tarefa fundamental do Estado", in *Polícia Portuguesa*, n.º 125, p. 28.

[862] Quanto à investigação criminal o nosso *Regime Jurídico da Investigação Criminal Comentado e Anotado*, 2.ª Edição, Almedina, 2004.

vestígios que indiquem e expliquem e nos façam compreender *quem, como, quando, onde* e *porquê* foi/é cometido o crime x^{863}. A investigação criminal visa descobrir, recolher, conservar, examinar e interpretar as provas reais, assim como localizar, contactar e apresentar as provas pessoais que conduzam ao esclarecimento da verdade material dos factos que consubstanciam a prática de um crime[864].

O recurso à acção encoberta para fins de prevenção criminal funciona, por princípio e necessariamente, como uma técnica de investigação excepcional que tem como fim último a realização do direito nas prossecuções de defesa da sociedade, do colectivo, que tem o direito de viver em segurança e em uma ordem social e internacional que lhes garanta a efectivação plena dos seus direitos e liberdades.

A realização dos fins e interesses da ordem jurídica, em particular do direito penal e das penas, subjugados a princípios consagrados constitucionalmente [artigos 1.º, 2.º e 9.º da CRP] só se alcançam quando se descobre **quem é que, como é que, quando é que, onde é que**, e o **porque é que** se praticou aquele delito[865]. Realiza-se, desta feita, o "direito como instituição, como ordem concreta ... *culminando--se* o processo jurídico de ordenação da vida em sociedade"[866].

A investigação criminal permitirá, desta feita, a aplicação da lei penal ao caso concreto, promovendo deste modo a sua "cristalização definitiva"[867], saindo da sua redoma abstracta para uma aplicação material e concreta, movida pelas instâncias que controlam (como a lei, a polícia, a acusação pública, o tribunal, o sistema penitenciário[868]) e reagem contra a delinquência, apoiada pela criminologia que nos ajuda

---

[863] Quanto a este assunto o nosso *Regime Jurídico da Investigação...*, 2.ª Edição, p. 52.

[864] *Ibidem et hoc sensu*, GOMES DIAS *apud* TERESA PIZARRO BELEZA e FREDERICO ISASCA, *Direito Processual Penal – Textos*, AAFDL, Lisboa, 1992, p. 65.

[865] Quanto a este assunto os nossos *Regime Jurídico da Investigação...*, 2.ª Edição, p. 53, "A Investigação Criminal como Motor de Arranque do Processo Penal", in *Polícia Portuguesa*, n.º 122, p. 3.

[866] MANUEL CAVALEIRO DE FERREIRA, *Direito Penal Português*, Verbo, 1982, Vol. I, p. 43, itálico nosso.

[867] JORGE DE FIGUEIREDO DIAS e MANUEL DA COSTA ANDRADE, *Criminologia*, Coimbra Editora, 1997, pp. 67 e ss..

[868] MANUEL DA COSTA ANDRADE, "Criminologia", in *Polis*, Vol. I, p. 1425.

não só a entender os pressupostos factuais e a razão da sua existência, mas também porque é que o crime existe, sabendo-se que é um malefício para a sociedade[869].

c. Do agente infiltrado face ao agente provocador

321. O Regime Jurídico das Acções Encobertas, aprovado pela Lei n.º 101/2001, de 25 de Agosto, não legaliza a figura do *agente provocador* (*polizeiliche Lockspitzel, Agent Provocateur, Entrapment*), cuja actuação e provas obtidas por aquele são ilícitas e violam os princípios democrático e da lealdade, vectores que devem estar presentes na prevenção e na investigação criminal, sendo que a eficácia e a eficiência jamais poderão ser alcançadas com o sacrifício dos direitos, liberdades e garantias do cidadão.

A investigação e prevenção criminal, como primeiro patamar de tutela, promovida pela polícia/OPC deve, fundamentalmente, tutelar os direitos e liberdades individuais contra os abusos do *ius puniendi* do Estado. Neste sentido, poder material de investigar não pode arrogar-se de todos os meios e métodos ao seu dispor para perseguir os infractores. Os fins não podem e, muito menos, devem em um Estado de direito democrático justificar os meios e métodos. Quem se arroga da moral para executar a perseguição não pode socorrer-se de meios desonestos, de meios em nada deontológicos, embora apregoados como eficazes, mas nem sempre eficientes, para 'apanhar' alguns infractores.

As técnicas de obtenção de meios de prova no processo penal democratizante e erigido sobre a pedra do respeito da dignidade da pessoa humana e da vontade formada livre e concientemente, têm de promover a materialização dos princípios e dos direitos próprios de um Estado de direito democrático, ou seja, devem materializar o princípio democrático como *"forma de legitimação do poder"*[870] de forma que se torne no *"impulso dirigente* de uma sociedade"[871].

---

[869] *Idem* e o nosso *Regime Jurídico ad investigação...*, 2.ª Edição, pp. 53 e ss..
[870] GOMES CANOTILHO, *Direito Constitucional e Teoria da Constituição*, Almedina, 1999, p. 282 e *supra* Capítulo V.
[871] *Ibidem*.

Os direitos fundamentais impõem uma atitude contra o exercício do poder autoritário no sentido de que exigem que toda e qualquer investigação criminal se execute segundo as regras da transparência democrática[872], pois aquela deve decorrer de forma transparente sem qualquer subterfúgio capaz de conduzir o cidadão mais incauto a actos ilícitos[873], sendo de realçar dois princípios que devem orientar a actividade policial, principalmente no quadro das acções encobertas: democrático e da lealdade[874].

322. O princípio democrático impõe que ao cidadão seja dada a liberdade de escolha dos seus actos. Como afirma e bem GERMANO M. DA SILVA, "a capacidade para o bem e para o mal está em cada um de nós como uma possibilidade que as circunstâncias podem sempre ajudar a exteriorizar – «a ocasião faz o herói e o ladrão»"[875], logo não faz parte da democracia que exista uma estrutura processual que permita que os operadores da justiça, incluindo obrigatoriamente os órgãos de polícia criminal que trabalham no seu dia a dia para que a mesma se cumpra e que a mesma seja um valor essencial da sociedade, utilizem meios e métodos antidemocráticos[876], próprios de uma legitimação autoritária do poder[877].

O respeito da dignidade da pessoa humana como princípio estruturante do estado de direito democrático obriga a que a igualdade entre todos os cidadãos face à lei – para ALEXIS DE TOCQUEVILLE o sentido da democracia no mundo moderno assenta na igualdade de condições[878] –

---

[872] *Ibidem.*

[873] Quanto a este assunto, o nosso *Processo Penal* – Tomo I, 2.ª Edição, pp. 523 e ss..

[874] Cfr. *supra* §§ 37.º e 38.º.

[875] GERMANO MARQUES DA SILVA *apud* TEREZA BELEZA e Outros, *Apontamentos de Direito Processual Penal*, AAFDL, Lisboa, 1995, III Vol., p. 63 e *Curso de Processo Penal,* Verbo, 1999, Vol. II, p. 160.

[876] *Ibidem.* Se a Polícia é a face visível da lei, não pode ser simultaneamente a face do crime.

[877] Quanto a este assunto, os nossos *Processo Penal* – Tomo I, 2.ª Edição, pp. 523 e ss. e "Os princípios democrático e da Lealdade: Vectores de orientação dos órgãos de polícia criminal", in *Polícia Portuguesa*, n.º 124, p. 9.

[878] ALEXIS TOCQUEVILLE *apud* OLIVIER DUHAMEL e YVES MENY, *Dictionnaire constitucionnel,* Puf, Paris, 1992, p. 286.

igualdade de direitos e de deveres, seja uma igualdade de natureza e de dignidade humana, afastando toda e qualquer discriminação de tratamento, ou seja, não podemos partir para uma investigação escalonizando as pessoas segundo uma apetência ou não para a prática do mal[879].

Acompanhamos GERMANO M. DA SILVA quando afirma que a "ordem pública é mais perturbada com a violação das regras fundamentais da dignidade e da rectidão da actuação judiciária, pilares fundamentais da sociedade democrática, do que pela não repressão de alguns crimes, por mais graves que sejam, pois são sempre muitos, porventura a maioria, os que não são punidos, por não descobertos, sejam quais forem os métodos de investigação utilizados"[880].

Se os OPC exercem uma actividade investigatória através da acção encoberta em um Estado que assenta nos primados do direito e da democracia, devem actuar de acordo com o **princípio democrático**, tendo sempre em consideração que cada indivíduo é um ser humano sujeito à fraqueza do mal e nunca *à priori* como um criminoso[881].

323. O princípio da lealdade ou do *fair trail*[882], que impõe aos agentes da administração da justiça – em especial às Polícias – a obrigatoriedade de actuarem no estrito respeito pelos valores próprios da pessoa humana, como a sua dignidade – valor supremo que se sobrepõe aos próprios fins de justiça –, como a sua integridade pessoal – física ou moral – 1.ª parte do n.º 8 do art. 32º e n.ºs 1 e 2 do

---

[879] Quanto a este assunto, os nossos *Processo Penal* – Tomo I, 2.ª Edição, pp. 523 e ss. e "Os princípios democrático e da Lealdade...", in *Polícia Portuguesa*, n.º 124, p. 9. A concepção democrática da sociedade impõe uma visão do ser humano como um ser frágil, impondo a recriminação deste método de investigação criminal – provocação – que cria o seu próprio objecto. Não é um método de investigação legal e deontológico próprio de uma sociedade assente em valores morais e éticos como o da solidariedade, o do perdão, o do respeito pela dignidade da pessoa humana, pela personalidade humana que por natureza é frágil [*Idem*, pp. 524-527 e *Idem*, p. 10].

[880] GERMANO MARQUES DA SILVA, *Curso de Processo...*, Vol. II, p. 160.

[881] Quanto a este assunto, os nossos *Processo Penal* – Tomo I, 2.ª Edição, p. 526 e "Os princípios democrático e da Lealdade...", in *Polícia Portuguesa*, n.º 124, p. 11.

[882] Quanto a este princípio orientador da actividade policial *supra* § 38.º.

art. 26º e art. 25º da CRP –, cuja "interdição é absoluta"[883], como a própria liberdade de formação e manifestação da sua vontade perante a demais sociedade, ou seja, devem ter uma atitude de profundo respeito pela personalidade humana e de respeito pela realização de justiça, que não se alcança quando *a priori* esses agentes se socorrem de meios de obtenção de prova e de investigação que violam um dos pilares do processo penal: o respeito pela dignidade da pessoa humana[884].

Se o agente policial infiltrado provocar a acção criminosa, a sua acção é tipicamente enquadrável no agente provocador e actua contrariamente aos princípios e às normas próprias de um Estado de direito democrático e inerentes a um processo penal de estrutura acusatória temperado pelo princípio da investigação. A sua conduta enquadra-se no n.º 8 do art. 32.º da CRP que consagra "a nulidade de todas as provas obtidas mediante tortura, coacção, ofensa da integridade física ou moral da pessoa, abusiva intromissão na vida privada, no domicílio, na correspondência ou nas telecomunicações", cuja expressão processual se manifesta nos artigos 118º e 126º do CPP[885].

O princípio da lealdade, cuja violação na obtenção de provas é "fundamento de proibição de provas"[886], não se esgota na fase da investigação, mas é nesta fase que se estrutura a identidade e a determinação do objecto do processo que reveste grande relevo.

Os OPC não podem actuar por meios ilícitos para obterem a *notitia criminis*, com o fundamento de que o indivíduo *A* tem uma propensão natural para o crime, cuja materialização depende apenas de um incitamento, de uma provocação. O incitamento ou a interpelação à prática do facto presente *X*, confirmando-se a aptidão de *A*

---

[883] Gomes Canotilho e Vital Moreira, *Constituição da República...*, 3.ª Edição, p. 206.

[884] Germano Marques da Silva, *Curso de Processo...*, Vol. I e II, pp. 53 e 161; os nossos *Processo Penal* – Tomo I, 2.ª Edição, p. 526 e "Os princípios democrático e da Lealdade...", in *Polícia Portuguesa*, n.º 124, p. 11.

[885] Quanto a este assunto, os nossos *Processo Penal* – Tomo I, 2.ª Edição, p. 527 e "Os princípios democrático e da Lealdade...", in *Polícia Portuguesa*, n.º 124, p. 12.

[886] Germano Marques da Silva, *Curso de Processo...*, Vol. II, p.161 e *apud* Tereza Beleza, *Apontamentos...*, Vol. III, p. 65.

para a prática daquele crime, é um meio de obtenção de prova próprio dos processos de estrutura inquisitória em que a verdade material era o fim essencial do processo criminal para a realização da justiça[887].

324. A polícia/OPC tem de se consciencializar de que **a verdade material não é um valor supremo**, contrariamente à dignidade da pessoa humana, à sua integridade, à sua liberdade de pensar e conhecer sem qualquer coacção, interpelação, provocação. A busca da verdade material não se pode prender com métodos ou meios criminosos com a finalidade de combater o crime, pois seria a realização de uma justiça enferma como fim de um processo penal doente, cultivado por uma sociedade delatora e germinadora da sua auto destruição[888].

Como ensina CLAUS ROXIN, o princípio da lealdade deve ser encarado como "«o mais alto princípio de todo o processo penal: o de exigência de *fair trail*», de um *procedimento leal*"[889], ao qual toda a administração da justiça – principalmente os que directamente constróem a identidade do objecto – se deve subordinar, para que não se confundam justiça e criminosos, para que a sua distinção não se resuma a números, mas exista antes uma diferença de qualidade entre aqueles para quem a paz jurídica seja um pilar fulcral da Ordem Pública[890].

---

[887] Quanto a este assunto, o nosso *Processo Penal* – Tomo I, 2.ª Edição, p. 426 e "Os princípios democrático e da Lealdade...", in *Polícia Portuguesa*, n.º 124, p. 12. *Hoc sensu* MANUEL AUGUSTO ALVES MEIREIS, *O Regime das Provas Obtidas pelo Agente Provocador em Processo Penal*, Almedina, Coimbra, 1999, p. 196.

[888] Quanto a este assunto, os nossos *Processo Penal* – Tomo I, 2.ª Edição, pp. 526-527 e "Os princípios democrático e da Lealdade...", in *Polícia Portuguesa*, n.º 124, p. 12. *Hoc sensu* GERMANO MARQUES DA SILVA, *Curso de Processo...*, Vol. II, p. 162 e *apud* TEREZA BELEZA, *Apontamentos...*, Vol. III, p. 66.

[889] CLAUS ROXIN *apud* JORGE DE FIGUEIREDO DIAS, "Do princípio da «objectividade»...", in *RLJ*, Ano 128, n.º 3860, p. 344/345.

[890] Quanto a este assunto os nossos *Processo Penal* – Tomo I, 2.ª Edição, pp. 526-527 e "Os princípios democrático e da Lealdade...", in *Polícia Portuguesa*, n.º 124, p. 12. *Hoc sensu* GERMANO MARQUES DA SILVA, *Curso de Processo...*, Vol. II, p.162 e *apud* TEREZA BELEZA, *Apontamentos...*, Vol. III, p. 66. O princípio da lealdade retira-se do texto constitucional, prescrito no n.º 8 do art. 32.º da CRP, como ditame e limite orientador da investigação e da recolha de provas pelos órgãos da polícia criminal, que coadjuvam o Ministério Público no exercício da acção penal que deve ser norteada por critérios de legalidade e de objectividade.

325. O procedimento leal do polícia/OPC infiltrado proíbe que faça uso de métodos proibidos – como a provocação na recolha de provas –, porque o suspeito (arguido) nunca poderá ser tratado como um objecto, *i. e.*, como um meio de prova utilizado contra si mesmo, por característica do processo de estrutura inquisitória, mas tem de ser visto como um sujeito processual, "que persiste e subsiste na plenitude do seu sentido e alcance mesmo quando figura (ao mesmo tempo) como um meio de prova"[891-892].

O princípio da lealdade impele a administração da justiça a não recorrer a meios enganosos, a métodos ardilosos que traduzem a obtenção de provas de forma ilícita, que induzem o arguido à pratica de factos que não praticaria se não fosse ardilosamente interpelado, provocado e incitado.

O dever, que impende sobre a polícia/OPC, de actuar lealmente tem de estar presente aquando do aparecimento de novos meios técnicos e científicos de investigação criminal, cujo uso deve ser conforme à disposição constitucional do n.º 8, do art. 32.º, ao art. 125.º e 126.º do CPP, e à legalidade internacional – artigos 5.º e 12.º da DUDH, artigos 3.º e 8.º CEHD e art. 7.º do PIDCP.

A acção encoberta jamais poderá servir de um encapotamento desmedido da figura do provocador, sendo as provas obtidas pelos infiltrados não aceitáveis, nem mesmo desculpáveis, mas antes condenáveis pela violação dos princípios democrático e da lealdade[893].

---

[891] MANUEL DA COSTA ANDRADE, *Sobre as Proibições de Prova em Processo Penal*, Coimbra Editora, 1992, pp. 212-213.

[892] Quanto a este assunto os nossos *Processo Penal* – Tomo I, 2.ª Edição, p. 527 e "Os princípios democrático e da Lealdade...", in *Polícia Portuguesa*, n.º 124, p. 13; *Hoc sensu* GERMANO MARQUES DA SILVA, *Curso de Processo...*, Vol. II, p.162 e *apud* TEREZA BELEZA, *Apontamentos...*, Vol. III, p. 66.

[893] *Hoc sensu*, o Ac. STJ de 13-01-99:
"I – É característico do meio enganoso de prova – artigo 126, n. 2, alínea a), do CPP – a figura do **agente provocador** em que um membro da autoridade policial, ou um civil comandado pela polícia, induz outrem a delinquir por forma a facilitar a recolha de provas da ocorrência do acto criminoso.
II – Diferente da figura do agente provocador é a do **agente infiltrado**, caracterizando-se esta por o agente se insinuar junto dos agentes do crime, ocultando-lhes a sua qualidade, de modo a ganhar as suas confianças, a

d. Do agente encoberto

326. Próxima da figura do agente infiltrado existe a figura do *agente encoberto* que não deve confundir-se com aquele, e muito menos, com a do agente provocador. O agente encoberto tem como característica fundamental «a sua absoluta passividade relativamente à decisão criminosa»[894].

O agente encoberto pode ser um OPC – da Polícia Judiciária, Polícia de Segurança Pública ou da Guarda Nacional Republicana – ou o particular que, de forma concertada com ele actua, que, sem revelar a sua qualidade ou identidade, frequenta os lugares conotados com o crime, *v. g.*, bares, cafés, supermercados, estações de caminhos de ferro e outros lugares abertos ao público, com a finalidade de identificar, e eventualmente deter, possíveis suspeitos da prática de crimes, mais ou menos graves, de natureza púbica ou semipública (art. 255º do CPP), sem contudo, determinar a prática de qualquer crime ou conquistar a confiança de alguém.

A presença, no local conotado com o crime, e a qualidade do agente não determinam o "rumo dos acontecimentos; naquele lugar e naquele momento poderia estar qualquer outra pessoa e as coisas aconteceriam da mesma forma; aqui o risco corre, no todo, por conta do delinquente (...) o agente encoberto nunca teve nem o domínio absoluto nem o domínio funcional do facto"[895].

327. Será agente encoberto, por exemplo, o agente *A* da PSP, que, à civil, se dirige ao café ou ao bar *B*, onde sabe que se vendem objectos de ouro, provenientes de furtos ou roubos, com o intuito de que algum dos suspeitos o aborde nesse sentido, para proceder à respec-

---

fim de obter informações e provas contra eles mas sem os determinar à prática de infracções.

III – Comummente vêm-se aceitando as provas obtidas através do agente infiltrado, porque, se a utilização do agente provocador representa sempre **um acto de deslealdade** que **afecta a cultura jurídica democrática** e a **legitimação do processo penal** que a acolhe, tal não ocorre naquela figura, em que tais valores não se revelam afectados". Cfr. *in http://www.dgsi.pt/jstj.nsf/*.

[894] Manuel Augusto Alves Meireis, *O Regime das Provas...*, p. 192.
[895] *Idem*, pp. 192-193.

tiva detenção, ou ainda, o mesmo agente "que trajando à civil, se dirige a um bar, onde sabe que se trafica droga com o intuito de que alguém o aborde nesse sentido. Senta-se a uma mesa e alguém se lhe dirige perguntando-lhe se quer comprar 10 gr. de heroína. O agente reage detendo essa pessoa em flagrante delito"[896].

A actuação do agente encoberto é lícita e legalmente admissível, ao abrigo dos princípios da liberdade, da atipicidade dos meios de prova que não forem proibidos por lei – art. 125.º do CPP –, da oficialidade e da investigação. Desta feita, as provas assim obtidas são válidas, devendo ser aceites e livremente valoradas pelo tribunal[897].

O agente encoberto é, aliás, fundamental, a nosso ver, para o exercício das competências que recentemente foram atribuídas, em matéria de investigação criminal, aos diversos órgãos de polícia criminal, através da Lei n.º 49/2008, de 27 de Agosto, que positivou pela negativa as competências específicas de investigação criminal da PSP e da GNR, e dos demais OPC[898]. O recurso à figura do agente encoberto é, pois, e recorrendo, uma vez mais, às palavras de AUGUSTO MEIREIS, «uma verdadeira medida de profilaxia criminal»[899].

e. Do terceiro como agente infiltrado

328. A referência a *funcionários de investigação criminal* do n.º 2 do art. 1.º, da presente lei, abrange, somente, os funcionários de investigação criminal da PJ e não, também, os funcionários da mesma natureza da Polícia de Segurança Pública e/ou da Guarda Nacional Republicana. Por outras palavras: agente infiltrado apenas pode ser um funcionário de investigação criminal da Polícia Judiciária.

Se o legislador tivesse admitido a possibilidade de o agente infiltrado poder ser um funcionário de investigação criminal da PSP ou da GNR, não teria, certa e expressamente, estabelecido:

α. no n.º 2, do art. 1.º, que o terceiro haveria de actuar apenas sob controlo da Polícia Judiciária, mas também sob o controlo da PSP ou GNR, consoante os casos;

---

[896] *Idem*, p. 192.
[897] *Idem*, p. 192-193.
[898] Quanto a este assunto *supra* §§ 69.º-85.º.
[899] *Ibidem*.

β. no n.º 3 do art. 4.º, que «oficiosamente ou a requerimento da Polícia Judiciária, a autoridade judiciária competente pode, mediante decisão fundamentada, autorizar que o agente encoberto, que tenha actuado com identidade fictícia (...) preste depoimento sob esta identidade ou processo relativo aos factos objecto da sua actuação»;

γ. no n.º 2 do art. 5.º, que «A identidade fictícia é atribuída por despacho do Ministério da Justiça, mediante proposta do director nacional da Polícia judiciária»;

δ. acresce, aos argumentos expostos, que a investigação dos crimes previstos no artigo 2.º da Lei n.º 101/2001, de 25 de Agosto, é da competência reservada da polícia judiciária, como resulta do n.ᵒˢ 2 e 3 do art. 7.º da LOIC.

Os agentes de investigação criminal, que não pertencem à PJ, podem, a nosso ver, intervir como terceiro, bem como agentes encobertos, dentro dos limites em que caracterizamos a figura do agente encoberto.

329. O n.º 2 do art. 1.º da Lei n.º 101/2001, de 25 de Agosto, consigna a possibilidade de um *"terceiro* sob o controlo da Polícia Judiciária" poder actuar como agente infiltrado. A utilização do agente infiltrado para a investigação de crimes típicos do crime organizado – tráfico de estupefacientes, tráfico de armas, terrorismo, empresas de máquinas de jogos, contrabando, falsificação de medicamentos, pornografia, prostituição, (etc.)[900].

Se o recurso ao agente infiltrado policial levanta problemas quanto à legitimidade ético-jurídica[901], esta legitimidade é, muito mais posta em causa, quando se recorre a um terceiro para actuar de forma encoberta[902].

---

[900] RODRIGO SANTIAGO, "O «Branqueamento de capitais e outros produtos de crime»", *in RPCC*, Ano 4.º, fase 4, Out./Dec. 1994, pp. 499.

[901] MANUEL DA COSTA ANDRADE, *Sobre as Proibições de Prova...*, p. 221.

[902] Relembremos a preocupação de WITTERMAYER, quando afirmou que "a combinação com outros reclusos para rondar um recluso acusado (...) lança sobre a justiça penal um labéu de indignidade". WITTERMAYER *apud* MANUEL DA COSTA ANDRADE, *Sobre as Proibições de Prova...*, p. 230.

Este labéu da indignidade aumenta quando o terceiro, que actua como agente infiltrado, tem interesses directos quanto ao crime a investigar, o que lhe proporciona um melhor controlo das operações da Polícia e, consequentemente, a proliferação da sua actividade ilícita.

O recurso ao "terceiro" para actuar como agente infiltrado é um perigo acrescido, como se afere da jurisprudência do TC: "a técnica do agente infiltrado comporta, contudo, perigos vários: desde logo, se o funcionário de investigação criminal encarregado dessa missão *não for pessoa de sólida formação moral e firmeza de carácter*, pode facilmente deixar-se envolver nas actividades criminosas que investiga; depois, entre a actividade do *agente infiltrado*, que, disfarçadamente, procura *ganhar a confiança dos suspeitos*, para melhor os observar e obter informações sobre a sua actividade delituosa, e a do agente provocador, que induz à prática do crime, a diferença é, por vezes, bem ténue (...)"[903].

Se dúvidas existem quanto à possibilidade de controlo eficazmente da conduta do funcionário à sua legitimidade ético-jurídica, muito maiores serão se o agente infiltrado for um terceiro não polícia.

§ 89.º Do âmbito geral de recurso ao agente infiltrado

330. O artigo 2.º da Lei n.º 101/2001, de 25 de Agosto, estabelece, através de uma enumeração taxativa, os tipos de crime em que o recurso à figura do agente infiltrado, enquanto técnica de investigação criminal, com vista à obtenção de prova, e de prevenção criminal *stricto sensu* é admissível[904] pode ser utilizado pela PJ.

O recurso à figura do agente infiltrado fora das finalidades previstas no art. 1.º e quanto aos crimes possíveis da aplicação da técnica é legalmente inadmissível, sendo, consequentemente ilícito e, por isso,

---

[903] Ac. do T.C. n.º 578/98, Processo n.º 835/98, publicado no DR – II Série, n.º 48, de 26FEV99, p. 2950.

[904] A ampliação do âmbito de aplicação do agente infiltrado mereceu, como seria de esperar, algumas observações e comentários, tendo sido também levantadas algumas questões na discussão do diploma na generalidade. Cfr. *DAR*, I Série, n.º 99, de 22 de Junho de 2001, p. 3865, Cols. 1-2.

as provas obtidas são provas proibidas face, desde logo, ao art. 125.º do CPP, que estabelece que só são admissíveis as provas que não forem proibidas por lei.

331. As provas obtidas fora ou das finalidades ou do âmbito do art. 2.º são recondutíveis aos «métodos proibidos de prova»[905], de acordo com o disposto na última parte da alínea *a*), do n.º 2, do art. 126.º do CPP – utilização de meios enganosos –, sendo, por isso, nulas, não podendo ser utilizadas a não ser para o exclusivo fim de proceder criminalmente contra quem as produziu, nos termos do n.º 4, do referido art. 126.º do CPP.

Estamos perante uma nulidade atípica, uma vez que não consta do elenco dos artigos 119.º e 120.º do CPP. Esta nulidade é, naturalmente, de conhecimento oficioso não dependente, consequentemente, de arguição do interessado. Note-se que, como ordena o art. 118.º, n.º 3, do Código de Processo Penal, *as disposições do presente título – Título V – Das Nulidades – não prejudicam as normas deste Código relativas a proibições de prova*, onde se inclui, evidentemente, o art. 126.º do CPP.

Ao agente infiltrado, legitimado pela lei e no cumprimento de um dever prescrito no art. 1.º da Lei n.º 101/2001, se exclui a ilicitude dos seus actos, nos termos o art. 6.º, n.º 1 do mesmo diploma e do art. 31.º, n.º 1 e 2, al. *c*), do CP[906].

§ 90.º Dos pressupostos do recurso ao agente infiltrado

a. do princípio da proporcionalidade *lato sensu*

332. Os requisitos e pressupostos a que estão sujeitas as acções encobertas, desenvolvidas pelo agente infiltrado estão estabelecidos no art. 3.º da lei n.º 101/2001, de 25 de Agosto.

---

[905] Quanto à valoração das provas e às proibições de prova, os nossos *Processo Penal* – Tomo I, pp. 418-438 e *Revistas e Buscas*, 2.ª Edição, pp. 133-146.

[906] Quanto a este assunto *infra* § 92.º.

O n.º 1 estabelece o princípio geral, nos termos do qual, as acções encobertas estão sujeitas ao **princípio da proporcionalidade** *lato sensu*[907]:

α. **adequação** [a acção encoberta tem de ser adequada à prossecução dos fins visados – à prevenção e/ou à investigação criminal do caso concreto –, *i. e.*, a acção encoberta deve ser adequada "aos fins de prevenção e repressão criminais identificados em concreto, nomeadamente à descoberta de material probatório"];

β. **necessidade** [a medida da acção encoberta deve ser exigíveis ou necessária para a prevenção e/ou investigação criminal do caso em concreto, porque é o meio de obtenção de prova e de prevenção mais eficaz e menos oneroso para os restantes direitos, liberdades e garantias];

γ. **proporcionalidade** *stricto sensu* [em que, como meio legal restritivo de direitos e liberdades, a acção encoberta e os fins obtidos situam-se numa justa e proporcionada medida, isto é terá de haver uma proporcionalidade "quer àquelas finalidades – *de prevenção e repressão criminais* – quer à gravidade do crime em investigação", o que implica que basta que não se verifique cumulativamente estes pressupostos para que não se recorra à acção encoberta para a prevenção e investigação do crime a investigar[908]];

δ. e **subsidiariedade** [como consequência do princípio da necessidade[909], deverá ser tido em conta quando a autoridade judiciária competente autorizar a acção encoberta, ou seja, não pode autorizar esta técnica sempre que uma técnica de investigação e prevenção criminal possa atingir os mesmos fins].

---

[907] Quanto ao princípio da proporcionalidade *lato sensu* como princípio norteador da intervenção policial, *supra* Capítulo VI, § 32.º.

[908] Quanto ao princípio da proporcionalidade em termos gerais, GOMES CANOTILHO e VITAL MOREIRA, *Constituição da República...*, 2.ª Edição,1.º Vol. , pp. 170 e 171; JORGE MIRANDA, "Os Direitos Fundamentais...", *in Estudos...*, 3.º Vol., p. 82; o nosso *Da Publicação da Matéria de Facto Nas Condenações Nos Processos Disciplinares*, ISCPSI, 2000, pp. 64 e 65; Cfr. o n.º 2 do art.18.º da CRP, art. 29.º da DUDH e art. 18.º da CEDH.

[909] JORGE DE FIGUEIREDO DIAS, *Direito Penal Português – As consequências jurídicas do crime*, Aequitas – Editorial Notícias, Lisboa, 1993, p. 446, §705.

De iure constituendo, não obstante já defendermos esta posição, consideramos que o legislador devia prescrever o princípio de indispensabilidade para a descoberta da verdade e o princípio de imponibilidade objectiva de obtenção de prova como princípios legitimantes e limitador da autorização do recurso ao agente infiltrado.

333. O recurso à figura do agente infiltrado consubstancia, intrinsecamente em si mesma, uma técnica de investigação de moral duvidosa, uma vez que é o próprio suspeito que, actuando em erro sobre a qualidade do funcionário de investigação criminal, produz, involuntariamente, a prova da sua própria condenação[910].

O recurso a esta técnica de investigação só é de admitir no limite, ou seja, e recorrendo às palavras de GERMANO M. DA SILVA, «quando a inteligência dos agentes da justiça ou os meios sejam insuficientes para afrontar com sucesso a actividade dos criminosos e a criminalidade ponha gravemente em causa os valores fundamentais que à justiça criminal cabe tutelar»[911], e esgotados que estejam os restantes meios de investigação criminal.

b. dos elementos objectivos

334. O recurso ao agente infiltrado, como técnica de investigação criminal excepcional, obedece a uma prévia recolha de *elementos objectivos* capazes de demonstrar *fortes indícios* de que se está perante um suspeito da prática de um dos crimes previstos no art. 2.º e de que *os meios de obtenção de prova menos lesivos dos direitos fundamentais* dos suspeitos e de terceiros, que em nada contribuíram

---

[910] Os requisitos e pressupostos estipulados no art. 3º funcionam como uma limitação à 'banalização' do recurso a uma técnica que deve ser de natureza excepcional.

[911] GERMANO MARQUES DA SILVA, "Bufos, ...", in *Direito e Justiça*, Vol. VIII, Tomo 2, p. 31. HASSEMER critica o recurso a técnicas de investigação que restringem as liberdades do cidadão desmesuradamente e a sua proliferação sem que os polícias tenham de prestar contas do uso desses meios [WINFRIED HASSEMER, *A Segurança Pública...*, pp. 92, 95, 100-101].

para aquela investigação, são humana e inteligentemente *incapazes* de descobrir a verdade para que se realize a justiça e se alcance a paz jurídica[912].

c. da liberdade de participação

335. O n.º 2 do art. 3.º consagra[913], também, o *princípio da liberdade em geral* ao excluir qualquer obrigatoriedade de qualquer cidadão de participar em uma acção encoberta e o *princípio da liberdade em especial* ao abranger nessa exclusão todo funcionário de investigação criminal, que não está vinculado, por força deste preceito, ao dever de praticar e desenvolver uma técnica capaz de pôr em perigo a sua própria segurança e dos demais familiares, preocupação fundamental demonstrada na exposição de motivos e nos artigos 4.º e 5.º da Lei n.º 101/2001[914]. Não basta o dever de cumprir as funções adstritas

---

[912] Aliás, fora deste condicionalismo, nem sequer é permitido o controlo de identidade ou identificação coactiva do visado, como resulta do disposto no art. 250.º do CPP.

[913] Quanto ao n.º 2, principalmente por funcionários da polícia se poderem recusar participar como agente infiltrado, que na opinião de ANTÓNIO COSTA, Ministro da Justiça à altura de aprovação de diploma, justificar por o perigo e o risco que se corre nestas situações ser um risco ou perigo extraordinário e acrescido. *DAR*, I Série, n.º 99, de 22 de Julho de 2001, pp. 3865 e 3866, Cols. 2 e 1 respectivamente.

[914] Quanto ao n.º 2 do art. 3.º da Lei n.º 101/2001, de 25 de Agosto, o deputado MARQUES MENDES fez a seguinte crítica: "não percebo a questão de ninguém ser obrigado a participar numa acção encoberta, porque não se trata de uma questão de consciência mas de risco. Ora, se é uma questão de risco, por que é que os agentes podem ficar inibidos ou auto-inibir-se de participar neste tipo de acções? Se fosse uma questão de consciência, eu percebia; como é apenas uma questão de risco que está por detrás desta situação, não consigo perceber" [*Diário da Assembleia da República*, I Série, n.º 99, de 22 de Junho de 2001, pp. 3865 e 3866, Cols. 2 e 1 respectivamente]. O Ministro da Justiça afirmou que "quanto à questão do risco, é um risco extraordinário. Aliás, há dias, veio relatado no jornal uma acção que decorreu fora do território nacional, que envolveu a intervenção da Marinha e em circunstâncias em que os agentes estavam em situação de altíssimo risco. Não é, portanto, um risco comum. Podem ser de circunstâncias de risco anormal que, em meu entender, justificam que não se possa impor ao agente que se submeta a esse risco", pois, como "a experiência nos revelou, é a grande determinação e a grande coragem

á função, pois, face ao perigo concreto que acarreta esta técnica de investigação, o ónus profissional cede a valores superiores como os direitos subjectivos do funcionário de investigação criminal.

d. da autorização judiciária

336. O recurso ao agente infiltrado depende de *prévia autorização da autoridade judiciária* competente, Ministério Público ou JIC, consoante os casos, nos termos dos n.ᵒˢ 3 a 5 do presente preceito legal[915].

---

dos agentes da Polícia Judiciária no desempenho das suas missões, muitos com sacrifícios da sua própria vida". Estando-se, assim, perante "uma questão de princípio" [*Diário da Assembleia da República*, I Série, n.º 99, de 22 de Junho de 2001, p. 3866, Col. 1].

[915] Os n.ᵒˢ 3, 4 e 5 da proposta de Lei n.º 79/VIII foram alterados, sendo o texto proposto o seguinte:

3. A realização de uma acção encoberta depende de prévia autorização da autoridade judiciária titular da direcção do processo, a proferir no prazo máximo de 5 dias e a conceder por período determinado.

4. Se a acção referida no número anterior decorrer no âmbito da prevenção criminal, é competente para autorização o Magistrado do Ministério Público junto do Departamento Central de Investigação e Acção Penal.

5. Se, por razões de urgência, não for possível obter as autorizações referidas nos números anteriores, deve a intervenção ser validada no primeiro dia útil posterior, fundamentando-se as razões da urgência.

A alteração deveu-se às críticas desenvolvidas na discussão da lei na generalidade, sendo de referir a intervenção de MARQUES MENDES (PSD) que, interrogando o Ministro da Justiça sobre a legitimidade do agente encoberto, afirmou que era "manifestamente inadequado, com a amplitude boa, correcta, que agora se preconiza nesta proposta de lei, que se diga que a legitimação dos agentes encobertos é feita pelo próprio coordenador da acção de prevenção ou de investigação criminal"[*Diário da Assembleia da República*, I Série, n.º 99, de 22 de Junho de 2001, p. 3865, Col. 2], defendendo que devia ser um juiz a ordenar e a legitimar o recurso à acção encoberta, não podendo ser o Ministério público, que é, nos termos da al. *b)* do n.º 1 do art. 1º do CPP, uma autoridade judiciária, abrindo-se 'as portas'. O deputado MARQUES MENDES questionou se, sendo o Ministério Público quem "coordena estas acções de prevenção", o cidadão pode não ficar "a descoberto da possibilidade de haver uma qualquer intenção de colocar o agente encoberto para instigar, de certa forma, comportamentos menos adequados da parte dos cidadãos e, depois, esses cidadãos virem a ser por essa investigação acusados". Pois, a salvaguarda dos direitos

O n.º 3 do art. 3.º da Lei n.º 101/2001, de 25 de Agosto, que fora alterado em sede de especialidade, manteve como autoridade judiciária competente para a autorização o Ministério Público, caso a acção se encontre na fase de inquérito, mas estipulou-se a obrigatoriedade de comunicação ao Juiz de Instrução para validação, que se verificará se o mesmo não exarar um "despacho de recusa nas setenta e duas horas seguintes". A *autorização do Ministério Público* fica, desta feita, sujeita ao *controle jurisdicional*, procurando-se conformar o preceito com a parte final do n.º 4 do art. 32º da CRP.

Mas, somos de opinião de que a AJ competente para proceder à autorização do recurso ao agente infiltrado é e devia ser por força constitucional o JIC, desde logo porque uma operação de infiltração impõe uma preparação técnica, ética e jurídica do infiltrado, afastando-se o *periculum in mora* de intervenção do JIC.

Dentro da mesma linha, consideramos não conforme o n.º 4 do art. 32.º da CRP a validação tácita (autorização superveniente tácita) do JIC caso o mesmo não profira, em 72 horas, despacho de invalidade da infiltração decidida pelo magistrado do MP[916]. Parece-nos que o n.º 3 do art. 3.º da Lei n.º 101/2001, de 25 de Agosto, está ferido de inconstitucionalidade material por violação do n.º 4 do art. 32.º da CRP.

337. No que concerne ao n.º 4 do art. 3.º da Lei n.º 101/2001, de 25 de Agosto, a proposta de lei consignava como autoridade competente

---

dos cidadãos, de acordo com normas que foram propostas na última revisão constitucional (...), as normas que têm que ver, porventura, com factos susceptíveis de violar direitos e garantias dos cidadãos, devem sempre ser caucionadas pela autoridade judicial e não apenas pela autoridade judiciária" [*Idem*, p. 3866, Col. 1]. O Ministro da Justiça, Dr. ANTÓNIO COSTA, defendeu que o regime de autorização apresentado pela proposta de Lei n.º 79/VIII era "o adequado ao equilíbrio entre a eficácia e a protecção dos direitos que devem ser objecto de tutela na investigação deste tipo de crimes", propondo para a comissão a discussão mais detalhada do preceito. Tendo ainda lembrado que, "relativamente às autorizações, (...) nos casos já existentes de acções encobertas, a autorização compete ao Ministério Público. Portanto, nesta matéria, não inovamos", tendo concordado que "quando se alarga, talvez se devessem criar outros mecanismos" de controle e fiscalização [*Diário da Assembleia da República*, I Série, n.º 99, de 22 de Junho de 2001, p. 3866, Cols. 1 e 2].

[916] Quanto a uma análise crítica e acompanhando a nossa posição, ADÁN CARRIZO, "El Agente Infiltrado...", in *Criminalidade Organizada...*, pp. 202-207 (pp. 203-204).

para autorização da acção encoberta o Ministério Público quando aquela acção se destinasse à prevenção criminal, o texto final aprovado em sede de especialidade consagra como autoridade competente para a autorização o JIC por *proposta do Ministério Público*. Se estamos no âmbito da prevenção criminal, entendida no plano *stricto sensu* e como a acção encoberta colide com os direitos fundamentais do cidadão, não faria sentido que a autorização não seguisse o regime consagrado na Constituição – *in fine* do n.º 4 do art. 32.º – e no CPP – artigos 268.º e 269.º.

Quanto ao n.º 5 do art. 3.º da Lei n.º 101/2001, de 25 de Agosto, o legislador, apercebendo-se dos perigos que poderiam advir da norma proposta, *i. e.*, o receio mais que justificado de surgirem *situações de urgência* infundadas e sem preencher os requisitos do n.º 1 do mesmo preceito, preferiu dar uma nova redacção ao preceito, *retirando qualquer possibilidade aos funcionários de investigação criminal fazerem uso de uma técnica de investigação sem a prévia autorização* do MP e do JIC. A actual redacção do n.º 5 clarifica a aplicação do n.º 4, considerando competente para a proposta [*iniciativa*] o MP que se encontre junto do DCIAP e para a autorização [*decisão*] o Juiz de Instrução do TIC.

e. do relatório

338. A Polícia judiciária deverá fazer o relato da intervenção do agente infiltrado à autoridade judiciária competente, no prazo máximo de 48 horas, após o termo de tal intervenção – n.º 6 do art. 3.º da Lei n.º 101/2001, de 25 de Agosto –, que só será junto ao processo se a autoridade judiciária o reputar absolutamente indispensável em termos probatórios, conforme art. 4.º, n.º 1 da Lei n.º 101/2001, de 25 de Agosto.

§ 91.º Da protecção do agente infiltrado

339. A segurança dos agentes infiltrados[917], como um "domínio sensível, quer por actuarem junto dos criminosos, quer por estarem

---

[917] Quanto a este assunto veja-se Exposição de Motivos transcrita no nosso *O Novo Regime do Agente Infiltrado Comentado e Anotado*, (com FERNANDO GONÇALVES e MANUEL JOÃO ALVES), Almedina, Coimbra, 2001, pp. 15-18.

sujeitos a eventuais represálias", deve, indubitavelmente, merecer uma protecção não apenas material, mas também formal. Neste sentido, o legislador estipulou, desde logo, no n.º 2 do art. 3.º que *ninguém pode ser obrigado a participar numa actuação encoberta*, e previu "regras de protecção do agente no que toca aos meios pelos quais a prova assim produzida é apresentada no processo e um regime de identidade fictícia"[918-919].

O art. 4.º da Lei n.º 101/2001, de 25 de Agosto, estabelece normas de protecção do funcionário de investigação criminal e do terceiro infiltrados, salientando-se a possibilidade de o agente infiltrado, que tenha actuado com identidade fictícia, poder ser autorizado, oficiosamente ou a requerimento da Polícia Judiciária, pela autoridade judiciária competente, a prestar depoimento sob esta identidade no processo relativo aos factos objecto da sua intervenção, pois são medidas que visam, sobretudo, prevenir e evitar eventuais represálias contra o agente infiltrado, pelos suspeitos, objecto da sua intervenção.

Como medida material de protecção, prescreve-se que a junção do relato terá de obedecer ao **princípio da indispensabilidade probatória**, *i. e.*, se ao longo do processo se depreender que a sua junção não é necessária ou exigível para questões de prova dos factos imputados

---

[918] *Diário da Assembleia da República*, I Série, n.º 99, de 22 de Junho de 2001, p. 3860, Col. 2.

[919] Na discussão na generalidade, o art. 4.º mereceu reparos e criticas. O deputado MARQUES MENDES (PSD) defendeu a reprodução do "regime idêntico ao *estipulado* para as gravações das conversas telefónicas" para que se salvaguarde, "no interesse da defesa, todas as situações" [*Diário da Assembleia da República*, I Série, n.º 99, de 22 de Junho de 2001, p. 3866, Col. 1, itálico nosso]. Quanto ao regime das gravações das escutas o que fora discutido e questionado era "o que é que se apresentava à autoridade judiciária", mas no que se refere ao agente infiltrado "a questão que se coloca não é a de saber o que é que se apresentar à autoridade judiciária mas o que é que fica junto ao processo. Pode haver circunstâncias que determinem que, sem vantagem acrescida para a prova ou para os direitos de defesa, mas com risco de prejuízo para a própria segurança dos agentes envolvidos, se possam juntar imediatamente aos autos todos os elementos. Uma coisa é apresentá-los à autoridade judiciária, outra coisa é a autoridade judiciária incorporar esse relato no próprio processo"[ANTÓNIO COSTA, Ministro da Justiça, *Diário da Assembleia da República*, I Série, n.º 99, de 22 de Junho de 2001, p. 3866, Col. 1].

ao(s) arguido(s), por razões de segurança jamais a autoridade judiciária deve ordenar a junção do relato ao processo[920].

A apreciação da *indispensabilidade*, nos termos do n.º 2 do art. 4.º da Lei n.º 101/2001, de 25 de Agosto, pode ser remetida para o termo da(s) fase(s) do inquérito ou da instrução, pois assim como Ministério Público poderá ter necessidade de fundamentar de facto a dedução da acusação [art. 283º do CPP], também o Juiz de Instrução, aquando da sua decisão pela pronúncia, poderá ter necessidade de recorrer ao relato, considerando-o indispensável em termos de prova [art. 308.º do CPP].

Se o juiz, na fase de julgamento, optar pela *indispensabilidade da audiência* do agente encoberto, nos termos do n.º 4, deverá restringir *a livre assistência do público* ou que a audiência ou parte dela decorra com *exclusão da publicidade*, conforme determina a 2.ª parte do n.º 1 do art. 87º do CPP, e deve seguir o preceituado pela Lei n.º 93//99, de 14 de Julho, que regula a *aplicação das medidas para a protecção de testemunhas em processo penal*[921].

340. O artigo 5.º da Lei n.º 101/2001, de 25 de Agosto, estabelece, como medida de protecção e segurança do agente infiltrado, a possibilidade do agente infiltrado poder actuar sob *identidade fictícia*, a qual é atribuída por despacho do Ministério da Justiça, mediante proposta do DN/PJ. Esta atribuição é válida por um período de seis meses prorrogáveis por períodos de igual duração, ficando o respectivo funcionário de investigação criminal autorizado a, durante aquele período, actuar sob a identidade fictícia, quer no exercício da concreta investigação quer genericamente em todas as circunstâncias do tráfico jurídico e social – n.ºs 1 a 3 do art. 5.º.

---

[920] Pois, como afirma ANTÓNIO COSTA, contrariando a tese de MARQUES MENDES, o relato será sempre presente à autoridade judiciária que decidirá pela sua junção ou não ao processo, o que acontecendo porá, consequentemente, em perigo a segurança do agente encoberto.

[921] *Hoc sensu* o Ac. STJ de 6 de Julho de 1995, proc. n.º 28 003, ao decidir que "é admissível não chamar a depor esse homem de confiança, tendo em conta o interesse legítimo das autoridades policiais na investigação do tráfico de estupefacientes, de forma a preservar o seu anonimato e a protegê-lo de previsíveis futuras retaliações". Cfr. *www.dgsi.pt/jstj.nsf/*.

Ao *despacho* atributivo da identidade fictícia deve ser dado classificação de *secreto*, cujo teor do mesmo não está acessível ao público em geral, nem mesmo ao público que o rodeia no ambiente de trabalho, e deve incluir a referência à verdadeira identidade do agente infiltrado – n.º 4 do art. 5.º.

Acresce que o agente infiltrado que tenha actuado com identidade fictícia, pode ser autorizado pela autoridade judiciária competente, a prestar depoimento sob esta identidade em processo relativo aos factos objecto da sua actuação, nos termos do n.º 3, do art. 4.º do mesmo diploma.

A *identidade fictícia* é uma *manifestação formal e material* da protecção do agente encoberto, cujo risco que o agente corre não é comum, mas sim anormal, pelo que se impõe por necessidade e exigibilidade que os agentes encobertos actuem sob identidade fictícia.

§ 92.º Da irresponsabilidade do agente infiltrado

341. O n.º 1 do artigo 6.º estipula a não punibilidade da «conduta do agente encoberto que, no âmbito de uma acção encoberta, consubstancie a prática de actos preparatórios ou de execução de uma infracção em qualquer forma de comparticipação diversa da instigação e da autoria mediata, sempre que guarde a devida proporcionalidade com a finalidade da mesma», o que se compreende.

Se a conduta do agente infiltrado, no âmbito de uma acção encoberta, também não fosse punível, no âmbito da instigação ou da autoria mediata, estaria a lei a admitir a figura do agente provocador, totalmente inadmissível em um Estado de Direito Democrático. O *agente provocador*, ao criar o próprio crime e o próprio criminoso, porque induz o suspeito à prática de actos ilícitos, instigando-o e alimentando o crime, agindo, nomeadamente, como comprador ou fornecedor de bens ou serviços ilícitos, *é um verdadeiro criminoso*, como tal devendo ser punido, para além das provas assim obtidas serem provas proibidas, por inadmissíveis face, desde logo, art. 125.º do CPP, sendo ainda reconductíveis aos «métodos proibidos de prova», face ao disposto na última parte da alínea *a)*, do art. 126.º do CPP – utilização de meios enganosos – sendo por isso nulas, não podendo ser utilizadas [n.º 1 do art. 126.º], a não ser para o seguinte e exclusivo fim: proceder criminalmente contra quem as produziu, nos termos do n.º 4 do mesmo preceito legal.

O Estado de Direito Democrático, baseado na dignidade da pessoa humana, no respeito e na garantia de efectivação dos direitos e liberdades fundamentais – artigos 1.º e 2.º da CRP –, *não pode admitir que a justiça actue por meios ilícitos*, sob pena de a justiça e os criminosos se distinguirem apenas pela quantidade e não pela qualidade[922].

342. O legislador optou por recorrer a conceitos típicos e conhecidos do direito penal que são "mais claros para o aplicador penal". Ao prever-se que, caso haja instigação ou autoria mediata, não haverá isenção de responsabilidade penal, o legislador "impõe ao agente encoberto um cuidado acrescido na forma como actua"[923].

Na linha do art. 59.º do DL n.º 15/93, de 22 de Janeiro, o novo regime jurídico do agente infiltrado "considera como lícito um facto que, de outra maneira, seria subsumível à lei penal, *deixando* de haver, em harmonia com os princípios gerais constitucionais (artigos 31 e seguintes do Código Penal e 29 da Constituição), qualquer acto ilícito gerador da nulidade de provas processuais obtidas com o recurso à prática daquele facto", o que não deve confundir-se com a realidade do «chamado "agente provocador" que não é mais do que um simples autor mediato do crime, isto é, a pessoa que dolosamente, determina outrem à comissão do crime, o qual não seria cometido sem a sua intervenção"[924].

---

[922] Sobre o agente provocador *supra* § 89.º, ponto c.
[923] Cfr. *DAR cit.*, p. 3873, Col. 1.
[924] Ac. do STJ de 21 de Março de 1996, Proc. n.º 30 319 *Hoc sensu* Ac. do STJ de 05 de Março de 1997, Proc. n.º 31 712 e de 6 de Maio de 1995, proc. n.º 28 003, todos in www.dgsi.pt/jstj.nsf/. O STJ pelo Ac. de 14 de Maio de 1997, Proc. n.º 32 893, considerou que:
  «III – Se um guarda da polícia, abordando o arguido, e perguntando-lhe se "tinha para ele" dizendo o arguido que, "naquele momento não tinha, mas que ia a casa buscar", como foi, trazendo quatro embalagens de

O legislador exclui da responsabilidade penal os actos preparatórios que a lei dispõe expressamente a sua punibilidade, como no caso de contrafacção de moeda, art. 271º do CP, pois o princípio é de que "a preparação de uma infracção penal e os actos em que se traduz não devem ser em regra puníveis", *ex vi* art. 21º do CP[925].

De acordo com o n.º 2 do art. 22º do CP, são actos de execução aqueles que «preencherem um elemento constitutivo de um tipo de crime» [al. *a)*], «os que forem idóneos a produzir o resultado típico» [al. *b)*], ou aqueles «que, segundo a experiência comum e salvo circunstâncias imprevisíveis, forem de natureza a fazer esperar que se lhes sigam actos das espécies indicadas nas alíneas anteriores» [al. *c)*].

§ 93.º Conclusão

343. A (nova) criminalidade, mais sofisticada e apetrechada de meios materiais e humanos e extra-muros nacionais e regionais, coloca novos desafios à justiça e aos seus operadores, pelo que o legislador, conhecedor desses árduos desafios, consagrou um novo regime jurídico do agente infiltrado, duplicando a responsabilidade daqueles que investigam, para que crimes como o de branqueamento de capitais e de corrupção não proliferem como um «cancro» num Estado de direito democrático.

Como nos dão contra os vários instrumentos internacionais de prevenção e combate à criminalidade, hoje, mais do que nunca, visível

---

heroína, não pode qualificar-se a actuação do referido agente da PSP como sendo "agente provocador" ou "agente infiltrado".

IV – É que, o agente policial em causa não determinou o arguido à prática de qualquer crime, antes de ser interpelado por aquele guarda da polícia, já tinha ilicitamente a heroína em sua casa.

V – A conduta daquele agente da polícia não configura o uso de meios "enganosos", nos termos do artigo 126, n. 2, alínea a) do CPP, nem foi violado o disposto no artigo 32, n. 6 – *actual n.º 8* – da Constituição da República Portuguesa.»

[925] JOSÉ DE FARIA COSTA *apud* M. L. MAIA GONÇALVES, *Código Penal Português Anotado e Comentado – Legislação Complementar*, Almedina, 2001, p. 112.

transfronteiriçamente, o estabelecimento de técnicas ou meios de obtenção de prova capazes de minimizar os efeitos destabelizadores da paz social é uma das prioridades das quais se destaca o recurso a acções encobertas – *p. e.*, veja-se o art. 20.º da Convenção contra a Criminalidade Organizada da ONU –, dentro dos limites democrática e legalmente admissíveis face aos direitos fundamentais do arguido e, principalmente, de terceiros inocentes.

Capítulo IX

DAS REVISTAS E BUSCAS PREVENTIVAS E DE SEGURANÇA

Sumário: § 94.º Considerações gerais
§ 95.º Da revista nos recintos desportivos ou de espectáculos culturais
§ 96.º Da busca no âmbito da Lei n.º 8/97, de 12 de Abril:
   a. Do enquadramento geral
   b. Do regime jurídico
§ 97.º Conclusão capitular

Fontes: ANDRADE, J. VIEIRA DE, *Direitos Fundamentais*, Almedina, 2002; CANOTILHO, J. J. GOMES, *Direito Constitucional e Teoria da Constituição*, Almedina, 3.ª Edição, 2000; FERREIRA, MARQUES, "Meios de Prova", in *Jornadas de Direito Processual Penal – O Novo Código de Processo Penal*, CEJ – Livraria Almedina, 1995; MATOS, VARELA de, *Conflito de Direitos em Direito Constitucional*, Almeida & Leitão, Braga, 1998; MIRANDA, JORGE, *Manual de Direito Constitucional*, Coimbra Editora, 1998, vol. IV; ROTMAN, EDGARDO, "O conceito de prevenção do crime", in *Revista Portuguesa de Ciência Criminal* (RPCC), Ano 8.º, Fasc. 3.º, 1998; SILVA, GERMANO MARQUES DA, *A Ética Policial e Sociedade Democrática*, Edições do ISCPSI; *Curso de Processo Penal*, Verbo, 1999, Volumes, I, II e III; SOUSA, ANTÓNIO FRANCISCO DE, "Prevenção e repressão como função da Polícia", in *Revista do Ministério Público* (RMP), Ano 24, Abril/Junho, 2003, n.º 94 e "Prevenção e repressão como função da Polícia", in *Revista do Ministério Público* (RMP), Ano 24, Abril/Junho, 2003, n.º 94; VALENTE, MANUEL MONTEIRO GUEDES, "Delinquência Juvenil: Dos actos praticados pelos Órgãos de Polícia Criminal no Processo Tutelar Educativo", in *Revista Infância e Juventude*, n.º 4/01, Outubro – Dezembro, 2001; *Direito de Menores – Estudo Luso-Hispânico sobre Menores em perigo e Delinquência Juvenil*, (co-autoria com NIEVES SANZ MULAS), Âncora Editora, Lisboa, 2003; "Revistas e Buscas – Que viagem queremos fazer?", *in I Congresso de Processo Penal – Memórias*, Almedina, 2005; *Consumo de Drogas – Reflexões sobre o Novo Quadro Legal*, 2.ª Edição, Almedina, Coimbra, 2003; *Processo Penal* – Tomo I, Almedina, Coimbra, 2004; *Revistas e Buscas*, 2.ª Edição, Almedina, Coimbra, 2005.

§ 94.º Considerações gerais

344. A revista a cidadãos não se confina ao estreito campo das medidas cautelares e de polícia nem ao dos meios de obtenção de prova, pois as autoridades policiais têm, em muitas situações do quotidiano, necessidade de proceder à revista de pessoas que entram no recinto desportivo – n.º 3 do art. 25.º da Lei n.º 39/2009, de 30 de Julho – ou frequentam um estabelecimento de ensino – art. 5.º da Lei n.º 8/97, de 12 de Abril – ou ao menor ou a quem vá visitar um menor sujeito a medida tutelar educativa de internamento – artigos 84.º e 86.º do DL n.º 323-D/2000, de 20 Dezembro[926] – ou, ainda, a pessoas que se dirigem ao tribunal ou a uma secção de inquéritos para prestarem declarações ou acompanharem um familiar ou, ainda, a revista de segurança efectuada pelos OPC na via pública para salvaguarda da integridade física própria ou de outrém «sempre que houver razões para crer que ocultam armas ou objectos com os quais possam praticar actos de violências»[927] – al. *b)* do n.º 1 do art. 251.º do CPP[928].

A revista, neste âmbito, apresenta-se *a priori* como medida de segurança e preventiva – tutelando adjectivamente bens jurídicos pessoais fundamentais, tais como a vida, a integridade física dos executores e de outras pessoas utentes dos mesmos momentos espacio-temporais –, cuja finalidade é evitar um mal maior ou a violação de

---

[926] Quanto a este assunto nosso *Direito de Menores – Estudo Luso-Hispânico sobre Menores em perigo e Delinquência Juvenil*, (co-autoria com NIEVES SANZ MULAS), Âncora Editora, Lisboa, 2003, pp. 229-236.

[927] A redacção actual da al. *b)* do n.º 1 do art. 251.º da CPP, aditada pela Reforma de 2007, vai de encontro com o que há muito já defendiamos quanto às revistas como medidas preventivas e de segurança. Cfr. o nosso *Revistas e Buscas*, 1.ª Edição, pp. 15-18, 2.ª Edição, pp. 24-26, assim como na primeira edição desta obra (pp. 318-320).

[928] Quanto a este assunto *supra* § 52.º.

um bem jurídico individual ou supra-individual de valor superior ao restringido com a medida policial.

De relevar é a estruturação jurídica da legitimação do próprio acto, que materializa o aprofundamento dos direitos fundamentais. Por um lado, os direitos e liberdades fundamentais não podem ser restringidos no desenvolvimento de medidas de segurança e preventivas sem que se verifiquem determinados pressupostos – tais como as pessoas sobre quem pode incidir a revista e os fundamentos causais e finalistas da medida a executar – que se devem verificar cumulativamente. Por outro, a não verificação dos pressupostos materiais e formais abre caminho à resistência «a qualquer ordem que ofenda os seus direitos, liberdades e garantias e de repelir pela força qualquer agressão, quando não seja possível recorrer à autoridade pública», *ex vi* do art. 21.º da CRP, direito fundamental autonomizado com a Revisão Constitucional de 1982[929].

345. Questão imbricante é saber se podemos considerar esta revista como uma revista administrativa, *i. e.*, medida destinada, por um lado, à prevenção do perigo[930] – para manutenção da ordem e segurança públicas e, por conseguinte, para a prevenção de prática de infracções – e, por outro, à possibilidade de recolha e preservação e conservação de provas da prática de uma infracção contra-ordenacional.

Quanto à primeira questão, da ***revista administrativa de prevenção do perigo*** podemos aferi-la dos diplomas que legitimam a intervenção policial pró-activa no sentido de evitar que o perigo ou dano se concretize – *p. e.*, a revista à entrada de um estádio de futebol [art. 25.º, n.º 3 da Lei n.º 39/2009, de 30 de Julho] é uma medida administrativa preventiva de promoção da segurança e tranquilidade pública

---

[929] Neste sentido o nosso "Revistas e Buscas – Que viagem queremos fazer?", in *I Congresso de Processo Penal – Memórias*, Almedina, 2005, pp. 293-294.

[930] Quanto à prevenção do perigo ANTÓNIO FRANCISCO DE SOUSA, "Prevenção e repressão como função da Polícia", in *Revista do Ministério Público* (RMP), Ano 24, Abril/Junho, 2003, n.º 94 e "Prevenção e repressão como função da Polícia", in *Revista do Ministério Público* (RMP), Ano 24, Abril/Junho, 2003, n.º 94 e EDGARDO ROTMAN, "O conceito de prevenção do crime", in *Revista Portuguesa de Ciência Criminal* (RPCC), Ano 8.º, Fasc. 3.º, 1998.

dentro do recinto desportivo e de tutela operativa de bens jurídicos pessoais, tais como a vida e a integridade física das pessoas –, cujo controlo jurisdicional se processa *a posteriori*, estando, *prima facie*, o controlo e fiscalização hierárquicos.

Relativamente à **revista administrativa para recolha e preservação de provas da infracção contra-ordenacional**, dois apontamentos se devem fazer. Em primeiro lugar, o RGCO prescreve que as autoridades policiais devem **apreender os objectos** que *serviram ou estavam a servir para a prática da contra-ordenação* ou que foram *produzidos por aquela* ou que sejam *susceptíveis de servir de prova* – n.º 1 do art. 48.º-A –, que, em caso de omissão, se deve **aplicar subsidiariamente os preceitos do CPP** – art. 41.º – e, ainda, que aquelas devem **tomar conta da ocorrência** que consigna a prática de uma contra-ordenação – art. 48.º.

As autoridades policiais, para promoção daquelas medidas administrativas adjectivas de índole punitivo – mas administrativas –, têm de ter ao seu alcance **instrumentos jurídicos processuais** que possa operativizar a sua actividade e concrecar a prevenção (já repressiva) e a ordem e tranquilidade públicas, tais como a possibilidade de se proceder **à revista de pessoas** – por exemplo para ver se esconde a factura da venda ou compra de álcool por menor, conduta punida contra-ordenacionalmente nos termos do DL n.º 9/2002, de 24 de Janeiro – ou à **realização de busca** ao café ou estabelecimento [busca não domiciliária] que vendeu a dita bebida alcoólica para **apreensão** do vasilhame ou do lucro da venda. Medidas estas cuja não aplicação frustam, em sede de prova em tribunal, a veracidade dos factos que consignam a contra-ordenação.

O legislador já consciente desta problemática estipulou, no âmbito do consumo de estupefacientes e de substância psicotrópicas – que passou a contra-ordenação pela Lei n.º 30/2000, de 29 de Novembro –, a possibilidade das autoridades policiais poderem efectuar a revista ao suspeito de possuir, de deter ou de ter adquirido estupefacientes para consumo – conforme art. 4.º do diploma[931].

---

[931] Quanto a este assunto o nosso *Consumo de Drogas – Reflexões sobre o Novo Quadro Legal*, 2.ª Edicção, Almedina, Coimbra, 2003, pp. 117-118.

§ 95.º Da revista nos recintos desportivos ou de espectáculos culturais

346. O ordenamento jurídico português prevê a possibilidade de realização de revistas à entrada de recintos desportivos – art. 5.º da Lei n.º 8/97, de 12 de Abril e n.º 3 do art. 25.º da Lei n.º 39/2009, de 30 de Julho –, que, até à entrada em vigor do DL n.º 35/2004, de 21 de Fevereiro, só podiam ser efectuadas por autoridades policiais ou OPC.

O DL n.º 35/ 2004, de 21 de Fevereiro, alterado pelo DL n.º 198/ 2005, de 10 de Novembro, e pela Lei n.º 38/2008, de 8 de Agosto, aprova o *regime jurídico da segurança privada* e que promove o alargamento do âmbito da actividade privada, por um lado, e o reconhecimento da subsidiariedade desta actividade face ao *ius imperii* do Estado e da sua preponderância no sector económico, permitindo que lacunas de acção preventiva e de segurança mitigada de uma coercitividade limitada *ex lege et ex materia* fossem deslindadas e colmatadas, induziram o legislador cauto a legitimar e a legalizar as revistas preventivas e de segurança desenvolvidas por assistentes de recinto desportivo – n.º 5 do art. 6.º do DL n.º 35/2004, de 21 de Fevereiro, que materializou o prescrito na al. *f)* do art. 2.º da Lei n.º 29/2003, de 22 de Agosto. Há que reconhecer que, por um lado, os agentes de autoridade são insuficientes para proceder a revistas a todos os fruidores dos recintos desportivos e, por outro, os ventos europeus em matéria de prevenção e segurança em recintos desportivos impõem o recurso a elementos não dotados de *ius imperii*, mudança iniciada com o DL n.º 94/2002, de 12 de Abril, que alterou o DL n.º 231/98, de 22 de Julho. A alteração do regime advém do TC ter declarado a "inconstitucionalidade, com força obrigatória geral, por violação do artigo 165.º, n.º 1, alínea *b)*, da Constituição, da norma do artigo 7.º, n.ºs 1, *a), b), c), d), e), f), g)* e *h)* e 2, *a)* e *b)*, do Decreto-Lei n.º 231/98, de 22 de Julho" e a "inconstitucionalidade, com força obrigatória geral, por violação do artigo 165.º, n.º 1, alínea *b)*, da Constituição, das normas dos n.ºs 1 e 2 do artigo 12.º, do Decreto-Lei n.º 231/98, de 22 de Julho" – Ac. TC n.º 255/02, de 12 de Junho de 2002, Proc. n.º 646/96, *in www.tribunalconstitucional.pt/ jurisprudencia.htm*, consultado em 30 de Março de 2004. A Assembleia da República autorizou o Governo a legislar sobre a matéria *sub judice* pela Lei n.º 29/2003, de 22 de Agosto.

Estas revistas, desenvolvidas pelas autoridades policiais à entrada e no interior de recintos desportivos ou de espectáculo cultural, encontram-se, desde logo, limitadas pela *natureza*, pelo *fundamento* e, ainda, pelo *factor espacio-temporal*[932].

347. A natureza da revista é **preventiva** e de **segurança** tende a evitar que o perigo de concretize com a entrada de objectos ou substâncias que possam, pela sua natureza e funcionalidade [armas, ripas de madeira, latas de refrigerante fechadas, material explosivo], afectar bens jurídicos como a vida e a integridade física.

A natureza preventiva e de segurança desta revista afasta completamente a possibilidade de se considerar como meio de obtenção de prova ou medida cautelar e de polícia previstas no CPP. Mas, consideramos que, na situação de encontrarem «objectos ou substâncias proibidas» – tais como armas, droga –, as autoridades policiais – OPC – a revista preventiva passa a medida cautelar e de polícia, pelo que as polícias devem proceder à aplicação das respectivas medidas cautelares e de polícia – previstas nos artigos 248.º e ss. do CPP[933].

348. O **fundamento** das revistas preventivas e de segurança é a **prevenção do perigo**. Não se exige a verificação material de qualquer suspeita objectiva de detenção ou posse de objectos, bastando tão somente que a pessoa a revistar deseje entrar no recinto desportivo para que a revista seja legal. Estas revistas têm como intuito impedir que aqueles objectos ou substância quer proibidos quer susceptíveis de gerar ou possibilitar actos de violência entrem no recinto.

A tutela do bem jurídico *paz pública* residual a um recinto desportivo e a *tutela (in)directa de bens jurídicos pessoais* como a vida e integridade física dos utentes do espectáculo desportivo impõe-se face às ameaças e às possibilidades de violência em espectáculos com estas

---

[932] Como acontece para os assistentes de recinto desportivo. Quanto a este assunto os nossos "Revistas e Buscas – Que viagem queremos fazer?", in *I Congresso de Processo Penal – Memórias*, Almedina, 2005, pp.294-296 e Revistas e Buscas, 2.ª Edição, Almedina, Coimbra, 2005, pp. 50-52.

[933] Quanto a este assunto *supra* §§40.º e ss. e o nosso *Processo Penal* – Tomo I, Almedina, Coimbra, 2004, pp. 271-282.

características demonstradas no dia a dia, legalizando-se e legitimando--se a revista preventiva e de segurança no *estrito objectivo* de impedir a introdução de objectos ou substâncias potenciais geradoras de violência.

A prevenção do perigo está bem presente no n.º 4 do art. 25.º da Lei n.º 39/2009, de 30 de Julho, que impõe às forças de segurança a obrigatoriedade de proceder à revista dos elementos que façam parte dos «grupos organizados de adeptos». O legislador ao prescrever o preceito sem indicar quem efectua esta revista – força de segurança ou assistente de recinto –, como efectuou nos n.ᵒˢ 1, 2 e 3 do mesmo artigo, pretende impôr a obrigatoriedade aos assistentes de recinto e, muito em especial, às forças de segurança, que, quanto a estes elementos, face ao perigo que representam, não necessitam de fundamentar a necessidade da revista.

349. Relativamente à limitação da **localização** da revista – «proceder a revistas aos espectadores, por forma a evitar a existência *no recinto*», n.º 3 do art. 25.º da Lei n.º 39/2009 –, pensamos que abrange *os acessos ao recinto* desportivo ou de espectáculo, bem como *o interior* do mesmo. Pois, afasta-se a restrição à entrada dos recintos imposta aos assistentes de recinto desportivo, que se apresenta desmedida e de aplicabilidade demasiado restritiva, prescrita no n.º 1 do art. 25.º da Lei n.º 39/2009.

Compreendendo o legislador – se a revista se efectuar de forma correcta não haverá necessidade de efectuar novamente a revista no interior do recinto –, parece-nos que se aqueles assistentes de recinto desportivo se encontram autorizados *ex lege* a efectuar a revista à entrada, também deveriam poder realizar a revista no interior dos recintos, além de que são estes que efectuam a 'segurança' nesses locais. Regime prescrito no art. 5.º da Lei n.º 8/97, de 12 de Abril, e que estende o procedimento aos recintos de espectáculo, aos estabelecimentos de ensino ou recintos em que hajam manifestações religiosas, políticas e cívicas.

350. Estes regimes não afastam a possibilidade das forças de segurança com competência no âmbito da segurança interna, como a PSP e a GNR, aplicarem a revista como *medida de polícia* prevista na al. *a*) do art. 29.º da LSI. Esta revista tem como fundamento «detectar a presença de armas, substâncias ou engenhos explosivos ou pirotécnicos, objectos proibidos ou susceptíveis de possibilitar actos de violência», *i. e.*, procuram prevenir o perigo de ocorrerem condutas que afectem bem jurídicos como a vida e a integridade física de pes-soas que estejam ou que entrem no local do espectáculo ou recinto desportivo.

§ 96.º Da busca no âmbito da Lei n.º 8/97, de 12 de Abril

a. Do enquadramento geral

351. A Lei n.º 8/97, de 12 de Abril[934], criminaliza *conduta*s susceptíveis de criar *perigo para a vida e integridade física* decorrentes do uso e porte de armas e substâncias ou engenhos explosivos ou pirotécnicos no âmbito de realizações cívicas, políticas, religiosas, artísticas, culturais ou desportivas.

A teleologia do diploma não se prende com a efectivação do perigo, bastando somente que esse mesmo perigo seja criado, ou seja, basta que alguém, sem autorização para o efeito, transporte, detenha, traga consigo ou distribua armas[935], substâncias ou engenhos explosivos ou pirotécnicos não só nos recintos onde decorram as manifestações referidas, mas também em estabelecimentos de ensino, conforme n.º 1 do art.º 1.º da Lei n.º 8/97[936], de 12 de Abril.

---

[934] Este diploma surge, infelizmente, devido à morte do adepto do Sporting no Estádio Nacional, quando decorria a final da Taça de Portugal entre o Benfica e o Sporting. No decurso do jogo, quando o Benfica inaugurou o marcador, houve um seu adepto que lançou um *very light* que atingiu mortalmente um adepto do Sporting, o que causou alguma preocupação e algum mau estar face à desregulamentação quanto a procedimentos de segurança, principalmente no que dizia respeito à previsão legal desses procedimentos que legitimassem as forças de segurança a proceder a revistas às pessoas que entrassem nos recintos desportivos e a efectuar buscas nas viaturas que entram nos recintos desportivos ou onde decorrem os eventos, assim como nos locais onde as "claques" guardam os adornos e material de apoio.

[935] Enquadra-se neste contexto, segundo o legislador, arma de fogo, arma de arremesso, arma destinada a projectar substâncias tóxicas, asfixiantes ou corrosivas, arma branca, conforme n.º 1 do art. 1.º da Lei n.º 8/97, de 12 de Abril.

[936] Quanto à pena, depende se faz uso ou não dos instrumentos perigosos referidos (art. 1.º), no caso de fazer uso deles, se ofende a vida ou a integridade física

352. O legislador dotou e legitimou os Órgãos de Polícia Criminal (OPC) a efectuarem buscas não domiciliárias de modo a evitar que, nos recintos onde decorram as referidas manifestações, entrem armas e substâncias ou engenhos explosivos ou pirotécnicos, tutelando-se e promovendo-se os bens jurídicos vida e integridade física de todos quantos assistem a um espectáculo ou divertimento ou, ainda, manifestação pública.

Contudo, o legislador quis, e bem, abranger as condutas descritas quando o recinto é um estabelecimento de ensino. Cumpre-se a função preventiva da legislação, ao legislar e legitimar os OPC a efectuarem uma busca a uma viatura ou a uma mochila de um aluno de uma escola, de um professor ou de um funcionário do estabelecimento de ensino[937] suspeito de se enquadrar nas referidas condutas. Como se sabe, hoje, a criminalidade atinge também as nossas escolas e, como a imprensa nos tem demonstrado, todos os anos de todo o mundo nos chegam notícias de alunos que se dirigem armados às escolas, onde efectuam autênticos massacres[938].

A revista a menores, como já escrevemos e afirmamos, deve ser efectuada num local reservado e, sempre que possível, na presença do responsável pelo poder paternal ou de um familiar idóneo, quando não for possível encontrar os pais ou quando os pais se encontram implicados nas circunstâncias factuais do crime[939]. Quanto às **buscas** será de todo conveniente que o Presidente da Comissão Executiva da Escola ou algum responsável ou funcionário assista à busca às mochilas, às pastas e/ou aos ciclomotores, aos carros dos alunos, sempre que se preencham os pressupostos do art. 5.º da Lei n.º 8/98, de 12 de Abril.

(art. 2.º – agravação pelo resultado). Além destas sanções, ao agente do crime pode ser aplicada uma sanção acessória de "proibição de frequência dos estabelecimentos de ensino ou recinto onde tenham decorrido as manifestações referidas", conforme n.º 1 do art. 3.º da Lei n.º 8/97, de 12 de Abril.

[937] Quanto às **revistas** a menores, o nosso estudo "Delinquência Juvenil: Dos actos praticados pelos Órgãos de Polícia Criminal no Processo Tutelar Educativo", in Revista Infância e Juventude, n.º 4/01, Outubro – Dezembro, 2001, p. 73.

[938] Mais propriamente nos Estados Unidos da América e, em alguns casos, em países europeus como na Alemanha.

[939] Quanto a este assunto, o nosso Direito de Menores..., p. 226.

b. Do regime jurídico

353. O art. 5.º da Lei n.º 8/97, de 12 de Abril, estipula um regime especial de busca não domiciliária face ao ordenamento jurídico processual penal, afastando os pressupostos mais restritos e limitadores do regime prescrito nos artigos 174.º e ss. e 251.º n.º 1, al. *a)* do CPP.

No mesmo preceito, prevê-se a revista como medida preventiva ou de segurança que pode, também, ser efectuada a quem frequente um determinado estabelecimento de ensino ou recinto lúdico, religioso, partidário ou desportivo, desde que se suspeite que o mesmo tenta introduzir naquele local arma(s) ou substâncias explosivas ou pirotécnicas, *ex vi* art. 5.º da Lei n.º 8/97, de 12 de Abril. Os OPC podem, ainda, efectuar a revista de segurança aquando de um evento desportivo, preenchidos os requisitos da necessidade do uso dessa medida cautelar e de polícia, para que se evite a introdução de objectos proibidos ou susceptíveis de gerar actos de violência, *ex vi* art. 25.º , n.º 3 da Lei n.º 39/2009, de 30 de Julho.

Prescreve o preceito que as forças de segurança, sempre que haja *fundadas suspeitas,* "podem realizar buscas (...) *tendentes a detectar a introdução* ou a *presença* de armas e substâncias ou engenhos explosivos ou pirotécnicos *nos estabelecimentos de ensino* ou *recintos* onde ocorram as manifestações referidas".

354. O âmbito das buscas previstas neste preceito é muito maior e mais abrangente, mas delimita, como é próprio de um Estado de direito estruturado segundo os princípios da democracia e do respeito pela dignidade da pessoa humana, especificando **a causa** – fundadas suspeitas –, **os locais** – estabelecimentos de ensino e/ou recintos onde decorram manifestações desportivas, políticas, religiosas, artísticas, culturais e cívicas –, e **as finalidades** das buscas – detectar a introdução ou a presença de armas[940] ou engenhos explosivos ou pirotécnicos.

---

[940] Quanto ao conceito de armas, defendemos que se enquadram naquelas as previstas e descritas no n.º 1 do art. 1.º deste diploma, quer também aqueles objectos transformados em armas de fogo como canetas metálicas, guarda chuvas, bengalas, isqueiros, etc..

O pressuposto *fundadas suspeitas* restringe o âmbito de actuação das forças de segurança, evitando-se a arbitrariedade que aqueles poderiam desenvolver com o argumento de que o espectáculo ou divertimento público ou manifestações a decorrer naquele tipo de recinto legitima e legaliza toda e qualquer busca não domiciliária.

Se o aluno **X**, referenciado por andar a ameaçar os seus colegas com uma arma branca ou arma de fogo, ou o grupo de adeptos que, no jogo anterior, efectuou o lançamento de engenhos pirotécnicos, pondo em perigo a vida e a integridade física dos restantes adeptos, que naquele momento se encontram na presença das forças de segurança e estas não têm tempo para solicitar autorização ou ordem de busca à autoridade judiciária, como preceitua o n.º 3 do art. 174.º do CPP. Contudo, estes elementos factuais, que preenchem *a priori* o pressuposto *fundadas suspeitas*, poderão *a posteriori* não ser suficientes para que a actuação policial seja legal e legítima, pelo que o juízo efectuado pelo OPC terá de ser bem fundamentado.

355. Neste **conflito de direitos**[941] – de um lado os direitos individuais [respeitantes ao suspeito de introduzir ou de transportar na sua mochila ou na sua viatura que tem acesso ao parque interior do recinto de armas e substâncias ou engenhos explosivos ou pirotécnicos – como a intimidade e reserva da vida privada, o seu bom nome e reputação, a imagem], e, do outro lado, a vida e a integridade física de adeptos ou assistentes ou de uma comunidade estudantil – estes sobrepõem-se aos primeiros, como valores supremos que justificam o sacrifício daqueles.

A teleologia do diploma aproxima-se à prevista na al. *a)* do n.º 5 do art.º 174.º do CPP, apesar de, na nossa opinião, se aproximar da medida cautelar de polícia prevista na al. *a)* do n.º 1 do art. 251.º do CPP. Ambos se complementam e se interligam em consonância com os artigos 24.º, 25.º e 26.º da CRP.

---

[941] Quanto ao Conflito de Direitos, Varela de Matos, *Conflito de Direitos em Direito Constitucional*, Almeida & Leitão, Braga, 1998; J. J. G. Canotilho, *Direito Constitucional e Teoria da Constituição*, Almedina, 3.ª Edição, 2000; J. J. J. Vieira de Andrade, *Direitos Fundamentais*, Almedina, 2002; Jorge Miranda, *Manual de Direito Constitucional*, Coimbra Editora, 1998, Vol. IV.

356. No que concerne ao **procedimento**, os OPC terão de actuar de acordo com as regras processuais prescritas no CPP, quanto *à apreensão cautelar* [al. *c)* do n.º 2 do art.º 249.º em conjugação com os artigos 178.º e ss. do CPP], *à identificação* [art.º 250.º do CPP em conjugação com a al. *g)* do n.º 3 do art.º 27.º da CRP], *à elaboração do relatório* [art.º 253.º do CPP], *à detenção* [artigos 254.º e ss. do CPP].

O relatório da diligência – busca não domiciliária no âmbito do art. 5.º da Lei n.º 8/97 –, que deverá "conter" as investigações levadas a cabo, os resultados das mesmas, a descrição dos factos apurados e as provas recolhidas [n.º 1 do art. 252.º do CPP], assim como os fundamentos das suspeitas que imputaram a efectuação da busca, deverá ser remetido à autoridade judiciária competente: ao **Ministério Público** caso não seja realizada qualquer detenção ou ao **Juiz de Instrução** quando se verificar(em) a(s) detenção(ões) de indivíduos para primeiro interrogatório judicial [no caso de processo comum, sempre que atinja alguém com o instrumento proibido – art. 2.º da Lei n.º 8/98] ou para julgamento sob forma sumária [quando a conduta se enquadra no art. 1.º do diploma em conjugação com os pressupostos do art. 381.º e ss. do CPP], *ex vi* art. 254.º do CPP em conjugação com os artigos 27.º, n.º 3, als. *a)* e *b)* e 28.º, n.º 1 da CRP[942].

357. No que respeita às **formalidades** da busca, referimos que a diligência *busca* deve respeitar a dignidade pessoal do visado e, o mais possível, o seu pudor, imposição que se afere das revistas prevista no n.º 2 do art. 175 do CPP[943], caso a busca ofenda a integridade física ou moral dos visados, mesmo que haja consentimento daqueles, a busca é nula e as provas obtidas mediante essa ofensa[944] são nulas

---

[942] Se o agente das condutas prescritas e criminalizadas pela Lei n.º 8/97, de 12 de Abril, for um menor de 12 a 16 anos de idade, procede-se de acordo com a Lei Tutelar Educativa, *maxime*, artigos 51.º e ss.

[943] *Hoc sensu* MARQUES FERREIRA, "Meios de Prova", in *Jornadas de Direito Processual Penal – O Novo Código de Processo Penal,* CEJ – Livraria Almedina, 1995, p. 265.

[944] O legislador entendeu fixar condutas que ofendam a integridade física ou moral das pessoas no n.º 2 do art. 126.º do CPP, cujo consentimento não justifica a ilicitude dessa conduta.

e não podem ser usadas no processo crime, mas sim contra os elementos das forças de segurança, caso contra as mesmas haja procedimento criminal, *ex vi* art. 126.º do CPP em conjugação com o n.º 8 do art. 32.º da CRP.

Pode-se resumir que as buscas realizadas no âmbito do art. 5.º da Lei n.º 8/97, de 12 de Abril, não obstante de estarem dotados de teor administrativo de prevenção do perigo, logo que sejam obtidos objectos que consubstanciem o conceito de arma do art. 1.º, seguem o regime das buscas como medida cautelar e de polícia sujeitas a apreciação judicial em ordem à sua validação, prescrito no art. 251.º conjugado com os artigos 174.º e ss. do CPP.

§ 97.º Conclusão capitular

358. Podemos afirmar que estamos perante revistas e buscas preventivas e de segurança caracteristicamente tidas como medidas cautelares de polícia – à excepção da situação de se encontrarem objectos que consignem a execução de um crime [*p. e.*, posse de arma ou de explosivos proibidos, crime p. e p. pelo art. 275.º do CP ou a detenção de estupefacientes superior ao permitido por lei para consumo, podendo consignar a prática do crime de tráfico de droga, p. e p. pelos art. 21.º e ss. do DL n.º 15/93, de 22 de Janeiro] – destinadas a prevenir o perigo da afectação da ordem e segurança públicas.

Capítulo **X**

DA VIDEOVIGILÂNCIA

Sumário: § 98.º Considerações gerais
§ 99.º Da análise técnico-táctica
§ 100.º Da problemática jurídica:
   a. Do direito à segurança
   b. Do direito à liberdade
   c. Do direito à reserva da vida privada e à imagem
§ 101.º Do enquadramento jurídico:
   a. Da competência
   b. Da finalidade e do tempo
   c. Dos limites à utilização das câmaras de vídeo:
      α. dos princípios da legalidade e da proporcionalidade *lato sensu*
      β. da protecção dos direitos fundamentais
      γ. do parecer negativo da CNPD
   d. Do tratamento das imagens e sons captados e gravados
   e. Da captação de imagens e sons de notícia de crime

Fontes: AMARAL, DIOGO FREITAS DO, *Direito Administrativo*, Lisboa, 1988, Vol. II; ANDRADE, JOSÉ CARLOS VIEIRA DE, "Interesse Público", in *Dicionário Jurídico da Administração Pública*, Lisboa, Vol. V, pp. 275 e ss.; **ANDRADE**, MANUEL DA COSTA, *Liberdade de Imprensa e Inviolabilidade Pessoal*, Coimbra Editora, 1996; "Devassa da Vida Privada", *in Comentário Conimbricense ao Código Penal – Parte Especial*, (Dirigido por JORGE DE FIGUEIREDO DIAS), Coimbra Editora, 1999, Tomo I; "Gravações e fotografias ilícitas", *in Comentário Conimbricense ao Código Penal – Parte Especial*, (Dirigido por JORGE DE FIGUEIREDO DIAS), Coimbra Editora, 1999, Tomo I; **CAETANO**, MARCELLO, *Manual de Direito Administrativo,* 7.ª Reimpressão da 10.ª Edição, Almedina, Coimbra, 1990, Vol. I; *Manual de Direito Administrativo*, Almedina, Coimbra, 7.ª Reimpressão da 10.ª Edição, 2004, Vol. II; **CAMPOS**, MANUEL FONTAINE,

O Direito e a Moral no Pensamento de Friedrich Hayek, UCP – Porto, 2000; CANOTILHO, GOMES e MOREIRA VITAL, *Constituição da República Portuguesa Anotada*, 3.ª Edição, Coimbra Editora, 1993; CAUPERS, JOÃO, *Introdução ao Direito Administrativo*, 5.ª Edição, Âncora Editora, Lisboa, 2000; CHAMBEL, ÉLIA MARINA PEREIRA, *A Video-vigilância em Locais de Domínio Público de Utilização Comum*, ISCPSI (de consulta na Biblioteca), Lisboa, 2000; CONDE, FRANCISCO MUÑOZ, *La Ciência del Derecho Penal ante el Nuevo Milenio – Prólogo a la Edición Española*, Tirant lo Blanch, Valencia, 2004; DIAS, JORGE DE FIGUEIREDO e ANDRADE, MANUEL DA COSTA, *Criminologia, o Homem Delinquente e a Sociedade Criminógena*, Coimbra Editora, 1997; ESPADA, JOÃO CARLOS, *A Tradição de Liberdade*, Principia, Lisboa, 1998; FARIA, MIGUEL JOSÉ, *Direitos Fundamentais e Direitos do Homem*, 3.ª Edição, ISCPSI, Lisboa, 2001; GOUVEIA, JORGE BACELAR, *Novos Estudos de Direito Público*, Âncora Editora, Lisboa, 2002; HASSEMER, WINFRIED, *A Segurança Pública no Estado de Direito*, AAFDL, Lisboa, 1995; KELSEN, HANS, *A Justiça e o Direito Natural*, (tradução de JOÃO BAPTISTA MACHADO), Almedina, Coimbra, 2001; LARGUIER, JEAN, *La Procédure Pénale*, 4.ª Edição, Presses Universitaires de France, 1973; LISZT, FRANZ von, *Tratado de Direito Penal*, (tradução de JOSÉ HIGINO DUARTE PEREIRA), Russell, Campinas/SP, 2003, Tomo II; NEVES, A. CASTANHEIRA, "O princípio da legalidade criminal", in *Digesta*, Coimbra Editora, 1995, Vol. I; NOVAIS, JORGE REIS, *As Restrições aos Direitos Fundamentais não Expressamente Autorizadas pela Constituição*, Coimbra Editora, Coimbra, 2003; PINHEIRO, ALEXANDRE SOUSA e FERNANDES, MÁRIO JOÃO DE BRITO, *Comentários à IV Revisão Constitucional*, AAFDL, Lisboa, 1999; SCHNEIDER, JOCHEN, "Processamento electrónico de dados – Informática jurídica", in *Introdução à Filosofia do Direito e à Teoria do Direito Contemporâneo*, (coordenção de A. KAUFMANN e de W. HASSEMER), (tradução de MARCOS KEEL e de MANUEL SECA DE OLIVEIRA), Fundação Calouste Gulbenkian, Lisboa, 2002; SILVA, GERMANO MARQUES DA, Entrevista, in *Revista Polícia Portuguesa*, Ano LXIII, n.º 123, Maio/Junho, 2000; *Ética Policial e Sociedade Democrática*, Edição do ISCPSI, Lisboa, 2001; SOUSA, RABINDRANATH CAPELO DE, *O Direito Geral de Personalidade*, Coimbra Editora, 1995; VALENTE, MANUEL MONTEIRO GUEDES, "A crítica", in *Polícia Portuguesa*, Ano LXII (II Série), n.º 115, Jan/Fev99, p. 24; "Será a Policia uma Minoria", In *Polícia Portuguesa*, Ano LXII, Mai/Jun99, pp.18 e ss.; "Videovigilância – Um meio técnico-jurídico eficiente na prevenção e na repressão da Criminalidade nos locais de domínio público de utilização comum", in *Revista Polícia Portuguesa*, Ano LXIII, n.º 123, Março/Abril, 2000, pp. 2 e ss.; "Da Publicação da Matéria de Facto das Condenações nos Processos Disciplinares na PSP", in *Polícia Portuguesa*, Ano LXII//LXIII, números 120/121,Nov/Dez99, Jan/Fev2000, pp. 7 e ss. e pp. 14 e ss.; *Da Publicação da Matéria de Facto nos Processos Disciplinares*, Edição do ISCPSI, 2000; *Consumo de Drogas – Reflexões sobre o Novo Quadro Legal*, 2.ª Edição, Almedina, Coimbra, 2003; *Escutas Telefónicas – Da Excepcionalidade à Vulgaridade*, Almedina, Coimbra, 2004; "Enquadramento Jurídico das Polícias Municipais: Do quadro Constitucional ao Quadro Ordinário", in *Estudos de Homenagem ao Professor Doutor GERMANO MARQUES DA SILVA*, Almedina, Coimbra, 2004, pp. 249-278; *Processo Penal* – Tomo I, Almedina, Coimbra, 2004; "As Novas Tecnologiasde Prevenção Criminal e o Urbanismo: o Caso da Videovigilância", *in Urbanismo, Segurança e Lei – Tomo II*, Almedina, Coimbra, 2009; ZIPPELIUS, REINHOLD, *Teoria Geral Do Estado*, (tradução de KARIN PRAEFKE-AIRES COUTINHO), 3.ª Edição, Fundação Calouste Gulbenkian, Lisboa, 1997.

§ 98.º Considerações gerais

359. O tema da **videovigilância**[945] conduz-nos à expressão de MILAN KUNDERA de que se lembrava de que, na sua "infância, quando se queria fotografar alguém, se tinha que pedir licença"[946]. Eis o direito à imagem e à reserva da intimidade da vida privada da pessoa humana que, hoje, com a aprovação do regime jurídico da utilização de câmaras de vídeo em locais públicos de utilização comum pela Lei n.º 1/2005, de 10 de Janeiro, se encontram melindrosamente expostos.

Vence o ideário securitário em detrimento do ideário da cultura da cidadania ou o medo rege as decisões dos políticos dotados de pragmatismo[947] administrativo.

O sentimento de insegurança, hoje reclamado pelos cidadãos, conduz a que as forças de segurança[948] se empenhem na reinvidação

---

[945] Este capítulo tem origem no texto "Videovigilância – Um meio técnico-jurídico eficiente na prevenção e na repressão da Criminalidade nos locais de domínio público de utilização comum", publicado na *Revista Polícia Portuguesa*, Ano LXIII, n.º 123, Março/Abril, 2000, pp. 2 e ss., cuja aprovação da Lei n.º 1/2005, de 10 de Janeiro, alterada pela Lei n.º 39-A/2005, de 29 de Julho, e pela Lei n.º 53-A//2006, de 29 de Dezembro, impõe uma reflexão mais aprofundada e crítica não só no plano doutrinário, mas também *de iure condito*. Neste capítulo não abordaremos a videovigilância em locais privados de acesso livre e de acesso condicionado operativizada pelas empresas de segurança privada – DL n.º 35/2004, de 21 de Fevereiro –, nem a videovigilância promovida nos recintos desportivos, cujo regime consta do art. 18.º da Lei n.º 39/2009, de 30 de Julho. Contudo, os princípios e a doutrina defendida por nós aplica-se em todas as situações que se verifique o recurso da videovigilância, especialmente no que respeita aos direitos e liberaddes fundamentais.

[946] MILAN KUNDERA apud MANUEL DA COSTA ANDRADE, *Liberdade de Imprensa e Inviolabilidade Pessoal*, Coimbra Editora, 1996, p. 132.

[947] Quanto ao princípio do pragmatismo, o nosso *Consumo de Drogas – Reflexões sobre o Novo Quadro Legal*, 2.ª Edição, Almedina, Coimbra, 2003, pp. 75-80.

[948] O n.º 1 do art. 1.º da Lei n.º 1/2005, de 10 de Janeiro, estende aos serviços de segurança a possibilidade de recurso à «captação e gravação de imagem e som e

e na instituição de novos meios de segurança capazes de permitirem uma mentalização global de que existe uma técnica policial eficaz na prevenção e eficiente na repressão de infracções – quer no sentido de aplicação de sanções[949] [*p. e.*, aplicação de uma coima por infracção a norma do CE] quer no sentido de aplicação de medidas cautelares e de polícia, prescritas nos artigos 248.º e ss. do CPP.

360. Intuito que impulsionou a aprovação da utilização da **videovigilância como um meio de segurança nos locais de domínio público de utilização comum**[950] de prevenção do perigo promovido pelas infracções rodoviárias. Este capítulo será uma crítica táctica e técnico-jurídica séria e profunda à videovigilância como meio de segurança e, como tal, limitador de direitos, liberdades e garantias do cidadão e um discretear do regime aprovado.

O regime da prevenção e repressão das infracções rodoviárias encontra-se como um regime especial face ao regime geral de todo o diploma, previsto no Capítulo V, art. 13.º – *utilização de sistema de vigilância rodoviária* –, aditado pela Lei n.º 30-A/2005, de 29 de Julho, que aditou a al. *d*) do n.º 1 do art. 2.º do mesmo diploma, determinando a aplicação da videovigilância para «prevenção e repressão de infracções estradais».

O Regime da Instalação e Utilização de Sistemas de Vigilância Electrónica Rodoviária e a Criação e Utilização de Sistemas de Informação de Acidentes e Incidentes pelas Estradas de Portugal e Concessionárias Rodoviárias foi aprovado pela Lei n.º 51/2006, de 29 de Agosto. Este regime deve obediência aos princípios e à doutrina explanada ao longo deste capítulo, sob pena de ofensa desnecessária e inaceitável de direitos e liberdades fundamentais.

---

o seu posterior tratamento», o que, desde já, nos preocupa por parecer que os serviços de segurança podem não ter a função adstrita à teleologia do regime aprovado.

[949] Quanto a este assunto MARCELLO CAETANO, *Manual de Direito Administrativo*, Almedina, Coimbra, 7.ª Reimpressão da 10.ª Edição, 2004, vol. II, pp. 1164-165.

[950] Quanto a este assunto, o nosso "Videovigilância – Um meio técnico-jurídico eficiente na prevenção e na repressão da Criminalidade nos locais de domínio público de utilização comum", in *Revista Polícia Portuguesa*, Ano LXIII, n.º 123, Março/Abril, 2000, pp. 2 e ss. e ÉLIA MARINA PEREIRA CHAMBEL, *A Videovigilância em Locais de Domínio Público de Utilização Comum*, ISCPSI (de consulta na Biblioteca), Lisboa, 2000.

§ 99.º Da análise técnico-táctica

361. Na perspectiva técnica, temos de referir que é *um sistema imperfeito*[951], não só porque é dispendiosa a sua aquisição e manutenção, mas também porque é manobrado pelo homem, como por ele foi inventado. Não temos dúvida de que é um **meio de fácil sabotagem**, o que permite **inutilizá-lo ou torná-lo inoperável** durante o tempo suficiente para a prática de qualquer delito.

O espírito economista dir-nos-á que este meio permite-nos tacticamente diminuir o número de efectivos, uma vez que uma câmara poderá substituir o elemento fardado. Discordamos plenamente desta ideia, porque nada substitui a presença do ser humano. Mesmo que a câmara capte mais ampla e eficazmente o facto ocorrido e permita que o operador accione os meios técnicos e humanos adequados à resolução do problema, jamais substitui a emotividade e a sociabilidade proporcionada pelo elemento policial. Pensamos que queremos uma sociedade humana e não robotizada.

Em Inglaterra e em Espanha, a videovigilância é considerada como um meio eficaz e preponderante na prevenção e na repressão criminal. Contudo, há a referir que Inglaterra e Espanha foram e são dois países assolados pelo terrorismo – IRA, ETA e ALQAED –, havendo desta forma uma maior necessidade de uma vigilância não só imediatamente mais eficaz, como ainda mais abrangente, melhor, que cubra um maior número de ruas. Segundo a nossa visão tudo se prende com uma questão de necessidade de utilização dos meios mais adequados, quer técnica, quer táctica, quer economicamente para prosseguir uma das necessidades colectivas do Estado de Direito[952]: a *segurança* e *o bem estar* da Comunidade[953].

362. Perguntamo-nos se, caso não existisse a permanente ameaça de actos terroristas e terrorismo naqueles países, os seus cidadãos

---

[951] ÉLIA CHAMBEL, *A Videovigilância em Locais...*, p. 21.
[952] Situação esta que poderemos equiparar a um estado de necessidade.
[953] Que se alcança quando se mantém a segurança e a ordem públicas e se previnem a prática de crimes, condição para o uso de câmaras de vídeo – *ex vi* do n.º 2 do art. 7.º da Lei n.º 1/2005, de 10 de Janeiro.

aceitariam ser filmados em todos os locais. É por sabermos que o povo inglês é um povo que preza a sua independência, que cresce em uma dialéctica de responsabilidade e liberdade, que duvidamos que aceitasse que cada um dos seus passos fosse filmado e gravado. Mas, mesmo que o aceitasse livremente, sabemos que isso dever-se-ia unicamente ao sentimento de responsabilidade que é incutido a cada cidadão inglês desde que nasce[954], o que não existe na formação familiar e pedagógica dos portugueses, que analisam e vivem a liberdade em uma perspectiva de não responsabilidade.

A videovigilância em locais de domínio público de utilização comum, como meio de segurança, apenas pode ser visto como meio táctico auxiliar das forças de segurança e não como meio principal, ao qual se interligam todos os outros meios[955].

A utilização de câmaras de vídeo, a par da obediência aos princípios da intervenção policial, deve ser visto como um **meio de apoio à actividade preventiva e repressiva das forças policiais** no sentido de permitirem **uma melhor visualização que lhes permita uma percepção mais adequada dos factos** o que poderia conduzir à **movimentação de meios humanos e materiais proporcionais à necessidade**, ou seja, o operador faria uma análise mais fria dos acontecimentos, retirando toda a emotividade do patrulheiro, o que lhe permitia racionar a actuação policial, promovendo uma eficiência resoluta extraordinária, que, certamente, criaria um vazio no espectro humano: oco de sentimentos.

Como temos vindo a defender, a **robotização da sociedade, que começa pela subjugação do homem à máquina, é o caminho para o desmoronamento da riqueza humana: o pensamento.**

§ 100.º Da problemática jurídica

363. Quando se fala de polícia – defensora da legalidade democrática, dos direitos, liberdades e garantias do cidadão, ou seja, garante do bem colectivo *segurança* – levanta-se a problemática da violação

---

[954] Neste sentido KARL POPPER *apud* JOÃO CARLOS ESPADA, "Inglaterra: sentido liberal do dever", in *A Tradição de Liberdade*, Principia, Lisboa, 1998, p. 25.
[955] Neste sentido art. 7.º , n.ºˢ 1, 2, 3 e 5 da Lei n.º 1/2005, de 10 de Janeiro.

desses mesmos direitos, principalmente quando a **polícia** se sente a *"paria da sociedade"*[956]. Ao usarmos a videovigilância como um meio técnico de segurança de que as forças policiais se socorrem para prevenir, quiçá investigar, e, consequentemente, reprimir o crime, podemos violar direitos pessoais tais como *o direito à imagem, à reserva da intimidade de vida privada e familiar, à liberdade em geral e de circulação em especial*, que no nosso entender são corolários[957] do direito à integridade moral que solidifica forte e materialmente o princípio fundamental do Estado de Direito Democrático: **respeito pela dignidade da pessoa humana**.

Se para GERMANO M. DA SILVA repugna que existam câmaras que filmem namorados em um jardim[958], a nós, não só repugna, como nos preocupa o fim dado a essas imagens. O argumento do "Complexo das/dos amantes" é o mais fácil não só para quem pensa que a videovigilância seria um meio auxiliar capaz de resolver uma enorme percentagem da nossa criminalidade, mas também para quem apenas analisa as situações expostas numa perspectiva de dogmática técnico--táctica, melhor, desconhecendo o real problema que sociológica e axialogicamente desemboca na questão da violação ou não de direitos

---

[956] WESTLEY *apud* JORGE DE FIGUEIREDO DIAS e MANUEL DA COSTA ANDRADE, *Criminologia, o Homem Delinquente e a Sociedade Criminógena*, Coimbra Editora, 1997, p. 464 e o nosso estudo "Será a Polícia uma Minoria", *in Polícia Portuguesa*, Ano LXII, Mai/Jun99, pp. 18 e ss..

[957] Neste sentido, o nosso estudo "Da Publicação da Matéria de Facto das Condenações nos Processos Disciplinares na PSP", *in* Polícia Portuguesa, Ano LXII/ LXIII, números 120/121,Nov/Dez99, Jan/Fev2000, pp. 7 e ss. e pp. 14 e ss.. Aqui podemos relembrar a posição de MONTESQUIEU: «La cause de tous les relâchements vient de la impunité, *non de la moderation des peines*». Apud JEAN LARGUIER, *La Procédure Pénale*, 4.ª Edição, Presses Universitaires de France, 1973, p. 5.

[958] GERMANO MARQUES DA SILVA, "Entrevista", *in Revista Polícia Portuguesa*, Ano LXIII, n.º 123, Maio/Junho, 2000. Nos termos do n.º 4 do art. 7.º da Lei n.º 1/ /2005, de 10 de Janeiro, defendemos que é um dos locais em que, pela sua natureza, as câmaras se destinam a ser utilizadas com resguardo, excepto se esse jardim em concreto for um local em que a ordem e a segurança públicas estejam obrigatoriamente afectadas – *p. e.*, vandalismo, encontro de grupos que se destinam à pratica de ilícitos criminais.

fundamentais que jamais poderão ser restringidos ou suspensos, exceptuando-se nas situações enquadráveis na vinculação do art. 18.º da CRP e do Estado de Sítio e de Necessidade[959].

364. MENEZES CORDEIRO afirma que *só se pode criticar o que se conhece*[960]. O conhecimento a que este professor se reporta não se reduz a uma mera percepção empírica, mas a uma aquisição científico – jurídica da problemática que nasce com o estudo e confrontação das principais e circunstâncias questões levantadas por aqueles que marcam o testemunho da história.

Acresce que não se deve justificar o quadro técnico-jurídico em uma perspectiva de *grande gestão*, porque é impossível e esta apenas serve para auxiliar a uma melhor e própria análise de um meio de segurança que tem de obedecer na sua génese ao ordenamento jurídico a que pertence. COSTA ANDRADE, em Outubro de 1996, escrevia que "**Apolo**, que ao vencer e expulsar as **Erínias**, impôs (...) a justiça e o direito como o espaço de ultrapassagem dos conflitos dos homens"[961]. Perante este ensinamento, pensamos que a lógica da vida em sociedade e da solução dos seus problemas, como o da segurança, não passa, apenas, por uma perspectiva de *grande gestão*, porque esta é um apêndice da estrutura colectiva que está, também, sujeita não só a regras constitucionais, como ainda a ordinárias.

As imagens captadas podem proporcionar a violação quer do direito à imagem, quer do direito à reserva da intimidade da vida privada, assim como podem restringir o direito à liberdade em geral e de circulação em especial.

a. Do direito à segurança

365. A **segurança**, na linha de GOMES CANOTILHO e VITAL MOREIRA, e como "garantia de exercício seguro e tranquilo dos direitos, liberto

---

[959] Cfr. art. 19.º da CRP.
[960] MENEZES CORDEIRO *apud* MANUEL VALENTE, "A crítica", *in Polícia Portuguesa*, Ano LXII (II Série), n.º 115, Jan/Fev99, p. 24.
[961] MANUEL DA COSTA ANDRADE, *Liberdade de Imprensa e Inviabilidade Pessoal*, Coimbra Editora,1996, p. 6.

de ameaças ou agressões", ou seja, mais como *garantia de direitos do que* como *direito autónomo*, aparece consagrada constitucionalmente com o art. 3.º da Constituição de 1822, na qual se consagra *a ideia de segurança pessoal* em que ao governo competia promover a protecção de *todos para poderem conservar os seus direitos pessoais*[962]. O **direito à segurança**, seja na sua *dimensão* negativa – protecção contra *os poderes públicos* –, seja na sua *dimensão positiva* – protecção contra *agressões de outrem* –, como bem jurídico tutelado constitucionalmente, não pode ser promovido de forma que viole a prossecução dos direitos pessoais, cujo exercício lhe limitam a sua amplitude baseada no pressuposto da realização do interesse público[963].

O direito à segurança, que deve ser preferencialmente prosseguido pelo Estado[964], não **deve socorrer-se** de meios ou medidas de cariz de Estado de Polícia, mas sim **de meios que encontram o seu fundamento e a sua causa de existência nos próprios direitos pessoais enraizados na promoção do respeito da dignidade humana**. Como direito do cidadão surge como dever do Estado, que, além desta garantia, lhe compete constitucionalmente *garantir os direitos e liberdades fundamentais e o respeito pelos princípios do Estado de Direito Democrático* – al. *b*) do art. 9.º da CRP. Pensamos que é nesta perspectiva que GERMANO M. DA SILVA fala em limitar as restrições *ao mínimo indispensável, para se poder conciliar o aprofundamento das liberdades individuais com a segurança colectiva*[965].

As liberdades individuais respeitam aos direitos pessoais, que estão *directamente ao serviço da protecção da esfera nuclear das*

---

[962] GOMES CANOTILHO e VITAL MOREIRA, *Constituição da República Portuguesa Anotada*, 3.ª Edição, Coimbra Editora, 1993, p. 184.

[963] Pensamos importante referir que o **interesse público deveria ser *o de que cada um tenha as melhores possibilidades de alcançar a satisfação dos seus interesses***. MANUEL FONTAINE CAMPOS, *O Direito e a Moral no Pensamento de Friedrich Hayek*, UCP – Porto, 2000, p. 106.

[964] Neste sentido WINFRIED HASSEMER, *A Segurança Pública no Estado de Direito*, AAFDL, Lisboa, 1995.

[965] GERMANO MARQUES DA SILVA *apud* ÉLIA CHAMBEL, *A Videovigilância em Locais...*, p. 35.

pessoas e da sua vida[966], cuja protecção não se esgota civilmente, mas se estende a uma tutela penal de alguns desses direitos – direito à vida, à integridade física, à imagem, à reserva da vida privada, ao bom nome e reputação.

366. O direito à segurança não pode nem deve ser encarado como um direito absoluto do cidadão, nem como uma **garantia absoluta** de todos os outros direitos, porque estes podem ser garantidos não só através de uma acção activa do Estado, mas também através de medidas e acções preconizadas pelos próprios cidadãos, que devem ter um papel dinâmico e activo fundamental na prossecução e desenvolvimento de um Estado que se quer de Direito e Democrático. Perante esta perspectiva o Estado não se pode arrogar como defensor absoluto dos direitos dos cidadãos com todos os meios técnicos, mesmo que eficazes e eficientes, que possam pôr em causa não só direitos, liberdades e garantias, como ainda o desenvolvimento livre e responsável de uma sociedade.

O Parque das Nações é, hoje, um local de **domínio público de utilização comum**, pelo que o uso da videovigilância, até à entrada em vigor da Lei n.º 1/2005, de 10 de Janeiro, além de poder estar ferida de ilegalidade e a interpretação da possibilidade do seu uso poder suscitar desconformidade com a constituição.

A decisão administrativa que determinava o uso da videovigilância no Parque das Nações estava ferida de inconstitucionalidade por violação do princípio da soberania popular consagrado no art. 1.º da Constituição da República, uma vez que a sua implementação partia de uma actividade administrativa e não de uma fonte legal originária da Assembleia da República [al. *h)* do n.º 1 do art. 165.º da CRP]. Aquela decisão administrativa agredia, também, o princípio da separação de poderes, base da estrutura dos Estados Modernos, porque a decisão do uso da videovigilância não provinha da Assembleia da República, mas do poder executivo, pondo em causa direitos, liberda-

---

[966] GOMES CANOTILHO e VITAL MOREIRA, *Constituição da República...*, 3.ª Edição, p. 179.

des e garantias do cidadão⁹⁶⁷. Hoje, o uso de videovigilância naquele local tem de preencher os pressupostos estipulados pela Lei n.º 1/05, de 10 de Janeiro.

Como temos vindo a defender, a dignidade da pessoa humana efectiva-se com o reconhecimento dos direitos da personalidade⁹⁶⁸. Há um reconhecimento de que a videovigilância, como meio de segurança, põe indubitavelmente em questão a violação de direitos fundamentais, cuja prossecução compete primeiramente ao Estado. Há o reconhecimento de que *o Estado* não pode fazer valer o seu *ius imperii* para justificar medidas que poderão suspender e restringir direitos, liberdades e garantias sem o respeito dos pressupostos e requisitos do art. 18º da CRP⁹⁶⁹.

b. Do direito à liberdade

367. O direito à liberdade⁹⁷⁰ **em geral** abrange a *liberdade física*, a liberdade de *movimentos, i. e.*, o direito de não ficar *fisicamente confinado a um determinado espaço*, sem que seja impedido de se movimentar sem qualquer constrangimento, podendo este ser de natureza física ou moral. É nesta perspectiva que o n.º 2 do art.º 27.º da CRP consagra o direito à liberdade que se projecta no *direito de não ser fisicamente impedido ou constrangido por parte de outrem* de se movimentar, de se expressar, de um normal crescimento, cuja acção do Estado deve posicionar-se na defesa e na protecção deste direito contra as restrições que outrem promova⁹⁷¹.

---

⁹⁶⁷ Neste sentido ELIA CHAMBEL, *A Videovigilância em Locais...*, p. 35, nota 65.
⁹⁶⁸ *Idem*, p. 44.
⁹⁶⁹ Sobre a restrição de direitos, o nosso estudo "Da Publicação da Matéria de Facto nos Processos Disciplinares na PSP", in *Polícia Portuguesa*, Ano LXIII (II Série), n.º 120, Jan/Fev2000, pp. 14 e ss..
⁹⁷⁰ Poder-se-á acompanhar a posição de que a "Liberdade é obediência a regras gerais, por contraposição a obediência a caprichos dos homens, dos tiranos", [JOÃO CARLOS ESPADA, "Entre a servidão e o abuso", in *A Tradição da Liberdade*, Principia, Lisboa, 1998, p.106].
⁹⁷¹ GOMES CANOTILHO e VITAL MOREIRA, *Constituição da República...*, 3.ª Edição, p.184.

O **direito à liberdade de deslocação**[972] poderá ser posto em causa quando, entre a cidade *X* e a cidade *Y*, os cidadãos tenham de escolher pela residência na cidade *X* porque nesta não se filmam nem se gravam os passos dados no seu dia a dia, no ensejo de evitar que os seus filhos nasçam cresçam e se formem numa cidade onde tudo e todos são controlados por olhos que desconhecemos, por mentes que nos são completamente incógnitas. Devemos evitar a utilização de meios que possam restringir os direitos fundamentais, que possam perigar o aprofundamento desses direitos[973] ou evitar que a utilização desses meios, nos termos da Lei n.º 1/05, de 10 de Janeiro, aniquile ou modifique os direitos fundamentais pessoais.

A existência da videovigilância poderá, sem qualquer margem de dúvida, **restringir** materialmente os direitos que os **cidadãos** têm de **livremente** se **reunir**, de se **manifestar**[974] – art.º 45.º CRP –, de **constituir associações** e de se **associar livremente** – art.º 46.º CRP –, de **tomar parte da vida política** – n.º 1 do art. 48º da CRP –, ou seja, o direito de viver em uma sociedade dita democrática. Não nos digam que estamos a ser garantistas desenraizados da realidade, porque não queremos processos de segurança que nos tragam novos tipos de criminalidade, como *a violação de direitos, extorsão, chantagem*[975], mas sim processos adequados não só a prosseguir as necessidades colectivas, mas também proporcionais ao exercício efectivo dos direitos, liberdades e garantias do cidadão.

---

[972] O direito de deslocação dentro do território de um Estado está consagrado no art. 13.º da DUDH, no art. 12.º do PIDCP. Quanto a este assunto MIGUEL JOSÉ FARIA, *Direitos Fundamentais e Direitos do Homem*, 3.ª Edição, ISCPSI, Lisboa, 2001, pp. 200-202. Quanto à liberdade de um cidadão sair do seu país por não aceitar e não reconhecer como sua a ordem jurídica imposta pela maioria, mesmo em democracia, REINHOLD ZIPPELIUS, *Teoria Geral Do Estado*, (tradução de KARIN PRAEFKE-AIRES COUTINHO), 3.ª Edição, Fundação Calouste Gulbenkian, Lisboa, 1997, p. 174. Neste sentido FRANZ VON LISZT, *Tratado de Direito Penal*, (tradução de JOSÉ HIGINO DUARTE PEREIRA), Russell, Campinas/SP, 2003, Tomo II, p. 95.

[973] Neste sentido GERMANO MARQUES DA SILVA *apud* ÉLIA CHAMBEL, *A Videovigilância em Locais...*, p. 35.

[974] O direito de reunião e manifestação está consagrado no art. 20.º da DUDH, no art. 11.º da CEDH e no art. 21.º do PIDCP. Quanto a este assunto MIGUEL JOSÉ FARIA, *Direitos Fundamentais...*, 3.ª Edição, pp. 202-203.

[975] Neste sentido LUÍS FÁBRICA *apud* ÉLIA CHAMBEL, *A Videovigilância em Locais...*, p. 21.

368. As restrições e suspensões de direitos e liberdades e/ou as penas abstractamente pesadas não promovem uma diminuição da criminalidade, pois esta poderá é mudar de forma e modo. A diminuição da criminalidade pode advir da certeza de responsabilidade por infringir, ou seja, o *terminus* da impunidade reinante nos Estados democráticos modernos.

O argumento de que sem segurança não existe liberdade não pode ser o único fundamento para defender a implementação da videovigilância como um meio auxiliar essencial na prevenção e repressão da criminalidade. Não podemos dar um carácter quase absoluto ao bem jurídico segurança de forma que se superiorize aos direitos pessoais, que, em uma sociedade democrática, deveriam ser intangíveis, quando queremos e defendemos uma estrutura social em crescimento assente nas premissas da independência e da afirmação pessoal do indivíduo: liberdade e responsabilidade. Ao coarctarmos estes dois vectores estamos indirectamente a restringir o exercício pleno e concreto dos direitos fundamentais.

c. Do direito à reserva da vida privada e à imagem

369. A utilização de câmaras de vídeo fixas ou móveis pode ofender os direitos à imagem e à reserva da intimidade da vida privada e familiar[976], se usadas fora do quadro jurídico, podendo tal ofensa consignar a prática dos crimes de gravações ilícitas – p. e p. pelo art. 199.º do CP – e da devassa da vida privada[977] – p. e p. pelo art. 192.º do CP –, *i. e.*, ao prosseguir a garantia constitucional – **segurança** –

---

[976] Como ensina MARCELLO CAETANO a "acção da polícia deverá desenvolver-se no lugares públicos ou onde decorrem actividades sociais ilícitas", mas há "um mínimo de liberdade que as autoridades têm de respeitar: pertence a esse âmbito de acção livre a vida íntima". MARCELLO CAETANO, *Manual de Direito Administrativo*, 7.ª Reimpressão da 10.ª Edição, Almedina, Coimbra, 2004, p. 1157. Neste sentido GERMANO MARQUES DA SILVA, *Ética Policial e Sociedade Democrática*, Edição do ISCPSI, Lisboa, 2001, pp. 53-56.

[977] Sobre o crime da devassa da vida privada leia-se nosso *Da publicação da Matéria de Facto nas Condenações dos Processos Disciplinares*, Edição do ISCPSI, Lisboa, 2000, pp. 58-60.

através da videovigilância, fora do regime previsto na Lei n.º 1/05, de 10 de Janeiro, as forças de segurança estão a infringir as normas jurídicas que tutelam *direitos da personalidade*, melhor ainda, com base na prevenção e no combate à criminalidade as polícias desencadeiam condutas previstas e punidas pelo nosso ordenamento jurídico como crime. Os n.ᵒˢ 5, 6, 7 e 8 do art. 7.º da Lei n.º 1/05, de 10 de Janeiro, procuram minorar ou evitar esse perigo ou ameaça da prática de crimes por parte das forças de segurança.

A captação de imagens e a sua gravação através da videovigilância poderá violar o bem jurídico-penal **privacidade/intimidade**, ou seja, poderá segundo G. SCHMIDT violar "objecto de tutela penal da privacidade/ /intimidade assumindo o «carácter próprio do segredo», ou seja, «aquela parte da vida pessoal, de acção pessoal e do pensamento pessoal que ninguém – ou quando muito só um círculo rigorosamente delimitado de pessoas em quem expressamente se confia – pode ter conhecimento»"[978].

Se filmarmos factos relativos à reserva da vida privada, estamos, sem qualquer dúvida, não só a violar o seu conteúdo "individual – subjectivo, correspondente à «vontade de segredo ou de reserva», como também o seu conteúdo objectivo – comunitário, correspondente «ao interesse objectivo de segredo»"[979]. Essas filmagens encerram em si mesmas eventos dos indivíduos que os mesmos querem "manter sob reserva da privacidade/intimidade" violamos "valorações objectivas de algum modo correspondentes às representações colectivas historicamente dominantes, sancionadas pelo legislador"[980]. Ao fazermos uma gravação desses eventos estamos a quebrar a "confiança que a cada um merecem as pessoas a que abre o espaço da sua privacidade"[981], os laços de confiança que o cidadão depositou no próprio Estado.

370. Estes ensinamentos não são, na nossa opinião, derrogados pelo argumento do o n.º 2 do artº.192.º do CP, que estipula uma salva-

---

[978] GERHARD SCHMIDT *apud* MANUEL DA COSTA ANDRADE, *Liberdade de Imprensa...*, p. 101.

[979] EB. SCHMIDT *apud* MANUEL DA COSTA ANDRADE, *Liberdade de Imprensa...*, p. 101. Negrito nosso.

[980] MANUEL DA COSTA ANDRADE, *Liberdade de Imprensa...*, p. 102.

[981] MANUEL DA COSTA ANDRADE, *Liberdade de Imprensa...*, pp. 104/105.

guarda relativamente à **divulgação de factos da vida privada de outra pessoa**, al. *d*) do n.º 1 do art. 192.º do CP, quando esta seja a forma mais adequada para realizar um **interesse público legítimo e relevante**. Todavia, impõe-se que **se questione que interesse público**[982] **se realiza a filmar factos que dizem respeito à intimidade do cidadão**. Pensamos que só prosseguimos os fins do direito de um Estado democrático e a realização das necessidades colectivas, promovendo-se e respeitando-se os direitos, liberdades e garantias dos cidadãos.

As filmagens realizadas pela videovigilância podem culminar na prática do crime de **gravações ilícitas** por ofensa ao ***bem jurídico-penal imagem***, que é "um bem jurídico eminentemente pessoal, com a estrutura de uma liberdade fundamental, que reserva à pessoa uma posição de domínio", pertencendo àquela determinar quem pode filmar, gravar imagens suas e dos seus actos, como os beijos que AGNÈS dava ao seu amigo "no átrio de um grande hotel, enquanto que um tipo de jeans e blusão de couro surgira inopinadamente (...) a saltar para um lado e para o outro como uma pulga, sempre a premir o botão"[983].

O direito à imagem é, na linha de ARNDT, a "expressão do princípio jurídico de que a pessoa humana só a si própria pertence"[984], sendo neste sentido que os arestos do Tribunal Constitucional Federal Alemão de 5.6.73 e de 31.1.73 estipulavam que só ao indivíduo pertence o direito de "determinar se e em que medida os outros podem repre-

---

[982] Por **interesse público** "diz-se, em sentido jurídico-administrativo, do que é qualificado, a nível normativo superior, como manifestação directa ou instrumental das necessidades fundamentais de uma comunidade política e cuja realização é atribuída, ainda que não em exclusivo, a entidade pública", [JOSÉ CARLOS VIEIRA DE ANDRADE, "Interesse Público", in *Dicionário Jurídico da Administração Pública*, Lisboa, Vol. V, pp. 275 e ss.]. A configuração político-jurídica de associação do Estado ao interesse público e ao bem comum remonta a Aristóteles, predefinindo a prossecução de interesses colectivos por parte dos órgãos do Estado. Neste sentido JACQUES CHEVALLIER e DANIELE LOSCHAK, *Op. Cit...*, Tome I, pp. 184 e ss.. MARCELLO CAETANO considerava como interesses públicos os que dizem respeito à existência, conservação e desenvolvimento da sociedade política [*Manual de Direito Administrativo*, 10.ª Edição, Almedina, Coimbra, 1990, Vol. I, p. 49].

[983] MILAN KUNDERA, *Imortalidade*, D. Quixote, *apud* MANUEL DA COSTA ANDRADE, *Liberdade de Imprensa...*, p. 132.

[984] ARNDT *apud* MANUEL DA COSTA ANDRADE, *Liberdade de Imprensa...*, p. 132.

sentar em público a sua vida ou cenas da sua vida", e que era ilegítima a "produção, valoração ou reprodução de fotografias ou filmes que contendam com a área nuclear inviolável da intimidade"[985].

371. A filmagem efectuada pelas câmaras de vídeo não tem o consentimento dos visados, logo a mesma colide com o direito de **imagem** que é, como afirma Leite de Campos, "o mais externo e público dos direitos da pessoa" e o "mais susceptível de ser ofendido"[986]. Nem mesmo o argumento do n.º 2 do art. 79º CC – *exigências de polícia ou de justiça ou quando a reprodução da imagem vier enquadrada na de lugares públicos ou na de factos de interesse público* –, que dispensa o consentimento, devia justificar existirem câmaras a filmar cada passo que damos desde que nos levantamos até que nos deitamos com fins exclusivos de ordem e tranquilidade públicas.

Devem-se exigir, como se prescrevem nos artigos 2.º e 7.º da Lei n.º 1/05, de 10 de Janeiro, o preenchimento dos fins e dos limites protectores dos direitos fundamentais do cidadão não em abstracto, mas em concreto, sob pena de se ter optado por uma posição economicista da segurança interna.

O argumento de que somos controlados diariamente quando vamos ao multibanco, ao banco, ao hipermercado ou quando utilizamos o cartão multibanco ou o de crédito também não é suficiente para justificar o uso da videovigilância como meio técnico normal de segurança. Nem mesmo o argumento de que *quem não deve não teme*.

Dar poder a quem muitas das vezes o impõe discricionariamente e a quem não o sabe aplicar, é um erro que, um dia, poderemos pagar muito caro. **A utilização das câmaras de vídeo é um recurso excepcional e de *ultima et extrema ratio* da intervenção policial**, teleologia vertida no regime aprovado pela Lei n.º 1/05, de 10 de Janeiro.

372. Sufragando a posição de R. Lindon, afirmamos que "serão ilícitas a captação ou a divulgação de fotografias ou filmes em que o lugar ou o facto público, em si mesmos, não sejam o objecto da fotografia ou

---

[985] Manuel da Costa Andrade, *Liberdade de Imprensa...*, p. 138.
[986] Leite de Campos *apud* Manuel da Costa Andrade, *Liberdade de Imprensa...*, p. 143.

do filme, mas simplesmente o quadro no qual o objectivo principal é fotografar ou filmar várias pessoas determinadas e recognoscíveis"[987], e de COSTA ANDRADE, em que, quando **se individualiza e subtrai indesejadamente a imagem** *ao anonimato,* ou seja, **se capta a** *imagem já para além da linha da intimidade,* **reflectindo essa captação** *a emotividade, o afecto, o sofrimento* **da** *auréola da intimidade*[988], mesmo que essa captação se efectue em *lugares públicos* ou em *factos de interesse público*, **essa conduta é sem dúvida penalmente ilícita**.

Conclui, e bem, COSTA ANDRADE que **as imagens captadas pelas polícias** *e serviços de informação e segurança* **carecem de** *legitimação legal bastante*, **não sendo** *líquidas a admissibilidade e licitude* **das mesmas**, manifestando-se *unívoca a ilicitude da referenciação individualizada de qualquer participante na manifestação, o que preclude a sua utilização como meio de prova em processo,* pois estamos perante *uma invencível proibição de prova*[989]. Não nos argumentem com a realização do interesse público *segurança*, porque este pode muito bem ser prosseguido através de outros meios e modos tácticos e técnicos sem que se inviabilize a materialização do exercício dos direitos liberdades e garantias do cidadão.

O ensinamento de FREITAS DO AMARAL, com o qual concordamos plenamente, de que se deve prosseguir "o interesse público, mas respeitando simultaneamente os direitos subjectivos e os interesses legítimos dos particulares", devendo, desta feita, existir "uma necessidade de conciliar as exigências do interesse público com as garantias dos particulares"[990-991].

O interesse público não é, nem pode ser, em um Estado de direito democrático, totalmente soberano e absoluto, *i. e.*, a prossecução do interesse público *segurança* tem de ser conciliado no respeito e na efectividade do princípio da protecção de direitos e interesses legal e constitucionalmente consagrados.

---

[987] RAYMOND LINDON *apud* RABINDRANATH CAPELO DE SOUSA, *O Direito Geral de Personalidade*, Coimbra Editora, 1995, p. 327, nota 826.
[988] MANUEL DA COSTA ANDRADE, *Liberdade de Imprensa...*, p. 146.
[989] *Ibidem*.
[990] DIOGO FREITAS DO AMARAL, *Direito Administrativo*, Lisboa, 1988, Vol. II, pp. 81 e ss..
[991] Itálicos nossos.

373. Tendo em conta a análise feita – centrada no regime jurídico da utilização das câmaras de vídeo – e sabendo que é necessário que exista um equilíbrio entre o direito à liberdade[992] e o direito à segurança, para que se materializem os direitos pessoais.

Preocupamo-nos por o actual ordenamento jurídico permitir a utilização de câmaras de vídeo pelas forças de segurança e pelos serviços de segurança, e somos críticos e cautelosos quanto ao seu uso em locais de domínio público de utilização comum[993], apesar da delimitação dos fins e dos pressupostos, por poder ser um meio mecânico de **diminuição da intervenção ou inter-relação humana no processo de socialização da sociedade**, na qual a polícia é parte interactiva e necessária, e por representar a **incrementação potencialmente perigosa** de um meio de apoio à ordem e segurança públicas pela **susceptibilidade de uma utilização baseada em fundamentos e pressupostos facilmente forçáveis.**

374. O perigo aumenta por a sociedade portuguesa não se aperceber de que a passo e passo cede a sua liberdade em troco de uma segurança cognitiva e presumidamente material, crescimento omisso de responsabilidade e de independência de afirmação individual do cidadão, que se auto-coarcta e permite que o respeito pelos direitos, liberdades e garantias seja, cada vez mais, uma miragem.

Não duvidamos de que a utilização de câmaras de vídeo podem desenvolver um programa imediato de segurança no plano psíquico ou cognitivo – como ensina MUÑOZ CONDE[994] –, pois vivemos a era da securitarização da política criminal e do direito penal do inimigo. Contudo, como nos demonstram as imagens televisivas a existência de câmaras de vídeo não evitam o crime nem a incivilização em

---

[992] Sem que se olvide que a liberdade, como "princípio de justiça do mais elevado valor político", é "tida como o valor supremo" [HANS KELSEN, *A Justiça e o Direito Natural*, (tradução de JOÃO BAPTISTA MACHADO), Almedina, Coimbra, 2001, p. 81].

[993] Nesta definição **não se inserem os comboios, o metro, os autocarros, as bombas de gasolina**, cujo seu uso é fundamental, a mais que são **locais de domínio privado de acesso condicionado ao público**.

[994] FRANCISCO MUÑOZ CONDE, *La Ciência del Derecho Penal ante el Nuevo Milenio – Prólogo a la Edición Española*, Tirant lo Blanch, Valencia, 2004, p. 13.

crescente[995]. Cumpre-nos o ónus de discretear o Regime Jurídico da Videovigilância em Locais Públicos de Utilização Comum, aprovado pela Lei n.º 1/05, de 10 de Janeiro, alterado pela Lei n.º 39-A/2005, de 29 de Julho, e pela Lei n.º 53-A/2006, de 29 de Dezembro.

§ 101.º Do enquadramento jurídico

a. Da competência

375. Ao falarmos da competência impõe-se-nos, a par de um estudo sobre a competência subjectiva de requerimento, de autorização e de fiscalização, um outro estudo sobre a incidência objectiva, *i. e.*, sobre o objecto – local e tempo – em que se pode utilizar as câmaras de vídeo fixas e portáteis.

α) Competência para requerer

376. Quanto à **competência para requerer** a utilização de câmaras de vídeo, o n.º 1 do art. 1.º da Lei n.º 1/05, de 10 de Janeiro, não só prescreve as forças de segurança, como também legitima os serviços de segurança a se poderem socorrer deste meio mecânico para a prossecução dos fins estipulados no art. 2.º do mesmo diploma. Só podem utilizar as câmaras de vídeo as forças de segurança e serviços de segurança que prossigam como missão c função as finalidades estipuladas no art. 2.º – protecção de edifícios e de instalações públicos e respectivos acessos, protecção de instalações com interesse para a defesa nacional, protecção da segurança das pessoas e bens públicos e privados, e prevenção da prática de crimes em locais em que exista razoável risco da sua ocorrência e, ainda, prevenção e repressão de infracções estradais[996] [n.º 1].

---

[995] Ainda não há muito tempo as televisões portuguesas mostravam um furto a uma superfície comercial, cujas imagens foram captadas por câmaras de vídeo, que em nada fizeram temer os agentes daquela prática criminosa.

[996] Esta finalidade foi aditada pela Lei n.º 39-A/2005, de 29 de Julho, que também aditou o Capítulo V que prescreve o regime jurídico da videovigilância para a finalidade em causa.

Pois, qualquer força e serviço de segurança[997] – podendo-se exceptuar as polícias municipais por não terem, constitucionalmente, natureza originária de força e de serviço de segurança[998] – que tenha, constitucional e originariamente, por missão ou função as finalidades prescritas no n.º 1 do art. 2.º da Lei n.º 1/05, de 10 de Janeiro, é competente para requerer/solicitar a utilização de câmaras de vídeo. Esta abrangência preocupa-nos por poder ser demasiado permissiva e, nesta onda securitária, promover ofensas desmedidas aos direitos fundamentais pessoais dos cidadãos – que beneficiam de um controlo anterior à autorização prosseguido pela Comissão Nacional de Protecção de Dados (CNPD), cujo parecer negativo é vinculativo, *ex vi* n.º 2 do art. 3.º da Lei n.º 1/05, de 10 de Janeiro.

377. O requerimento para a instalação de câmaras de vídeo é requerido pelo **dirigente máximo da força ou serviço de segurança** respectivo – Director Nacional da PSP, Comandante Geral da GNR, Director Nacional da PJ –, cujo processo, nos termos do n.º 1 do art. 5.º, deve conter: o local público objecto de observação pelas câmaras de vídeo, características técnicas do equipamento, identificação dos responsáveis pela conservação e tratamento do dados, fundamentos que justificam a necessidade e a conveniência da instalação da videovigilância, procedimentos de informação ao público – como a existência de câmaras de vídeo, os fins da captação das imagens e sons, o responsável pelo tratamento dos dados recolhidos [art. 4.º da Lei n.º 1/05, de 10 de Janeiro] –, mecanismos capazes de assegurar um correcto uso dos dados captados e registados, critérios de conservação dos dados captados e registados e o período de conservação dos dados.

---

[997] Pensamos que a amplitude suscitará a dúvida sobre se o SIS e/ou o SIED, face à amplitude subjectiva de utilização das câmaras de vídeo, podem socorrer-se delas para a prossecução da recolha de informações capazes e idóneas à «protecção de instalações de interesse para a defesa nacional», al. *b)* do n.º 1 do art. 2.º da Lei n.º 1/05. Parece-nos que a extensão a «serviço de segurança» pode facultar a interpretação positiva.

[998] Quanto às polícias municipais o nosso "Enquadramento Jurídico das Polícias Municipais: Do quadro Constitucional ao quadro Ordinário", *in Estudos de Homenagem ao Professor Doutor GERMANO MARQUES DA SILVA*, Almedina, Coimbra, 2004, pp. 249-278.

O legislador prescreveu a possibilidade do **presidente da câmara** requerer a instalação de câmaras de vídeo, sendo que os elementos do processo, com excepção da identificação do local objecto da videovigilância, serão processados pela força de segurança territorialmente competente, conforme n.º 2 do art. 5.º da Lei n.º 1/05, de 10 de Janeiro.

Acresce que as forças de segurança competentes para **fiscalizar as infracções rodoviárias** – GNR e PSP – podem aceder às imagens que as entidades controladoras do tráfego rodoviário captam para fiscalizar as infracções que se registem – *ex vi* do n.º 3 do art. 2.º da Lei n.º 1/05, de 10 de Janeiro, cujo regime jurídico está aprovado pela Lei n.º 51/2006, de 29 de Agosto.

β) Competência para autorizar e fiscalizar

378. Quanto à **competência para autorizar** a utilização das câmaras de vídeo, o art. 3.º da Lei n.º 1/05, de 10 de Janeiro, prescreve que é o membro do Governo que tutela a força ou o serviço de segurança requerente, podendo delegar tal competência nos termos da lei – conforme n.ºs 1 e 3. Como pressuposto a verificar para a autorização é o parecer da CNPD, que sendo positivo, aquele pode ou não autorizar a utilização das câmaras de vídeo, mas se o parecer for negativo aquele não pode autorizar a utilização das câmaras de vídeo – *ex vi* n.º 2 do art. 3.º.

Como as câmaras de vídeo desempenham uma função de vigilância e, desta forma, de promoção da ordem e tranquilidade pública e, *ab initio*, não de prevenção criminal *stricto sensu*, parece-nos que não faria sentido uma autorização judicial. Da 2.ª parte da al. *c*) do n.º 1 do art. 2.º retira-se que a utilização das câmaras de vídeo visam a «prevenção da prática de crimes em locais em que exista razoável risco da sua ocorrência», o que nos leva a questionar se não estamos perante a prevenção criminal *stricto sensu* – acção *a priori* da prática do crime e acção *a posteriori* da prática do crime.

Parece-nos que o legislador ao colocar como pressuposto o «razoável risco da sua ocorrência» enquadra esta situação no quadro jurídico--constitucional da prevenção criminal *stricto sensu* e, por conseguinte, a utilização de câmaras devia ser autorizada pela AJ judicial competente e não pelo membro do governo que tutela a força ou serviço de segurança requerente. Dentro da mesma questão, podemos enquadrar a autorização a ser prestada pela autoridade administrativa/executiva – Ministro da Administração Interna ou Director Nacional da PSP ou Comandante-Geral da GNR – para utilização de videovigilância para prevenção e repressão de infracções rodoviárias [al. *d)* do n.º 1 do art. 2.º da Lei n.º 1/2005, de 10 de Janeiro], quando conjugado com o regime específico: localizar viaturas para cumprimento de normas penais, tais como furto de uso de veículos – [crime p. e p. pelo art. 208.º do CP], furto de veículos [crime p. e p. pelo art. 204.º do CP, caso tenha valor elevado, ou p. e p. pelo art. 203.º do CP, fora das situações tipificadas no art. 204.º do CP] ou detecção de matrículas falsificadas em circulação [crime p. e p. pelo art. 256.º, n.º 1, al. *a)* e n.º 3 do CP[999]], assim como utilizar os registos para efeitos de prova em processo penal ou contra-ordenacional, conforme als. *c)* e *d)* do n.º 2 do art. 13.º da Lei n.º 1/2005, de 10 de Janeiro.

O sancionamento a *posteriori* da legalidade da captação de um delito – art. 8.º da Lei n.º 1/05, de 10 de Janeiro – parece-nos de adequação frágil e perigosa, principalmente se a gravação for usada como meio de prova, pois poder-se-á estar a *legitimar um meio de obtenção de prova administrativo* por fuga ao ditame constitucional prescrito *in fine* do n.º 4 do art. 32.º da CRP – apesar de servir como despoletador da elaboração do auto de notícia e, caso assim entenda o MP, da instauração de inquérito.

379. Acresce referir que a autoridade que autoriza a utilização das câmaras de vídeo tem o dever de criar e manter **um registo público** de todas as instalações autorizadas que contenha a data, o período e as renovações de autorização, o local exacto de instalação ou de filmagem por câmara portátil, o sujeito requerente, o fim que serviu de

---

[999] A matrícula é considerada como um documento autêntico [al. *a)* do art. 255.º do CP] pela doutrina e pela jurisprudência: Ac STJ, Proc. n.º 48 926, de 6 de Março de 1996, Ac. STJ, Proc. n.º 586/96, de 10 de Dezembro de 1996, Ac. STJ, Proc. n.º 984/97, de 13 de Janeiro de 1998, Ac. STJ, Proc. n.º 1256/97, de 19 de Março de 1998.

base ao requerimento posterior autorização e o parecer positivo da CNPD – nos termos do art. 12.º da Lei n.º 1/05, de 10 de Janeiro.

Da decisão de autorização, nos termos do n.º 3 do art. 5.º da Lei n.º 1/05, de 10 de Janeiro, deve constar o local público objecto da videovigilância, limitações e condições de uso do sistema, proibição de captação de sons, salvo quando haja perigo concreto para a segurança das pessoas e bens, espaço físico susceptível de gravação, tipo de câmara e características técnicas e período de tempo autorizado.

Há a referir que a utilização de câmaras portáteis para os fins previstos neste diploma está vinculada à mesma autorização que a utilização de câmaras fixas – n.º 1 do art. 6.º da Lei n.º 1/05, de 10 de Janeiro. Contudo, o legislador prescreveu uma excepção para as **câmaras portáteis** quanto ao titular da decisão da autorização: pode ser o **dirigente máximo da força ou serviço de segurança a autorizar** com despacho fundamentado, do qual constem os elementos prescritos no n.º 3 do art. 5.º da Lei n.º 1/05, de 10 de Janeiro, que usará a câmara portátil quando não for possível obter em tempo útil a autorização segundo o regime regra e sob condição de comunicação no prazo máximo de 48 (quarenta e oito) horas ao membro do Governo que tutela essa força ou serviço de segurança – conforme n.º 2 do art. 6.º da Lei n.º 1/05, de 10 de Janeiro – e de destruição imediata de todo material gravado se a autorização não for concedida ou se a CNPD der parecer negativo – nos termos do n.º 3 do art. 6.º da Lei n.º 1/05, de 10 de Janeiro.

Mas, se estamos apenas no quadro da segurança e ordem públicas ou de prevenção criminal na função de vigilância, que urgência justifica o recurso a câmaras de vídeo portáteis que não seja para recolha de provas reais e materiais de infracções administrativas e criminais? Quanto a estas últimas, relembre-se que carecem de autorização judicial – art. 190.º do CPP e art. 6.º da Lei n.º 5/2002, de 11 de Janeiro[1000].

[1000] Quanto a este assunto o nosso *Escutas Telefónicas – Da Excepcionalidade à Vulgaridade*, 2.ª Edição, Almedina, Coimbra, 2004, pp. 107-109.

γ) Incidência objectiva

380. O quadro objectivo em que se insere a utilização das câmaras de vídeo reporta-se a locais de **domínio público de utilização comum**, *i. e.*, deste preceito retira-se que nem todos os locais de domínio público podem ser objecto de protecção e segurança por este meio mecânico, só os que possam ser frequentados por qualquer pessoa sem qualquer restrição e, dentro destes, aqueles que não afectem directamente a reserva da intimidade da vida privada da pessoa – conforme se retira dos n.ᵒˢ 4 e 6 do art. 7.º da Lei n.º 1/05[1001] –, cuja frequência de actos humanos representem «riscos objectivos para a segurança e ordem públicas» [n.º 5 art. 7.º], desde que a utilização não afecte interiores de residências ou edifícios habitado [n.º 6 do art. 7.º] e que não seja um local, que pela sua natureza, não seja utilizado com resguardo – *p. e.*, um jardim onde as pessoas passeiem em família ou os namorados costumem frequentar – [n.º 4 do art. 7.º].

Mas, face às finalidades prescritas no art. 2.º da Lei n.º 1/05 parece-nos que os locais abrangidos entram na classe do que o saudoso MARCELLO CAETANO designava de *"uso comum ordinário do domínio público"*, *i. e.*, "proveitoso a todos e a todos acessível independentemente de autorização ou de licença"[1002]. Consideramos que existe uma incongruência entre o objecto espacial de implementação das câmaras de vídeo previsto no n.º 1 do art. 1.º e as als. *a*), *b*) e *d*) do n.º 1 do art. 2.º por poderem encerrar, em si mesmas, uma visão de locais de domínio público de acesso condicionado – *p. e.*, uma esquadra de polícia ou museu são edifícios e instalações públicas, cujo acesso é condicionado *ratione officii* e à finalidade da sua frequência, assim como uma auto-estrada, que é um local de domínio público de utilização condicionada ao pagamento de uma taxa para usufruto momentâneo daquela via estradal.

[1001] Quanto à destrinça de local público e de local privado, o nosso *Consumo de Drogas – Reflexões sobre o Novo Quadro Legal*, 2.ª Edição, Almedina, 2003, pp. 147-148.

[1002] MARCELLO CAETANO, *Manual de Direito Administrativo*, Almedina, Coimbra, 7.ª Reimpressão da 10.ª Edição, 2004, vol. II, pp. 930-931.

381. Somos da opinião de que os de locais de domínio público de acesso condicionado [*p. e.*, uma escola ou uma faculdade em que o acesso a esse local só, em regra, é admissível aos alunos, professores e funcionários do mesmo ou a ponte Vasco da Gama, em que o acesso está vinculado ao pagamento de uma portagem e à circulação de/em veículo] e os de acesso restrito [*p. e.*, um gabinete de um dirigente, um consultório médico do hospital, cujas entradas se encontram fundamentadas não só no acto a desenvolver, como também na disponibilidade do seu usufrutuário directo, cujo acesso se prende com a razão do ofício] não deveriam estar abrangidos por este regime jurídico, por não preencherem o ideário de «locais públicos de utilização comum» [n.º 1 do art. 1.º]: *p. e.*, uma rua ou avenida de uma cidade, uma largo, uma praia, um jardim público.

A natureza e a funcionalidade e a competência subjectiva de requerimento limitam a utilização pelas forças e serviços de segurança das câmaras de vídeo e, consequentemente, não se coaduna este regime jurídico com a natureza de determinados edifícios e instalações públicas como uma escola ou uma esquadra de polícia. Contudo, a extensão operada pelas als. *a*) e *b*) do n.º 1 do art. 2.º – má técnica legislativa – permitem que a força de segurança local – PSP ou GNR – possa requerer a instalação de câmaras de vídeo para prossecução de protecção não só do edifício escola ou instalação pública, como também do respectivo acesso, cujo teor conceptual ultrapassa a concepção de local público de utilização comum[1003]. Possibilidade que afasta, por respeito à competência subjectiva de requerimento, o director de uma escola ou de uma faculdade ou de outro organismo público que não força ou serviço de segurança de requerer a utilização para protecção interna de câmaras de vídeo por não ter como missão a manutenção da ordem e tranquilidade públicas.

b. Da finalidade e do tempo

382. A utilização das câmaras de vídeo tem como finalidade geral a «manutenção da segurança e ordem públicas e a prevenção da prática

---

[1003] Para evitar extrapolações o legislador teria maior consenso se optasse pela expressão de MARCELLO CAETANO: *uso comum ordinário* do domínio público.

de crimes» – n.º 2 do art. 7.º da Lei n.º 1/05, de 10 de Janeiro –, cuja autorização se deve basear não em considerações abstractas de possível risco de perturbação daquelas, mas em «**riscos objectivos** para a segurança e ordem públicas»[1004] – n.º 5 do art. 7.º da Lei n.º 1/05, de 10 de Janeiro. Poder-se-á falar de um *perigo* – em que se fundam as medidas de polícia – de "proporções graves para, independentemente da produção de facto delituoso, a polícia poder tomar as precauções permitidas"[1005] para defesa da segurança e ordem públicas.

Quanto às finalidades de manutenção de segurança e ordem públicas não se vislumbra qualquer objecção à autorização administrativa e à prossecução dessas funções por câmaras de vídeo quando excepcionalmente os *riscos objectivos* demonstram ineficácia ou ineficiência da actividade humana da polícia na prevenção criminal na função de vigilância – onde se enquadra a prossecução de vigilância de ordem e segurança públicas[1006]. Pois, acresce que estamos perante uma acção preventiva das forças e serviços de segurança no quadro da *vigilância especial* a desenvolver em determinados locais[1007].

383. Relevante é a extensão da utilização das câmaras para fins de prevenção criminal *stricto sensu*: a "adopção de medidas adequadas para certas infracções de natureza criminal", medidas essas que visam a protecção de pessoas e bens, a vigilância de indivíduos e locais suspeitos, sem que se restrinja ou limite o exercício dos direitos, liberdades e garantias do cidadão[1008], *i. e.*, promoção de uma vigilância criminal e não apenas de ordem e tranquilidade pública: *p. e.*, se na Rua *X* há confirmação de que se praticam crimes de furto em estabelecimentos comerciais pergunta-se se a utilização de câmaras de

---

[1004] Negrito nosso.
[1005] MARCELLO CAETANO, *Manual de Direito...*, 7.ª Reimpressão da 10.ª Edição, Vol. II, p. 1170.
[1006] Quanto a este assunto *supra* Capítulo VI – Da natureza da actividade policial.
[1007] Neste sentido MARCELLO CAETANO, *Manual de Direito...*, 7.ª Reimpressão da 10.ª Edição, Vol. II, p. 1165. Para este ilustre Professor a *vigilância geral* enquadra a "observação constante da conduta dos indivíduos nos lugares públicos e de todas as actividades que nestes decorrem" [*ibidem*], *i. e.*, actividade geral de polícia.
[1008] GOMES CANOTILHO e VITAL MOREIRA, *Constituição da República...*, 3.ª Edição, pp. 956-957.

vídeo servem para a manutenção da segurança de bens privados [al. *c)* do n.º 1 do art. 2.º da Lei n.º 1/05, de 10 de Janeiro] ou se para a prevenção criminal no sentido de descoberta dos agentes dos crimes; ou se na rua *Y* é normal encontrarem-se *viaturas furtadas* ou com *matrículas falsificadas* [al. *d)* do n.º 1 do art. 2.º conjugado com als. *c)* e *d)* do n.º 2 do art. 13.º da Lei n.º 1/2005, de 10 de Janeiro], as câmaras de video devem tão só funcionar para detectar as viaturas ou se para tentar identificar os agentes desses crimes.

A videovigilância só deve ser utilizada no sentido de manutenção da segurança pública que é afectada com os vários furtos praticados em estabelecimentos privados e nunca no sentido da descoberta da prova pessoal dos crimes, sob pena de se legitimar um meio de obtenção de prova administrativo e não jurisdicionalizado.

O n.º 1 do art. 2.º estipula **fins objectivos** de utilização das câmaras de vídeo fixas e portáteis. As câmaras de vídeo só são admissíveis se a utilização visar – a par do local e das restrições e da competência subjectiva de uso – a protecção de edifícios e instalações públicas e seus acessos [al. *a)*] ou a protecção de instalações de interesse para a defesa nacional [al. *b)*] ou a segurança de pessoas e bens, quer sejam públicos quer sejam privados e prevenção de crimes em locais públicos de utilização comum em que exista razoável risco da sua ocorrência [al. *c)*], e prevenção e repressão de infracções estradais [al. *d)*].

Contudo, não basta que a utilização das câmaras de vídeo visem estes fins, pois impõe se a verificação dc que o seu uso será adequado, necessário e exigível e proporcional *stricto sensu* para a prossecução dos mesmos – art. 7.º, n.º 1 –, e que não ofendam gravemente direitos fundamentais pessoais: *maxime*, reserva da intimidade da vida privada, a palavra, a imagem – n.ºˢ 3, 4, 6 e 7 do art. 7.º, da Lei n.º 1/2005, de 10 de Janeiro[1009].

384. No que respeita ao **período tempo** possível para a utilização das câmaras de vídeo é um dos elementos processuais obrigados a constar na decisão de autorização – *ex vi* al. *e)* do n.º 3 do art. 5.º da

---

[1009] Quanto aos limites da utilização das câmaras de vídeo *infra* c. Dos limites à utilização das câmaras de vídeo.

Lei n.º 1/05, de 10 de Janeiro –, sendo que a duração da autorização obedece ao princípio da adequação aos fundamentos que o requerente invocara – n.º 4 do art. 5.º da Lei n.º 1/05, de 10 de Janeiro.

O membro do Governo que tutela a força ou serviço de segurança requerente não pode autorizar a utilização de câmaras de vídeo por um período de tempo superior a **1 (um) ano** – n.º 5 do art. 5.º da Lei n.º 1/05, de 10 de Janeiro –, podendo ser renovada caso o sujeito requerente comprove a necessidade e conveniência de manutenção, ou seja, os fundamentos que originaram o requerimento inicial.

A autorização obedece ao princípio da **revogabilidade ou da suspensão** a qualquer momento, *i. e.*, não é uma autorização que possa não ser contestada a todo tempo pelos cidadãos ou que não possa ser suspensa ou revogada por quem autorizou ou por decisão judicial. A suspensão e/ou revogação da decisão de autorização de instalação ou de uso de câmaras de vídeo carece de ser fundamentada nos mesmo moldes – de facto e de direito – que a decisão de autorização.

c. Dos limites à utilização das câmaras de vídeo

α. dos princípios da legalidade e da proporcionalidade *lato sensu*

385. Os princípios são vectores de orientação da actividade policial[1010] quer no sentido material diário quer no sentido instrumental de recurso a meios materiais – mecânicos – complementares e de apoio à prossecução da função de defesa da legalidade, de garantia da segurança interna e de direitos dos cidadãos.

A utilização das câmaras de vídeo fixas ou portáteis como meios técnico-mecânicos de apoio à actividade de polícia não pode apartar-se da concreção imediata e mediata de todos os princípios inerentes à actividade de prossecução de segurança e ordem pública:

i. **princípio da prossecução do interesse público a par do interesse particular**[1011] – a al. *c*) do n.º 1 do art. 2.º da Lei n.º 1/05,

---

[1010] Quanto aos princípios norteadores da actividade policial *supra* Capítulo V.
[1011] Quanto a este assunto *supra* § 34.º .

de 10 de Janeiro[1012] – na linha do n.º 1 do art. 266.º da CRP – espelha a consonância e o equilíbrio entre estes interesses ao estipular como fim de utilização de câmaras a «protecção da segurança de pessoas e bens públicos ou privados»;

ii. **princípio da boa fé**[1013] – *i. e.*, a utilização das câmaras de vídeo só são admissíveis desde que se verifiquem determinados pressupostos formais dos quais se destaca a afixação, em local visível por todos, de informação de que aquele local se encontra sob vigilância de câmaras de vídeo, da finalidade da captação de imagens e de sons e do responsável pelo tratamento do dados captados [art. 4.º da Lei n.º 1/05, de 10 de Janeiro, em conjugação com o n.º 2 do art. 266.º da CRP], pois o não cumprimento não só viola o princípio da boa fé, como fere o conteúdo do **princípio da lealdade e democrático e da justiça**[1014], assim como o posterior tratamento de dados está vinculado à boa fé [al. *a*) do n.º 1 do art. 5.º da Lei n.º 67/98, de 26 de Outubro];

iii. **princípio do respeito pelos direitos do cidadão de forma igual e imparcial**[1015] – *i. e.*, o ónus de destruição das imagens e sons gravados após um mês [*a contrario* n.º 1 do art. 9.º da Lei n.º 1/05], de 10 de Janeiro e a proibição de autorização de câmaras de vídeo em locais que captem imagens e sons do interior de casa ou de edifício habitado, que afecte directa e imediatamente a intimidade das pessoas ou capte conversas privadas, que se enquadre em um local público de natureza resguardada [n.ºs 6, 7 e 4 do art. 7.º da Lei n.º 1/05, de 10 de Janeiro, de em conjugação com o n.º 2 do art. 266.º da CRP]; e, até mesmo,

---

[1012] A conjugação do interesse público a par do interesse particular pode-se aferir da própria al. *d*) do n.º 1 do art. 2.º da Lei n.º 1/05, de 10 de Janeiro, uma vez que ao se promover a segurança rodoviária (interesse público) promove-se a protecção da vida, da integridade física e do património de cada cidadão considerado individualmente.

[1013] Quanto a este assunto *supra* § 35.º .

[1014] Quanto a estes princípios *supra* § 37.º, § 38.º e § 40.º.

[1015] Quanto a estes princípios *supra* § 33.º e § 39.º e JOÃO CAUPERS, *Introdução ao Direito Administrativo*, 5.ª Edição, Âncora Editora, Lisboa, 2000, pp. 81-83.

iv. princípio da oportunidade[1016] – *i. e.*, a decisão pela opção de utilização de câmaras de vídeo deve basear-se em um juízo de oportunidade operacional e legal, ou seja, a ponderação da finalidade e da coarctação do exercício de direitos pelo uso de câmaras impõe à entidade decisora um juízo crítico da opção a tomar, por não ser um instrumento à mão para se optar de forma discricionária, mas dentro dos pressupostos legais estipulados pela Lei n.º 1/05, de 10 de Janeiro.

386. Acresce a estes rol de princípios, cuja verificação se impõe a montante – no momento da decisão de requerimento – e a jusante – no momento em que a entidade *decidenti* opta ou não pela utilização de câmaras de vídeo em locais públicos de utilização comum –, os princípios da legalidade e da proporcionalidade, tendo este consagração expressa no diploma – art. 7.º, n.º 1 da Lei n.º 1/05, de 10 de Janeiro.

No que concerne ao **princípio da legalidade**[1017] não importa discretear a tipificação legal do meio técnico-mecânico, porque é um meio com previsão legal e não um meio atípico de intervenção policial para a prossecução da segurança e ordem públicas. Todavia, é de relevar na análise deste princípio da legalidade o preenchimento determinados pressupostos a *montante* e a *jusante*, ou seja, socorrendo-nos das palavras de CASTANHEIRA NEVES, «exigências de fundamento e critério» para que cumpra a sua "*função de garantia*, exigida pela ideia de Estado-de-Direito, contra o exercício ilegítimo (político-juridicamente ilegítimo) já abusivo (persecutório e arbitrário), já incontrolável (subtraído à racionalidade jurídico-dogmático e crítico-metodológica)"[1018] do poder. Os pressupostos formais e materiais a preencher a *montante* e a *jusante* são um ónus pela natureza excepcional de recurso às câmaras de vídeo.

A legalidade, como ensina REINHOLD ZIPPELIUS, deve "transportar uma legitimidade democrática da acção do Estado: pelo facto de esta

---

[1016] Quanto a este princípio *supra* § 36.º.

[1017] Quanto a este princípio *supra* § 31.º e artigos 3.º e 266.º, n.º 2 da CRP e JOÃO CAUPERS, *Introdução ao Direito...*, 5.ª Edição, pp. 63 e ss..

[1018] A. CASTANHEIRA NEVES, "O princípio da legalidade criminal", *in Digesta*, Coimbra Editora, 1995, Vol. I, p. 353.

se nortear em todas as suas formas de manifestação"[1019] por representar a vontade do «povo», sendo desta legitimidade que emerge a necessária função de garantia.

387. Quanto aos **pressupostos formais** a ter em conta a *montante* da decisão de autorização de utilização das câmaras de vídeo são o **requerimen**to a elaborar pelo dirigente máximo da força ou serviço de segurança ou do presidente da câmara [n.ºs 1 e 2 do art. 5.º da Lei n.º 1/05, de 10 de Janeiro], contendo os **elementos prescritos** nas als. *a)* a *h)* do n.º 1 do art. 5.º da Lei n.º 1/05, de 10 de Janeiro [o local público objecto de observação pelas câmaras de vídeo, características técnicas do equipamento, identificação dos responsáveis pela conservação e tratamento do dados[1020], fundamentos que justificam a necessidade e a conveniência da instalação da videovigilância, procedimentos de informação ao público, mecanismos que assegurem o uso correcto dos dados captados e registados, critérios de conservação dos dados, período de conservação dos dados], **entidade a quem se dirige o requerimento** [n.º 1 do art. 3.º da Lei n.º 1/05, de 10 de Janeiro], o **parecer da CNPD** [n.ºs 1 e 2 do art. 3.º da Lei n.º 1/05, de 10 de Janeiro], **autorização escrita e fundamentada** da utilização das câmaras de vídeo [n.º 1 do art. 3.º Lei n.º 1/05, de 10 de Janeiro], contendo os **elementos prescritos** nas als. *a)* a *e)* do n.º 3 do art. 5.º

[1019] REINHOLD ZIPPELIUS, *Teoria Geral...*, 3.ª Edição, p. 387.

[1020] Quanto à concepção legal de **tratamento de dados pessoais** – "qualquer operação ou conjunto de operações sobre dados pessoais, efectuadas com ou sem meios automatizados, tais como a recolha, o registo, a organização, a conservação, a adaptação ou alteração, a recuperação, a consulta, a utilização, a comunicação por transmissão, por difusão ou por qualquer outra forma de colocação à disposição, com comparação ou interconexão, bem como o bloqueio, apagamento ou destruição" – al. *b)* do art. 3.º da Lei n.º 67/98, de 26 de Outubro, e de **responsável pelo tratamento de dados** – "a pessoa singular ou colectiva, a autoridade pública, o serviço ou qualquer outro organismo que, individualmente ou em conjunto com outrem, determine as finalidades e os meios de tratamento dos dados pessoais; sempre que as finalidades e os meios do tratamento sejam determinados por disposições legislativas ou regulamentares, o responsável pelo tratamento deve ser indicado na lei de organização e funcionamento ou no estatuto da entidade legal ou estatutariamente competente para tratar os dados pessoais em causa" – al. *d)* do art. 3.º da Lei n.º 67/98, de 26 de Outubro.

da Lei n.º 1/05, de 10 de Janeiro [o local público objecto da videovigilância, limitações e condições de uso do sistema, proibição de captação de sons, salvo quando haja perigo concreto para a segurança das pessoas e bens, espaço físico susceptível de gravação, tipo de câmara e características técnicas e período de tempo autorizado].

Como elemento formal e, simultaneamente, material é a **fundamentação** do requerimento para uso de câmaras de vídeo e da decisão de autorização, para que não só se garanta a legalidade da actividade, mas também se defenda os direitos dos cidadãos[1021].

Quanto aos pressupostos formais a *jusante* da decisão de autorização cabe à força ou ao serviço de segurança usufrutuário das câmaras proceder: a **informações ao público** da existência de câmaras de vídeo naquele local, dos fins da captação das imagens e sons, do responsável pelo tratamento dos dados recolhidos – conforme art. 4.º da Lei n.º 1/05, de 10 de Janeiro; ao **registo documentado** – conservação e tratamento – **dos dados**[1022] **captados** durante um mês, excepto se for registo da prática de crime, assim como **documentação da eliminação ou destruição dos dados** – auto de destruição – como

---

[1021] Neste sentido o Ac. do STA de 5 de Maio de 1983, prescrevia que "o dever de fundamentar obriga a que o órgão competente pondere a sua decisão e funcione não só como garante de legalidade da actividade da Administração, mas também como meio de defesa dos direitos dos Administrado". Cfr. o nosso *Da Publicação da Matéria de Facto nos Processos Disciplinares*, Edição do ISCPSI, 2000, p. 46. Pois, a fundamentação facilita a fiscalização das decisões e obriga as instâncias decisoras a um autocontrolo – REINHOLD ZIPPELIUS, *Teoria Geral...*, 3.ª Edição, p. 390. Como ensina JOÃO CAUPERS, a fundamentação "é um factor indispensável para se controlar a legalidade" da administração [JOÃO CAUPERS, *Introdução ao Direito...*, p. 73].

[1022] Quanto à concepção de **dados pessoais** – "qualquer informação, de qualquer natureza e independentemente do respectivo suporte, incluindo som e imagem, relativa a uma pessoa singular identificada ou identificável («titular dos dados»); é considerada identificável a pessoa que possa ser identificada directa ou indirectamente, designadamente por referência a um número de identificação ou a um ou mais elementos específicos da sua identidade física, fisiológica, psíquica, económica, cultural ou social" – al. *a)* do art. 3.º da Lei n.º 67/98, de 26 de Outubro. Quanto ao **ficheiro de dados pessoais ou ficheiro** – "qualquer conjunto estruturado de dados pessoais, acessível segundo critérios determinados, quer seja centralizado, descentralizado ou repartido de modo funcional ou geográfico" – al. *c)* do art. 3.º da Lei n.º 67/98, de 26 de Outubro.

forma de permitir o controlo e fiscalização da actividade da força ou serviço de segurança – art. 9.º e 12.º da Lei n.º 1/05, de 10 de Janeiro; **introdução da autorização no registo público** das instalações das câmaras de vídeo autorizadas– art. 12.º da Lei n.º 1/05, de 10 de Janeiro –; auto que proceda à **comunicação da notícia do crime** à AJ, por meio de auto de notícia e junção da fita ou suporte original das imagens e sons, sempre que as câmaras captem e gravem a sua ocorrência – n.º 1 do art. 8.º da Lei n.º 1/05, de 10 de Janeiro e art. 248.º e 243.º do CPP.

Acresce que poder-se-á verificar o **despacho fundamentado de revogação ou de suspensão** da autorização de uso de câmaras de vídeo – n.ºˢ 5 e 6 do art. 5.º da Lei n.º 1/05, de 10 de Janeiro – e que a **recusa de aceder aos dados** captados e registados **carece de ser fundamentada** em pressupostos de constituição de «perigo para a defesa do Estado ou para a segurança pública, ou quando seja susceptível de constituir uma ameaça ao exercício dos direitos e liberdades de terceiros[1023] ou, ainda, quando esse exercício prejudique a investigação criminal em curso» – n.º 2 do art. 10.º da Lei n.º 1/05, de 10 de Janeiro.

388. No que respeita aos **pressupostos materiais** a *montante*, há a referir «a existência de **riscos objectivos** para a segurança e ordem públicas» [n.º 5 do art. 7.º da Lei n.º 1/05, de 10 de Janeiro], **que não ofenda direitos fundamentais pessoais** – reserva da intimidade da vida privada, a palavra, a imagem – [n.ºˢ 4, 6 e 7 do art. 7.º da Lei n.º 1/05, de 10 de Janeiro e art. 26.º da CRP], **incapacidade dos recursos humanos policiais e de meios menos onerosos para os direitos dos cidadãos** prosseguirem a função de segurança e ordem pública e prevenção criminal sem o recurso a câmaras de vídeo [art. 2.º, art. 3.º – necessidade de autorização –, *a contrario* n.º 2 do art. 7.º da Lei n.º 1/05, de 10 de Janeiro], **meio idóneo e adequada à**

[1023] Quanto à concepção de **terceiro** – "a pessoa singular ou colectiva, a autoridade pública, o serviço ou qualquer outro organismo que, não sendo o titular dos dados, o responsável pelo tratamento, o subcontratante ou outra pessoa sob autoridade directa do responsável pelo tratamento ou do subcontratante, esteja habilitado a tratar os dados" – al. *f)* do art. 3.º da Lei n.º 67/98, de 26 de Outubro.

prossecução das finalidades de manutenção da segurança e ordem públicas, incluindo pessoas e bens privados, e de prevenção da prática de crimes [n.ᵒˢ 1, 2, 3 e 5 do art. 7.º da Lei n.º 1/05, de 10 de Janeiro].

A *jusante* impõe-se materialmente que a entidade requerente proceda, após um mês, à **destruição das imagens e sons que gravou e registou** – *a contrario* n.º 1 do art. 9.º da Lei n.º 1/05, de 10 de Janeiro –, que guarde **sigilo** do conhecimento obtido *ratione officii* – n.º 2 do art. 9.º da Lei n.º 1/05, de 10 de Janeiro – e que promova **as medidas cautelares e de polícia** atinentes à preservação e conservação dos meios de prova reais e pessoais sempre que haja a captação da ocorrência de um crime – n.º 1 do art. 8.º da Lei n.º 1/05, de 10 de Janeiro e 249.º e ss. do CPP.

Acresce que o princípio da legalidade será posto em causa quando a(s) razão(ões) que fundamentaram o requerimento e a autorização da utilização das câmaras se extinguirem quer com o tempo quer com a identificação e responsabilização dos autores dos actos que motivaram a insegurança e a desordem públicas.

389. Ancorado na ideia basilar de que a restrição de direitos fundamentais deve obediência ao **princípio da proporcionalidade *lato sensu* ou da proibição do excesso**[1024] – que se apresenta como limite dos poderes da polícia, que não podem ser exercidos e usados além do estritamente necessário[1025] –, cuja expressão se encontra no n.º 1 do art. 7.º da Lei n.º 1/05, de 10 de Janeiro.

Somos da opinião de que não era necessário prescrever em um preceito a subordinação da utilização das câmaras de vídeo ao princípio da proporcionalidade, por a hermenêutica jurídica impor que se interpretasse os artigos 1.º e 2.º da Lei n.º 1/05, de 10 de Janeiro – e todo o diploma – de acordo com o art. 18.º da CRP – *maxime*, a restrição dos direitos fundamentais dos cidadão não podem ser restringidos sem

---

[1024] Quanto ao princípio da proporcionalidade *lato sensu* ou da proibição do excesso *supra* § 22.º e toda a bibliografia aí exposta e Reinhold Zippelius, *Teoria Geral...*, 3.ª Edição, pp. 385, 389-390 e João Caupers, *Introdução ao Direito...*, p. 82.

[1025] Quanto a este assunto Marcello Caetano, *Manual de Direito...*, 7.ª Reimpressão da 10.ª Edição, Vol. II, pp. 1158-1159.

a aferição, quer no plano legiferante quer no plano da interpretação e de aplicação da lei, do princípio da proporcionalidade – n.º 2 do art. 18.º e n.º 2 do art. 266.º da CRP. Mas, o legislador optou por não descurar a prescrição legal.

O **juízo de proporcionalidade** estipulado no n.º 1 do art. 7.º não se esgota no momento da decisão de autorizar ou não a utilização de câmaras de vídeo, mas deve ser aferido no momento da elaboração do requerimento pelo dirigente máximo da força ou serviço de segurança ou do presidente da câmara e ao longo do período de utilização, principalmente pela força ou serviço de segurança que está a fazer uso deste sistema de segurança, e, ainda, pela fiscalização e controlo do uso da videovigilância por aqueles serviços públicos de segurança.

A utilização de câmaras de vídeo fixas e/ou portáteis rege-se pelo principio da proporcionalidade *lato sensu* ou da proibição do excesso na sua tríplice vertente:

i. o uso da câmara de vídeo deve-se mostrar como **o meio concretamente mais adequado** à prossecução da manutenção da segurança e ordem públicas e da prevenção da prática de crimes em um dado local público de utilização comum [n.º 2 do art. 7.º conjugado com o art. 1.º da Lei n.º 1/05, de 10 de Janeiro], *i. e.*, se a utilização das câmaras se presumir que não é o meio mais adequado – ou se posteriormente se verificar da sua inadequação à finalidade – não deve ser autorizada – *p. e.*, se com a instalação de câmaras de vídeo em estabelecimentos comerciais da Rua *Y* a insegurança e a desordem e a prática de crimes imperam, não será por se colocar câmaras na Rua *Y* que o cenário se alterará, o que demonstra, desde logo uma inadequação da videovigilância;

ii. não basta que o uso da câmara de vídeo seja conveniente, pois deve ser **exigível e/ou necessária ou indispensável** – "no sentido do meio mais suave ou menos restritivo que precise de ser utilizado para atingir o fim em vista"[1026] – para a prossecução das finalidades legais admissíveis [al. *d*) do n.º 1

[1026] JORGE REIS NOVAIS, *As Restrições aos Direitos Fundamentais não Expressamente Autorizadas pela Constituição*, Coimbra Editora, Coimbra, 2003, p. 741.

do art. 5.º da Lei n.º 1/05, de 10 de Janeiro] – *p. e.*, se a opção por colocar dois elementos policiais na Rua *Y* promover um clima de segurança e ordem públicas e de prevenção da prática de crimes capaz de se obter o bem estar social, a utilização das câmaras de vídeo denota um excesso por ser desnecessária e não exigível;

iii. a par da necessidade temos de ter em conta a **subsidiariedade** do meio a usar na manutenção da segurança e ordem públicas e na prevenção da prática de crimes, *i. e.*, o recurso às câmaras de vídeo deve obedecer ao princípio da subsidiariedade por ser um meio que ofende direitos fundamentais pessoais – desde logo, o direito à imagem –, pois só depois de esgotados outros meios táctico-policiais menos gravosos para os direitos dos cidadãos – *p. e.*, presença intermitente e/ou permanente policial na Rua *Y* – é que se pode fundamentar a necessidade e a conveniência da utilização da câmara de vídeo;

iv. mas, não basta que se verifiquem, apenas, estes corolários da proibição do excesso, sendo imperioso, até por imposição legal, que se concretize a **proporcionalidade** *stricto sensu* – que de entre os meios possíveis e a finalidade a prosseguir no caso concreto, tendo em conta «os riscos objectivos para a segurança e ordem públicas», a utilização das câmaras de vídeo e a finalidade a prosseguir se mostrem situadas em uma justa e proporcional medida, ou seja, tem de existir uma proporcionalidade quer quanto à finalidade de manutenção de segurança e ordem públicas e/ou de prevenção da prática de crimes quer quanto à ofensa de bens jurídicos pessoais de tutela jurídico-constitucional-criminalmente – como se retira dos n.ᵒˢ 3, 4, 5, 6 e 7 do art. 7.º da Lei n.º 1/05, de 10 de Janeiro.

A extinção dos pressupostos da adequação, da necessidade, da subsidiariedade e da proporcionalidade *stricto sensu* a autorização da utilização das câmaras de vídeo deve ser **suspensa ou revogada** como se retira do n.º 6 do art. 5.º da Lei n.º 1/05, de 10 de Janeiro.

β. da protecção dos direitos fundamentais

390. A utilização de câmaras de vídeo afecta direitos fundamentais pessoais dos cidadãos, tais como a imagem, a reserva da intimidade da vida privada e familiar e a palavra – de consagração constitucional –, conforme n.º 1 do art. 26.º da CRP.

Os direitos pessoais constituem um limite imediato e imanente não só à autorização, como também à decisão de requerimento, que deve fazer um juízo de ponderação sobre a prevalência dos direitos pessoais sobre a manutenção da segurança e da ordem públicas e a prevenção da prática de crimes.

O legislador, desde logo, demonstrou que a ofensa grave àqueles direitos fundamentais pessoais são fundamento legal de não autorização das câmaras de vídeo aos prescrever a **proibição expressa** de instalação de câmaras em locais públicos que sejam destinados por natureza a serem fruídos com resguardo – *p. e.*, jardins, onde namorados se encontram e famílias passeiam –, conforme n.º 4 do art. 7.º da Lei n.º 1/05, de 10 de Janeiro, e ao **vedar a utilização de câmaras** que captem imagens e sons do interior de casa ou de edifício habitado ou sua dependência, excepto se os titulares do direito ou os proprietários consentirem expressamente[1027] ou autorização judicial, e que afectem, directa e imediatamente, «a intimidade das pessoas, ou resulte na gravação de conversas de natureza pessoal», conforme n.ºˢ 6 e 7 do art. 7.º da Lei n.º 1/05, de 10 de Janeiro.

Acresce que se, por *acidente*, as câmaras de vídeo captarem imagens e sons do interior de casa ou de edifício habitado ou sua dependência ou afectarem, directa e indirectamente, a reserva da in-

---

[1027] Quanto ao consentimento a prestar, somos da opinião que se deve seguir a posição por nós defendida no âmbito das revistas e das buscas, em que deve ser o titular do direito afectado – *in casu*, a imagem e a palavra – que deve prestar o consentimento e não só o proprietário, sob pena da disponibilidade do direito pessoal poder *ex lege* passar para outrem [cfr. o nosso *Revistas e Buscas*, 2.ª Edição, Almedina, Coimbra, 2005, pp. 119-130]. Pode-se conceber o consentimento do titular dos dados como "qualquer manifestação de vontade, livre, específica e informada, nos termos da qual o titular aceita que os seus dados pessoais sejam objecto de tratamento" – nos termos da al. *h)* do art. 3.º da Lei n.º 67/98, de 26 de Outubro.

timidade das pessoas ou resultarem na gravação de conversas de natureza pessoal, o responsável pelo sistema deve de imediato **destruir as captações e gravações indevidas**[1028] – *ex vi* do n.º 8 do art. 7.º da Lei n.º 1/05, de 10 de Janeiro.

391. Como corolário de garantia e de defesa dos direitos pessoais a afectar com as câmaras, recai o ónus sobre a entidade requerente de afixar nos locais de instalação do sistema de videovigilância informação da sua existência, da sua finalidade e do responsável pelo tratamento dos dados – conforme art. 4.º da lei n.º 1/05, de 10 de Janeiro. Promove-se o **direito de informação** prescrito no art. 10.º da Lei n.º 67//98, de 26 de Outubro, que se aplica ao sistema de videovigilância *ex vi* do n.º 3 do art. 4.º da Lei n.º 67/98, de 26 de Outubro.

O **direito de informação** pode, nos termos do n.º 5 do art. 10.º da Lei n.º 67/98, de 26 de Outubro, ser **vedado** por disposição legal – que diga "respeito a interesses constitucionalmente protegidos, como por exemplo a segurança nacional, a segurança pública e a prevenção ou investigação criminal"[1029] – ou por deliberação da CNPD, fundadas em motivos de segurança do Estado e de prevenção ou de investigação criminal, e, no caso do tratamento de dados com finalidades estatísticas, históricas ou de investigação científica, a informação do titular dos dados se revelar impossível ou implicar esforços **desproporcionados, podendo, ainda, a obrigação de informação ser dispensada** quando a lei determinar expressamente o registo dos dados ou a sua divulgação.

392. Ancorado na ideia de fiscalização e controlo pelos lesados da utilização de câmaras de vídeo, os cidadãos têm, por imperativo constitucional – art. 35.º da CRP –, o **direito ao conhecimento**[1030] dos dados

---

[1028] Optamos por considerar essas captações e gravações indevidas por serem obtidas por acidente e não por violação do princípio da legalidade, caso contrário serão ilegais e ilícitas.

[1029] ALEXANDRE SOUSA PINHEIRO e MARIO JOÃO DE BRITO FERNANDES, *Comentário à IV Revisão Constitucional*, AAFDL, Lisboa, 1999, p. 137.

[1030] Quanto a este assunto GOMES CANOTILHO e VITAL MOREIRA, *Constituição da República...*, 3.ª Edição, p. 216 e ALEXANDRE SOUSA PINHEIRO e MARIO JOÃO DE BRITO FERNANDES, *Comentário...*, pp. 135-138.

pessoais tratados e registados – que deve ser exercido perante o responsável pelo tratamento dos dados captados de forma directa ou por meio da CNPD [n.º 3 do art. 10.º da Lei n.º 1/05, de 10 de Janeiro e n.º 2 do art. 11.º da Lei .º 67/98, de 26 de Outubro] –, que se desdobra em:

    i. o **direito de acesso** aos dados captados, tratados e registados – art. 10.º da Lei n.º 1/05, de 10 de Janeiro, art. 11.º da Lei n.º 67/98, de 26 de Outubro. Direito este de consagração constitucional. O **exercício do direito de acesso**, que deve ser gratuito, aos dados obtidos por meio da videovigilância só pode ser **negado** por decisão fundamentada em motivos do acesso «constituir perigo para a defesa do Estado[1031] ou para a segurança pública (...) constituir uma ameaça ao exercício dos direitos e liberdades de terceiros[1032], ou, ainda, quando esse exercício prejudique investigação criminal em curso», conforme n.º 2 do art. 10.º da Lei n.º 1/05, de 10 de Janeiro[1033] e n.ºs 2 e 5 do art. 35.º da CRP.

[1031] Quanto ao segredo de Estado e ao segredo de Justiça como cláusulas de reserva de acesso aos dados introduzidas pela Revisão Constitucional operada pela Lei Constitucional n.º 1/89, de 8 de Julho, GOMES CANOTILHO e VITAL MOREIRA, *Constituição da República...*, 3.ª Edição, p. 217. Prevalece, em certas situações concretas, quanto ao segredo de Estado "a necessidade de resguardar certas informações em nome da segurança, interna e externa, do Estado" e quanto ao segredo de justiça a necessidade de "preservação da efectividade da justiça e da eficiência da acção penal na recolha de provas" [JORGE BACELAR GOUVEIA, *Novos Estudos de Direito Público*, Âncora Editora, Lisboa, 2002, p. 107].

[1032] Na esteira de GOMES CANOTILHO e VITAL MOREIRA a restrição de terceiros acederem ao dados – imagens e/ou sons – captados e registados pretende garantir e salvaguardar a reserva da intimidade da vida privada e, consequentemente, evitar que haja um descontrolo das informações tratados e registados e afectando a confiança que os cidadão depositaram na administração. GOMES CANOTILHO e VITAL MOREIRA, *Constituição da República...*, 3.ª Edição, p. 217. Pois, a defesa e garantia da privacidade e da intimidade apresenta-se como "limitação quer da utilização de dados pessoais a respeito de pessoas e famílias – os chamados direitos fundamentais à protecção de dados pessoais informatizados – quer do acesso generalizado a informações administrativas que revelam aspectos da intimidade, assim não acessíveis por qualquer cidadão" [JORGE BACELAR GOUVEIA, *Novos Estudos...*, p. 109].

[1033] O legislador optou por prescrever a negação de acesso e não seguir a disposição da Lei n.º 67/98, de 26 de Outubro, que impôs que «se a comunicação dos

ii. o **direito ao conhecimento da identidade** dos responsáveis pela captação e tratamento dos dados e **da finalidade** da instalação das câmaras de vídeo – als. *b)* e *c)* do art. 4.º e al. *c)* do n.º 1 do art. 5.º da Lei n.º 1/05, de 10 de Janeiro;

iii. os **direitos de contestação ou de rectificação e de actualização e de eliminação** dos dados obtidos pelas câmaras de vídeo – n.º 1 do art. 35.º da CRP e n.º 1 do art. 10.º da Lei n.º 1/05, de 10 de Janeiro – excepto se quando se verificarem os pressupostos para a negação de acesso prescritos no n.º 2 do art. 10.º da Lei n.º 1/05, de 10 de Janeiro. O **direito à destruição dos dados** após um mês da sua captação – *a contrario* n.º 1 do art. 9.º da Lei n.º 1/05, de 10 de Janeiro – entronca na ideia de protecção dos direitos fundamentais pessoais possíveis de serem afectados.

393. O direito à **tutela jurídico-criminal** da ofensa aos direitos fundamentais pessoais encontra-se previsto no art. 11.º da Lei n.º 1/05, de 10 de Janeiro – se a câmara de vídeo for utilizada sem respeito pelos pressupostos legais prescritos neste diploma, o funcionário pode ser punido pelos crimes de *devassa da vida privada*, crime p. e p. pelo art. 192.º do CP[1034], e de *gravações e fotografias ilícitas*, crime p. e p. pelo art. 199.º do CP[1035] e *abuso de poder*, crime p. e p. pelo art. 382.º do CP.

---

dados ao seu titular puder prejudicar a segurança do Estado, a prevenção ou a investigação criminal ou ainda a liberdade de expressão e informação ou a liberdade de imprensa, a CNPD limita-se a informar o titular dos dados das diligências efectuadas», conforme n.º 4 do art. 11.º.

[1034] Quanto a este assunto o nosso *Da Publicação da Matéria de Facto...*, pp. 77-88, MANUEL DA COSTA ANDRADE, "Devassa da Vida Privada", *in Comentário Conimbricense ao Código Penal – Parte Especial*, (Dirigido por JORGE DE FIGUEIREDO DIAS), Coimbra Editora, 1999, Tomo I, pp. 725-742.

[1035] Quanto a este assunto o nosso *Da Publicação da Matéria de Facto...*, pp. 89-91 e MANUEL DA COSTA ANDRADE, "Gravações e fotografias ilícitas", *in Comentário Conimbricense ao Código Penal – Parte Especial*, (Dirigido por JORGE DE FIGUEIREDO DIAS), Coimbra Editora, 1999, Tomo I, pp. 817-845.

γ. do parecer negativo da CNPD

394. O **parecer negativo da CNPD** é, também, um limite à utilização das câmaras de vídeo, por vincular de imediato a decisão do membro do governo que tutela a força ou serviço de segurança requerente no sentido de não autorizar o recurso à videovigilância para os fins de segurança e ordem pública e de prevenção da prática de crimes – *ex vi* n.º 2 do art. 3.º da Lei n.º 1/05, de 10 de Janeiro.

O parecer da CNPD positivo não vincula o decisor a autorizar o uso das câmaras, pois deixa à reflexão própria e inerente ao cargo a possibilidade de não autorizar, *i. e.*, o parecer positivo não é vinculativo, mas orientador e esclarecedor, podendo conter recomendações concretas quanto ao sistema a instalar.

O parecer da CNPD negativo ou positivo funciona sempre como um limite de aferição da legalidade do requerimento para utilização das câmaras, promovendo-se uma fiscalização a *priori* da decisão.

d. Do tratamento das imagens e sons captados e gravados

395. O tratamento de dados – imagens e sons captados e gravados por câmaras de vídeo fixas e portáteis – onera os responsáveis pela utilização deste meio técnico, para que se possam operativizar os direitos ao conhecimento e de acesso aos mesmos, a respeitarem e concretizarem determinados princípios[1036] que emergem de comandos constitucionais – *maxime*, artigos 18.º, 35.º e 266.º da CRP.

Desta feita, a operatividade dos direitos de conhecimento, de acesso, de contestação, de rectificação, de actualização, de eliminação e de destruição dos dados pessoais só é possível – até para uma melhor fiscalização e controlo pelo visado – com a criação de um registo informatizado, cujo acesso seja limitado e cujo processo de tratamento e de registo obedeça aos princípios:

i. da **publicidade** – *i. e.*, os cidadãos têm de ter conhecimento de que se criaram e se mantêm registos informáticos sobre a

---

[1036] Seguimos os princípios especificados por GOMES CANOTILHO e VITAL MOREIRA, *Constituição da República...*, 3.ª Edição, p. 216.

captação e gravação de imagens e sons através da utilização das câmaras de vídeo – materializado no art. 4.º, no n.º 1 do art. 5.º e no art. 11.º da Lei n.º 1/05, de 10 de Janeiro;

ii. da **justificação social** – *i. e.*, a criação e manutenção de registos informáticos de dados pessoais devem "ter um objectivo geral e usos específicos socialmente aceites"[1037] – materializado no n.º 1 do art. 2.º, na al. *d)* do n.º 1 do art. 5.º e nos n.ºˢ 2 e 5 do art. 7.º da Lei n.º 1/05, de 10 de Janeiro;

iii. da **transparência ou da clareza dos registos** – *i. e.*, impõe-se transparência e clareza relativamente "às espécies ou categorias de dados recolhidos e tratados, (...) à existência ou não de fluxos de informação, (...) ao tempo de tratamento (...) e à identificação do responsável do ficheiro"[1038] – materializado no art. 4.º, nos n.º 1, als. *b), c), e), f), g)* e *h)* e n.º 3, als. *b)* e *e)*, art. 9.º e art. 12.º da Lei n.º 1/05, de 10 de Janeiro;

iv. da **especificação de finalidades** – *i. e.*, as finalidades da captação e de processamento de imagens e/ou sons têm de ser especificadas no requerimento e na decisão de autorização e nos avisos de que o local se encontra sob videovigilância – materializado na al. *b)* do art. 4.º, retira-se da al. *d)* do n.º 1 do art. 5.º e do n.º 3 do art. 7.º da Lei n.º 1/05, de 10 de Janeiro;

v. da **limitação ou da proibição do excesso de captação e gravação** – *i. e.*, a captação de imagens e/ou de sons obedece ao princípio da proporcionalidade *lato sensu*[1039] – adequação, necessidade [e subsidiariedade] e proporcionalidade *stricto sensu* – materializado na al. *d)* do n.º 1 e na al. *b)* do n.º 3 do art. 5.º e n.ºˢ 2, 3 e 5 do art. 7.º da Lei n.º 1/05, de 10 de Janeiro;

vi. da **fidelidade** – *i. e.*, as imagens e/ou sons captados devem ser exactos, completos e actuais, sob pena de pôr em causa a boa fé, a lealdade e democraticidade da actividade adminis-

---

[1037] GOMES CANOTILHO e VITAL MOREIRA, *Constituição da República...*, 3.ª Edição, p. 216.

[1038] *Ibidem.*

[1039] Quanto a este assunto *supra* ponto c. Dos limites à utilização das câmaras de vídeo: a. dos princípios da legalidade e da proporcionalidade *lato sensu*.

trativa policial – materializado nos artigos 9.º, 10.º, 11.º da Lei n.º 1/05, de 10 de Janeiro;

vii. da **limitação de utilização** – *i. e.*, as imagens e/ou sons a recolher e recolhidos e tratados só podem ser utilizados para os fins expostos no requerimento e que serviram de fundamento à decisão de autorização – materializado *a contrario* no n.º 6 do art. 5.º e no art. 11.º da Lei n.º 1/05, de 10 de Janeiro;

viii. das **garantias de segurança** – *i. e.*, a utilização de câmaras de vídeo oneram quem se socorre do sistema, devendo tomar medidas destinadas a proteger e a garantir as imagens e/ou sons contra a perda, destruição e conhecimento de terceiros – materializado na al. *f)* do n.º 1 e al. *b)* do n.º 3 do art. 5.º, n.º 1 do art. 9.º e n.º 2 do art. 10.º da Lei n.º 1/05, de 10 de Janeiro;

ix. da **responsabilidade** – *i. e.*, a utilização das câmaras de vídeo obrigam aos operadores do sistema a deveres legais e deontológicos que evitem a delação da sociedade e da credibilidade do sistema – materializado na al. *c)* do art. 4.º, na al. *c)* do n.º 1 do art. 5.º, no n.º 2 do art. 9.º e art. 11.º da Lei n.º 1/05, de 10 de Janeiro;

x. da **política de abertura** – *i. e.*, os registos de tratamento de dados – imagens e/ou sons – têm de "garantir a transparência da acção administrativa, sobretudo quanto à clareza dos registos, às espécies e categorias de dados recolhidos e tratados, à existência ou não de fluxos de informação, ao tempo de tratamento e à identificação do responsável pelo ficheiro"[1040] – princípio materializado nos n.ºs 1 e 3 do art. 5.º, no art. 10.º e no art. 12.º da Lei n.º 1/05, de 10 de Janeiro;

xi. da **limitação do tempo** – *i. e.*, a autorização de utilização das câmaras de vídeo fixas e portáteis, assim como os registos tratados devem ser suspensos ou revogados ou destruídos logo que a finalidade do recurso àquele sistema se tenha alcançado – materializado nos n.ºs 4, 5 e 6 do art. 5.º, no n.º 1 do art. 9.º e no art. 12.º da Lei n.º 1/05, de 10 de Janeiro.

[1040] GOMES CANOTILHO e VITAL MOREIRA, *Constituição da República...*, 3.ª Edição, p. 216.

396. Esta panóplia de princípios atinentes à prossecução da captação de imagens e/ou sons e respectivo tratamento têm como objectivo exclusivo a protecção dos direitos fundamentais pessoais dos cidadãos e uma actuação administrativa policial dentro do quadro da legalidade democrática.

O tratamento dos dados – imagens e/ou sons captados pelas câmaras de vídeo fixas ou portáteis – deve seguir o regime jurídico prescrito nos artigos 5.º a 9.º da Lei n.º 67/98, de 26 de Outubro:

i. o tratamento deve **ser lícito e respeitar a boa fé**, compatível, adequado, pertinente com as finalidades, exacto e actualizado, de modo a permitir a identificação dos titulares, dentro do tempo estipulado – nos termos do n.º 1 do art. 5.º [1041];

ii. no caso em análise, o tratamento *carece de consentimento do titular* dos dados ou deve *ser necessário* para a «execução de uma missão de interesse público ou no exercício de autoridade pública em que esteja investido o responsável pelo tratamento ou um terceiro a quem os dados sejam comunicados», nos termos da al. *d)* do art. 6.º;

iii. são **proibidos tratamentos** "de dados pessoais referentes a *convicções filosóficas ou políticas, filiação partidária ou sindical, fé religiosa, vida privada e origem racial ou étnica*, bem como o tratamento de dados relativos à saúde e à vida sexual, incluindo os dados genéticos"[1042] – n.º 1 do art. 7.º –, **excepto**, neste caso, se houver **autorização judicial** fundada em "motivos de interesse público importante" e "esse tratamento for

---

[1041] O tratamento de dados informáticos implica, como afirma Jochen Schneider, riscos que impõem "novas tarefas e discussões relativas à ética da informática". [Jochen Schneider,"Processamento electrónico de dados – Informática jurídica", in *Introdução à Filosofia do Direito e à Teoria do Direito Contemporâneo*, (coordenção de A. Kaufmann e de W. Hassemer), (tradução de Marcos Keel e de Manuel Seca de Oliveira), Fundação Calouste Gulbenkian, Lisboa, 2002, p. 554].

[1042] Itálico nosso. Este preceito concretiza o comando constitucional de que: «A informática não pode ser utilizada para tratamento de dados referentes a convicções filosóficas ou políticas, filiação partidária ou sindical, fé religiosa, vida privada e origem étnica, salvo mediante consentimento expresso do titular, autorização prevista por lei com garantias de não discriminação ou para processamento de dados estatísticos não individualmente identificáveis» – n.º 3 do art. 35.º da CRP.

indispensável ao exercício das atribuições legais ou estatutárias do seu responsável" ou **se o titular dos dados der o seu consentimento expresso** para esse tratamento – n.º 2 do art. 7.º – ou se for para "proteger interesses vitais do titular dos dados ou de uma outra pessoa e o titular dos dados estiver física ou legalmente incapaz de dar o seu consentimento", ou, com consentimento do titular, para ser efectuado "por fundação, associação ou organismo sem fins lucrativos de carácter político, filosófico, religioso ou sindical, no âmbito das suas actividades legítimas, sob condição de o tratamento respeitar apenas aos membros desse organismo ou às pessoas que com ele mantenham contactos periódicos ligados às suas finalidades, e de os dados não serem comunicados a terceiros sem consentimento dos seus titulares" ou dizerem "respeito a dados manifestamente tornados públicos pelo seu titular, desde que se possa legitimamente deduzir das suas declarações o consentimento para o tratamento dos mesmos" ou por serem necessários "à declaração, exercício ou defesa de um direito em processo judicial e for efectuado exclusivamente com essa finalidade" – n.º 3 do art. 7.º.

Quanto aos dados sobre saúde e vida sexual dos titulares, incluindo os dados genéticos, só é admissível o tratamento se "for necessário para efeitos de medicina preventiva, de diagnóstico médico, de prestação de cuidados ou tratamentos médicos ou de gestão de serviços de saúde" e se o tratamento desses dados for efectuado por um profissional de saúde obrigado a sigilo ou por outra pessoa sujeita igualmente a segredo profissional, se for notificado à CNPD e se forem garantidas todas as medidas adequadas à segurança da informação – n.º 4 do art. 7.º.

iv. no que concerne a imagens e/ou sons que indiciem a prática de actos ilícitos – crimes [a par dos procedimentos prescritos no art. 8.º da Lei n.º 1/05, de 10 de Janeiro], contra-ordenações, disciplinares – só podem ser **tratados por serviços públicos de competência específica** (PJ, PSP, GNR).

Acrescente-se que as imagens e/ou sons recolhidos pelas câmaras de vídeo fixas ou portáteis no âmbito da Lei n.º 1/05, de

10 de Janeiro, obedecem às finalidades do sistema, o que pode afastar o tratamento de dados que impliquem sanção penal, contra-ordenacional e disciplinar por parte da força ou serviço de segurança que tenha requerido e obtido autorização para utilizar as câmaras de vídeo, assim como duvidamos da possibilidade daqueles poderem utilizar as imagens e/ou sons captados com o intuito de investigação policial por as imagens e/ou sons recolhidos deverem ser entregues ao MP nos termos do art. 8.º da Lei n.º 1/05, de 10 de Janeiro[1043].

v. o n.º 2 do art. 35.º da CRP proíbe a interconexão de ficheiros expecto em casos excepcionais previstos na lei. A Lei n.º 1/05, de 10 de Janeiro, nada estipula quanto à **interconexão**[1044] **imagens e/ou sons** – de dados pessoais – captados e gravados em câmaras diferentes e por forças e serviços de segurança diferentes.

Questão que se levanta é saber se aqueles podem fazer interconexão de ficheiros nos termos do art. 9.º da Lei n.º 67/98, de 26 de Outubro: a interconexão «está sujeita a **autorização da CNPD** solicitada pelo responsável ou em conjunto pelos correspondentes responsáveis dos tratamentos» e «deve ser

---

[1043] A captação e respectivo tratamento de imagens e sons referentes à investigação de crimes não só deve obedecer ao quadro «necessário para a prevenção de um perigo concreto ou repressão de uma infracção criminal» – n.º 3 do art. 8.º da Lei n.º 67/98, de 26 de Outubro, como a captação e gravação de imagens e de sons estão previstas no art. 167.º do CPP e carecem de autorização judicial.

O legislador ordinário especificou quanto a determinados tipos de crime – tráfico de estupefacientes, terrorismo e organizações terroristas, tráfico de armas, corrupção passiva e peculato, branqueamento de capitais, associação criminosa, contrabando, tráfico e viciação de veículos furtados, lenocínio e lenocínio e tráfico de menores e contrafacção de moeda e de títulos equiparados a moeda – o registo de voz e imagem nos termos do art. 6.º da lei n.º 5/2002, de 11 de Janeiro. Quanto a este assunto o nosso *Escutas Telefónicas...*, 2.ª Edição, pp. 107-109.

[1044] Como afirmam GOMES CANOTILHO e VITAL MOREIRA, o n.º 2 do art. 35.º da CRP proíbe a interconexão de ficheiros expecto em casos excepcionais previstos na lei, proibição que visa **evitar** a *concentração* de dados, criando-se o perigo de centralizar e controlar completamente os cidadãos, o *controlo* da vida dos cidadãos pela *polícia* e a multiplicação de ficheiros – que originaria um acumular incontrolável de informações em um número indeterminado de ficheiros. GOMES CANOTILHO e VITAL MOREIRA, *Constituição da República...*, 3.ª Edição, pp. 217-218.

adequada à prossecução das finalidades legais ou estatutárias e de interesses legítimos dos responsáveis dos tratamentos, não implicar discriminação ou diminuição dos direitos, liberdades e garantias dos titulares dos dados, ser rodeada de adequadas medidas de segurança e ter em conta o tipo de dados objecto de interconexão". Parece-nos que é forçoso seguir uma resposta positiva por o comando constitucional prescrever como reserva de lei a previsão de interconexão de ficheiros, previsão inexistente na Lei n.º 1/05, de 10 de Janeiro.

O tratamento de imagens e/ou sons captados e gravados pelas câmaras de vídeo utilizadas no âmbito da Lei n.º 1/05, de 10 de Janeiro, de 10 de Janeiro, promovido pelas forças e serviços de segurança, deve ter em conta, *ab initio*, o âmbito de aplicação e as finalidades das câmaras de vídeo e, *ad finem*, que os dados a tratar dizem respeito a pessoas dotadas de dignidade.

e. Da captação de imagens e sons de notícia de crime

397. O art. 8.º da Lei n.º 1/05, de 10 de Janeiro, onera as forças ou serviços de segurança, que utilizem câmaras de vídeo para fins de manutenção da segurança e ordem pública e para prevenção da prática de crimes, à comunicação da notícia de qualquer crime – pois o n.º 1 do art. 8.º prescreve «a prática de factos com relevância criminal» –, independente da natureza do mesmo, ao MP para que dentro do princípio da legalidade, tendo em conta o princípio da oportunidade, promova a acção penal[1045].

Ao MP faltará legitimidade para iniciar o inquérito no caso dos crimes de natureza semi-pública – carece de queixa – e particular – carece de queixa e de acusação particular, devendo o titular do direito constituir-se assistente no processo[1046].

[1045] Quanto a este assunto, o nosso *Processo Penal* – Tomo I, Almedina, 2004, pp. 185-213.

[1046] Quanto a este assunto, o nosso *Processo Penal* – Tomo I, 2.ª Edição, pp. 282 e ss..

A força ou serviço de segurança, que verificar a ocorrência de um crime, deve elaborar auto de notícia[1047] – nos termos do art. 243.º do CPP – e juntar a fita ou o suporte original das imagens ou sons, assim como deve proceder às medidas cautelares e de polícia que consiga empreender – *p. e.*, identificação do(s) suspeito(s) ou de testemunhas, apreensão de objectos do crime ou que serviram para a sua prática, o exame ao local, a revista ao(s) suspeito(s) e a busca ao local do crime, nos termos dos artigos 249.º, 250.º e 251.º do CPP[1048] – assim como proceder, se possível, à detenção dos agentes do crime[1049].

398. Relevante é a questão das gravações ou registos[1050] servirem de prova em sede processual – inquérito, pronúncia e julgamento –, por podermos estar a legitimar um *modus operandi* das polícias de obtenção de prova que, em sede de processo penal, não é admissível.

Somos de opinião de que as gravações apenas devem servir de notícia do crime sujeita ao discreteamento próprio de um processo construído na base do contraditório e no respeito por todos os direitos do cidadão, assim como alicerçado numa conduta democrática e leal das polícias.

A utilização de imagens e sons constantes das gravações e registos obtidos por meio da videovigilância, autorizada pelo poder executivo e por via administrativa, como prova em processo crime viola o princípio de jurisdicionalidade de que está imbuído constitucionalmente todo o processo crime português e, por conseguinte, viola o princípio de tutela jurisdicional dos direitos, liberdades e garantias processuais penais do cidadão[1051]. Não pode o cidadão ver-se mais despido desses direitos e garantias processuais no âmbito administrativo preventivo e sancionatório do que no plano criminal.

[1047] Quanto ao auto de notícia, o nosso *Processo Penal* – Tomo I, 2.ª Edição, pp.275-282.

[1048] Quanto às medidas cautelares e de polícia, o nosso *Processo Penal* – Tomo I, 2.ª Edição, pp. 289-306.

[1049] Quanto à detenção e seus pressupostos, o nosso *Processo Penal* – Tomo I, 2.ª Edição, pp. 307-341.

[1050] Cfr. al. *d)* do n.º 2 do art. 13.º da Lei n.º 1/05, de 10 de Janeiro.

[1051] Cfr. art. 32.º n.ºs 1 e 4 da CRP.

CAPÍTULO XI

COOPERAÇÃO POLICIAL

Sumário: § 102.º Considerações gerais
§ 103.º Resenha histórica:
   a. Quadro internacional
   b. Quadro europeu
§ 104.º Cooperação policial – classificações
§ 105.º Da cooperação interna:
   a. Da cooperação policial interna vertical
   b. Da cooperação interna horizontal
§ 106.º Da cooperação policial internacional em matéria penal
§ 107.º Considerações finais

Fontes: AA, *Estratégia Nacional de Luta Contra a Droga*, INCM, Lisboa, 1999; **Brandão**, Nuno, *Branqueamento de Capitais: O Sistema Comunitário de Prevenção*, Coimbra Editora, Colecção Argumentum, n.º 11, 2002; **Canotilho**, Gomes e **Moreira**, Vital, *Constituição da República Portuguesa Anotada*, 3.ª Edição, Coimbra Editora, 1993; **Chevalier-Govers**, Constance, *De la coopération à l'intégration policière dans l'union européenne*, Bruylant, Bruxelles, 1999; **Costa**, José de Faria, "O branqueamento de capitais (algumas reflexões à luz do direito penal e da política criminal)", *in Boletim da Faculdade de Direito*, n.º 68, 1992; **Cunha**, J. Manuel Damião da, "Artigo 33.º da CRP – Expulsão, Extradição e Direito de Asilo" *in Constituição Portuguesa Anotada*, (coord. Jorge Miranda e Rui medeiros), Coimbra Editora, 2005, Tomo I; **Dias**, Mario Gomes, "A Convenção das Nações Unidas Contra a Criminalidade Organizada Transnacional e os Protocolos Adicionais Contra o Tráfico de Pessoas e Contra o Tráfico de Migrantes", *in Estudos de Homenagem ao Professor Doutor GERMANO MARQUES DA SILVA*, Almedina, Coimbra, 2004; **Pinheiro**, Alexandre Sousa e **Fernandes**, Mário João de Brito, *Comentário à IV Revisão Constitucional*,

AAFDL, Lisboa, 1999; RODRIGUES, ANABELA MIRANDA e MOTA, JOSÉ LUÍS LOPES DA, *Para uma Política Criminal Europeia*, Coimbra Editora, 2002; RODRIGUES, ANABELA MIRANDA, "O mandado de Detenção Europeu – na Via da Construção de um Sistema Penal Europeu: Um passo ou um Salto?", in *Revista Portuguesa de Ciências Criminais*, Ano 13, n.º 1, Janeiro-Março 2003; "La Harmonización de las penas", in *La Orden de Detención Europea*, Toledo 8-11 Noviembre de 2004; "O papel dos sistemas legais e a sua harmonização para erradicação das redes de tráfico de pessoas", in *Revista do Ministério Público*, Ano 21.º, Outubro – Dezembro, 2000, n.º 84; SCHULTE, RAINER, *O Futuro da Formação Policial,* (trad. de CRISTINA REIS), Conferência proferida em Viena, em Fevereiro de 2002; SERRANO, MÁRIO MENDES, "Extradição", in *Cooperação Internacional Penal*, Centro Estudos Judiciários, Lisboa, 2000; SOARES, ROGÉRIO, "Cooperação Policial – Aspectos Práticos", PROJECTO GROTIUS II, in *Aquilafuente – Ediciones Universidad Salamanca*, 2002, n.º 40.º; SOUSA, CONSTANÇA URBANO DE, "A segurança interna no espaço europeu", in *I Colóquio de Segurança Interna – Tomo I*, Almedina, Coimbra, 2005; "A cooperação policial e judiciária em matéria penal na União Europeia – Evolução e Perspectivas", in *Polícia e Justiça*, III Série, n.º 2, Julho-Dezembro de 2003; SOUSA, PEDRO, *Cooperação Policial na União Europeia – Equipas de Investigação Conjunta*, trabalho de Mestrado em Direito – Ciências Jurídico-Criminais – da Faculdade de Direito da Universidade de Coimbra, na Cadeira de Direito Penal Europeu, regida pela ilustre Prof.ª ANABELA MIRANDA RODRIGUES; TEIXEIRA, NUNO SEVERIANO, *Contributos para a Política de Segurança Interna*, Edição do Ministério da Administração Interna, Lisboa, 2002; VALENTE, MANUEL MONTEIRO GUEDES, "COOPERAÇÃO POLICIAL – Viagem Inacabada!", in *Aquilafuente – Ediciones Universidad Salamanca*, 2002, n.º 40.º; *Consumo de Drogas – Reflexões Sobre o Novo Quadro Legal*, 2.ª Edição, Almedina, 2003; *Regime Jurídico da Investigação Criminal Comentado e Anotado*, 2.ª edição, Almedina, Coimbra, 2003; *O Novo Regime Jurídico do Agente Infiltrado Anotado e Comentado*, (em co-autoria com FERNANDO GONÇALVES e MANUEL J. ALVES), Almedina, Coimbra, 2001; *Do Mandado de Detenção Europeu*, Almedina, Coimbra, 2006; ZIEGLER, JEAN, *Os Senhores do Crime*, Terramar, Lisboa.

§ 102.º Considerações gerais

399. A evolução do Homem apresenta-se-nos como uma espada de dois gumes: por um lado, procura-se descobrir a cura de imensas doenças e, por outro, procura-se explorar esses conhecimentos para fins inidóneos. Da mesma enfermidade sofrem os Estados no processo de globalização: os efeitos no plano económico e cultural podem ser benéficos, mas no âmbito da cidadania e da segurança, a globalização tem proporcionado o desrespeito pelos direitos, liberdades e garantias dos cidadãos e fomentado ou facilitado o crime organizado[1052] – pondo em causa a segurança de todos os cidadãos (nacionais, europeus e extra-europeus)[1053].

Os Estados, principalmente o quadro policial e judicial, devem olhar para a globalização como a catapulta para o reconhecimento de que **o isolamento é o caminho da morte lenta ou da sobrevivência desesperada**. A solidariedade humana deve impulsionar à cooperação[1054] institucional – *maxime* policial – e não criar bolsas de actuação isoladas que denotam fraquezas e ineficiência e ineficácia global.

O crime organizado, em especial o crime financeiro, quer a nível mundial quer a nível da União Europeia, tem as portas abertas e facilitadas à sua propagação, ramificando-se e instalando-se em cada país de diversas formas. A liberdade de circulação de capitais[1055] abre a janela a novas oportunidades de fraude e, consequente, de branqueamento de capitais, não só aos principais actores do crime organizado internacional, mas também aos homens de negócios[1056].

Como exemplo de um fenómeno criminógeno delator da sociedade e transnacional apresentamos o branqueamento de capitais que produz efeitos prejudiciais quer no plano económico, quer nos planos

---

[1052] Sobrescrevemos NUNO BRANDÃO, quando defende que "o *branqueamento de capitais* é como que o lado *negro do processo de globalização*, da liberalização das trocas internacionais e dos movimentos de capitais, da abertura dos mercados financeiros, da maciça informatização e do comércio electrónico" [NUNO BRANDÃO, *Branqueamento de Capitais: O Sistema Comunitário de Prevenção*, Coimbra Editora, Colecção *Argumentum*, n.º 11, 2002, p. 16. Itálico nosso].

[1053] Como demonstraram os acontecimentos de 11 de Setembro de 2001, de 11 de Março de 2004 e de 7 de Julho de 2005.

[1054] Aproveitamos para o estudo da cooperação policial a intervenção – COOPERAÇÃO POLICIAL – Viagem Inacabada! – proferida na Academia de Ciências de Varsóvia, a 13 de Setembro de 2002, no âmbito do Proyecto Gotius II, coordenado pela Faculdade de Direito da Universidade de Salamanca, e que fora publicado na Revista *Aquilafuente – Ediciones Universidad Salamanca*, n.º 40.º, pp. 275 e ss..

[1055] Não defendemos que só a liberdade de circulação de capitais promove e facilita o crime organizado, pois as liberdades de circulação de pessoas, de mercadorias e de serviços são, inevitavelmente, factores de influência e de facilidade para que a criminalidade organizada se desenvolva rápida e eficazmente.

[1056] *Hoc sensu* CONSTANCE CHEVALIER-GOVERS, *De la coopération à l'intégration policière dans l'union européenne*, Bruylant, Bruxelles, 1999, p. 21.

político e social[1057]. No âmbito económico, destacamos os interesses que poderá afectar quer quanto à macroeconomia, quer quanto à microeconomia. Quanto à primeira, o branqueamento de capitais poderá provocar: uma irracionalidade das políticas dos sistemas financeiros, afectando a estabilidade das economias mais vulneráveis; uma instabilidade monetária devido às influências negativas que impendem sobre as taxas de juro e de câmbio, promovendo distorções no mercado e colocando em risco o desenvolvimento económico; uma descredibilização da praça financeira, pois este tipo de operações afasta quem investe com "transparência e respeito pelas regras e códigos de conduta estabelecidos"[1058]. Quanto à microeconomia, o branqueamento de capitais tem um efeito "extremamente negativo, originando situações de concorrência desleal e perturbando a circulação dos bens no mercado". Como afirma JUANA DEL CARPIO DELGADO, a licitude dos bens que circulam no mercado é um dos pressupostos essenciais ao seu bom funcionamento e à ordem socio-económica[1059].

O fluxo de fundos económicos é elevado, o que proporciona aos actores um desafogo financeiro, permitindo-lhes colocar os bens a um preço muito mais baixo e empreender políticas comerciais de difícil execução para a concorrência.

A livre circulação de mercadorias na União Europeia facilita a prática deste tipo de políticas comerciais, o que poderá pôr em causa toda a teleologia da UE e a sua sobrevivência no mercado internacional. A al. g) do n.º 1 do artigo 3.º do TUE determina que para que se alcancem os objectivos do art. 2.º do tratado, a acção da comunidade implica «um regime que garanta que a concorrência não seja falseada no mercado interno», cujas regras de concorrência se encontram prescritas no título VI, artigos 85.º e ss. do Tratado. O TUE proíbe a concorrência desleal, consignado-a como violação das normas do tratado. No plano social e, até jurídico, o usufruto de rendimentos adquiridos ilicitamente demonstra que o crime compensa, prescrevendo-se desta feita a queda dos fins do direito punitivo – a prevenção.

[1057] *Hoc sensu* N. BRANDÃO, *Branqueamento...*, p. 20 e ss..
[1058] *Idem*, p. 21.
[1059] JUANA DEL CARPIO DELGADO *apud* N. BRANDÃO, *Branqueamento...*, p. 22, nota 22.

O actor do crime sente-se seguro e, não sendo investigado, descoberto e punido, não desiste de uma prática que lhe permite usufruir de bens avultados, pois a sua reacção imediata será a de criar uma estrutura de acção com um investimento em meios humanos e materiais, arrastando consigo danos sociais incalculáveis. Mas, os efeitos sociais sentir-se-ão fortemente no plano político através da designada, por FARIA COSTA, "cultura da corrupção"[1060].

Os alicerces da democracia apodrecem, os seus pilares corroem e a sua estrutura desaba. O sentimento geral é de descrédito face à inexistência de desenvolvimento económico e à constatação de que *o dinheiro é que move o mundo* e não os valores, os princípios, as regras, as normas e códigos de conduta. A economia ilícita domina o mercado dos países mais pobres e em vias de desenvolvimento. Contudo, desta maleita sofrem outros países desenvolvidos, como a Itália[1061].

400. A livre circulação de pessoas e a livre prestação de serviços, pela sua natureza e incidência, devido à inexistência de controlo de fronteiras, são permeáveis à criação e ramificação de organizações criminosas poderosas, impossibilitando ou diminuindo as possibilidades de acesso a informações às entidades oficiais de cada Estado sobre a sua actividade.

Uma organização criminosa, que se estabeleça em vários países da Europa, com elementos operacionais conhecedores da actuação das polícias e da legislação, recheados de assessores jurídicos especializados nas ciências jurídico-económicas, exercerá a sua actividade de forma encapotada sem que aquelas entidades possam detectar a sua actividade.

A abertura de fronteiras a pessoas e a serviços facilita o desenvolvimento de actividades ilícitas, principalmente quando são desencadeadas por organizações com recursos humanos e materiais superiores aos de quem fiscaliza, investiga e julga: polícia e tribunais.

[1060] JOSÉ FARIA COSTA, "O branqueamento de capitais (algumas reflexões à luz do direito penal e da política criminal)", *in Boletim da Faculdade de Direito*, n.º 68, 1992, p. 67.
[1061] N. BRANDÃO, *Branqueamento...*, p. 23, nota 26, permitida e facilitada pelos políticos corrompidos pelas organizações mafiosas.

401. Face a uma realidade incontestável, em que uma chamada telefónica permite fazer explodir uma bomba ou em que uma tecla de computador consegue movimentar avultadas quantias monetárias a quilómetros de distância, passando de conta em conta até que, num país longínquo, todo o dinheiro é levantado e desaparece, a actuação das entidades responsáveis pelo cumprimento da lei – tribunais e polícia – mereceu uma nova posição face ao fenómeno da globalização do crime. Fenómeno este que acompanhou sempre a globalização económica, mas que hoje sobressai fortemente aos olhos do comum dos mortais.

A globalização do crime imprimiu necessariamente a 'globalização' da legislação, da justiça e, por maioria de razão, da actuação policial – segurança[1062]. Como exemplo paradigmático da cooperação internacional, apontamos a Estratégia das Nações Unidas na Luta Contra a Droga[1063] que consubstancia um compromisso formal dos Estados quanto a objectivos e metas[1064]. Destas se destaca o documento sobre branqueamento de capitais, no qual se evidencia o princípio da cooperação internacional e o princípio «conheça o seu cliente».

Princípios que devem nortear a actuação das instituições responsáveis pelo cumprimento da lei, pela preservação da ordem, da paz e da segurança públicas, pela prevenção e repressão criminal. O conhe-

---

[1062] NUNO SEVERIANO TEIXEIRA, *Contributos para a Política de Segurança Interna*, Edição do Ministério da Administração Interna, Lisboa, 2002, p. 15.

[1063] Aprovada na 20.ª Secção Especial da Assembleia Geral das Nações Unidas sobre Droga, em julho de 1998, cujo comité preparatório foi presidido por Portugal.

[1064] Objectivos e metas que se manifestam em seis documentos:
* a *Declaração de Princípios Orientadores Sobre a Redução da Procura;*
* o *Plano de Acção Contra a Produção Ilícita, Tráfico e Consumo de Estimulantes Tipo Anfetaminas e Seus Precursores*;
* um *documento referente ao «Controlo de Precursores»;*
* um *documento sobre «Medidas de Promoção e Cooperação Judiciária;*
* um *documento sobre Branqueamento de Capitais* (além da cooperação internacional, "consagra entre outros o princípio «Conheça o seu cliente» e a regra da notificação obrigatória de operações suspeitas");
* o *Plano de Acção Sobre Cooperação Internacional em Matéria de Erradicação e Desenvolvimento Alternativo;*

Com mais desenvolvimentos, o nosso *Consumo de Drogas – Reflexões Sobre o Novo Quadro Legal*, 2.ª Edição, Almedina, 2003, p. 58, nota 159 e AA, *Estratégia Nacional de Luta Contra a Droga*, in INCM, Lisboa, 1999, pp. 35 e ss..

cimento de cada um é mínimo e o vácuo entre a realidade e a informação recolhida é, muitas vezes, enorme, o que paralisa o homem e mata as instituições. Uma nova postura se impôs aos que investigam e procuram prevenir e reprimir o crime.

402. Desde o tratado de Roma que houve a preocupação de compensar as áreas fracas na prevenção e repressão do crime facilitado pela nova ordem europeia. O exercício das liberdades impõe segurança física, real e imaginária. A **segurança** que hoje se exige não se limita ao elemento de rua que protege os bens jurídicos essenciais ao desenvolvimento do Homem em comunidade – como a vida, a propriedade, a honra, a imagem, (etc.).

A sociedade exige algo mais. Sente-se ferida quando paga impostos e outros fogem, quando cumpre as regras e códigos de conduta e outros manipulam o mercado, quando cumprem as regras da concorrência e outros violam-nas diariamente. A credibilização das instituições mergulha em um pântano submergindo pelas areias movediças.

A *compensação* passa por criar *estratégias capazes – adequadas e idóneas – de diminuir e de eliminar redes organizadas do crime*, descobrindo-as e punindo-as de acordo com a legislação em vigor. Uma dessas estratégias passa por uma palavra chave: ***cooperação – judicial e policial***.

A cooperação é uma estratégia essencial à sobrevivência das instituições nacionais – cooperação interna – e das instituições internacionais – cooperação internacional. Quer uma, quer outra interligam-se e cruzam-se, cujo estudo se fará de seguida.

§ 103.º Resenha histórica

a. Quadro internacional

403. A cooperação policial internacional, ao longo de muitos anos, desenvolveu-se de forma mais ou menos espontânea e verificou-se na resolução de situações pontuais e específicas. Como referência de uma cooperação internacional mais sofisticada e organizada podemos apontar a INTERPOL[1065], que tem por missão assegurar e desenvolver a assistência recíproca a todas autoridades de polícia criminal de acordo com a legislação de cada país, mas sempre no respeito do espírito da DUDH e estabelecer e desenvolver institutos capazes de contribuir eficazmente para a prevenção e repressão da criminalidade[1066].

A troca de informações e o seu uso passivo – arquivo e documentação de informação – e activo – difusão de mensagens da procura de um suspeito para detenção, pedidos de identificação de pessoas e de cadáveres não identificados, aviso de saídas e entradas de pessoas suspeitas, pedido de procura da pessoas desaparecidas[1067] – preenchem o quadro essencial da sua actividade policial e de cooperação judicial.

404. A INTERPOL, em Portugal, encontra-se sediada na Polícia Judiciária Portuguesa em Lisboa. No Gabinete da INTERPOL encontram-se oficiais de ligação da PSP, da GNR e do SEF, para agilizar a cooperação horizontal entre as forças e serviços de segurança portugueses.

Podemos referir que um dos casos mais emblemáticos e chocantes em que a INTERPOL teve um papel crucial na recolha e tratamento das informações, foi o de pedofília. Pois, como sabemos, foram desenvolvidas várias operações em vários países do mundo quase em simultâneo, o que resultou em uma eficácia exemplar, demonstrando que a cooperação policial pode conduzir a uma sociedade onde o exercício de direitos, liberdades e garantias é a meta da polícia.

Da nossa vida operacional, podemos referir que foram alguns os mandados de detenção cumpridos quanto a indivíduos que eram procurados internacionalmente por crimes bárbaros, cujos pedidos e informações foram desenvolvidas pela INTERPOL.

b. Quadro europeu

405. O Tratado de Roma prescrevia a livre circulação dos agentes económicos (trabalhadores, prestadores de serviços ou aqueles que

---

[1065] Quanto à história da INTERPOL, C. CHEVALLIER-GOVERS, *De la Coopération...*, pp. 121 e 122.
[1066] Para melhor compreensão, veja-se o art. 2.º do estatuto da INTERPOL.
[1067] Para melhor desenvolvimento, CONSTANCE CHEVALLIER-GOVERS, *De la Coopération...*, pp. 122 e ss..

desejam estabelecer-se noutro Estado Membro), ou seja, "a livre circulação de pessoas era concebida de forma economicista"[1068].

Grande papel ficou reservado ao Tribunal Europeu das Comunidades Europeias, que, com a sua douta jurisprudência, alargou progressivamente o lote de beneficiários da liberdade de circulação – turistas, estudantes e reformados.

A supressão das fronteiras – concepção económica – obriga os Estados Membros a adoptarem medidas que compensem a fragilidade de controlo, fiscalização e investigação, de modo a que se destronem as ameaças constantes e reais da *transnacionalização da criminalidade*. A cooperação policial (de segurança) desenvolve-se espontaneamente e num plano informal, fora do quadro da construção comunitária, mas vectorizada para situações específicas[1069].

Nos anos 70, os Estados Membros das Comunidades Europeias sentem e reconhecem que a prevenção e luta contra a criminalidade internacional – tráfico de droga, de armas, terrorismo, contrabando, etc. – não podia circunscrever-se a uma actuação nacional, o que os conduziu à criação de um grupo de trabalho, sobejamente conhecido por Grupo TREVI, cujo escopo essencial era a cooperação intergovernamental nos campos da justiça e da segurança, orientada pelo Direito Internacional Clássico.

406. O Acto Único Europeu trouxe uma nova vida à cooperação europeia no âmbito da segurança. Sendo atribuído como objectivo a atingir até 31 de Dezembro de 1992 a supressão das fronteiras de modo a que se concretizasse a livre circulação de pessoas, mercadorias, serviços e capitais[1070]. Metas e objectivos que fragilizam a

---

[1068] NUNO SEVERIANO TEIXEIRA, "A União Europeia como Espaço de Liberdade, Segurança e Justiça", in *Contributos para a Política de Segurança Interna*, Edição do Ministério da Administração Interna, Lisboa, 2002, p. 82. Quanto à cooperação policial a nível da UE, PEDRO SOUSA, *Cooperação Policial na União Europeia – Equipas de Investigação Conjunta*, trabalho de Mestrado em Direito – Ciências Jurídico-Criminais – da Faculdade de Direito da Universidade de Coimbra, na Cadeira de Direito Penal Europeu, regida pela ilustre Prof.a ANABELA MIRANDA RODRIGUES.

[1069] *Hoc sensu* CONSTANCE CHEVALLIER-GOVERS, *De la Coopération...*, p. 117 e NUNO SEVERIANO TEIXEIRA, "A União Europeia...", in *Contributos...*, p. 83.

[1070] Cfr. o n.º 2 do art. 14.º (ex art. 7.º -A) do Tratado da Comunidade Europeia.

segurança, não só dos Estados Membros isoladamente, mas também no seu todo.

Apesar de nunca se ter chegado a um consenso no interior da Comunidade Europeia, esse sentimento de fragilidade conduziu os Estados Membros a tomarem medidas de compensação com a assinatura do Acordo de Schengen (1985) e com a sua Convenção de Aplicação (1990)[1071]. Contudo, como se depreende, segue-se uma cooperação intergovernamental e não comunitária.

Esta cooperação judicial e policial de natureza nacional e intergovernamental demonstra uma das fragilidades das instituições europeias, contradizendo-se estruturalmente face à teleologia da natureza comunitária da livre circulação e do espaço sem fronteiras[1072].

407. O Tratado de Maastrich (TM) consagrou a interligação entre a livre circulação e a segurança, pois, sem esta, aquela encontrava-se sempre ameaçada. A livre circulação não se pode confundir com imigração ilegal[1073], que arrasta consigo problemas sociais, culturais, económicos e políticos complexos – como por exemplo a sua integração na comunidade local, o fluxo de emprego e desemprego provocado por este tipo de imigração, a exploração de mão de obra, que quase nos arriscamos a designar de escravidão, a legislação de cada Estado Membro, as decisões políticas que muitas das vezes se afastam da realidade, provocando cenários de violência ou de discriminação – e, não menos, redes organizadas que se dedicam à exploração da miséria de seres humanos para angariarem avultadas somas de dinheiro à conta dos imigrantes ilegais –, pois já são famosos os julgamentos dos responsáveis pelas redes de imigração ilegal de Leste.

A cooperação, no domínio da Justiça e dos Assuntos Internos, foi erigida como o terceiro pilar da União Europeia pelo Título VI do

---

[1071] Sobre a cooperação no âmbito de Shengen , ROGÉRIO SOARES, "Cooperação Policial – Aspectos Práticos", **Projecto Grotius II**, *in Aquilafuente – Ediciones Universidad Salamanca*, n.º 40.º , pp. 421-438.

[1072] *Hoc sensu* NUNO SEVERIANO TEIXEIRA, "A União Europeia...", *in Contributos...*, p. 85.

[1073] Questão essencial discutida na cimeira de Sevilha em Junho de 2002 – no âmbito da Presidência Espanhola.

Tratado de Maastrich – *Disposições Relativas à Cooperação Policial e Judiciária em Matéria Penal* [1074] – [artigos 29.º e ss. (ex artigos K1 e ss.)].

No âmbito da **cooperação policial**, cria-se uma Unidade Europeia de Polícia – EUROPOL –, prescrevendo-se que a cooperação abarcava os seguintes domínios[1075]: *operacional* – desde a investigação, da recolha, armazenamento, tratamento, análise e intercâmbio de informações, até a operações materiais de intervenção e instalação de agentes de ligação – e *formação* – cursos de aperfeiçoamento e de especialização em áreas como a investigação criminal.

À EUROPOL caberia a coordenação e execução de investigações e de operações entre as várias polícias europeias de modo que se previna e reprima a criminalidade organizada, sendo-lhe, ainda, atribuída a função de criar «uma rede de investigação, documentação e estatística sobre a criminalidade transfonteiriça»[1076]. Contudo, como todos sabemos, as intenções arrastam-se pelos corredores das sedes, enquanto as mentalidades apenas olharem para o seu 'umbigo'.

408. Relembremos a real e verídica constatação crítica de JEAN ZIEGLER quanto às estruturas e às interdependências demasiado burocráticas das polícias a nível europeu, que afirma que a transnacionalidade do crime organizado, aponta como grande passo para uma luta eficiente contra esse mesmo crime a instituição de uma organização policial internacional "dotada de competência supranacional"[1077], uma vez que a Europol não passa de um "Eunuço"[1078], que tem como única arma o rato do computador[1079].

A cooperação abrangia outras plataformas, tais como as políticas de asilo e de imigração, da passagem e controlo de fronteiras externas, da luta contra a toxicodependência, da luta contra a fraude internacional, da cooperação judiciária civil e penal e, por maioria de razão, da

---

[1074] Redacção dada pelo Tratado de Amsterdão.
[1075] Cfr. art. 30.º (ex artigo K2) do TM com a redacção dada pelo TA.
[1076] Cfr. al. *d)* do n.º 2 do art. 30.º (ex art. K.2) do TM com redacção dada pelo TA.
[1077] JEAN ZIEGLER, *Os Senhores do Crime*, Terramar, Lisboa, pp. 215 e 214.
[1078] *Idem*, p. 215 e p. 214.
[1079] JURGEN STORBECK *apud* JEAN ZIEGLER, *Os Senhores...*, p. 214.

cooperação aduaneira. A cooperação informal é inserida no quadro comunitário, quer institucional, quer normativo, subjugado às metas e objectivos da Comunidade Europeia[1080].

A tomada de consciência de que não há qualidade de vida na Comunidade Europeia sem segurança e de que o quotidiano dos cidadãos é o resultado do exercício dos seus direitos e liberdades induz à consagração da segurança e justiça como pilar a desenvolver e a promover quer a nível de Estado individual quer em comunidade de Estados[1081].

409. O Terceiro Pilar da construção da União Europeia, tal a sua importância nos nossos dias, foi o cerne do debate da conferência Intergovernamental de 1996 que originou o Tratado de Amsterdão (TA), que consignou como um dos objectivos «a manutenção e desenvolvimento de uma União enquanto espaço de liberdade, de segurança e de justiça, em que seja assegurada ... *a* prevenção e *o* combate à criminalidade»[1082].

No âmbito da cooperação policial, prescrita no Titulo VI do TUE, o TA produziu significativas alterações, das quais se destacam:

i. a cooperação policial e judicial passou a abranger apenas a matéria penal;

ii. a previsão nítida da protecção ao cidadão da UE pela prevenção e combate da criminalidade, quer seja quer não seja organizada, incidindo aquelas principalmente sobre o terrorismo, o tráfico ilícito de droga e de armas, tráfico de seres humanos, crimes contra as crianças, corrupção e fraude[1083];

iii. a integração de Schengen na União Europeia, cujo acervo se repartiu entre o Primeiro e o Terceiro Pilar, permitindo aos Estados Membros vinculados uma cooperação democrática mais transparente e legítima e uma cooperação integrada no

---

[1080] *Hoc sensu* NUNO SEVERIANO TEIXEIRA, "A União Europeia...", *in Contributos...*, p. 87.

[1081] A insegurança provoca uma destruição das estruturas sociais, culturais, políticas e económicas, provoca desequilíbrios e, por conseguinte, a queda da democracia.

[1082] Cfr. art. 2.º do TA. Itálico nosso.

[1083] Cfr. art. 29.º do TA.

quadro institucional e normativo da Comunidade Europeia e do Terceiro Pilar;

iv. a previsão no Titulo IV do TCE – artigos 61.º a 69.º (ex artigos 73.º-I a 73.º-Q) – de medidas no domínio da cooperação policial e judicial em matéria penal, que permitam «assegurar um elevado nível de segurança através da prevenção e combate da criminalidade na União»[1084];

v. a previsão de uma EUROPOL mais eficiente e eficaz na prevenção e combate do crime, podendo mesmo coordenar e desenvolver acções operacionais[1085];

410. No âmbito do III Pilar, no âmbito da cooperação policial, poder-se-á referir e relevar o **mandado de detenção europeu**[1086] – Decisão Quadro n.º 2002/584/JAI, do Conselho, de 13 de Junho, aprovada pela Lei n.º 65/2003, de 13 de Agosto –, o **EUROJUST** – Lei n.º 36/2003, de 22 de Agosto, que estabelece normas de execução da decisão do Conselho da União Europeia que cria a EUROJUST, a fim de reforçar a luta contra as formas graves de criminalidade, e regula o estatuto e competências do respectivo membro nacional – Convenção Europeia que aprova as **Equipas de Investigação Conjunta** – Convenção Europeia do Auxílio Mútuo em Matéria Penal entre Estados-Membros na União Europeia, elaborada pelo Conselho no Âmbito do art. 34.º do TUE, aprovada em Bruxelas, a 29 de Maio de 2000[1087].

[1084] Cfr. al. *e)* do art. 61.º do TCE coma redacção do TA. Medidas estas que devem ser eficazes no combate à criminalidade transnacional. *Hoc sensu* NUNO SEVERIANO TEIXEIRA, *Op. Cit.*, p. 91.

[1085] Cfr. n.º 2 do art. 30.º (ex artigo K.3) do TM alterado pelo TA.

[1086] Quanto ao Mandado de Detenção Europeu, o nosso *Do Mandado de Detenção Europeu*, Almedina, Coimbra, 2006.

[1087] Cfr. Resolução da Assembleia da República n.º 63/2001, de 21 de Junho de 2001, publicada no DR, I- Série, n.º 240.º, de 16 de Outubro. Quanto às equipas de investigação conjunta, DQ n.º 2002/465/JAI, do Conselho de 13 de Junho, publicada no JO C 162 de 20/06/2002. Acresce que, em Livro Próprio, faremos um estudo aprofundado sobre a cooperação policial penal a nível europeu, destacando-se as equipas de investigação conjunta, o mandado de detenção europeu, o congelamento de bens e de provas, a providência de medidas processuais solicitadas pela entidade competente de outro Estado Membro.

A *história de cooperação policial a nível europeu* resume-se a uma caminhada *longa e meticulosa*, no sentido único de criar um **espaço mais livre, mais seguro e mais justo**, impulsionado pela consciência de que as liberdades de circulação de pessoas, mercadorias, serviços e capitais pode, caso não haja compensação, ser uma auto-estrada do crime, em especial do crime organizado.

§ 104.º Cooperação policial – classificações

411. A cooperação policial pode ser vista segundo vários vectores: o da estrutura, o do trabalho desenvolvido ao longo do tempo e o da natureza.

DEN BOER[1088], tendo em conta a *estrutura* generalista ou especialista da cooperação, classificava-a ou de bilateral, ou de intra-europeia, ou de intergovernamental ou de europeia geral. Para BIGO[1089], a diferenciação da cooperação emergia não só da natureza das *estruturas* policiais, mas também das estruturas convencionais – tratados – e das estruturas diplomáticas e políticas.

A classificação para BENYON[1090] assentava no *trabalho desenvolvido* pelos grupos de cooperação, podendo cifrar-se em três níveis distintos: macro – aquela que emergia de «acordos jurídicos constitucionais e internacionais»; médio – emergente das «estruturas da organização das polícias, dos procedimentos e práticas policiais»; e micro – consignando a prevenção e detecção de crimes particulares e das questões da criminalidade.

MONET[1091] considerava que a cooperação policial varia conforme a origem da sua *natureza* – política, técnica e operacional.

A posição de CONSTANCE CHEVALLIER-GOVERS[1092] assenta na ideia de uma classificação de cooperação policial própria e material: de troca de informações; de instâncias de concertação e de comunicação;

[1088] DEN BOER *apud* CONSTANCE CHEVALLIER-GOVERS, *De la Coopération...*, p. 119.
[1089] *Ibidem*.
[1090] *Ibidem*.
[1091] *Idem*, pp. 119 e 120.
[1092] *Ibidem*.

de elaboração de projectos em conjunto; de coordenação; e de tipo polícia federal. Contudo, CONSTANCE CHEVALLIER-GOVERS[1093] defende que a cooperação deve-se diferenciar segundo a cooperação interpolicial e intergovernamental. Quanto à primeira, a autora fala da INTERPOL, dos acordos interpoliciais regionais – principalmente entre Estados vizinhos e os grupos de trabalho especializados [de um lado os clubs interpoliciais – o clube de Berne, o Grupo de Trabalho sobre Terrorismo (PWGOT), o Grupo Cross Channel, o Ständige Arbeitsgruppe Rauschgift (STAR)[1094] – e grupos de trabalho estritamente policial – cooperação entre polícias e cooperação aduaneira].

Quanto à cooperação intergovernamental, aborda as *estruturas informais de cooperação policial* – Grupos de Luta contra o Terrorismo (o Clube de Viena e o Grupo Quântico) e o Grupo Pompidou sobre a Luta contra o Tráfico de Estupefacientes –, as *estruturas formais de cooperação* – a Cooperação Formal no Quadro do Conselho da Europa (reflexão e cooperação em matéria penal, de protecção dos direitos das pessoa detidas e das violações das liberdades individuais), Cooperação Formal entre os Estados Membros da Comunidade (Grupo TREVI) e outra Cooperação Formal (os Acordos de Schengen).

412. A cooperação policial internacional, assim como europeia, depende do **objecto, dos sujeitos, das relações estabelecidas, do método e da sua natureza**. A cooperação depende, também, do **grau e do carácter da reciprocidade** em que é desenvolvida.

Defendemos que só se deve considerar como cooperação quando a actuação policial de cooperação reveste um carácter recíproco ou mútuo, caso contrário, estaremos em uma situação de ajuda na resolução de um caso específico e pontual.

§ 105.º Da cooperação interna

413. Falar de cooperação policial onera-nos no estudo da cooperação policial no plano interno de Portugal, cujo modelo policial é de

---
[1093] *Idem,* pp. 120 e ss..
[1094] Grupo de Trabalho Permanente sobre Droga.

tipo napoleónico – não tem uma só polícia como acontece no modelo policial nacional – o que implica uma cooperação (colaboração) entre as diversas polícias em sentido orgânico e formal e, posteriormente, a empreitada onera-nos no estudo da cooperação policial internacional – cenário em que se move o crime.

As polícias em Portugal, como característica de agravo, não são tuteladas pelo mesmo Ministério: enquanto que a tutela da Polícia Judiciária cabe ao Ministério da Justiça; a tutela da Polícia de Segurança Pública, da Guarda Nacional Republicana[1095] e do Serviço de Estrangeiros e Fronteiras cabe ao Ministério da Administração Interna. Dois Ministérios e dois Ministros, o que arrasta sempre questões complexas quer na coordenação, quer na execução das atribuições e competências de cada Polícia.

Como propósito, temos a analise da cooperação policial interna quer vertical quer horizontal. Quanto à primeira, exploraremos a co-operação entre as polícias e o poder político, entre as polícias e os órgãos judiciais, no que respeita à segunda, exploraremos a cooperação entre as várias polícias.

a. Da cooperação policial interna vertical

414. A cooperação policial não se esgota nas relações entre as várias polícias. À Polícia, como defensora da legalidade democrática e garante da segurança interna e dos direitos dos cidadãos – art. 272.º, n.º 1 da CRP – impende **o dever de cooperar com todas as instituições**, em especial com os órgãos de soberania nacional, na prossecução da sua função, cujo escopo se encontra amalgamado nas tarefas fundamentais do Estado – conforme als. *b), c), d)* e *h)* do art. 9.º da CRP.

[1095] Quanto à **Guarda Nacional Republicana** existe uma dupla tutela, como se depreende do artigo 2.º da LOGNR: do Ministro responsável pela área da Administração Interna e, em casos excepcionais [estado de sítio e de emergência] do Ministro responsável pela área da Defesa Nacional, por meio da sua subordinação operacional ao Chefe do Estado-Maior-General das Forças Armadas. Quanto à uniformização, à normalização da doutrina militar, ao armamento e ao equipamento a utilizar e a seguir pela GNR, nos quadros constitucionais de excepção (art. 19.º), a GNR fica na dependência do membro do Governo responsável pela defesa nacional.

Capítulo XI – Cooperação Policial

À cooperação vertical é, tacitamente, imposta à polícia pela sua relação para com a Tutela, ou seja, à Polícia cabe desenvolver e executar as políticas de segurança *lato sensu* e *stricto sensu*, consagradas anualmente nas Grandes Opções do Plano, assim como as prescritas no Programa de Governo. O dever de cooperação de que falamos é um **dever de Estado**, o que a obriga *a não executar cegamente essas directrizes*. Pois, se uma dessas opções ou políticas colocar em risco a própria sociedade ou sectores desta, defendemos que cabe à Polícia, no respeito pelos princípios do interesse público e do respeito pelos interesses legalmente protegidos dos cidadãos, da legalidade, da justiça, da proporcionalidade, da imparcialidade e da boa-fé, o dever de alertar o poder político das consequências da execução dessas opções ou políticas.

Na esteira de MONET, a cooperação vertical, de que falamos, tem fundamentalmente uma **natureza de nível político**. Apesar de ser imposta pela própria realização da democracia participativa e pelo seu fim – sociedade livre, solidária e justa –, esta cooperação insere-se nos princípios de exercício da tutela ministerial.

415. A cooperação vertical verifica-se, também, no quadro interno português face aos tribunais[1096], conforme se consagra no n.º 3 do art. 202.º da CRP: "No exercício das suas funções os tribunais têm direito à *coadjuvação* das outras autoridades". Esta cooperação verifica-se essencialmente no âmbito penal, como havemos de verificar, materializando-se na pessoa do Juiz ou do Procurador da República.

Se aos tribunais[1097] cabe *administrar a justiça em nome do povo* e, nessa administração, *reprimir a violação da legalidade democrática*, tendo *direito à coadjuvação de outras autoridades*, à Polícia como operador necessário à realização da justiça incumbe levar a cabo todas as providências para que se realize o direito.

No que concerne à cooperação prestada pela Polícia, como OPC, ao Juiz, o CPP prescreve que no decurso da instrução o juiz é *assistido pelos órgãos de polícia criminal, ex vi* n.º 1 do art. 288.º. Aos órgãos

---

[1096] Cfr. n.º 1 do art. 110.º da CRP.
[1097] Cfr. n.ºˢ 1, 2 e 3 do art. 202.º da CRP.

de polícia criminal cabe "levar a cabo quaisquer actos ordenados por uma autoridade judiciária", *ex vi* al. *c)* do n.º 1 do art. 1.º do CPP, podendo esta ser o juiz, o juiz de instrução ou o Ministério Público, conforme al. *b)* do n.º 1 do art. 1.º do CPP.

Todavia, o CPP não utiliza a palavra 'cooperação', mas *coadjuvação* ou o verbo *coadjuvar* com o sentido de dever de cooperar. Como se pode verificar no n.º 1 do art. 55.º do CPP: "compete aos órgãos de polícia criminal *coadjuvar*[1098] as autoridades judiciárias com vista à realização das finalidades do processo" crime. Esta nossa posição é reforçada pelas leis orgânicas de cada polícia – n.º 2 do art. 11.º e al. *l)* do n.º 2 do art. 3.º da LOPSP; al. *e)* do n.º 1 do art. 3.º, art. 12.º e art. 13.º da LOGNR; art. 2.º e art. 3.º da LOPJ; n.º 2 do art. 1.º da LOSEF.

Na relação com o MP, os OPC assistem-no ao longo do inquérito, cabendo àquele a direcção do mesmo, devendo aqueles actuar *sob a directa orientação do* MP *e na sua dependência funcional*, conforme prescreve o art. 263.º do CPP.

A cooperação ou coadjuvação dos OPC pode passar pela iniciativa própria[1099] – aquisição da notícia do crime, impedimento das suas consequências, descoberta dos seus agentes, prática de actos necessários e urgentes destinados a assegurar os meios de prova – ou por determinação do MP[1100] – o procedimento de diligências e investigações relativas ao inquérito –, contribuindo para que se descubra a verdade e se realize o direito.

Acresce que a cooperação vertical se estenda ao JIC – na fase da instrução –, nos termos dos artigos 288.º, n.º 1 do CPP, e ao Juiz em sede de julgamento, principalmente para produção de prova nos termos do art. 340.º do CPP.

[1098] Itálico nosso.

[1099] Cfr. n.º 2 do art. 55.º do CPP. São as designadas *medidas cautelares e de polícia* ditadas pelo Cap. II, do Título I, do Livro VI, do CPP. Vide art. 3.º , n.os 1, 2 e 3 da L n.º 21/2000, de 10 de Agosto – LOIC. Quanto às medidas cautelares e de polícia, o nosso *Processo Penal* – Tomo I, 2.ª Edição, Almedina, Coimbra, 2004, pp. 289-306 e *supra* Capítulo VIII.

[1100] Cfr. n.º 2 do art. 264.º e n.os 1 e 3 do art. 270.º do CPP.

416. A cooperação vertical face aos tribunais – maxime AJ – está consignada nas várias leis orgânicas das várias polícias:

i. da **Lei Orgânica da Polícia Judiciária**[1101] (LOPJ) retira-se que a Polícia Judiciária "*coadjuva* as autoridades judiciárias em processos relativos a crimes cuja investigação lhe incumba realizar ou quando se afigure necessária a prática de actos que antecedem o julgamento e que requerem conhecimentos ou meios técnicos especiais", actuando "no processo sob a *direcção das autoridades judiciárias e na sua dependência funcional*, sem prejuízo da respectiva organização hierárquica", conforme art. 3.º, e ainda, "está sujeita ao dever de cooperação nos termos da lei", *ex vi* n.º 1 do art. 6.º. da LOPJ[1102];

ii. da **Lei Orgânica da Polícia de Segurança Pública**[1103] (LOPSP), retira-se que, como força de segurança com a natureza de serviço público [n.º 1 do art. 1.º], incumbe-lhe «desenvolver as acções de investigação (...) que lhe estejam atribuídas por lei, delegadas pelas autoridades judiciárias», *ex vi* da al. *e)* do n.º 2 do art. 2.º, em especial e, enquanto órgão de polícia criminal, o pessoal da PSP «actua sob a *direcção e na dependência funcional da autoridade judiciária competente*», *ex vi* n.º 2 do art. 11.º da LOPSP[1104]. Cabe à PSP, como dever geral, cooperar com as autoridades públicas, onde se enquadram os tribunais, conforme n.º 1 do art. 6.º da LOPSP.

iii. da **Lei Orgânica da Guarda Nacional Republicana**[1105] (LOGNR), retira-se que, como força de segurança, deve «desenvolver as acções de investigação criminal (...) que lhe sejam atribuídas por lei, delegadas pelas autoridades judiciárias», *ex vi*

[1101] Aprovada pela Lei n.º 37/2008, de 6 de Agosto, que revogou o DL n.º 275--A/2000, de 9 de Novembro, alterada pela Lei n.º 103/2001, de 25 de Agosto e pelo DL n.º 304/2002, de 13 de Dezembro, DL n.º 43/2003, de 13 de Março.

[1102] Itálicos nossos.

[1103] Aprovada pela Lei n.º 53/2007, de 31 de Agosto, que revogou a Lei n.º 5/99, de 27 de Janeiro.

[1104] Itálicos nossos.

[1105] Aprovada pela Lei n.º 63/2007, de 6 de Novembro, que revogou o Decreto--Lei n.º 231/93, de 26 de Junho, alterado pelo DL n.º 298/94, de 24 de Novembro.

al. *e)* do n.º 1 do art. 3.º, *"realizar quaisquer actos ordenados por uma autoridade judiciária ou determinados por aquele Código"*, *ex vi* al. *b)* do n.º 1 do art. 12.º, e, no exercício da função, como órgão de polícia criminal, os militares da Guarda «*actuam sob a direcção e na dependência funcional da autoridade judiciária*, competentes», *ex vi* n.º 2 do art. 12.º da LOGNR[1106]. Cabe à GNR, em termos gerais, cooperar com os serviços públicos, onde se enquadram os tribunais, conforme se retira do n.º 1 do art. 6.º da LOGNR;

iv. da Lei de Organização e Funcionamento do Serviço de Estrangeiros e Fronteiras[1107] (LOSEF), retira-se que, como serviço de segurança [n.º 1 do art. 1.º] e "enquanto órgão de polícia criminal, o SEF actua no processo, nos termos da lei processual penal, *sob a direcção e em dependência funcional da autoridade judiciária competente*, realizando as acções determinadas e os actos delegados pela referida autoridade", *ex vi* n.º 2 do art. 1.º da LOSEF[1108].

Summo rigore, à polícia, enquanto órgãos de polícia criminal, incumbe o dever de coadjuvar – cooperar – com os tribunais, *maxime* autoridades judiciárias: Ministério Público, Juiz de Instrução Criminal e Juiz.

b. Da cooperação interna horizontal

417. A cooperação interna pode e deve desenvolver-se horizontalmente, ou seja, entre os vários serviços de polícia. A nossa ingenuidade não desconhece as 'desavenças' e os atritos normais do serviço entre as várias polícias. Não são poucas as vezes em que uma operação de tráfico de droga desenvolvida pela PSP ou GNR faz surgir algum mal estar a elementos da PJ. Sejamos justos em reconhecer que, amiúde, algumas operações inopinadas da PSP ou da GNR

[1106] Itálicos nossos.
[1107] Aprovada pelo DL n.º 252/2000, de 16 de Outubro.
[1108] Itálicos nossos

podem conduzir ao desfecho incompleto e malogrado de uma investigação que, há muito, a PJ desenvolvia.

As Leis Orgânicas das forças e serviços de segurança determinam as atribuições e competências específicas inerentes a cada instituição policial, a par das atribuições e competências genéricas, mas o conflito existe e persiste.

A LOPJ estipula que a PJ *está sujeita ao dever de cooperação nos termos da lei* – n.º 1 do art. 6.º. O legislador, na nossa opinião, quis subjugar a PJ à cooperação derivada da sua LO, do CPP e da Lei de Organização da Investigação Criminal (LOIC), aprovada pela Lei n.º 49/2009, de 27 de Agosto, que revogou a Lei n.º 21/2000, de 10 de Agosto[1109].

Da LOIC destaca-se a concepção de investigação criminal – art. 1.º[1110] –, as regras quanto à direcção da investigação criminal – art. 2.º –, a especificação os OPC de competência genérica – PJ, GNR, PSP – e de competência específica – art. 3.º –, a estipulação da competência reservada da PJ em matéria de investigação criminal – art. 7.º – e a competência genérica da PSP e da GNR – art. 6.º –, o **dever de cooperação** – art. 10.º[1111] –, a criação e definição das funções do conselho coordenador dos OPC – artigos 13.º e 14.º –, os sistemas de coordenação – art. 15.º –, as competências do Procurador-Geral da República – art. 16.º.

[1109] A primeira LOIC, aprovada pela Lei n.º 21/2000, de 10 de Agosto, mais do que harmonizar e organizar a investigação criminal, apresentou-se como uma solução política para apaziguamento entre os Ministros da Justiça (MJ) e o Ministro da Administração Interna (MAI) – pois, dois crimes muito badalados na imprensa nacional ditaram a LOIC. O lançamento de gás numa discoteca em que morreram 7 pessoas e um roubo com armas de fogo a uma artista famosa da televisão portuguesa, baralhou as atribuições de investigação entre a PSP – tutelada pelo MAI – e a PJ – tutelada pelo MJ. Polémica que legitimou os defensores do modelo nacional de polícia a afirmarem que as polícias deviam estar sob a tutela de um só Ministério e centralizadas numa única direcção nacional.

[1110] Como já o havíamos dito, somos da opinião que a definição do legislador é infeliz. Conferir os nossos *Regime Jurídico da Investigação Criminal Comentado e Anotado*, 2.ª edição, Almedina, Coimbra, pp. 51-58 e *O Novo Regime Jurídico do Agente Infiltrado Anotado e Comentado*, (em co-autoria com FERNANDO GONÇALVES e MANUEL J. ALVES), Almedina, Coimbra, 2001, p. 29.

[1111] Quanto à análise deste preceito *supra* § 85.º.

418. A LOIC consagrou o ***princípio da cooperação mútua*** no exercício das atribuições de cada polícia, que pressupõe, por um lado, a troca de dados e de informações entre os OPC sobre os vários crimes sempre que uma das polícias o solicite ou seja da sua competência específica de investigação e, por outro, o dever que recai nos OPC de comunicarem ao outro OPC "os factos de que tenham conhecimento relativos à preparação e execução de crimes para cuja investigação não sejam competentes, apenas podendo praticar, até à sua intervenção, os actos cautelares e urgentes para obstar à sua consumação e assegurar os meios de prova", *ex vi* n.º 2 art. 10.º. Podemos, aqui, falar de cooperação material ou instrumental promovida no plano operacional da POLÍCIA.

O art. 6.º, n.º 1, da LOPJ impõe à PJ a sua cooperação para com as outras entidades, assim como o n.º 2 impõe às outras entidades públicas e privadas o dever de cooperar com a PJ sempre que esta o solicitasse.

Do mesmo modo o n.º 1 do art. 6.º da LOPSP prescreve que à PSP incumbe cooperar com as demais forças e serviços de segurança, assim como «prevenir a criminalidade geral, em coordenação com as demais forças e serviços de segurança», *ex vi* al. *c)* do n.º 2 do art. 3.º da LOPSP[1112].

A LOSEF, no seu art. 5.º, não só consagra o *princípio da cooperação mútua*, em especial na prevenção e investigação criminal, como também onera os outros serviços públicos – como as polícias – no dever de prestarem a colaboração que seja solicitada pelo SEF. No âmbito da fiscalização e controlo da circulação de pessoas, o SEF não só coordena a «cooperação entre as forças e serviços de segurança nacionais e de outros países em matéria de circulação de pessoas, do controlo de estrangeiros e da investigação dos crimes de auxílio à imigração ilegal e outros com eles conexos», nos termos da al. *v)* do

---

[1112] A LOPSP de 1999 atribuia à PSP competência para prevenir a criminalidade organizada e o terrorismo em coordenação com os demais serviços de segurança, *ex vi* da al. *d)* do n.º 2 do art. 2.º da Lei n.º 5/99, de 27 de Janeiro. A opção legislativa da al. *c)* do n.º 2 do art. 3.º da LOPSP actual é mais adequada com as finalidades da polícia, muito em especial a finalidade/função de prevenção de crimes, consagrada no n.º 3 do art. 272.º da CRP.

n.º 1 do art. 2.º da LOFSEF, como também assegura «a realização de controlos móveis e de operações conjuntas com serviços ou forças de segurança congéneres, nacionais e espanholas» e procede «à investigação dos crimes de auxílio à imigração ilegal», bem como investiga «outros com ele conexos, sem prejuízo da competência de outras entidades», nos termos das als. *f)* e *g)* do n.º 2 do mesmo preceito.

Na LOGNR, como na LOPSP, está expressamente ditada, como missão da GNR, cooperar com as demais forças e serviços de segurança, conforme n.º 1 do art. 6.º da LOGNR, assim como a prevenção da criminalidade em geral deverá ser prosseguida em coordenação com as demais forças e serviços de segurança, por força da al. *c)* do n.º 1 do art. 3.º da LOGNR.

419. A coordenação das forças e serviços de segurança quer no quadro da segurança interna quer no quadro da investigação criminal cabe ao Secretário-Geral do Sistema de Segurança Interna, conforme artigos 15.º e 16.º da LSI e art. 15.º da LOIC. As forças e serviços de segurança encontram-se num mesmo plano de igualdade, actuando e cooperando dentro das suas competências.

No que respeita à coordenação dos órgãos de polícia criminal por parte do Conselho Coordenador, assim como no que respeita à composição do Conselho e às suas competências e à coordenação dos OPC num quadro operacional pelo Secretário-Geral do Sistema de Segurança Interna, cujo regime se encontra previsto nos artigos 13.º, 14.º e 15.º da LOIC, mantemos as posições defendidas no § 85.º. Do mesmo modo mantemos as considerações expressas por nós no § 83.º quanto ao sistema integrado de informações.

§ 106.º Da cooperação policial internacional em matéria penal

420. No âmbito da Lei Cooperação Judiciária Internacional em Matéria Penal (LCJIMP), aprovada pela Lei n.º 144/99, de 31 de Agosto, e da Convenção das Nações Unidas contra o Criminalidade Organizada Transnacional (CNUCOT), aprovada pela Resolução da Assembleia da República n.º 32/2004, de 12 de Fevereiro de 2004, e ratificada por Decreto do Presidente da República, de 17 de Março de 2004[1113], a actuação da polícia pode ser de extrema importância, principalmente no âmbito da actividade investigatória da polícia, que, como temos vindo a defender, é o motor de arranque do processo crime[1114], dependendo este muito dos indícios probatórios carreados para o processo pelos OPC.

A actividade da polícia no âmbito da prevenção e repressão penal situa-se, face ao poder judicial, em uma cooperação interna vertical. Não será diferente na cooperação policial internacional em matéria penal, sendo esta exercida, muitas vezes, de forma indirecta ou por passar por um organismo governamental e depois segue para o OPC com competência na matéria ou por depender de um acto desenvolvido e preconcebido por parte da autoridade judiciária – como acontece com LCJIMP.

A cooperação policial internacional em matéria penal é, desta feita, deferida e não directa. Como exemplo da cooperação policial directa, apontamos o prescrito no art. 39.º da Convenção de Aplicação do Acordo de Schengen (CAAS): os serviços de polícia dos estados contratantes, de acordo com a legislação nacional e desde que o pedido não esteja reservado a uma pré-decisão judiciária – como no caso da LCJIMP –, podem prestar assistência directa para efeitos de prevenção e investigação de factos puníveis.

A cooperação policial internacional no âmbito da LCJIMP limita-se a actos e diligências determinadas pela autoridade judiciária, em especial pelo MP. Só existe cooperação policial internacional directa nos casos de **medidas provisórias urgentes:** «as *autoridades judiciárias estrangeiras podem **comunicar directamente** com* as autoridades judiciárias portuguesas, ou por intermédio da Organização Internacional de Polícia Criminal – INTERPOL ou de *órgãos centrais competentes para a **cooperação policial internacional*** designados para o efeito, para solicitarem a ***adopção de uma medida cautelar*** ou para a ***prática de um acto que não admita demora***, expondo os motivos da

---

[1113] Publicado no DR n.º 79, I Série –A, do dia 2 de Abril de 2004.

[1114] Quanto a este assunto o nosso estudo "A investigação criminal como motor de arranque do processo penal", in Revista Polícia Portuguesa, Ano XLIII, n.º 122, MAR/ABR, 2000, pp. 4 e ss.

urgência e observando os requisitos referidos no artigo 23.º» [n.º 1 do art. 29.º da LCJIMP] e o «*pedido* é transmitido por *via postal, electrónica* ou *telegráfica* ou por qualquer *outro meio* que permita o seu *registo* por escrito e que seja admitido pela lei portuguesa» [n.º 2 do art. art. 29.º da LCJIMP][1115].

Na mesma linha de cooperação ou de auxílio judiciário, os n.ᵒˢ 4 e 5 do art. 18.º da CNUCOT[1116] estipulam medidas preventivas, *i. e.*, sem que tenha existido pedido prévio de auxílio: «as autoridades competentes de um Estado Parte poderão, *sem pedido prévio, comunicar informações relativas a questões penais a uma autoridade competente de outro Estado Parte*, se considerarem que estas informações poderão *contribuir para que ela proceda ou conclua com êxito investigações e processos penais*, ou *permitir* a este último Estado Parte formular um *pedido* ao abrigo da presente Convenção», devendo a comunicação das informações ser «efectuada sem prejuízo das investigações e dos processos penais no Estado cujas autoridades competentes fornecem as informações», devendo aquelas «satisfazer qualquer pedido no sentido de manter confidenciais as referidas informações, mesmo que temporariamente, ou de restringir a sua utilização», sem que se impeça receber «informações que ilibem o arguido».

421. No âmbito da **extradição**[1117] – "o mais antigo e tradicional ins-trumento de cooperação internacional", como denota a história de Sansão, detido pelos homens de Judá e entregue aos filisteus[1118] ou a reivindicação dos benjamitas, filhos da tribo de Benjamim, por suspeita da violação e morte da mulher de um levita da cidade

---

[1115] Itálicos e negrito nossos.

[1116] Quanto a um estudo aprofundado da CNUCOT, MARIO GOMES DIAS, "A Convenção das Nações Unidas Contra a Criminalidade Organizada Transnacional e os Protocolos Adicionais Contra o Tráfico de Pessoas e Contra o Tráfico de Migrantes", *in Estudos de Homenagem ao Professor Doutor Germano Marques da Silva*, Almedina, Coimbra, 2004, pp. 107-131.

[1117] Quanto ao regime jurídico da extradição, MÁRIO MENDES SERRANO, "Extradição", *in Cooperação Internacional Penal*, Centro Estudos Judiciários, Lisboa, 2000, pp. 15-112. Quanto à evolução do regime do instituto de extradição, o nosso *Do Mandado de Detenção...*, pp. 141-163.

[1118] Juízes, 15, 9-14.

de Gabaa[1119-1120] –, às autoridades de polícia criminal é lícito "efectuar a detenção de indivíduos que, segundo informações oficiais, designadamente da INTERPOL, sejam procurados por autoridades competentes estrangeiras para efeito de procedimento ou de cumprimento de pena por factos que notoriamente justifiquem a extradição", *ex vi* art. 39.º da LCJIMP, devendo a autoridade que efectuar uma detenção apresentar "o detido ao Ministério Público junto do tribunal da Relação em cuja área a detenção foi efectuada, para aí promover a audição judicial daquele, nos termos do n.º 2 do artigo 62.º", *ex vi* n.º 1 do art. 64.º da LCJIMP. Podemos afirmar que, neste ponto, também se verifica quase uma cooperação directa, mas não tanto quanto a prevista no art. 29.º.

No decurso do processo, se for entregue o Mandado de detenção ao MP, este irá solicitar os serviços dos OPC para se executar o mandado – cooperação indirecta. A autoridade judiciária detentora do processo de extradição pode ter necessidade de informações complementares, sendo as mesmas solicitadas aos OPC que irão efectuar vigilâncias ao extraditando – conforme n.ºs 3 e 4 do art. 51.º da LCJIMP.

Detido o extraditando[1121], a autoridade que a efectuar "comunica-a de imediato, pela via mais expedita e que permita o registo por

---

[1119] Juízes, 20, 11-14.

[1120] Vejam-se os acordos entre RAMSÉS II do Egipto e HATTUSCHILI II de CHETTA, Rei dos Hititas e as relações entre as cidades-Estado da antiga Grécia. Cfr. MÁRIO MENDES SERRANO, "Extradição", in *Cooperação Internacional...*, p. 16.

[1121] Quanto aos *limites imanentes* ao provimento da extradição destacam-se os consagrados nos n.ºs 1, 3, 4, 5 e 6 do art. 33.º da CRP: ser cidadão português, só com observância do princípio da reciprocidade e para determinadas categorias de crimes – terrorismo e criminalidade internacional organizada – e com garantias de um processo justo e equitativo, garantias de não aplicação de pena perpétua e pena de morte, mesmo que para aquele tipo de crime haja estas penas em abstracto, não ser por crime por motivos políticos, só por decretação por AJ. Acresce a este lote de limites os previstos no n.º 9 do art. 18.º da CNUCOT – princípio da dupla incriminação – e do n.º 21.º do art. 18.º da CNUCOT – incumprimento de formalidades, ofensa à soberania nacional e à segurança interna, proibição pelo direito interno do acto solicitado, contrariação do sistema jurídico português – nos casos específicos do art. 16.º da mesma Convenção. Quanto a este assunto, GOMES CANOTILHO e VITAL MOREIRA, *Constituição da República Portuguesa Anotada*, 3.ª Edição, Coimbra Editora, 1993, pp. 209--211 e ALEXANDRE SOUSA PINHEIRO e MÁRIO JOÃO DE BRITO FERNANDES, *Comentário à*

escrito, ao Ministério Público junto do tribunal da Relação competente", sendo o "extraditando apresentado ao Ministério Público, juntamente com as coisas que lhe forem apreendidas, para audição pessoal no prazo máximo de quarenta e oito horas após a detenção"– conforme n.os 1 e 2 do art. 53.º da LCJIMP.

Procedimento idêntico deverá ser prosseguido quando a detenção se efectua de forma provisória, conforme n.os 1 e 2 do art. 62.º da LCJIMP. Nesta linha de orientação, o art. 16.º da CNUCOT estipula o quadro orientador da extradição para os crimes prescritos nos artigos 5.º – participação num grupo criminoso –, 6.º – branqueamento do produto do crime – art. 8.º – corrupção –, art. 23.º – obstrução à justiça – e al. b) do art. 2.º – infracções graves.

A par da extradição, a CNUCOT prescreve a «transferência para o seu território de pessoas condenadas a penas de prisão ou outras penas privativas de liberdade decorrentes da prática de qualquer infracção prevista na presente Convenção, para que aí cumpram o resto da pena» – nos termos do art. 17.º.

A extradição, dentro da União, foi afastada com a aplicação da Decisão Quadro n.º 2002/584/JAI, do Conselho, de 13 de Junho, aprovada pela Lei n.º 65/2003, de 13 de Agosto, que institui o Mandado de Detenção Europeu[1122].

422. Caso a detenção se verifique no âmbito da CAAS – devido às informações existentes no Sistema de Informações de Schengen (SIS) – a autoridade deverá apresentar o detido ao MP junto do tribunal da Relação, devendo a apresentação da pessoa detida ser "acompanhada dos elementos disponíveis que lhe digam respeito, referidos no n.º 2 do artigo 95.º da Convenção de Aplicação do Acordo de Schengen, nomeadamente: a indicação da autoridade donde provém o pedido de detenção; a existência de mandado de detenção ou acto de carácter análogo, ou de sentença condenatória; a natureza e qualificação

---

IV Revisão Constitucional, AAFDL, Lisboa, 1999, PP. 130-134, JOSÉ MANUEL DAMIÃO DA CUNHA, "Art. 33.º da CRP – Expulsão, Extradição e Direito de Asilo", *in Constituição Portuguesa Anotada*, (Coord. JORGE MIRANDA e RUI MEDEIROS), Coimbra Editora, 2005, Tomo I, pp. 364-370.

[1122] Quanto ao regime jurídico, o nosso *Do Mandado de Detenção...*, 2006.

legal da infracção; a descrição das circunstâncias em que a infracção foi cometida, e as consequências jurídicas da infracção", conforme n.ºs 1 e 2 do art. 77.º da LCJIMP.

Caso a pessoa reclamada seja "localizada e detida no seu território é de imediato transmitido pelo Gabinete Nacional SIRENE ao tribunal que emitiu o mandado e à Procuradoria-Geral da República, com vista à formalização do pedido de extradição", conforme n.º 2 do art. 78.º da LCJIMP.

423. Quanto à *transmissão de processos penais*, os OPC poderão coadjuvar o juiz na prática dos actos necessários à continuação do processo, conjugando-se a al. *b)* do art. 84.º da LCJIMP com o art.º 288.º do CPP.

Neste sentido, o art. 21.º da CNUCOT estipula que os Estados Partes devem «*transferir mutuamente os processos* relativos a uma infracção prevista na presente Convenção, nos casos em que esta transferência seja considerada necessária no interesse da boa administração da justiça e, em especial, quando estejam envolvidas várias jurisdições, a fim de centralizar a instrução dos processos».

424. No que respeita à *execução de sentenças*, os OPC podem cooperar com a autoridade judiciária, conduzindo o detido ou preso, executando o designado mandado de condução, n.º 1 do art. 102.º da LCJIMP.

O cumprimento das *medidas de coacção* impostas ao arguido no processo[1123], como a apresentação na esquadra mais próxima – art. 198.º do CPP –, suspensão do exercício de funções, de profissão e de direitos – art. 199.º do CPP –, proibição de permanência, de ausência e de contactos – art. 200.º do CPP –, a prisão domiciliária – art. 201.º do CPP –, cabendo aos OPC fiscalizarem e informarem a autoridade judiciária competente, é uma manifestação de cooperação policial internacional indirecta, que a CNUCOT também prescreve – n.º 3, em especial a al. *i)*, do art. 18.º.

[1123] Cfr. art. 111.º da LCJIMP e artigos 191.º e ss. do CPP.

425. No âmbito *auxílio judiciário mútuo em matéria penal* previsto no artigos 145.º e ss. da LCJIMP, a polícia poderá, também, desenvolver uma **cooperação internacional directa**.

Nos termos dos n.ᵒˢ 1 e 2 do art. 145.º da LCJIMP, o **auxílio** «compreende a comunicação de informações, de actos processuais e de outros actos públicos admitidos pelo direito português, quando se afigurarem necessários à realização das finalidades do processo, bem como os actos necessários à apreensão ou à recuperação de instrumentos, objectos ou produtos da infracção», nomeadamente: a «notificação de actos e entrega de documentos», a «obtenção de meios de prova», as «revistas, buscas, apreensões, exames e perícias», a «notificação e audição de suspeitos, arguidos, testemunhas ou peritos», o «trânsito de pessoas» e as «informações sobre o direito português ou estrangeiro e as relativas aos antecedentes penais de suspeitos, arguidos e condenados».

O n.º 4 do art. 145.º prescreve que após autorização do MJ ou em conformidade com o acordo, tratado ou convenção, "pode haver *comunicação directa* de simples informações relativas a assuntos de carácter penal entre *autoridades portuguesas* e estrangeiras que actuem como *auxiliares das autoridades judiciárias*"[1124], como se destacam os OPC.

Do mesmo modo poderá ser autorizada pelo MJ[1125] a deslocação "de *órgãos de polícia criminal estrangeiros* com vista à participação em *actos de investigação criminal* que devam realizar-se em território português, inclusivamente no *âmbito da formação de equipas de investigação criminal conjuntas*, compostas por elementos nacionais e estrangeiros"[1126]. Mas, esta autorização tem natureza de coadjuvação dos OPC portugueses competentes para o acto, devendo fazer constar dos autos essa mesma coadjuvação, conforme n.º 7 do art. 145.º da LCJIMP.

[1124] Itálicos nossos.

[1125] Esta competência pode ser delegada na Autoridade Central ou, quando a deslocação respeitar exclusivamente a autoridade ou órgão de polícia criminal, no Director Nacional da Polícia Judiciária *ex vi* n.º 9 do art. 145.º da LCJIMP com a redacção dada pela Lei n.º 104/2001, de 25 de Agosto.

[1126] Cfr. n.º 5 do art. 145.º da LCJIMP com a redacção dada pela Lei n.º 104/2001, de 25 de Agosto. Itálicos nossos.

No mesmo sentido o n.º 3 do art. 18.º da CNUCOT estipula o âmbito da prestação de auxílio: recolha de testemunhos ou de depoimentos, notificação de actos judiciais, realização de buscas, apreensões e congelamentos, exame de objectos e de locais, fornecimento de informações, de elementos de prova e de pareceres de peritos, fornecimento de originais ou de cópias certificadas de documentos e de processos pertinentes, incluindo documentos administrativos, bancários, financeiros ou comerciais e documentos de empresas, identificação ou localização dos produtos do crime, bens, instrumentos ou outros elementos para fins probatórios, facilitação da comparência voluntária de pessoas no Estado Parte requerente, prestação de qualquer outro tipo de assistência compatível com o direito interno do Estado Parte requerido.

426. Ao Ministro da Justiça cabe autorizar "a constituição de *equipas de investigação criminal* conjuntas quando esta constituição não for já regulada pelas disposições de acordos, tratados ou convenções internacionais", conforme n.º 6 do art. 145.º da LCJIMP[1127].

Neste sentido a CNUCOT incentiva a celebração de acordos bilaterais para a constituição de equipas de investigações conjuntas para a investigação, procedimentos criminais ou processos judiciais – art. 19.º da CNUCOT – e para recorrer a técnicas especiais de investigação – como acções encobertas, cuja decisão deve ser tomada casuisticamente e ter acordos financeiros quanto ao exercício da jurisdição – nos termos do n.º 2 em conjugação com o n.º 1 e n.º 3 do art. 20.º da CNUCOT.

427. No âmbito da investigação criminal, permitindo uma cooperação mais abrangente e dirigida a situações operacionais, mantém-se o carácter vertical da cooperação quer nas entregas controladas e vigiadas, previsto no art. 160.º-A da LCJIMP, aditado pela Lei n.º 104/2001, de 25 de Agosto[1128], no recurso ao agente infiltrado – as designadas

---

[1127] O n.º 6 foi aditado pela Lei n.º 104/2001.
[1128] O artigo 160.º -A (*entregas controladas ou vigiadas*) estipula que:
"1 – Pode ser **autorizada** caso a caso, pelo **Ministério Público**, perante o pedido de um ou mais Estados estrangeiros, nomeadamente se previsto em instrumento convencional, a não actuação dos órgãos de polícia criminal, no âmbito de investigações criminais transfronteiriças relativas a infracções que admitam extradição, com a finalidade de proporcionar, em

colaboração com o Estado ou Estados estrangeiros, a identificação e responsabilização criminal do maior número de agentes da infracção.

2 – O direito de agir e a direcção e controlo das operações de investigação criminal conduzidas no âmbito do número anterior cabem às autoridades portuguesas, sem prejuízo da devida colaboração com as autoridades estrangeiras competentes.

3 – A autorização concedida nos termos do n.º 1 não prejudica o exercício da acção penal pelos factos aos quais a lei portuguesa é aplicável e só é concedida quando:
  a) Seja assegurado pelas autoridades estrangeiras competentes que a sua legislação prevê as sanções penais adequadas contra os agentes e que a acção penal será exercida;
  b) Seja garantida pelas autoridades estrangeiras competentes a segurança de substâncias ou bens em causa contra riscos de fuga ou extravio; e
  c) As autoridades estrangeiras competentes se comprometam a comunicar, com urgência, informação pormenorizada sobre os resultados da operação e os pormenores da acção desenvolvida por cada um dos agentes da prática das infracções, especialmente dos que agiram em Portugal.

4 – Ainda que concedida a autorização mencionada anteriormente, os órgãos de polícia criminal intervêm se as margens de segurança tiverem diminuído sensivelmente ou se se verificar qualquer circunstância que dificulte a futura detenção dos agentes ou apreensão de substâncias ou bens; se esta intervenção não tiver sido comunicada previamente à entidade que concedeu a autorização, é-o nas vinte e quatro horas seguintes, mediante relato escrito.

5 – Por acordo com o país de destino, quando se estiver perante substâncias proibidas ou perigosas em trânsito, estas podem ser substituídas parcialmente por outras inócuas, de tal se lavrando o respectivo auto.

6 – O não cumprimento das obrigações assumidas pelas autoridades estrangeiras pode constituir fundamento de recusa de autorização em pedidos futuros.

7 – Os contactos internacionais são efectuados através da Polícia Judiciária, pelo Gabinete Nacional da INTERPOL.

8 – Qualquer outra entidade que receba pedidos de entregas controladas, nomeadamente a Direcção-Geral de Alfândegas, através do Conselho de Cooperação Aduaneira ou das suas congéneres estrangeiras, e sem prejuízo do tratamento da informação de índole aduaneira, deve dirigir imediatamente esses pedidos para a Polícia Judiciária, para efeito de execução.

9 – É competente para decidir do pedido de entregas controladas o magistrado do Ministério Público na comarca de Lisboa."

acções encobertas – previstas no art. 160.º-B da LCJIMP aditado pela Lei n.º 104/2001, de 25 de Agosto,[1129] e na intercepção de telecomunicações em território português, prevista no art. 160.º-C da LCJIMP aditado pela Lei n.º 104/2001, de 25 de Agosto,[1130].

No âmbito das *entregas controladas e vigiadas*, "os contactos internacionais são efectuados através da Polícia Judiciária, pelo Gabinete Nacional da INTERPOL", conforme n.º 7 do art. 160.º-A da LCJIMP, sediado nas instalações da PJ. O controlo e a vigia é efectuado pelos OPC portugueses – *ex vi* n.º 2 – e intervêm caso as margens de segurança diminuírem sensivelmente ou caso se verifique uma circunstância que dificulte a futura detenção dos agentes do crime e a apreensão das substâncias e bens – *ex vi* n.º 4.

[1129] O artigo 160.º -B (*acções encobertas*) determina que:
"1 – Os **funcionários de investigação criminal de outros Estados** podem **desenvolver acções encobertas em Portugal,** com estatuto idêntico ao dos funcionários de investigação criminal portugueses e nos demais termos da legislação aplicável.
2– A actuação referida no número anterior depende de pedido baseado em acordo, tratado ou convenção internacional e da observância do princípio da reciprocidade.
3– A autoridade judicial competente para **a autorização é o juiz do Tribunal Central de Instrução Criminal**, sob proposta do magistrado do Ministério Público junto do Departamento Central de Investigação e Acção Penal (DCIAP)."
Quanto ao regime do agente infiltrado *supra* subsecção IV do Capítulo VII e toda a bibliografia aí referida.

[1130] Artigo 160.º -C (*intercepção de telecomunicações*) estipula que:
"1 – Pode ser **autorizada a intercepção de telecomunicações realizadas em Portugal**, a pedido das autoridades competentes de Estado estrangeiro, desde que tal esteja previsto em acordo, tratado ou convenção internacional e se trate de situação em que tal intercepção seria admissível, nos termos da lei de processo penal, em caso nacional semelhante.
2 – É competente para a recepção dos pedidos de intercepção a Polícia Judiciária, que os apresentará ao juiz de instrução criminal da comarca de Lisboa, para autorização.
3 – O despacho referido no número anterior inclui autorização para a transmissão imediata da comunicação para o Estado requerente, se tal procedimento estiver previsto no acordo, tratado ou convenção internacional com base no qual é feito o pedido."

Poder-se-á afirmar que existe cooperação policial internacional, quer em termos técnicos quer processuais. No mesmo sentido se pronuncia o art. 20.º, n.º 4 da CNUCOT, especificando que o recurso às entregas controladas, no quadro internacional «pode, com autorização dos Estados Partes envolvidos, incluir métodos, tais como, a intercepção de mercadorias e a autorização de prosseguir o seu encaminhamento, sem alteração ou após subtracção ou substituição da totalidade ou de parte dessas mercadorias».

No âmbito da *intercepção de telecomunicações*[1131], é "competente para a recepção dos pedidos de intercepção a Polícia Judiciária, que os apresentará ao juiz de instrução criminal da comarca de Lisboa, para autorização", conforme n.º 2 do art. 160.º-C da LCJIMP. Verifica-se cooperação internacional quase directa.

428. A CNUCOT em vários preceitos estipula aos Estados Partes para tomarem determinadas medidas que possam contribuir para a prevenção e luta contra a criminalidade organizada transnacional: *p. e.*, relativamente aos arrependidos – art. 26.º da CNUCOT –, o reforço da eficácia das medidas de controlo do cumprimento da lei, a coordenação entre as autoridades, a troca de informações, a cooperação directa entre as autoridades competentes para aplicação da lei – art. 27.º da CNUCOT –, a recolha, intercâmbio e a análise de informações quanto à natureza da criminalidade organizada – art. 28.º da CNUCOT –, formação e programas técnicos específicos para as AJ e polícias – art. 29.º da CNUCOT – e prevenir através da redução de participação de pessoas ou grupos criminosos em negócios lícitos – art. 31.º da CNUCOT.

§ 107.º Considerações finais

429. A sociedade está em constante processo de alteração nas suas estruturas quer no plano do rendimento, da educação, das garantias sociais, quer no plano dos conceitos morais e das próprias carac-

---

[1131] Quanto a este assunto o nosso *Escutas Telefónicas – Da Excepcionalidade à Vulgaridade*, 2.ª Edição, Almedina, Coimbra, 2004, pp. 159-163.

terísticas culturais. Mutação que é fortemente influenciada pela globalização, que se manifesta no crime organizado, do qual se destaca o tráfico de droga, de pessoas, a fraude, a criminalidade informática, o branqueamento de capitais, a corrupção (etc.).

Alterações que, como ensina RAINER SCHULTE, afectam a polícia "não só nas áreas de actividade policial, de organização e dos requisitos de habilitações, como também chegam a afectar o modo como a polícia se vê a ela própria"[1132].

Sabendo-se que as funções, os requisitos e as expectativas que recaem sobre a polícia, tendo em conta o seu trabalho, as condições básicas e as normas que regulamentam a sua conduta, têm fomentado o aumento de conflitos, impõe-se que novas atitudes de gestão da actividade policial, alterações na organização e na cultura de liderança da polícia, uma participação activa nos processos de decisão.

Face a uma Europa que não pára de crescer e ao desejo de promover a todos os cidadãos um espaço de liberdade, segurança e justiça, "só a força policial direccionada estritamente para os direitos do homem e para um Estado governado pelo direito"[1133], poderá fomentar "uma força policial eficaz, inteligente e moderna"[1134] não só no espaço europeu, mas também no espaço global.

A longa viagem espera-nos com as agruras próprias dos desafios, mas que será facilitada se existir comunicação entre as polícias, *i. e.*, cooperação nacional, regional e internacional mútua.

430. Acompanhados pela experiência adquirida na área operacional, detectamos e sentimos que a cooperação policial quer interna quer internacional – global ou regional – continua a sofrer de alguns males que precisam de um remédio que os diminua e, se possível, os elimine.

Do nosso estudo, podemos considerar pertinentes que:

    i. a legislação é diferente em cada país, prejudicando fortemente a cooperação interpolicial, sendo necessário **harmonizar as**

[1132] RAINER SCHULTE, *O Futuro da Formação Policial,* (Tradução de Cristina Reis), Conferência proferida em Viena, em Fevereiro de 2002. RAINER SCHULTE foi o Presidente da *Polizei-Fuhrungsakademie.*
[1133] *Ibidem.*
[1134] *Ibidem.*

disposições legais não só quanto ao direito penal substantivo e adjectivo, mas também quanto às atribuições e competências legais dos OPC[1135];

ii. a dispersão e multiplicação de organismos europeus e internacionais, que ainda impera, sem um centro coordenador único, muitos deles sobrepondo-se nas competências, permite também dispersar informação fulcral para a prevenção e repressão da criminalidade em geral e do crime organizado em especial. Desta feita, defendemos a **centralização dos vários organismos**, ficando cada um deles agregado a um centro de decisão;

iii. a cooperação policial é fundamentalmente de natureza diferida e não directa, o que dificulta a articulação entre o poder judicial e as polícias. A **cooperação policial deve ser mais directa** e, sem dúvida, fiscalizada pelo poder judicial;

iv. sem que a **cooperação policial europeia** deixasse de desenvolver as suas estruturas a funcionar de acordo com o preceituado no art. 30.º do TM com a redacção do TA, deveria estar **integrada física e conceptualmente na cooperação internacional**, pois hoje o crime não é regional, mas transnacional e internacional;

v. a cooperação internacional será sempre um fracasso e um logro se a cooperação interna continuar a ser uma miragem no deserto, em que o protagonismo jornalístico e televisivo ou mesmo político se sobrepõem aos fins do direito e ao bem comum. Defendemos uma **cooperação interna sólida** entre o poder judicial e as polícias;

[1135] Quanto à harmonização, o nosso *Do Mandado de Detenção...*, pp. 10-61. ANABELA MIRANDA RODRIGUES, *Para uma Política Criminal Europeia*, (co-autoria com JOSÉ LUÍS LOPES DA MOTA), Coimbra Editora, 2002, "O mandado de Detenção Europeu – na Via da Construção de um Sistema Penal Europeu: Um passo ou um Salto?", *in Revista Portuguesa de Ciências Criminais*, Ano 13, n.º 1, Janeiro-Março 2003, "La Harmonización de las penas", *in La Orden de Detención Europea*, Toledo 8-11 Noviembre de 2004, "O papel dos sistemas legais e a sua harmonização para erradicação das redes de tráfico de pessoas", *in Revista do Ministério Público*, Ano 21.º, Outubro - Dezembro, 2000, n.º 84.

vi. os vários acervos de informações – sem qualquer tratamento ou documentação e esquecidos em momentos cruciais – impõem com urgência a **centralização da informação** recolhida por todos os OPC e o seu tratamento adequado às novas tecnologias, de modo que o acesso fosse efectuado por níveis de responsabilidade. Certamente que não seriam necessários 2 dias para obter uma informação que nos chega em minutos pelo telefone;

vii. a **formação** é o metal precioso da cooperação policial. Sem formação técnica, científica, moral, cívica e de responsabilização não evoluímos. Pois, voaremos com um balão, enquanto os agentes do crime voam a jacto;

viii. continua a existir um sonegamento de informação quer a nível interno quer a nível internacional. Se pensarmos de forma diferente, não seremos mais que o PETER PAN. Para evitar este comportamento imoral e censurável, defendemos **a responsabilização** dos que não efectuaram a recolha, o tratamento e a difusão da informação, pois esta **omissão** pode custar vidas ou fazer perigar a sociedade.

Summo rigore, não podemos ser avestruzes e esconder a cabeça na areia como se nada girasse à nossa volta, como se o mundo fosse o «eu» do «nós» sem que ao nosso lado estivesse(m) o(s) «outro(s)».

BIBLIOGRAFIA

AA, *Estratégia Nacional de Luta Contra a Droga, in INCM*, Lisboa, 1999.
AGOSTINHO, SANTO, *A Cidade de Deus*, (tradução de J. DIAS PEREIRA), 2.ª Edição, Fundação Calouste Gulbenkian, Lisboa, 1996, Vols. I e III.
ALBUQUERQUE, PAULO PINTO DE, *Comentário do Código de Processo Penal à Luz da Constituição da República Portuguesa e da Convenção Europeia dos Direitos do Homem*, 2.ª Edição, Universidade Católica Editora, Lisboa, 2008.
AMARAL, DIOGO FREITAS DO et ALIA, *Código do Procedimento Administrativo Anotado*, 3.ª e 6.ª Edições, Almedina, Coimbra, 1997.
——, *Direito Administrativo*, Lisboa, 1988, Vol. II.
——, *Curso de Direito Administrativo*, Almedina, Coimbra, 1996, Vol. I.
——, *Última Lição*, Almedina, Coimbra, 2007.
——, "O princípio da Justiça no art. 266.º da Constituição", *in estudos em Homenagem ao Prof. Doutor Rogério Soares, Boletim da Faculdade de Direito, STVDIA IVRIDICA, 61, AD HONOREM* – 1, Coimbra Editora, Coimbra, 2001.
ANDRADE, JOSÉ CARLOS VIEIRA DE, "Interesse Público", *in Dicionário Jurídico da Administração Pública*, Lisboa, Vol. V, pp. 275 e ss..
——, *Direitos Fundamentais na Constituição Portuguesa de 1976*, 3.ª Edição, Almedina, Coimbra, 2004.
ANDRADE, MANUEL DA COSTA, "Sobre o Regime Processual penal das Escutas Telefónicas", *in RPCC*, Ano I, Fasc. 3.º, Julho-Setembro, 1991.
ANDRADE, MANUEL DA COSTA, *Liberdade de Imprensa e Inviolabilidade Pessoal*, Coimbra Editora, 1996.
——, "Devassa da Vida Privada", *in Comentário Conimbricense ao Código Penal – Parte Especial*, (Dirigido por JORGE DE FIGUEIREDO DIAS), Coimbra Editora, 1999, Tomo I.
——, "Gravações e fotografias ilícitas", *in Comentário Conimbricense ao Código Penal – Parte Especial*, (Dirigido por JORGE DE FIGUEIREDO DIAS), Coimbra Editora, 1999, Tomo I.

—, sobre as Proibições de Prova em Processo Penal, Coimbra Editora, 1992; "Criminologia", in Polis, Enciclopédia Verbo da Sociedade e do Estado, Editorial Verbo, Lisboa/ S. Paulo, 1997.

ARISTÓTELES, "Do Discurso e do Discurso Jurídico", in Obra Jurídica, Rés – Editora, Colecção Resjurídica, Porto.

BARRETO, MASCARENHAS, História da Polícia em Portugal, Braga, 1979.

BECCARIA, CESARE, Dos Delitos e das Penas, (tradução de JOSÉ DE FARIA COSTA), 2.ª Edição, Fundação Calouste Gulbenkian, Lisboa, 1998.

BECCARIA, CESARE, Dos Delitos e das Penas, (tradução de LUCIA GUIDICINI), Martins Fontes, S. Paulo, 1991.

BELEZA, TERESA PIZARRO e ISASCA, FREDERICO, Direito Processual Penal Textos, AAFDL, Lisboa, 1992.

BELEZA, TEREZA et ALIA, Apontamentos de Direito Processual Penal, AAFDL, Lisboa, 1995, III Vol..

BOSLY, HENRY-D. e VANDERMEERSCH, DAMIEN, "La loi Belge du 30 juin 1994 relative a la protection de la vie privée contre les écoutes, la prise de connaissance et de telecomunications et de telecomunications privées", in Revue de Droit Penal et de Criminologie, 75.º Année, Avril 1995.

BRANDÃO, NUNO, Branqueamento de Capitais: O Sistema Comunitário de Prevenção, Coimbra Editora, Colecção Argumentum, n.º 11, 2002.

CACHÃO, FERNANDA, "A qualidade do agente", in Euronotícias, 27 de Julho de 2001;

CAETANO, MARCELLO, Manual de Ciência Política e Direito Constitucional, Almedina, Coimbra, 1996, 6.ª Edição, Tomo I, Reimpressão.

—, Manual de Direito Administrativo, Almedina, Coimbra, 7.ª Reimpressão da 10.ª Edição, 2004, VolS. II.

CAMPOS, MANUEL FONTAINE, O Direito e a Moral no Pensamento de Friedrich Hayek, UCP – Porto, 2000.

CANAS, VITALINO, "Princípio da proibição do excesso e a polícia", in I Colóquio de Segurança Interna – TOMO I, Almedina, (no prelo), e "Princípio da Proporcionalidade", in Dicionário da Administração Pública – Vol. VI.

CANOTILHO, GOMES e MOREIRA VITAL, Constituição da República Portuguesa Anotada, 3.ª Edição, Coimbra Editora, 1993.

CANOTILHO, GOMES, Direito Constitucional e Teoria da Constituição, Almedina, Coimbra, 1999.

CAUPERS, JOÃO, Introdução ao Direito Administrativo, 5.ª Edição, Âncora Editora, Lisboa, 2000.

CHAMBEL, ÉLIA MARINA PEREIRA, *A Videovigilância em Locais de Domínio Público de Utilização Comum*, ISCPSI (de consulta na Biblioteca), Lisboa, 2000.

CHEVALIER-GOVERS, CONSTANCE, *De la coopération à l'intégration policière dans l'union européenne*, Bruylant, Bruxelles, 1999.

CLEMENTE, PEDRO, *Da Polícia de Ordem Pública*, Governo Civil de Lisboa, 1998;

COLOMER, JUAN-LUIS GOMEZ, *El Processo Penal Aleman, Introducion y Normas Basicas*, Bosch, Casa Editorial, AS, Barcelona, 1985.

CONDE, FRANCISCO MUÑOZ, "Prólogo a la Edición española", *in La Ciencia del Derecho Penal ante el Nuevo Milenio*, Tirant lo Blanch, Valencia, 2004.

——, *La Ciência del Derecho Penal ante el Nuevo Milenio – Prólogo a la Edición Española*, Tirant lo Blanch, Valencia, 2004.

CORDEIRO, ANTÓNIO MENEZES, *Tratado de Direito Civil Português – I – Parte Geral – Tomo I*, 2.ª Edição, Almedina, Coimbra, 2000.

CORREIA, EDUARDO, "Direito penal e o direito de mera ordenação social", *in Direito Penal Económico e Europeu: Textos Doutrinários – Problemas Gerais*, Coimbra Editora, Vol. I, 1998.

——, *A Teoria do Concurso em Direito Criminal. Caso Julgado e Poderes de Cognição do Juiz*, Almedina, Coimbra.

——, *Direito Criminal*, (c/ colaboração de JORGE DE FIGUEIREDO DIAS), Almedina, Coimbra, 1997, Vol. I.

COSTA, JOSÉ DE FARIA, "O branqueamento de capitais (algumas reflexões à luz do direito penal e da política criminal)", *in Boletim da Faculdade de Direito*, n.º 68, 1992.

——, "As Relações entre o Ministério Público e a Polícia: A Experiência Portuguesa", *in BFD*, Coimbra, Vol. LXX, 1994.

CUNHA, JOSÉ MANUEL DAMIÃO DA, *Do Caso Julgado Parcial*, UCE, Porto, 2002.

——, "Artigo 33.º da CRP – Expulsão, Extradição e Direito de Asilo", *in Constituição Portuguesa Anotada*, (Coord. JORGE MIRANDA e RUI MEDEIROS), Coimbra Editora, 2005, Tomo I.

DIAS, JORGE DE FIGUEIREDO e ANDRADE, MANUEL DA COSTA, *Criminologia – O Homem Delinquente e a Sociedade Criminógena*, Reimpressão, Coimbra Editora, 1992.

DIAS, JORGE DE FIGUEIREDO, "O movimento da descriminalização e o ilícito de mera ordenação social", *in Direito Penal Económico e Europeu: Textos Doutrinários – Problemas Gerais*, Coimbra Editora, Volume I, 1998.

——, *Direito Penal – Parte Geral – Questões Fundamentais – A Doutrina Geral do Crime* – Tomo I, Coimbra Editora, 2005.

——, *Direito Processual Penal*, (colecção Clássicos Jurídicos – Reimpressão da 1.ª Edição de 1974), Coimbra Editora, 2004.

——, "Sobre os sujeitos processuais no novo Código de Processo Penal", *in O Novo Código de Processo Penal*, Jornadas de Direito Processual Penal, Almedina, Coimbra, 1988.

——, *Direito Penal Português – As consequências jurídicas do crime*, Aequitas – Editorial Notícias, Lisboa, 1993.

——, "Do princípio da «objectividade» ao princípio da «lealdade» do comportamento do Ministério Público no Processo Penal", (Anotação ao AC. STJ n.º 5/94, Proc. n.º 46444), *in Revista de Legislação e Jurisprudência*, Ano 128, n.º 3860.

DIAS, MARIO GOMES, "A Convenção das Nações Unidas Contra a Criminalidade Organizada Transnacional e os Protocolos Adicionais Contra o Tráfico de Pessoas e Contra o Tráfico de Migrantes", *in Estudos de Homenagem ao Professor Doutor GERMANO MARQUES DA SILVA*, Almedina, Coimbra, 2004.

DUHAMEL, OLIVIER e MENY, YVES, *Dictionnaire constitucionnel*, Puf, Paris, 1992.

ESPADA, JOÃO CARLOS, *A Tradição de Liberdade*, Principia, Lisboa, 1998.

FARIA, MIGUEL JOSÉ, *Direitos Fundamentais e Direitos do Homem*, 3.ª Edição, ISCPSI, Lisboa, 2001.

FERNANDES, ANTÓNIO JOAQUIM, *Regime Geral das Contra-Ordenações – Notas Práticas*, Ediforum, Lisboa, 1998.

FERNANDES, LUÍS A. CARVALHO, *Teoria Geral do Direito Civil – I – Introdução, Pressupostos da Relação Jurídica*, 3.ª Edição, Universidade Católica, Lisboa, 2001.

FERRAJOLI, LUIGI, "Jurisdição e democracia", *in RMP*, Ano 18.º, Out./Dez., 1997, n.º 72.

FERREIRA, MANUEL CAVALEIRO DE, *Curso de Processo Penal*, Editora Danúbio, Lda, 1986, Vol. 1.

——, *Curso de Processo Penal*, Lisboa, 1981, Vol. 2.º.

——, *Curso de Processo Penal I*, Reimpressão da U. Católica, 1981.

——, *Direito Penal Português*, Editorial Verbo, Lisboa/ S. Paulo, 1982, Vol. I.

FRANCHIMONT, MICHEL, JACOBS, ANN e MASSET, ADRIEN, *Manuel de Procédure Pénale*, Ed. Collection Scientifique de la Faculté de Droit de Liége, 1989.

FREITAS, MANUEL DA COSTA, "Teoria", *in Logos*, – Enciclopédia Luso-Brasileira de Filosofia, Verbo, Lisboa/S. Paulo, 1992, Vol. 5.

GOMES, D. ANTÓNIO FERREIRA, "A sociedade e o Trabalho: Democracia, Sindicalismo, Justiça e Paz", in *Direito e Justiça*, Vol. I, 1980.
GONÇALVES, FERNANDO e ALVES, MANUEL JOÃO, *Os Tribunais, as Polícias e o Cidadão*, Almedina, Coimbra, 2000.
GONÇALVES, MANUEL LOPES MAIA, *Código Processual Penal Anotado*, 7.ª Edição, Almedina, Coimbra, 1996.
——, *Código de Processo Penal Anotado e Comentado*, 12.ª Edição, Almedina, Coimbra, 2001.
GOUVEIA, JORGE BACELAR, *Novos Estudos de Direito Público*, Âncora Editora, Lisboa, 2002.
HASSEMER, WINFRIED, "Alternativas al principio de culpabilidad?", in *Cuadernos de Política Criminal*, Instituto Universditario de Criminología – Universidad Complutense de Madrid, n.º 18, 1982.
——, *A Segurança Pública no Estado de Direito*, AAFDL, Lisboa, 1995.
——, *Persona, Mundo y Responsabilidad*, (tradução de Francisco Muñoz Conde e de M.ª del Mar Díaz Pita), Tirant lo Blanch Alternativa, Valencia, 1999.
HESPANHA, ANTÓNIO MANUEL, *O Caleidoscópio do Direito – O Direito e a Justiça nos Dias e no Mundo de Hoje*, Almedina, Coimbra, 2007.
HORST, HARTHMUTH, "Os Limites da Prevenção Criminal à Luz dos Direitos do Homem", in *Revista Portuguesa de Ciência Criminal*, Ano 8, 1998.
IBÁÑEZ, PERFECTO ANDRÉS, "Por um Ministério Público «dentro da legalidade»", in *RMP*, Ano 18.º, Abril/Junho, 1997, n.º 70.
KELSEN, HANS, *A Justiça e o Direito Natural*, (tradução de JOÃO BAPTISTA MACHADO), Almedina, Coimbra, 2001.
LARENZ, KARL, *Metodologia da Ciência do Direito*, (tradução de JOSÉ LAMEGO), Fundação Calouste Gulbenkian, 1978.
LARGUIER, JEAN, *La Procédure Pénale*, 4.ª Edição, Presses Universitaires de France, 1973.
LEAL-HENRIQUES, MANUEL e PINHO, DAVID BORGES DE, *Código de Processo Penal Anotado*, 2.ª Edição, Rei dos Livros, Lisboa, 2000, II Vol..
LOMBA, PEDRO, "A Actividade da Polícia como Relação Administrativa", in *Estudos de Direito de Polícia*, (coordenação de JORGE MIRANDA), AAFDL, Lisboa, 2003, Vol. I.
MANNHEIM, HERMANN, *Criminologia Comparada*, Fundação Calouste Gulbenkian, Lisboa, 1984, Vol. I.
MAURER, HARTMUT, *Direito Administrativo Geral*, (Tradução do alemão de LUÍS AFONSO HECH), Editora Malone, S. Paulo, 2001.
MEDEIROS, RUI, *A Decisão de Insconstitucionalidade*, Edições da UCP, 1998.

——, *Responsabilidade Civil dos Poderes Públicos*, Universidade Católica Editora, Lisboa, 2005.

MEIREIS, MANUEL AUGUSTO ALVES, *O Regime das Provas Obtidas pelo Agente Provocador em Processo Penal*, Almedina, Coimbra, 1999.

MENDES, ANTÓNIO DE OLIVEIRA e CABRAL, JOSÉ DOS SANTOS, *Notas ao Regime Geral das Contra-Ordenações e Coimas*, Almedina, Coimbra, 2003.

MENDONZA, AMPARO LÓPEZ, "De la investigación policial", *in Revista Oficial de la Dirección General de la Policía*, n.º 163.

MESQUITA, DÁ, "Repressão Criminal e Iniciativa Própria dos Órgãos de Polícia Criminal", *in I Congresso de Processo Penal – Memórias*, Almedina, Coimbra, 2005.

MIRANDA, JORGE, "O Regime dos Direitos, Liberdades e Garantias", *in Estudos Sobre a Constituição*, Petrony, Lisboa, 1979, 3.º Vol.; *Manual de Direito Constitucional*, (2.ª Edição), Coimbra Editora, Coimbra, Tomo IV.

MIRANDA, JORGE, "O Regime dos Direitos, Liberdades e Garantias", *in Estudos Sobre a Constituição*, Petrony, Lisboa, 1979, 3.º Vol..

——, *Manual de Direito Constitucional*, (2.ª Edição), Coimbra Editora, Coimbra, Tomo IV.

——, *Manual de Direito Constitucional – Tomo V – Actividade Constitucional do Estado*, Coimbra Editora, Coimbra, 1997.

MOLINA, ANTÓNIO GARCÍA-PABLOS DE, *Criminología Una Introducción a sus Fundamentos Teóricos para Juristas*, Tirant lo Blanch Libros, Valencia, 1996.

MONTEIRO, CRISTINA LÍBANO, "O consumo de Droga na política e na técnica legislativa: Comentário à Lei n.º 30/2000", *in Revista Portuguesa de Ciências Criminais*, Ano 11, Fasc. 3.º, Vol. I.

MOURA, JOSÉ SOUTO DE, "Inquérito e Instrução" in *Jornadas de Direito Processual Penal/O novo Código de Processo Penal*, CEJ, Livraria Almedina, Coimbra.

——, "Dignidade da pessoa e poder judicial", *in RMP*, Ano 18.º, Abril/ /Junho, 1997, n.º 70.

MULAS, NIEVES SANZ, *Alternativas a la Pena Privativa de Liberdad*, Colex, Madrid, 2000.

NEVES, A. CASTANHEIRA, "O princípio da legalidade criminal", *in Digesta*, Coimbra Editora, 1995, Vol. I.

——, *Coordenadas de uma Reflexão sobre o Sentido Actual do Direito*, Lições policopiadas de Filosofia de Direito, Centro de Publicações da UCP, 2002/03.

Novais, Jorge Reis, *As Restrições aos Direitos Fundamentais não Expressamente Autorizadas pela Constituição*, Coimbra Editora, Coimbra, 2003.
Oliveira, Mário Esteve de, Gonçalves, Pedro Costa e Amorim, J. Pacheco, *Código do Procedimento Administrativo*, Coimbra, 1997.
Oneto, Isabel, *O Agente Infiltrado*, Coimbra Editora, 2005.
Pereira, António Beça, *Regime Geral das Contra-Ordenações e Coimas*, 5.ª Edição, Almedina, Coimbra, 2003.
Pereira, Rui, «O "Agente Encoberto" na Ordem Jurídica Portuguesa», *in I Congresso de Processo Penal – Memórias*, Almedina, 2005.
Peréz, Francisco Alonso/Sánches, José Cabanillas/Castaroyo, José Escalante/Maluenda, Jaime Fa/Escalona, Antonio Nicolás M./ /Plaza, Carlos Julio San Román e Pereira, Arturo, *Manual del Policía*, 4.ª Edição, La Ley, Madrid, 2004.
Peréz, Francisco Alonso, *Medios de Investigación en el Proceso Penal*, 2.ª Edição, Dykinson, Madrid, 2003.
Pinheiro, Alexandre Sousa e Fernandes, Mário João de Brito, *Comentário à IV Revisão Constitucional*, AAFDL, Lisboa, 1999.
Pinho, David Borges de, *Da Acção penal – Tramitação e Formulários*, Livraria Almedina, Coimbra, 1988.
Pinto, António Augusto Tolda, *A Tramitação Processual Penal*, 2.ª Edição, Coimbra Editora, 2001.
Pinto, Maria da Gloria Ferreira, "Princípio da igualdade – Fórmula vazia ou carregada de sentido?", *in BMJ*, n.º 385.
Poiares, Carlos Alberto, *Análise Psicocriminal das Drogas – O discurso do Legislador*, Almeida & Leitão, Ld.ª, 1998.
Popper, Karl, *Conjecturas e Refutações*, (tradução de Benedita Bettencourt), Almedina, Coimbra, 2003.
Rawls, John, *Uma Teoria para a Justiça*, (tradução de Carlos Pinto Correia), Editorial Presença, Lisboa, 1993.
Raposo, João, *Direito Policial* I, Almedina, Coimbra, 2006.
Rodrigues, Anabela Miranda e Duarte-Fonseca, António Carlos, *Comentário da Lei Tutelar Educativa*, Coimbra Editora, Coimbra, 2000.
Rodrigues, Anabela Miranda, "A fase preparatória do processo penal – tendências na Europa. O caso português", *in STVDIA IVRIDICA,* N.º 61, Coimbra Editora.
——, "O Inquérito no Novo Código de Processo Penal", *in Jornadas de Direito Processual Penal – O Novo Código de Processo Penal*, CEJ, 1995.
——, Prefácio de *Lei e Crime: O Agente Infiltrado versus o Agente Provocador – Os Princípios do Processo Penal*, Almedina, 2001.

——, "Política Criminal – Novos Desafios, Velhos Rumos", *in Liber Discipulorum para FIGUEIREDO DIAS*, Coimbra Editora, 2003.
——, "O mandado de Detenção Europeu – na Via da Construção de um Sistema Penal Europeu: Um passo ou um Salto?", *in Revista Portuguesa de Ciências Criminais*, Ano 13, n.º 1, Janeiro-Março 2003.
——, "La Harmonización de las penas", *in La Orden de Detención Europea*, Toledo 8-11 Noviembre de 2004.
——, "A celeridade do processo penal – Uma visão de Direito Comparado" *in Actas da Revisão do Código de Processo Penal*, Assembleia da República-Edições, 1999, Vol. II – Tomo II.
——, "O papel dos sistemas legais e a sua harmonização para erradicação das redes de tráfico de pessoas", *in Revista do Ministério Público*, Ano 21.º, Outubro – Dezembro, 2000, n.º 84.
——, "O Tribunal Penal Internacional e a Prisão Perpétua – que futuro", *in Direito e Justiça*, Vol. XV, 2001, Tomo 1.
RODRIGUES, J. NARCISO DA CUNHA, "A posição Institucional e as Atribuições do Ministério Público e das Polícias na Investigação Criminal", *in BMJ*, n.º 337.
RODRIGUES, J. RESINA, "Técnica", *in Logos* – Enciclopédia Luso-Brasileira de Filosofia, Verbo, Lisboa/S. Paulo, 1992, Vol. 5.
——, "Técnica", *in Polis* – Enciclopédia Verbo da Sociedade e do Estado, Verbo, Lisboa/S. Paulo, 1987, Vol. 5.
RODRIGUES, LAURA ZUÑIGA, *Política Criminal*, Colex, Madrid, 2001.
ROTMAN, EDGARDO, "O conceito de prevenção do crime", *in Revista Portuguesa de Ciência Criminal* (RPCC), Ano 8.º, Fasc. 3.º, 1998.
SANTOS, MANUEL SIMAS, LEAL-HENRIQUES, MANUEL e PINHO, DAVID BORGES DE, *Código de Processo Penal Anotado*, Rei dos Livros, Lisboa, 1996, 1.º Vol.; *Código de Processo Penal Anotado*, Rei dos Livros, Lisboa, 1997, 2.º Vol..
SCHULTE, RAINER, *O Futuro da Formação Policial*, (trad. De Cristina Reis), Conferência proferida em Viena, em Fevereiro de 2002.
SEGORBE, BEATRIZ e TRABUCO, CLÁUDIA, *O Conselho Constitucional Francês*, Quarteto, Coimbra, 2002.
SERRANO, MÁRIO MENDES, "Extradição", *in Cooperação Internacional Penal*, Centro Estudos Judiciários, Lisboa, 2000.
SILVA, GERMANO MARQUES DA, *A Ética Policial e Sociedade Democrática*, Edições do ISCPSI.
——, *Curso de Processo Penal*, Verbo, 1999, Volumes, I, II e III.
——, *Curso de Processo Penal*, Verbo, Lisboa/S. Paulo, 1993, Vol. I.
——, *Curso de Processo Penal*, 2.ª Ed., Verbo, Lisboa/S. Paulo, 2000, Vol. II.

——, *Curso de Processo Penal*, 2.ª Edição, Verbo, Lisboa/S. Paulo, Vol. III
——, *Direito Penal Português*, Editorial Verbo, Lisboa/S. Paulo, 1997, Vol. I.
——, 2001*Curso de Processo Penal*, 2.ª edição, Verbo, Lisboa/S. Paulo, 2000, Vol. III.
——, "Bufos, Infiltrados, Provocadores e Arrependidos", in *Direito e Justiça*, Vol. VIII, T. 2.
——, *Direito Penal Português – Teoria Geral do Crime*, Verbo, Lisboa/ /S. Paulo.
——, Entrevista, in *Revista Polícia Portuguesa*, Ano LXIII, n.º 123, Maio/Junho, 2000.
——, *Introdução ao Estudo do Direito*, Universidade Católica Editora, Lisboa, 2006.
SOARES, ROGÉRIO, "Cooperação Policial – Aspectos Práticos", **Projecto Grotius II**, in *Aquilafuente – Ediciones Universidad Salamanca*, 2002, n.º 40.º.
SOUSA, ANTÓNIO FRANCISCO DE, "Prevenção e repressão como função da Polícia", in *Revista do Ministério Público* (RMP), Ano 24, Abril/ /Junho, 2003, n.º 94.
——, "Prevenção e repressão como função da Polícia", in *Revista do Ministério Público* (RMP), Ano 24, Abril/Junho, 2003, n.º 94.
SOUSA, CONSTANÇA URBANO DE, "A segurança interna no espaço europeu", in I Colóquio de Segurança Interna – Tomo I, Almedina, Coimbra, 2005.
——, "A cooperação policial e judiciária em matéria penal na União Europeia – Evolução e Perspectivas", in Polícia e Justiça, III Série, n.º 2, Julho-Dezembro de 2003.
SOUSA, MARCELO REBELO DE, *Lições de Direito Administrativo* – I, Lisboa, 1995.
——, *Direito Administrativo Geral – Introdução e Princípios Fundamentais* – Tomo I, (co-autoria de ANDRÉ SALGADO DE MATOS), Dom Quixote, Lisboa, 2004.
SOUSA, PEDRO, "Da Análise Criminal", Trabalho de Mestrado em Direito – Ciências Jurídico-Criminais – da Faculdade de Direito da Universidade de Coimbra, na cadeira de Processo Penal, regida pela Prof.ª ANABELA MIRANDA RODRIGUES;
——, *Cooperação Policial na União Europeia – Equipas de Investigação Conjunta*, trabalho de Mestrado em Direito – Ciências Jurídico- -Criminais – da Faculdade de Direito da Universidade de Coimbra,

na Cadeira de Direito Penal Europeu, regida pela ilustre Prof.ª ANABELA MIRANDA RODRIGUES.
SOUSA, RABINDRANATH CAPELO DE, *O Direito Geral da Personalidade*, Coimbra Editora, 1995.
TEIXEIRA, ANTÓNIO BRAZ, *Sentido e Valor do Direito*, 2.ª Edição, INCM, 2000.
TEIXEIRA, NUNO SEVERIANO, *Contributos para a Política de Segurança Interna*, Edição do Ministério da Administração Interna, Lisboa, 2002.
TOQUEVILLE, ALEXIS, *Da Democracia na América*, Principia, S. João do Estoril.
TORNAGHI, HÉLIO, *Curso de Processo Penal*, Editora Saraiva, 4.ª Edição, S. Paulo, 1987.
VALENTE, MANUEL MONTEIRO GUEDES, "A Investigação Criminal como Motor de Arranque do Processo Penal", in *Polícia Portuguesa*, Ano LXIII, II Série, n.º 122, Março/Abril, 2000.
——, *Regime Jurídico do Agente Infiltrado Comentado e Anotado*, (co-autoria F. GONÇALVES e M. J. ALVES), Almedina, 2001.
——, *Escutas Telefónicas – Da Excepcionalidade à Vulgaridade*, Almedina, Coimbra, 2004.
——, "Enquadramento Jurídico das Polícias Municipais: Do Quadro Constitucional ao Quadro ordinário", in *Estudos de Homenagem ao Professor Doutor Germano Marques da Silva*, Almedina, Coimbra, 2004.
——, *Consumo de Drogas – Reflexões sobre o Novo Quadro Legal*, 2.ª Edição e 3.ª Edição, Almedina, Coimbra, 2003 e 2006.
——, *Processo Penal – Tomo I*, Almedina, Coimbra, 2004 (1.ª Edição) e 2009 (2.ª Edição).
——, "Revistas e Buscas – Que viagem queremos fazer?", in *I Congresso de Processo Penal – Memórias*, Almedina, 2005.
——, "Terrorismo – Fundamento de restrição de direitos?", in *Terrorismo*, Coordenação de ADRIANO MOREIRA, 2.ª Edição.
——, *Regime Jurídico da Investigação Criminal Comentado e Anotado*, 2.ª Edição e 3.ª Edição, Almedina, Coimbra, 2004 e 2006.
——, "Cooperação Policial – Viagem Inacabada", in *Projecto Grotius II Penal*, Varsóvia, 12 de Setembro de 2002.
——, "A Segurança como tarefa fundamental do Estado de Direito Democrático", in *Revista Pública Portuguesa*, ano LXIII, II Série, n.º 125, Set/Out 2002.
——, *Lei e Crime – o Agente Infiltrado versus o Agente Provocador – os Princípios do Processo Penal*, (em co-autoria com F. GONÇALVES e M. JOÃO ALVES, Almedina, Coimbra, 2001.

——, *Da Publicação da Matéria de Facto Nas Condenações Nos Processos Disciplinares*, ISCPSI, 2000.
——, "Natureza da Actuação Policial", in *Polícia Portuguesa*, Ano LXV, n.º 134, Março/Abril, 2002.
——, "Dos Delitos Contra a Economia e Contra a Saúde Pública: A actuação dos OPC face ao novo quadro legal da investigação Criminal", in *Revista Polícia Portuguesa*, n.º 135, Maio/Junho, 2002.
——, *Direito de Menores*, (Co-autoria com NIEVES SANZ MULAS), Âncora Editora, Lisboa, 2003.
——, *Dos Órgãos de Polícia Criminal*, Almedina, 2004.
——, *Revistas e Buscas*, 2.ª Edição, Almedina, 2005.
——, "A crítica", in *Polícia Portuguesa*, Ano LXII (II Série), n.º 115, Jan/Fev 99.
——, "Será a Policia uma Minoria", In *Polícia Portuguesa*, Ano LXII, Mai/Jun 99, pp.18 e ss..
——, "Videovigilância – Um meio técnico-jurídico eficiente na prevenção e na repressão da Criminalidade nos locais de domínio público de utilização comum", publicado na *Revista Polícia Portuguesa*, Ano LXIII, n.º 123, Março/Abril, 2000.
——, "Da Publicação da Matéria de Facto das Condenações nos Processos Disciplinares na PSP", in *Polícia Portuguesa*, Ano LXII//LXIII, números 120/121,Nov/Dez99, Jan/Fev2000, pp. 7 e ss. e pp. 14 e ss..
——, *Da Publicação da Matéria de Facto nos Processos Disciplinares*, Edição do ISCPSI, 2000.
——, *Direito de Menores – Estudo Luso-Hispânico sobre Menores em perigo e Delinquência Juvenil*, (co-autoria com NIEVES SANZ MULAS), Âncora Editora, Lisboa, 2003.
——, "Contributos para uma Tipologia de Segurança Interna", in *I Colóquio de Segurança Interna*, Almedina, Coimbra, 2005.
——, "Do Objecto do Processo: Da Importância dos Órgãos de Polícia Criminal na sua Identificação e Determinação", in *Politeia*, Almedina, Coimbra, Ano III, n.º 2, Jul/Dez, 2006, pp. 115--139.
——, *Natureza Jurídica do Corpo da Guarda Prisional*, EDIUAL, Lisboa, 2008.
VITORINO, ANTÓNIO, *Carta dos Direitos Fundamentais da União Europeia*, Princípia, S. João do Estoril, 2002
ZIEGLER, JEAN, *Os Senhores do Crime*, Terramar, Lisboa.

ZIPPELIUS, REINHOLD, *Teoria Geral Do Estado*, (tradução de KARIN PRAEFKE-
-AIRES COUTINHO), 3.ª Edição, Fundação Calouste Gulbenkian, Lisboa, 1997.
ZIPPELIUS, REINHOLD, *Teoria Geral Do Estado*, (tradução de KARIN PRAEFKE-
-AIRES COUTINHO), 3.ª Edição, Fundação Calouste Gulbenkian, Lisboa, 1997.

ÍNDICE ANALÍTICO

A

acção penal – 131, 159, 188, 220, 229, 231, 238-241, 299, 301, 302, 326, 328, 329, 336, 366, 376, 780, 414, 485, 525
actividade:
    – criminosa – 329, 373, 404, 405
    – de polícia – 17, 54, 56, 70, 77, 79, 80, 82, 85, 86, 113, 119, 128, 196, 224, 474
    – policial – 19, 59, 105, 113, 125, 126, 133, 140, 152, 158, 160, 164, 170, 176, 180, 183, 195, 197, 200, 201, 208, 216, 225, 250, 252, 388, 405, 411, 412, 472, 474, 502, 528
acto(s):
    – cautelares – 220, 242, 244, 245, 299, 331, 332, 338, 370, 381, 383, 516
    – coercivo (medida ou) – 141,
    – pré-processuais – 116, 156, 246, 261, 270, 345
administração da justiça – 22, 42, 46, 58, 60, 110, 133, 141, 160, 168, 170, 171, 192, 194, 225, 310, 338, 339, 369, 397, 412, 414, 415, 522
agente:
    – de polícia municipal – 75, 81
    – encoberto – 221, 401, 402, 407, 416-418, 424, 428-430
    – infiltrado – 146, 180, 220, 221, 224, 303, 304, 320, 397-399, 401-404, 406-408, 410, 415-420, 422-431, 524, 526
    – infiltrado (finalidades do) – 221, 407,
    – provocador – 220, 221, 224, 303, 304, 320, 402-404, 410, 413, 415, 416, 419, 429-431
análise técnico-táctica – 447, 451,
aplicação directa – 220, 300,
apreciação – 59, 80, 111, 142, 150, 217, 225, 228, 240, 243, 245, 252, 253, 258, 263, 269, 273, 299, 302, 304, 324, 330, 338, 346, 347, 370, 428, 445
apreensão:
    – de correspondência – 146, 180, 219, 260, 261, 263, 264, 268
    – de objectos – 494
armas – 57, 137, 247, 253, 254, 256, 259, 260, 265, 301, 368, 373, 378, 403, 418, 434, 438-443, 492, 503, 506, 515
auto:
    – de denúncia – 233, 234, 237
    – de detenção – 233, 237
    – de notícia – 56, 121, 150, 153, 158, 196, 205, 208, 209, 216, 219, 229, 230, 232-234, 237, 239, 240, 251, 336, 468, 479, 494
autonomia – 42, 66, 71, 75, 170, 200, 220, 311, 325, 337-345, 347, 361, 363, 375, 376, 388, 389, 391, 393, 394
autonomia:
    – hierárquica – 220, 338, 340, 393
    – orgânica – 220, 338, 340, 393
    – táctica – 325, 340-344, 391
    – técnica – 220, 325, 339-343, 394
autoridade(s):
    – administrativa(s) – 41, 55, 79, 139, 165, 207, 209, 214-216, 468

– de polícia – 18, 24, 140, 142, 198, 233, 246, 247, 254, 353
– de polícia criminal – 18, 142, 233, 353
– judicial – 77, 111, 166, 226, 272, 303, 328, 353, 425, 526
– judiciária – 18, 22, 57, 79, 81, 84, 86, 109, 166, 226, 228, 230, 231, 251, 256-258, 261, 272, 273, 275, 276, 282, 283, 324-330, 332, 338, 340, 343-349, 351, 352, 354, 355, 361, 364, 369, 379, 393, 399, 403, 418, 421, 424-429, 443, 444, 512-514, 518, 520, 522, 523
– policial – 55, 58, 59, 79, 144, 159, 165, 175, 196, 208-216, 415, 428, 434, 436-438

autorização:
– judicial – 210, 246, 256, 266, 343, 401, 467, 469, 483, 490, 492
– judiciária – 221, 243, 244, 257, 392, 424

auxílio judiciário mútuo – 523
avocação – 220, 345

B

bem jurídico:
– individual – 158, 435
– supra-individual – 97

branqueamento de capitais – 431, 492, 495, 497-500, 528

busca:
– domiciliária – 40, 142, 146, 240, 256, 268, 343
– não domiciliária – 81, 147, 219, 240, 258, 260, 383, 436, 442-444
– preventiva(s) – 255, 258, 259, 445

C

canídeos – 155

captação:
– de imagens – 447, 460, 475, 488, 490, 493
– de sons – 469, 478

cidadania – 84, 124, 293, 449, 496

coadjuvação – 42, 79, 87, 92, 109, 110, 326, 327, 329, 339, 346, 351, 356, 393, 511, 512, 523

competência(s):
– de investigação – 221, 326, 350, 358-364, 366, 368, 372, 374, 375, 379, 385, 395
– deferida – 109, 221, 374
– específica – 220, 221, 225, 351, 354-356, 359-362, 364, 368, 376, 381, 383, 391, 392, 401, 417, 491, 515, 516
– genérica – 220, 351, 356, 357, 375, 376, 378, 379, 383, 384, 390, 391, 395, 515
– gerais – 69, 220, 224, 356
– objectiva – 401
– própria – 57, 81, 109, 112, 193, 217, 225, 227, 241, 245, 302, 329, 345-347, 349, 350, 356, 370
– reservada – 335, 362, 363, 366-370, 373, 376, 378, 380, 418, 515
– subjectiva – 57, 401, 465, 471, 473

comunicação da notícia do crime – 122, 219, 239, 266, 270, 302, 331, 479

conhecimento do crime – 229, 331

Conselho Coordenador – 221, 391-396, 515, 517

consentimento – 210, 256, 286, 304, 377, 444, 462, 483, 490, 491

constituição de arguido – 111, 251

contra-ordenações – 197, 199-204, 206, 208, 211, 214-216, 230, 247, 251, 491

controlo electrónico – 147

cooperação:
– europeia – 503
– intergovernamental – 503, 504, 509

– interna – 381, 495, 501, 509, 514, 518, 529
– interna horizontal – 381, 495, 514
– interna vertical – 518
– policial – 23, 123, 384, 387, 495-497, 501-503, 505-510, 517, 518, 522, 527-530
– policial internacional – 495, 501, 509, 510, 517, 518, 522, 527
– policial interna vertical – 495, 510
coordenação – 38, 39, 60, 64, 75, 76, 84, 135, 140, 162, 178, 221, 319, 328-330, 380, 382, 391, 393-395, 408, 505, 509, 510, 515-517, 527
costume – 32-35
crime(s):
   – organizado – 50, 58, 98, 397, 418, 497, 505, 508, 528, 529
   – particular – 230, 233, 293, 508
   – público – 86, 231, 232, 238, 301
   – semi-público – 233, 293
criminalidade:
   – organizada – 265, 372, 402, 497, 505, 516, 527
   – transnacional – 507
   – violenta – 50, 247, 328
criminologia – 220, 307, 310-312, 314, 323, 409

D

danosidade social – 220, 303, 399
decisão concreta – 140
defesa:
   – da legalidade democrática – 23, 33, 56, 92, 113, 120, 121, 137, 166, 167, 170, 198
   – legítima ... – 89, 158
demanda da segurança – 125, 129-132
dependência funcional – 166, 227, 325, 328-331, 337, 338, 340, 342, 345, 347, 354, 364, 380, 393, 512-514
descriminalização – 197, 200, 202

destruição de gravações – 469, 475, 480
detenção:
   – concepção – 219, 271
   – finalidade – 219, 271, 288
   – em flagrante delito – 75, 77, 78, 84, 219, 271, 273, 275-277, 279, 280, 287, 299, 338
   – fora de flagrante delito – 219, 276, 281-284, 348
   – pressupostos – 287
determinação do objecto do processo – 192, 195, 306, 413
dever:
   – de colaboração – 208
   – de cooperação – 221, 381, 511, 513, 515
dignidade da pessoa – 62, 68, 92, 99, 105, 114, 123, 126, 128, 129, 162-164, 167, 168, 170, 172, 176, 181, 194, 195, 198, 241, 292-294, 306, 319, 342, 410-414, 430, 442, 453, 457
dimensão:
   – negativa – 69, 73, 96, 137, 297, 298, 303, 455
   – positiva – 69, 73, 96, 137, 195, 297, 303, 455
direcção da investigação criminal – 220, 325, 347, 515
direcção do processo – 220, 345, 361, 362, 424,
direito:
   – à celeridade (processual) – 147, 185, 191, 301, 371, 377
   – à honra – 85, 177, 213, 308, 342, 501
   – à imagem – 73, 447, 449, 453, 454, 456, 459, 461, 482
   – à integridade física – 179
   – à integridade pessoal – 171, 300
   – à inviolabilidade de domicílio – 256, 299, 303
   – à inviolabilidade da correspondência – 260

– à liberdade – 69, 180, 271, 273, 297-299, 447, 454, 457, 458
– à palavra – 152
– à reserva da vida privada – 447, 459
– à segurança – 17, 69, 73, 96, 119, 271, 447, 454-456, 464
– à vida – 73, 99, 114, 179, 456
– administrativo – 24, 95, 151
– civil – 24, 25, 95, 156, 157
– criminal – 189, 203, 206, 252, 300, 310
– da polícia – 23
– de acesso à informação – 383, 387, 388
– de imagem – 462
– de informação – 484
– de liberdade de circulação – 76, 100, 116
– de liberdade de expressão – 486
– de menores – 107, 122
– de polícia – 23
– de recurso – 215, 216
– de resistência – 286
– do trabalho – 107, 123
– policial – 20, 25
discriminação – 92, 162, 174, 412, 490, 493, 504
dolo – 205, 367

E

elementos objectivos – 221, 323, 422
entregas controladas – 524-527
equipas de investigação conjunta – 507
escutas telefónicas – 122, 128, 141-143, 146-149, 180, 220, 244, 266, 303
Estado:
 – de direito – 47, 83, 91, 93, 95, 98, 102, 105, 115, 119, 120, 128, 143, 161, 162, 164, 167, 168, 172, 173, 176, 181, 183, 299, 308, 314, 325, 350, 389, 410, 413, 431, 442, 463
 – de direito democrático – 83, 91, 93, 95, 98, 102, 115, 119, 120, 128, 161, 162, 164, 167, 168, 173, 176, 181, 183, 299, 325, 350, 389, 410, 413, 431, 463
estrutura do processo – 314, 188
ética – 91, 165, 200, 341, 398, 399, 425, 490
ética policial – 91
eventos:
 – culturais – 256, 440
 – desportivos – 256, 440
exame:
 – ao local do crime – 494
 – aos vestígios do crime – 346
excepcionalidade – 125, 128, 142, 273
execução de sentenças – 522
exercício:
 – de direitos – 33, 83, 138, 175, 399, 476, 502
 – de poder – 42, 88, 392
extradição – 211-213, 247, 272, 281, 283, 519-522, 524

F

fiscalização – 37, 52, 53, 57, 58, 68, 69, 74, 81, 83-86, 89, 96, 139, 155, 188, 193, 200, 208, 212, 220, 250, 270, 302, 326, 345, 353, 373, 382, 387-391, 425, 436, 465, 478, 479, 481, 484, 487, 503, 516
fiscalização hierárquica – 208, 389
fiscalização jurisdicional – 52
fiscalização da constitucionalidade – 139
fonte(s) do direito policial – 32, 33, 35
força:
 – centrífuga – 220, 299, 300
 – de segurança – 22, 23, 37, 44-46, 48-51, 53, 54, 60, 97, 392, 401, 439, 467, 471, 513
função:
 – de garantia – 57, 141, 181, 476, 477

- de segurança – 479
- de vigilância – 43, 45, 49, 76, 100, 101, 111, 115, 120, 357, 467, 469, 472
- de polícia (funções) – 45, 53-55, 57, 60, 65, 72, 76, 77, 83-86, 89, 238

funcionário – 49, 230, 231, 237, 286, 339, 341, 398, 403, 406, 417, 419, 422-424, 427, 428, 441, 486

fundadas suspeitas – 247, 253, 442, 443

fundamentação – 142, 189, 478

fundamento (liberdade como) – 220, 304

G

garantia:
- da segurança – 23, 69, 92, 105, 119-121, 167, 170, 181, 198, 474
- de segurança interna – 57
- dos direitos – 44, 61, 85, 92, 93, 99, 119-121, 150, 151, 166, 167, 179, 181, 185, 198, 220, 293, 297, 298, 375
- judicial – 326, 348, 351
- jurisdicional – 202, 215

globalização – 496, 497, 500, 528

gozo de direitos – 33, 144, 289, 297, 306

Guarda Nacional Republicana – 12, 13, 17, 46, 335, 416, 417, 510

H

habeas corpus – 286-289, 297

harmonização – 67, 79, 126, 177-181, 246, 496, 529

homem como sujeito – 97, 128

humanista – 95, 128, 398

I

identificação – 25-28, 56, 57, 59, 78, 80, 84, 89, 101, 134, 141, 147, 149, 150, 159, 175, 176, 192, 195, 196, 199, 208-214, 219, 228, 230, 235, 246-253, 258, 272-274, 279, 282, 285, 287, 302, 306, 320, 338, 346, 354, 358, 367, 383, 385, 386, 423, 444, 466, 467, 477, 478, 480, 488-490, 494, 502, 524, 525

identidade fictícia – 418, 427-429

identificação do objecto do processo – 134

ilicitude – 164, 203, 204, 315, 420, 444, 463

imigração ilegal – 123, 354, 358, 359, 382, 504, 516, 517

in dubio pro libertate – 187, 188

in dubio pro reo – 301

inadmissibilidade de provas – 133, 164

independência – 188, 325, 341, 342, 345, 347, 363, 375, 378, 394, 452, 459, 464

indícios probatórios – 518

indícios suficientes – 103, 117, 301

indispensabilidade – 70, 398, 408, 422, 427, 428

início da investigação – 220, 324, 331, 332

inimputabilidade – 205

inquérito – 18, 76, 81, 84, 87, 111, 160, 166, 189, 195, 217, 226, 232, 233, 241, 246, 251, 256, 257, 266, 269, 270, 274, 282, 283, 321, 324, 326, 327, 329, 330, 332, 334, 336, 337, 345, 361-363, 365-367, 369, 370, 375, 376, 379, 380, 389-391, 425, 428, 468, 493, 494, 512

inquérito:
- policial – 369
- preliminar – 369

instrução – 58, 111, 160, 166, 190, 215, 217, 227, 246, 251, 256, 257, 261, 270, 274, 282, 302, 317, 324, 326, 327, 330, 345, 353, 362, 365, 366, 369, 370, 378, 379, 428, 511, 512, 522, 526, 527

integridade física – 27, 43, 68, 73, 85, 99, 114, 165, 169, 177, 179-181, 236, 254, 257, 259, 262, 265, 267, 269, 342, 343, 367, 377, 413, 434, 436, 438, 440, 441, 443, 444, 456, 475

interdisciplinaridade – 115, 120, 121, 124, 305
interesse privado (particular) – 26, 27, 31, 152, 154, 344, 475
interesse público – 26, 27, 56, 73, 82, 89, 133, 138, 152-154, 175, 179, 185, 202, 242, 344, 394, 455, 461-463, 474, 475, 490, 511
investigação criminal – 8, 55, 93, 102, 103, 116-118, 142, 148, 162, 163, 165, 166, 189, 193, 220, 228, 267, 269, 291-295, 298-313, 317-322, 324, 325, 328-332, 337, 338, 341, 342, 344, 347, 348, 350, 351, 353, 355-370, 372-374, 376, 378-380, 382, 384, 385, 388-391, 393-395, 398, 401, 403, 406-412, 415, 417-419, 421-424, 426-428, 479, 484-486, 505, 513, 515-518, 523-526
investigação criminal:
– direcção da... – 220, 325, 347, 515
– finalidades – 220, 312
– coordenação da... – 328
investigação criminológica – 305, 307, 309-312, 322
irresponsabilidade do agente infiltrado – 221, 420

J

julgamento – 18, 121, 160, 166, 181, 189, 192, 217, 227, 245, 246, 257, 273-276, 280-282, 289, 314, 315, 317, 318, 324, 330, 367, 369, 377-379, 428, 444, 494, 512, 513
jurisdicidade – 134, 193
jurisdição – 31, 45, 75, 524
jurisdicionalidade – 240, 494
jurisprudência – 20, 21, 23, 32, 33, 35, 112, 136, 155, 199, 255, 268, 341, 419, 437, 468, 503
justiça (realização da) – 147, 154, 179-181, 243, 257, 264, 293, 295, 301, 302, 306, 316, 317, 360, 375, 511

L

legitimidade:
– da actividade policial – 125, 126
– normativa – 33, 48, 177
– social – 8
liberdade:
– de participação – 221, 423
– em especial – 423
– em geral – 423, 453, 454
libertação de detido – 219
limites à utilização das câmaras de video – 447, 473, 474, 488
livre circulação de:
– bens – 498, 499, 503
– capitais – 498, 499, 503
– mercadorias – 498, 499, 503
– pessoas – 498, 499, 503
livre prestação de serviços – 499
localização celular – 219, 263-269

M

mandado:
– de condução – 277, 522
– de detenção – 247, 276, 282, 284, 286, 289, 352, 507, 521
– de detenção europeu – 507
medida(s):
– cautelares e de polícia – 8, 58, 59, 80, 81, 87, 98, 101, 109, 111, 116, 122, 141, 142, 146, 148-150, 154-156, 176, 179, 181, 189, 193, 217, 220, 226, 228, 239, 242, 244-246, 252-261, 263-265, 268-270, 293, 302, 331, 338, 349, 385, 434, 438, 442, 445, 450, 480, 494, 512
– de polícia – 18, 41, 56, 57, 98, 140, 145, 246, 247, 254, 255, 258-260, 353, 439, 472
– de segurança – 41, 60, 122, 140, 186, 252, 271, 289, 316, 434, 435, 493

– preventiva(s) – 58, 59, 88, 140, 434, 442, 519
– privativa da liberdade – 50, 51, 273, 274
meios:
– coercivos – 87, 89, 181
– de obtenção de prova – 141, 146, 148, 149, 168, 180, 181, 195, 220, 263, 295, 303, 398, 399, 413, 422, 432, 434
– enganosos – 164, 172, 415, 420
métodos:
– de investigação – 164, 165, 412
– proibidos de prova – 133, 168, 420, 429

N

natureza:
– da actuação policial – 108,
– executiva – 47, 91, 115
– híbrida – 123, 352
– judicial – 115
– político-legislativa – 112
notícia:
– da infracção – 208
– do crime – 8, 59, 122, 219, 229, 232, 234, 236, 239-241, 266, 270, 302, 318, 324, 331, 334, 360, 368, 369, 384, 479, 494, 512
– do facto – 228, 240

O

Objecto(s) do crime – 244, 494,
operacionalização policial – 221, 371
ordem de detenção – 177, 281, 284
ordem judicial – 289, 297, 300, 303
ordem pública – 33, 39-41, 50, 74, 80, 104, 109, 113, 118, 126, 163, 165, 170, 173, 176, 181, 198, 200, 402, 412, 474, 479, 487, 493
organizações criminosas – 499

P

parecer negativo – 447, 466, 469, 487
paz jurídica – 42, 147, 154, 171, 179, 181, 243, 293, 302, 316, 414
perito(s) – 214, 234, 338, 523, 524
polícia:
– administrativa – 8, 22, 52-54, 58-60, 65, 72, 74, 79, 80, 83, 84, 90, 113, 126, 137, 157, 196, 198, 201, 202, 208, 390
– coactiva – 137,
– como força de segurança – 37, 44, 51
– como órgão de polícia criminal – 58, 91, 246, 514
– de segurança pública – 12, 17, 20, 46, 97, 335, 372, 416, 417, 510
– em sentido funcional – 56
– em sentido orgânico – 37, 54
– judiciária – 8, 22, 54, 55, 58, 80, 90, 113, 126, 157, 198, 217, 224, 359, 360, 418
– municipal – 37, 44, 52, 61-63, 65, 70-72, 74-91
– prestadora de serviços – 137
policialização – 220, 240, 266, 267, 302, 325, 326, 332, 338, 347-349, 362, 369, 374
policialização (perigo da) – 347, 348
política:
– criminal – 128, 131, 147, 220, 294, 296, 377, 401, 464, 495, 499
– securitária – 131, 220, 294-296
posição dos sujeitos – 24
– de supremacia – 24, 28, 29
presunção de inocência – 134, 185, 189, 191, 301, 371
prevenção criminal – 42, 43, 45, 46, 49, 58, 74, 76-78, 80, 92, 100, 101, 103, 115-117, 120, 147, 148, 152, 156, 217, 241, 267, 268, 292, 295, 305, 306, 312, 357, 362, 373, 380, 399, 407-410, 419, 421, 424, 426, 467, 469, 472, 473, 479

prevenção do perigo – 40, 43, 60, 140, 158, 252, 255, 435, 438, 439, 445, 450
primado da liberdade individual – 134, 187
princípio:
- da autovinculação – 174
- da adequação – 144, 184, 376-379, 474
- da boa fé – 133, 155-157, 475
- da "concordância prática"– 133, 177
- da constitucionalidade – 137, 139, 275
- da descentralização – 66, 67, 78, 85
- da garantia e defesa dos interesses protegidos do cidadão – 150, 151
- da igualdade – 40, 162, 173-175, 179, 242, 301
- da imparcialidade – 173, 175
- da indispensabilidade probatória – 427
- da jurisdicidade – 134, 193
- da justiça – 32, 96, 134, 155, 176, 401
- da lealdade – 133, 134, 156, 167-172, 193, 194, 268, 269, 412-415, 475
- da legalidade – 33, 40, 52, 60, 89, 113, 133, 135, 137, 141, 142, 150, 151, 157-159, 186, 187, 201, 204, 216, 242, 244, 301, 338, 448, 476, 480, 484, 493
- da liberdade – 83, 96, 119, 134, 176, 179, 182-184, 186-190, 194-196, 199, 275, 287, 301, 423
- da necessidade (e exigibilidade) – 89, 144, 149, 184, 398
- da oportunidade (da actuação policial) – 133, 157
- da proporcionalidade *lato sensu* – 143, 145, 146, 202, 221, 258, 268, 272, 284, 338, 344, 398, 420, 421, 447, 474, 480, 481, 488
- da proporcionalidade *stricto sensu* – 148, 149, 213, 214, 250, 268, 284, 302, 342, 408, 421, 473, 482, 488
- da prossecução do interesse público – 133, 152, 242, 474
- do respeito da dignidade da pessoa humana – 105
- da subsidiariedade – 65-67, 69, 71 84, 89, 91 149, 207, 242, 360, 398, 408, 482
- da transparência – 488, 489
- democrático (da actuação da polícia) – 133, 159
- do contraditório – 134, 191, 192, 301
- do controlo jurisdicional – 253
procedimento leal – 171, 414, 415
processo comum – 276, 444
processo contra-ordenacional – 165, 196, 197, 202, 208, 210, 212, 214, 215,
processo sumário – 18, 273, 275, 276, 280, 281, 299
proibição de prova – 269, 302
protecção:
- do agente infiltrado – 221, 426
- dos direitos fundamentais – 128, 147, 151, 299, 447, 483, 486, 490
provas:
- pessoais – 102, 109, 117, 163, 246, 309, 319, 322, 357, 409
- reais – 56, 102, 103, 109, 117, 146, 257, 258, 266, 305, 309, 319, 322, 343, 357, 370, 383, 409, 469
providências cautelares – 58, 219, 241, 302, 383

Q

quadro:
- europeu – 495, 502
- internacional – 495, 501, 527

R

realização dos princípios constitucionais – 133, 160

recolha de informações – 59, 101, 251, 268, 302, 346, 384, 466
regulamento geral – 13, 24, 100, 140, 144, 150
relação jurídica – 24, 29, 30, 31, 32
relatório (elaboração do) – 219, 269, 444
repressão criminal – 137, 223, 351, 399, 403, 404, 451, 500
reserva de lei – 18, 46-49, 51, 52, 90, 352, 388, 493,
respeito da dignidade da pessoa humana – 105, 123, 128, 181, 198, 241, 306, 410, 411
responsabilidade civil – 20, 28, 31
restrição de direitos – 94, 108, 109, 182, 292, 457, 480
revista:
   – administrativa – 435, 436
   – cautelar – 219, 252-254
   – de segurança – 80, 88, 147, 149, 152, 159, 434, 442
   – preventiva – 80, 438, 439
revolução humana – 219, 291
ruído – 24, 31, 100, 101, 140, 144, 153, 216, 231

S

Segurança:
   – externa – 69
   – interna – 7, 8, 17, 23, 30, 47, 56, 57, 61, 68-70, 72, 74-76, 79, 92, 96-100, 104, 105, 109, 110, 114, 115, 120, 121, 167, 170, 175, 180, 181, 184, 246, 255, 258, 268, 298, 353, 386, 392, 397, 439, 462, 474, 485, 496, 510, 517, 520
   – privada – 58, 97, 104, 141, 373, 437, 449
   – pública – 45, 49, 69, 93, 98, 101, 105, 160, 217, 222, 402, 448, 455, 473, 479, 484, 485

serviço:
   – de estrangeiros e fronteiras – 12, 17, 46, 335, 354, 358, 510
   – de segurança – 22, 46, 466-469, 471, 474, 477-479, 481, 487, 492, 494, 514
sistema de coordenação – 221, 393, 394
soberania popular – 456
solicitação de informações – 219, 246, 282
solidariedade – 83, 163, 183, 294, 306, 400, 412, 497
suspensão de correspondência – 240, 260, 263, 302, 346, 383

T

técnica – 20, 21, 197, 214, 220, 267, 304, 312, 325, 339-344, 354, 355, 360, 363, 365, 367, 377, 378, 380, 391, 394, 398, 399, 402, 406-409, 419, 421-426, 450, 451, 471, 508, 530
técnica de investigação – 304, 399, 402, 406-409, 419, 421, 422, 424, 426,
teoria – 8, 18-20, 25, 27, 292, 294, 300, 307
terceiro – 58, 78, 141, 148, 221, 248, 398, 401, 403, 417-419, 427, 479, 490, 504
termo de identidade e residência – 111
terrorismo – 58, 247, 262, 265, 371, 372, 418, 451, 492, 503, 506, 516, 520
testemunha(s) – 59, 147, 192, 209, 214, 235, 236, 252, 265, 269, 270, 276, 277, 319, 338, 428, 494, 523
tipologia de polícia municipal – 37
tipologia(s) de segurança – 68, 96
tráfico de armas – 265, 368, 373, 378, 418, 492
tráfico de droga – 141, 151, 261, 265, 269, 381, 395, 397, 400, 406, 445, 503, 514, 528
tráfico de pessoas – 265, 358, 360, 496, 529
tranquilidade pública – 16, 22, 24, 26, 42, 44, 46, 60, 61, 71, 72, 74-79, 84, 136, 137, 152, 153, 164, 217, 435, 467, 472

transmissão de processos – 522
tratamento:
– das imagens – 447, 487
– de sons – 447, 487

U

ultima (et extrema) ratio – 202, 214, 408, 462

V

validação – 59, 80, 111, 142, 217, 225, 228, 240, 245, 252, 253, 258, 263, 269, 273, 299, 302, 304, 338, 346, 347, 425, 445
verdade (descoberta da) – 130, 146, 152, 154, 160, 163, 166, 179, 180, 243, 257, 262-264, 293, 295, 301-303, 306, 316, 357, 398, 399, 422
videovigilância – 449-453, 456-462, 465-469, 473, 477, 478, 481, 484, 485, 487, 488, 494
videovigilância:
– competência para autorizar – 494
– finalidade – 465, 484, 486, 487
vinculação directa – 220, 299, 300

ÍNDICE GERAL

Nota Introdutória 7

Abreviaturas 11

CAPÍTULO I
RAZÃO DE SER DE UMA TEORIA GERAL DO DIREITO POLICIAL

§ 1.º   Âmbito da Teoria Geral do Direito Policial 16
§ 2.º   Conteúdo da Teoria Geral do Direito Policial 17
§ 3.º   O Direito Policial como ramo do Direito Público 24
§ 4.º   Razão da distrinça e da integração do Direito Policial como ramo do Direito Público 31
§ 5.º   Fontes do Direito Policial 32

CAPÍTULO II
DA TIPOLOGIA «POLÍCIA»

SECÇÃO I
DA POLÍCIA GERAL

§ 6.º   Considerações gerais 39
§ 7.º   Da polícia como força de segurança 44
§ 8.º   Da polícia em sentido orgânico e funcional 54
§ 9.º   Da polícia como Órgão de Polícia Criminal 58
§ 10.º   Considerações gerais 61

SECÇÃO I
DA POLÍCIA GERAL

§ 11.º   Da construção da *polícia municipal*: princípios enformadores 62
§ 12.º   Do quadro jurídico-constitucional 71

§ 13.º Lei Quadro – da concepção à fiscalização dos seus actos 83
§ 14.º Dos órgãos de polícia municipal 87
§ 15.º Dos contributos finais para uma nova tipologia de polícia municipal 90
§ 16.º Conclusão capitular 91

CAPÍTULO III
DA SEGURANÇA COMO TAREFA FUNDAMENTAL
DO ESTADO DE DIREITO DEMOCRÁTICO

§ 17.º Introdução 94
§ 18.º Da Segurança como direito dos Cidadãos 95
§ 19.º Das funções de Polícia como garantia dos direitos e da segurança 99
§ 20.º Da investigação criminal eficiente como 'trave mestra' da segurança num Estado de direito democrático 102
§ 21.º Conclusão capitular 104

CAPÍTULO IV
DA NATUREZA DA ACTUAÇÃO POLICIAL

§ 22.º Introdução 108
§ 23.º Natureza Judicial? 108
§ 24.º Natureza Político-Legislativa? 112
§ 25.º Natureza Executiva? 112
   α. Defesa da Legalidade Democrática 113
   β. Garantia de Segurança Interna 114
   γ. Defesa e Garantia dos Direitos do Cidadão 119
§ 26.º Interdisciplinaridade com o Poder Judicial 120
   α. Direito civil 120
   β. Direito administrativo 121
   γ. Direito criminal 121
   δ. Direito de menores 122
   ε. Direito do trabalho 123
§ 27.º Conclusão capitular 123

CAPÍTULO V
DA LEGITIMIDADE DA ACTIVIDADE POLICIAL
E DA «DEMANDA DA SEGURANÇA»

§ 28.º Da legitimidade da actividade policial 126
§ 29.º Da «demanda da segurança» 129

CAPÍTULO VI
DOS PRINCÍPIOS DA INTERVENÇÃO DA POLÍCIA

§ 30.º	Considerações gerais	136
§ 31.º	Do princípio da legalidade	137
§ 32º	Do princípio da proporcionalidade *lato sensu*	143
§ 33.º	Do princípio da garantia e defesa dos interesses do cidadão suspeito ou dos direitos fundamentais	150
§ 34.º	Do princípio da prossecução do interesse público	152
§ 35.º	Do princípio da boa fé	155
§ 36.º	Do princípio da oportunidade da actuação policial	157
§ 37.º	Do princípio democrático na actuação da polícia	159
	a. Considerações gerais	159
	b. Da actuação da Polícia/OPC como realização dos princípios constitucionais	160
	c. Do princípio democrático como princípio de dignidade e de liberdade	162
	d. Da inadmissibilidade de provas como manifestação do princípio democrático	164
§ 38.º	Do princípio da lealdade na actuação da Polícia	167
	a. Considerações gerais	167
	b. Do princípio da lealdade e os métodos proibidos de prova	168
	c. Da actividade policial na administração da justiça e do princípio da lealdade	170
§ 39.º	Dos princípios da igualdade e da imparcialidade	173
§ 40.º	Do princípio da Justiça	176
§ 41.º	Do princípio da "concordância prática" na actuação da polícia	177
§ 42.º	Do Princípio da Liberdade	182
	a. Considerações genéricas	182
	b. Manifestações do princípio da liberdade na actuação dos OPC – Polícia	187
	α. primado da liberdade individual	187
	β. estrutura do processo	188
	γ. presunção de inocência	189
	δ. princípio do contraditório	191
	ε. princípio da juridicidade	193
	η. princípio da lealdade	193
	φ. determinação e identificação do objecto do processo	195
	ι. da libertação em caso de detenção ilegal	196

CAPÍTULO VII
DAS COMPETÊNCIAS FACE À NATUREZA DA INFRACÇÃO

§ 43.º Considerações gerais 198
§ 44.º Do papel da POLÍCIA nas contra-ordenações 200
    a. Considerações gerais 200
    b. Das contra-ordenações em geral 203
    c. Da actividade policial no processo contra-ordenacional 208
§ 45.º Da intervenção em geral da POLÍCIA – OPC – no âmbito criminal 216

CAPITULO VIII
COMPETÊNCIAS ESPECÍFICAS

§ 46.º Introdução 224

SECÇÃO I
DA NOTÍCIA DO FACTO – CRIME/CONTRA-ORDENAÇÃO

§ 47.º Considerações gerais 226
§ 48º Da notícia do crime 229
§ 49.º Do auto de notícia e de denúncia 233

SECÇÃO II
DAS MEDIDAS CAUTELARES E DE POLÍCIA
NO PROCESSO CRIMINAL

§ 50.º Da comunicação da notícia do crime 239
§ 51.º Das providências cautelares 241
§ 52.º Da identificação e solicitação de informações 246
§ 53.º Da revista cautelar 252
§ 54.º Da busca cautelar e/ou não domiciliária 255
§ 55.º Da suspensão de correspondência 260
§ 56.º Da localização celular 263
§ 57.º Da elaboração do relatório 269

SECÇÃO III
DA DETENÇÃO

§ 58.º Da concepção e da finalidade da detenção 271
§ 59.º Da detenção em flagrante delito 277
    a. concepção de flagrante delito 277
    b. detenção em flagrante delito 279

§ 60.º Da detenção fora de flagrante delito 281
    a. pressupostos materiais 282
    b. pressupostos formais 284
§ 61.º Da libertação de detido 287

SECÇÃO IV
DA INVESTIGAÇÃO CRIMINAL

SUBSECÇÃO I
DA INVESTIGAÇÃO CRIMINAL COMO PILAR DA LIBERDADE:
ENCONTRO COM A CIÊNCIA TOTAL

§ 62.º Introdução 291
    a. Da revolução humana emergente dos descobrimentos portugueses:
       o homem ocupa o centro da discussão 291
    b. Da investigação criminal ancora no Homem como sujeito 292
    c. Caminhos a percorrer: política criminal ou política securitária [Apuleio ou Porfírio] 294
§ 63.º O «olhar» constitucional 296
    a. Da dialéctica do art. 27.º da CRP 296
    b. Da defesa e garantia dos direitos e liberdades fundamentais – art. 9.º, al. b), art. 202.º e art. 272.º da CRP 297
    c. Da força centrífuga do art. 32.º e das esferas paralelas [p. e. os arts. 26.º, 34.º da CRP] 299
    d. da vinculação e da aplicação directa [art. 18.º, n.º 1 da CRP] 300
§ 64.º O olhar processual penal 300
    a. Do processo penal como direito dos inocentes e da liberdade 300
    b. Da acção penal [art. 219.º da CRP e arts. 48.º, 262.º e ss. do CPP] 301
    c. Das medidas cautelares e de polícia 302
    d. Dos meios de obtenção de prova [*maxime* revista e busca e escutas telefónicas] 303
    e. Dos perigos de novos meios de obtenção de prova propensos a forte *danosidade social* [agente infiltrado e agente provocador] 303
§ 65.º O primado da liberdade na LOIC – a liberdade como fundamento de um direito penal democrático 304

SUBSECÇÃO II
DA INVESTIGAÇÃO CRIMINAL: QUESTÕES RELIMINARES

§ 66.º Introdução 306
§ 67.º Da investigação criminal e da criminologia 307
§ 68.º Das finalidades da investigação criminal 312

SUBSECÇÃO III
DO REGIME JURÍDICO DA INVESTIGAÇÃO CRIMINAL

§ 69.º Da tipologia	319
§ 70.º Da direcção da investigação criminal	325
§ 71.º Dos actos cautelares e do início da investigação	331
§ 72.º Da autonomia orgânica e hierárquica dos OPC	338
§ 73.º Da autonomia técnica e táctica	341
§ 74.º Da avocação e da fiscalização – materialização da direcção do processo	345
§ 75.º Do perigo de policialização da investigação criminal	348
§ 76.º Dos Órgãos de Polícia Criminal	351
a. Dos OPC de competência genérica	351
b. Dos OPC de competência específica	354
c. Das competências gerais dos OPC	356
§ 77.º Da competência do SEF – Unidade de Acção Fiscal da GNR e da Comissão de Mercado de Valores Mobiliários	357
§ 78.º Da competência específica da GNR e da PSP	361
§ 79.º Da competência de investigação da PJ	363
§ 80.º Da investigação da PJ à operacionalização policial (PSP/GNR)	371
§ 81.º Da competência deferida para a investigação	374
a. Do enquadramento geral	374
b. Do travão à absoluta exclusividade	379
§ 82.º Do dever de cooperação	381
§ 83.º Sistema Integrado de informações	386
§ 84.º Da Fiscalização dos OPC	388
§ 85.º Coordenação dos Órgãos de Polícia Criminal de Competência Genérica	391
a. Do Conselho Coordenador	391
b. Do sistema de coordenação	394

SUBSECÇÃO IV
DO AGENTE INFILTRADO – MEIO EXCEPCIONAL DE INVESTIGAÇÃO

§ 86.º Considerações Gerais	396
§ 87.º Enquadramento geral	398
§ 88.º Do regime jurídico do agente infiltrado	401
a. Conceptualização	401
b. Das finalidades do agente infiltrado	407

	c. Do agente infiltrado face ao agente provocador	410
	d. Do agente encoberto	416
	e. Do terceiro como agente infiltrado	417
§ 89.º	**Do âmbito geral de recurso ao agente infiltrado**	419
§ 90.º	**Dos pressupostos do recurso ao agente infiltrado**	420
	a. Do princípio da proporcionalidade *lato sensu*	420
	b. Dos elementos objectivos	422
	c. Da liberdade de participação	423
	d. Da autorização judiciária	424
	e. Do relatório	426
§ 91.º	**Da protecção do agente infiltrado**	426
§ 92.º	**Da irresponsabilidade do agente infiltrado**	429
§ 93.º	**Conclusão**	431

CAPÍTULO IX
DAS REVISTAS E BUSCAS PREVENTIVAS
E DE SEGURANÇA

§ 94.º	**Considerações gerais**	434
§ 95.º	**Da revista nos recintos desportivos ou de espectáculos culturais**	437
§ 96.º	**Da busca no âmbito da Lei n.º 8/97, de 12 de Abril**	440
	a. Do enquadramento geral	440
	b. Do regime jurídico	442
§ 97.º	**Conclusão capitular**	445

CAPÍTULO X
DA VIDEOVIGILÂNCIA

§ 98.º	**Considerações gerais**	449
§ 99.º	**Da análise técnico-táctica**	451
§ 100.º	**Da problemática jurídica**	452
	a. Do direito à segurança	454
	b. Do direito à liberdade	457
	c. Do direito à reserva da vida privada e à imagem	459
§ 101.º	**Do enquadramento jurídico**	465
	a. Da competência	465
	α. competência para requerer	465
	β. competência para autorizar e fiscalizar	467
	γ. incidência objectiva	470

b. Da finalidade e do tempo 471
c. Dos limites à utilização das câmaras de vídeo 474
  α. dos princípios da legalidade e da proporcionalidade *lato sensu* 474
  β. da protecção dos direitos fundamentais 483
  γ. do parecer negativo da CNPD 487
d. Do tratamento das imagens e sons captados e gravados 487
e. Da captação de imagens e sons de notícia de crime 493

CAPÍTULO XI
COOPERAÇÃO POLICIAL

§ 102.º **Considerações gerais** 496
§ 103.º **Resenha histórica** 501
  a. Quadro internacional 501
  b. Quadro europeu 502
§ 104.º **Cooperação policial – classificações** 508
§ 105.º **Da cooperação interna** 509
  a. Da cooperação policial interna vertical 510
  b. Da cooperação interna horizontal 514
§ 106.º **Da cooperação policial internacional em matéria penal** 517
§ 107.º **Considerações finais** 527

Bibliografia 531

Índice Analítico 543

Índice Geral 553